전환기의 교육헌법

정필운

박영사

Constitutional Law of Education in the Transition Era

First Edition

Pilwoon Jung

Ph.D. in Law
Professor of Law, Law-Related Education
Korea National University of Education

2022
Parkyoung Publishing & Company
Seoul, Korea

존경하고 사랑하는
아버지, 어머니께

머리말

이 책은 제가 최근 10여 년간 교육헌법론의 관점에서 문제 상황이라고 생각하는 주제를 선정하고, 이를 헌법이론의 관점에서 검토하여 대안을 모색하며 발표한 논문 중 9편의 단독논문, 5편의 공동논문을 뽑고, 학회 발표문 · 토론문과 외부 기고문, 미발표 글 등을 보강한 것입니다.

이와 같은 기획을 한 이유는 두 가지입니다. 첫째, 헌법학에서 교육헌법론을 정립하여 제시하고 싶었습니다. 1988년 헌법재판소의 출범 이후 활발한 활동은 그간 학계의 선배들이 구축한 헌법이론을 체계적으로 정리하는 계기가 되었으며, 새로운 헌법 사례를 해결하는 과정에서 한 차원 깊고 정교한 헌법이론의 필요성을 확인하고 개발하는 계기가 되었습니다. 이러한 이유로 경제헌법, 정보헌법, 노동헌법, 환경헌법 등 그간 헌법학에서 미처 체계화하지 못했던 각 영역을 규율하는 헌법적 윤곽을 제시하고 헌법 문제를 발견하여 이를 해결하는 개별 영역의 헌법이론이 등장하였습니다. 그러나 교육영역을 규율하는 헌법적 윤곽을 제시하고 헌법 문제를 발견하여 이를 해결하는 교육헌법은 상대적으로 저발전하였습니다. 이 책을 통하여 저는 헌법학계와 교육법학계에 교육헌법론을 정립하여 제시하고자 하였습니다. 둘째, 공법학, 좀 더 세부적으로 헌법학을 전공하고 교육법을 연구하고 있는 저의 위치를 확인하고 앞으로의 연구 방향을 설정하고 싶었습니다. 그리고 선행 연구에 대한 인용을 좀 더 편리하게 하고 싶은 현실적 욕구, 대학원 제자들이 저의 글을 좀 더 손쉽게 읽을 수 있도록 배려하고 싶은 현실적 욕구도 있었습니다.

이 책에서 말하는 교육헌법론이란 교육영역을 규율하는 헌법적 윤곽을 제시하고 헌법 문제를 발견하여 이를 해결하는 헌법이론을 말합니다.

헌법이란 시민의 기본권, 이를 보장하기 위한 국가기관의 구성과 운영에 관한 사항을 정한 국가의 최고법입니다. 따라서 국가의 정체성, 헌법의 기본 원리, 시민의 기본권의 종류와 제한에 관한 사항, 의회·행정부·사법부의 구성과 운영에 관한 사항 등을 담고 있습니다. 그런데 헌법사항 중 자주 개정할 수밖에 없는 사항을 개정이 어려운 헌법전에 담으면 헌법이 현실에 적절히 적응하기 어려우므로 헌법사항을 헌법전에 모두 담을 수는 없습니다. 따라서 그러한 헌법사항 중 일부는 국회법, 공직선거법 등 다양한 법령에 담습니다. 여기서 헌법전에 담긴 헌법을 형식적 의미의 헌법, 헌법사항이지만 헌법전에 담기지 못하고 다른 법령에 담긴 헌법을 실질적 의미의 헌법이라고 합니다.

이를 교육헌법에 가져와 설명하면 교육헌법에도 형식적 의미의 교육헌법과 실질적 의미의 교육헌법이 있습니다. 형식적 의미의 교육헌법이란 「대한민국 헌법」이라고 하는 헌법전에서 교육과 관련되는 규정을 말합니다. 구체적으로는 헌법 제31조, 제22조, 제36조, 전문, 제10조 등이 이에 해당합니다. 그리고 실질적 의미의 교육헌법이란 교육영역에 적용되는 헌법사항을 규율하고 있는 규범의 총체를 말합니다. 여기에는 형식적 의미의 교육헌법뿐 아니라 교육에 관한 시민의 권리·의무, 국가·지방자치단체의 책임, 교육제도와 그 운영에 관한 기본적 사항을 규정하고 있는 「교육기본법」(법 제1조 참고), 교육부의 구성과 운영에 관해 규율하고 있는 「정부조직법」, 「교육부와 그 소속기관 직제」, 교육의 자주성·전문성과 지방교육의 특수성을 살리기 위하여 지방자치단체의 교육·과학·기술·체육 그 밖의 학예에 관한 사무를 관장하는 기관의 설치와 그 조직 및 운영 등에 관한 사항을 규정하고 있는 「지방교육자치에 관한 법률」 등 헌법사항을 규정하고 있는 법률, 명령 형식의 규정이 포함됩니다.

국내에서는 이종근 교수님께서 이 용어를 처음 사용하였습니다. 그 후 황준성 박사님, 이덕난 박사님, 저도 교육헌법이라는 용어를 사용한 바 있습니다. 이 책에서도 교육헌법을 이와 같은 두 가지 의미로 사용합니다.

필자는 한국 교육헌법론이 전환기를 맞이하였다고 생각합니다.

1987년 민주항쟁에서 출발하여 제9차 개정 헌법으로 결실을 맺은 1987년 체제를 통하여 우리나라는 대통령 직선제, 국회 기능의 강화, 입헌주의의 보루로서 헌법재판소의 설치 등 형식적 민주주의의 기틀을 마련하였습니다. 그리고 그 후 노태우 행정부, 김영삼 행정부, 김대중 행정부, 노무현 행정부, 이명박 행정부, 박근혜 행정부, 문재인 행정부를 거치며 정당 간의 경쟁을 통한 정권 교체와 시민의 기본권 강화, 복지국가 정책 등을 실현하며 그 기틀을 내실화하는 단계를 거치고 있습니다. 그러나 그와 함께 빠르게 사회불평등이 심화되고, 사회불평등이 교육불평등으로 전이되며 교육의 세대 간 지위 대물림, 양극화, 시민단체와 노동운동의 역기능 발생, 위험사회의 심화 등 우리 삶을 위협하는 문제점이 발생하였습니다. 형식적 민주주의의 기틀 위에 실질적 민주주의 실현은 여전히 우리 사회의 과제입니다.

이러한 일련의 변화 과정에서 교육영역도 대체로 같은 경로를 밟으며 성과와 한계를 보였습니다. 다만 전체 사회 체계 내에서 교육의 기능, 교육계의 구조와 분위기 등으로 인하여 그러한 현상이 다소 늦게 발생하는 시점의 문제가 있기도 하고, 시민단체와 노동운동의 부패와 같이 다소 영향이 덜한 것과 사회불평등의 교육불평등으로 전이와 교육의 세대 간 지위 대물림과 같이 직접적인 영향이 있는 특수성도 있습니다. 한편, 세월호 사건 등은 안전사회 요구의 직접적 계기가 되기도 하였습니다.

한편, 교육영역에서 발생하는 헌법 문제를 발견하고 해결하는 교육헌법론의 관점에서는 이와 같은 현실 문제 중 교육헌법론에서 관심을 가질 문제를 찾아 정의하고, 현실과 이론의 상호작용 등을 고려하여 이를 좀 더 정교하게 분석하고 대안을 제시하여야 합니다.

이와 같은 한국 사회의 변화, 거기서 교육영역에서 변화, 그에 대응한 교육헌법론의 발전의 변증법은 이 책 이곳저곳에 녹아 있습니다.

이 책을 통해 독자께서는 우리 교육이 형식적 민주주의적 관점과 실질적 민주주의적 관점 모두에서 과제를 안고 있다는 것을 알게 되실 것입니다. 교육뿐 아니라 우리 사회의 많은 영역이 이와 같은 이중적 과제를 안고 있기 때문에 어쩌면 그것은 너무도 당연하다고 생각할 수 있습니다.

교육법론의 규범적 논의는 네 차원으로 나누어 볼 수 있습니다. 첫째, 당해 주제에 대하여 우리 현행 헌법은 어떠한 태도를 취하고 있는지 해석론을 제시하고 이 해석론에 따라 당해 주제의 해법을 모색하는 헌법해석론적 논의입니다. 예를 들어, 이 책 제1장, 제2장, 제3장, 제4장 글과 같은 것이 그 예입니다. 둘째, 현행 헌법해석론의 문제점은 무엇이고 이를 어떻게 규정하는 것이 타당한지 제시하는 헌법정책론적 논의입니다. 예를 들어, 이 책 제2장, 제14장 글과 같은 것이 그 예입니다. 셋째, 현행 헌법의 태도를 구체화하여 입법에서는 당해 주제를 어떻게 구현하고 있는지 현행 법률해석론을 제시하고 이 해석론에 따라 당해 쟁점의 해법을 모색하는 법률해석론적 논의입니다. 넷째, 현행 법률해석론을 바탕으로 그 문제점은 무엇이고 그것이 위헌은 아닌지, 이를 어떻게 규율하는 것이 타당한지 제시하는 입법정책론적 논의입니다. 예를 들어 이 책 제7장, 제8장, 제10장, 제11장, 제12장, 제13장 글과 같은 것이 그 예입니다.

이 책은 교육헌법론에 관한 것이므로 헌법해석론적 차원, 헌법정책론적 차원, 입법정책론적 차원의 논의를 한 글로 구성되어 있습니다. 독자들은 이 책을 읽으시면서 당해 글이 어느 차원에서 논의를 하고 있는지 검토하면서 읽으시면 큰 도움이 되실 겁니다.

제가 은사님, 여러 선후배님의 글을 읽으면서 세상을 읽는 데 큰 힘을 얻고, 공부하는 데 즐거움과 위로를 받았던 것처럼, 이 책이 독자들께 세상을 읽는 데 조그만 힘이라도 되고 즐거움과 위로를 드릴 수 있다면 더 이상 바랄 것이 없습니다.

이 책을 출간하는 데 많은 분의 도움을 받았습니다. 우선 은사님이신 허영 교수님과 전광석 교수님께 감사드립니다. 그리고 한국교원대학교 일반사회교육과 교수님들께 감사드립니다. 그리고 교육학계에서는 이방인인 저를 따뜻하게 대해 주시고 교육에 관해 많은 것을 가르쳐 주신 한국사회과교육학회, 한국사회교과교육학회, 한국법과인권교육학회, 대한교육법학회 선후배, 동료들께 감사드립니다. 그리고 한국 교육계의 다양한 문제를 진지하게 검토하며 많은 영감을 주는 우리 대학원과 학부 학생께 감사드립니다. 또한 공부와 삶을 함께 하는 우리 연구실 구성원인 전윤경 박사님, 이수경 박사님, 박사논문을 준비하고 있는 양지훈 선생님, 김현정 선생님, 이경진 선생님, 최종찬 선생님, 박사과정에서 열심히 공부하고 있는 김신아 선생님, 차재홍 선생님, 석사과정에서 열심히 공부하고 있는 김지원 선생님, 강용대 선생님, 김동하 선생님에게도 고마운 마음을 전합니다. 책을 출간하는 데는 제 연구조교인 이규환 선생님의 특별한 도움이 있었습니다. 새 학기부터 박사과정에서 공부하게 된 것을 축하합니다. 이 책을 출판해 주신 박영사 안종만 회장님, 안상준 대표님, 김한유 대리님, 윤혜경 선생님께 감사드립니다. 그리고 사랑하는 아버지, 어머니, 장모님께 감사드립니다. 마지막으로 아버지로서 제 역할을 못하는데도 건강하고 바르게 자라고 있는 상원, 상윤과 부족한 남편을 늘 곁에서 지켜주는 사랑하는 아내 성경에게 고마운 마음을 전합니다.

2022년 2월, 아름다운 한국교원대 교정에서
정필운 올림

차례

제14장 교육헌법은
어떻게 개정되어야 하는가? ● 483

제 1 장

교육영역에서 당사자는 누구이고 어떤 권리·의무·권한을 갖고 있는가?*

I. 문제 제기

1990년대 이후 헌법학계 및 교육법학계는 교육영역의 법률관계 논의에서 양적인 성장을 하여 왔다. 그 결과 교육영역에서 당사자의 확정 및 당해 당사자 간의 법률관계를 상당한 수준으로 구체화시켜 왔다. 이러한 양적인 성장을 토대로 질적인 성장을 도모하는 시점에서 그간 구체화시켜 왔던 법률관계에 관한 논의가 과연 여태까지 우리가 구축한 헌법 이론에 비추어 타당한지에 대한 검토가 필요하다.

그간 우리 헌법학계 및 교육법학계에서는 헌법 제31조 제1항에 근거하여 학생의 '교육을 받을 권리'를 인정하는 것은 물론, 부모의 교육권, 국가의 교육권, 교원의 교육권 등 다양한 권리를 인정하여 왔다. 그러나 이러한 다양한 권리가 과연 모두 우리 현행 헌법에서 인정하고 있는 헌법상의 권리, 즉 기본권으로 인정되고 있는 것인지, 또는 일부 권리는 기본권으로 인정되지만 일부 권리는 법률상의 권리로 인정되고 있는 것인지가 명확하게 규명되지 않은 상태이다.[1] 더구나 이와 관련하여는 안주열 교수의 표현대로 "'교육권', '학습권', '교육기본권', '수학권' 등 교육 관련 권리에 관한 용어가 어지러울 정도로 난삽하게 그리고 다양하게 쓰이고 있다."[2] 그래서 "이들 교육 관련 권리에 관한 용어에 관한 정비만 잘 하여도 교육헌법학 또는 교육법학이 발전하는 데 밑거름이 될

것이라 여겨진다."³

따라서 필자는 이 글에서 교육영역에서 당사자가 누구인지, 그리고 각 당사자에게 인정된다고 일반적으로 생각되는 권리들의 법적 성격이 무엇인지, 즉 헌법에서 인정하는 권리인 기본권인지, 법률상 권리인지, 권한 또는 의무인지를 헌법이론으로 검토하고자 한다. 그리고 교육을 받을 권리, 교육기본권, 학습권, 수학권, 교육권 등 혼란스러운 용어 사용의 현황을 정리하고 이에 대한 대안을 제시하고자 한다.⁴

이 글은 이러한 목적을 달성하기 위하여, 교육영역에서 당사자를 학생, 부모,⁵ 국가, 교원으로 설정하고, 그간 이러한 당사자들이 가지고 있다고 인정되어 온 학생의 교육받을 권리, 부모의 교육권, 국가의 교육과제, 교원의 교육권을 헌법이론적 관점에서 검토하고자 한다. 이러한 검토를 통하여 이와 같은 당사자들의 권리는 그것이 헌법에서 인정하는 권리인 기본권인지, 또는 법률에서 인정하는 권리인 법률상 권리인지, 또는 헌법상 의무인지, 또는 헌법상 권한인지 등 그 법적 성격이 분명히 밝혀지고, 이에 따라 그러한 당사자들의 법률관계의 성격이 분명히 밝혀져, 이것들이 규범현실에서 서로 갈등을 일으킬 때, 이를 해결하기 위한 적절한 헌법이론적 논의 구조를 갖추어 타당한 결론을 도출할 수 있는 기반을 마련하게 될 것이다.

II. 학생의 교육기본권

1. 학생의 교육기본권과 우리 현행 헌법

우리 헌법 제31조 제1항은 "모든 국민은 능력에 따라 균등하게 교육을 받을 권리를 가진다"고 규정하고 있다.

이러한 국민의 교육을 받을 권리는 주관적으로는 인간의 존엄과 가

치를 향유하기 위한 정신적 기초를 형성하기 위한 전제가 되는 기본권
이며, 직업생활을 할 수 있는 기초를 마련해 주는 기능을 한다.[6] 그리
고 객관적으로는 민주주의가 필요로 하는 민주시민의 덕성을 함양하여
헌법상 민주주의원리의 정착에 기여하고, 직업생활과 경제생활영역에
서 실질적 평등을 실현하여 복지국가원리에 가까이 가도록 하고, 문화
창조의 바탕을 마련하도록 하여 헌법상 문화국가실현을 촉진시켜 주는
기능을 한다.[7]

우리 헌법 제31조 제1항을 국민 개인과 국가의 관계를 규율하는 규범
으로만 이해하여, 모든 국민에게 능력에 따라 교육을 받을 수 있는 권리
와 균등하게 교육을 받을 수 있는 권리라는 주관적 공권을 부여하고 있
다고 이해할 수도 있지만, 이를 넘어 헌법이 지향하는 일정한 가치를 지
향하는 객관적 가치질서로서의 성격을 가지고 있는 것으로 이해할 수도
있다. 이렇게 될 경우 후술하는 것처럼 이 조항에서 부모나 교원의 교육
에 관한 권리까지도 도출할 수 있는 기반이 될 수 있다.[8]

2. 학생의 교육기본권의 기본권성

이와 같이 우리 헌법 제31조 제1항은 모든 국민에게 교육을 받을 권
리를 명시적으로 인정하고 있으므로, 우리 헌법학계 및 교육법학계에서
는 일반적으로 국민의 교육을 받을 권리가 헌법에서 인정하는 권리, 즉
기본권으로 보장되고 있다고 인정하고 있다.[9, 10]

필자도 일반적인 견해와 같이 국민의 교육을 받을 권리가 기본권으로
보장되고 있다고 이해하는 것이 타당하다고 생각한다.

3. 학생의 교육기본권의 내용

이와 같은 국민의 교육을 받을 권리는 능력에 따라 교육을 받을 권리와 균등하게 교육을 받을 권리를 내용으로 한다고 이해하는 것이 일반적이다.[11]

그러나 제31조 제1항에서 보호하고 있는 교육받을 권리는 위와 같은 내용을 넘어 포괄적인 교육을 받을 권리를 의미한다고 해석하는 것이 타당하다.[12] 이러한 견해에 따르면, 교육을 받을 장소를 선택할 수 있는 권리,[13] 교육을 받을 시기의 선택과 관련하여 평생교육을 받을 권리[14] 등을 포함한 자신이 원하는 내용의 교육을 자신이 선택한 조건 아래에서 받을 수 있는 자유인 교육의 자유도 제31조 제1항 교육을 받을 권리에 근거하여 보호된다고 해석된다.[15, 16]

이러한 교육기본권은 자유권·평등권·사회권의 요소를 가지고 있다. (ⅰ) 학습자가 학습 장소와 방법을 선택하는 데 국가의 간섭 없이 자유롭게 결정할 권리와 같은 요소는 자유권적 요소이다.[17] (ⅱ) 그리고 각자의 능력에 상응하는 교육을 받을 수 있도록 학교 입학에 있어서 자의적 차별 금지를 요구할 수 있는 권리와 같은 요소는 평등권적 요소이다.[18] (ⅲ) 마지막으로 국가에 의한 의무교육의 도입 및 확대, 교육비의 보조, 학자금의 융자 등 교육영역에서 국가의 적극적인 행위를 요구할 수 있는 권리와 같은 요소는 사회권적 요소이다.[19, 20]

4. 교육을 받을 권리인가, 교육기본권인가

헌법 제31조 제1항에서 인정하는 기본권을 헌법에서 사용하고 있는 표현과 같이 '교육을 받을 권리'라고 이름하는 것이 일반적이다.[21] 그러나 이에 관해서는 교육을 받을 권리라는 표현이 수동적인 의미를 담고 있다고 이의를 제기하고, 현대 교육에서 교육을 받는 국민의 능동성, 주

체성을 담고 있는 '교육기본권'이라는 표현을 사용하는 것이 타당하다는 유력한 반론이 있다.[22] 이들은 교육을 받을 권리라는 표현은 원래 프랑스어의 '교육권(le droit à l'éducation)'이나 영어의 '교육권(right to education)'을 일본말로 번역하기가 곤란하여 일본헌법에서 '교육을 받을 권리(教育を受ける權利)'로 번역한 것을 우리가 그대로 받아들여 쓰고 있는 표현이라고 하며, 국민은 교육을 '받을' 권리만 있는 것이 아니라 이보다 넓은 교육에 관한 기본권, 즉 교육기본권이 있다고 주장한다.[23] 한편 별다른 논증 없이 '교육의 권리'라는 표현을 사용하는 견해도 있다.[24]

필자는 교육의 본질이 가르치는 사람이 배우는 사람에게 어떤 지식이나 기술을 전달하고 습득시키는 과정이라고 이해하는 전통적인 전승(또는 주입) 교육관에서 배우는 사람 내부에 잠재해 있는 가능성이 발현할 수 있도록 도와주는 과정이라고 이해하는 성장(또는 자기형성) 교육관으로 변화하고 있는 현대 교육철학의 사조를 고려하고,[25] 교육을 받을 권리의 내용이 교육을 '받을' 권리만 있는 것이 아니라 자유권적 요소, 평등권적 요소 등과 같이 포괄적인 내용을 담고 있으며, 당해 권리가 헌법에서 인정하는 권리라는 점을 분명히 하는 것이 타당하다는 판단에서 '교육을 받을 권리'로 표현하는 것보다는 '교육기본권'이라고 표현하는 것이 타당하다고 생각한다.

5. 학습권, 수학권, 교육권 등 유사용어의 정리

헌법 제31조 제1항의 교육기본권과 관련하여 학습권, 수학권, 교육권 등 다양한 용어가 혼재되어 사용되고 있다.

예를 들어, 김철수 교수는 헌법 제31조 제1항에서 인정하는 기본권을 '교육을 받을 권리'라고 표현하고,[26] "교육을 받을 권리는 오늘날 국민의 학습권으로서 파악된다"[27]고 서술하여, 교육기본권과 학습권을 동일한 용어로 인정하고 있다. 한편 "교육을 시킬 권리, 즉 교육권은 학습권에 대응하는 것으로서 어린이의 인간성을 개발하고, 그들에게 문화를 전달하고, 민주적인 국가사회의 담당자를 육성한다고 하는 국민적인 의무 및 그것을 위한 권한을 총괄한 개념"[28]이라고 서술하여, 교육권을 교육을 시킬 권리와 동일한 용어로 인정하고 있다.

한편 권영성 교수는 헌법 제31조 제1항에서 인정하는 기본권을 '교육을 받을 권리'라고 표현하고,[29] 이는 "교육을 받는 것을 국가로부터 방해받지 아니함은 물론 교육을 받을 수 있도록 국가가 적극적으로 배려해주도록 요구할 수 있는 권리(수학권)을 말한다"[30]고 서술하여, 교육기본권과 수학권을 동일한 용어로 인정하고 있다.

장영수 교수는 헌법 제31조 제1항에서 인정하는 기본권을 '교육을 받을 권리'라고 표현하고,[31] 이는 "교육을 받을 권리는 일차적으로 교육의 자유를 포함한다. 즉, 자신이 원하는 내용의 교육을 자신이 선택한 조건 하에서 받을 수 있는 자유가 인정되는 것이다"[32]라고 서술하여 교육의 자유를 교육기본권의 한 내용으로 인정하고 있다.

헌법재판소의 경우 헌법 제31조 제1항의 교육기본권을 교육권으로 이해한 경우도 있고,[33] 국민의 교육의 받을 권리를 수학권으로, 교원의 가르칠 권리를 교육권으로 이해하고 있다.[34]

신현직 교수는, 교육기본권을 '모든 인간의 인간적인 성장발달을 위해 필요한 교육에 관한 헌법상의 포괄적인 기본적 인권'이라 정의하고,[35] 이는 "학습권과 교육권을 포괄하는 상위개념으로서 구체적인 관련당사자들의 권리의무관계를 명확히 제시해 줄 기준으로서의 의미"를 지닌다고 서술하고 있다.[36] 한편 교육권이란 "국민의 교육기본권을 실현하기 위해 각주체(관련당사자)가 가질 수 있는 개별·구체적인 권리 또는 권한"[37]이라고 이해하고 있다.

이미 서술한 것처럼 교육기본권과 관련하여 학습권, 수학권, 교육권 등 다양한 용어가 혼재되어 사용되고 있다. 이와 같은 혼란스러운 용어 사용으로 인한 폐해를 우려하며, "이들 교육 관련 권리에 관한 용어에 관한 정비만 잘 하여도 교육헌법학 또는 교육법학이 발전하는 데 밑거름이 될 것이라 여겨진다"[38]는 지적이 있을 정도라는 것은 이미 서술하였다.

그렇다면 어떻게 정비하여 쓰는 것이 바람직할까? 필자는 이미 서술한 것처럼 헌법 제31조 제1항의 권리를 교육기본권이라고 표현하고, 교육기본권 내용 중 하나인 교육을 '받을' 권리를 '수학권'으로 표현할 것을 제안한다. 또한 교육기본권 내용 중 하나인 교육의 자유 또는 학습권을 '학습권'으로 표현할 것을 제안한다. 한편 '교육권'이라는 용어는 부모 또는 교원에게 인정되는 '교육을 할 권리'를 표현하는 용어로 사용할 것을 제안한다. 이렇게 본다면, 학생에게 인정되는 교육기본권은 헌법상 권리이고 그것은 (ⅰ) 학습권, (ⅱ) 수학권, (ⅲ) 균등하게 학습하고 수학할 권리라는 세부 내용으로 구성된다.[39] 그리고 교육권은 부모 또는 교수에게 인정되는 교육을 할 권리인데, 그것이 기본권인지, 법률상의 권리인지는 추가적인 논의가 필요한 권리라고 정리할 수 있다.

Ⅲ. 부모의 교육권

1. 부모의 교육권과 우리 현행 헌법

일반적으로 학교교육을 받는 학생은 흔히 아동·청소년으로 불리우는 19세 이하의 연령대이다. 이러한 아동·청소년도 헌법상 기본권의 주체가 될 수 있다.[40] 그러나 아동·청소년은 성인과 비교하여 공동체 내에서 독립한 주체로서 완전히 자율적으로 행동하고 책임지기에는 신체적·정신적으로 미성숙한 미성년자로, 성장과정 중에 있어 스스로 판단하여 결정하기 보다 그를 도와 대신 판단·결정하여 줄 부모, 국가가 필요하며, 인격적으로 바르게 성장할 수 있도록 유해한 외부 환경으로부터 보호하여 줄 부모, 국가가 필요하다.[41] 이러한 측면에서 특정한 기본권의 경우 헌법·법률의 규정에 의하여 기본권행사능력이 제한될 수 있다.[42, 43]

부모는 자녀를 임신·출산하는 결정의 주체로서 출산 이후 책임을 지며, 미성년 자녀의 성장에 관한 이익은 자녀의 이익만이 아니라 부모 자신의 이익과 밀접한 관련이 있다. 부모가 자기의 가치관에 따라 자녀를 키우는 것은 부모와 자녀 사이의 특별한 관계에 비추어 부모뿐 아니라 자녀의 이익에도 합치하는 것이다. 따라서 미성년 자녀를 교육하는 것은 법규정 이전에 이미 부모에게 당연히 있는 '자연적인' 권리이다.[44]

이와 같은 부모와 자녀의 특별한 결속은 그 사이에 제3자가 끼어드는 것을 원칙적으로 배제할 것을 요청한다. 미성년의 아동의 교육에 대하여 국가가 가지는 이익은 2차적으로 고려될 뿐이다. 미성년 자녀의 교육에 관한 한 부모의 교육권이 국가의 교육권한에 우선하는 것이다.[45] 이러한 미성년 자녀의 교육기본권과 부모의 교육권은 일체로서 국가에 대항하는 방어권으로서 기능한다. 국가는 자기의 책임을 이행할 수 없거나 이행할 의지가 없을 때 보충적으로 아동·청소년에 대한 교육의 책임을 부담한다.[46]

이러한 의미에서 부모의 교육권은 미성년 자녀를 전제로 인정되는 것이고 성인이 된 자녀에 대해서도 인정되는 것은 아니므로, 성인이 된 자녀의 부모는 헌법이론적 의미에서 교육영역의 한 당사자가 아니다.

우리 헌법은 이러한 부모의 교육권에 관하여 본격적으로 규정하고 있지 않다. 다만 교육 중 학교교육에 접근하는 것은 자녀를 양육하는 부모의 협력이 필요하므로, 헌법 제31조 제2항에서 "모든 국민은 그 보호하는 자녀에게 적어도 초등교육과 법률이 정하는 교육을 받게 할 의무를 진다"고 규정하고 있다.

2. 부모의 교육권의 기본권성

그럼에도 우리 헌법학계 및 교육법학계에서는 부모의 '교육권'을 헌법에서 인정하는 권리, 즉 기본권으로 보장되어 있다고 인정하는 것이 일반적이다.[47] 그리고 명확하지는 않지만, 이와 같은 부모의 교육권이 학생의 교육기본권을 실효성있게 보장하기 위하여 인정되는 것이므로, 헌법 제31조 제1항에 근거하여 인정된다고 이해하고 있다.[48]

한편 부모의 교육권을 혼인과 가족생활을 보장하는 헌법 제36조 제1항, 행복추구권을 보장하는 헌법 제10조 및 "국민의 자유와 권리는 헌법에 열거되지 아니한 이유로 경시되지 아니한다"고 규정한 헌법 제37조 제1항에 근거하고 있다고 이해하는 견해도 있다.[49]

필자도 일반적인 견해와 같이 부모의 교육권은 부모에게 당연히 있는 '자연적인' 권리로 우리 헌법이 이를 확인하고 있다고 이해하는 것이 타당하며, 그 헌법적 근거는 헌법 제31조 제1항 교육기본권을 주관적 공권으로만 이해하는 것을 넘어 객관적 가치질서의 성격을 가지고 있는 원칙 규범으로 이해하여 이에 근거하여 인정된다고 해석하는 것이 가장 타당하다고 생각한다.[50]

3. 학생의 교육기본권과 부모의 교육권의 갈등 및 해결

이와 같이 학생의 교육기본권과 부모의 교육권을 모두 헌법에서 인정하는 권리인 기본권이라고 결론지었다면, 양자의 갈등 및 그 해결은 헌법학적으로 보았을 때 기본권의 상충의 문제이다.[51] 따라서 기본권의 상충 이론으로 이를 해결하여야 할 것이다. 그러나 부모의 교육권은 학생의 교육권을 보장하기 위하여 지향된 권리이므로, 이와 같은 기본권의 상충 이론을 일률적으로 적용할 것은 아니다.

실제로 미국에서 학생의 교육기본권과 부모의 교육권이 상충하는 경우로 예를 드는 것은, 학생이 어떠한 행위를 하는데 부모의 동의를 받는 경우에만 가능하도록 하는 경우나, 학생의 성적이나 생활기록 등을 부모가 전면적으로 볼 수 있도록 하는 경우 등이다.[52]

전자의 경우 이를 다른 기본권 상충의 경우와 같이 이익형량을 통하여 해결할 것은 아니고, 양자 모두 학생의 교육기본권을 위하여 지향된 권리로 인식하고 미성년자인 학생이 스스로 판단하여 결정할 능력이 부족하므로, 그를 도와 대신 판단·결정하여 줄 부모의 도움이 필요한지를 기준으로 구체적 유형마다 개별적으로 판단하는 것이 타당하다. 한편 후자의 경우 학생의 성적이나 생활기록 등을 부모가 전면적으로 볼 수 있도록 하는 것은 부모의 교육권을 행사하기 위한 기본적인 전제라고 판단되므로 원칙적으로 전면적으로 인정하되, 부모가 실제 교육권을 행사할 수 없는 비정상적인 경우 이를 제한하도록 하는 것이 타당하다.

요컨대 이 경우 일률적으로 기본권 상충 이론을 적용할 것이 아니라, 양 기본권 간의 특수성을 파악하여 이의 충분한 이해 아래 사안의 특수성을 고려하여 판단한다면, 합리적인 결론을 도출할 수 있을 것으로 생각한다.

IV. 국가의 교육 과제

1. 국가의 교육 과제와 현행 우리 헌법

국가는 우리 헌법이 부여한 입법권, 행정권, 사법권을 가지고 있으며,[53] 이를 행사하여 교육영역에서 구체적인 질서를 형성할 수 있다.

한편 교육은 중요한 헌법적 기능을 수행하기 때문에 국가의 규율이 필요하다고 판단한 우리 헌법은 헌법 제31조에서 이에 관하여 특별히 규율하고 있다.

근대에 들어서는 교육이 입헌민주주의를 가능하게 하는 시민을 양성하는 기능을 수행하기 때문에, 국민에게 최소한의 교육을 받도록 하여야 한다는 인식이 싹트게 되었다. 그런데 일반적으로 교육은 부모가 교육비를 부담할 수 있어야 가능하므로, 이러한 최소한의 교육을 받지 못할 염려가 있다. 따라서 이러한 문제를 해결하기 위하여 등장한 것이 의무교육제도이다. 우리 헌법은 제31조 제2항에서 "모든 국민은 그 보호하는 자녀에게 적어도 초등교육과 법률이 정하는 교육을 받게 할 의무를 진다"라고 규정하여 의무교육제도를 도입하고,[54] 제31조 제3항에서 "의무교육은 무상으로 한다"고 규정하고 있다.

현대 사회는 급속히 변화하고 있으므로, 교육은 개인이 이와 같은 사회에 적응할 수 있도록 조력하여야 한다. 한편 교육은 개인의 끊임없는 자기개발욕구를 충족하하여야 한다. 이러한 측면에서 우리 헌법은 제31조 제5항에서 "국가는 평생교육을 진흥하여야 한다"라고 규정하여 국가에게 평생교육진흥의무를 부과하고 있다.[55]

한편 교육은 이와 같이 중요한 헌법적 기능을 수행하기 때문에 국가의 규율이 필요하지만, 그것이 개인에게 국가가 지시하는 가치를 주입하는 내용으로 형성되어서는 안 된다. 이와 같은 이유로 우리 헌법은 제31조 제4항에서 "교육의 자주성 · 전문성 · 정치적 중립성 및 대학의 자율성은 법률이 정하는 바에 의하여 보장된다"라고 규정하여, 교육의 자주성 · 전문성 · 정치적 중립성을 보장하고 있다.[56]

그리고 이와 같은 교육 내용의 형성과 변경이 그 시대의 공동체의 이념과 조화될 수 있고, 특정한 정치세력이나 행정기관이 교육에 대하여 부당한 간섭을 하는 것을 배제할 필요가 있다. 이러한 이유로 우리 헌법은 제31조 제6항에서 "학교교육 및 평생교육을 포함한 교육제도와 그 운영, 교육재정 및 교원의 지위에 관한 기본적인 사항은 법률로 정한다"라고 규정하여, 교육의 제도적인 사항을 국민의 대표기관인 국회가 법률의 형식으로 정하도록 하고 있다.[57]

요컨대, 국가는 학생의 교육기본권을 보장하고 교육 그 자체가 입헌민주주의를 가능하게 하는 시민을 양성하는 기능을 수행할 수 있도록 이를 규율할 헌법적 의무가 있다.

2. 국가의 교육 과제의 법적 성격

이와 같이 현대 입헌민주국가에서 국가는 교육영역에서 광범위한 과제를 가지며, 우리 현행 헌법도 이와 같은 내용을 명시적으로 규정하고 있다. 그렇다면 이와 같은 국가의 교육 과제의 법적 성격은 무엇인가?

우리나라에서는 아직 이에 관해서 명시적인 논의를 찾아보기 힘들다. 다만 용어의 사용과 서술의 태도에 비추어 보아, 이를 권리로 인식하는 견해, 의무로 인식하는 견해, 권한으로 인식하는 견해 등이 있다고 추론하여 볼 수 있다.

일반적으로 '권리'란 법에서 인정하는 이익을 누리기 위하여 법에서 허락된 힘이라고 정의된다.[58] 그리고 '의무'란 의무자의 의사와는 무관하게 법에 의하여 강요되는 법적 구속이라고 정의된다.[59] 그리고 '권한'이란 타인을 위하여 그 자에 대하여 일정한 법률효과를 발생케 하는 행위를 할 수 있는 법적 자격이라고 정의된다.[60]

이렇게 보았을 때 우선 국가가 교육영역에서 중요한 사항을 법률의 형식으로 규율하고, 교육의 내용을 형성하고, 교육환경을 조성하는 과제는 국가가 법에서 인정하는 이익을 누리기 위하여 법에서 허락된 힘을 행사하는 것이 아니기 때문에 '권리'는 아니라고 할 수 있다. 그리고 헌법이론적으로도 국가가 법률이 인정하는 구체적인 권리를 가지는 예외적인 경우를 제외하고 원칙적으로 권리를 가진다는 것은 통용되지 않는 법리이므로, 국가의 교육 과제를 권리로 이해하는 것은 타당하지 않다.

이미 설명한 것처럼 국가는 우리 헌법이 부여한 입법권, 행정권, 사법권을 가지고 있으며, 이를 행사하여 교육영역에서 구체적인 질서를 형성할 수 있다. 이러한 측면에서 국가는 교육영역에서 국민의 권리를 보장하고 구체적인 질서를 형성할 '권한'을 가지고 있다.

한편 국민에게 헌법상 권리인 기본권이 인정되면, 국가는 이에 대응하여 이를 실현할 '의무'가 발생한다. 이것은 헌법이 국가에게 부과하는 것이므로, '헌법상 의무'라고 할 수 있다. 그리고 개인의 기본권으로 보장되는 것이 아닌 가치나 이익을 헌법에서 실현할 과제를 국가에게 부과하는 경우, 국가는 이를 실현하기 위해서도 '헌법상 의무'가 부과된다. 이러한 의미에서 국가가 학생의 교육기본권을 실현하기 위하여 헌법은 국가에게 헌법상 의무를 부과하고 있으며, 교육이 입헌민주주의를 가능하게 하는 시민을 양성하는 객관적 질서의 의미에서 헌법상 의무를 부과하고 있다고 할 수 있다. 따라서 국가는 교육영역에서 위와 같은 내용의 헌법상 의무를 부과받고 있다. 국가는 이러한 헌법상 의무를 실현하기 위하여 국가에게 부여된 일정한 행위를 할 권한을 반드시 행사하여야 한다. 이러한 한도 내에서 권한의 행사는 의무가 되는 것이다.

요컨대, 국가는 우리 헌법이 부여한 입법권, 행정권, 사법권을 가지고 있으며, 이를 행사하여 교육영역에서 구체적인 질서를 형성할 수 있는 헌법상 권한을 가지고 있다. 그리고 국가는 학생의 교육기본권을 보장하기 위하여, 그리고 교육 그 자체가 입헌민주주의를 가능하도록 시민을 양성하는 객관적 질서를 확보하기 위하여 국가에게 헌법상 의무를 부과하고 있으며, 이러한 한도 내에서 헌법상 권한의 행사는 헌법상 의무가 된다.[61] 그러나 국가가 가진 이러한 교육 과제는 결코 권리의 성격을 가질 수는 없다. 이러한 의미에서 이를 국가의 교육권이라고 표현하는 것은 오해를 낳을 수 있다. 이를 국가의 교육권이라고 표현하는 것보다는 '국가의 교육권한'이라고 표현하는 것이 좀 더 정확한 표현이다.[62]

3. 국가의 교육 과제 중 의무이자 권한의 내용

이렇게 보았을 때 우리 헌법이 교육영역에서 국가에게 의무로 부과하고 이를 실현하기 위한 권한을 반드시 행사하도록 예정하고 있는 교육과제의 내용은 다음과 같이 정리할 수 있다.[63]

첫째, 국민은 교육기본권의 한 내용으로 학습 장소와 방법을 선택하는데 국가의 간섭 없이 자유롭게 결정할 권리할 권리가 있으므로, 국가는 이를 존중하여 방해하지 않고 타인이 이를 방해하지 않도록 여건을 조성할 권한과 의무가 있다.[64]

둘째, 국민은 각자의 능력에 상응하는 교육을 받을 권리가 있으므로 국가는 교육영역에서 능력 외의 사유로 차별을 하지 않아야 할 권한과 의무가 있다.

셋째, 우리 헌법은 국가에 학생의 교육기본권의 한 내용인 교육조건의 정비와 사인 간의 출발선상에서 불평등을 제거할 권한과 의무가 있다.

넷째, 의무교육을 실시하여야 하며, 의무교육은 무상으로 하여할 권한과 의무가 있다.

다섯째, 교육의 자주성 · 전문성 · 정치적 중립성과 대학의 자치를 보장하여야 할 의무와 권한이 있으며, 국회는 이를 보장하기 위한 법률을 제정할 권한과 의무가 있다.

여섯째, 국민은 평생교육을 받을 권리가 있으며 국가는 평생교육을 진흥할 권한과 의무가 있다.

일곱째, 국가는 교육제도와 그 운영, 교육재정 그리고 교원의 지위에 관한 기본적인 사항을 법률로 제정할 권한과 의무가 있다.

4. 학생의 교육기본권 또는 부모의 교육권과 국가의 교육권한의 갈등 및 그 해결

이미 검토한 것처럼 국가는 우리 헌법이 부여한 입법권, 행정권, 사법권을 가지고 있으며, 이를 행사하여 교육영역에서 구체적인 질서를 형성할 수 있는 헌법상 권한을 가지고 있다. 그리고 국가는 학생의 교육기본권을 보장하고 교육 그 자체가 입헌민주주의를 가능하게 하는 시민을 양성하는 기능을 수행하는 질서를 확립하기 위하여 국가에게 헌법상 권한과 의무가 있다.

이렇게 보았을 때 기존에 학생의 교육권과 국가의 교육권의 상충, 부모의 교육권과 국가의 교육권의 상충이라는 표현을 사용하고, 이익형량을 통하여 이를 해결하는 것은 헌법이론적 관점에서 보았을 때 잘못된 논의 구조이다. 헌법이론적 관점에서 보았을 때, 이것은 학생의 교육기본권 제한의 문제, 부모의 교육권 제한의 문제로 이해되어야 한다. 이 때 국가의 교육권한을 통하여 보호되어야 할 이익 또는 가치는 헌법 제37조 제2항의 국가안전보장, 질서유지, 공공복리의 개념에 포섭되어 학생의 교육기본권 또는 부모의 교육권을 제한할 수 있느냐의 문제로 다루어져야 한다.

V. 교원의 교육권

1. 우리 헌법과 교원의 법적 지위

일반적으로 교원이란 유치원 및 초 · 중등학교의 교사(teacher), 대학의 교수(professor) 등을 포함하는 의미로 사용된다.[65]

우리 현행 헌법에서 교원에 관한 명시적인 규정은 교육영역에 관한 기본적인 내용을 정하고 있는 헌법 제31조 중 제6항 교육법정주의 규정에서 "… 교원의 지위에 관한 기본적인 사항은 법률로 정한다"는 규정이 유일하다. 그런데 이미 설명한 것처럼 헌법 제31조 제6항의 취지는 교육내용의 형성과 변경이 그 시대의 공동체의 이념과 조화될 수 있고, 특정한 정치세력이나 행정기관이 교육에 대하여 부당한 간섭을 하는 것을 배제할 필요가 있기 때문에, 교육의 제도적인 사항을 국민의 대표기관인 국회가 법률의 형식으로 정하도록 규정한 것으로 이해하는 것이 일반적이다.[66] 그러므로 교원의 법적 지위와 관련하여 우리 헌법이 상정하고 있는 것은 위와 같은 목적을 달성하기 위하여 교원의 지위를 국민의 대표기관인 국회가 법률의 형식으로 보장하여야 한다는 취지로 이해할 수 있다.

한편 교육에 관하여 국가의 규율이 필요하지만, 그것이 개인에게 국가가 지시하는 가치를 주입하는 내용으로 형성되어서는 안 되기 때문에, 교육의 자주성 · 전문성 · 정치적 중립성을 보장하고 있는 제4항의 규정은 명시적이지는 않지만, 이를 구체화하는 과정에서 교원의 지위가 포착된다. 학교교육의 헌법현실을 고려하여 보았을 때, 제4항에서 천명한 교육의 기본원리를 구체화하는 과정에서 교육 중 학교교육영역에서는 교원이 국가에 견제기능을 수행하게 될 것으로 기대되기 때문이다.

나아가 제1항을 모든 국민에게 능력에 따라 균등하게 교육을 받을 권리를 보장하는 주관적 공권성을 인정하는 성격을 넘어 헌법의 일정한 가치를 지향하는 객관적 가치질서를 인정하는 성격으로 이해하면,[67] 이 조항에서 교원의 지위가 드러난다.[68]

2. 교원의 교육권의 내용

교원의 교육권은 일반적으로 교육과정 편성에 참여권, 교육과정 재구성권, 교과서 선택권, 학습지도자료의 작성과 선택권, 교육방법의 선택권, 평가방법의 선택권 등이 포함되는 것으로 이해된다.[69]

3. 교원의 교육권의 기본권성

(1) 기존의 견해

그렇다면 위와 같은 교원의 교육권은 기본권인가, 법률상 권리인가? 이에 관해서 상당한 논란이 있는 것으로 보인다.

일반적인 견해는 이에 관하여 이원적인 태도를 취하고 있다. 이에 따르면 대학의 교원인 교수(이하 '교수'라 줄인다)는 헌법 제22조 학문의 자유에 근거한 '교수의 자유'를 가지고 있으므로, 대학의 교수의 교육권은 헌법상 기본권이라고 인정한다. 반면에 유치원 및 초·중등학교 교사 등 일반적인 교사(이하 '교사'라 줄인다)는 기본권이 아니라는 입장을 취하고 있다.[70]

한편 전면적으로 기본권성을 인정하는 입장도 있다. 이들은 교육의 자유는 학문의 자유와 관련되며, 성인을 주로 교육하고 연구가 주요 임무인 교수의 자유는 강하게 인정되나, 인격이 완성되지 못한 유치원 및 초·중등학교 교사의 교육의 자유는 많은 제한을 받는다고 전제하고, 그럼에도 일정한 범위에서 이를 긍정하는 것이 타당하다고 주장하거나,[71] 교사의 교육권이 학생의 교육기본권에 의하여 많은 제약을 받기는 하지만 대학교수의 교수의 자유와 본질적으로 차이가 없기 때문에 이를 긍정하는 것이 타당하다고 주장한다.[72]

한편 우리 헌법재판소는 교사의 교육권이 기본권에 해당하는지 여부에 관하여 부정적인 견해가 많다는 입장을 취하고 있다.[73] 그러나 당해 판결에서 소수의견은 기본권에 해당한다는 의견을 제시하고 있다.[74, 75]

교수가 헌법 제22조 학문의 자유에 근거한 '교수의 자유'를 가지고 있으므로, 교수의 교육권은 헌법상 기본권이라는 지배적인 견해는 논외로 하고, 아래에서는 교사가 가지는 교육권을 기본권이라고 할 수 있는지에 관하여 집중적으로 검토하여 보자.

(2) 기본권의 개념 및 요건

교사가 가지는 교육권이 기본권인지 여부를 판단하기 위해서는 우선 기본권의 개념 및 요건을 살펴보아야 한다.

우선 기본권이란 '실정 헌법에 의하여 인정받은 권리', 또는 '실정 헌법상 권리'라고 정의할 수 있다.[76] 기본권을 이와 같이 정의한다면, 기본권이 되기 위해서는 다음과 같은 세 가지의 구성요건에 해당하여야 한다. 첫째, 실정헌법에 보장된 '권리'이어야 한다(권리성), 둘째, '실정' 헌법에 보장된 권리이어야 한다(실정성), 셋째, 실정 '헌법'의 수준에서 보장되어 있어야 한다(헌법성).[77] 이를 좀 더 자세히 설명하면 다음과 같다.

첫째, 기본권은 실정헌법에 보장된 '권리'이다. 헌법이 보장하는 가치나 이익은 다양하다. 헌법은 이렇게 다양한 가치나 이익 중에서 일부만을 '헌법상 권리'의 형식으로 보호한다. 그렇다면 다양한 가치나 이익 중에서 법적 권리(legal right)가 되기 위해서는 어떠한 요소를 갖추고 있어야 하나. 정종섭 교수에 따르면 법적 권리가 되기 위해서는 개체에의 귀속(개체귀속성), 청구성, 처분권능(처분성), 면책(면책성)으로 이루어져 있다.[78]

무엇이 권리가 되도록 하는 결정적인 요소는 어떤 가치나 이익이 특정 개체에게 귀속된다는 점이다. 헌법에서 보호하는 가치나 이익이 권리라고 하려면 이를 주장할 수 있는 주체에게 전속적으로 귀속되어, 특정한 가치나 이익이 자기 영역에 속하는 것으로 타자에게 주장할 수 있고, 타자는 이러한 주체의 주장을 배척할 수 없다. 이를 개체귀속성이라고 한다.[79] 권리주체는 그 권리에 근거하여 타자에 대하여 권리의 내용을 실현시키는 주장을 할 수 있다. 그 권리로 인하여 일정한 행위를 해야 할 의무자에게 이를 청구할 수 있고, 권리를 침해한 자에 대하여 그 침해를 제거하거나 피해를 전보할 수 있다. 이를 청구성이라고 한다.[80] 권리주체는 자유의사에 의하여 이를 양도하거나 포기할 수 있는 권능(power)를 가진다. 이를 처분성이라고 한다. 권리주체는 타자의 의사에 의하여 일방적으로 그 권리와 관련된 법률관계가 형성되거나 변경 또는 소멸되

지 않는 지위에 놓인다. 권리는 그 주체인 개인에게 개체귀속적인 영역
을 확보하여 주므로 타자는 이런 영역을 침해하거나 변경하거나 없앨 수
없다. 권리가 인정되는 영역은 타인의 권리, 요구, 청구로부터 자유로운
영역이다. 이를 면책성이라고 한다.[81]

둘째, 기본권은 '실정' 헌법에 보장된 권리이다. 이것이 신체의 자유,
내심의 자유와 같이 실정 헌법이라는 개념이 성립하기 전에라도 인간이
라는 실존적 존재가 존재하는 이상 부인할 수 없는 가치나 이익에 근거
한 것이라도 그것이 권리라는 형식으로 인정받기 위해서는 실정 헌법에
의하여 확인(declared)되어야 한다.[82]

셋째, 기본권은 실정 '헌법'에 보장된 권리이다. 따라서 어떠한 내용
의 권리가 기본권이냐 아니냐는 모든 시대와 모든 지역에서 보편타당
한 이론에 의한 것이 아니라, 일차적으로 당해 국가의 '헌법'에 기초하
여 판단되는 것이다. 그렇다고 이러한 '헌법의 차이', '문화의 차이'가 무
한정 타당한 것은 아니다. 나아가 기본권의 영역에서는 기본권의 개념
론에서 기본권을 인정하더라도 기본권의 제한론에서 기본권적 가치 및
이익과 공동체의 가치 및 이익을 형량하여 제한할 수 있으므로 해소될
수 있다는 점을 기억하여야 한다. 따라서 기본권의 개념론에서 문화상
대주의를 기초로 하여 기본권을 인정하거나 부정하는 것을 결정하는 것
은 신중하여야 한다.[83]

(3) 교원의 교육권의 기본권성 판단

이러한 이론을 교원의 교육권의 기본권성 여부 판단에 적용하여 보
면 다음과 같다.

이미 기본권의 의의 및 요건을 고찰하는 단계에서, 현실상 교원의 교
육권은 권리성은 갖추고 있다고 판단할 수 있다. 그렇다면 그것을 '실정
헌법'이 인정하는 권리로 볼 것인가라는 실정성과 헌법성 요건을 충족하
는지 문제가 제기된다.

먼저 교원의 지위에서 살펴본 것처럼 우리 헌법은 어느 규정에서도 교원이 교육권을 가지고 있다고 명시적으로 인정하고 있지 않으므로, 실정성을 우리 헌법의 해석을 통해서 도출할 수 있는지 탐색하여야 한다. 그리고 이러한 해석을 통한 실정성의 탐색단계에서는 필연적으로 헌법성의 탐색이 함께 행하여진다.

우선 헌법 제22조 제1항 학문의 자유를 근거로 하여 교원의 교육권을 기본권으로 인정하는 것은 곤란하다. 학문이란 진리탐구의 과정이며, 이 과정에서 참여당사자의 의사소통이 매우 중요하다. 이러한 측면에서 대학의 강의는 교수가 연구한 결과를 학생에게 발표하고 검증받는 계기이며, 이를 통하여 학생은 그 연구결과를 자신의 기존의 지식체계에 비추어 비판적으로 이해하는 과정이며, 이러한 과정에서 상호의사소통이 중요시된다. 이러한 과정에 참여하는 대학생은 지적 능력과 판단 능력이 성숙한 성인이므로 이러한 의사소통과정에서 합리적 판단을 할 것으로 전제한다. 그러나 유치원 및 초·중등학교의 수업은 사회에서 어느 정도 합의된 보편적인 지식을 전달하는 것을 주요한 목적으로 한다. 이러한 과정에 참여하는 학생은 지적 능력이나 판단 능력이 아직 미성숙한 미성년자이므로 이러한 의사소통과정에서 합리적 판단을 할 것으로 기대되지 않는다.[84]

한편 우리 헌법 제31조 제6항의 규정은 교원의 법적 지위와 관련하여 우리 헌법이 상정하고 있는 것은 위와 같은 목적을 달성하기 위하여 교원의 지위를 국민의 대표기관인 국회가 법률의 형식으로 보장하여야 한다는 취지로 이해할 수 있다. 따라서 이 조항만을 놓고 볼 때, 교원의 지위는 전적으로 입법형성권에 의하여 결정된다. 그렇다고 교원의 모든 지위가 입법형성권의 범위에 속하지는 않는다. 제6항의 취지를 달성하기 위한 한도 내에서만 입법형성권이 미친다고 판단할 수 있다.

그러나 필자는 헌법 제31조 제4항에서 천명한 교육의 자주성·전문성·정치적 중립성이라는 교육의 기본원리의 구체화와 헌법 제31조 제

1항에서 교육기본권의 객관적 가치질서로서의 성격의 인정에 근거하여 교사의 교육권이 제한적으로 범위에서 기본권이라고 생각한다.

첫째, 교육의 자주성·전문성·정치적 중립성을 보장하고 있는 헌법 제31조 제4항에서 천명한 교육의 기본원리의 구체화를 통해서 교사의 교육권을 제한적으로 인정할 수 있다. 즉, 헌법이론적으로 국가의 교육권한과 법률상 인정되는 교원의 교육권의 갈등은 국가가 헌법상 의무를 실현하기 위하여 권한을 행사하면서, 교원의 교육권을 법률상 얼마나 인정할 것인지를 결정하는 문제이다. 그러나 이러한 입법권을 제한하는 헌법적 한계가 있다. 국가는 교육권한을 가지고 있지만 교육의 모든 사항에 대하여 독점적인 결정권을 행사할 수 있는 것은 아니다. 우리 헌법 제31조 제4항이 선언하고 있는 교육의 자주성·전문성·정치적 중립성은 교원을 교육전문가로서 인정하고 이러한 기능을 제대로 발휘할 수 있도록 여건을 조성하여 줄 때 실현되는 것이기 때문이다.[85] 일반적으로 교육의 이념과 가치와 같은 일반적인 결정은 국가의 교육권한이 우선하는 영역으로 분류할 수 있고, 국가는 이 영역에서는 교원에게 이와 관련된 지시권을 행사할 수 있다. 한편 이러한 교육의 이념과 가치를 현실에 맞게 실현하는 방법과 같은 구체적인 결정은 교원의 교육권이 우선하는 영역으로 분류할 수 있고, 국가는 이 영역에서는 교원에게 이와 관련된 지시권을 행사할 수 없다.[86] 이렇게 보았을 때 교육의 이념과 가치를 현실에 맞게 실현하는 방법에 관한 결정은 교사가 스스로 할 수 있고, 만약 이에 대하여 국가가 지시권을 행사하면 이를 거부할 수 있는 권리가 있다.

둘째, 헌법 제31조 제1항을 주관적 공권성을 넘어 객관적 가치질서로서의 성격을 인정하는 전제하에 이해하면, 현재의 헌법현실을 헌법이 지향하는 상태를 실현하기 위하여 필요한 원리, 제도, 조직, 절차 등에 대한 헌법의 요청을 이끌어 낼 수 있고,[87] 당해 기본권을 실현하기 위하여 다른 개인의 협력의무를 이끌어 낼 수 있다.[88] 이렇게 보면 제1항에서 상정하는 당사자도 학생과 국가만이 아니라, 부모, 교원으로 확대된다. 그렇다면 이러한 이해에서 포착된 교원이 교육영역에서 가지는 권리와 이익을 헌법상 권리인 기본권으로 보호하여 줄 것인지 문제된다.

기본권의 성격을 이와 같이 양면적으로 이해하는 근본적인 목적은 헌법에서 보호하는 기본권의 효력을 강화하기 위한 것이다.[89] 여기서는 헌법 제31조 제1항에서 보호하고 있는 국민의 교육기본권의 효력을 강화하기 위한 것이다. 그렇다면 교원의 지위와 관련하여 제31조 제1항의 확장된 이해를 바탕으로 교원의 기본권을 인정하는 것이 제31조 제1항이 보호하는 국민의 교육기본권의 효력을 강화하는 효과를 가져오는지 검토하는 것이, 제31조 제1항을 통하여 교원의 교육권의 기본권성을 판단하는 핵심적인 쟁점이다. 교원은 국가가 제정한 법률에 따라 교육현장에서 학생의 인격의 완성을 지원하는 기능을 수행하는 한편, 이러한 법률에 따라 학생의 교육기본권을 제한하는 기능을 수행할 수 있다. 또한 이러한 적법한 제한 외에도, 이를 남용하여 적법하지 않은 제한하는 역기능을 수행할 수 있는 잠재적 위험을 가지고 있기도 하다. 따라서 교원의 교육권을 기본권으로서 보호하고 있다고 해석상 인정하는 것이 언제나 학생의 교육기본권의 효력을 강화하는 효과를 가져오는 것은 아니다. 그리고 교원의 교육권을 기본권으로 인정하게 되면 헌법이론적으로 학생과 교원의 이해관계의 상충은 학생의 교육기본권과 교원의 교육권이라는 기본권의 상충의 문제로 포착되는데, 헌법현실에서 학생과 교원이 동등한 지위에 있는 관계가 아니기 때문에, 그러한 상충은 필연적으로 교원의 교육권의 사실상 우위라는 결과를 가져올 수 밖에 없다. 나아가 교원의 교육권은 근본적으로 학생의 교육기본권을 실현하기 위하여 인정되는 것이다.[90] 이러한 여러 가지 논거를 고려하여 볼 때 원칙적으로 제31조 제1항에 근거하여 교원의 교육권을 기본권으로 인정하는 것은 타당하지 않다.

그러나 교사의 교육권을 인정하는 것이 헌법 제31조 제1항에서 보호하고 있는 국민의 교육기본권의 실현하는 효과와 그 효력을 강화할 수 있는 경우에는 교사의 교육권 도출을 부인할 이유가 없다. 국가가 교육의 이념과 가치를 현실에 맞게 실현하는 방법에 관한 사항에 대해 국가가 교사에게 지시권을 행사하는데, 그것이 결과적으로 학생의 교육기본권 실현을 저해하는 경우 교사는 국가에 대하여 위와 같은 결정권을 보장하여 달라고 주장할 필요가 있다. 즉, 교사는 위와 같은 사항에 대하여 학생이 아니라 국가를 상대로 교육을 할 권리를 주장할 수 있다.

요컨대, 우리 헌법상 교원의 교육권은 원칙적으로 헌법에서 보장하는 권리인 기본권이 아니라, 헌법 제31조 각 조항에 따라 국회에서 제정하는 법률에 근거하여 보장되는 권리인 법률상의 권리이다. 다만 대학 교원인 교수는 헌법 제22조 학문의 자유에 근거한 '교수의 자유'를 가지고 있으므로, 교수의 교육권은 헌법상 기본권이다. 또한 교사는 국가가 교육의 이념과 가치를 현실에 맞게 실현하는 교육 방법에 관한 사항에 대해 지시권을 행사할 경우 헌법 제31조 제1항과 제4항에 근거하여 국가에 대하여 위와 같은 결정권을 보장하여 달라고 주장할 수 있는 기본권이 있다.[91]

4. 국가의 교육권한과 교원의 교육권의 갈등 및 해결

헌법이론적으로 국가의 교육권한과 법률상 인정되는 교원의 교육권의 갈등은 국가가 헌법상 의무를 실현하기 위하여 권한을 행사하면서, 교원의 교육권을 법률상 얼마나 인정할 것인지를 결정하는 문제, 즉 원칙적으로 입법형성권의 문제이다.

그러나 대학의 교원인 교수는 헌법 제22조 학문의 자유에 근거한 '교수의 자유'를 가지고 있으므로, 교수의 교육권과 국가의 교육권한의 갈등은 헌법이론적 관점에서 보았을 때 교수의 자유의 제한 문제로 이해되어야 한다. 또한 교사가 국가에 대하여 제한적으로 가지는 교육에 관한 권리와 국가의 교육권한의 갈등도 헌법이론적 관점에서 보았을 때 교사의 교육권의 제한 문제로 이해되어야 한다. 이때 국가의 교육권한을 통하여 보호되어야 할 이익 또는 가치는 헌법 제37조 제2항의 국가안전보장, 질서유지, 공공복리의 개념에 포섭되어 교수의 자유와 교사의 교육권을 제한할 수 있느냐의 문제로 다루어져야 한다.

5. 부모의 교육권과 교원의 교육권의 갈등 및 해결

이미 검토한 것처럼 부모의 교육권은 헌법 제31조 제1항에 근거하여 기본권으로 인정된다. 그리고 교수의 자유는 기본권으로, 교사의 교육권은 국가에 대하여 제한적으로만 인정되는 기본권이다.

이렇게 보았을 때 기존에 부모의 교육권과 교원의 교육권의 상충이라는 표현을 사용하고 이익형량을 통하여 이를 해결하는 것은 헌법이론적 관점에서 보았을 때 제한적으로만 타당하다.

VI. 결론

이상의 논의를 정리하면 다음과 같다.

첫째, 우리 헌법 제31조 제1항은 모든 국민에게 교육을 받을 권리를 명시적으로 인정하고 있으므로, 우리 헌법학계 및 교육법학계에서는 일반적으로 국민의 교육을 받을 권리가 기본권으로 보장되고 있다고 인정하고 있다. 이 글에서는 교육을 받을 권리는 학습자가 학습 장소와 방법을 선택하는데 국가의 간섭 없이 자유롭게 결정할 권리, 각자의 능력에 상응하는 교육을 받을 수 있도록 자의적 차별 금지를 요구할 수 있는 권리, 국가에 의한 교육조건의 정비를 요구할 수 있는 권리 등과 같이 다양한 요소를 담고 있고, 당해 권리가 기본권이라는 점을 분명히 하는 것이 타당하다는 판단에서 '교육을 받을 권리'로 표현하는 것보다는 '교육기본권'이라고 표현하는 것이 타당하다고 결론지었다.

둘째, 헌법 제31조 제1항의 교육기본권과 관련하여 학습권, 수학권, 교육권 등 다양한 용어가 혼재되어 사용되고 있다. 필자는 교육기본권 내용 중 하나인 교육을 '받을' 권리를 '수학권'으로, 교육의 자유 또는 학습권을 '학습권'으로 표현할 것을 제안하였다. 한편 '교육권'이라는 용어는 부모 또는 교원에게 인정되는 '교육을 할 권리'를 표현하는 용어로 사용할 것을 제안하였다. 이렇게 본다면, 학생에게 인정되는 교육기본권은 헌법상 권리이고 그것은 (i) 학습권, (ii) 수학권, (iii) 균등하게 학습하고 수학할 권리라는 세부 내용으로 구성된다. 그리고 교육권은 부모 또는 교원에게 인정되는 교육을 할 권리인데, 그것이 기본권인지 법률상의 권리인지는 추가적인 논의가 필요하다.

셋째, 부모의 교육권은 부모에게 당연히 있는 '자연적인' 권리로 우리 헌법이 이를 확인하고 있다고 이해하는 것이 타당하며, 그 헌법적 근거는 헌법 제31조 제1항 교육기본권을 주관적 공권으로만 이해하는 것을 넘어 객관적 가치질서의 성격을 가지고 있는 원칙 규범으로 이해하여 이에 근거하여 인정된다고 해석하는 것이 가장 타당하다. 이와 같이 학생의 교육기본권과 부모의 교육권을 모두 헌법에서 인정하는 권리인 기본권이라고 결론지었다면, 양자의 갈등 및 그 해결은 헌법이론적으로 보았을 때, 기본권의 상충의 문제이다. 그러나 부모의 교육권은 학생의 교육권을 보장하기 위하여 지향된 권리이므로, 이와 같은 기본권의 상충이론을 일률적으로 적용할 것은 아니다.

넷째, 국가는 우리 헌법이 부여한 입법권, 행정권, 사법권을 가지고 있으며, 이를 행사하여 교육영역에서 구체적인 질서를 형성할 수 있는 헌법상 권한을 가지고 있다. 그리고 국가는 학생의 교육기본권을 보장하기 위하여, 그리고 교육이 입헌민주주의를 가능하게 하는 시민을 양성하는 기능을 수행하는 객관적 질서를 확립하는 의미에서 국가에게 헌법상 의무를 부과하고 있으며, 이러한 한도 내에서 헌법상 권한의 행사는 헌법상 의무가 된다. 그러나 국가가 가진 이러한 교육 과제는 결코 권리의 성격을 가질 수는 없다. 이러한 의미에서 이를 국가의 교육권보다는 국가의 교육권한이라고 표현하는 것이 좀 더 정확한 표현이다. 이렇게 보았을 때 기존에 학생의 교육권과 국가의 교육권의 상충, 부모의 교육권과 국가의 교육권의 상충이라는 표현을 사용하고, 이익형량을 통하여 이를 해결하는 것은 잘못된 논의 구조이다. 헌법이론적 관점에서 보았을 때, 이것은 학생의 교육기본권 제한의 문제, 부모의 교육권의 제한 문제로 이해되어야 한다.

다섯째, 교원의 교육권이 기본권인지에 관해서는 상당한 논란이 있는 것으로 보인다. 필자는 이에 대해서 우리 헌법상 교원의 교육권은 원칙적으로 기본권이 아니라, 헌법 제31조 각 조항에 따라 국회에서 제정하는 법률에 근거하여 보장되는 권리인 법률상의 권리라고 이해하였고, 대학의 교원인 교수의 교육권은 헌법 제22조 학문의 자유에 근거한 헌법상 기본권이라고 이해하였다. 그리고 교사의 교육권은 국가에 대하여 제한적으로만 주장할 수 있는 기본권이라고 이해하였다. 따라서 헌법이론적으로 국가의 교육권한과 법률상 인정되는 교사의 교육권의 갈등은 국가가 헌법상 의무를 실현하기 위하여 권한을 행사하면서, 교사의 교육권을 법률상 얼마나 인정할 것인지를 결정하는 문제, 즉 원칙적으로 입법형성권의 문제이다. 헌법 제31조 제1항에 근거하여 기본권으로 인정되는 부모의 교육권과 법률상 인정되는 교사의 권리는 헌법이론적 관점에서 부모의 교육권 제한의 문제로 이해되어야 한다.

[보론]
부모의 교육권과 양육권은 어떤 관계인가?[92]

Ⅰ. 문제 제기

부모는 아동·청소년의 성장에 도움을 주어야 하고, 그것이 부모 스스로 이익과 밀접한 관련이 있어 아동·청소년에 대한 양육권이 인정된다. 우리 헌법학계와 일부 헌법재판소 판례는 이 부모의 자녀양육권을 헌법 제36조 제1항 "혼인과 가족생활은 개인의 존엄과 양성의 평등을 기초로 성립되고 유지되어야 하며, 국가는 이를 보장한다"에서 도출한다.

그렇다면 이것과 제1장에서 서술한 부모의 자녀교육권과 관계가 문제된다. 각각의 기본권 보호영역을 설정하기 위해서는 자연스럽게 양 기본권의 관계, 제36조와 제31조의 관계에 관한 실타래를 풀어야 한다.

Ⅱ. 부모의 양육권의 의의와 헌법적 근거

부모의 양육권이란 부모가 자녀의 올바른 성장을 위하여 키울 수 있는 권리와 권한이다. 우리 헌법재판소는 "혼인과 가족생활을 보장하는 헌법 제36조 제1항, 행복추구권을 보장하는 헌법 제10조 및 '국민의 자유와 권리는 헌법에 열거되지 아니한 이유로 경시되지 아니한다'고 규정한 헌법 제37조 제1항"을 근거로 양육권의 기본권성을 인정하고 있다.[93] 민법 제913조 친권자의 보호·교양할 권리·의무[94]은 이 헌법상 자녀양육권이 구체화된 권리·의무라고 할 수 있다.

이런 측면에서 헌법 제31조 제1항에 근거한 부모의 자녀를 교육할 수 있는 권리와 권한인 자녀교육권과는 구별된다. 헌법재판소도 남성 단기복무장교를 육아휴직 허용 대상에서 제외하고 있는 구 군인사법에 대한 헌법소원 사건에서, 청구인이 "행복추구권, 인격권, 교육권" 침해를 주장하였으나 이 세 권리를 관련기본권에서 배제하고 양육권을 관련 기본권으로 확정하였다.

Ⅲ. 부모의 양육권과 교육권의 관계

이제 부모의 자녀양육권과 자녀교육권 각각의 기본권 보호영역을 설정하기 위해서 양육과 교육의 관계, 양육권과 교육권의 관계, 헌법 제36조와 제31조의 관계를 살펴보자.

이미 설명한 것처럼 우리 헌법학계와 교육법학계, 이른바 거주지 기준 중·고등학교 배정 판결과 같은 헌법재판소의 일부 판례는 부모의 교육권이 학생의 교육기본권을 실효성 있게 보장하기 위하여 인정되는 것이므로 헌법 제31조 제1항에 근거한다고 이해하고 있다.

한편, 과외 판결과 같은 헌법재판소의 많은 일부 판례는 부모의 교육권을 혼인과 가족생활을 보장하는 헌법 제36조 제1항, 행복추구권을 보장하는 헌법 제10조, 제37조 제1항에 근거한다고 이해하고 있고, 김하열 교수는 공교육영역 안과 밖을 구별하여 전자는 헌법 제31조 제1항과 제36조 제1항에서 후자는 제36조 제1항에서 찾고 있다.

기존 다수설과 같이 이해를 할 경우 제36조 제1항은 양육권의, 제31조 제1항은 교육권의 헌법적 근거가 되므로 양자의 관계는 명확하다. 반면 후자와 같은 이해를 힐 경우 제36조 제1항과 제31조 제1항과 괸계가 문제된다. 후자를 주장하는 김하열 교수의 설명에 따르면 공교육 밖에서 부모의 교육권의 헌법적 근거는 헌법 제36조 제1항이며, 공교육 영

역에서 부모의 교육권의 헌법적 근거는 헌법 제36조 제1항과 제31조 제
1항이라고 서술하고 있다.[95]

아주 오래전에는 교육은 일상적인 생활에서 양육의 일부로 무의식적
으로 이루어졌을 것이다.[96] 그러나 근대를 거쳐 현대에 이르러 교육과 양
육은 점차 명확하게 구분되어 왔다. 교육은 의도적으로 가르치는 것인
반면,[97] 양육은 의도성이 약하다. 그러나 교육이 양육의 측면을 전혀 배
제하고 있는 것은 아니다. 아주 오래전에 그랬던 것처럼 말이다. 이러한
의미에서 "교육은 특별한 양육이다."

|그림 1| 교육과 양육의 관계

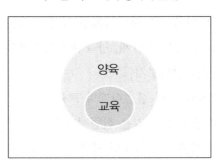

따라서 교육 영역에서 시민의 이익을 보호하는 기본권의 헌법적 근거
인 헌법 제31조는 양육 영역에서 시민의 이익을 보호하는 기본권의 헌법
적 근거인 헌법 제36조와 일반-특별관계에 있다.

그것은 마치 국민이 어떤 단체라도 결성, 가입, 탈퇴할 수 있는 기회
를 헌법 제21조 결사의 자유에 의하여 보호받지만, 국민이 노동조합에
결성, 가입, 탈퇴할 수 있는 기회는 헌법 제33조 노동3권에 의하여 보호
받고 국민이 정당에 결성, 가입, 탈퇴할 수 있는 기회는 헌법 제8조 정
당의 자유에 의하여 보호받으므로, 이 경우 제33조와 제8조가 제21조에
우선 적용된다고 해석하는 것과 같은 이치이다.[98]

결론적으로 부모의 교육권은 헌법 제31조 제1항에 근거한 것으로, 부

모의 양육권은 헌법 제36조 제1항에 근거한 것으로 설명해 온 헌법학계와 교육법학계의 종래 견해가 타당하다.

|그림 2| 부모의 자녀교육권과 자녀양육권의 관계

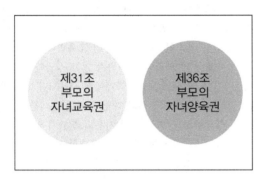

위와 같이 교육과 양육의 관계를 설정한다면 부모가 가정 내에서 행하는 이른바 가정교육은 엄밀한 의미에서 교육이 아니라 양육에 포함되는 것으로 분류하는 것이 타당하다. 그러나 학원, 교습소, 가정 내 과외교습, 평생교육원 등에서 행하는 사회교육 등 부모가 아니라 다른 교육주체에 의하여 행해지는 교육은 설사 그것이 가정 내에서 행해지더라도 교육의 범주에 포함시키는 것이 타당하다.

미주

* 원출처: 정필운, "교육영역에서 당사자의 권리 · 의무 · 권한에 대한 헌법이론적 고찰", 「법학연구」 제19권 제3호, 연세대학교 법학연구원, 2009, 283-312쪽.

1 이러한 결과가 발생한 근본적인 이유는 일본의 교육법학계에서 사용되던 '교육권(敎育權)'이라는 용어를 논의 맥락을 고려하지 않고 성급하게 도입하여 사용하였기 때문이라고 생각한다. 일본의 교육법학계에서 사용되던 '교육권'이라는 용어는 이른바 국가교육권론과 국민교육권론의 대립에 관한 논의를 전제로 하여 성립된 용어로, 현재는 일본 내에서도 별로 많이 사용되고 있지 않은 용어이다. 이에 관해서는 신현직, "교육기본권에 관한 연구", 서울대학교 대학원 법학과 박사학위논문, 1990, 76-77쪽, 81쪽; 고전, 「일본 교육법학」, 박영스토리, 2019, 140-141쪽 참고.

2 안주열, "'교육헌법의 연구성과와 과제'에 대한 토론", 대한교육법학회 편저, 「교육법학 연구 동향」, 한국학술정보(주), 2007, 72쪽.

3 안주열, 앞의 글, 72쪽.

4 다행히 최근 이를 본격적으로 다루고 있는 훌륭한 단행본이 출간되었다. 노기호, 「교육권론」, 집문당, 2008이 그것이다. 이 글은 이에 기대여 논의를 좀 더 풍부하게 전개할 수 있었다. 이 글이 이 논의에 조금이라도 기여하는 것이 있다면, 그것은 노기호 교수님의 학덕으로 돌리는 것이 마땅하다.

5 나중에 서술하는 것처럼 부모의 교육권은 미성년 자녀를 전제로 인정되는 것이므로, 성인이 된 자녀의 부모는 헌법이론적 의미에서 교육영역의 한 당사자가 아니다. 이에 관해서 자세한 것은 Ⅲ. 1. 참고.

6 허영, 「한국헌법론」, 박영사, 2008, 427쪽; 전광석, 「한국헌법론」, 법문사, 2007, 342쪽.

7 허영, 앞의 책, 427쪽; 헌재결 2003. 2. 27. 선고, 2000헌바26.

8 전광석, "교육의 권리와 교과서제도-교육법 제157조에 대한 헌법소원사건에 대한 평석을 겸하여-", 전광석, 「헌법판례연구」, 법문사, 2000(이하 '전광석, 앞의 글'로 인용한다), 192쪽 이하. 이에 관하여 자세한 것은 Ⅴ. 3. 참고.

9 권영성, 「헌법학원론」, 법문사, 2008, 661쪽; 김철수, 「헌법학신론」, 박영사, 2009, 823쪽; 성낙인, 「헌법학」, 법문사, 2008, 679쪽; 이승우, 「헌법학」, 두남, 2009, 659쪽; 장영수, 「헌법학」, 홍문사, 2009, 821쪽; 전광석, 앞의 책, 341쪽; 정종섭, 「헌법학원론」, 박영사, 2008, 673쪽; 표시열, 「교육법: 이론 · 정책 · 판례」, 박영

사, 2008, 201쪽; 허영, 앞의 책, 426쪽.

10 기본권이 실정 헌법에 의하여 인정되는 권리라는 점에서, 어떤 권리가 기본권인지 여부는 일차적으로 당해 헌법에 기초하여 판단되는 것이다. 이는 교육의 받을 권리의 기본권성에 관하여 비교헌법론적인 고찰을 통해서도 쉽게 이해된다. 예를 들어, 일본의 경우 헌법 제26조에 의하여 이 권리의 기본권성을 인정하나(芦部信喜, 『憲法』, 岩波書店, 2002, 248面), 미국의 경우 1973년 San Antonio Independent School District v. Rodriguez 사건에서 그 기본권성을 부인한 이래 전통적으로 이에 부정적이다. Erwin Chemerinsky, Constitutional Law, Aspen, 2005, p.999, p.1005; Michael W. La Morte, School Law: Cases and Concepts, Allyn and Bacon, 2008, pp.379-388 참고.

11 예를 들어, 정종섭, 앞의 책, 674-678쪽.

12 손희권, 『교육과 헌법: 헌법 제31조의 구조와 해석』, 학지사, 2008, 26-36쪽.

13 헌재결 2006. 1. 26. 선고, 2005헌마98에서 조대현 재판관의 소수의견.

14 국민의 평생교육을 받을 권리를 국가에게 평생교육진흥의무를 부과하고 있는 헌법 제31조 제5항에서 도출하는 견해도 있지만, 헌법 제31조 제5항은 국가에게 평생교육을 진흥할 것을 강조하는 것일 뿐 여기서 직접 국민 평생교육을 받을 권리가 도출되는 것은 아니라는 것이 좀 더 일반적인 견해이다. 정종섭, 앞의 책, 672쪽. 이러한 견해를 취할 경우 평생교육을 받을 권리는 헌법 제31조 제1항에서 도출하는 것이 타당하다고 할 수 있다.

15 예를 들어, 권영성, 앞의 책, 663-666쪽; 장영수, 앞의 책, 825쪽.

16 이러한 의미에서 교육을 받을 자유의 주체는 엄격한 의미에서 '모든 국민'이다. 예를 들어, 김철수, 앞의 책, 822쪽; 신현직, 앞의 글, 95쪽. 그러나 이 '모든 국민'이 교육영역에서 당사자로 구체화되는 시점에서는 '학생'으로 포착할 수 있으므로, 이 글에서는 '학생'이라고 표현하였다. 교육기본법 제12조에서는 이를 학습자라는 표현하고 있다.

17 헌재 2000. 4. 27. 98헌가16 등.

18 헌재 2017. 12. 28. 2016헌마649.

19 헌재 2000. 4. 27. 98헌가16 등.

20 이상 교육기본권을 구성하는 세 요소에 관한 서술은 2009년 발표 당시에 없던 것으로 이 책 제10장 글에서 가져와 이번에 추가한 것이다.

21 예를 들어, 권영성, 앞의 책, 661쪽.

22 신현직, 앞의 글, 74-76쪽; 노기호, 앞의 책, 29쪽.

23 신현직, 앞의 글, 74-75쪽; 노기호, 앞의 책, 30쪽.

24 장영수, 앞의 책, 820쪽.

25 조화태, 『교육철학』, 한국방송통신대학교 출판부, 2013, 122-126쪽 참고. 이 근거

는 2009년 발표 당시에 없던 것으로 이 책 제3장 글에서 가져와 이번에 추가한 것이다.

26 김철수, 앞의 책, 820쪽.

27 김철수, 앞의 책, 827쪽.

28 김철수, 앞의 책, 827쪽.

29 권영성, 앞의 책, 661쪽.

30 권영성, 앞의 책, 661쪽.

31 장영수, 앞의 책, 838쪽.

32 권영성, 앞의 책, 838쪽.

33 헌재결 1991.2.11. 선고, 90헌가27 등.

34 헌재결 2000.12.14. 선고, 99헌마112.

35 신현직, 앞의 글, 76쪽.

36 신현직, 앞의 글, 82쪽.

37 신현직, 앞의 글, 82쪽.

38 안주열, "'교육헌법의 연구성과와 과제'에 대한 토론", 대한교육법학회 편저, 『교육법학 연구 동향』, 한국학술정보(주), 2007, 72쪽.

39 이에 관하여 필자가 기존에 제시한 견해를 일부 변경한다. 필자는 2009년 글에서 교육기본권 내용 중 하나인 교육을 '받을' 권리를 법률로 구체화시킨 권리를 '수학권'으로 이해하였다. 그러나 위 서술과 같이 수학권을 교육받을 권리와 같은 개념으로 이해하고, 이 수학권을 교육기본권 내용 중 하나로 이해하는 것으로 견해를 변경한다.

40 권영성, "청소년보호법에 의한 유해매체물의 유통규제", 『고시연구』, 1997.11., 114쪽.

41 김선택, "아동·청소년보호의 헌법적 기초─미성년 아동·청소년의 헌법적 지위와 부모의 양육권", 「헌법논총」 제8집, 헌법재판소, 1997, 85쪽.

42 권영성, 앞의 글, 114쪽.

43 이상 정필운, "인터넷에서 학생의 언론의 자유의 제한에 관한 연구", 「토지공법연구」 제45집, 한국토지공법학회, 2009, 536쪽 참고. 이 책 제7장 참고.

44 김선택, 앞의 글, 92쪽; 표시열, 앞의 책, 212쪽.

45 김선택, 앞의 글, 93쪽; 헌재결 2000. 4. 27. 선고, 98헌가16, 98헌마429(병합).

46 김선택, 앞의 글, 101쪽; 헌재결 2000. 4. 27. 선고, 98헌가16, 98헌마429(병합).

47 이상 김철수, 앞의 책, 822쪽; 성낙인, 앞의 책, 680─681쪽; 전광석, 앞의 책, 344─345쪽; 정종섭, 앞의 책, 676─678쪽; 헌재결 2000. 4. 27. 선고, 98헌가16. 한편, 표시열, 앞의 책, 212쪽; 허영, 앞의 책, 430─431쪽은 명확하지는 않지만, 부모의 교육권을 기본권으로 인정하고 있는 것으로 판단된다.

48 예를 들어, 전광석, 앞의 책, 344-345쪽; 정종섭, 앞의 책, 676-678쪽; 표시열, 앞의 책, 212쪽; 헌재결 1995. 2. 23. 선고, 91헌마204.

49 헌법재판소는 헌재결 2000. 4. 27. 선고, 98헌가16, 98헌마429(병합)례에서 이와 같은 취지의 판시를 하였다. 한편, 김선택, 앞의 글, 93쪽은 부모의 양육권을 헌법 제31조 제2항 부모의 학령아동자녀의 교육을 받게 할 의무 규정, 제36조 제1항 가족의 자율성의 보장 규정에 의하여 간접적으로 확인되고 있고, 헌법 제37조 제1항에 직접적으로 근거하고 있다고 이해하고 있다. 이러한 견해는 교육권에 있어서만 국한하여 보면 위 헌법재판소 결정례와 동일하다고 볼 수 있지만, 그것이 부모의 교육권을 포괄한 양육권의 헌법 근거에 관한 논의라는 점에 주목하면 같은 견해라고 판단되지는 않는다.

50 비교헌법론적으로 보았을 때, 부모의 교육권을 명시적으로 규정하고 있지 않은 미국에서는, "어떠한 주도 적법절차에 의하지 아니하고 어떠한 사람의 생명, 자유, 또는 재산을 박탈할 수 없으며, 그 관할권 내에 있는 어떠한 사람에 대해서도 법의 평등한 보호를 부인하지 못한다"라고 규정하고 있는 수정헌법 제14조의 '자유'의 하나로서 자녀 양육 및 교육에 관한 자신의 삶에 대한 기본적 선택에 대한 결정의 자유가 보호된다고 하여, 수정헌법 제14조를 근거로 부모의 교육권을 인정하고 있다. Erwin Chemerinsky, op. cit., p.827, p.839.

51 연혁적으로 학생의 교육기본권을 보호하기 위하여 국가에 대하여 부모 자신의 교육할 권리를 주장하면서 확립된 부모의 교육권 영역에서, 근래 대두되는 새로운 쟁점은 학생을 위한 부모의 결정이 학생 자신의 결정과 다른 경우 이를 법적으로 어떻게 처리할 것인지라는 문제이다. Charles J. Russo (ed.), Encyclopedia of Education Law, Vol.2, SAGE, 2008, p.612.

52 이에 관해서는 Ralph D. Mawdsley et al., Students' Rights and Parent's Rights: A United States Perspective of the Emerging Conflict Between Them and the Implications for Education, 1011 Austl. & N.Z.J.L. & Educ. 19 (2005-2006), pp.19-35 참조.

53 헌법 제40조 입법권은 국회에 속한다, 헌법 제66조 제4항 ④ 행정권은 대통령을 수반으로 하는 정부에 속한다, 헌법 제101조 ① 사법권은 법관으로 구성된 법원에 속한다.

54 제도는 기본권을 보호하는 데 기여하거나 그 전제가 된다. 제도가 곧 기본권 보장은 아니지만 제도는 기본권 보장을 위한 효율적인 수단이다. 정극원, 『헌법국가론』, 대구대학교 출판부, 2006, 240쪽.

55 이상 권영성, 앞의 책, 665쪽; 김철수, 앞의 책, 834쪽; 성낙인, 앞의 책, 686쪽; 장영수, 앞의 책, 829쪽; 전광석, 앞의 책, 341쪽; 정종섭, 앞의 책, 672쪽; 허영, 앞의 책, 431쪽.

56 이상 권영성, 앞의 책, 266-268쪽; 전광석, 앞의 책, 341쪽; 정종섭, 앞의 책, 672
   쪽; 허영, 앞의 책, 433-434쪽. 우리 헌법 제31조 제4항 교육의 자주성 · 전문성 ·
   정치적 중립성은 우리 헌법이 교육영역에서 명시적으로 인정하고 있는 중요한 원
   칙이지만, 그것만이 교육영역에서 적용되어야 할 원칙이거나 언제나 다른 원칙에
   우선하여 적용되어야 할 원칙은 아니므로 평등의 원리와 같은 다른 헌법적 가치나
   기본원칙도 충분히 고려되어야 한다. 이에 관해서 자세한 것은 이 책 제4장 참고..

57 헌재결 1991. 7. 22. 선고, 89헌가106; 헌재결 1992.11.12. 선고, 89헌마88; 헌재
   결 1998. 7. 16. 선고, 96헌바33, 66, 68, 97헌바2, 34, 80, 98헌바39(병합).

58 박상기 외, 『법학개론』, 박영사, 2008, 31쪽.

59 박상기 외, 앞의 책, 33쪽.

60 박상기 외, 앞의 책, 32쪽.

61 이러한 측면에서 국가의 교육과제를 헌법에 보장된 국민의 교육기본권을 실현하기
   위하여 '하위 법률에 근거하여' 인정되는 교육권한이라고 이해하는 것은 타당하지
   않다. 예를 들어, 표시열, 앞의 책, 215쪽.

62 이러한 용어를 사용하고 있는 예로는, 노기호, 앞의 책, 282쪽.

63 손희권, 앞의 책, 83쪽; 장영수, 앞의 책, 838-843쪽.

64 이러한 설명에서 주의할 점이 있다. 국가에 어떤 의무가 발생한다고 하여 이에 대
   응하는 기본권이 존재하는 것은 아니다. 그러나 개인에게 기본권이 보장되면 국가
   에게 이를 실현할 헌법적 의무가 발생한다. 정종섭, 『기본권의 개념』, 금붕어, 2007
   (이하 '정종섭, 앞의 책, 2007'으로 인용한다), 37쪽 참조. 이러한 의미에서 본문의
   서술이 정확한 것은 아니다. 우리 헌법 구조에서 평생교육을 진흥할 의무는 국민이
   교육을 받을 권리의 한 내용으로 평생교육을 받을 권리가 있는지를 불문하고, 헌법
   제31조 제5항에 의하여 직접 인정되는 것이다. 그러나 일반적으로 국민이 교육을
   받을 권리의 한 내용으로 평생교육을 받을 권리가 있다는 것을 인정하는 것이 일반
   적인 견해인 것을 감안하면, 위와 같은 설명은 자연스러워진다.

65 신현직, 앞의 글, 178쪽; 노기호, 앞의 책, 94쪽.

66 이에 관해서는 Ⅳ.1. 참고.

67 전광석, 앞의 글, 193-195쪽.

68 교원의 교육권의 근거에 관해서는 이 책 제11장 참고.

69 헌재결 1992. 11. 12. 선고, 89헌마88; 1966년 유네스코의 교사의 지위에 관한 권고
   (Recommendation concerning the Status of Teachers) 제61번, 제62번, 제65번 참고.

70 예를 들어, 전광석, 앞의 글, 194-197쪽.

71 김철수, 앞의 책, 822쪽.

72 신현직, 앞의 글, 178-183쪽; 허종렬, "한국 헌법상 교육기본권에 대한 논의와 일
   본 헌법과의 비교분석", 『성균관법학』 제17권 제1호, 2005, 43-45쪽. 한편, 성낙

인, 앞의 책, 682쪽은 분명하지는 않지만, 이를 인정하는 듯한 서술을 하고 있다.
73 헌재결 1992. 11. 12. 선고, 89헌마88.
74 변정수 재판관의 소수의견.
75 그 밖에 교사의 교육권을 직무권한으로의 성질과 기본권으로서의 성질을 함께 갖
    는 권리로 보는 견해도 있다. 표시열, 앞의 책, 206-207쪽; 노기호, 앞의 책, 112
    쪽, 131-132쪽.
76 장영수, 앞의 책, 423쪽.
77 정종섭, 앞의 책, 2007, 24쪽.
78 정종섭 교수는 권리란 청구(claim), 자유(liberty), 권능(power), 면책(immunity)이라
    는 법적 관계를 의미하며, 이러한 요소들이 홀로 또는 서로 결합하여 권리라는 개
    념으로 사용되고 있다는 호펠트(W. N. Hohfeld)의 '권리론'에 기반하여 위와 같이
    결론짓고 있다. 정종섭, 앞의 책, 2007, 27-28쪽.
79 정종섭, 앞의 책, 2007, 29-30쪽.
80 정종섭, 앞의 책, 2007, 30쪽.
81 이상 정종섭, 앞의 책, 2007, 38-40쪽.
82 정종섭, 앞의 책, 2007, 41쪽.
83 정종섭, 앞의 책, 2007, 92-93쪽.
84 이상 전광석, 앞의 책, 283-284쪽.
85 전광석, 앞의 글, 199쪽.
86 전광석, 앞의 글, 199쪽; BVerfGE 34, 165. 허영, 앞의 책, 433쪽에서 재인용.
87 전광석, 앞의 글, 195쪽.
88 전광석, 앞의 책, 197-198쪽.
89 이승우, "기본권의 보호의무", 『현대공법과 개인의 권익 보호』, 균제 양승두 교수 화
    갑기념논문집, 홍문사, 1994, 1162-1063쪽; 장영수, 앞의 책, 497쪽; 전광석, 앞
    의 글, 196쪽.
90 이상 전광석, 앞의 글, 196-197쪽.
91 이 점에 있어 필자의 견해를 변경한다. 필자는 과거 우리 헌법학계의 일반적인 견
    해와 같이 교원의 교육권은 기본권이 아니라 헌법 제31조 각 조항에 따라 국회에서
    제정하는 법률에 근거하여 보장되는 권리인 법률상의 권리라고 해석하는 것이 타
    당하다는 견해를 취하였다. 그러나 국가가 교육의 이념과 가치를 현실에 맞게 실현
    하는 방법에 관한 사항에 대해 지시권을 행사할 경우 교사는 헌법 제31조 제1항과
    제4항에 근거하여 국가에 대하여 위와 같은 결정권을 보장하여 달라고 주장할 수
    있는 기본권이 있다는 견해로 필자의 견해를 변경한다.
92 원출처: 이 글은 2021년 9월 10일부터 11일까지 한국공법학회 등이 주최하는 "2021
    한국공법학자대회"의 발표문(정필운, "부모의 자녀교육권과 자녀교육권의 관계",

2021년 한국공법학자대회 학술대회 자료집, 2021.9.)의 일부이다.

93 헌재 2008. 10. 30. 선고, 2005헌마1156. 남성 단기복무장교를 육아휴직 허용 대상에서 제외하고 있는 구 군인사법에 대한 헌법소원 사건. 기각.

94 제913조(保護, 教養의 權利義務) 親權者는 子를 保護하고 教養할 權利義務가 있다.

95 김하열, 앞의 책, 677쪽.

96 강창동 외, 앞의 책, 52쪽.

97 일찍이 정범모는 교육을 인간행동의 계획적 변화라고 정의하였다. 정범모, 『교육과 교육학』, 배영사, 1980; 강창동 외, 『교육학개론』, 도서출판 하우, 1996, 33쪽에서 재인용.

98 강태수, 정필운, "지적재산권과 관련한 헌법소송의 쟁점과 처방", 「공법연구」 제48권 제2호, 한국공법학회, 2019.

제 2 장

교육제도 법정주의, 어떻게 해석하여야 하고 어떻게 개정하여야 하는가?*

Ⅰ. 문제 제기

헌법 제31조 제6항(이하 '이 조항'이라고 줄이기도 하였다)은 우리 헌법에서 교육영역을 규율하는 몇 개 안되는 조항 중 하나이다. 우리 교육법학계와 헌법학계에서 이 조항의 해석론은 생각보다 다양하게 전개되어 왔다. 그럼에도 이 조항의 해석론이 다양하게 전개되고 있다는 인식조차 명확하지 않은 상황이다. 필자는 이 조항의 연혁과 이에 관한 해석론, 이 조항과 같거나 비슷한 다른 나라 헌법 조항, 헌법재판소 판례를 읽는 과정에서 이 조항을 둘러싼 해석론적 쟁점을 드러내고 이에 대한 필자의 견해를 밝히고 싶다는 생각을 갖게 되었다.

이 글은 헌법 제31조 제6항을 둘러싼 해석론적 쟁점을 도출하고 이에 대한 필자의 견해를 밝히며 새로운 해석론과 입헌론을 덧붙이는 것을 목적으로 한다. 이러한 목적을 달성하기 위하여 우선 헌법 제31조 제6항의 기존의 해석론을 정리하고(Ⅱ), 새로운 해석론과 입헌론의 전개를 위하여 이 조항의 헌법사적 변천 과정을 살피고(Ⅲ), 비교헌법론적인 고찰을 한다(Ⅳ). 이상의 논의를 바탕으로 헌법 제31조 제6항에 대한 해석론을 둘러싼 쟁점과 이에 대한 필자의 견해, 이 조항의 함의, 소박한 입헌론을 정리하여 제시한다(Ⅴ).

Ⅱ. 기존의 해석론

헌법 제31조 제6항은 "학교교육 및 평생교육을 포함한 교육제도와 그 운영(이하 'A'로 줄이기도 하였다), 교육재정(이하 'B'로 줄이기도 하였다) 및 교원의 지위(이하 'C'로 줄이기도 하였다)에 관한 기본적인 사항은 법률로 정한다"고 규정하고 있다. 기존의 헌법 이론서, 헌법 해설서, 교육법 이론서를 중심으로 제31조 제6항의 해석론을 정리하면 다음과 같다.

첫째, 이 조항은 '교육제도, 교육재정 및 교원지위법정주의',[1] '교육제도 법정주의',[2] '교육제도 등의 법정주의',[3] '교육제도 법률주의',[4] '교육법정주의'[5] 등으로 불린다.

둘째, 이러한 조항을 둔 취지에 관해서는 "국가가 교육을 자의적으로 규제하지 못하도록 하기 위해 교육제도 · 교육재정 · 교원의 법적 지위 등의 법정주의를 규정한"[6] 것, "교육이 다른 가치체계에 종속되는 것을 방지하고, 또 교육과정을 외부의 간섭으로부터 보호하기 위하여 교육이 중요한 사항을 법률로 정한"[7] 것, 과거 일본 제국주의에서 천황이 교육을 좌지우지하던 이른바 교육칙령주의에 대한 명시적인 반대를 표현한 것[8]으로 이해하고 있다.

구체적으로는 "교육의 물적 기반이 되는 교육제도와 인적 기반이 되는 교원의 지위에 관한 기본적인 사항을 법률로써 규정하도록 한 것이다. 헌법이 이와 같이 교육제도의 기본적인 사항을 법에 의하여 정하도록 하고 있는 것은 장기간의 계획성이 요구되는 교육이 특정한 정치세력이나 집권자에 의해 영향을 받아 수시로 변경되는 것을 예방하고 장래를 전망한 일관성이 있는 교육체계를 유지 · 발전시키기 위한 것으로 국민의 대표기관인 국회의 통제 하에 두는 것이 가장 온당하다는 의회민주주의 내지 법치주의 이념에서 비롯된 것"[9]이며, "교원이 수행하는 교육이라는 직무상의 특성에 비추어 볼 때 교원이 자주적 · 전문적 · 중립적으로 학생을 교육하기 위하여 필요한 중요한 사항"[10]이기 때문이다.

셋째, 이를 'A, B, C에 대한 기본적인 사항'이라고 이해하는 견해,[11] '교육에 관한 기본적인 사항'으로 이해하는 견해가 있다.[12] 후자의 견해는 교육의 이념과 방침·내용, 교육행정의 조직과 학제, 감독 등이 포함되어 있다고 서술하거나,[13] 교육에 관한 기본적인 내용과 교육행정의 조직과 감독제도 등을 들고 있다.[14]

넷째, 교육재정과 관련하여서는 다음과 같은 서술이 일반적이다. 교육재정이란 교육을 위하여 소요되는 재원을 말한다.[15] 교육을 원활하게 추진하기 위해서는 큰 재원이 필요하며 이러한 재원의 뒷받침이 있어야 교육이 효과적으로 이루어지기 때문에 교육재정은 중요한 의미를 가진다.[16] 교육재정은 고도의 공공성·장기효과성·비실적측정성 등의 특징을 갖는다.[17] 이를 위한 법률로는 교육세법, 지방교육재정교부금법, 지방교육양여금법 등이 있다.

다섯째, 교원의 지위와 관련하여서는 다음과 같은 서술이 일반적이다. 교원이란 교육현장에서 학생을 교육하고 지도하는 자를 말한다(「초·중등교육법」 제20조 제4항, 「고등교육법」 제15조 제2항 참고). 따라서 국공립·사립의 유치원 및 초·중등학교의 교사, 대학의 교수 등을 포괄하는 개념이다. 헌법 제36조 제6항에서 말하는 '교원의 지위'란 교원의 직무의 중요성 및 그 직무수행능력에 대한 인식의 정도에 따라서 그들에게 주어지는 교원의 근무조건·보수 및 그 밖의 물적 급부 등을 포함하는 것이다.[18] 교원의 지위에 관한 '기본적인 사항'은 교원의 신분보장과 같은 것이다.[19] 이 조항은 단순히 교원의 권익을 보장하기 위한 규정이라거나 교원의 지위를 행정권력에 의한 부당한 침해로부터 보호하는 것만을 목적으로 한 규정이 아니고, 국민의 교육기본권을 실효성 있게 보장하기 위한 것까지 포함하여 교원의 지위를 법률로 정하도록 한 것이다. 이 헌법조항에 근거하여 교원의 지위를 정하는 법률을 제정함에 있어서는 교원의 기본권 보장 내지 지위 보장과 함께 국민의 교육기본권을 좀 더 효율적으로 보장하기 위한 규정도 반드시 함께 담겨 있어야 하므로, 이 조항을 근거로 제정되는 법률에는 교원의 신분보장·경제적·사회적 지위보장 등 교원의 권리에 해당하는 사항뿐만 아니라 국민의 교육기본권를 저해할 우려 있는 행위의 금지 등 교원의 의무에 관한 사항도 당연히 규정할 수 있는 것이므로 결과적으로 교원의 기본권을 제한하는 사항까지도 규정할 수 있다.[20][21]

III. 헌법사적 고찰

1. 1948년 제헌 헌법

우리 제헌헌법은 제16조에서 다음과 같이 교육기본권[22]과 무상의무교육, 그리고 교육기관의 국가 감독, 교육제도 법률주의를 규정하고 있었다.

> 제16조 모든 국민은 균등하게 교육을 받을 권리가 있다. 적어도 초등교육은 의무적이며 무상으로 한다.
> 모든 교육기관은 국가의 감독을 받으며 교육제도는 법률로써 정한다.[23]

이와 같은 제16조의 연혁에 대해서는 제헌의회회의록에도 명확한 규정이 없다.[24] 필자는 처음에는 제헌헌법 제16조는 일본국헌법(日本國憲法) 제26조의 영향을 강하게 받은 것으로 추측했다.[25]

> 일본국헌법 제26조 ① 모든 국민은 법률이 정하는 바에 의하여 그 능력에 따라 균등하게 교육을 받을 권리를 가진다.
> ② 모든 국민은 법률이 정하는 바에 따라 자신이 보호하는 자녀에게 보통교육을 받게 할 의무가 있다. 의무교육은 무상으로 한다.[26]

그러나 위에서 살펴보는 것처럼 일본국헌법에는 제헌헌법 제16조 제
2행과 같은 규정은 없다. 헌법기초위원회에서 확정하여 제헌국회에 보
고한 헌법안에는 "모든 국민은 균등하게 교육을 받을 권리가 있다. 적어
도 초등교육은 의무적이며 무상으로 한다. 모든 교육기관은 국가의 감독
을 받으며 교육제도는 법률로써 정한다"고 규정되어 있었다.[27] 따라서,
헌법기초위원회에서 확정하여 제헌국회에 보고한 헌법안에 이 규정이
최초로 등장한 것으로 추측된다. 이에 대하여 당시 헌법안을 주도적으로
작성하였던 유진오 전문위원은 다음과 같이 설명하고 있다.

> 제16조에는 「교육에 대한 국민의 권리」를 규정하였습니다. **이전에
> 는 교육을 오로지 자유라고 해서 국가권력으로써 간섭하지 못하게 하
> 는 것만이 민주주의라고 생각하였읍니다마는 우리 헌법에는 그런 태도
> 는 취하지 아니하고 교육에 대해서 국가가 지대한 관심을 가졌으며** 교
> 육을 받는 것은 국민의 권리임을 밝히는 동시에, 특별히 초등교육은 의
> 무적으로 해 가지고서 모든 사람에게 반드시 초등교육을 받도록 규정
> 하고 모든 교육기관은 국가의 감독하에 두고 교육제도를 법률로서 정
> 하는 이런 체제를 취해 본 것이올시다.[28]

그리고 그 후 자신의 헌법 이론서에서 제16조 제2항에 대하여 다음
과 같이 해석하고 있다.[29]

> 본 조 제2항은 모든 교육기관은 공, 사립을 불문하고 국가의 감독
> 을 받으며 또 교육제도는 일절 법률로써 정할 것을 규정하였는데, **교
> 육에 대하여 국가가 이와 같이 철저한 간섭을 하는 것은 18, 19세기의
> 자유방임주의 사상으로 보면 실로 격세의 감이 있는 변천이라 할 것이
> 다.** 공, 사립 학교에 대한 국가의 감독과 교육제도는 교육법에 의하여
> 상세히 규정되었다.

한편, 유진오 전문위원이 초안을 작성하면서 많이 참고하였다고 알

려진 바이마르 헌법에는 다음과 같은 규정이 있다.

> 바이마르 헌법 제144조(학교의 감독) 모든 학교는 국가의 감독 아래
> 있어야 한다. (이하 생략)
> 제146조(공립학교제도) 공립학교제도는 조직적으로 구성되어야 한
> 다. (중간 생략) 자세한 것은 라이히법률이 정한 원칙에 따라 주법
> 에 의하여 정한다.

요컨대, 제헌헌법 제16조에서 규정하고 있는 교육기관의 국가 감독,
교육제도 법률주의는 바이마르 헌법의 교육조항에 기초하되 유진오 전
문위원이 이를 창의적으로 변용하여 만든 조문이라고 추측된다.

이와 같은 헌법 제16조 제2항에 대하여 박일경 교수는 다음과 같이
해석하고 있다.[30]

> 끝으로 본조 제2항이 규정하는 모든 교육기관에 대한 국가의 감독
> 권 및 법률에 의한 교육제도의 제정에 관한 규정은 수익권에 관한 규정
> 은 아니지만 18, 9세기의 국가의 **교육방임주의에 대한 현대국가의 교**
> **육중시를 선언하는 점에 수익권의 규정과** 밀접한 관계가 있다. 단, 이
> **감독 기타 법률의 제정이 헌법 제14조가 보장하는 학문의 자유 특히 학**
> **원의 자유를 침범할 수 없음은 물론이다.** 그리고 본조를 기초로 하는
> 현행법의 중요한 것으로서는 교육법이 있다.

한편, 헌법 제16조 제2항에 대하여 한태연 교수는 다음과 같이 해석
하고 있다.[31]

> 헌법은 제12소[제16소의 오식으로 보임] 제2항에 있어서 교육제도
> 는 법률에 의하여 규정될 것을 요구하고 있다. 여기에서 교육제도란 교
> 육의 기본방침과 내용, 교육행정의 조직, 학제, 교육 및 그 감독 등에

관한 법제도를 말한다. 따라서 본조의 규정에 의하여 **교육제도가 법률에 의하여 규정될 때에만 교육기관과 그 교육은 국가 및 기타의 정치적 세력에 대하여 일종의 독자성을 가질 수 있다.** 그러한 의미에서 본조 제2항은 교육제도의 법률주의를 채용함으로써 교육기관 및 그 교육의 기본적 권리를 제도적으로 보장케 하기 위한 규정이라고 할 수 있다. **따라서 본조의 이러한 규정에 의하여 교육기관과 그 교육은 공사의 여하를 막론하고 국가 및 기타의 정치적 세력에 대하여 정치적 중립성을 유지하게 된다.** 이러한 요청에 의하여 제정된 법률이 바로 교육법이다.

물론 교육기관도 국가의 제도인 이상, 그것은 또한 당연히 국가의 감독을 받게 된다. 본조전단에 있어서 『교육기관은 국가의 감독을 받으며』하는 규정이 바로 그것을 의미하고 있다. 그러나 **교육제도의 법률주의를 채용하게 된 결과로서, 교육기관에 대한 국가적 감독도 법률의 규정에 제약되는 것을 원칙으로 한다.**

2. 1962년 제5차 개정 헌법

제헌헌법 제16조는 여러 차례의 헌법개정에도 불구하고 형식과 내용의 변화없이 유지되다가 1962년 제5차 개정 헌법에서 제16조에서 제27조로 이동하고 제1항을 나누어 세 조항이 되고 제4항이 신설되었으며, 제5항은 변화를 겪게 되었다.

> 제27조 ① 모든 국민은 능력에 따라 균등하게 교육을 받을 권리를 가진다.
> ② 모든 국민은 그 보호하는 어린이에게 초등교육을 받게 할 의무를 진다.
> ③ 의무교육은 무상으로 한다.
> ④ 교육의 자주성과 정치적 중립성은 보장되어야 한다.
> ⑤ 교육제도와 그 운영에 관한 기본적인 사항은 법률로 정한다.

이러한 변화의 이유가 공식적인 개정자료에는 명확하게 드러나 있지 않지만,[32] 당시 헌법개정에 참여하였던 박일경 교수의 제27조 제5항에 대한 다음과 같은 해석을 통하여 그 개정 이유를 읽을 수 있다.

> 2. 교육제도의 법정
> 본조 제5항의 규정에 의하여 교육제도와 그 운영에 관한 기본적인 사항은 법률로 정하게 되어 있는데, 이는 18세기의 국가의 교육방임주의에 대한 현대국가의 교육중시를 선언하는 동시에, **전술한 교육의 자주성 보장을 위하여 그 「기본적인 사항」만을 「법률」로 정하게 하는 이중적의미[이중적 의미]를 지니고 있다. 뿐만 아니라 신헌법은 기본적 사항[기본적인 사항]만을 법률로 정하게 하여 교육의 자주성을 보장하는 취지에서, 구헌법이 명문하였던 교육기관에 대한 국가의 감독권을 삭제하였다.**
> 끝으로 본조를 기초로 하는 현행법의 중요한 것으로서는 교육법이 있다.[33]

3. 1980년 제8차 개정 헌법

1980년 제8차로 헌법이 개정되면서 교육조항은 다시 한 차례 개정을 하게 된다. 우선 제27조에서 제29조로 이동을 하고 제4항에 전문성이 추가되었고 법률이 정하는 바에 의하여라는 표현이 추가되었으며, 평생교육 진흥 의무 조항이 신설되었고, 기존의 제5항도 변화를 겪게 되었다.

> 제29조 ① 모든 국민은 능력에 따라 균등하게 교육을 받을 권리를 가진다.
> ② 모든 국민은 그 보호하는 자녀에게 적어도 초등교육과 법률이 정하는 교육을 받게 할 의무를 진다.
> ③ 의무교육은 무상으로 한다.

④ 교육의 자주성·전문성 및 정치적 중립성은 법률이 정하는 바에
의하여 보장된다.
⑤ 국가는 평생교육을 진흥하여야 한다.
⑥ 학교교육 및 평생교육을 포함한 교육제도와 그 운영, 교육재정
및 교원의 지위에 관한 기본적인 사항은 법률로 정한다.

1980년 헌법 제29조 제6항은 여러 개헌안 중 대한변호사협회안이 받
아들여진 것으로 추측된다.

대한변호사협회안 제29조 제6항 교육에 관한 제도, 재정, 그 운영
과 교원의 지위에 관한 기본적인 사항은 법률로 정한다.[34]

헌법개정 당시 이에 관한 논쟁은 확인되지 않았으나, 헌법개정연구
반 보고서에서는 이와 관련하여 다음과 같이 기술하고 있다.[35]

(2) 교원의 지위 우대규정 신설 여부
(가) 신설찬성의견
교육의 중요성을 감안할 때 교육의 질적향상을 도모하기 위하여는
처우개선등 교원의 지위를 특히 우대할 필요가 있으므로 이를 보장
하기 위하여는 헌법에 규정할 필요가 있다(대한교총 등).
(나) 신설반대의견
이를 헌법에 규정함으로써 오히려 특권·특수층으로 오해받기 쉬
울 뿐만 아니라 평등권 위배라는 문제도 제기되므로 구태어 헌법에
규정할 필요가 없다.

이 헌법개정연구반의 제1분과위원회 위원장이었던 문홍주 교수는 자
신의 헌법 교과서에 이와 관련하여 다음과 같이 서술하고 있다.[36]

⑧ 국가가 교육에 보다 많은 역점을 두게 하기 위하여 교육재정과

교원의 지위에 관한 기본적인 사항을 법률로 정하도록 하였다. 그리고
⑨ 교육은 국가 백년대계에 속하는 중요한 사업의 하나이므로 교육제도
와 그 운영에 관하여 기본적인 사항은 법률로 정하도록 하였다.

한편, 헌법개정연구반의 위원이었던 구병삭 교수는 자신의 헌법 교
과서에서 다음과 같이 서술하였다.[37]

헌법 제29조 제6항에 「학교교육 및 평생교육을 포함한 교육제도와
그 운영, 교육재정 및 교원의 지위에 관한 기본적인 사항은 법률로 정
한다」고 규정되어 있는데 이에 따라 제정된 것이 교육법, 교육공무원
법, 사립학교법 등의 법률이다. 이러한 법률의 교육제도에는 교육의 이
념과 방침·내용, 교육행정의 조직과 학제, 감독 등이 포함되어 있다.
**국가가 교육의 법률제도를 채택하게 된 것은 일시적인 정치세력에 좌
우되거나 집권자의 자의에 의해 수시 변경되는 것을 방지하고, 오직 토
착적인 제도로 하기 위하여 입법권을 가진 국회의 감시하에 두고자 한
데 있다고 하겠다.**

4. 현행 헌법(1987년 제9차 개정 헌법)

1987년 제9차로 헌법이 개정되면서 교육조항은 내용의 변화 없이 조
문의 위치만 제29조에서 제31조로 이동을 하여 현재의 모습을 하고 있다.

제31조 ① 모든 국민은 능력에 따라 균등하게 교육을 받을 권리를
가진다.
② 모든 국민은 그 보호하는 자녀에게 적어도 초등교육과 법률이 정
하는 교육을 받게 할 의무를 진다.
③ 의무교육은 무상으로 한다.
④ 교육의 자주성·전문성·정치적 중립성 및 대학의 자율성은 법
률이 정하는 바에 의하여 보장된다.

⑤ 국가는 평생교육을 진흥하여야 한다.

⑥ 학교교육 및 평생교육을 포함한 교육제도와 그 운영, 교육재정
및 교원의 지위에 관한 기본적인 사항은 법률로 정한다.

Ⅳ. 비교헌법론적 고찰

1. 개관

헌법에서 교육에 관한 권리를 규정하는 것은 1815년에서 1830년까
지 제정된 독일 각 주의 헌법에서 유래한 것이며, 특히 자유권의 입장
에서 규정된 것은 1830년 벨기에 헌법이 최초이다.[38] 그 후 많은 나라
가 헌법에 교육과 관련한 조항을 두었다. 여기서는 그리스, 남아프리카
공화국, 네덜란드, 뉴질랜드, 덴마크, 독일, 러시아, 룩셈부르크, 멕시
코, 미국, 브라질, 벨기에, 스웨덴, 스위스, 스페인, 슬로바키아, 아이
슬란드, 아일랜드, 오스트레일리아, 오스트리아, 이라크, 이탈리아, 인
도, 인도네시아, 일본, 중국, 체코, 캐나다, 터키, 포르투칼, 폴란드, 프
랑스, 핀란드, 필리핀, 칠레, 헝가리 등 총 36개국의 헌법 규정 중에서
우리 헌법 제31조 제6항의 해석론과 입헌론과 관련된 의미 있는 조항만
을 추려 고찰한다.[39]

2. 교육제도에 관한 기본적인 사항 법률주의와 유사한 입헌예

우리 헌법 제31조 제6항과 같이 교육제도에 관하여 기본적인 내용을
법률로 정하도록 하는 규정하고 있는 나라는 벨기에, 룩셈부르크, 오스
트리아, 인도네시아, 프랑스 등이 있으며, 그 구체적 모습은 다음과 같
다.[40]

벨기에 헌법 제24조

⑤ 공동체에 의한 교육의 조직, 승인, 보조금 지급에 대해서는 법률 또는 연방 법률로 정한다.

룩셈부르크 헌법 제23조 국가는 모든 룩셈부르크 국민이 의무상의 무상초등교육을 받을 수 있도록 보장한다. 의료지원 및 사회 복지는 법률에 의해 결정된다.

국가는 무료 중등교육 기관을 설립하고 필요한 고등교육 과정도 마련한다.

법률은 공교육 기관에 대한 지원 방법과 정부나 지방자치 기관에 의한 관리 조건을 정한다. 또한 법률은 교육에 관한 모든 것을 규정하고 학생들을 위한 재정적인 지원 시스템도 구축하여야 한다.

모든 룩셈부르크 국민은 대공국이나 외국에서 공부할 수 있는 자유가 있고 원하는 대학에서 수학할 수 있다. 단, 직업이나 일정 전문직 수행 승인에 대한 법률이 준비되어야 한다.

오스트리아 헌법 제14조

(1) 다음 항들에서 달리 규정되어 있지 않는 한, 학교제도 분야와 학생 및 대학교휴양소 관련 훈육제도 분야의 입법과 집행은 연방의 소관이다. 이 조항이 의미하는 학교제도와 교육제도에는 제14a조에서 규정된 사항은 속하지 않는다.

(2) 제4항 a에서 달리 규정되어 있지 않으면, 입법은 연방의 소관이며, 공립의무교육을 위한 교사의 근무규약과 대표단규약 사항의 집행은 주의 소관이다. 이 연방법에서 주입법은 세칙이 마련되어야 하는 개별 규정에 대한 시행규정을 공포할 권한을 부여받을 수 있다. 이 경우 제15조 제6항의 규정이 유추적으로 적용된다. 거기서 달리 규정되어 있지 않으면 이 연방법에 대한 시행규정은 연방에 의해서 공포되어야 한다.

(3) 원칙에 관한 입법은 연방의 소관이고, 다음과 같은 사항에 대한 시행규정의 공포와 집행은 주의 소관이다.

a) 연방의 학교관청의 틀에서 주와 정치구역에서 구성되어야 할 협의체의 구성과 배치, 이 협의체의 구성원의 임명과 보상

b) 공립의무교육의 외적인 조직(구조, 조직형태, 설치, 유지, 양도, 교구, 학급당 학생 수, 수업시간)

c) 전적으로 또는 전반적으로 의무교육 학생을 위한 공립학교휴양소의 외적인 조직

d) 전적으로 또는 전반적으로 의무교육 학생을 위해 주와 지방자치단체 또는 지방자치단체연맹에 의해 고용될 유아원과 학교휴양소의 유치원 교사와 교육 보조자에 대한 전문가의 고용요청

(4) 다음 사항에 대한 입법과 집행은 주의 소관이다.

a) 제2항의 따라 공포되는 법률을 근거로 한 공립의무교육 교사에 대한 근무고권을 행사할 관청의 관할권; 이 경우 주법에는 연방의 학교관청은 주와 정치구역에서 직책의 천거와 임명, 표창 및 자격부여 절차와 징계 절차에 참여해야 한다는 것이 규정되어야 한다. 참여는 직책의 천거와 임명 및 표창에서 연방의 제1심급인 학교관청의 제청권을 포괄해야 한다.

b) 유치원과 유아원

(5) 제2항에서 제4항까지의 규정에서와는 달리 다음 사항에 대한 입법과 집행은 연방의 소관이다.

a) 수업계획에 따라 정해져 있는 실습을 목적으로 공립학교에 병설된 공립 실습학교, 실습유치원, 실습유아원, 실습학교휴양소

b) 전적으로 또는 전반적으로 문자 a에 언급된 실습학교의 학생을 위한 공립학교휴양소

c) 문자 a와 문자 b에 언급된 공립시설을 위한 교사, 교육 보조자 및 유치원 교사의 근무규약과 대표단규약

(6a) 입법은 세분화된 학교체계를 규정해야 하며, 거기서는 적어도 교육내용에 따라서 일반교육과 직업교육학교로, 교육 수준에 따라서 제1차 학교분야와 제2차 학교분야로 나누어지며, 제2차 학교의 경우 추가적인 적절한 세분화가 규정되어야 한다.

인도네시아 헌법 제31조 ③ 정부는 국가 생활을 발전하는데 필요

한 정신적 신념, 헌신과 도덕성을 증진시킬 국가 교육을 하나의 체계로 관리하고 조직하여야 하며, 이를 법률에 의하여 규율하여야 한다.

프랑스 헌법 제34조
③ 법률은 다음 사항의 기본원칙을 정한다.
- 국방조직
- 지방자치단체의 자유행정 · 권한 · 재원
- 교육
- 환경보존
- 재산권 · 물권 · 민간채권 · 상업채권
- 노동권 · 노동조합권 · 사회보장권

프랑스의 경우 교육의 기본원칙을 법률로 정하도록 규정하고 있고, 벨기에와 인도네시아의 경우 교육의 조직을 법률로 정하도록 규정하고 있다는 점에서 법률에서 규정하여야 할 범위는 우리보다 넓다고 판단된다. 오스트리아는 학교제도라고 표현하고 있지만, 독일어 용법상 그 실질은 교육제도라고 이해된다.[41]

3. 교육재정에 관한 기본적인 사항 법률주의와 유사한 입헌예

우리 헌법 제31조 제6항과 같이 교육재정에 관하여 기본적인 내용을 법률로 정하도록 하는 규정하고 있는 나라는 네덜란드, 벨기에, 그리스, 프랑스 등이 있으며, 그 구체적 모습은 다음과 같다.[42]

네덜란드 헌법 제23조
⑤ 공공기금으로부터 교육 재정의 일부 또는 전부를 지원받는 각 학교에 요구되는 기준은 사립학교의 경우에서 종교 또는 기타 신앙에 따라 교육을 제공해야 할 자유를 충분히 고려해 법률에 따라 규율한다.
⑥ 초등교육의 요건은 공공기금으로부터 교육 재정을 전액 지원받

는 사립학교와 일반 공립학교의 기준을 충분히 보장하는데 그 목적을
둔다. 관련 규정들은 사립학교에서 학습 교구를 선택할 수 있는 자유
및 각 사립학교에서 적합하다고 판단되는 교사들을 임명할 수 있는 자
유를 특별히 고려해야한다.

⑦ 법률에 명시된 조건을 충족하는 사립 초등학교들은 공립학교와
동일한 기준에 따라 공공기금으로부터 재정 지원을 받는다. 사립 중등
학교 및 고등학교가 공공기금으로부터 재정 지원을 받기 위한 조건은
법률로 정한다.

벨기에 헌법 제24조
⑤ 공동체에 의한 교육의 조직, 승인, 보조금 지급에 대해서는 법률
또는 연방 법률로 정한다.

그리스 헌법 제16조(교육, 예술, 과학) ⑤ 고등교육은 완전히 자율적
인 공법상 법인인 기관들에 의해서만 제공되어야 한다. 이들 기관은 국
가의 감독 하에 운영해야 하고 국가로부터 재정적 지원을 받을 자격이
있으며 법률을 근거로 운영해야 한다. 고등교육기관의 합병이나 분할
은 이를 용납하지 않는 조항에도 불구하고 법률의 규정에 따라 시행될
수 있다. 학생회 및 학생의 학생회 참여와 관련된 모든 사안은 특별법
으로 규정된다.

네덜란드는 공립학교가 재정 지원을 받는 것을 당연한 전제로 삼고,
사립학교가 법률에 정한 조건을 충족하는 경우 재정 지원을 하도록 규정
을 하고 있다. 한편, 사립학교가 재정 지원을 받을 수 있는 조건을 법률
로 정할 때 종교 교육을 할 자유를 충분히 고려하여 규정하도록 하는 특
별한 내용을 가지고 있다. 벨기에는 공동체에 의한 교육에 보조금 지급
을 법률로 정하도록 규정하고 있다. 그리스는 개인에 의한 고등교육기
관의 설립을 금지하고(제16조 제8항), 이러한 공법상 법인인 고등교육기
관에 국가가 재정 지원을 하도록 하고, 그 운영에 관한 것을 법률로 정

하도록 규정하고 있다. 이미 살펴본 것처럼 프랑스는 교육의 기본원칙을 법률로 정하도록 규정하고 있으므로 해석론적으로 교육재정도 여기에 포섭할 수 있으며, 실제로 이를 법률로 규정하고 있다.

4. 교원의 지위에 관한 기본적인 사항 법률주의와 유사한 입헌예

우리 헌법 제31조 제6항과 같이 교원의 지위에 관하여 기본적인 내용을 법률로 정하도록 하는 규정하고 있는 나라는 그리스, 프랑스 등이 있으며, 그 구체적 모습은 다음과 같다.[43]

> 그리스 헌법 제16조
> ⑥ 고등교육기관의 교수는 공무원이어야 한다. 그 밖의 교사도 마찬가지로 법률에 의해 규정된 조건에 따라 공공 기능을 수행한다. 각 기관의 규칙은 위에 언급된 모든 내용과 관련된 사안을 규정해야 한다. 고등교육기관의 교수는 제88조 제4항에 규정된 조건을 충족하고 최고 사법 공무원의 다수로 구성된 협의회의 결정에 따르는 경우를 제외하고 복무기간이 합법적으로 종료되기 이전에 해고되어서는 안 된다. 고등교육 기관의 교수들의 정년은 법으로 정해진다. 그러한 법이 공포될 때까지 교수는 67세에 도달하는 해의 학년이 끝날 때 법적으로 퇴직한다.

이미 설명한 것처럼 그리스는 개인에 의한 고등교육기관의 설립을 금지하고(제16조 제8항), 공법상 법인인 고등교육기관의 교수는 공무원으로 하도록 하고 자세한 것은 법률로 규율하도록 하고 있으며, 교사도 동일하게 자세한 조건을 법률로 규정하도록 하고 있다. 이미 살펴본 것처럼 프랑스는 교육의 기본원칙을 법률로 정하도록 규정하고 있으므로 해석론적으로 교원의 지위도 여기에 포섭할 수 있으며, 실제로 이를 법률로 규정하고 있다.

5. 기타 주목되는 입헌예

그리스, 스페인, 오스트리아는 교육의 이념 또는 목표, 학교 교육이 추구해야 할 가치를 헌법에 명시적으로 규정하고 있다.

그리스 헌법 제16조(교육, 예술, 과학)
② 교육은 국가의 기본적 임무 중 하나이며, 그리스인의 도덕적, 지적, 전문적 및 신체적 교육, 국가 및 종교 의식의 발전 및 자유롭고 책임감 있는 시민의 양성을 목표로 한다.

스페인 헌법 제27조
② 교육은 공동생활의 여러 민주적 원칙, 기본적인 권리 및 자유에 있어서 인격의 완전한 발현을 목적으로 한다.

오스트리아 헌법 제14조
(5a) 민주주의, 인도주의, 단결, 평화, 정의 및 인간에 대한 개방성과 관용은 학교의 기본가치이며, 그러한 토대 위에서 학교는 전 국민에게 출신, 사회적 지위 및 경제적 배경과는 상관없이 최상의 성능을 지속적으로 보장하고 더욱 발전시키면서 가능한 최상의 교육수준을 보장한다. 학생, 학부모 및 교사의 동반자적인 참여에서 아동과 청소년에게 가능한 최상의 정신, 영혼 및 신체의 발전을 가능하게 할 수 있다. 그리고 그렇게 함으로써 자기 자신, 동료, 환경 및 후속세대를 위해서 사회적, 종교적 및 도덕적 가치에 입각한 책임을 질 수 있는 건강하고, 자의식이 있으며, 행복하고, 성과지향적이고, 의무에 충실하며, 시적이며 창조적인 인간이 된다. 모든 청소년은 자신의 발전과 자신의 교육과정에 부합되게 독자적인 판단과 사회적인 이해에 이르러야 하며, 다른 사람들의 정치적, 종교적 및 세계관적인 사고에 개방적이어야 하고, 오스트리아, 유럽 그리고 세계의 문화와 경제생활에 참여하며 자유와 평화에 대한 사랑을 가지고 인간 공동의 과제에 협조해야 한다.

그리스, 독일 연방공화국, 폴란드, 필리핀, 포르투칼 등은 교육에 대한 국가의 감독을 헌법에 명시적으로 규정하고 있다. 구체적으로 보면 독일 연방공화국, 필리핀은 제헌 헌법 제16조 제2행과 같은 형태의 규정을 가지고 있고, 폴란드, 포르투칼은 사립학교에 대하여, 그리스는 고등교육기관에 대하여 국가의 감독을 인정하고 있다.

그리스 헌법 제16조(교육, 예술, 과학)

⑤ 고등교육은 완전히 자율적인 공법상 법인인 기관들에 의해서만 제공되어야 한다. 이들 기관은 국가의 감독 하에 운영해야 하고 국가로부터 재정적 지원을 받을 자격이 있으며 법으로 제정된 세칙을 근거로 운영해야 한다. 고등교육기관의 합병이나 분할은 이를 용납하지 않는 조항에도 불구하고 법률의 규정에 따라 시행될 수 있다. 학생회 및 학생의 학생회 참여와 관련된 모든 사안은 특별법으로 규정된다.

독일 연방공화국 기본법 제7조

① 모든 학교제도는 국가의 감독을 받는다.

④ 사립학교를 설립할 권리는 보장된다. 공립학교를 대체하는 사립학교는 국가의 인가를 요하고 주법이 적용된다. 사립학교가 교육목표, 시설 및 그 교사의 학력에 있어서 공립학교에 뒤지지 않고, 학생의 선택이 부모의 재산 상태를 기준으로 하지 않는 한 인가하여야 한다. 교원의 경제적 및 법적 지위가 충분히 보장되지 않으면 인가를 거부하여야 한다.

⑤ 사립초등학교는 오직 교육청이 특별한 교육적 이익을 인정하거나, 또는 그 학교를 공동체학교, 세계관학교 또는 종교학교로서 설립하고자 하고 그 지방자치단체에 이러한 유형의 공립초등학교가 없을 때 교육권자가 신청하는 경우에만 승인될 수 있다.

폴란드 헌법 제70조

③ 부모는 자녀를 위하여 사립학교를 선택할 권리를 가진다. 국민 개인과 단체는 초·중등학교 및 고등교육기관과 교육개발기구를 설립

할 권리를 가진다. 사립학교의 설립과 운영조건, 그러한 학교의 재정
에 대한 국가의 참여 및 그러한 학교와 교육개발기구의 교육적 감독의
원칙은 법률로 정한다.

> 필리핀 헌법 제14장 제4조
> ① 국가는 교육 시스템 내 공립 및 사립기관의 보완적 역할을 인정
> 하며 모든 교육기관에 대해 적절한 감독과 규제를 행사한다.

> 포르투칼 헌법 제75조(공교육, 사교육 및 협력 교육)
> ② 국가는 법률로 정한 바에 따라 사교육 및 협력 교육을 인정 및
> 감독한다.

한편, 오스트리아, 스위스와 같은 연방국가에서는 연방과 주의 권한
배분을 위하여 교육에 관한 사항을 연방법으로 규정하여야 할 것과 주법
으로 규정할 것을 배분하는 비교적 상세한 규정을 두고 있다.[44]

그리고 포르투칼 헌법은 교사와 학생이 학교 운영에 참여할 수 있는
권리와 교사 단체, 학생 단체, 학부모 단체, 지역사회 기관, 과학기관이
교육 정책을 마련하는 과정에 참여할 수 있는 권리를 헌법에서 인정하고
그 방식을 법률로 정하도록 하는 규정을 가지고 있다.

> 포르투칼 헌법 제77조(민주적 교육 참여)
> ① 교사와 학생들은 법률에 규정된 바와 같이 학교의 민주적 운영
> 과정에 참여할 권리가 있다.
> ② 교사 단체, 학생 단체 및 학부모 단체와 지역사회 기관 및 과학
> 기관이 교육 정책을 마련하는 과정에 참여하는 방식은 법률로 정한다.

6. 소결

위에서 살펴본 것처럼 교육과 관련된 조항은 다른 기본권 조항에 비

하여 각국마다 다양한 내용을 독특하게 규정하고 있다. 우리 헌법 제31
조 제6항과 같이 교육제도, 교육재정, 교원의 지위에 관하여 기본적인
내용을 법률로 정하도록 하는 조항도 그와 같은 다양성이 존재하는 영역
이라고 할 수 있다. 그럼에도 우리 헌법 제31조 제6항과 같이 교육제도
와 교육재정에 관하여 기본적인 내용을 법률로 정하도록 한 나라는 상대
적으로 많지만, 교원의 지위에 관하여 기본적인 내용을 법률로 정하도록
한 나라는 상대적으로 희소하다는 것을 알 수 있다. 한편, 제5차 개정 헌
법에서 빠진 교육기관에 대한 국가 감독은 비교적 많은 나라가 규정하고
있으며, 이를 법률에 의하도록 명시한 나라도 상대적으로 많다. 한편, 오
스트리아, 스위스와 같은 연방국가에서는 연방과 주의 권한 배분을 위하
여 교육에 관한 사항을 연방법으로 규정하여야 할 것과 주법으로 규정할
것을 배분하는 비교적 상세한 규정을 두고 있어 주목된다. 따라서, 헌법
제31조 제6항은 이미 1945년 제헌헌법 때부터 바이마르 헌법에 뿌리를
두었지만 이를 그대로 계수한 것이 아니라 우리 현실에 적합하게 변용
한 독특한 규정이긴 하지만 비교헌법론적으로 보았을 때 그 예를 발견
할 수 있는 일응의 근거가 있는 조항이므로 이에 대한 해석론을 튼튼히
하고, 그에 부합하도록 다른 헌법상 교육조항과 법률 이하의 법령을 잘
가꾸는 것이 필요하다. 그리고 다수 국가에서 규정하는 내용 중 일부는
우리 헌법의 개정론과 해석론의 차원에서 수용을 검토할 필요가 있다.

V. 헌법 제31조 제6항 해석론과 개헌론

1. 교육에 대한 국가 관여의 인정과 그 한계의 설정

헌법 제31조 제6항의 첫 번째 의미는 교육 영역에 국가가 관여하여
제도화하겠다는 것을 표현한 것이다. 이것은 이미 제1세대 헌법학자가

제헌헌법에 대한 해석론에서 밝힌 것처럼 공립과 사립교육을 불문하고 교육제도, 교육재정, 교원의 지위에 대하여 국가의 관여를 인정한다는 것을 의미하는 것으로, 교육이라는 것을 전적으로 사적인 문제로 인식하고 사적 자치에 따라 해결하여야 할 사항으로 인식하던 과거 사상을 극복하고 교육을 공적인 문제로 인식하고 국가의 과제로 인정하는 것이다.[45]

한편, 교육 영역에 국가가 관여하여 제도화하겠다는 것을 달리 표현하면 제도화된 교육 외에 교육이 있다는 인식을 전제로, 국가는 이와 같은 제도화되지 않은 교육을 인정하고 이를 허용하겠다는 것을 의미한다. 비록 우리 헌법은 독일 연방공화국 기본법 제6조 제2항과 같이 "자녀의 양육과 교육은 부모의 자연적 권리"라는 내용을 명시하고 있지 않지만, 이러한 내용을 헌법 제31조 제6항, 제36조 제1항, 제10조, 제37조 제1항 등을 통하여 해석론상 도출할 수 있다.[46]

나아가 제31조 제6항을 이와 같이 해석하여야 헌법 제31조 제4항 교육의 자주성과 헌법 제22조 제1항 학문의 자유, 제31조 제4항 대학의 자율성에 근거하여 인정되는 교육자치와도 조화를 이룰 수 있다.[47]

2. A, B, C에 관한 기본적인 사항은 법률로 정하여야 하고, A, B, C에 관한 기본적이지 않은 사항은 명령과 같은 법률 하위의 법적 형식으로 정할 수 있다.

헌법 제31조 제6항의 두 번째 의미는 우리 학계의 압도적 다수설과 헌법재판소[48]의 해석과 같이 "A, B, C에 관한 기본적인 사항은 법률로 정한다"는 것은 "A, B, C에 관한 기본적이지 않은 사항은 명령과 같은 법률 하위의 법적 형식으로 정할 수 있다"는 것이다. 이것은 명령과 같이 법률 하위의 법적 형식과의 관계를 고려했을 때 도출될 수 있는 해석론이며, 헌법 제31조 제6항과 제75조, 제95조 등을 종합하였을 때 도출될 수 있는 결론이다.

제헌헌법 제16조 제2행을 천황이 교육을 좌지우지하던 이른바 교육 칙령주의에 대한 명시적인 반대를 표현한 것으로 이해하는 것,[49] 교육제도의 기본적인 사항을 법률로 규정할 때 행정권이나 정치 권력으로부터 교육의 자주성을 유지할 수 있다는 이해[50]가 이러한 주장의 논거이다.

우리 헌법재판소는 교육법 제8조의2에 관한 위헌심판에서 다음과 같이 판시하고 있다.

> 헌법 제31조에서 보장되고 있는 국민의 교육을 받을 권리를 실질적·구체적으로 실현하기 위하여 국가는 교육환경을 조성하고 교육조건을 개선할 책임이 있는데 그 첫 번째 임무가 바로 교육에 관한 법제의 정비라 하겠고 이는 우선을 입법자가 담당하는 책무이다. 그러나 입법자는 교육에 관한 법제의 전부가 아니라 그 기본골격을 수입[수립]할 책무가 있으므로 본질적인 사항에 대하여는 반드시 스스로 기본적인 결정을 내려야 하고, 그러한 기본적 사항의 결정을 행정부에 위임하여서는 아니되는 것이며 이 원칙을 선언하고 있는 것이 헌법 제31조 제6항이다. **교육제도의 법정주의라고도 부리는[불리는] 이 헌법조항의 취지는 교육에 관한 기본정책 또는 기본방침을 최소한 국회가 입법절차를 거쳐 제정한 법률(이른바 형식적 의미의 법률)로 규정함으로써 국민의 교육을 받을 권리가 행정기관에 의하여 자의적으로 무시되거나 침해당하지 않도록 하고, 교육의 자주성과 중립성도 유지하려는 것이다.**
>
> 반면 교육제도에 관한 기본방침을 제외한 나머지 세부적인 사항까지 반드시 형식적 의미의 법률만으로 정하여야 하는 것은 아니다. 그러므로 입법자가 정한 기본방침을 구체화하거나 이를 집행하기 위한 세부시행 사항은 여기서의 기본적인 사항에는 해당하지 않는다고 할 것이다. 중학교의 의무교육을 특정지역 등에 획정적으로 실시하지 아니하는 경우와는 달리 단순한 실시의 지연만으로는 국민의 교육 받을 권리가 위헌적으로 침해되는 것이라고 단정할 수 없다.[51]

3. 헌법의 명문 또는 해석론으로 도출되는 것은 법률로 정할 수 없다.[52]

헌법과 법률과의 관계에 대한 전통적인 견해에 따르면 헌법은 한 사회의 근본규범으로 장기적인 목표를 제시한다. 법률은 그러한 헌법 안에서 그 시대의 사회의 문제를 해결하기 위한 상대적으로 단기적인 처방을 담는다. 그러므로 헌법은 국가공동체의 이념과 가치, 이를 실현하기 위한 각종 원리와 제도, 그리고 이를 구체화하기 위한 중요절차를 담는다. 한편, 국민의 대표기관인 국회가 만드는 법형식인 법률은 그러한 헌법 사항을 실현하기 위한 미완결적인 사항을 담는다.

이렇게 보면 상위법인 헌법과의 관계에서 보았을 때, "A, B, C에 관한 기본적인 사항은 법률로 정한다"는 것은 A, B, C에 관한 기본적인 사항 중 헌법에서 정하지 않은 것은, 법률로 정한다고 해석할 수 있다. 따라서 A, B, C에 관하여 헌법에 정한 것이 있으면 그에 따라야 한다. 그리고 우리 헌법이 명시적으로 규정하고 있지는 않지만 헌법해석론으로 도출할 수 있는 것은 전적으로 입법자에 의하여 법률로 정할 수 있는 것이 아니다. 예를 들어, 헌법 제33조 제1항과 헌법 제37조 제2항 단서를 결합하여 도출되는 해석론인 헌법 제33조 제1항에 의하여 보장되는 사립학교 교원의 노동 3권의 본질적인 내용은 헌법 제31조 제6항에 따라 입법자가 규율할 수 없는 것으로 해석하는 것이 타당하다.[53] 이러한 해석을 통하여 입법권으로부터 교육 영역을 제한적으로 보호할 수 있다. 그러나 우리 헌법은 다른 현대적인 헌법에 비하여 교육 영역에 적용될 구체적 헌법 조항이 지나치게 과소하므로 이를 통하여 입법권으로부터 교육 영역을 보호하는 것은 한계가 있다.

한편, 이러한 이유로 헌법 제31조 제6항은 교육제도와 교육재정, 교원의 지위만을 나열하였고, 교육 이념 등은 제외한 것이라고 선해할 수 있다. 교육 이념 또는 목표 등은 법률에서 그때그때 가변적으로 정할 수 있는 것이 아니라는 인식이 전제된 것이 아니냐는 추측을 해 볼 수 있다.

그런데 불행히도 우리 헌법은 교육 이념 또는 목표와 같이 중요한 사항을 헌법에서 정하고 있지 않다. 이것은 앞서 살펴본 것처럼 그리스, 스페인, 오스트리아와 같이 교육 이념 또는 목표, 학교 교육이 추구해야 할 가치 등을 헌법에 정하고 있는 입헌례에 비하여 적어도 이론적으로는 열등한 것이 아닌가 하는 의구심이 든다.[54] 앞으로 헌법을 개정할 때 이와 같은 관점에서 검토가 필요하다.

4. 학교의 설립 및 운영에 관한 국가의 감독권 행사를 위한 기본적인 사항은 법률이 정하여야 한다.

국민은 사립학교 설립 및 운영의 자유를 가진다. 그러나 국민에게 사립학교 설립 및 운영의 자유가 보장되더라도, 교육의 공공성[55]을 유지하기 위하여 국가의 감독은 필요하다.[56] 여기서 감독은 학교의 설립, 교육을 위한 조직 구성과 그 운영, 교사 인사, 시설 설치와 유지, 교육을 위한 계획, 집행, 평가 등을 대상으로 한다.[57] 헌법상 법치주의원리에 따라 국가는 이러한 감독을 위하여 법률의 규정을 필요로 한다. 폴란드 헌법과 포르투칼 헌법이 사립학교에 대하여 국가의 감독권을 명시적으로 규정하는 이유도 바로 이 때문이다.

한편, 국공립학교의 설립 및 운영에 대한 국가의 감독은 형식적으로는 반드시 법률에 의하여야 하는 것은 아니다. 그러나 모든 사항을 명령과 같이 법률 하위의 법적 형식을 취할 수 있도록 허용하는 경우 일반 행정권에 의하여 교육이 좌지우지될 우려가 있어 헌법 제31조 제4항이 규정하고 있는 교육의 자주성을 해할 우려가 있다. 따라서 국공립학교의 설립 및 운영에 대한 국가의 감독을 위한 기본적인 사항도 반드시 법률이 정하도록 규정하는 것이 타당하다.

요컨대, 사립학교와 국공립학교 등의 설립 및 운영과 국가의 감독권의 관계에서 보았을 때, "사립학교 및 국공립학교의 국가의 감

독권 행사를 위한 기본적인 사항은 법률이 정하여야 한다"고 해석할
수 있다.

　이러한 해석은 헌법상 교육조항의 개정 과정을 살피면 좀 더 명확하
게 드러난다. 즉, 우리 제헌헌법은 제16조에서 "모든 국민은 균등하게
교육을 받을 권리가 있다. 적어도 초등교육은 의무적이며 무상으로 한
다. 모든 교육기관은 국가의 감독을 받으며 교육제도는 법률로써 정한
다"고 규정하였다. 이후 이 규정이 유지되다가 1962년 개정 헌법에서
교육조항이 제16조에서 제27조로 이동하고 각 행을 나누어 제1항에서
는 "모든 국민은 능력에 따라 균등하게 교육을 받을 권리를 가진다"고
규정하고, 제2항에서는 "모든 국민은 그 보호하는 어린이에게 초등교육
을 받게 할 의무를 진다", 제3항에서는 "의무교육은 무상으로 한다", 제
4항에서는 "교육의 자주성과 정치적 중립성은 보장되어야 한다", 제5
항에서는 "교육제도와 그 운영에 관한 기본적인 사항은 법률로 정한다"
고 규정하였다. 이를 제헌헌법과 비교하여 보면, "모든 교육기관은 국가
의 감독을 받으며"라는 구문이 빠지고, "교육의 자주성과 정치적 중립성
은 보장되어야 한다"는 제4항이 신설되었고, "교육제도는 법률로써 정
한다"는 구문이 "교육제도와 그 운영에 관한 기본적인 사항은 법률로 정
한다"로 변경된 것이다.

　즉, 1962년 제5차 개정 헌법이 교육의 자주성을 한껏 보장한다는 취
지에 따라 제4항을 신설하고 제5항에서는 교육기관의 국가 감독을 삭제[58]
하였지만, 그것은 교육기관의 국가 감독을 포기하거나 그 근거를 법률
하위의 법적 형식에 근거할 수 있도록 하기 위한 결단이 아니므로 교육
기관의 국가 감독에 대한 사항 중 기본적인 사항은 법률에 정하여야 한
다고 해석하는 것이 타당하다.[59] 한편, 이것이 반드시 헌법에 명시되어
야 할 사항이라고 판단되지는 않는다.

5. 제31조 제6항의 별칭은 '교육제도 등에 관한 기본적인 사항 법률 주의'가 타당하다.

한편, 이와 같은 해석론이 가능하다면, 필자는 헌법 제31조 제6항을 '교육제도, 교육재정 및 교원지위법정주의', '교육제도 법정주의', '교육제도 등의 법정주의', '교육제도 법률주의', '교육법정주의' 등으로 이름하는 것보다는 '교육제도 등에 관한 기본적인 사항 법률주의', '교육제도, 교육재정, 교원지위에 관한 기본적인 사항 법률주의'라고 이름하는 것이 더욱 타당하다. 잘못된 이름은 내용의 오해를 낳을 수 있기 때문이다.

6. 헌법 제31조 제6항과 이른바 본질성 이론과 관련성

헌법 제31조 제6항을 국가의 본질적인 사항은 국민의 대표기관인 의회가 제정하는 법률의 형식으로 정해야 한다는 이른바 본질성 이론 (Wesentlichkeitstheorie)을 구체화한 것으로서 교육에 관한 기본방침의 결정은 그것이 원칙적으로 입법기관의 형성권에 속한다고 이해하는 견해가 있다.[60]

그런데, 교육에서 본질성 이론을 적용한다면 시민의 교육기본권을 보장하는데 본질적인 사항 중 우선순위가 높은 교육목적, 교과 등을 법률로 정하여야 한다.[61] 그러나 헌법 제31조 제6항은 이러한 것을 법률로 정하라고 명령하고 있지 않다. 따라서, 제31조 제6항을 이와 같이 설명하는 것은 엄밀한 의미에서 옳지 않다. 헌법 제31조 제6항은 교육제도, 교육재정, 교원의 지위와 같이 교육의 구조를 형성하는 요소에 대한 기본적인 사항을 법률루 정하라는 헌법의 명령으로 이해하는 것이 타당하다.[62]

그렇다고 본질성 이론이 교육영역에 적용되지 않는 것은 결코 아니

다. 현대 입헌민주국가에서 국가의 본질적인 사항은 국민의 대표로 구
성된 의회가 제정하는 법률의 형식으로 하여야 한다는 본질성 이론은
국가와 사회의 모든 영역에서 관철되어야 하므로 교육영역에서도 그대
로 타당하다. 이러한 의미에서 헌법 제31조 제6항이 본질성 이론에 의
하여 해석론적으로 보충되면 교육에 대한 국가의 입법형성권은 더욱
넓어진다.

7. 헌법 제31조 제6항은 형성적 법률유보인가, 제한적 법률유보인가?

헌법학에서는 해석론적 엄밀성을 높이기 위하여 전통적으로 기본권
제한적 법률유보(엄밀한 의미에서 기본권 법률유보[Gesetzesvorbehalte der Grun-
drechte)]와 기본권 형성적 법률유보(Ausgestaltungsvorbehalte der Grundrecht)
를 구별하여 사용하여 왔다. 기본권 제한적 법률유보가 기본권의 제한
형식으로의 법률을 염두에 둔 개념형식이라면, 기본권 형성적 법률유보
는 기본권의 실현형식 또는 구체화형식으로서의 법률을 염두에 둔 개념
형식이라고 할 수 있다.[63]

헌법에 의하여 보호되는 기본권 중 많은 수가 일상생활에서 그 효력
을 발휘하기 위해서는 그 내용을 법률로 형성 또는 구체화하는 작업이
필요하다. 현대 입헌민주국가에서 이러한 기본권의 형성 또는 구체화작
업은 법률이라는 법적 형식으로 이루어진다.[64] 이때 동원되는 법률을 기
본권 형성적 법률유보이다.

이러한 기본권 형성적 법률은 그 외형이 기본권을 제한하는 기본권
법률유보와 같기 때문에 특정한 법률유보규정이 기본권 형성적 법률유
보인지, 기본권 제한적 법률유보인지 혼동을 일으키는 경우가 적지 않
다.[65] 그러나 양자는 개념적으로는 구별되며 구별할 필요가 있다. 기본
권 형성적 법률유보에 의하여 제정된 법률조항은 그것이 얼핏 기본권 제
한을 내용으로 하는 것처럼 보이지만 사실은 그것은 기본권의 내용을 확

정하는 부수적 효과에 지나지 않기 때문에 입법형성권에 의하여 정당화
된다. 그러나 기본권 제한적 법률유보에 의하여 제정된 법률조항은 이
미 확정된 기본권의 내용을 당해 법률로 좁히는 기능을 수행하기 때문에
입법형성권에 의하여 정당화되는 것이 아니라 헌법 제37조 제2항 기본
권 제한 입법의 요건과 한계에 의하여 엄격하게 심사된다.

그렇다면 헌법 제31조 제6항이 기본권 형성적 법률유보인가, 기본권
제한적 법률유보인가? 이에 대하여 우리 헌법재판소는 일관된 입장을
가지고 있지 못한 것으로 보인다. 주류적인 판례는 기본권 형성적 법률
유보와 제한적 법률유보가 모두 포함되는 것처럼 인식하면서도,[66] 일부
판례에서는 기본권 형성적 법률유보인 것처럼 판단하고 있다.[67]

헌법 제31조 제6항은 그 취지상 기본권 형성적 법률유보로 이해하
는 것이 타당하다. 따라서 그 외형이 기본권을 제한하는 기본권 제한적
법률유보와 같아 보이더라도 입법자가 학생의 교육기본권, 부모의 교육
권, 교사의 교육권 등의 기본권을 강화하고 보장하기 위하여 기본권의
내용을 확정하고 제도를 구체화하는 입법을 하고 그러한 과정에서 기본
권 제한이 부수적으로 수반되는 것에 불과한 때에는 헌법 제31조 제6항
에 근거한 기본권 형성적 법률이라고 판단하여야 하고 그 입법은 입법형
성권에 의하여 정당화된다. 반면 입법자가 공익을 달성하기 위하여 학
생, 부모, 교사의 기본권 등을 제한하는 입법을 한 것이라면 헌법 제37
조 제2항에 근거한 기본권 제한적 법률이라고 판단하여야 하고 이를 기
준으로 엄격하게 심사하여야 한다.

그러므로 헌법재판소가 기본권을 제한하는 법률 중에서 헌법 제31조
제6항에 근거한 것이므로 입법형성권에 의하여 정당화된다고 판시한 것
들은 그것이 진짜 기본권 형성적 법률유보인지, 또는 기본권 제한적 법
률유보여서 헌법 제31조 제6항에 근거한 것이 아니라 헌법 제37조 제2
항에 근거하여 제정된 법률이어서 이에 따른 기본권 제한 입법의 요건과
한계를 판단을 하였어야 하는 것인지 재음미가 필요하다.

8. 헌법 제31조 제6항은 형식 조항이며 이에 따른 입법형성권은 제 31조 제2항, 제31조 제4항과 같은 교육의 내용을 규정하는 내용 조항에 의하여 제한된다.

이미 위에서 충분히 살펴본 것처럼 헌법 제31조 제6항은 교육영역의 규율에 있어서 그 내용을 규정하는 조항이 아니라, 형식을 규정하는 조항 이다. 이러한 형식을 규정하는 조항은 국회에 입법형성권을 부여한다. 그 런데 이러한 입법형성권은 무제한적인 것이 아니라 제31조 제2항, 제31 조 제4항과 같은 교육의 내용을 규정하는 내용 조항에 의하여 제한된다.[68]

9. "A, B, C에 관한 기본적인 사항은 법률로 정한다"인가, "A, B는 법 률로 정하고, C에 관한 기본적인 사항은 법률로 정한다"인가?

헌법 제31조 제6항의 해석론과 관련하여 "A, B, C에 관한 기본적인 사항은 법률로 정한다"로 해석하는 것이 타당한지, "A, B는 법률로 정 하고, C에 관한 기본적인 사항은 법률로 정한다"로 해석하는 것이 타당 한지 의문이 든다.

필자는 전자로 해석하는 것이 타당하다고 해석한다. 교육제도와 교 육재정이 교원의 지위와 다르게 모든 것을 법률로 정하도록 규정할 이 유가 없으며, 가능하지도 않다. 교육제도와 교육재정도 세부적인 사항 은 명령으로 규정할 수 있다고 해석하는 것이 타당하다. 연혁적으로도 1962년 헌법에서 이미 "교육제도와 그 운영에 관한 기본적인 사항은 법 률로 정한다"고 규정하고 있었으며, 그 후 1980년 헌법에서 교육재정, 교원의 지위가 추가되었다. 마지막으로 1980년 헌법 제29조 제6항 모 델이 되었다고 판단되는 대한변호사협회안 제29조 제6항을 보면 그 구 조가 좀 더 분명하게 드러나 있다. "교육에 관한 제도, 재정, 그 운영과 교원의 지위에 관한 기본적인 사항은 법률로 정한다."[69]

Ⅵ. 결론

이 글의 결론을 요약하면 다음과 같다.

첫째, 우리 현행 헌법 제31조 제6항은 1948년 제헌 헌법 제16조 교육제도 법률주의에 기원한다. 필자는 이 제16조를 바이마르 헌법의 교육조항에 기초하되 유진오 전문위원이 이를 창의적으로 변용하여 만든 조문이라고 추측하였다. 이 제16조는 여러 차례의 헌법개정에도 불구하고 형식과 내용의 변화없이 유지되다가 1962년 제5차 개정 헌법에서, 1980년 개정 헌법에서 내용의 변화를 겪어 현재와 같은 내용을 가지게 되었다. 그리고 1987년 개정 헌법에서 내용의 변화 없이 조문의 위치만 제29조에서 제31조로 이동을 하여 현재의 모습을 하고 있다. 이와 같은 개정사를 면밀히 분석한 결과 개정의 핵심적인 이유는 행정권이나 정치권력이 교육을 자의적으로 규제하지 못하도록 하고 교원의 지위를 향상하기 위하여, 교육제도와 그 운영, 교육재정, 교원의 지위에 관한 기본적인 사항을 법률로 정하도록 한 것임을 알 수 있었다. 둘째, 비교헌법적으로 보면 우리 헌법 제31조 제6항과 같이 교육제도와 그 운영, 교육재정에 관한 것을 법률로 정하도록 한 나라는 상대적으로 많지만, 교원의 지위에 관한 것을 법률로 정하도록 한 나라는 상대적으로 희소하였다. 한편, 제5차 개정 헌법에서 빠진 교육기관에 대한 국가 감독은 비교적 많은 나라가 규정하고 있으며, 이를 법률에 의하도록 명시한 나라는 상대적으로 많았다. 다수 국가의 교육 관련 규정 중 일부는 우리 헌법의 개정론과 해석론의 차원에서 수용을 검토할 필요가 있다.

셋째, 이러한 고찰을 바탕으로 헌법 제31조 제6항에 대한 해석론을 둘러싼 쟁점과 조항의 함의, 입헌론을 제시하면 다음과 같다. (ⅰ) 헌법 제31조 제6항의 첫 번째 의미는 교육 영역에 국가가 관여하여 제도화하겠다는 것을 표현한 것이다. 한편, 교육 영역에 국가가 관여하여 제도화하겠다는 것을 달리 표현하면 제도화된 교육 외에 교육이 있다는 인식을 전제로, 국가는 이와 같은 제도화되지 않은 교육을 인정하고 이를 허용하겠다는 것을 의미한다. (ⅱ) 교육제도와 그 운영, 교육재정, 교원의 지위에 관한 기본적인 사항은 법률로 정하여야 하고, 교육제도와 그 운영, 교육재정, 교원의 지위에 관한 기본적이지 않은 사항은 명령과 같은 법률 하위의 법적 형식으로 정할 수 있다는 것이다. 이것은 정치 권력이나 행정부로부터 교육 영역을 보호하겠다는 것을 표현한 것이다. (ⅲ) 헌법 제31조 제6항은 교육 영역에 본질성 이론을 그대로 적용한 것으로 이해하는 것은 부당하다. 헌법 제31조 제6항에 본질성 이론을 해석론적으로 보충하면 교육에 대한 국가의 입법형성권은 더욱 넓어진다. (ⅳ) 헌법 규정 또는 해석론으로 도출되는 것은 법률로 정할 수 없다. 이러한 해석을 통하여 입법부로부터 교육 영역을 제한적으로 보호할 수 있다. 이와 관련하여 우리 헌법은 교육에서 매우 중요한 사항인 교육이념을 규정하고 있지 않은데 이것을 규정하고 있는 입헌예를 본받아 신설할 것을 권고하였다. (ⅴ) 학교의 설립 및 운영에 관한 국가의 감독권 행사를 위한 기본적인 사항은 법률이 정하여야 한다. (ⅵ) 헌법 제31조 제6항의 별칭은 '교육제도 등에 관한 기본적인 사항 법률주의'가 타당하다. (ⅶ) 헌법 제31조 제6항은 기본권 형성적 법률유보이다. 헌법 제31조 제6항은 그 취지상 기본권 형성적 법률유보로 이해하는 것이 타당하다. 따라서 그 외형이 기본권을 제한하는 기본권 제한적 법률유보와 같아 보이더라도 입법자가 기본권을 강화하고 보장하기 위하여 기본권의 내용을 확정하고 제도를 구체화하는 입법을 하고 그러한 과정에서 기본권 제한이 부수적으로 수반되는 것에 불과한 때에는 헌법 제31조 제6항에 근거한 기본권 형성적 법률이라고 판단하여야 하고 그 입법은 입법형성권에 의하여 정당화된다. 반면 입법자가 공익을 달성하기 위하여 기본권 등을 제한하는 입법을 한 것이라면 헌법 제37조 제2항에 근거한 기본권 제한적 법률이라고 판단하여야 하고 이를 기준으로 엄격하게 심사하여야 한다. (ⅷ) 헌법 제31조 제6항은 형식

조항이며 이에 따른 입법형성권은 제31조 제2항, 제31조 제4항과 같은 교육의 내용을 규정하는 내용 조항에 의하여 제한된다. (ix) 제31조 제6항은 교육제도와 그 운영, 교육재정은 법률로 정하고, 교원의 지위에 관한 기본적인 사항은 법률로 정한다는 것이 아니라, 교육제도와 그 운영·교육재정·교원의 지위에 관한 기본적인 사항은 법률로 정한다는 것으로 이해되어야 한다.

[보론]
교육법제에서 법률의 형식으로 담아야 하는 사항은 무엇인가?[70]

Ⅰ. 문제 제기

이미 설명한 것처럼 우리나라의 법체계는 헌법, 법률, 명령, 행정규칙으로 단계적 구조를 이루고 있다. 이와 같이 법을 단계적 구조로 구성하고 각 법형식마다 규율할 수 있는 권한을 차등하여 부여하고 이를 준수하도록 하는 이유 중 하나는 각 법형식을 제·개정할 수 있는 자의 정당성에 비례하도록 하기 위한 것이다.

교육은 그 본질상 법과 친하지 않다는 생각이 우리 교육계에 널리 자리잡고 있고, 실제 교육과 관련한 많은 사항이 법이 아닌 형식이나 하위입법에 의하여 규율되고 있다. 필자가 판단하기에 그 결과는 '행정에 예속적인 교육'의 심화이다.

그런데 그것은 헌법 제31조 제4항이 막고자 하는 전형적인 현상의 한 단면이다. 이러한 이유로 교육법에서 규율하고 있는 사항 중 법률의 형식으로 규정하여야 하는 사항은 무엇인지 이론적으로 해명하고 이에 근거하여 교육법제를 비판적으로 검토하는 것은 매우 의미 있고 중요한 작업 중 하나이다. 이 글은 이러한 기준을 제시하는 것을 목적으로 한다.

II. 교육영역에서 법률로 규율하여야 하는 사항을 선별하는 기준

1. 법률유보 원칙

법률유보 원칙(Vorbehalt des Gesetzes)이란 어떤 사항을 법률에서 규율하여야 한다는 원칙이다.[71] 우리 헌법의 기본원리인 민주주의 원리는 국가의 중요한 의사결정을 국민 스스로 또는 국민의 대표기관인 의회에서 하도록 요청한다. 그리고 국회에서 만드는 법형식이 법률이다. 이러한 의미에서 법률유보는 당해 사항을 국민의 대표로 구성된 국회에서 결정하도록 요청하는 것이다.

2. 본질성 이론과 의회유보

법률유보 원칙은 그 실천을 위하여 어디까지 법률에서 규율할 것인지, 하위규범에 위임하는 경우 그 요건과 한계는 무엇인지 대답하여야 한다.[72] 이러한 대답으로 제시된 것이 본질성 이론이다. 본질성 이론(Wesentlichkeitstheorie)이란 국가의 본질적인 사항은 국민의 대표기관인 의회가 직접 정하여야 한다는 것이다.[73] 의회유보(Parlamentsvorbehalt)는 본질성 이론을 수용하여 국가의 본질적인 사항을 의회에서 직접 규정하여야 하고, 행정권에 포괄적으로 위임하는 것을 금지한다.[74]

이에 따르면 우선 국민의 교육기본권을 제한하는 내용은 법률로 규율하여야 한다. 그리고 교육행정은 입법에 기속되어야 하고, 법률에 근거가 필요하다. 국민의 교육기본권 중 사회권적 성격을 가진 내용은 그 구체화를 위한 법률이 필요하다. 헌법 제31조 제2항에서 의무교육의 범위를 법률로 정하도록 한 것도 이러한 측면에서 이해할 수 있다.

3. 헌법 제31조 제6항의 법률유보

우리 헌법 제31조 제6항은 "학교교육 및 평생교육을 포함한 교육제도와 그 운영, 교육재정 및 교원의 지위에 관한 기본적인 사항은 법률로 정한다"고 정하여 "교육제도와 그 운영, 교육재정 및 교원의 지위에 관한 기본적인 사항"을 법률에 유보하고 있다. 따라서 이 사항은 법률로 정하여야 한다.

이 제31조 제6항을 본질성 이론을 구체화한 것으로 이해하는 견해가 있다.[75] 그러나 교육에서 본질성 이론을 적용한다면 시민의 교육기본권을 보장하는 데 본질적인 사항 중 우선순위가 높은 교육목적, 교육과정, 교과 등을 법률로 정하도록 표현하고 있지 않은 것을 보면 이러한 견해는 타당하지 않다.[76]

따라서 우리 헌법 제31조 제6항은 본질성 이론과 분리하여 그 입법취지와 문언에 충실하게 해석하는 것이 타당하다. 따라서 교육제도와 그 운영, 교육재정, 교원의 지위에 관한 기본적인 사항을 법률로 정하여야 한다.[77]

4. 제31조 제4항의 법률유보

우리 헌법 제31조 제4항은 "교육의 자주성·전문성·정치적 중립성 및 대학의 자율성은 법률이 정하는 바에 의하여 보장된다"고 정하여 "교육의 자주성·전문성·정치적 중립성·대학의 자율성"에 관한 사항을 법률에 유보하고 있다. 따라서 이 사항은 법률로 정하여야 한다.

Ⅲ. 결론

결론적으로 교육법에서 규율하고 있는 사항 중 법률의 형식으로 규정하여야 하는 사항은 헌법이론적 관점에서 법률유보 원칙, 본질성 이론, 의회유보의 요청에 따른 사항, 헌법 제31조에서 법률로 규율하도록 한 사항이다.

필자는 한국교육개발원이 주관한 "교육제도법률주의 관점에서의 현행 교육법제의 주요 정비 방안"이라는 연구에 참여하여, 교육법에서 규율하고 있는 사항 중 법률의 형식으로 규정하여야 하는 사항을 도출하고 이에 근거하여 교육법령의 개선 방안을 제시하는 작업을 한 바 있다.

그 연구 중 한 내용이 대한교육법학회 회원 중 교육제도법률주의 등에 대한 연구 경험을 갖고 있는 자를 중심으로 한 25명을 대상으로 한 델파이 조사였다. 이 델파이 조사는 크게 세 가지 영역으로 구성되었다. (ⅰ) 교육제도법률주의 등의 관점에서 보았을 때 현행 교육법제 정비 필요성에 대한 동의 여부, (ⅱ) '교육법제 영역에서 법률의 소관사항 기준'을 선정할 때 그 기준에 포함되어야 하는 것은 무엇인지, (ⅲ) 교육제도법률주의 등의 관점에서 보았을 때 현행 교육법제에서 이 원칙에 위배되어 가장 시급하게 개정해야 하는 법령은 무엇인지에 대한 도출이 그것이다.[78]

이를 분석해 보니 당해 조사에 참여한 전문가는 대체로 필자가 위에서 제시한 기준과 같은 생각을 가진 것으로 분석되었다. 그러나 일부 전문가는 필자와 다른 생각을 가진 것으로 분석되었다. 그러한 차이는 헌법 제31조 제4항, 제6항의 해석론의 차이 또는 그 구체적 적용에 있어서 판단의 차이, 본질성 이론을 구체적으로 적용하는 과정에서 차이라고 이해할 수 있다.

[보론]

교육과정은 어떤 법형식으로 무슨 내용을 담아야 하나?[79]

Ⅰ. 교육과정과 교과의 의의와 규율 현황

1. 교육과정과 교과의 의의

교육과정(敎育課程, curriculum)이란 학교(교육기관)에서 학생(학습자)이 무엇을 가르치고 배워야 할 내용을 정한 계획이다.[80] curriculum은 마차의 경주로라고 한다.[81] 이러한 의미에서 교육과정은 교육이 우승이라는 교육목적을 달성하기 위하여 달려가야 할 길이며, 출발-여정-종착점을 알려주는 지도이다. 따라서 교육과정 그 자체는 교육제도 중 하나이지만, 교육과정의 내용은 교육제도 그 자체는 아니다.

현행법의 해석상 교육과정을 정하는 것은 국가의 교육권한 내에 있다. 그러나 그것을 구체화하여 전달하는 권한은 교사의 교육권에 위임되어 있다.[82]

그리고 교과(敎科, subject matter)란 교육내용을 교육목적에 맞게 체계적으로 재구성해 놓은 것을 말한다. 국어과, 수학과, 영어과, 사회과, 과학과 등이 현행법상 인정되는 교과이다. 여기서 법학, 정치학, 사회학, 경제학, 심리학 등과 같은 학문은 특정 분야 또는 대상을 탐구한 결과에 해당하는 것이고, 사회과는 이를 체계적으로 재구성한 교과이다.

이러한 교과는 교육과정의 핵심적인 체계로 기능한다.

2. 규율 현황

이와 관련하여 초중등교육법 제23조 제1항은 다음과 같이 규정하고 있다.

> 제23조(교육과정 등) ① 학교는 교육과정을 운영하여야 한다.
> ② 교육부장관은 제1항에 따른 교육과정의 기준과 내용에 관한 기본적인 사항을 정하며, 교육감은 교육부장관이 정한 교육과정의 범위에서 지역의 실정에 맞는 기준과 내용을 정할 수 있다. 〈개정 2013. 3. 23.〉
> ③ 학교의 교과(敎科)는 대통령령으로 정한다.

그리고 법 제23조 제3항의 위임에 따라 같은 법 시행령 제43조는 다음과 같이 규정하고 있다.

> 제43조(교과) ① 법 제23조제3항에 따른 학교의 교과는 다음 각 호와 같다.
> 1. 초등학교 및 공민학교 : 국어, 도덕, 사회, 수학, 과학, 실과, 체육, 음악, 미술 및 외국어(영어)와 교육부장관이 필요하다고 인정하는 교과
> 2. 중학교 및 고등공민학교 : 국어, 도덕, 사회, 수학, 과학, 기술·가정, 체육, 음악, 미술 및 외국어와 교육부장관이 필요하다고 인정하는 교과
> 3. 고등학교 : 국어, 도덕, 사회, 수학, 과학, 기술·가정, 체육, 음악, 미술 및 외국어와 교육부장관이 필요하다고 인정하는 교과
> 4. 특수학교 및 고등기술학교 : 교육부장관이 정하는 교과
> ② 다음 각 호의 어느 하나에 해당하는 고등학교의 장은 산업계의 수요를 교육에 직접 반영하기 위하여 필요한 경우에는 제1항제3호의 교과와 다르게 자율적으로 교과(제1호에 해당하는 학교의 경우에는 해당 학과의 교과로 한정한다)를 편성·운영할 수 있다.

1. 제76조의3제1호에 따른 일반고등학교 중 산업분야의 인재 양성
   을 목적으로 하는 학과로서 교육감이 지정한 학과를 설치·운영
   하는 고등학교
2. 제90조제1항제10호에 따른 산업수요 맞춤형 고등학교
3. 제91조제1항에 따른 특성화고등학교 중 산업분야의 인재양성을
   목적으로 하는 고등학교

그리고 법 제23조 제2항에 근거하여 교육부장관은 다음과 같이 고
시하고 있다.[83]

초중등교육법 제23조 제2항에 의거하여 초중등학교 교육과정을 다
음과 같이 고시합니다.[84]
1. 초·중등학교 교육과정 총론은 【별책 1】과 같습니다.
2. 초등학교 교육과정은 【별책 2】와 같습니다.
3. 중학교 교육과정은 【별책 3】과 같습니다.
4. 고등학교 교육과정은 【별책 4】와 같습니다.
5. 국어과 교육과정은 【별책 5】와 같습니다.
6. 도덕과 교육과정은 【별책 6】과 같습니다.
7. 사회과 교육과정은 【별책 7】과 같습니다.
8. 수학과 교육과정은 【별책 8】과 같습니다.
9. 과학과 교육과정은 【별책 9】와 같습니다.
10. 실과(기술·가정)/정보과 교육과정은 【별책 10】과 같습니다.
11. 체육과 교육과정은 【별책 11】과 같습니다.
12. 음악과 교육과정은 【별책 12】와 같습니다.
13. 미술과 교육과정은 【별책 13】과 같습니다.
14. 영어과 교육과정은 【별책 14】와 같습니다.
15. 바른 생활, 슬기로운 생활, 즐거운 생활 교육과정은 【별책 15】
    와 같습니다.
16. 제2외국어과 교육과정은 【별책 16】과 같습니다.
17. 한문과 교육과정은 【별책 17】과 같습니다.

18. 중학교 선택 교과 교육과정은 【별책 18】과 같습니다.

19. 고등학교 교양 교과 교육과정은 【별책 19】와 같습니다.

20. 과학 계열 전문 교과 교육과정은 【별책 20】과 같습니다.

21. 체육 계열 전문 교과 교육과정은 【별책 21】과 같습니다.

22. 예술 계열 전문 교과(보통 교과 연극 과목 포함) 교육과정은 【별책 22】와 같습니다.

23. 외국어 계열 전문 교과 교육과정은 【별책 23】과 같습니다.

24. 국제 계열 전문 교과 교육과정은 【별책 24】와 같습니다.

25. 전문 교과 II 교육과정은 【별책 25~41】과 같습니다.

26. 창의적 체험활동(안전한 생활 포함) 교육과정은 【별책 42】와 같습니다.

27. 한국어 교육과정은 【별책 43】과 같습니다.

부 칙

1. 이 교육과정은 학교 급별, 학년별로 다음과 같이 시행합니다.

가. 2017년 3월 1일 : 초등학교 1, 2학년

나. 2018년 3월 1일 : 초등학교 3, 4학년, 중학교 1학년, 고등학교 1학년

다. 2019년 3월 1일 : 초등학교 5, 6학년, 중학교 2학년, 고등학교 2학년

라. 2020년 3월 1일 : 중학교 3학년, 고등학교 3학년

2. 중학교 자유학기 편성·운영 관련 규정은 2016년 3월 1일부터 적용합니다.

3. 교육부 고시 제2013-7호의 전문 교과는 2016년 3월 1일부터 이 교육과정의 전문 교과 II 실무 과목으로 대체하여 편성할 수 있습니다.

4. 교육과학기술부 고시 제2009-41호(2009.12.23.), 교육과학기술부 고시 제2010-24호(2010.5.12.), 교육과학기술부 고시 제

2011-5호(2011.1.26.),   교육과학기술부   고시   제2011-13호
(2011.2.24.), 교육과학기술부 고시 제2011-361호(2011.8.9.), 교
육과학기술부 고시 제2012-3호(2012.3.21.), 교육과학기술부 고
시 제2012-14호(2012.7.9.), 교육과학기술부 고시 제2012-29호
(2012.12.7.), 교육과학기술부 고시 제2012-31호(2012.12.13.), 교
육부 고시 제2013-7호(2013.12.18.)의 초·중등학교 교육과정은
2020년 2월 29일로 폐지합니다.

5. 「훈령·예규 등의 발령 및 관리에 관한 규정」(대통령훈령 제334호)
에 따라 이 고시 발령 후의 법령이나 현실 여건의 변화 등을 검
토하여 이 고시의 폐지, 개정 등의 조치를 하여야 하는 기한은
2020년 2월 29일까지로 합니다.

참 고

초·중등학교 교육과정 개정 고시의 전문은 교육부 홈페이지와 국
가교육과정정보센터에 게재되어 있습니다.

※ 교육부 홈페이지(www.moe.go.kr)〉정부 3.0정보 공개〉법령 정보〉
입법·행정 예고

※ 국가교육과정정보센터(ncic.go.kr)〉교육과정 자료실〉교육과정 원
문 및 해설서[85]

Ⅱ. 문제점과 개선 방안

1. 교육과정 일체를 고시의 형식으로 규정하고 있는 것에 대한 평가[86]

우리나라의 법체계는 헌법, 법률, 명령, 행정규칙으로 단계적 구조를 이루고 있다. 우선 가장 상위에는 국민의 기본적인 합의인 헌법이 자리 잡고 있다. 그리고 이러한 헌법 제40조 "입법권은 국회에 속한다"는 규정에 따라 법률을 제정할 수 있는 권한을 가진 국회가 만든 법형식인 법률이 그 하위에 있다. 그리고 헌법 제75조와 법률에서 위임받은 사항과 법률을 집행하기 위하여 필요한 사항을 정하는 대통령령이, 헌법 제95조에 따라 법률이나 대통령령에서 위임받은 사항과 법률이나 대통령령을 집행하기 위하여 필요한 사항을 정하는 총리령과 부령이 각각 그 하위에 있다. 그리고 헌법에 명시적 규정이 없지만 국민에게 직접적인 구속력이 없는 행정규칙은 헌법 제66조 제4항에 근거하여 행정부에서 제정할 수 있으며, 총리령과 부령의 하위에 있다.

이러한 법단계설에 따르면 하위법은 상위법에 근거하여야 한다. 또한 하위법은 상위법에 위배되어서는 아니된다. 따라서 만약 하위법이 상위법에 위배되는 경우에는 이를 무효화시킬 수 있는 절차를 확보하여야 한다. 법률이 헌법에 위반되었을 때 이를 무효로 만드는 위헌법률심판(헌법 제107조 제1항, 제111조 제1항), 명령, 규칙, 처분이 헌법이나 법률에 위반되었을 때 이를 무효로 만드는 위헌·위법의 명령·규칙·처분 심사(헌법 제107조 제2항)이 바로 그것이다.[87]

한편, 이와 같은 헌법, 법률, 명령이라는 법형식이 규정하여야 할 내용은 다음과 같다. 우선 헌법은 국민의 기본적인 합의이므로 국민사회에 적용되는 장기적이고 기본적인 사항을 담는다. 이에 대비되어 법률 이하의 규범은 그때그때 사회에서 발생하는 문제에 대한 해결방안을 담는다.[88] 법률 이하의 법형식간 구체적인 기능 분담은 다음과 같다. 우선 법률은 국가를 구성하고 운영하는데 본질적인 사항을 담는다. 국민의 권리와 의무에 관한 사항, 국가기관의 구성과 운영에 관한 기본적인 사항 등이 그것이다. 법률이 이와 같은 사항을 규정하여야 한다는 이론을 본질성 이론(Wesentlichkeitstheorie)이라고 하며 그것이 현재 우리 헌법학계의 일반적인 견해이다. 그리고 명령은 국가를 구성하고 운영하는 데 비본질적이고 좀 더 구체적인 사항을 담는다.

요컨대, 우리 헌법은 제40조 국회입법중심주의를 선언하고, 국가를 구성하고 운영하는 데 본질적인 사항은 국회가 독점적으로 법률이라는 법형식에 의하여 정하도록 하고 있다. 이를 의회 유보 원칙(Parlamentsvorbehalt) 또는 법률유보의 원칙(Vorbehalt des Gesetzes)이라고 한다.[89]

한편, 우리 헌법 제31조 제6항은 "학교교육 및 평생교육을 포함한 교육제도와 그 운영, 교육재정 및 교원의 지위에 관한 기본적인 사항은 법률로 정한다"고 규정하고 있다. 여기서 나열된 교육제도와 그 운영 등에 교육과정이 포함된다고 해석한다면 헌법 제31조 제6항에 따라, 그렇지 않다고 해석하면 위에서 서술한 의회 유보 원칙, 법률유보 원칙, 본질성 이론에 따라 교육과정이 어떤 법형식으로 규정되어야 타당한지 검토할 필요가 있다.

교육과정은 학교교육에서 학생들이 어떠한 교과목에서 어떤 내용에 대해 배워야 하는지에 대해 국가 수준에서 규정하고 있으므로 시민의 교육기본권에 미치는 영향이 매우 큰 문서이다. 교육부장관이 고시로 발표한 교육과정이 그대로 학교에서 운영되는 것은 아니지만, 학교에서 운영되는 교육과정의 근간이 되고 그것을 기준으로 교과서를 만들고 검정하며 이러한 교과서로 실제 수업을 하기 때문이다.[90] 특히 대학입학수학능력시험을 중심으로 한 입시 위주로 체계화된 교육 현실, 이 시험에서 그 기준이 국가 수준 교육과정이라는 점을 고려하면 그 영향력은 국가 수준의 교육과정을 가진 여러 나라와 비교하여 압도적이다. 이러한 이유로 적어도 교육과정을 만드는 기준과 이를 구체화할 수 있는 절차는 법률과 그 위임에 따라 대외적 효력이 있는 명령의 형식에 규정되어야 한다.

그런데 현행 교육과정은 교육부장관의 고시라고 하는 대외적 효력이 없는 법형식인 행정규칙으로 제정되어 있다. 위에서 언급한 교육과정의 본질, 우리 교육 현실을 고려하였을 때 국가 수준의 교육과정을 아무런 기준 없이 전적으로 행정부의 권한 행사에 맡기는 것은 정권 또는 교육부장관의 뜻에 따라 학교 교육이 좌우될 수 있도록 두는 것으로, 이미 설명한 의회 유보 원칙, 법률유보 원칙, 본질성 이론 또는 헌법 제31조 제6항에 반하는 것이다.[91] 따라서 이와 비슷한 논리로 초중등교육법 제23조 제2항이 문제라고 판단하신 이형석 교수님의 판단에 뜻을 같이한다.

한편, 이형석 교수님께서는 다음과 같이 당해 고시가 대외적 구속력이 있다고 판단하였다.

> 행정규칙이 대외적 구속력을 가지는 것이 전술한 바와 같이 상위법령과 결합하여서 법령보충적 성격을 가지고 있거나, 동일한 내용이 반복적으로 시행되어 자기구속력을 가지고 평등의 원칙이나, 신뢰보호원칙이 형성된 경우에 대외적 구속력을 가진다. 교육과정관련 고시도 상위법령인 초중등교육법과 결합하여 법령보충적 성격이 있다. 교육과정은 시대에 변화에 따른 수요충족을 위하여 일부 변경이 이루어졌지만, 교육을 위한 기본적인 내용이 반복, 지속적으로 이루어졌고, 자기구속력을 가지고 있다. 이러한 성격을 충족하고 있기에 교육과정 관련 고시는 대외적 구속력이 있다.[92]

그런데 당해 고시가 대외적 구속력이 있다고 평가하는 것에는 유념할 점이 있다. 그러한 평가에 동원된 공법이론은 이것이 국민의 권리를 침해하여 그것을 다투는 행정소송이 제기되었을 때 이를 소송의 대상으로 삼아 국민의 권리를 구제하고 행정권을 통제하기 위하여 전개된 사후적 보정이론이지, 법률을 구체화하기 위한 행정입법을 할 때 어떠한 법형식으로 하여야 하는가를 결정하기 위한 사전적 입법이론은 아니라는

점이다. 이렇게 보았을 때 이 고시가 행정소송 등의 소송 요건을 갖추었
는지 판단할 때 이 고시가 대외적 구속력이 있다고 판단하여 소송요건을
충족한다고 판단하는 것은 타당하지만, 이러한 판단을 근거로 당해 고
시가 초중등교육법 제23조 제2항에서 요구하는 위임입법의 형식을 충
족하였다고 판단하여서는 아니 된다.

결론적으로 법률이 교육과정에 대한 어떤 기준 제시도 없이 일체의
사항을 교육부장관이 정하도록 규정하고 있는 현행 초중등교육법 제23
조 제2항과, 이를 고시라는 대외적 효력이 없는 행정규칙의 법형식으로
규정하는 오랜 행정관행은 현행 헌법에 충실하지 못한 위헌적 행위이다.
따라서 개선이 필요하다.

2. 교육과정에서 교수·학습 방법과 평가 방법을 서술하고 있는 것에 대한 평가

현행 교육과정은 성취기준뿐 아니라 교수 · 학습 방법과 평가 방법을
서술하고 있다. "생활 주변에서 인권 보장이나 국민의 의무와 관련된 구
체적 사례들을 담고 있는 신문 기사나 법률 조항, 관련 사례 조사에 필
요한 자료(국회 법률 지식 정보 시스템, 법제처 누리집 등 참고)를 검색해서 학
습에 활용할 수 있도록 안내한다. 헌법 조항을 통해 인권 보장을 위한
헌법의 역할을 학습하는 것은 학생들 수준에서 추상적이고 어려운 일이
므로, 관련 조항을 생활 속 인권 사례들과 자연스럽게 연계되도록 수업
내용을 구성한다. 인권 보장을 주제로 한 신문이나 홍보 자료 제작 활동
을 하는 경우에는 인권, 기본권, 의무 관련 사례에 관한 자료의 형식이
나 구성 방식 등에 대해 소개하는 간단한 자료를 학생들에게 미리 제시
하여 참고하게 한다(교수 · 학습 방법)",[93] "보고서법을 활용하여 평가할 경
우 인권 보장을 위한 헌법의 역할과 중요성을 탐구하는 과제를 제시하
고 정보 수집 및 분석 능력, 결론 도출 능력, 문제 해결 능력 등을 평가

한다. 기본권 실현이나 의무 이행과 관련된 사회적 쟁점이나 사례를 제시하고 이에 대해 자신의 주장이 담긴 간단한 글을 작성해 보게 하거나, 면접법을 실시하여 권리와 의무의 조화를 추구하는 태도를 평가한다. 인권 보장과 국민의 의무 관련 주제로 신문이나 홍보 자료를 제작하는 과정에서 요구되는 가치 판단 능력, 문제 해결력, 의사소통 능력 등을 관찰법을 활용하여 평가한다(평가 방법)"[94] 등이 그것이다.

이미 서술한 것처럼 현행 헌법과 법률의 해석상 교육과정을 정하는 것은 국가의 교육권한 내에 있다. 그러나 그것을 구체화하여 전달하는 권한은 교사의 교육권에 위임되어 있다.[95] 교육영역에서 전문가로서 교사는 국가가 제시한 성취기준을 이해하고 이를 구체화하여 전달하는 과정에서 당해 성취기준을 달성할 수 있는 교육방법을 선택할 권한, 교수-학습 과정에서 당해 성취기준을 달성하였는지 측정하는 평가방법을 선택할 권한이 있다.

이에 비추어 보았을 때 현행 교육부 고시 제2015-74호 초중등학교 교육과정 총론 및 교과 교육과정 고시는 현행 헌법과 법률의 해석을 그르쳐 상위법에 위배되는 내용을 규정하고 있다. 따라서 교육과정에서 교수·학습 방법과 평가 방법에 관한 서술은 삭제하는 것이 타당하다.

3. 교과를 대통령령의 형식으로 정하도록 하고 있는 법률에 대한 평가

교과는 학교교육에서 본질적인 사항 중 하나이다. 이러한 의미에서 비록 헌법 제31조 제6항의 요청은 아니더라도 법률유보 원칙, 본질성 이론, 의회 유보 원칙에 따르면 적어도 교과를 정하는 기준과 이를 정하는 절차는 법률에, 구체적인 교과는 그 위임에 따라 대외적 효력이 있는 명령의 형식에 규정되어야 한다. 또 우리 교육이념과 교육목적을 구현하기 위해 반드시 필요한 교과는 법률이 직접 규율하는 것이 바람직하다.

이렇게 보았을 때 교과를 정하는 기준과 이를 정하는 절차를 전혀 정하지 않고 일체를 대통령령에 위임하고 있는 현행 초중등교육법 제23조 제3항은 현행 헌법에 충실하지 못한 행위이다. 따라서 개선이 필요하다.

III. 결론

결론적으로 학교가 교육과정을 운영하도록 규정하고 있는 초중등교육법 제23조 제1항은 원칙적으로 적절하다. 그러나 "교육부장관은 제1항에 따른 교육과정의 기준과 내용에 관한 기본적인 사항을 정하며, 교육감은 교육부장관이 정한 교육과정의 범위에서 지역의 실정에 맞는 기준과 내용을 정할 수 있다"고 규정하고 있는 현행 초중등교육법 제23조 제2항은 현행 헌법에 충실하지 못한 위헌적 행위이다. 교육과정의 기준과 이를 구체화할 수 있는 절차는 적어도 법률과 그 위임에 따라 대외적 효력이 있는 명령의 형식에 규정되어야 한다. 또한 제23조 제2항에 근거하여 교육과정을 고시라는 대외적 효력이 없는 행정규칙의 형식으로 규정하는 오랜 행정관행은 현행 헌법에 충실하지 못한 위헌적 행위이다. 또한 초중등교육법에서 교과를 정하는 기준과 이를 정하는 절차를 전혀 정하지 않고 일체를 대통령령에 위임하고 있는 현행 초중등교육법 제23조 제3항도 현행 헌법과 해석론에 비추어 적절치 않다. 적어도 교과를 정하는 기준과 이를 정하는 절차는 법률에, 구체적인 교과는 그 위임에 따라 대외적 효력이 있는 명령의 형식에 규정되어야 한다.

|부록 1| 각 교과와 과목 교육과정의 구성

별책 7. 사회과 교육과정에서 초등학교, 중학교 '사회' 과목 내용 체계 중 일부 내용을 발췌하여 제시하면 다음과 같다.[96]

영역	핵심 개념	일반화된 지식	내용 요소			기능
			초등학교		중학교	
			3–4학년	5–6학년	1–3학년	
정치	민주주의와 국가	현대 민주 국가에서 민주주의는 헌법을 통해 실현되며, 우리 헌법은 국가기관의 구성 및 역할을 규율한다.	민주주의, 지역 사회, 공공 기관, 주민 참여, 지역 문제 해결	민주주의, 국가기관, 시민 참여	정치, 민주주의, 정부 형태, 지방 자치 제도	조사하기 분석하기 참여하기 토론하기 비평하기 의사결정 하기
	정치과정과 제도	현대 민주 국가는 정치과정을 통해 시민의 정치 참여가 실현되며, 시민은 정치 참여를 통해 다양한 정치 활동을 한다.		생활 속의 민주주의, 민주 정치 제도	정치과정, 정치 주체, 선거, 시민 참여	
	국제 정치	오늘날 세계화로 인해 다양한 국제기구들이 활동하고 있으며, 한반도의 국제 질서도 복잡해지고 있다.		지구촌 평화, 국가 간 협력, 국제기구, 남북통일	국제 사회, 외교, 우리나라의 국가 간 갈등	
법	헌법과 우리 생활	헌법은 국민의 기본권을 보장하고, 국가기관의 구성 및 역할을 규정한다.		인권, 헌법, 기본권과 의무, 국가기관의 구성	인권, 헌법, 기본권, 국가 기관의 구성 및 조직	조사하기 분석하기 구분하기 적용하기 존중하기 참여하기
	개인 생활과 법	민법은 가족 관계를 포함한 개인 간의 법률관계와 재산 관계를 규율한다.		법, 법의 역할	법, 법의 구분, 재판	
	사회생활과 법	우리나라는 공동체 질서 유지를 위한 형법과 사회적 약자 보호를 위한 사회법을 통해 정의로운 사회를 구현한다.				

출처: 교육부 고시 제2015–74호 [별책7], 5p.

4. 성취기준

[초등학교 5~6학년]

〈인권 보장과 헌법〉[97]

[6사02-03] 인권 보장 측면에서 헌법의 의미와 역할을 탐구하고, 그 중요성을 설명한다.
[6사02-04] 헌법에서 규정하는 기본권과 의무가 일상생활에 적용된 사례를 조사하고, 권리와 의무의 조화를 추구하는 자세를 기른다.

(가) 학습 요소
- 인권 보장, 헌법의 역할, 기본권, 권리, 의무

(나) 성취기준 해설
- 이 단원은 인권 보장을 위한 헌법의 역할 및 중요성을 학습하고 헌법에서 규정하는 기본권과 의무를 중심으로 헌법과 실생활과의 관련성을 탐구해 봄으로써 인권과 헌법에 대한 올바른 이해를 도모하는 데 주안점을 둔다.
- [6사02-03]에서는 인간의 기본적 권리인 인권을 보장하기 위한 헌법의 역할을 탐구함으로써 인권 존중 의식을 함양하고 인권 보장을 위한 헌법의 중요성을 인식하도록 한다.
- [6사02-04]에서는 헌법에서 보장하는 기본권 및 의무와 관련된 일상생활의 사례를 탐구함으로써 권리 의식과 공동체 의식을 함양하도록 하며, 권리와 의무의 상호 의존성을 인식함으로써 양자의 조화를 추구하는 자세를 함양하도록 한다.

(다) 교수 · 학습 방법 및 유의 사항
- 생활 주변에서 인권 보장이나 국민의 의무와 관련된 구체적 사례들을 담고 있는 신문 기사나 법률 조항, 관련 사례 조사에 필요한 자료(국회 법률 지식 정보 시스템, 법제처 누리집 등 참고)를 검색해서 학

습에 활용할 수 있도록 안내한다.
- 헌법 조항을 통해 인권 보장을 위한 헌법의 역할을 학습하는 것은 학생들 수준에서 추상적이고 어려운 일이므로, 관련 조항을 생활 속 인권 사례들과 자연스럽게 연계되도록 수업 내용을 구성한다.
- 인권 보장을 주제로 한 신문이나 홍보 자료 제작 활동을 하는 경우에는 인권, 기본권, 의무 관련 사례에 관한 자료의 형식이나 구성 방식 등에 대해 소개하는 간단한 자료를 학생들에게 미리 제시하여 참고하게 한다.

(라) 평가 방법 및 유의 사항
① 평가 방법
- 보고서법을 활용하여 평가할 경우 인권 보장을 위한 헌법의 역할과 중요성을 탐구하는 과제를 제시하고 정보 수집 및 분석 능력, 결론 도출 능력, 문제 해결 능력 등을 평가한다.
- 기본권 실현이나 의무 이행과 관련된 사회적 쟁점이나 사례를 제시하고 이에 대해 자신의 주장이 담긴 간단한 글을 작성해 보게 하거나, 면접법을 실시하여 권리와 의무의 조화를 추구하는 태도를 평가한다.
- 인권 보장과 국민의 의무 관련 주제로 신문이나 홍보 자료를 제작하는 과정에서 요구되는 가치 판단 능력, 문제 해결력, 의사소통 능력 등을 관찰법을 활용하여 평가한다.
② 유의 사항
- 보고서법을 활용할 경우 인권을 보장하는 헌법의 역할과 중요성에 대한 핵심 내용이 타당하게 제시되어 있는지를 중점적으로 평가할 수 있다.
- 면접법을 활용할 경우 생활 주변에서 쉽게 경험할 수 있는 권리와 의무의 충돌 사례를 제공하고, 이에 대해 학생들이 가치 판단을 내리고 그 이유를 설명할 수 있도록 안내한다.

〈자유민주주의의 발전과 시민 참여〉[98]

[6사05-01] 4 · 19 혁명, 5 · 18 민주화 운동, 6월 민주 항쟁 등을 통해 자유민주주의
가 발전해 온 과정을 파악한다.
[6사05-02] 광복 이후 시민의 정치 참여 활동이 확대되는 과정을 중심으로 오늘날
우리 사회의 발전상을 살펴본다.

(가) 학습 요소
• 4.19 혁명, 5.18 민주화 운동, 6월 민주 항쟁, 자유민주주의의 발
전 과정, 시민의 정치 참여

(나) 성취기준 해설
• 이 단원은 민주화의 역사를 통해 우리나라 민주주의의 발전 과정
을 이해하고, 시민의 정치 참여로 민주주의가 발전할 수 있다는 사
실을 파악함으로써 민주 사회 건설을 위해 노력하는 태도를 함양
하는 데 주안점을 둔다.
• [6사05-01]에서는 우리나라 민주화의 역사를 통해 민주주의를 발
전시키기 위한 시민의 노력을 파악함으로써 민주시민으로서 비판
의식을 함양하도록 한다.
• [6사05-02]에서는 광복 이후 시민들의 정치 참여 활동의 모습을
살펴보고 앞으로 우리 사회를 발전시키기 위해 노력하려는 태도를
함양하도록 한다.

(다) 교수 · 학습 방법 및 유의 사항
• 다양한 사료를 바탕으로 4 · 19 혁명, 5 · 18 민주화 운동, 6월 민
주 항쟁의 원인, 과정, 결과에 대한 이해를 통해 자유민주주의의
발전 과정을 파악하도록 한다. 자유민주주의 발전 과정을 통해 얻
을 수 있는 시사점을 주제로 토의 학습을 진행하여 비판적 사고 능
력을 함양하도록 한다.
• 광복 이후 시민들의 정치 참여 및 민주화 과정과 관련된 다양한 동

영상과 사진 자료, 편지, 육성 자료 등을 학생의 발달 수준을 고려하여 제공한다.
- 민주화와 관련된 동영상 자료의 경우 학생들의 발달 수준을 고려하여 내용을 이해하기 쉽도록 편집해서 사용하고, 사진이나 편지 등과 같은 자료의 경우 자료에 담긴 의미를 탐색하도록 안내한다.

(라) 평가 방법 및 유의 사항

① 평가 방법

- 서술형 평가를 활용할 경우 민주화 과정에 대한 다양한 사료를 제시한 후 민주화 과정에 대한 이해도를 평가할 수 있다.
- 토의 학습을 활용하여 평가할 때에는 토의 참여도, 주장의 논리적 정합성 등을 중심으로 평가할 수 있다.

② 유의 사항

- 학생들이 토의 학습 과정에서 전개한 논리가 서로 다른 가치에 바탕을 두고 있다고 하더라도, 그 가치 자체를 평가의 주요 요소로 삼기보다는 논리적 정합성을 중심으로 평가하도록 한다.

미주

* 원출처: 정필운, "헌법 제31조 제6항에 관한 소고", 「교육법학연구」 제28권 제4호, 대한교육법학회, 2016, 169-199쪽.
이 글은 2014년 2월 14일 동아대학교에서 대한교육법학회 · 동아대학교 법학연구원이 공동 주최한 학술대회에서 필자가 발표한 "헌법 제31조 제6항에 대한 관견"이라는 글을 수정하여 보완한 것이다. 당시 발표문은 지난 2012년 4월 21일 대한교육법학회 정기학술대회에서 이형석 교수님의 발표("헌법상 교육제도 법정주의에 관한 연구")에 대한 필자의 지정토론문을 발전시킨 것이다

1 노기호 집필부분, 한국헌법학회 편, 「헌법주석서 Ⅱ」, 제2판, 법제처, 2010.3., 301쪽.
2 이형석, "헌법상 교육제도 법정주의에 관한 연구", 원광대학교 대학원 법학과 박사학위논문, 2011.8., 88쪽; 전광석, 「한국헌법론」, 집현재, 2013, 393쪽; 한수웅, 「헌법학」, 법문사, 2015, 999쪽
3 권영성, 「헌법학원론」, 법문사, 2006, 268쪽; 정종섭, 「헌법학원론」, 박영사, 2011, 778쪽
4 구병삭, 「증보 헌법학 Ⅰ」, 박영사, 1983, 725쪽; 허영, 「한국헌법론」, 박영사, 2015 (이하 '허영a'로 줄인다), 461쪽.
5 손희권, 「교육과 헌법」, 학지사, 2008, 75쪽.
6 노기호 집필부분, 앞의 책, 301쪽.
7 전광석, 앞의 책, 387쪽.
8 2012년 4월 21일 대한교육법학회 정기학술대회에서 고전 교수님의 코멘트. 일제강점기의 상황에 관해서는 이형석, 앞의 글, 88-89쪽 참고.
9 노기호 집필부분, 앞의 책, 302쪽.
10 노기호 집필부분, 앞의 책, 303쪽.
11 허영a, 461쪽; 권영성, 앞의 책, 266쪽; 정종섭, 앞의 책, 778-782쪽.
12 구병삭, 앞의 책, 726쪽; 노기호 집필부분, 앞의 책, 302쪽; 전광석, 앞의 책, 393쪽; 이형석, 앞의 글, 107-112쪽.
13 구병삭, 앞의 책, 726쪽.
14 노기호 집필부분, 앞의 책, 302쪽.
15 정종섭, 앞의 책, 779쪽; 한수웅, 앞의 책, 1001쪽.
16 이상 정종섭, 앞의 책, 779쪽; 권영성, 앞의 책, 268쪽.
17 이상 권영성, 앞의 책, 268쪽.
18 헌재 1992. 7. 22. 89헌가106; 2003. 12. 18. 2002헌바14, 32(병합).

19 헌재 2003. 2. 27. 2000헌바26.

20 헌재 1992. 7. 22. 89헌가106; 전광석, 앞의 책, 393쪽.

21 그 밖에 좀 더 자세한 것은 앞의 참고문헌을 참고할 것.

22 헌법 제31조 제1항 기본권을 '교육을 받을 권리'라고 표현하는 것이 일반적인 견해
이다(예를 들어, 권영성, 앞의 책, 268쪽). 그러나 이 표현은 교육을 '받는다'는 수동
적인 의미를 담고 있다는 문제가 있으므로 현대 교육에서 교육을 받는 국민의 능동
성, 주체성을 담고 있는 '교육기본권'이라는 표현을 사용하는 것이 타당하다는 유력
한 반론이 있다(예를 들어, 신현직, "교육기본권에 관한 연구", 서울대학교 대학원
법학과 박사학위논문, 1990, 74-75쪽; 노기호, 『교육권론』, 집문당, 2008, 29-30
쪽). 필자는 후자의 견해에 뜻을 같이한다. 이에 대해 자세한 것은 정필운, "교육영
역에서 당사자의 권리 · 의무 · 권한에 대한 헌법이론적 고찰", 「법학연구」 제19권
제3호, 연세대학교 법학연구원, 2009, 287-288쪽 참조.

23 이 글의 조문이나 인용문에서 밑줄이나 굵은 글씨는 모두 필자가 그 내용의 강조를
위하여 덧붙인 것이다.

24 국회도서관 편, 『헌법제정회의록(제헌국회)』, 헌정사자료 제1집, 대한민국 국회도
서관, 1967, 제16조 제1항과 관련하여서는 제헌의회에서 많은 논란이 있었으나(예
를 들어, 제1회 제21차 본회의회의록에서 장면 의원의 의무교육 연한의 연장 발언
등 참고), 제2항에 관련하여서는 논의가 없다.

25 실제 유진오, 『헌법해의』, 일조각, 1953, 부록 28쪽 이하에는 일본국헌법의 번역문
전문이 실려 있다.

26 日本國憲法 第２６條 ① すべて國民は、法律の定めるところにより、その能力に
應じて、ひとしく敎育を受ける權利を有する。② すべて國民は、法律の定めるところ
により、その保護する子女に普通敎育を受けさせる義務を負ふ。義務敎育は、これを
無償とする。이에 관한 개론적 이해는 靑柳 幸一, 憲法, 尙學社, 2015, 276-278面.

27 국회도서관 편, 앞의 책.

28 국회도서관 편, 앞의 책.

29 유진오, 앞의 책, 81쪽.

30 박일경, 『헌법요론』, 신명문화사, 1956(이하 '박일경a'로 줄인다), 156쪽.

31 한태연, 『헌법』, 법문사, 1959, 200쪽.

32 대한민국 국회, 『헌법개정심의록』, 제1집-제3집, 1967.

33 박일경, 『신헌법해의』, 진명문화사, 1963(이하 '박일경b'로 줄인다), 159-160쪽.

34 한태연, 구병삭, 이강혁, 갈봉근, 『한국헌법사(하)』, 한국정신문화연구원, 1991,
302쪽.

35 법제처 간, 『헌법연구반 보고서』, 헌법심의자료, 1980.3., 163쪽.

36 문홍주, 『한국헌법』, 해암사, 1886, 292쪽.

37 구병삭, 앞의 책, 725-726쪽.

38 Walter, Lande, Bildung und Schule, Bei Nipperdey, GR. u. Gpfl. 111. S.214. 한태연, 앞의 책, 198쪽에서 재인용.

39 이 글에서 인용한 각 나라의 헌법 조문은 Constitutions of the Contries of the World, Oxford University Press, 2016와 인터넷을 통하여 원문을 확인하고, 필자가 감수에 참여한 국회도서관 편, 『세계의 헌법 Ⅰ』, 국회도서관, 2010과 국회도서관 편, 『세계의 헌법 Ⅱ』, 국회도서관, 2010의 번역을 참고하여 필자가 수정한 것이다.

40 각 나라의 헌법 규정에 관하여 좀 더 자세한 것은 정필운, "헌법 제31조 제6항에 대한 관견", 대한교육법학회 · 동아대학교 법학연구원 공동주최 학술대회 자료집, 2014. 2. 14를 참고.

41 Markus Thiel, in: Michael Sachs (Hrsg.), Grundgesetz, 7. Auflage, 2014, S.403, 404.

42 각 나라의 헌법 규정에 관하여 좀 더 자세한 것은 정필운, 앞의 글 참고.

43 각 나라의 헌법 규정에 관하여 좀 더 자세한 것은 정필운, 앞의 글 참고.

44 두 나라의 헌법 규정은 정필운, 앞의 글 참고.

45 유진오, 앞의 책, 81쪽; 박일경a, 156쪽.

46 이러한 의미에서 과외금지 위헌 결정(헌재 2000. 4. 27. 98헌가16, 98헌마429(병합))에서 헌법재판소가 "자녀의 양육과 교육은 일차적으로 부모의 천부적인 권리인 동시에 부모에게 부과된 의무이기도 하다. '부모의 자녀에 대한 교육권'은 비록 헌법에 명문으로 규정되어 있지는 아니하지만, 이는 모든 인간이 누리는 불가침의 인권으로서 혼인과 가족생활을 보장하는 헌법 제36조 제1항, 행복추구권을 보장하는 헌법 제10조 및 "국민의 자유와 권리는 헌법에 열거되지 아니한 이유로 경시되지 아니한다"고 규정하는 헌법 제37조 제1항에서 나오는 중요한 기본권"이라고 판시한 것은 타당하다.

47 이에 관하여 자세한 것은 정필운, "교육영역에서 자치의 본질 및 국가와 지방자치단체의 권한배분의 원리에 대한 헌법해석론적 검토", 『토지공법연구』 제46집, 494-500쪽 참고.

48 헌재 1992.11.12. 89헌마88.

49 2012년 4월 21일 대한교육법학회 정기학술대회에서 고전 교수님의 코멘트.

50 한태연, 앞의 책, 200쪽; 전광석, 앞의 책, 393쪽; 정종섭, 앞의 책, 779쪽.

51 헌재 1991. 2. 11. 90헌가27.

52 이하의 내용은 정필운, "공립학교 초중등교원의 헌법적 지위", 『한국부패학회보』 제18권 제3호, 한국부패학회, 2013, 227-228쪽 전재.

53 같은 취지: 박종보, "교원단체의 법적 지위와 관련된 헌법적 문제", 『교육법연구』 제8집 제2호, 2005, 132쪽. 이러한 의미에서 지난 1991년 7월 22일 사립학교교원의 노동3권과 관련된 위헌법률심판사건(89헌가106)에서, 헌법 제31조 제6항에 근거하여 사

립학교교원의 노동 3권을 제한 또는 금지하더라도 노동 3권의 본질적 내용을 침해한 것이 아니라고 판시한 우리 헌법재판소의 다수의견은 헌법 제31조 제6항의 해석을 그르친 잘못된 판단이며, 이시윤 재판관이나 변정수 재판관의 의견이 더욱 타당하다.

54 이러한 필자의 견해와 달리 교육 목표와 목적을 입법사가 스스로 정하여야 한다는 견해로는 이형석, 앞의 글, 110-111쪽.

55 이에 관하여 자세한 것은 이치가와 쇼우고 저, 김용 역, 『교육의 사사화와 공교육의 해체』, 교육과학사, 2013 참고.

56 Markus Thiel, a.a.O., S.405, S.423ff 참고.

57 Markus Thiel, a.a.O., S.405, 406 참고.

58 이상 박일경b, 159-160쪽.

59 한편, 이와 관련하여 주의할 것이 있다. 나중에 서술하는 것처럼 헌법 제31조 제6항은 형성적 법률유보이므로 국가의 감독권 행사를 위한 조항이 기본권 제한적 법률유보인 경우에 당해 법률조항은 헌법 제31조 제6항에 근거한 것이 아니라 헌법 제37조 제2항에 근거한 것이라고 해석하는 것이 타당하다. 요컨대, 국가의 감독권 행사를 위한 모든 조항이 헌법 제31조 제6항에 근거한 것은 아니다.

60 이형석, 앞의 글, 107-112쪽; 허영a, 앞의 책, 461쪽; 헌재 1991.2.11. 90헌가27.

61 한수웅, 앞의 책, 1000쪽 참고.

62 2012년 4월 21일 대한교육법학회 정기학술대회에서 김용 교수님의 코멘트.

63 허영b, 앞의 책, 480쪽.

64 허영b, 앞의 책, 480쪽.

65 허영b, 앞의 책, 481쪽.

66 예를 들어, 헌재 1991. 7. 22. 89헌가106; 헌재 1998. 7. 16. 96헌바33, 66, 68, 97헌바2 · 34 · 80, 98헌바39(병합).

67 예를 들어, 헌재 1991. 2. 11. 90헌가27.

68 전광석, 앞의 책, 393-394쪽 참고.

69 한태연, 구병삭, 이강혁, 갈봉근, 앞의 책, 302쪽.

70 원출처: 황준성 외, "교육제도법률주의 관점에서의 현행 교육법제의 주요 정비 방안", 한국교육개발원, 2020 중 필자가 쓴 원고의 일부.

71 김하열, 『헌법강의』, 2018, 118쪽.

72 김하열, 앞의 책, 119쪽.

73 김하열, 앞의 책, 119쪽.

74 전광석, 『한국헌법론』, 집현재, 2020, 652쪽.

75 이형석, "헌법상 교육제도 법정주의에 관한 연구", 원광대학교 대학원 법학과 박사학위논문, 2011, 107-112쪽; 헌재 1991. 2. 11. 90헌가27.

76 이 책 제12장 참고.

77 이 책 제12장 참고.

78 황준성 외, 앞의 보고서, 45쪽.

79 원출처: 정필운, "교육과정은 어떤 법형식으로 무슨 내용을 담아야 하나?"(이형석, "교육과정 법규의 헌법 적합성 분석 및 과제"에 대한 토론문), 2019년 대한교육법학회 연차학술대회 자료집(교육법 제정 70주년, 교육과 법의 조화로운 발전 모색), 2019.12.6., 69–93쪽.

80 박도순, 홍후조, 교육과정과 교육평가, 2008, 49쪽은 교육과정을 "사회 속의 학습자들이 자신의 잠재력을 찾고 더 나은 배움과 더 나은 삶을 열어 가기 위해서는 무엇을 가르치고 배우면 좋을까를 묻고, 이에 대한 심사숙고하여 답하고 계획하며, 이를 전문적으로 실천하고, 질 높은 성과를 노리는 총체적인 과정"이라고 정의하고 있다.

81 앞의 글, 50쪽.

82 이에 관해서 자세한 것은 이 책 제1장 참고.

83 교육부 고시 제2015-74호 초중등학교 교육과정 총론 및 교과 교육과정 고시.

84 https://www.moe.go.kr/boardCnts/view.do?boardID=141&boardSeq=60747&lev=0&searchType=null&statusYN=W&page=20&s=moe&m=040401&opType=N (2019. 12. 2. 최종 방문)

85 아래 토론문의 이해를 위하여 각 교과와 과목의 교육과정 내용을 설명할 필요가 있어 별책 7. 사회과 교육과정에서 초등학교, 중학교 '사회' 과목 내용 체계 중 일부 내용을 발췌하여 〈부록 1〉로 제시하였다.

86 이 부분은 정필운, 차조일, 원준호, "민주주의 교육과 교육법제–한국과 독일의 비교를 중심으로–", 「교육법학연구」 제26권 제3호, 2014, 이 책 제5장 일부를 발췌한 것이다.

87 전광석, 『한국헌법론』, 집현재, 2014, 30쪽.

88 전광석, 앞의 책, 30쪽.

89 헌재 1999. 5. 27. 98헌바70.

90 한수웅, 『헌법학』, 법문사, 2015, 1000쪽 참고.

91 이상 이 책 제5장 참고.

92 이형석, 앞의 글, 53쪽.

93 교육부 고시 제2015-74호 초중등학교 교육과정 총론 및 교과 교육과정 고시 별책 7. 사회과 교육과정, 37–38쪽.

94 앞의 고시, 37–38쪽.

95 이에 관해서는 이 책 제1장, 제11장 참고.

96 고시, 5쪽.

97 고시, 37–38쪽.

98 고시, 44–45쪽.

제3장

복지국가원리는 교육영역에 적용될 수 있는가?*

I. 문제 제기

1980년대 이후 헌법학계 및 교육법학계는 교육영역에 대한 규율을 법률 차원에서 논의하는 수준을 넘어 헌법 차원에서 논의하는 질적인 성장을 하여 왔다. 혜안과 역량을 가진 이른바 교육헌법론의 선각자적인 학자의 연구 성과,[1] 그리고 헌법재판소의 설립과 운용은 이러한 성장의 동인(動因)이 되었다. 이에 따라 현행 헌법 제31조의 해석론을 기초한 교육기본권의 내용과 효력, 교육의 자주성, 전문성, 정치적 중립성의 의미가 매우 구체화되었고, 교육영역에서 법률관계의 당사자와 그들이 가진 권리, 의무, 권한을 확정되고 그에 따라 이들의 협력, 갈등이 발생하였을 때 이를 어떻게 해결하여야 하는지 문제 해결 능력도 매우 높아졌다.

그러나 교육영역에서 발생하는 문제에 대하여 처방을 제시하기 위해서는 위와 같은 이론만으로는 충분치 않다. 전통적으로 헌법의 기본원리로 인정되는 민주주의, 법치주의(또는 법치국가), 복지국가(또는 사회국가), 문화국가원리 등과 교육이 어떤 관계를 맺고 있는지에 관한 탐구가 필요하다. 그러나 우리 헌법의 기본원리와 교육이 어떠한 관계를 맺고 있는지에 관한 논의는 상대적으로 저발전되어 왔다. 특히 교육과 복지국가원리가 서로 어떠한 관계가 있는 것인지, 어떠한 관계가 되어야 하는지에 관한 논의는 상대적으로 더 저발전되어 왔다. 그러나 우리나라가 개발도상국을 넘어 선진국에 진입하게 되어 복지국가 구현이 시대의 화두가 되면서 이에 대한 탐구가 이론적 관점에서는 물론 실천적 관점에서 요청되고 있다.

이 글은 이와 같은 문제의식에서 교육영역에서 헌법상 기본원리 중 하나인 복지국가원리가 어떠한 함의가 있는지 이론적으로 해명하고, 그것이 구체적인 교육정책에 어떠한 시사를 하는지 실천적인 관점에서 검토하는 것을 목적으로 한다. 이러한 목적을 달성하기 위하여 우선 복지국가원리와 교육이 서로 어떠한 관계가 있는 것인지, 그리고 어떠한 관계가 되어야 하는지 이론적인 관점에서 검토한다(Ⅱ). 그리고 그것의 실천적 담론인 이른바 교육복지론의 개념, 그에 따른 구체적 정책, 법제화 논의, 그 성과에 대한 기존의 평가를 정리하여 제시한다(Ⅲ). 마지막으로 교육복지론에 대한 헌법적 평가와 이 글의 논의가 구체적인 교육정책에 어떠한 함의를 담고 있는지 실천적인 관점에서 검토한다(Ⅳ).

Ⅱ. 복지국가원리와 교육의 관계

1. 복지국가원리의 의의[2]

(1) 복지국가원리의 개념과 우리 헌법의 기본원리 여부

복지국가(welfare state)란 국민에게 복지를 제공하는 데 적극적인 태도를 취하는 국가를 의미하며, 복지국가원리란 이러한 복지국가를 지향한다는 헌법의 기본원리를 말한다.[3]

우리 헌법은 직업의 자유와 사유재산제도를 보장하고 원칙적으로 자본주의 시장경제질서를 채택하면서도[4] 시장에서 생존능력이 없는 국민을 보호하는 것을 또 하나의 헌법원리로 구체화하고 있다. 이 원리는 기본권과 경제질서에 대한 국가의 조정권한을 선언하는 형태로 표현되어 있다. 먼저 헌법은 자유권적 기본권이 자유권을 행사할 조건을 갖춘 국민에 의해서 행사될 수 있을 뿐이고 그러한 조건을 갖추지 못한 국민에게는 공허한 내용이 될 뿐이라는 사실을 인식하고 제31조부터 제36조에 걸쳐 여러 가지의 사회적 권리를 보장하고 있다. 제31조 교육의 권리, 제32조 근로의 권리, 제33조 근로3권, 제34조 인간다운 생활을 할 권리, 제35조 건강권 등이 그것이다. 또한 헌법은 제119조 제1항에서 원칙적으로 자본주의 시장경제질서를 경제영역에서 적용되는 원칙으로 선언하면서, 시장경제의 병리적 현상을 국가의 조정을 통해서 시정할 수 있는 조정권한을 유보하고 있다. 구체적으로는 균형 있는 국민경제의 성장 및 안정, 적정한 소득분배정책의 실시, 시장의 지배와 경제력집중을 방지하기 위한 규제와 조정권한, 국토의 효율적인 이용·개발과 보존을 위한 제한과 의무부과의 가능성 등을 선언하고 있다.[5]

이렇듯 우리 헌법은 복지국가원리를 헌법의 기본원리로 명문으로 규정하고 있지 않지만 학계의 지배적인 견해는 이를 우리 헌법의 기본원리로 인정하고 있다.[6] 우리 헌법재판소도 복지국가원리를 독자적인 우리 헌법의 기본원리로 명시적으로 인정하고 있다.[7]

(2) 복지국가원리의 구체적 내용

근대 헌법은 시민의 개인 생활에 국가가 개입하지 않는 것을 이상으로 생각하였다. 이러한 이상을 달성하기 위하여 자유롭게 평등하게 태어난 시민에게 거주이전의 자유, 직업의 자유, 재산권을 보장하였다. 시민은 이러한 기본권을 통하여 노동시장에서 자신이 원하는 노동 형태를 선택하여 노동을 제공하고, 이에 대한 대가로 임금을 얻으며(노동시장), 이 임금으로 자신을 포함한 가족에게 필요한 재화와 서비스를 시장에서 구입한다(상품시장).[8] 한편, 이것을 객관적 질서의 측면에서 고찰하면 이른바 자본주의 시장경제질서를 채택하는 것이다. 이 경제질서에서는 생산수단을 국가가 아닌 시민이 소유하며, 시민의 생활에 필요한 재화와 서비스의 생산, 유통, 소비가 국가의 개입이 아닌 시장기제에 의하여 이루어진다. '보이지 않는 손'인 가격에 의하여 수요와 공급이 균형을 이루고 분배(distribution) 기능을 수행한다는 것이다.[9]

그런데 이러한 시장기제가 잘 작동하여 바람직한 사회가 될 수 있을 것이란 희망은 시간이 흐르면서 그야말로 희망에 불과한 것이라는 밝혀졌다. 질병, 빈곤, 실업 등 이른바 사회문제가 발생하였으며, 시장기제는 이러한 사회문제군에는 무력한 모습을 드러내었다. 이와 같이 예상하지 못한 문제가 발생한 초기에는 이를 개인의 무능력과 불행으로 인식하였다.[10] 그러나 점차 이러한 문제가 개인의 무능력과 불행의 문제를 넘어 사회구조적인 문제로 인식하게 되었다. 이에 따라 사회문제를 국가에서 나서서 해결하여야 한다는 인식이 대두되었다. 복지국가사상이 등장하게 된 것이다. 그리고 이러한 사상을 헌법에 수용한다. 복지국가원리가 헌법의 기본원리로 채택되는 것이다. 복지국가원리에 따른 국가의 기능은 다음과 같이 다원적이다.[11] 첫째, 국가가 소득이 있는 시민에게 과거보다 세금을 더 징수하여 이러한 세금으로 금전적인 급부를 시행한다. 복지국가원리에 따른 국가의 기능을 수행하는 방법 중 대표적인 방법이다. 예를 들어, 생활이 어려운 사람에게 의복, 음식물 및 연료비와 그 밖에 일상생활에 기본적으로 필요한 금품을 지급하여 그 생계를 유지하게 하는 생계급여(「국민기초생활 보장법」 제8조)가 그 예이다. 둘째, 국가가 시장을 대체하여 직접 재화나 서비스를 공급한다. 저소득으로 안정적인 주거가 없는 시민에게 국가가 임대주택을 건설하여 전세나 임대차의 방식으로 임차하여 주는 것(「임대주택법」 제4조 등)이 그 예이다. 셋째, 국가가 시장에 개입하여 계약 내용의 최저수준을 설정하고 이를 강제하기도 한다. 근로조건의 최저기준을 정하고 그에 미치지 못하는 근로조건을 정한 근로계약은 그 부분에 한하여 무효로 하며, 무효로 된 부분은 이 법에서 정한 기준에 따르도록 하는 것(「근로기준법」 제3조, 제15조)이 그 예이다. 넷째, 특정한 제도를 마련하고 여기에 개인이 참여하도록 강제하여 헌법이 예정하는 상태를 실현하기도 한다. 국가가 노동3권을 인정하고 노동조합과 단체협상을 하도록 강제하고 합의가 이루어지지 않는 경우 단체행동을 보장하도록 하는 것(헌법 제33조)이 그 예이다.[12] 다섯째, 국가가 세금을 징수하는 과정에서 헌법이 예정하는 상태를 실현하기 위한 유도를 하기도 한다. 보험료 지출 전액을 과세의 대상에서 제외하여 사회보험가입을 촉진하는 것(「소득세법」 제51조의3)이 그 예이다.[13] 이와 같은 다양한 재분배(redistribution) 기능을 통하여 국가는 시민의 실질적 자유와 평등을 보장하고 인간다운 생활을 할 권리를 보장한다.

(3) 복지국가원리의 실현구조상 한계와 그 극복방안

복지국가원리는 이념과 중간목표를 제시하고 있을 뿐 이를 실현하기 위한 구체적인 제도에 대해서는 그 일부만을 제시하고 있다. 복지국가원리는 실체적 내용을 가진 원리이고, 민주주의원리와 법치국가원리가 오래전부터 인정되던 헌법 원리임에 비하여 복지국가원리는 상대적으로 그 역사가 짧기 때문이다. 따라서 복지국가원리의 구체적 실현은 사회변화를 인식하고 이에 대응하는 입법자의 권한에 맡겨져 있다. 극단적으로 민주주의원리와 법치국가원리에 복지국가원리가 함몰되어 있는 구체적인 경우에도 그 문제점을 다툴 수 있는 수단이 없다.[14]

이와 같은 복지국가원리의 한계를 극복하고 이를 실현하기 위해서는 다음과 같은 점을 명심할 필요가 있다.

첫째, 복지국가원리의 내용을 헌법의 전체적 이념에 부합하도록 구체화하여야 한다. 이렇게 복지국가원리의 내용이 구체화되었을 때에야 비로소 입법형성권을 구속할 수 있는 최소내용을 확보할 수 있고, 이를 근거로 그 최소내용에 벗어나는 국가작용을 통제할 수 있는 기준을 마련하여 이러한 통제가 가능해진다. 둘째, 헌법은 다른 실정법과 같이 규범의 일종이므로 행위규범과 평가규범으로써 기능하지만 정치적·교육적 기능이 강한 규범이다. 따라서 복지국가원리에 대한 국민인식의 고양은 국가작용에 비판하고 참여하는 계기가 되므로, 이에 대한 헌법정책적인 노력이 필요하다. 셋째, 그럼에도 여전히 복지국가원리의 기능은 다른 헌법의 구조원리들에 비해 제한적이다. 따라서 사회변화를 인식하고 이를 입법화하는 입법자들에게 강한 기대와 성원, 그리고 비판을 하여야 한다.[15]

2. 복지국가원리가 교육에 미치는 영향

전통적으로 교육은 개인과 국가 모두에게 중요한 의미를 갖는다. 개인의 입장에서는 인간의 존엄과 가치를 향유하기 위한 정신적 기초를 형성하기 위한 전제가 되고 직업생활을 할 수 있는 기초를 마련해 주는 기능을 하며, 국가의 입장에서는 교양을 갖춘 민주시민을 양성하여 헌법이 규범력을 가질 수 있도록 하고 국가경쟁력을 갖춘 인재를 양성하여 국민경제의 발전에 이바지하게 한다.[16] 이러한 의미에서 전통적으로 교육은 국가가 다양한 재분배 기능을 통하여 시민의 실질적 자유와 평등을 보장하고 인간다운 생활을 할 권리를 보장해야 한다는 복지국가원리에 따른 기능으로 이해하지 않았다.[17]

그러나 양극화로 요약되는 사회적 불평등이 심화되고 있다. 이것이 교육의 불평등으로 이어지고 있다.[18] 이로 인하여 교육이 세대 간 지위 대물림의 주요한 수단이 되고 있다.[19][20] 이러한 현상이 커지면 커질수록 교육의 불평등을 해소하기 위하여 국가가 행위를 하여야 한다는 요구가 커진다. 사회적 불평등이 교육 불평등을 낳고, 교육 불평등이 다시 사회적 불평등을 낳는다. 이 고리를 끊고 이른바 '희망의 사다리'를 놓아 주기 위하여 교육이 기능하여야 한다는 것이다. 이제 재분배가 중요한 것이 아니라 분배 이전과 분배의 단계에서 중요한 기제로 작동하는 교육이 복지국가원리에 따른 국가 정책에 중요한 영역으로 등장하기 시작한 것이다. 이른바 교육복지론의 등장이다.

예를 들어, 영국에서는 1997년 집권한 노동당의 토니 블래어 수상이 '제3의 길'을 주창하며 교육에 대한 새로운 시각을 제시하였다. 그는 과거의 사회복지제도를 중심으로 한 재분배 중심의 복지정책이 문제가 있다고 진단하였다. 그리고 교육을 인간자본(human capital)에 투자하는 것으로 인식하고 교육의 확대를 통하여 국민이 근로할 수 있도록 하여 분배 자체를 개선하는 것이 새로운 복지국가가 나아갈 길이라고 주장하였다. 이렇게 될 때 자유방임이나 국가간섭을 넘은, 시민이 국가에 의존하도록 하는 복지정책이 아니라 자립할 수 있는 기반을 만들어 주는 복지정책이라는 '제3의 길'이 달성될 수 있다는 것이다.[21]

이러한 새로운 경향에 따른 교육정책은 다음 몇 가지로 유형화할 수 있다.

첫째, 모든 시민에게 기초교육 수준을 보장하기 위한 정책이다. 미국의 낙오아동방지법(No Child Left Behind: NCLB),[22] 경기부양법(Recovery and Reinvestment Act)에 의한 성취도 격차 해소 정책(Race to the Top: RTT),[23] 1998년 아일랜드의 교육복지법(Education Welfare Act of 1998)[24]에서 의무교육연한을 15세에서 16세로 또는 기초교육 후 3년까지로 연장한 것[25] 등이 이와 같은 목적을 위하여 채택한 법제와 정책이다.

둘째, 교육능력 이외의 사유로 교육기회를 얻지 못하거나 교육에 대한 기회를 얻고 있으나 유의미한 학습경험을 갖지 못하여 부적응하는 학생을 위한 정책이다. 미국의 장애인 교육법(Individuals with Disabilities Education Act: IDEA), 영국의 학교 밖 교육 정책(Education Other Than at School: EOTAS), 핀란드의 다전문분야팀제도(multi-disciplinary team) 등이 이와 같은 목적을 위하여 채택한 법제와 정책이다.[26]

셋째, 사회구조적 원인에 의하여 발생하는 상대적 교육격차를 해소하는 것이다. 영국의 교육투자우선지역 정책(Education Action Zone: EAZ), 1998년 아일랜드의 교육복지법(Education Welfare Act of 1998)에서 국립교육복지위원회(National Education Welfare Board)의 설립과 그 활동, 프랑스의 교육투자우선지역 정책(Zones d'Education prioritaires: ZEP),[27] 미국의 헤드 스타트 정책(Head Start), 빈곤층 밀접 지역 지원 정책(Promise Neighborhoods), 영국의 슈어 스타트 정책(Sure Start), 독일 연방 교육지원법, 독일의 교육 패키지 지원금 제도 등이 이와 같은 목적을 위하여 채택한 법제와 정책이다.[28]

넷째, 교육환경을 개선하는 정책이다. 영국의 건강한 학교 프로그램 정책(National Healthy Schools Programme: NHSP)[29] 등이 대표적인 예이다.

다섯째, 직업교육의 강화이다. 영국에서 직업교육의 강화, 프랑스에서 학구마다 직업정보센터의 신설과 서비스, 일본의 진로교육의 강화[30] 이와 같은 목적을 위하여 채택한 법제와 정책이다.

교육복지론은 교육영역에서 복지국가원리의 내용을 구체적으로 제도화하여야 한다. 이러한 측면에서 교육복지론은 헌법재판소와 법원이 아닌 국회와 행정부를 향하고 있다. 따라서 시민과 학계는 정책결정권과 집행권을 가진 이들이 사회변화를 인식하고 이를 제도화하도록 강한 기대와 성원, 그리고 비판을 하여야 한다.

3. 교육이 복지국가원리에 미치는 영향

교육이 복지국가원리에 미치는 영향은 다음과 같다.

첫째, 복지국가는 적극적인 급부 기능을 수행하여야 하므로 과거 소극적인 질서유지 기능만을 수행하던 질서국가에 비하여 필연적으로 더 많은 재원이 필요하다. 따라서 복지국가에서는 국가가 소득이 있는 시민에게 과거보다 더 많은 세금을 징수할 수밖에 없다. 필연적으로 복지국가의 적극적인 급부 기능에 의하여 상대적으로 재원을 부담하는 시민과 혜택을 받는 시민이 존재할 수밖에 없다. 교육은 시민에게 복지국가원리의 이러한 실현구조를 인식하게 하고 복지국가 수준에 대한 시민적

합의와 결단을 촉구하는 기능을 수행한다.

둘째, 복지국가원리의 실현을 위해서는 경제성장이 전제되어야 한다. 그런데 현대 지식정보사회에서 교육받은 사람은 경제성장에 중요한 역할을 한다. 이러한 의미에서 교육은 복지국가의 실현의 전제가 되는 경제성장에 기여한다.

III. 우리나라의 교육복지론

1. 교육복지의 개념

우리나라에서 교육복지는 다음과 같이 개념 정의가 시도되어 왔다.

한국 교육복지론의 초창기인 1990년 윤정일 교수는 "교육복지란 교육소외, 결손집단에 대하여 교육기회를 확충함과 동시에, 정상적인 학생집단에 대하여는 잠재능력을 최대한으로 계발할 수 있는 기회를 제공하고, 나아가 모든 국민의 교육적 욕구를 충족시키고 자아를 실현케 하며, 사회 전체가 학습하는 사회로 발전토록 하는 교육서비스와 제도를 말한다"고 개념 정의하였다.[31]

이러한 개념 정의는 교육복지라는 개념이 포섭할 수 있는 가장 넓은 범위의 활동을 제시하고 있지만, 교육의 개념과 명확하게 구분되는 교육복지의 개념을 제시하지 못하고 있다고 평가된다.[32]

이 글에서 그는 교육과 복지의 관계를 바라보는 관점을 세 가지로 범주화하여 제시하였다. 첫째, 복지로서의 교육(education as welfare)이라는 관점이다. 이 관점은 교육 그 자체를 복지로 보고, 교육을 받는 그 자체가 행복이라는 생각에 기초하여 교육과 복지를 동의어로 인식한다. 둘째, 교육을 위한 복지(welfare for education)라는 관점이다. 이 관점은 교육의 과정이 복지적으로 이루어져야 한다고 생각한다. 셋째, 교육을 통한 복지(welfare through education)라는 관점이다. 교육을 복지 달성의 수단으로 보는 관점이다.[33]

이러한 범주화는 이후 교육복지론을 분석하는 데 도움이 된다고 인식되어 왔다.[34] 그 이후 교육복지론을 전개하는 학자들을 교육 그 자체를 복지라고 인식하는 학자군과 교육을 복지달성을 위한 수단이라는 전제하에 교육을 복지의 한 부분으로 인식하는 학자군, 반대로 복지를 교육의 목적을 달성하기 위한 수단이라고 인식하는 학자군으로 분류하면 교육복지론의 관점을 쉽게 이해할 수 있기 때문이라고 한다.[35]

한편, 교육복지론이 강하게 대두하였던 시기인 2006년 류방란 박사 등은 "모든 국민을 위한 교육의 질 제고를 추구하면서 취약집단의 교육적 취약성을 예방하고 극복할 수 있도록 교육의 기회를 제공하고, 교육의 과정 속에서 유의미한 학습 경험을 제공하며, 개인의 역량을 충분히 발휘하여 교육적 성취를 얻을 수 있도록 지원함으로써 교육불평등을 해소 혹은 완화하려는 사회적인 행위를 말한다"고 개념 정의하였다.[36] 비슷한 시기에 이시우 교수 등은 "모든 국민의 교육적 욕구를 충족시키기 위해 개인적, 가정적, 지역적, 사회·경제적 요인 등으로 인하여 발생하는 교육격차, 교육여건의 불평등, 교육소외 및 교육부적응 현상 등을 해소함은 물론 모든 일반적인 학생 및 국민들을 대상으로 교육기회의 확대에서부터 교육과정, 교육결과에 이르는 전과정에 걸쳐 교육의 질적 수준을 향상시킴으로써 궁극적으로 국민의 문화적 삶의 질 향상과 사회통합을 기하고 개인의 잠재적 능력을 최대한으로 계발할 수 있는 기회를 부여하여 자아를 실현시킬 수 있도록 제반 교육여건을 개선하는 교육서비스와 제도"라고 개념 정의하였다.[37] 또한 이혜영 등은 "모든 국민에게 일정 수준의 교육을 받을 수 있는 기회를 제공하며, 개인 및 사회경제적 요인으로 인해 발생하는 교육 소외·부적응·불평등 현상을 해소하여 모든 국민이 각자의 교육적 요구에 맞는 교육을 받음으로써 잠재능력을 최대한 계발할 수 있도록 제반 지원을 제공하는 것이다"라고 개념 정의하였다.[38]

이러한 개념 정의는 교육복지를 교육이나 복지 그 자체와 구별하여 좀 더 분명하게 하고, 교육복지의 핵심적인 속성을 드러내고 있다는 점에서 개념이 갖추어야 할 명료성을 갖추고 있다고 평가된다.[39]

그러나 이미 각 개념 정의에서 드러나 있는 것처럼 교육복지의 개념에 대해서는 아직 만족스러운 합의가 도출되지 못한 상태이고, 그것은 교육복지를 인식하는 관점의 차이, 교육복지의 대상, 기능, 수단에 대한 관점의 차이에서 야기된 것으로 보인다.

2. 그에 따른 교육정책[40]

우리나라에서 정부 정책에 교육복지라는 용어가 처음 등장한 것은 1995년 김영삼 정부 당시 5 · 31 교육개혁에서였다.[41] "누구나, 언제, 어디서나 원하는 교육을 받을 수 있는 열린 교육체제를 구축함으로써, 모든 국민이 자아실현을 극대화할 수 있는 교육복지국가(Edutopia)를 만든다."[42] 당시 교육개혁방안의 핵심은 단위학교의 자율성 확대, 교육의 질 개선, 공립과 사립, 사회계층 간, 지역 간 교육형평성을 제고하는 것 등이 그 핵심이었다. 이 교육개혁방안은 당시 우리나라 교육정책의 패러다임 전환으로 불리울 수 있는 획기적인 성과물로서, 그 후 교육정책의 근간으로 인식되며 한국 교육의 중심축이 되었다.[43] 그러나 여기서 사용된 교육복지국가는 그것의 영문표기가 Education Welfare State가 아닌 Edutopia라는 것이 상징적으로 보여주듯 수사적 개념에 불과하였다.

정부 정책에서 교육복지라는 것이 수사적 개념을 넘어 구체적인 의미를 획득하게 된 것은 노무현 정부에 들어와서이다. 2004년 노무현 정부는 '참여정부 교육복지 5개년 계획'을 입안하였다. 이 계획은 국민기초교육수준 보장, 교육부적응 해소, 교육여건 불평등 해소, 복지친화적 교육환경 조성을 4대 정책 목표로 제시하였다. 그리고 각 정책 목표를 달성하기 위하여 하나의 정책 목표당 세 개에서 여섯 개까지 정책 과제를

제시하고 있다. 여기서 국민기초교육수준 보장은 교육결과에 대한 국가
의 개입으로, 교육부적응 해소는 교육과정에 대한 국가의 개입으로, 교
육여건 불평등 해소는 교육기회에 대한 국가의 개입으로 이해할 수 있
으므로[44] 2004년 참여정부 교육복지 5개년 계획에서 교육복지는 교육
의 전 과정에 걸쳐 복지국가원리에 따른 국가의 개입을 추구했다고 평
가할 수 있다.

|표 1| 2004년 당시 교육복지정책의 개요[45]

정책 목표	문제	대상 집단	정책 과제
국민기초 교육 수준 보장	기초교육 수준, 기초학력 미달	장애인, 병·허약자, 저소득층 아동·학생 저학력 성인 외국인근로자 자녀 기초학력 미달자	특수교육 강화 유아교육 기회 확대 저소득층 교육비 지원 저학력 성인 교육기회 확충 장애인·저소득층 고등교육 기회 확대 외국인근로자 자녀 교육지원 기초학력 보장
교육 부적응 해소	학교부적응	학업중단자 귀국학생 북한이탈 청소년	학업중단자 예방 및 대책 귀국학생 교육 지원 북한이탈 청소년 대책
교육여건 불평등 해소	교육여건 불평등	도시저소득지역학생 농어촌지역학생 정보화 취약 계층 저소득층 자녀	도시저소득지역 교육지원 농어촌지역 교육여건 개선 정보화 격차 해소 방과 후 교육 활동
복지친화적 교육환경 조성	교육환경의 낙후	모든 학생	밝고 즐거운 학교 만들기 학생 건강 증진 안전하고 건강한 교육환경 조성

이 계획 이전에도 저소득층을 위한 학비 지원 또는 학자금 융자, 농·
어촌 지역 교육 여건 개선을 위한 투자, 장애인을 위한 특수교육, 학업
중단자를 위한 대안교육 등의 세부 정책이 있었으므로 이 계획이 아주
새로운 것은 아니었지만, 그 이전에는 위와 같은 정책이 교육행정의 주

변 정책이었는데 이제 이 계획을 계기로 교육행정의 중심 정책이 되었다
는 점에서 높이 평가될 수 있을 것이다.[46]

그 후 정권의 변경에도 불구하고 교육복지정책은 지속적으로 추진되
고 있다고 평가받고 있다.[47] 이명박 정부는 2008년 '이명박 정부의 교육
복지대책'을 발표하였다. 여기서는 저소득층 중학생 무상교육 대폭 강
화, 저소득층·농산어촌 학생 급식비 지원 확대, 장애학생에 대한 무
상·의무교육 실현, 등록금 걱정없는 대학생활(저소득층 대학생 장학금·학
자금 지원), 저학력 성인의 학력취득 경로 다양화, 기초학력 향상 지원체
계 구축, 농산어촌 연중돌봄학교 및 (가칭) K-2학교[48] 지정 육성, 교육복
지투자우선지역 사업 확대 및 저소득층 밀집학교 지원, 유치원·보육시
설 등 기관 미이용 아동을 위한 희망교육사 파견, 다문화가정 학생을 위
한 중장기대책 마련 추진, 북한이탈 학생의 사회적응력제고 및 학력향
상 지원 확대, 위기학생을 위한 3차원의 안전망 구축(Wee Project), 2012
년까지 일반학교 내 특수학급 1,500개 증설, 안전하고 맛있는 학교급식
제공, 전국 모든 유치원에 종일반 설치라는 15대 과제를 제시하고, 약 17
조 2,239억 원을 교육복지정책에 투자하겠다고 하였다.[49]

박근혜 정부는 2013년 꿈과 끼를 키울 수 있는 학교 교육 정상화, 고
른 교육기회 보장을 통한 교육비 부담 경감, 미래 인재 양성을 위한 능
력중심사회 기반 구축이라는 '교육복지 3대 중점 추진과제'를 선정하여
추진하고 있다고 알려져 있다.[50]

이러한 새로운 경향에 따른 교육정책은 다음 몇 가지로 유형화할 수
있다.[51] 첫째, 모든 시민에게 기초교육 수준을 보장(national minimum in
education)하는 것이다. 시민기초교육 수준은 모든 시민이 적어도 고등학
교 이상의 교육을 받을 수 있어야 하며 학습결과에 있어서도 각 학년, 교
육별 최소 수준에 도달하여야 한다는 것이다. 국민기초교육수준을 성취
하기 위하여 저소득층 자녀, 저학력 성인, 외국인 근로자 자녀, 장애 및
건강장애 학생을 대상으로 교육기회의 접근을 보장하고, 기초학력 미달

자에 대하여 학력보장을 위한 정책을 수행한다.

둘째, 교육에 대한 기회를 얻고 있으나 교육내용, 방법, 환경 등이 자신과 맞지 않아 유의미한 학습경험을 갖지 못하고 어려움을 겪는 학습자의 교육부적응을 해소하는 것이다. 학업 및 학교생활에 부적응하여 교육을 제대로 받고 있지 못하는 학교부적응자와 학업중단자, 국외유학 후 귀국자녀, 북한이탈 청소년, 다문화가정 자녀 등이 학업 및 학교생활에 적응할 수 있도록 하기 위한 정책을 수행한다.

셋째, 사회구조적 원인에 의하여 발생하는 상대적 교육격차를 해소하는 것이다. 농어촌과 도시저소득 거주지역 학교에 대한 지원, 정보화 소외 계층에 대한 지원, 사교육기회의 차이로 인한 교육불평등 현상을 해소하기 위한 정책이 그것이다.

넷째, 전체적인 교육복지 수준을 제고하기 위하여 교육환경을 개선하는 것이다. 비복지적 학교 풍토를 개선하고, 비교육적, 비위생적 학교안팎 환경을 개선하며 학교급식지원, 건강권, 보건교육 등의 정책이 그것이다.

3. 법제화 노력

교육복지정책을 안정적으로 추진하기 위하여 기존의 법령과는 별도의 법령이 필요하다는 생각을 갖고 이를 추진하게 된 것은 2004년 노무현 정부의 '참여정부 교육복지 5개년 계획'에 즈음해서다.

그래서 2005년에는 이시우, 박기병, 노기호[52]와 2006년에는 이혜영, 박재윤, 황준성, 류방란 등[53]이, 2008년에는 김정원, 이은미, 하봉운[54]이 각각 교육복지법제 마련을 위한 연구를 수행하였다. 그리고 2005년 이인영 의원이 대표발의한 '교육복지투자우선지역지원법', 이주호 의원이 대표발의한 '교육격차해소를 위한 법률', 2006년 이인영 의원이 대표발의한 '교육격차해소법'과 '교육복지법', 2008년 이윤석 의원이 대표발의한 '농산어촌교육발전을 위한 특별법', 권영진 의원이 대표발의한 '교육복지법', 임해규 의원이 대표발의한 '교육격차해소법', 임해규 의원이 대표발의한 '교육격차해소법', 강기갑 의원이 대표발의한 '농산어촌교육지원을 위한 특별법', 2009년 김영진 의원이 대표발의한 '농어촌교육복지를 위한 특별법', 2010년 이주영 의원이 대표발의한 '학교사회복지법', 2012년 김세연 의원이 대표발의한 '학교사회복지법' 등 다수의 법률이 국회에 제출되었다.[55]

그런데 위에 나열한 교육복지관련법률안은 대부분 국회에서 충분히 논의되지도 못하고 임기만료로 폐기되었다.[56]

그리고 2008년 「교육기본법」에 교육복지 중 기숙사 건설 지원사업에 관한 근거 규정을 마련하고,[57] 교육복지의 대표적 사업인 교육복지투자우선지역사업의 법적 근거를 마련하기 위하여 2011년 2월 「초·중등교육법 시행령」 제54조를 개정하였다.[58]

요컨대, 교육복지론을 주장하거나 교육복지정책을 추진하려는 다수의 정책집행자들은 교육복지정책 추진을 위하여 기존의 법령과는 별도의 법령이 필요하다고 판단하고 다양한 법안을 발의하였으나, 결국 이에 대한 법제화는 「교육기본법」, 「초·중등교육법」 등과 같이 기존의 교육법제의 개정을 통하여 수용되었다고 할 수 있다.

4. 성과에 대한 평가

이미 추진되었던 교육복지정책에 대하여 교육학계에서는 긍정적으로 평가하고 있는 것으로 판단한다.[59]

2011년 한국교육개발원에서 교육복지정책에 대하여 교사를 중심으로 온라인으로 조사를 한 결과, 교육복지정책의 성과에 대해서는 긍정적인 답변을 한 것으로 나타났다. 특히 4대 교육비 지원, 농어촌 특별전형, 사회적 배려 대상자 전형, 엄마품 돌봄교실, 농산어촌 돌봄·전원학교, 교육복지투자우선지역 지원사업 등에 대해서는 긍정적인 답변을 하였다. 그러나 학력향상 중점학교, 사교육 없는 학교사업 등의 정책에 대해서는 평가가 부정적인 것으로 나타났다.[60] 그리고 교육복지정책의 대표적인 사업인 교육복지투자우선지역 지원사업에 대한 성과는 다양한 방법으로 검토되었는데 많은 연구에서 긍정적인 평가를 하였다.[61]

그러나 일반적인 시민이 교육복지정책에 관하여 어떻게 평가하는지에 관한 경험적 연구는 부족한 상태이다. 교육학계에서 앞으로 연구하여야 할 과제이다.

Ⅳ. 결론

이상의 논의가 가진 함의를 정리하면 다음과 같다.

전통적으로 국가의 교육에 대한 개입은 국가가 다양한 재분배 기능을 통하여 시민의 실질적 자유와 평등을 보장하고 인간다운 생활을 할 권리를 보장해야 한다는 복지국가원리에 따른 기능으로 이해하지 않았다. 그러나 자본주의가 발달함에 따라 양극화로 요약되는 사회적 불평등이 교육 불평등으로, 세대 간 지위의 대물림으로 순차적으로 전화되면서 그에 대한 대응으로 교육의 불평등을 해소하기 위하여 국가가 행위를 하여야 한다는 요구가 커졌다. 교육이 위와 같은 악순환의 연결 고리를 끊고 '희망의 사다리'를 놓는 수단으로 기능하여야 한다는 것이다. 이러한 단계에 이르면 이제 분배 이전과 분배의 단계에서 중요한 기능을 하는 교육이 복지국가원리에 따른 국가 정책에 중요한 영역으로 등장한다. 우리나라는 이러한 흐름이 교육복지론으로 논의되었다. 이러한 담론은 복지국가의 관점에서는 재분배보다는 분배에 관심을 갖도록 시야를 넓혀주는 기능을 수행하기도 한다.

한편 교육기본권이 잘 실현되어 양질의 교육을 받은 시민은 복지국가의 실현의 전제가 되는 경제성장에 기여한다. 그리고 이러한 시민은 복지국가원리의 실현구조를 인식하게 되고 이것은 복지국가 수준에 대한 시민적 합의와 결단의 전제적 기능을 수행한다.

이상의 교육복지론을 교육기본권을 중심으로 교육을 바라보던 전통적인 접근[62]과 다른 배타적인 것으로 인식해서는 곤란하다. 만약 이를 배타적인 것으로 인식한다면 교육영역에서 국가 작용의 통제를 위한 위헌심사시 그 기준이 오히려 낮아지는 역설적 효과가 나타날 수도 있다.[63] 따라서 교육기본권을 중심으로 교육을 바라보던 전통적인 접근과 복지국가원리라는 헌법의 기본원리의 관점에서 교육을 바라보는 교육복지론은 중첩적이고 보완적인 것으로 인식하는 것이 타당하다. 마치 표현의 자유를 헌법 제21조 기본권의 관점에서 이해하면서도 헌법의 기본원리 중 민주주의원리의 관점에서 강조하는 것과 같은 논리이다. 이렇게 본다면 교육복지론은 헌법 제31조 제1항의 교육기본권을 강화하는 논의이다. 요컨대, 교육영역에 복지국가원리를 투영하여 교육정책을 추진하려는 교육복지론은 교육기본권을 강화하는 계기가 될 수 있다.

그러나 교육복지론이 극복해야 할 과제도 있다.

첫째, 이미 교육복지론에 근거한 교육복지정책이 헌법 제31조 제1항에 의하여 모든 국민에게 보장된 교육기본권의 해석론으로 국가에게 요구할 수 있는 내용이 아닌가 하는 의문이 제기될 수 있다. 이미 설명한 것처럼 교육복지론의 주요내용은 저소득층 자녀, 저학력 성인, 외국인 근로자 자녀, 장애 및 건강장애 학생에게 교육기회 접근 보장, 기초학력 미달자에 대하여 기초 학력 보장, 학교부적응자와 학업중단자, 국외 유학 후 귀국자녀, 북한이탈 청소년, 다문화가정 자녀 등이 학업 및 학교생활에 적응할 수 있도록 지원, 농어촌과 도시저소득 거주지역 학교에 대한 지원, 정보화 소외 계층에 대한 지원, 사교육기회의 차이로 인한 교육불평등 현상 해소, 교육환경 개선 등이었다. 그런데 이를 이것을 요구할 수 있는 주체의 측면에서 재해석하면, 학습능력에 상응하는 적절한 교육을 받을 권리와 능력 이외의 요소에 따라 교육에서 차별을 받지 아니할 권리, 국가에게 적극적으로 교육환경 개선을 요구할 수 있는 권리 등을 그 내용으로 하는 헌법 제31조의 교육기본권에 의하여 시민이 국가에게 주장할 수 있는 것이 아니냐는 것이다. 교육복지론이 헌법 해석론적 관점에서 해명하여야 할 과제이다.

둘째, 교육복지론 그 자체는 긍정적으로 평가하더라도 교육에서 이것만을 지나치게 강조할 경우 발생할 이론적 문제를 고려하여 논의를 발전시켜야 한다.

우선 교육을 복지국가의 관점에서만 바로 볼 경우 교육복지정책이 모든 교육정책 중 가장 우선순위가 될 수 있는 여지가 있다. 그러나 교육은 교육복지론에서 강조하는 기능만 수행하는 것이 아니다. 개인의 입장에서는 인간의 존엄과 가치를 향유하기 위한 정신적 기초를 형성하기 위한 전제가 되고 직업생활을 할 수 있는 기초를 마련해 주는 기능을 하며, 국가의 입장에서는 교양을 갖춘 민주시민을 양성하여 헌법이 규범력을 가질 수 있도록 하고 국가경쟁력을 갖춘 인재를 양성하여 국민경제의 발전에 이바지하게 한다. 교육복지론은 이 중 개인에게 직업생활을 할 수 있는 기초를 마련해 주는 기능과 국가경쟁력을 갖춘 인재를 양성하여 국민경제의 발전에 이바지하는 기능에 특히 주목한다. 그러므로 교육복지론을 강조하다보면 결과적으로 교육의 다른 기능을 도외시할 염려가 있다.

이것은 좀 더 근본적으로 민주주의, 법치주의, 복지국가, 문화국가원리 등 헌법의 기본원리와 교육이 어떠한 관계를 맺고 있는지에 관한 연구를 진행하여 그 결과에 토대하여 교육복지론을 재해석하여야 한다는 이 글의 문제 제기에서 제시한 문제의식을 상기시킨다. 사실 교육은 문화영역에 속하므로 복지국가원리보다 문화국가원리에 의하여 지배된다. 따라서 교육의 자율성을 존중하고, 문화공동체를 구현한다는 관점에서 국가가 교육에 개입하더라도 간접적 지원 정책(long arm policy)을 사용하여야 한다. 이러한 전통적인 요청을 무시하고 복지국가원리의 관점에서만 교육을 조망할 경우 교육복지론에서 제시하는 교육정책이 전체 교육의 관점에서는 바람직하지 않은 결과를 초래할 수도 있다. 이러한 의미에서 헌법이론적 관점에서는 이미 설명한 교육복지를 바라보는 세 가지 스펙트럼 중 교육을 위한 복지(welfare for education)라는 관점이 옳다고 선언하고 이를 지지하여야 한다.

셋째, 교육복지론 그 자체를 긍정적으로 평가하고 위에서 제기한 이론적 문제점을 고려하여 논의를 발전시키더라도 이에 근거한 교육정책을 설계하고 집행하는 단계에서 대두될 수 있는 문제를 고려하여야 한다. 교육복지론에서 제시하는 교육정책이 구체적 정책이 되는 과정에서 뜻밖의 결과를 가져올 수 있다. 예를 들어, 교육부장관을 역임한 안병영 교수가 자신의 저서에서 교육복지론의 대표적인 정책으로 소개한 EBS의 경우[64] 그 자체는 사교육기회의 차이로 인한 교육불평등 현상을 해소하기 위한 좋은 정책으로 평가받을 수 있지만, 그것을 넘어서 현재와 같이 EBS와 대입수능시험을 연계하여 상당한 비중의 연계 문항을 대입수능에 출제하도록 하는 정책이 가져오는 문제점은 이러한 교육정책을 설계하고 집행하는 단계에서 대두될 수 있는 문제를 웅변하고 있다.

마지막으로 교육복지론은 교육영역에서 불고 있는 현대적 경향을 우리에게 알려주는 지시적 기능도 수행한다.

첫째, 교육의 호환성이 그것이다.[65] 현대 교육학에서는 더 이상 교육과 훈련이 관계없거나 완전히 구별되는 영역이라고 이해하지 않는다. 그 명칭이나 형식이 무엇이든 학습자의 인간적 성장에 기여하는 유의미한 경험은 모두 교육과 대치할 수 있다. 우리 교육법제에서도 독학사제도와 학점은행제의 법제화를 통하여 이미 이러한 경향의 일부를 수용한 것으로 평가된다. 이러한 경향을 학교급에 적용하면 대학교육에 특히 영향을 많이 미칠 것으로 예상된다.[66] 이미 살펴본 것처럼 교육복지론은 직업훈련까지도 교육의 중요한 영역에 포함하여 논의를 전개하고 있다는 점에서[67] 교육복지적 인식이 강해지면 강해질수록 이러한 경향이 교육법제에 공고하게 자리잡을 것으로 예상된다.

둘째, 교육과 보육의 통합 경향이다. 현대 교육학에서는 더 이상 교육과 보육을 다른 두 개의 개념으로 이해하지 않는다. 교육소외 문제에 대한 최선의 대응이 교육 격차가 커지지 전 가급적 이른 시기에 격차를 줄이는 것이라는 교육복지적 인식이 강해지면 강해질수록 이러한 경향이 교육법제에 전면적으로 수용되어야 한다는 압력은 거세질 것이다.

이미 설명한 것처럼 교육복지론은 교육영역에서 복지국가원리의 내용을 구체적으로 제도화하라는 요청을 하고 있으므로 그 일차적 수범자는 헌법재판소와 법원이 아닌 국회와 행정부이다. 따라서 시민과 학계는 정책결정권과 집행권을 가진 이들이 사회변화를 인식하고 이를 제도화하도록 강한 기대와 성원, 그리고 비판을 하여야 한다는 점을 강조하며 글을 맺는다.

[보론]
교육복지의 헌법적 논거 탐색은 어떤 유용성이 있는가?[68]

여러 선행연구는 새로운 교육복지법제를 형성하기 위하여 검토하여야 할 쟁점의 하나로 교육복지의 헌법적 논거를 탐구하고 있다. 그리고 그 결론으로 교육복지는 교육기본권(헌법 제31조 제1항), 평등권(헌법 제11조), 인간다운 생활을 할 권리(헌법 제34조)를 실현하기 위한 것이고, 그 실현에는 복지국가원리와 문화국가원리라는 헌법의 기본원리가 적용되어야 한다고 제시하고 있다.[69]

이미 설명한 것처럼 전통적으로 교육은 국가가 다양한 재분배 기능을 통하여 시민의 실질적 자유와 평등을 보장하고 인간다운 생활을 할 권리를 보장해야 한다는 복지국가원리에 따른 기능으로 이해하지 않았다. 교육은 개인에게 존엄과 가치를 향유하기 위한 정신적 기초를 형성하고 직업을 가질 수 있는 기초를 마련하고, 교양을 갖춘 민주시민을 양성하여 헌법이 규범력을 가질 수 있도록 하며 국가 인재 양성을 위한 기능이 중시되었던 것이다.[70] 복지국가원리는 정신적 영역이 아니라 물질적 영역에서 최소 생활을 하는 데 관심이 있는데, 교육은 정신적 영역과 깊은 연관이 있다는 점도 주요한 이유였다.[71] 그러므로 교육복지는 복지국가원리보다는 문화국가원리가 적용되어야 한다고 주장한다. 교육은 문화적이고 지적인 사회풍토를 조성하고 문화창작의 바탕을 마련함으로써 헌법이 추구하는 문화국가실현을 촉진시키는 기능을 가지고 있다.[72]

그런데 문화국가원리란 국가로부터 문화 활동의 자유가 보장되고(국가로부터의 자유), 국가에 의하여 국민이 문화 활동의 자유를 누릴 수 있는 문화풍토를 조성하여야 한다(국가의 문화 조성 의무)는 것이다. 그러나 20세기 이후 우리나라를 포함한 대부분 국가에서 의무교육이 도입되고 교육기본권은 사회적 기본권으로 규정되었으므로 교육 영역과 교육복지에 문화국가원리가 적용된다는 주장은 원론적으로는 타당하지만 실천적 함의는 반감된다.[73]

교육복지론의 함의 중 하나가 전통적으로 복지국가원리의 관점에서 보지 않았던 교육을 복지국가원리의 관점에서 재조명하는 것이라면 다음과 같은 두 가지 점에 주목하여야 한다.

첫째, 교육영역에서 얼마만큼 국가가 기능을 수행하고, 얼마만큼 개인이 기능을 수행할지에 대한 합의, 즉 우리 사회가 얼마나 강한 공교육을 추구할 것인지에 대한 사회적 합의와 그에 따른 구현이 중요하다. 복지국가의 실현 구조상 당연한 요구이다.

둘째, 과거 교육영역에 문화국가원리만 적용된다고 생각하였을 때보다 예산을 좀 더 배분하여야 한다. 국가 재정 규모가 커진다면 당연하고, 국가 재정 규모가 동일한 수준으로 동결되거나 축소되더라도 예산 배분을 늘려야 한다. 전통적인 복지 기능을 교육이 일부 분담하기 때문이다.

미주

* 원출처: 정필운, "교육영역에서 복지국가원리의 구현-쟁점과 과제-", 「헌법학연구」 제21권 제4호, 한국헌법학회, 2015, 71-100쪽. 이 글은 지난 2015년 9월 18일 한국헌법학회가 "복지국가와 헌법적 과제"라는 주제로 개최하는 제87회 정기학술대회에서 발표한 "복지국가와 교육기본권: 쟁점과 과제"라는 제목의 글을 보완한 것이다. 발표 당시 지정토론을 통하여 건설적인 의견을 제시해 주신 이덕난 박사님(국회 입법조사처 입법조사관)과 윤수정 교수님(강원대학교)께 감사드린다. 또한 사회를 보시며 건설적인 의견을 주신 노기호 교수님(군산대학교)과 플로어에서 건설적인 의견을 주신 이종수 교수님(연세대학교)께도 감사드린다.

1 신현직, "교육기본권에 관한 연구", 서울대학교 대학원 법학과 박사학위논문, 1990; Lee, See-Woo, Verfassungsrechtliche Grundprobleme des Privathochschulwesens, Tübingen Universität, 1993; 노기호, "교원의 교육권에 관한 연구", 한양대학교 대학원 법학과 박사학위논문, 1998 등.

2 이 부분은 정필운, "정보사회에서 지적재산권의 보호와 이용에 관한 헌법학적 연구", 연세대학교 대학원 법학과 박사학위논문, 2009, 128-136쪽의 내용에 가필을 하여 작성하였다. 따라서 앞에 썼던 글과 별도의 창작성이 있는 것은 아니다.

3 김학성, 「헌법학원론」, 박영사, 2011, 210쪽; 정종섭, 「헌법학원론」, 박영사, 2012, 233쪽. 복지국가원리라는 용어 대신 사회국가원리라는 용어를 사용하는 견해도 있다. 이것은 독일의 Sozialstaat를 번역하여 사용한 것이다. 그런데 우리 헌법의 기본원리를 정립하며 보편적으로 사용되는 용어를 두고 독일 헌법이론과 독일 실정 헌법에서 사용하는 특수한 개념을 사용하는 것은 적절하지 않으므로 사회국가원리라는 용어보다는 복지국가원리라는 용어를 사용하는 것이 타당하다.

4 전광석, 「한국헌법론」, 집현재, 2015(이하 '전광석, 2015'로 줄인다), 870쪽; 헌재 결 1993. 7. 29. 선고, 89헌마31.

5 이상 김학성, 앞의 책, 210-217쪽; 전광석, 2015, 217-220, 870-875쪽; 정종섭, 앞의 책, 233-239쪽; 허영, 「한국헌법론」, 박영사, 2015, 163-164쪽.

6 권영성, 앞의 책, 142-143쪽; 김학성, 앞의 책, 210쪽. 양건, 「헌법강의」, 법문사, 2014, 187-185쪽; 정종섭, 앞의 책, 233쪽; 허영, 앞의 책, 163쪽.

7 헌재 1999. 12. 23. 98헌바33; 헌재 2014. 8. 28. 2013헌바76.

8 전광석, 「한국사회보장법론」, 법문사, 2010(이하 '전광석, 2010'으로 줄인다), 7쪽.

9 이상 전광석, 2015, 864-865쪽.

10 전광석, 2010, 4-5쪽.

11 이에 관해서는 전광석, 2015, 220쪽 이하 서술 참고.

12 전광석, 2015, 221쪽.

13 이에 관해서 자세한 것은 전광석, "사회보장법과 세법의 기능적인 상관관계", 「공법연구」 제32집 제1호, 2003, 207-236쪽 참고.

14 전광석, 2015, 224-225쪽.

15 이상 전광석, 2015, 225쪽.

16 권영성, 앞의 책, 651-652쪽; 전광석, 2015, 430-431쪽; 정종섭, 앞의 책, 767-768쪽 참고.

17 정종섭, 앞의 책, 234쪽은 복지국가의 복지개념에 교육이나 환경이 포함되는 것인지에 대해서 논란이 분분하다고 설명하고 있다.

18 최장집, 「민주화 이후의 민주주의: 한국민주주의의 보수적 기원과 위기」, 후마니타스, 2007, 9쪽.

19 박재윤, 황준성, "교육복지에 관한 법리 및 관련 법제의 현황과 과제", 「교육법학연구」 제20권 제1호, 대한교육법학회, 2008, 50쪽; 노기호, "공정사회 실현을 위한 전제로서의 교육복지의 방향과 과제", 「법과 정책연구」 제14권 제4호, 한국법정책학회, 2014(이하 '노기호, 2014'로 줄인다), 1642-1644쪽.

20 이에 관한 실증적인 연구로는 김대일, "빈곤의 정의와 규모", 유경준, 심상달 편, 「취약계층 보호정책의 방향과 과제」, 한국교육개발원, 2004; 여유진, "한국에서의 교육을 통한 사회이동 경향에 대한 연구", 「보건사회연구」 제28권 제2호, 한국보건사회연구원, 2008, 53-80쪽.

21 노기호, "현대 교육복지정책의 동향과 법제의 방향", 「법과 정책연구」 제8권 제2호, 한국법정책학회, 2008(이하 '노기호, 2008'로 줄인다), 628쪽. 미국의 경향에 관해서는 Martha F. Davis, Learning to Work: A Functional Approach to Welfare and Higher Education, 58 Buff. L. Rev. 147, 2010, p.147ff; 이덕난, "오바마 정부의 교육뉴딜 정책", 교육정책네트워크 정보센터, 2009 참고.

22 이에 대해서는 함승환, 김왕준, 오춘식, 한지원, 「국제 교육복지 정책 동향 파악 및 현황 조사 연구」, 교육복지정책중점연구소, 2013(이하 '함승환 외, 앞의 책'으로 줄인다), 23쪽. 이 법률은 U.S. Department of Education의 홈페이지에서 볼 수 있다(http://www2.ed.gov/policy/elsec/leg/esea02/index.html, 2015. 11. 21. 최종 방문).

23 이에 대해서는 함승환 외, 앞의 책, 24쪽.

24 이에 대해서는 염철현, "미국 연방차원의 교육복지법 개관 및 시사점", 「교육법학연구」 제22권 제1호, 대한교육법학회, 2010, 55-56쪽.

25 이에 대해서는 노기호, 2008, 632쪽.

26 위 국외 제도에 관해 자세한 것은 함승환 외, 앞의 책, 26, 34-35, 51-52쪽.

27 위 국외 제도에 관해 자세한 것은 노기호, 2008, 625-626, 630-639쪽.

28 위 국외 제도에 관해 자세한 것은 함승환 외, 앞의 책, 27-28, 30-31, 41, 43쪽.

29 이에 대해서는 함승환 외, 앞의 책, 39쪽.

30 위 국외 제도에 관해 자세한 것은 노기호, 2008, 634, 642쪽.

31 윤정일, "21세기 사회의 교육복지정책", 「교육이론」 제5권 제1호, 서울대학교 사범대학 교육학과 교육학연구회, 1990, 132쪽; 류방란, 이혜영, 김미란, 김성식, 『한국사회 교육복지지표 개발 및 교육격차분석-교육복지지표 개발』, 한국교육개발원, 2006(이하 '류방란 외, 앞의 글'로 줄인다), 27쪽에서 재인용.

32 예를 들어, 안병영, 김인희, 앞의 책, 26쪽.

33 류방란 외, 앞의 글, 27쪽.

34 류방란 외, 앞의 글, 27쪽; 박주호, 『교육복지의 논의: 쟁점, 과제 및 전망』, 박영스토리, 2014, 7-9쪽.

35 류방란 외, 앞의 글, 27쪽; 박주호, 앞의 글, 7-9쪽.

36 류방란 외, 앞의 글, 32쪽.

37 이시우, 박기병, 노기호, 『교육복지체계 구축을 위한 법제 연구: (가칭) 교육복지법 제정』, 국회사무처 법제실, 2005.9. 신희정, "교육복지정책 및 법제화 논의 분석을 통한 교육복지의 발전 방향", 「교육법학연구」 제25권 제2호, 대한교육법학회, 2013, 85쪽에서 재인용.

38 이혜영 외, 『교육복지에 관한 법제 연구』, 교육부 정책 연구 과제보고서, 2006, 12쪽.

39 예를 들어, 안병영, 김인희, 앞의 책, 27쪽.

40 이 부분은 박주호, 앞의 책, 3-7쪽을 주로 참고하여 서술하였다.

41 이에 관하여 자세한 것은 안병영, 하연섭, 『5·31 교육개혁 그리고 20년』, 다산출판사, 2015, 63쪽 이하.

42 교육개혁위원회, 1996, 67쪽; 류방란, 앞의 글, 20쪽에서 재인용.

43 안병영, 하연섭, 앞의 책, 3쪽.

44 류방란 외, 앞의 글, 24쪽.

45 류방란 외, 앞의 글, 25쪽.

46 류방란 외, 앞의 글, 24쪽.

47 예를 들어, 박주호, 앞의 책, 4쪽.

48 유치원생과 초등학교 1, 2학년의 결손가정학생을 대상으로 정규수업과 방과후수업을 통합하여 운영하는 학교를 말한다.

49 이상 당시 교육과학기술부 보도자료 참고, www.korea.kr/common/download.do?tblKey=GMN&fileId=161161373 (2015. 9. 12. 최종 방문).

50 박주호, 앞의 책, 6쪽. 박근혜 정부의 교육정책에서 교육복지정책의 실질을 가지는

정책이 무엇인지는 앞으로 분석적으로 검토하여야 할 학계의 과제이다.

51 이에 대해서는 안병영, 김인희, 앞의 책, 43-44쪽을 주로 참고하여 서술하였다.

52 이시우, 박기병, 노기호, 앞의 보고서.

53 이혜영 외, 『교육복지에 관한 법제 연구』, 교육부 정책 연구 과제보고서, 2006.

54 김정원 · 이은미 · 하봉운 등, 『교육복지정책의 효과적 추진을 위한 법 · 제도 마련 연구』, 한국교육개발원, 2008.

55 신희정, 앞의 글, 95쪽.

56 각 발의안 전문은 국회 의안정보시스템(https://likms.assembly.go.kr/bill/main.do, 2021. 8. 25. 최종 방문). 각 법률안의 경과와 평가에 관해서는 신희정, 앞의 글, 96-101쪽 참고.

57 제27조(보건 및 복지의 증진) ① 국가와 지방자치단체는 학생과 교직원의 건강 및 복지를 증진하기 위하여 필요한 시책을 수립 · 실시하여야 한다.
② 국가 및 지방자치단체는 학생의 안전한 주거환경을 위하여 학생복지주택의 건설에 필요한 시책을 수립 · 실시하여야 한다.

58 초 · 중등교육법 시행령 제54조(학습부진아 등에 대한 교육 및 시책) ① 법 제28조의 규정에 의한 정상적인 학교생활을 하기 어려운 학생 및 학업을 중단한 학생에 대한 판별은 교육감이 정하는 기준에 따라 학교의 장이 행한다.
②학교의 장은 제1항의 규정에 의한 학생에 대하여 교육감이 정하는 수업일수의 범위안에서 체험학습 등 필요한 교육을 실시하거나 교육감이 적합하다고 인정하는 교육기관 등에 위탁하여 교육을 실시할 수 있다.
③ 교육부장관 및 교육감은 다음 각 호의 지원사업을 실시하여야 한다.
1. 제1항에 따른 학생이 밀집한 학교에 대하여 교육 · 복지 · 문화 프로그램 등을 제공하는 사업
2. 제1항에 따른 학생에 대하여 진단 · 상담 · 치유 프로그램 등을 제공하는 사업

59 예를 들어, 신희정, 앞의 글, 87쪽.

60 류방란 · 김경애, 『공정사회 실현을 위한 교육복지정책방안』, 현안보고 제8권 제1호, 한국교육개발원, 2011.5., 46-47쪽 참조.

61 이혜영 · 나정 · 김미숙 · 이광호 등, 『교육복지투자우선지역 지원사업을 위한 연구 지원사업 결과보고서』, 한국교육개발원, 2004; 김정원 · 박인삼 · 김주아 · 이봉주, 『교육복지투자우선지역 지원사업 만족도와 성과분석』, 한국교육개발원, 2007.

62 이러한 접근으로는 김학성, 앞의 책, 507-514쪽; 노기호 집필부분, 『헌법주석서 Ⅱ』, 법제처, 2009, 268쪽 이하; 전광석, 2015, 430-438쪽; 정종섭, 앞의 책, 765-786쪽.

63 우리 헌법재판소는 복지국가원리(또는 사회국가원리)를 독자적인 우리 헌법의 구조적 원리로 명시적으로 인정하고 있지만, 복지국가원리의 기능에 관해서는 지극

히 소극적인 입장을 보이고 있다. 복지국가원리는 흔히 입법형성권을 정당화하는 논거로 인용되고 있다. 헌재결 2000. 6. 29. 선고, 99헌마289 참고. 이상 전광석, 2015, 225쪽.

64 안병영, 김인희, 앞의 책, 5쪽.

65 이에 관해서는 조석훈, 김용, 「학교와 교육법」, 교육과학사, 2010, 54-56쪽 참고.

66 이 주제에 관한 미국의 역사와 최근의 동향에 관해서는 Martha F. Davis, op. cit., pp.156-216.

67 M. Freedland, Vocational Training in EC Law and Policy -Education, Employment or Welfare?, Industrial Law Journal, 25 Industrial Law Journal, 110, 1996.

68 원출처: 이 글은 2017년 9월 1일 한국교육개발원과 교육부가 서울중앙우체국 스카이홀에서 개최한 제5차 KEDI 미래교육정책포럼에서 필자가 발표한 글(정필운, "교육복지법제의 현황과 과제", 「한국 교육복지제도의 실태와 정책과제」 제5차 KEDI 미래교육정책포럼 자료집, 한국교육개발원·교육부, 2017. 9. 1.)을 수정한 것이다.

69 예를 들어, 이시우, 박기병, 노기호, 「교육복지체계 구축을 위한 법제 연구: (가칭) 교육복지법 제정」, 국회사무처 법제실, 2005.9., 9쪽; 박재윤, 황준성, "교육복지에 관한 법리 및 관련 법제의 현황과 과제", 「교육법학연구」 제20권 제1호, 대한교육법학회, 2008, 56쪽에서 재인용; 박재윤, 황준성, 앞의 글, 57쪽.

70 정필운, "교육영역에서 복지국가원리의 구현-쟁점과 과제-", 「헌법학연구」 제21권 제4호, 한국헌법학회, 2015. 이 책 제3장 참고.

71 이시우, 박기병, 노기호, 앞의 글, 9쪽; 박재윤, 황준성, 앞의 글, 56쪽에서 재인용.

72 허영, 「한국헌법론」, 박영사, 2008, 427쪽.

73 정필운, "교육 영역에서 문화국가원리 적용의 의미와 한계(미발표원고)". 이 점에서 교육은 문화영역에 속하므로 복지국가원리보다 문화국가원리에 의하여 지배된다는 필자의 기존의 주장(정필운, 앞의 글, 95쪽) 중 일부를 변경한다.

제4장

교육자치란 무엇인가?*

Ⅰ. 문제 제기

시·도교육위원회의 폐지 여부를 둘러싸고 오랜 기간 논쟁을 하다 결국, 2006년 12월 20일 「지방교육자치에 관한 법률」(이하 '지방교육자치법'이라고 줄인다)[1]이 개정되어, 시·도교육위원회를 시·도의회의 상임위원회로 설치하고, 구성에서도 일반 시·도의회의원을 포함하며 교육의원을 주민의 직선으로 선출하되 광역단위에서 소수만으로 변경되었다. 그러나 이러한 법개정에도 불구하고 교육위원회의 교육위원 및 교직단체는 이 논쟁에서의 결론에 승복하지 못하고, 결국 헌법소원을 통하여 이 문제를 헌법재판소까지 가지고 갔다. 그러나 헌법재판소는 현 교육위원 또는 교육의원 출마예정자, 교육의원선거의 선거권자는 공무담임권 내지 공무담임에 있어서의 평등권 침해와 현재관련성을 가지지 않았다는 이유로, 학생과 학부모는 교육기본권과 교육권이 자기관련성 및 직접성이 없다는 이유로, 교사는 헌법상 기본권이 없으며 있다고 하여도 자기관련성 및 직접성이 없다는 이유로, 전국 시·도 교육의원협의회도 기본권이 없으며 있다고 하여도 자기관련성이 없다는 이유로 각하 결정을 하였다.[2]

그러나 이러한 헌재의 결정으로 이를 둘러싼 문제가 해결되었다고 판단하기엔 이를 반대하는 견해의 논리가 탄탄하며, 법률 재개정운동과 같이 실천적 대응도 매우 적극적이다. 결국 이 분쟁은 종식된 것이 아니라 공이 헌법재판소에서 다시 국회로 넘어간 것에 불과한 것으로 보인다.

그런데 필자는 이를 둘러싼 논쟁을 바라보면서, 학문적 관점에서 한 가지 중요한 사실을 발견하였다. 이번 지방교육자치법 개정을 둘러싼 쟁점의 해결을 위한 전제가 되는 것은, 우리 헌법에서 지방교육자치를 어떻게 규정하고 있는지, 헌법 제31조 제4항에 규정되어 있는 교육의 자주성·전문성·정치적 중립성을 어떻게 이해할 것인지 등 이른바 교육 영역에서 발생하는 많은 문제를 해결하기 위해서는 반드시 정리가 되어 있어야 하는 쟁점이다. 그러나 이에 관하여 일반 시민은 물론이고, 헌법학과 행정법학을 비롯한 법학계 및 교육학계의 시각 차이가 크다는 것을 알 수 있었다.

이 글에서 필자는 지방교육자치제도를 둘러싼 정책론적 논의의 전제로서 현행 헌법해석론을 제시하고자 한다.[3] 이 글은 이러한 목적을 달성하기 위하여, 현행 헌법아래에서 교육자치는 어떻게 이해되어야 하며 그 헌법적 근거는 무엇인지, 지방교육자치는 어떻게 이해되어야 하며 그 헌법적 근거는 무엇인지, 교육영역에서 국가와 지방자치단체의 권한배분의 원리는 무엇인지에 관하여 현재 우리 학계의 논의를 정리하고 이를 비판적으로 검토할 것이다. 이러한 논의를 통하여 제시한 헌법해석론적 결론은 교육제도를 설계하는 정책론적 논의를 올바르게 전개하는데 조력할 것이다.[4]

II. 교육자치의 본질 및 헌법적 근거

1. 교육자치를 둘러싼 다양한 이해 방법

교육자치(education autonomy)에 관한 종래 우리나라 학계의 논의는 많은 편차를 보이고 있다. 특히 교육자치를 지방자치제도와 연결시킨 지방교육자치와 직결시켜 이해하는 견해와 교육자치를 지방자치제도와 엄격하게 분리하여 교육영역의 자치로 이해하는 견해간에는 큰 차이가 있다. 그리고 교육자치를 지방자치제도와 연결시킨 지방교육자치와 직결시켜 이해하는 견해 간에도 교육행정을 일반행정과 분리하여 이해할 것인가와 관련하여 세부적인 견해 차이가 있다. 이하에서는 교육자치를 둘러싼 이와 같은 다양한 이해 방법에 관하여 우선 살펴본다.[5]

(1) 이른바 지방교육자치론

이 견해는 교육자치를 지방자치제도와 연결시킨 지방교육자치와 직결시켜 이해한다. 그리고 일반행정기관과 교육행정기관의 분리는 교육자치와는 무관한 것으로 이해하거나, 분리되어서는 안 된다고 이해한다.

예를 들어, 김병준 교수는 교육자치란 "지역 주민 또는 주민의 대표기구가 교육 관련 전문 인력을 활용하며 지역적 성격을 지닌 교육 사무를 자율적으로 처리해 나가는 것"[6] 이라고 정의한다. 그리고 "교육자치와 지방자치를 일원화 하는 것이 헌법을 위반하고 있다는 것은 논리적으로 설명이 되지 않는다. 헌법이 보장하고 있는 교육의 자주성, 전문성은 교육현장에서 교육을 담당하는 교원 중심의 자주성과 전문성을 말하는 것이지 교육행정기관이 일반행정기관으로부터 분리되어야 한다는 것을 의미하지 않는다. 또한 헌법 정신 역시 교육행정이 일반행정의 틀안에서 이루어지는 것이라 할 수 있다"고 설명하고 있다.[7]

(2) 이른바 교육행정기관 분리론

이 견해는 교육자치를 지방자치제도와 연결시킨 지방교육자치와 직결시켜 이해할 뿐 아니라, 나아가 일반행정기관과 교육행정기관의 분리를 교육자치의 본질로 이해하고 있다.

예를 들어, 권영성 교수는 교육자치에 대한 특별한 언급 없이, "지방교육자치제라 함은 지방자치단체가 교육의 자주성 및 전문성과 지방교육의 특수성을 살리기 위해 당해 지역의 교육·과학·기술·체육 기타 학예에 관한 사무를 일반행정조직과 구별되는 별도의 행정기관을 설치·조직하여 운영토록 하는 제도"[8]라고 이해하고 있다.

조성일·안세근 교수에 따르면, "지방교육자치란 교육행정에 있어서 지방분권주의를 기본원칙으로 하고 당해 지역의 교육·학예에 관한 사무의 자치권과 행정권을 가지고 의결기관으로서의 교육위원회와 의결된 교육정책의 집행기관으로서의 교육감제를 설치하고, 자주적인 재정권과 인사권을 확립하여 주민의 참여와 전문적인 경영으로 교육행정의 제도적인 조직을 통하여 교육의 자주성, 전문성 및 지방교육의 특수성을 보장하려는 제도이다."[9]

표시열 교수는 "교육은 일반 행정과는 다른 특수성이 있으므로, 헌법에서 특별히 교육의 자주성·전문성·중립성 원리를 규정하고 있다. 따라서 교육에 관하여서는 지방자치에 맡기지 아니하고 별도의 (지방)교육자치제도를 확립하고 있다"고 서술하고 있다.

이렇게 보았을 때 이 견해는 교육자치의 본질을 지방자치제도의 일환으로 이해하고, 나아가 "교육행정이 일반 행정과는 다른 특수성을 가지므로 교육행정 차원에서의 교육자치도 내포된 개념으로"[10] 이해하여, 일반행정기관과 교육행정기관의 분리를 교육자치의 본질로 이해하고 있다고 정리할 수 있다.

이러한 견해에 따르면, 지방교육자치는 "교육행정의 자주성을 보장하기 위한 일반행정으로부터 분리.독립과 주민자치를 통한 중앙으로부

터의 자치 등 두 가지 요소가 내포"되어 있다.[11]

(3) 이른바 기능자치론

이러한 종래의 헌법학계 및 교육법학계의 일반적인 견해에 대하여 비판을 하며, 교육자치를 지방자치제도와 엄격하게 분리하여 교육영역의 자치로 이해하는 견해가 있다.

예를 들어, 정재황 교수는 "교육자치는 교육당사자들의 자주적인 의사결정, 자주적인 참여에 의한 교육이 이루어지는 것을 의미한다"[12]고 정의하고, "교육자치는 결국 교육현장에서 교육내용에 관하여 자치가 이루어짐으로써 실질적으로 구현되는 것이라면 결국 각 학교에서 자치가 이루어져야 한다는 것이 될 것이고 그렇게 된다면 별도의 교육자치단체를 두지 않는다고 하여 교육자치가 실현되지 않는 것은 아닐 것이다. 그러나 교육자치기관에게 실절적인 자주결정권 등이 주어지지 않는다면 교육자치라고 볼 수 없다고"[13] 이해하고 있다.

정종섭 교수는 "법정책상 양자[교육자치ㆍ지방자치]를 서로 별개의 영역으로 정할수도 있고 교육자치를 지방자치의 영역에 속하게 하되 교육의 독립성과 자주성을 보장하는 방식으로 정할 수도 있다"[14]고 설명하고 있다.

일찍이 이러한 견해를 대표하여 주장을 하신 이기우 교수는 교육자치란 "교육이라는 특정한 업무 영역을 대상으로 한다는 점에서…… 기능적인 자치에 속한다"[15]고 전제하고, 이러한 의미에서 교육자치란 "교육 공동체가 교육 사무를 자기 책임하에 분권적으로 처리하는 것"[16]이라고 정의한다. 그리고 자치의 한 요소인 참여의 관점에서 보면 교육자치는 교육당사자가 참여하여 교육문제를 처리하는 것을 의미한다고 한다. 그런데 교육당사자인 학생, 학부모, 교사가 일반 시민과 달리 교육에 특별한 관련을 맺게 되는 것은 일선 교육 현장인 학교를 중심으로 하므로, 교육자치는 교육 공동체 단위인 학교의 자치적인 운영이라는 의미에서

학교자치를 의미한다고 한다.[17]

이러한 이해에 따르면, 교육자치는 교육현장에서 교육당사자의 참여를 통하여 교육내용에 관하여 자치가 이루어지는 것으로 이해하고, 일반행정기관과 교육행정기관의 분리는 이와 직접적으로 관련이 없는 입법정책의 문제일 뿐이라고 이해하고 있다고 정리할 수 있다.[18]

2. 교육자치의 헌법적 근거에 관한 기존의 논의

교육자치의 헌법적 근거가 무엇이냐에 관하여 논쟁이 있다.

교육자치를 지방자치제도와 연결시킨 지방교육자치와 직결시켜 이해하는 견해는 교육자치는 헌법 제31조 제4항의 교육의 자주성에 근거하여 인정된다고 이해하고 있다.[19]

교육자치와 지방자치제도를 분리하여 교육자치를 교육영역의 자치로 이해하는 견해 중 일부도 교육자치를 헌법 제31조 제4항 교육의 자주성 · 전문성을 구현하기 위하여 이루어져야 하는 것으로 이해하고 있다.[20]

그러나 이러한 견해 중 일부 견해는 "헌법 제31조 제4항이 보장하는 자주성, 전문성, 정치적 중립성은 교육행정에 관한 것이 아니라 교육자체에 관한 것이라는 점에서 지방 교육 행정청을 지방행정 기관으로부터 분리 · 독립시켜야 한다는 근거가 될 수 없다"[21]고 주장하며, 이것은 "입법정책상의 문제이지 헌법적 요청"은 아니라고 주장한다.[22]

한편 이와 다른 차원이긴 하지만, "교육자치를 인정하든 인정하지 않든 교육에서 자주성은 인정되어야 하기 때문에 헌법 제31조 제4항의 교육의 자주성이 교육자치의 근거가 아니다. 교육자치는 헌법상의 제도가 아니고 법률에 의하여 인정되는 법률정책적인 제도이다. 따라서 입법자는 교육사지를 설할 수노 있고 국가가 교육을 책임시게 할 수노 있으며, 교육자치를 정하는 경우에도 교육자치의 단위, 범위, 수준, 형태 등에 대하여 광범위한 입법형성권을 가진다"고 주장하는 견해도 있다.[23]

3. 비판적 검토

(1) 교육자치는 지역자치인가, 기능자치인가

전통적으로 헌법이론에서 인정하는 자치(autonomy)는 크게 두 가지 유형이 있다. 그 지역 내의 공동관심사를 자치기구에 의하여 스스로의 책임 아래 처리함으로써 국가의 과제를 덜어주고 지역주민의 자치역량을 길러 민주주의와 권력분립의 원리를 실현하고자 인정하는 지역자치(local autonomy)[24]와 사물내재적인 속성으로 당해 기능 또는 영역이 외부의 간섭없이 자율적으로 결정될 필요가 있을 때 이러한 자율성을 보장하고자 인정하는 기능자치(functional autonomy)[25]가 그것이다.[26] 지역자치의 대표적인 구현형태는 지방자치제도이고, 기능자치의 대표적인 구현형태는 '대학의 자치'이다. 우리 헌법은 제117조 제1항에서 "지방자치단체는 주민의 복리에 관한 사무를 처리하고 재산을 관리하며, 법령의 범위 안에서 자치에 관한 규정을 제정할 수 있다"고 규정하여, 지방자치제도가 지역자치를 구현하기 위한 제도임을 분명히 하고 있다. 한편 대학의 자치에 관해서는 명시적으로 규정하고 있지 않으나, 헌법이론적으로 헌법 제22조 제1항에서 명시적으로 보장하고 있는 학문의 자유의 한 내용으로 학문기관의 자유를 인정하고, 이러한 학문기관의 자유는 학문연구기관으로서 대학이 대학의 운영에 관한 모든 사항을 외부의 간섭없이 자율적으로 결정할 수 있을 때만 그 실효성을 기대할 수 있기 때문에, 대학의 자치를 본질로 한다고 이해하고 있으며, 헌법 제31조 제4항에서 "⋯⋯ 대학의 자율성은 법률이 정하는 바에 의하여 보장된다"고 규정하고 있는 것은 이를 의미한다고 이해하고 있다.[27]

그렇다면 교육자치를 지역자치의 구현으로 이해하는 것이 타당한가, 기능자치의 구현으로 이해하는 것이 타당한가?

필자는 교육자치를 일차적으로는 기능자치로 이해하는 것이 타당하다고 생각한다. 교육자치는 교육영역이 다른 영역, 특히 역사적으로 국가 및 정치영역과 종교영역의 영향을 많이 받고 예속된 것을 거울삼아, 교육의 목적을 달성하기 위해서는 외부의 간섭 없이 자율적으로 결정될 필요가 있을 때 이러한 자율성을 보장하고자 인정되는 개념이다. 한편 이러한 교육자치가 기능자치의 구현형태로 인정된다면, 교육자치를 구체적으로 구현할 때 그 '기능'의 보호에 적합하도록 차별적으로 이루어져야 한다. 이미 설명한 기능자치의 대표적인 유형은 '대학의 자치(university autonomy; Universitätsautonomie)'이다. 대학도 교육기관임을 인정한다면 대학의 자치도 교육자치의 하부개념이라고 할 수 있다. 그러나 대학의 자치는 서양의 중세에 교회나 국가의 지배로부터 자유를 확보하였던 상공업도시에서 특정 영역의 교육 욕구를 만족시키기 위한 학교가 교회와 국가, 도시지배세력으로부터 신분보장과 학문의 자유라는 목표를 달성하기 위하여 자치적 조직체를 만든 것에 역사적 기원을 가지고 있고, 그 이후에도 이러한 자치는 계속 보장되어 왔다는 역사적 배경을 가지고 있다.[28] 이러한 대학의 자치는 오늘날에도 하나의 헌법적 가치를 이루고 있다.[29] 그러나 대학의 자치와 대비되는 의미에서 교육자치는 그러한 정도까지의 기능을 보장하기 위한 자치가 아니다. 교육자치를 기능자치로 이해하는 견해에 따르면 그러한 자치의 단위는 학교자치라고 이해하는데,[30] 이와 같은 기능적 측면에서 보았을 때 대학과 초·중·고등학교는 본질적으로 다르다. 대학의 자치는 대학에서 인사·연구·학생선발 및 전형 등 교육과 관련된 학사, 대학질서 및 대학시설과 재정의 자치를 말한다.[31] 대학은 위와 같은 문제를 원칙적으로 학외, 특히 국가의 간섭을 받지 않고 자율적으로 결정할 수 있어야 한다.[32] 대학은 학문연구와 학문활동이 본질인 특수한 기관이다. 학문연구의 자유는 연구과제, 연구의 방법과 기관 및 연구장소의 선택의 자유를 내용으로 한다.[33] 한편 학문활동의 자유는 교수의 자유, 연구결과발표의 자유 및 학문목적의 집회·결사의 자유를 내용으로 한다.[34] 교수의 자유는 학문연구의 자유의 연장선상에 있는 기본권으로 대학에서 강학의 자유를 의미한다. 교수의 자유는 진리탐구 과정 자체를 보호하기 때문에 교수방법 및 내용의 자율성이 존중되어야 한다. 교수는 자신의 연구결과를 제시하고, 대학생은 자신의 기본적인 지식에 기초하여 논의를 통하여 사물에 대한 이해의 깊이를 더한다. 그러나 초 · 중 · 고등학교에서 교사는 이미 한 사회에서 사상의 자유시장에서 어느 정도 합의되어 보편적으로 인정되는 지식을 전달하고, 학생은 이러한 지식을 습득한다.[35] 초 · 중 · 고등학교의 학생은 성장과정 중에 있는 인격체로서 사회에서 검증된 지식을 균형 있게 배우는 것이 필요하고, 교원의 주관적인 가치와 이념에 노출되면 이러한 균형있는 교육을 저해하기 때문이다.[36]

이와 같은 이유로 대학의 자치와 구분되는 의미에서 교육자치는 자치의 필요성이 인정되면서도, 완벽한 형태의 자치의 보장이 예정된 기능이 아니다. 교육은 국가 및 정치영역과 종교영역의 절대적 영향에 따라 예속적으로 기능이 수행되어서는 안되지만, 한편으로는 우리 헌법 제31조에 따라 인정되는 국가의 교육의무 및 교육권한을 수행하기 위해서 적절히 제한될 필요도 있다.[37] 국가는 국민의 교육기본권을 보장하고, 교육이 입헌민주주의를 가능하게 하는 시민을 양성할 수 있도록 객관적 질서를 확보하기 위하여 국가에게 헌법상 의무를 부과하고 있으며, 이러한 한도 내에서 헌법상 권한의 행사는 헌법상 의무가 된다. 이렇게 우리 헌법이 교육영역에서 국가에게 의무로 부과하고 이를 실현하기 위한 권한을 반드시 행사하도록 함으로써, 국가의 교육 과제는 의무이자 권한이 된다. 따라서 교육자치는 자치의 수준의 면에서 완벽한 형태의 자치가 아니라, 이와 같은 기능을 달성하기 위한 정도의 제한적인 자치를 의미한다고 할 것이다.

우리 헌법이 제31조 제4항에서 "교육의 자주성 · 전문성 · 정치적 중립성 및 대학의 자율성은 법률이 정하는 바에 의하여 보장된다"고 규정하여, 교육자치는 명시적으로 표현하고 있지 않은 반면, 대학의 자치를 핵심 내용으로 하는 대학의 자율성을 명시적으로 표현하고 있는 것도 이와 같은 연유가 발현된 하나의 예라고 할 수 있다.[38]

(2) 교육자치의 헌법적 근거에 관한 비판적 검토

이렇게 보았을 때 교육자치의 헌법적 근거에 관한 논의를 비판적으로 검토하면 다음과 같다.

이미 설명하고 있는 것처럼 교육자치의 헌법적 근거가 무엇이냐에 관하여 논쟁이 있다. 교육자치를 지방자치제도와 연결시킨 지방교육자치와 직결시켜 이해하는 일반적인 견해는 교육자치의 헌법적 근거를 헌법 제31조 제4항 교육의 자주성에서 찾고 있다. 그러나 교육자치를 지방자치제도를 분리하고 교육영역의 자치로 이해하는 견해 중 일부는 이를 비판하고 있다.

이미 설명한 것처럼 필자는 교육자치는 교육영역이 국가 및 정치영역과 종교영역 등 다른 영역의 영향을 받고 예속적으로 기능이 수행되는 것을 방지하기 위하여 인정되는 기능자치 또는 영역자치의 일종이라고 이해하는 것이 타당하다고 생각한다. 이러한 측면에서 보면, 헌법 제31조 제4항 교육의 자주성 규정이 교육자치의 헌법적 근거라고 하는 주장은 타당하다. 교육자치를 이렇게 이해하는 이상, 지방교육자치 나아가 지방교육 행정청을 지방행정 기관으로부터 분리·독립시켜야 한다는 것을 내용으로 하지 않으므로, 헌법 제31조 제4항 교육의 자주성 규정이 교육자치의 헌법적 근거가 아니라고 이해하는 견해는 타당하지 않다.

III. 지방교육자치의 본질 및 헌법적 근거

1. 논의의 순서

이미 서술한 것처럼 교육자치는 교육영역이 국가 및 정치영역과 종교영역 등 다른 영역의 영향을 받고 예속적으로 기능이 수행되는 것을 방지하기 위하여 인정되는 기능자치 또는 영역자치의 일종이라고 이해하는 것이 타당하다. 이러한 측면에서 헌법 제31조 제4항 교육의 자주성 규정이 교육자치의 헌법적 근거라고 이해하였다. 그러나 우리 헌법은 이와 같은 의미의 교육자치를 제도적으로 보장하고 있지 않는 것으로 보인다. 그런데 우리 입법자는 입법형성권을 행사하여 지방교육자치라는 제도를 마련하여 운영하고 있다. 그렇다면 이와 같은 지방교육자치의 헌법상 본질은 무엇인가, 지방교육자치의 헌법적 근거는 무엇인가라는 질문에 답을 하여야 한다.

여기서는 우선 우리 헌법현실에서 구현된 지방교육자치를 이해하기 위하여 고려하여야 몇 가지를 헌법이론적으로 규명하고, 지방교육자치의 본질과 헌법적 근거에 대하여 필자의 주장을 제시하고자 한다.

2. 교육의 자주성 · 전문성 · 정치적 중립성의 헌법적 의미와 위상

(1) 교육의 자주성 · 전문성 · 정치적 중립성의 헌법적 의미

우리 헌법은 제31조 제4항에서 "교육의 자주성 · 전문성 · 정치적 중립성 및 대학의 자율성은 법률이 정하는 바에 의하여 보장된다"라고 규정하여, 교육의 자주성 · 전문성 · 정치적 중립성을 보장하고 있다. 여기서는 교육자치와 가장 밀접하게 관련되는 교육의 자주성의 헌법적 의미에 대하여 살펴보자.

김철수 교수는 "교육의 자주성이란 교사의 교육시설설치자 · 교육감독권자로부터의 자유, 교육내용에 대한 교육행정기관의 권력적 개입의 배제, 교육관리기구의 공선제 등을 포함한다"고 이해하고 있다.[39]

정종섭 교수는 "교육의 자주성이란 교육의 내용, 방법, 교육기관의 운영을 국가가 결정할 수 없다는 것을 말한다. 다시 말해 교육이 정치권력이나 기타 세력의 간섭없이 그 전문성과 특수성에 따라 독자적으로 교육 본래의 목적에 기하여 조직 · 운영 · 실시되어야 한다는 교육의 자유와 독립을 말한다."[40]

표시열 교수는 "교육의 자주성이란 교육내용과 교육기구가 교육자에 의하여 자주적으로 결정되고 행정 권력에 의한 교육통제가 배제되어야 하는 것으로 또는 교육자치제의 제도 보장으로 본다."[41]

손희권 교수는 헌법재판소의 여러 결정례를 분석 후, 이에 표현된 교육의 자주성을 다음과 같이 정리하고 있다. 교육의 자주성의 핵심은 교육에 대한 외부의 부당한 개입의 배제, 특히 국가의 부당한 배제이다. 따라서 교육의 본질을 구현하기 위한 정당한 개입은 허용된다. 이와 같은 부당한 개입의 배제의 결과 교육자가 교육통치의 주체가 되어야 하며, 분야는 교육내용, 교육기구, 교육조직 · 운영 · 실시 등이다.[42]

비교법론적으로 보았을 때, 많은 나라에서는 교육의 자주성 · 전문성 · 정치적 중립성 같은 교육영역에서 적용되어야 할 원칙을 선언하고 있지 않다. 예를 들어, 미국은 우리 헌법 제31조 제4항에서 교육에 관한 원칙으로 선언하고 있는 교육의 자주성 · 전문성 · 정치적 중립성이 연방헌법 및 주헌법에서 교육의 원칙으로 선언되고 있지 않다.[43] 그리고 해석론적으로도 이러한 원칙이 강조되지 않으며, 오히려 교육의 민주성 및 평등성이 훨씬 중요한 원칙으로 평가된다.[44] 그렇다고 교육영역에서 교육의 자주성 · 전문성 · 정치적 중립성이 전면적으로 배제되는 것은 아니라고 판단된다.[45][46]

이와 같이 교육영역에서 적용되는 원칙은 교육의 본질에서 도출되는 원칙도 있지만, 그 밖에 어떠한 것을 원칙으로 삼을지, 그리고 어떠한 원칙을 더 우선할지는 각 나라의 특성에 따라 구체화되는 점도 있다고 고려하여야 한다. 이렇게 보았을 때 원론적으로 보면 한 나라의 헌법에서 교육영역에 어떠한 것을 원칙으로 삼을지, 어떠한 원칙을 더 우선할지는 교육의 본질에 기반하여 그 나라의 특성에 따라 구체화되는 것이라고 결론지을 수 있다. 그러므로 우리는 교육의 본질에 기반하여 우리의 특성에 따라 구체화된 교육의 원칙이 있다고 보아야 할 것이다.

이렇게 보았을 때 교육의 자주성 · 전문성 · 정치적 중립성은 우리 국

민이 근대 교육의 본질을 충분히 인식하고 교육이 국가 및 정치영역 등
다른 영역의 영향을 받고 예속적으로 기능이 수행되는 것을 방지하기 위
하여 특별히 규정한 것으로,[47] 교육은 중요한 헌법적 기능을 수행하기 때
문에 국가의 규율이 필요하지만, 그것이 개인에게 국가가 지시하는 가치
를 주입하는 내용으로 형성되어서는 안되기 때문에 이를 방지하기 위하
여 위와 같은 규정을 두었다고 이해하는 것이 타당하다.[48]

(2) 교육의 자주성 · 전문성 · 정치적 중립성만이 헌법적 요청인가?

우리 헌법 제31조 제4항이 교육의 자주성 · 전문성 · 정치적 중립성을
명시적으로 규정하고 있는 것을 반영하여, 교육영역에 적용되어야 할 헌
법적 가치를 설명할 때 교육의 자주성 · 전문성 · 정치적 중립성을 그 중
심에 놓고 설명하는 것이 일반적인 견해이다.[49] 그러나 교육의 자주성 ·
전문성 · 정치적 중립성이 우리 헌법 규정에 명시적으로 선언된 것은 우
리 국민이 근대 교육의 본질을 충분히 인식하고 교육이 국가 및 정치영
역 등 다른 영역의 영향을 받고 예속적으로 기능이 수행되어야 한다는
것을 특별히 강조하는데 그 이유가 있을 뿐, 교육영역에서 적용되어야
할 헌법적 가치 중 이것이 이론적으로 우월성을 지닌 가치이기 때문에
명시적으로 선언된 것이 아니며, 교육영역에서 적용되어야 할 헌법적 가
치가 이것에 국한되기 때문에 그런 것은 더욱 더 아니다.

예를 들어, 교육영역에서 평등의 원칙은 근대 교육법의 출발과 더불
어 교육영역에서 달성하여야 할 가장 중요한 원칙 중 하나이다.[50] 그리
고 종교적 중립성,[51] 교육의 공공성 등도 교육영역에서 적용되어야 할
중요한 기본원칙이다. 그 밖에 우리 헌법의 일반원리 중 민주주의원리,
법치주의원리, 복지국가원리 등도 교육영역에서 강조되어야 할 중요한
기본원리이다.[52]

요컨대 교육의 자주성 · 전문성 · 정치적 중립성은 우리 헌법에서 명
시한 중요한 원칙이지만, 그것만이 교육영역에서 적용되어야 할 원칙

이거나 항상 다른 원칙에 우선하여 적용되어야 할 원칙은 아니다. 따라
서 교육영역에서 헌법해석이나 입법정책을 결정할 때, 다른 헌법적 가
치나 기본원칙도 충분히 고려하여 조화로운 해석이나 정책결정이 이루
어져야 한다.[53]

3. 지방교육자치제도의 헌법적 의미 및 근거

교육자치란 교육영역이 국가 및 정치영역과 종교영역 등 다른 영역의
영향을 받고 예속적으로 기능이 수행되는 것을 방지하기 위하여 인정되
는 기능자치 또는 영역자치이므로, 이론적인 관점에서 보았을 때 그 지
역 내의 공동관심사를 자치기구에 의하여 스스로의 책임 아래 처리함으
로써 국가의 과제를 덜고 지역주민의 자치역량을 길러 민주주의와 권력
분립의 원리를 실현하고자 인정하는 지방자치제도와 필연적으로 연결되
어야 하는 것은 아니다.[54]

우리 헌법이 교육자치를 헌법 제31조 제4항 교육의 자주성의 선언을 통
하여 규정하고 있고, 지방자치제도를 규정하고 있는 헌법 제117조, 제118
조 규정에서 지방교육자치의 가능성은 열어 두고 있지만, 지방교육자치를
명시적으로 규정하고 있지는 않는 것도 이러한 측면에서 이해할 수 있다.

그러나 우리 입법자는 헌법 제117조, 제118조 규정에서 부여된 지방
자치에 관한 입법형성권을 행사하며, 교육자치를 지방자치제도와 결합
하여 지방교육자치제도를 입법적으로 구현하고 있다. 이러한 지방교육
자치제도는 주로 「지방교육자치법」에서 자세히 규율되고 있다. 이와 같
이 교육자치라는 기능자치를 교육자치라는 지역자치와 결합하여 구현하
는 것은, 자신의 일을 스스로 결정하여 처리한다는 의미에서 '자치'라는
것이 보았을 때, 지역자치와 기능자치가 결고 다른 뿌리가 아니며, 좀 더
분석적인 측면에서 지역자치는 기능자치까지는 아니더라도 기능자치의
전제가 되는 사물적 자치 또는 분권이 전제가 되므로,[55] 기능자치와 지

역자치가 결합될 수 있다는 점이 고려되었을 것이다.

즉, 교육자치라는 기능자치를 지방자치라는 지역자치와 결합하여 구현하면, 지역자치의 실현과정에서 학생, 학부모, 교수 등의 교육당사자의 의견이 국가라는 또 다른 당사자의 의사와 적절히 조화되어 교육자치라는 기능자치를 실현하는 데 일조를 할 수 있을 것이라는 고려를 하였을 것이고, 헌법상 국가의 교육의무와 교육권한을 국가의 중앙행정기관과 지방자치단체가 교육에 관한 권한을 적절히 배분하여 행사하는 과정에서 교육자치를 실현하는 데 일조할 것이라는 기대되었을 것이다.[56]

이렇게 보았을 때 기능자치 또는 영역자치로서 교육자치는 헌법 제31조 제4항 교육의 자주성 규정에 근거한 것이라고 이해할 수 있지만, 이와 같은 교육자치와 지역자치인 지방자치가 결합한 지방교육자치는 헌법 제31조 제4항뿐 아니라 지방자치제도를 규정하고 있는 헌법 제117조, 제118조 규정[57]에 근거하여 인정된다고 이해하는 것이 타당하다.

우리 헌법재판소가 "현행 지방교육자치제도의 헌법적 근거는 헌법상 보장되고 있는 지방자치제도의 이념과 함께 헌법 제31조 제4항의 "교육의 자주성·전문성·정치적 중립성 및 대학의 자율성은 법률이 정하는 바에 의하여 보장된다"는 규정에서 찾을 수 있다"고 반복적으로 판시하고 있는 것은 이러한 의미에서 이해할 수 있다.[58]

이러한 이유로, 교육자치를 지방교육자치로 이해하면서 헌법 제31조 제4항만을 교육자치의 헌법적 근거로 이해하는 견해[59]는 타당하지 않다.

4. 지방교육자치제도는 제도적 보장인가?

우리 학계에서 헌법이 지방교육자치를 제도적 보장으로 이해하는 견해가 있다.[60]

"전통적으로 확립되어 온 제도의 경우 그 본질적 요소는 헌법적으로 보장되는 것이므로 이것은 법률로서도 침해할 수 없는 것이라고 하는 의미를 담고 있다고 하겠다. 따라서 교육자치제도 이러한 제도보장이론에 따르면 그 본질적 요소 역시 법률로서도 이를 침해할 수 없는 것이라고 하겠다."[61]

한편, 헌법재판소는 이와 관련하여 다음과 같이 판시하고 있다.

헌법 제31조 제4항은 "교육의 자주성·전문성·정치적 중립성 및 대학의 자율성은 법률이 정하는 바에 의하여 보장된다"고 규정하고 있고, 헌법 제117조 제1항은 "지방자치단체는 주민의 복리에 관한 사무를 처리하고 재산을 관리하며, 법령의 범위 안에서 자치에 관한 규정을 제정할 수 있다"고 규정함으로써 제도보장으로서의 교육자치와 지방자치를 규정하고 있다.[62]

그러나 이에 대해서는 다음과 같은 두 가지 의문이 든다.

첫째, 이광윤 교수 등의 견해는 제도적 보장을 칼 슈미트(Carl Schmitt)의 의미에서 제도적 보장으로 이해하고 있는 것으로 판단되는데,[63] 이러한 의미의 지방교육자치제도라면 우리의 경우 없다고 판단하여야 할 것이다. 위와 같은 견해에서 스스로 밝히고 있는 것처럼 우리나라의 경우 1991년 실질적인 지방교육자치제가 새롭게 시작되었기 때문이다. 따라서 지방교육자치를 제도적 보장으로 이해할 때 제도적 보장은 기본권의 보장을 위하여 제도의 본질적 내용은 헌법으로 보장되는 것이므로, 법률로써 이를 침해할 수 없다는 의미에서 제도적 보장으로 이해하여야 한다. 위 헌법재판소 판시가 이와 같이 이해한 것으로 해석된다.

둘째, 제도적 보장을 기본권의 보장을 위하여 제도의 본질적 내용은 헌법으로 보장되는 것이므로 법률로써 이를 침해할 수 없다는 의미로 이해한다고 하더라도, 교육지방자치가 우리 헌법상 제도적 보장으로 이해될 수 있는지는 의문이다. 우리 헌법상 지방자치제도를 제도적 보장으로 이해하는 것은 일반적인 견해이며 충분히 수긍되지만, 지방교육자치까지 제도적 보장으로 이해하는 것은 추가적인 논증이 필요하다.[64]

Ⅳ. 교육영역에서 국가와 지방자치단체의 권한배분의 원리

1. 종래의 논의: 보충성의 원칙에 따른 권한배분

우리 헌법학과 행정법학을 비롯한 법학계, 교육학계에서는 국가와 지방자치단체의 권한배분의 원리로 이른바 '보충성의 원칙(Subsidiaritätsprinzip; the Principle of Subsidiarity)'을 수용하여 설명하는 것이 일반적인 견해이다.[65]

이에 따르면 지방자치제도에서 보충성의 원칙이란 사회의 기능이 개개 사회구성원의 기능에 비하여 '보충적'인 것처럼, 국가의 기능은 지방자치단체의 기능에 비하여 '보충적'이어야 하기 때문에, 국가의 기능은 지방자치단체의 기능을 뒷받침해 주는 데 그쳐야지 지방자치단체의 기능을 무시하고 그것을 자신의 기능으로 흡수해서는 아니 된다는 원리이다.[66] 지방자치단체가 지역의 모든 업무를 결정하고 처리할 수 있는 권한을 가지고 있다는 지방자치단체의 '전권한성(Allzuständigkeit)'을 전제로, 국가와 지방자치단체는 이중적인 관할권이 있을 수 있는데 이 경우 보충성의 원칙에 따라 지방자치단체가 우선적으로 관할권이 인정되고 이것이 현저히 부적합한 경우에 한하여 국가의 관할로 한다는 것이다.[67]

요컨대 보충성의 원칙은 일차적으로 지역자치를 정당화해 주는 원리이며, 이차적으로는 국가와 지방자치단체, 광역지방자치단체와 기초지방자치단체 사이의 권한배분의 원리로 설명된다.

이러한 보충성의 원칙은 개인을 모든 질서의 중심과 기초로 이해하는 자유주의 철학에 기반한 이론으로,[68] 현재 그 구체적인 내용은 형성과정 중에 있으며 실정법에서의 원칙으로 정착해 가는 이론으로 판단된다.[69] 이 이론은 우리 헌법학 또는 행정법학에도 널리 받아들여져서, '헌법상의 일반원칙'으로까지 인식되고 있다.[70]

교육영역에서 이러한 보충성의 원칙을 받아들여 적용하여 보면, 국가와 지방자치단체의 교육권한의 배분에서 원칙적으로 모든 교육권한은 지방자치단체의 권한이며, 국가의 사무는 지방자치단체가 수행하기 곤란한 전국적인 사무, 조정적인 사무, 보완적인 사무에 국한되어야 한다.

한편 광역지방자치단체와 기초지방자치단체의 교육권한의 배분도 보충성의 원칙에 따라 이루어져야 한다. 따라서 원칙적으로 모든 교육권한은 기초지방자치단체의 권한이며, 광역지방자치단체의 사무는 기초지방자치단체가 수행하기 곤란한 광역적인 사무, 조정적인 사무, 보완적인 사무에 국한되어야 한다.[71] 이러한 견해에 따르면, 교육사무를 광역지방자치단체의 사무로 규정하고 기초지방자치단체에게는 아무런 권한을 주고 있지 않은 현행 지방교육자치법은 헌법과 합치되지 아니한다.[72]

나아가 이러한 견해를 철저히 관철하면, "진정한 의미에서의 교육자치는 교육을 담당하고 있는 학교와 교사가 법규의 범위내에서 자율적으로 교육에 관한 의사결정을 할 수 있으며 그 의사결정과정에 교육주체인 교사, 학부모, 학생이 참여할 수 있음을 의미"[73]하고, "교육자치를 교육주체의 자치로 본다면 교육자치의 기본단위는 시·군·자치구도 아니고 시·도도 아니다. 교육이 실제로 이루어지고 교육주체가 참여하는 교육현장인 학교가 자치행정의 단위"[74]라고 이해하게 된다.

2. 종래의 논의에 대한 비판적 검토

이탈리아 헌법과 같이 명시적으로 헌법에서 이를 수용한 경우[75]나 유럽연합과 회원국가의 권한배분의 원리[76] 또는 연방국가에서 연방과 주의 권한배분의 원리로 보충성의 원칙을 헌법이론적으로 수용하는 것[77]은 별론으로 하고, 우리 현행 헌법 아래에서 국가와 지방자치단체의 권한배분의 원리로 보충성의 원칙을 수용하는 것은 타당하지 않다고 생각한다.

첫째, 소극적인 측면에서 보면 이와 관련하여 우리 헌법은 보충성의 원칙을 선언하고 있거나, 이와 같이 해석할 여지를 전혀 규정하고 있지 않다(헌법해석론적 근거). 이와 직접 연관되는 우리 헌법 규정은 지방자치제도를 규정하고 있는 제117조 제1항이다: 지방자치단체는 주민의 복리에 관한 사무를 처리하고 재산을 관리하며, 법령의 범위 안에서 자치에 관한 규정을 제정할 수 있다. 우리 헌법은 오스트리아와 같이 국가와 지방자치단체의 권한을 개별영역마다 열거적으로 배분하는 규정형식을 채택하지 아니하고,[78] 개괄적으로 규정하는 형식을 취하고 있는 것이다. 그런데 여기서 나열하고 있는 주민의 복리에 관한 사무를 처리하고 재산을 관리하며, 법령의 범위 안에서 자치에 관한 규정을 제정할 수 있는 권한이, 지역공동체의 모든 업무에 관하여 결정하고 집행할 수 있는 권한을 보유하고 있다고 해석[79]하는 것은 무리이다. 이는 이와 같은 헌법 규정을 구체화한 현행 지방자치법 제9조 제1항 "지방자치단체는 그 관할구역의 자치사무와 법령에 의하여 지방자치단체에 속하는 사무를 처리한다"고 규정하고 제2항에서 제1항에 따른 지방자치단체의 사무를 예시하고 있는 현행 지방자치법의 태도와도 정면으로 반하는 태도이다. 한편 비교법론적으로 보면, 독일 헌법 제28조 제2항 "지방자치단체에게는 법률의 범위 안에서 지역공동체의 모든 업무를 자기책임 아래 규율할 수 있는 권한이 보장되어야 한다"고 규정하고 있는 표현과도 크게 다르게 규정되어 있다. 요컨대 국가와 지방자치단체의 권한배분에 있어 우리 헌법은 보충성의 원칙을 선언하고 있거나, 이와 같이 해석할 여지가 거의 없다. 오히려 헌법 제117조 제1항은 지방자치단체에 일정한 권한만을 배분할 것을 예정하고 있는 것으로 해석된다. 따라서 이러한 현행 헌법 규정을 감안하여 볼 때, 국가와 지방자치단체의 권한배분에 보충성의 원칙을 헌법해석론적으로 도입하는 것은 무리하다.

둘째, 국가와 지방자치단체의 권한배분의 문제는 보충성의 원칙을 적용을 주장하는 견해에서도 전제하고 있듯이, "국가권력구조를 근본적으로 변화시키는 엄청난 작업이고 이를 자주 변경시키는 것은 바람직하지 않"[80]으므로, 신중하게 결정하여야 할 문제이다. 그런데 이미 설명한 것처럼 보충성의 원칙은 아직 구체적인 내용이 형성과정 중에 있고, 실정법에서의 원칙으로 정착해가는 이론이다.[81] 그리고 실정법에서도 주로 유럽연합과 같은 국가연합체에서 연합체와 소속국가의 권한배분원리로 채택되거나,[82] 연방국가에서 연방과 주간의 권한배분원리로서 채택되기는 하나,[83] 아직 지방자치제도에서 국가와 지방자치단체의 권한배분의 원리로 이를 채택할 수 있는지에 관해서는 심도 있는 논의가 부족한 것으로 판단된다. 이러한 측면에서 지방자치제도를 취하고 있는 우리나라에서 국가와 지방자치단체의 권한배분의 원리로 수용하는 것에 관해서는 신중을 기할 필요가 있다.

셋째, 좀 더 적극적으로 보충성의 원칙은 현대 입헌민주국가가 직면한 헌법현실에서 국가가 헌법에서 부여된 과제를 달성하기에 적당한 권한을 가지도록 하는 권한배분의 원리로서 기능하지 못한다(헌법이론적인 근거). 현대 입헌민주국가에서 국가는 이른바 '급부국가'로서 기능하도록 요구받고 있다. 급부국가는 필연적으로 국가과제의 질적 변화와 양적 증가를 가져왔다.[84] 따라서 이러한 국가의 과제를 제대로 수행하기 위해서 국가는 적절한 권한을 가져야 한다. 따라서 국가에게 적절한 권한을 줄 수 있는 권한배분의 원리가 정립되어야 한다. 이러한 측면에서 보충성의 원칙은 이러한 현대 입헌민주국가에서 국가와 지방자치단체의 권한배분의 원리로서 타당하지 못하다. 더 이상 국가는 지방이 잘 할 수 없는 것만을 하는 존재가 아니라, 그 이상을 하는 존재이고 그렇게 하기를 요구받고 있다.[85]

결론적으로 보충성의 원칙은 이러한 현대 입헌민주국가에서 국가와 지방자치단체의 권한배분의 원리로서 타당하지 못하다. 따라서 교육영역에서 국가와 지방자치단체의 권한배분의 원리로서 기능하지 못한다. 그러므로 국가와 지방자치단체의 권한배분의 일반원리로 돌아가, 교육영역에서 국가는 무엇을 하여야 하고, 지방자치단체는 무엇을 하여야 하는지 전면적으로 재검토하여 현행 헌법에 기반하여 이를 재정립하여야 할 것이다.[86] 이와 같이 국가와 지방자치단체의 구체적 권한배분은 지옥 타르타로스에서 언덕 위로 큰 바윗돌을 영원히 밀어 올려야 하는 형벌을 받은 시지프스와 같이, 고되고 힘든 작업이지만 어쩔 수 없이 하여야만 하는 작업이라고 할 수 있다. 또한 그것은 짧은 시간에 집중적으로 작업을 한다고 완성할 수 있는 작업이 아니라 오랜 시간 지속적으로 하여야 하는 작업이라고 할 수 있다.

V. 결론

이 글의 논의를 정리하면 다음과 같다.

첫째, 교육자치에 관한 종래 우리나라 학계 및 판례의 논의는 많은 편차를 보이고 있다. 종래 우리나라 법학계 및 교육학계의 일반적인 견해는 교육자치를 지방자치제도와 연결시킨 지방교육자치와 직결시켜 이해하고 있으며, 나아가 교육행정이 일반 행정과는 다른 특수성을 가지므로 교육행정 차원에서의 교육자치도 내포된 개념으로 이해하여 일반행정기관과 교육행정기관의 분리를 교육자치의 본질로 이해하고 있다. 한편 교육자치를 지방자치제도와 연결시킨 지방교육자치와 직결시켜 이해하면서도, 교육행정과 일반 행정의 분리를 교육자치의 본질과 연결하여 이해하지는 않는 견해도 있다. 그러나 이러한 종래의 견해를 비판하며, 교육자치를 지방자치제도와 엄격하게 분리하고, 교육이라는 특정한 업무 영역을 대상으로 하는 기능자치라고 주장하는 견해가 있다. 이 글에서 필자는 교육자치를 기능자치로 이해하는 것이 타당하다고 주장하였다. 교육자치는 역사적으로 교육이 국가 및 정치영역과 종교영역의 영향을 많이 받고 예속된 것을 거울삼아, 교육의 목적을 달성하기 위해서 외부의 간섭 없이 자율적으로 결정될 필요가 있다고 인정하고 이러한 자율성을 보장하고자 인정되는 개념형식이라고 이해하였다. 그리고 교육자치가 기능자치의 구현형태라면, 그것을 구체적으로 구현할 때 '기능'의 차이를 고려하여 차별적으로 이루어져야 한다고 결론지었다. 대학의 자치와 초 · 중 · 고등학교의 자치는 기능적, 구조적으로 다른 것이므로, 교육자치는 자치의 수준의 면에서 완벽한 형태의 자치가 아니라, 이와 같은 기능을 달성하기 위한 정도의 제한적인 자치를 의미한다.

둘째, 위와 같은 교육자치에 대한 견해의 대립과 약한 연결고리를 가지고 교육자치의 헌법적 근거에 대해서도 견해의 대립이 있다. 교육자치를 지방자치제도와 연결시킨 지방교육자치와 직결시켜 이해하는 일반적인 견해는 교육자치의 헌법적 근거를 헌법 제31조 제4항 교육의 자주성에서 찾고 있다. 그러나 교육자치를 지방자치제도를 분리하고 교육영역의 자치로 이해하는 견해 중 일부는 이를 비판하고 있다. 이 글에서 필자는 교육자치를 교육영역이 국가 및 정치영역과 종교영역 등 다른 영역의 영향을 받고 예속적으로 기능을 수행하는 것을 방지하기 위하여 인정되는 기능자치라고 이해하더라도, 헌법 제31조 제4항 교육의 자주성 규정을 교육자치의 헌법적 근거로 이해하는 것이 타당하다고 결론지었다.

셋째, 우리 헌법 제31조 제4항이 교육의 자주성 · 전문성 · 정치적 중립성을 명시적으로 규정하고 있는 것을 반영하여, 교육영역에 적용되어야 할 헌법적 가치를 설명할 때 교육의 자주성 · 전문성 · 정치적 중립성을 그 중심에 놓고 설명하는 것이 일반적인 견해이다. 그러나 필자는 교육의 자주성 · 전문성 · 정치적 중립성은 우리 국민이 근대 교육의 본길을 충분히 인식하고 교육이 국가 및 정치영역 등 다른 영역의 영향을 받고 예속적으로 기능이 수행되는 것을 방지하기 위하여 특별히 규정한 것으로, 교육영역에서 적용되어야 할 기본원칙 중 우리 헌법에서 명시적으로 인정하고 있는 중요한 원칙이지만, 그것만이 교육영역에서 적용되어야 할 원칙이거나 언제나 다른 원칙에 우선하여 적용되어야 할 원칙은 아니며, 교육영역에서 헌법해석이나 입법정책을 결정할 때, 다른 헌법적 가치나 기본원칙도 충분히 고려하여 조화로운 해석이나 정책결정이 이루어져야 한다고 주장하였다.

넷째, 교육자치란 교육영역이 국가 및 정치영역과 종교영역 등 다른 영역의 영향을 받고 예속적으로 기능이 수행되는 것을 방지하기 위하여 인정되는 기능자치 또는 영역자치이므로, 이론적인 관점에서 보았을 때, 그 지역 내의 공동관심사를 자치기구에 의하여 스스로의 책임 아래 처리함으로써 국가의 과제를 덜고 지역주민의 자치역량을 길러 민주주의와 권력분립의 원리를 실현하고자 인정하는 지방자치제도와 필연적으로 연결되어야 하는 것은 아니다. 그럼에도 우리 입법자는 헌법에서 부여한 입법형성권을 행사하여, 교육자치를 지방자치제도와 결합하여 지방교육자치제도로 구현하고 있다. 이것은 이론적인 관점에서 자신의 일을 스스로 결정하여 처리한다는 의미에서 '자치'라는 것이 보았을 때, 지역자치와 기능자치가 결코 다른 뿌리가 아니며 지역자치는 기능자치의 전제가 되는 사물적 자치 또는 분권이 전제가 되기 때문이다. 또한 현실적인 관점에서 양자를 결합하여 구현하면, 지역자치의 실현과정에서 학생, 학부모, 교수 등의 교육당사자의 견해가 국가라는 또 다른 당사자의 의사와 적절히 조화되어 교육자치라는 기능자치를 실현하는 데 일조를 할 수 있을 것이라는 고려를 하였을 것이고, 헌법상 국가의 교육의무와 교육권한을 국가의 중앙행정기관과 지방자치단체가 교육에 관한 권한을 분배하여 행사하는 과정에서 교육자치를 실현하는 데 일조할 것으로 기대하였기 때문이다. 이렇게 보았을 때 교육자치와 지역자치가 결합한 지방교육자치는 헌법 제31조 제4항뿐 아니라 지방자치제도를 규정하고 있는 헌법 제117조, 제118조 규정에 근거하여 인정된다고 이해하는 것이 타당하다. 이러한 의미에서 교육자치를 지방교육자치로 이해하면서 헌법 제31조 제4항만을 교육자치의 헌법적 근거로 이해하는 일반적인 견해는 타당하지 않다.

다섯째, 우리 법학계, 교육학계에서는 일반적으로 교육영역에서 국가와 지방자치단체의 권한배분의 원리로 이른바 '보충성의 원칙'을 수용하여 설명하고 있다. 이에 따르면 보충성의 원칙이란 사회의 기능이 개개 사회구성원의 기능에 비하여 '보충적'인 것처럼, 국가의 기능은 지방자치단체의 기능에 비하여 '보충적'이어야 하기 때문에, 국가의 기능은 지방자치단체의 기능을 뒷받침해 주는 데 그쳐야지 지방자치단체의 기능을 무시하고 그것을 자신의 기능으로 흡수해서는 아니 된다는 원칙이라고 설명된다. 그러나 필자는 다음과 같은 이유로 우리 현행헌법 아래에서 해석론적으로 국가와 지방자치단체의 권한배분의 원리로 보충성의 원칙을 수용하는 것은 타당하지 않다고 주장하였다. 첫째, 소극적인 측면에서 보면 이와 관련하여 우리 헌법은 보충성의 원칙을 선언하고 있거나, 이와 같이 해석할 여지를 전혀 규정하고 있지 않다(헌법해석론적 근거). 둘째, 국가와 지방자치단체의 권한배분의 문제는 국가권력구조를 근본적으로 변화시키는 중요한 사안이므로 신중하게 결정하여야 할 문제이므로, 아직 구체적인 내용이 형성과정 중에 있는 보충성의 원칙을 도입하는 것은 신중하여야 한다. 셋째, 좀 더 적극적으로 보충성의 원칙은 현대 급부국가가 직면한 헌법현실에서 국가가 헌법에서 부여된 과제를 달성하기에 적당한 권한을 가지도록 하는 권한배분의 원리로서 기능하지 못한다(헌법이론적 근거).

이 글에서 제시한 헌법해석론적 논의가 이와 같은 중요한 교육제도를 설계하는 정책론적 논의를 올바르게 전개하는 데 일조하기를 바라면서 글을 맺는다.

미주

* 원출처: 정필운, "교육영역에서 자치의 본질 및 국가와 지방자치단체의 권한배분의 원리에 대한 헌법해석론적 검토", 「토지공법연구」 제46집, 한국토지공법학회, 2009, 491–514쪽.

1 법률 제8069호, 2006.12.20, 전부개정, 2007. 1. 1, 시행.

2 헌재결 2009. 3. 26. 선고, 2007헌마359. 지방교육자치에 관한 법률 제4조 등 위헌확인.

3 이를 둘러싼 규범적 논의는 네 수준으로 세분해 볼 수 있다. 하나는 이에 관하여 우리 헌법은 어떠한 태도를 취하고 있는지를 해석하여 그 기준을 제시하는 헌법해석론적 논의이고, 둘은 그 문제점은 무엇이고 따라서 헌법에서 어떻게 규정할 것인지를 제시하는 헌법정책론적 논의이고, 셋은 헌법의 태도를 구체화하여 입법에서는 어떻게 구현하고 있는지 제시하는 법률해석론적 논의이고, 넷은 이를 바탕으로 그 문제점은 무엇이고 따라서 어떻게 구현할 것인지를 제시하는 입법정책론적 논의가 그것이다. 종래 우리 법학계 또는 교육학계에서는 위와 같은 세분된 수준의 논의가 섞여, 논의를 산만하게 하였다. 이 글은 우리 헌법은 어떠한 태도를 취하고 있는지를 해석하여 이를 제시하는 헌법해석론적 논의가 그 목적이다.

4 언제나 그렇듯이 이 글도 법학계 및 교육학계의 여러 선배학자분들의 선행연구에 전적으로 의존하고 있다. 특히 이 글을 쓰는 데는 이 글에서 인용한 이기우, 이광윤, 허종렬, 노기호, 김종철, 표시열, 손희권 교수님의 선행연구가 큰 기반이 되었다. 예를 갖추어 감사의 인사를 올린다.

5 이러한 분류에 관해서는 이기우, "교육자치와 학교자치 및 지방교육행정제도에 대한 법적 검토", 「한국교육법연구」 제4권, 한국교육법학회, 1999, 40–41쪽의 선행연구에 직접적인 도움을 받았다.

6 김병준, "교육자치와 지방자치", 「1996년도 한국행정학회 동계학술대회 논문집(Ⅱ)」, 한국행정학회, 1996, 442쪽.

7 김병준, 앞의 글, 446쪽.

8 권영성, 「헌법학원론」, 법문사, 2008, 274쪽.

9 조성일·안세근, 「지방교육자치제도론」, 양서원, 1996, 27쪽.

10 표시열, 「교육법: 이론·정책·판례」, 박영사, 2008, 301쪽.

11 조성일·안세근, 앞의 책, 28쪽.

12 정재황, "교육권과 교육자치의 공법(헌법·행정법)적 보장에 관한 연구", 「교육행정

학연구」 제16권 제1호, 1998, 308쪽.

13 정재황, 앞의 글, 310쪽.

14 정종섭, 『헌법학원론』, 박영사, 2008, 859쪽.

15 이기우, 앞의 글, 42쪽.

16 이기우, 앞의 글, 42쪽.

17 이기우, 앞의 글, 42-43쪽.

18 정재황, 앞의 글, 310쪽; 이기우, 앞의 글, 57쪽.

19 표시열, 앞의 책, 301쪽; 이광윤, 허종렬, 노기호, 김종철,"교육제도의 헌법적 문제에 관한 연구", 「헌법재판연구」 제14권, 헌법재판소, 2003(이하 '이광윤 외 3인, 앞의 책'으로 인용), 240쪽; 홍정선, 『지방자치법학』, 박영사, 2000, 209쪽.

20 정재황, 앞의 글, 308쪽; 정순원, "헌법상 교육자치의 법리와 지방교육자치법의 입법과제", 「교육법학연구」 제19권 제2호, 2007, 108-109쪽.

21 이기우, 앞의 글, 57쪽.

22 이기우, 앞의 글, 57쪽.

23 정종섭, 앞의 책, 859쪽.

24 허영, 『헌법이론과 헌법』, 박영사, 2006, 1019쪽 참고.

25 허영, 앞의 책, 2006, 542쪽 참고.

26 이기우, 『지방자치이론』, 학현사, 1996, 35쪽; H. Peters, Zentralisation und Dezentralisation, Berlin 1928, S.14f.; P.Schäfer, Zentralisation und Dezentralisation, Berlin 1982, S.41f.(이상 이기우, 『지방자치이론』, 학현사, 1996, 35쪽에서 재인용) 참고.

27 전광석, 『한국헌법론』, 법문사, 2009, 293쪽; 정종섭. 앞의 책, 497쪽; 표시열, 앞의 책, 454쪽; 허영, 『헌법이론과 헌법』, 542-543쪽. 따라서 대학의 자치는 헌법 제31조 제4항과 같은 명문규정을 두지 않더라도 인정되는 것이므로, 규정체계상 제22조 학문의 자유와 관련하여 규율하는 것이 타당하다는 것이 우리 헌법학계의 일반적인 견해이다. 전광석, 앞의 글, 74쪽.

28 이에 관해서는 임재윤, 『교육의 역사와 사상』, 문음사, 2008, 70-79쪽.

29 전광석, 앞의 책, 293쪽; 정종섭. 앞의 책, 497쪽; 허영, 앞의 책, 559쪽.

30 이기우, 앞의 글, 42쪽.

31 전광석, 앞의 책, 294쪽; 정종섭. 앞의 책, 499-500쪽; 헌재결 1992. 10. 1. 선고, 92헌마698등; 헌재결 2001. 2. 22. 선고, 99헌마613.

32 전광석, 앞의 책, 294쪽; 정종섭. 앞의 책, 494-495쪽.

33 전광석, 앞의 책, 292쪽; 정종섭. 앞의 책, 495-497쪽.

34 전광석, 앞의 책, 292-293쪽.

35 전광석, "고등교육법의 문제점과 향후과제: 대학자치의 관점에서", 「한국교육법연

구』 제4집, 1999, 72쪽.

36 이상 전광석, 앞의 책, 283-284쪽. 양자의 기능적 차이에 관하여 좀 더 자세한 것은 전광석, 앞의 글, 72-74쪽 참고.

37 헌재결 2001. 1. 18. 선고, 99헌바63 참고.

38 이와 같은 표현은 헌법 제31조 제4항의 규정태도에 대한 규범적 평가와는 다른 차원이다. 필자는 제31조 제4항의 현재의 모습이 그것이 규범적으로 바람직한 것인지 여부를 떠나 이와 같은 모습을 가진 것 자체가 하나의 상징적 의미가 있다고 생각한다.

39 김철수, 『헌법학신론』, 박영사, 2009, 832쪽.

40 정종섭, 앞의 책, 678쪽.

41 표시열, 앞의 책, 132쪽.

42 손희권, 『교육과 헌법: 헌법 제31조의 구조와 해석』, 학지사, 2008, 108-109쪽.

43 이광윤 외 3인, 앞의 책, 172쪽. 교육에 대한 국외 입헌례는 제2장 참고.

44 이광윤 외 3인, 앞의 책, 172-173쪽; Erwin Chemerinsky, Constitutional Law, Aspen, 2005, pp.665-671 참고.

45 이광윤 외 3인, 앞의 책, 129쪽 참고.

46 그 밖에 프랑스, 독일, 일본에서 교육에 적용되는 원칙에 관한 설명은 이광윤 외 3인, 앞의 책 참고.

47 표시열, 앞의 책, 131-133쪽 참고. 헌법사적으로 보았을 때, 교육의 자주성, 정치적 중립성이 규정된 것은 제5차 개정헌법[시행 1963.12.17] [헌법 제6호, 1962.12.26, 전부개정], 교육의 전문성이 규정된 것은 제8차 개정헌법[시행 1980.10.27] [헌법 제9호, 1980.10.27, 전부개정]이다.

48 전광석, 앞의 책, 353쪽 참고.

49 김철수, 앞의 책, 832쪽; 권영성, 앞의 책, 266-268쪽. 반면 손희권, 앞의 책, 120쪽은 다른 헌법적 가치를 민주주의, 학습자 중심 교육 등으로 제시하고, 교육의 자주성과 이들 다른 헌법적 가치의 관계를 고찰하고 있는 것으로 보아, 이 글에서 지적하고 있는 교육영역에서 교육의 자주성·전문성·정치적 중립성은 여러 헌법적 원리 중 일부일 뿐이라는 명제를 명확하게 인식하고 있다고 판단된다.

50 우리나라에서 이를 교육법의 원칙으로 설명하고 있는 견해는 한국교육행정학회, 『교육법론』, 한국교육행정학회, 1995, 126쪽; 김윤섭, 『한국교육법』, 한올출판사, 2003, 94쪽. 미국에서는 Brown v. Board of Education of Topeka (347 U.S. 483, 1954) 판결에서 이 원칙을 확립하였다. Erwin Chemerinsky, op. cit., p.665; Kern Alexander, M. David Alexander, American Public School Law, Thomson West, 2005, pp.893-895.

51 우리나라에서 이를 교육법의 원칙으로 설명하고 있는 견해는 한국교육행정학회, 앞

의 책, 126쪽; 표시열, 앞의 책, 144쪽. 미국에서는 McCollum v. Board of Education (333 U.S. 203, 1948) 판결에서 이 원칙을 확립하였다. Kern Alexander, M. David Alexander, op. cit., pp.208-209.

52 각 국에서 인정하고 있는 교육영역에서 기본원칙에 관해서는 이광윤 외 3인, 앞의 책 참고.

53 헌법재판소의 "지방교육자치도 지방자치권 행사의 일환으로 보장되는 것으로서 중앙권력에 대한 지방적 자치로서의 속성을 지니고 있지만, 동시에 그것은 헌법 제31조 제4항이 보장하고 있는 교육의 자주성 · 전문성 · 정치적 중립성을 구현하기 위한 것이므로 정치권력에 대한 문화적 자치로서의 속성도 아울러 지니고 있는 것이다. 이러한 '이중의 자치'의 요청으로 말미암아 지방교육자치의 민주적 정당성 요청은 어느 정도 제한이 불가피하게 되고, 결국 지방교육자치는 '민주주의 · 지방자치 · 교육자주'라고 하는 세 가지의 헌법적 가치를 골고루 만족시킬 수 있어야만 하는 것"이라는 반복적 판시(예를 들어, 헌재 2008. 6. 26. 2007헌마1175)를 사건의 맥락을 떠나서 지방교육자치에서 고려하여야 할 헌법적 가치가 위와 같은 세 가지에 국한되는 것으로 이해하여서는 아니 된다. 예를 들어, 김철수, 앞의 책, 1293쪽. 이와 같은 판시는 위와 같은 세 가지 원칙이 동원되어야 할 사건에 국한되어 타당한 논리일 뿐이다.

54 정종섭, 앞의 책, 859쪽 참고.

55 이기우, 앞의 책, 35쪽 참고.

56 이기우, 앞의 글, 42-43쪽 참고.

57 우리 헌법에서 지방자치를 규정하고 있는 제8장의 제117조와 제118조는 다음과 같이 규정하고 있다.
제117조 ① 지방자치단체는 주민의 복리에 관한 사무를 처리하고 재산을 관리하며, 법령의 범위안에서 자치에 관한 규정을 제정할 수 있다.
② 지방자치단체의 종류는 법률로 정한다.
제118조 ① 지방자치단체에 의회를 둔다.
② 지방의회의 조직 · 권한 · 의원선거와 지방자치단체의 장의 선임방법 기타 지방자치단체의 조직과 운영에 관한 사항은 법률로 정한다.

58 이상 헌재결 2002. 8. 29. 선고, 2002헌마4; 헌재결 2008. 6. 26. 선고, 2007헌마1175.

59 이 글 Ⅱ. 1.에서 소개한 제1설과 제2설이다.

60 예를 들어, 이광윤 외 3인, 앞의 책, 241쪽; 정순원, 앞의 글, 113쪽.

61 이광윤 외 3인, 앞의 책, 241쪽.

62 헌재 2002. 3. 28. 2000헌마283, 778(병합)

63 칼 슈미트(Carl Schmitt)적 의미에서 제도보장에 관해서 자세한 것은 조한상, "제도

보장 이론의 공법적 의미와 문제점, 극복방향", 「법학연구」 제48권 제2호, 부산대학교 법학연구소, 2008.2., 4-5쪽; 칼 슈미트 저, 김효전 역, "바이마르 헌법에 있어서의 자유권과 제도적 보장", 「독일기본권이론의 이해」, 법문사, 2004, 97-133쪽 참고.

64 이기우, 앞의 글, 57쪽.

65 이기우, 앞의 책, 233쪽; 허영, 앞의 책, 766쪽; 홍정선, 앞의 책, 23-24쪽.

66 허영, 「한국헌법론」, 박영사, 2008, 794-795쪽.

67 이기우, 앞의 책, 248쪽. 한편 광역지방자치단체와 기초지방자치단체를 전제로 하여 보충성의 원칙이 적용되면, 기초지방자치단체가 지역의 모든 업무를 결정하고 처리할 수 있는 권한을 가지고 있다는 기초지방자치단체의 '전권한성(Allzuständigkeit)'을 전제로, 광역지방자치단체와 기초지방자치단체는 이중적인 관할권이 있을 수 있는데 이 경우 보충성의 원칙에 따라 기초지방자치단체가 우선적으로 관할권이 인정되고 이것이 현저히 부적합한 경우에 한하여 광역지방자치단체의 관할로 한다고 설명할 수 있다. 이기우, 앞의 책, 244-247쪽 참고.

68 이기우, 앞의 책, 225쪽 참고.

69 이기우, 앞의 책, 223쪽, 230쪽 참고.

70 허영, 「한국헌법론」, 794쪽. 보충성의 원칙은 1968년 이젠제 교수의 기념비적인 저작(Josef Isensee, Subsidiaritätsprinzip und Verfassung, 1968)이 발간되면서 독일 공법학에서 일반적인 견해로 받아들여진 것으로 알려져 있다. Hans Heinrich Ruff, Die Unterscheidung von Staat und Gesellschaft, ed. Josef Isensee · Paul Kirchhof, Handbuch des Staatsrechts der Bundesrepublik Deutschland, Vol. 1, Heidelberg: C. F. Müller Juristischer Verlag, 1995, S.1219.

71 특수학교나 교육재정의 조정에 관한 사무 등만 광역지방자치단체의 사무에 속하는 것으로 판단하고 있다. 이기우, 앞의 글, 60쪽.

72 이상 이기우, 앞의 책, 326-327쪽; 이기우, 앞의 글, 59-60쪽.

73 이기우, 앞의 책, 330쪽.

74 이기우, 앞의 책, 330쪽; 김태완, "교육자치 및 교육행정의 개혁방향", 「여의도 정책논단」, 창간호, 여의도 연구소, 1997.5., 52쪽; 이기우, 앞의 책, 330쪽에서 재인용.

75 이탈리아는 헌법 제118조는 아래와 같이 규정하여 보충성의 원칙을 헌법적으로 수용하고 있다. Art. 118 Administrative functions are attributed to the Municipalities, unless they are attributed to the provinces, metropolitan cities and regions or to the State, pursuant to the principles of subsidiarity, differentiation and proportionality, to ensure their uniform implementation. Municipalities, provinces and metropolitan cities carry out administrative functions of their own as well as the functions assigned to them by State or by regional legislation, according to their respective competences.

State legislation shall provide for co-ordinated action between the State and the Regions in the subject matters as per Article 117, paragraph two, letters b) and h), and also provide for agreements and co-ordinated action in the field of cultural heritage preservation. The State, regions, metropolitan cities, provinces and municipalities shall promote the autonomous initiatives of citizens, both as individuals and as members of associations, relating to activities of general interest, on the basis of the principle of subsidiarity. 이상 http://www.senato.it/documenti/repository/istituzione/costituzione_inglese.pdf (2009. 11. 2. 최종 방문)

76 유럽연합에서는 1993년 마스트리히트(Maastricht) 조약에서 공동체와 회원국의 권한배분의 원리로 보충성의 원칙을 수용한 이래, 유럽헌법안 제Ⅰ-11조 제1항 및 제3항에 명시적으로 이를 규정되어 있다. 이에 관하여 자세한 것은 Derrick Wyatt, Q.C., Wyatt & Dashwood's European Union Law, Sweet & Maxwell, 2006, p.97ff 참고.

77 Hans Heinrich Ruff, S.1219ff 참고.

78 오스트리아 헌법 제14조 및 제14조a는 교육영역에서 국가와 주의 권한을 매우 자세히 배분하고 있다.

79 이와 같이 해석하는 견해로는 예를 들어, 이기우, 앞의 책, 237-244쪽 참고.

80 이기우, 앞의 책, 224쪽.

81 이기우, 앞의 책, 223, 230쪽 참고.

82 이미 설명한 것처럼 유럽연합은 1993년 마스트리히트(Maastricht) 조약 및 유럽헌법안에서 이를 명시적으로 규정되어 있다.

83 Hans Heinrich Ruff, S.1219ff 참고. 한편 미국 헌법학에서 보충성의 원칙을 수용하고 있다고 일반적으로 해석되지는 않지만, 수정헌법 제10조는 "본 헌법에 의하여 연방에 위임되지 아니하였거나, 각 주에게 금지되지 아니한 권한은 각 주나 인민이 보유한다"고 규정하여 보충성의 원칙과 상통하는 규정을 가지고 있다.

84 전광석, 앞의 책, 95쪽.

85 지방자치제도에서 국가와 지방자치단체의 권한배분의 원리로서 '보충성의 원칙'을 넘어, 기본권과 보충성의 원칙, 법치주의원리와 보충성의 원칙, 복지국가원리와 보충성의 원칙, 연방제도와 보충성의 원칙 등 보충성의 원칙이 적용된다고 주장되는 다양한 영역에서(이에 관해서는 이기우, 앞의 책, 233-237쪽) 보충성의 원칙에 관한 평가는 이 글의 주제를 넘는 일이므로 다른 기회에 본격적으로 다루기로 한다.

86 이와 같은 필자의 생각은 은사님이신 연세대학교 법학전문대학원의 전광석 교수님과의 대화를 통하여 성숙한 것이며, 특히 세 번째 논거는 교수님께서 직접 제시해 주신 논거임을 밝힌다. 지면을 통하여 교수님께 다시 한번 감사의 인사를 올린다.

제 5 장

독일은 민주주의 교육을
잘 하기 위하여 어떠한 법제를
가지고 있는가?*

Ⅰ. 문제 제기

　교육은 시민의 입장에서 보면 헌법 제10조에서 규정하고 있는 인간의 존엄을 향유하기 위하여 필요한 정신적 기초를 형성하는 기회를 평등하게 보장하기 위한 핵심적인 수단으로서 기능한다. 한편, 국가의 입장에서 보면 헌법의 기본원리 중 하나인 민주주의 원리를 구현하기 위하여 필요한 민주시민을 양성하기 위한 수단으로 기능한다.[1] "민주시민 없는 곳에 민주주의 없다"는 언명은 이와 같은 맥락에서 이해할 수 있다.

　민주시민의 양성을 위한 민주주의 교육이란 민주주의에 대한 지식, 인식, 신념, 태도 등을 종합적으로 육성·함양하여 민주적 행위를 유도하기 위한 교육이라고 정의할 수 있다.[2] 그러므로 국가공동체의 입장에서 교육, 특히 학교교육에서 민주주의 교육은 대한민국의 핵심 교육이념 또는 목적[3] 중 하나라고 할 수 있다.[4]

　그러나 우리 학교교육 현장에서 민주주의 교육은 제대로 이루어지지 않고 있다. 사회교육[5] 현장에서도 마찬가지다. 필자는 이와 같이 민주주의 교육이 제대로 되지 않는 것이 우리 사회의 과제 중 하나인 '민주화 이후의 민주주의'[6]가 지지부진한 주요 원인 중 하나라고 판단하고 있다.

　한편 우리와 같이 제2차 세계대전 이후 미국의 영향하에 민주주의 교

육을 새롭게 구상하고 이를 위한 정책과 법제를 정비하여 민주주의 교
육에 앞장서고 있는 독일이 우리에게 시사하는 점이 있을 것이라 생각
한다.

이 글은 이와 같은 한국 민주주의 교육의 문제 상황의 원인 중 하나
를 민주주의 교육 정책을 담는 그릇인 법제의 문제로 인식하고 한국 민
주주의 교육을 위한 법제의 현황과 문제점을 분석하고 그 개선 방안을
제시하는 것을 목적으로 한다. 이러한 목적을 달성하기 위하여 우선 제
2차 세계대전 전후의 독일의 교육 개혁과 민주주의 교육을 위한 법제 정
비 현황을 고찰한다(Ⅱ). 그리고 제2차 세계대전 전후와 현재에 이르기
까지 한국의 교육 개혁과 민주주의 교육을 위한 법제 정비 현황을 고찰
한다(Ⅲ). 이에 기초하여 독일과 한국의 민주주의 교육을 위한 법제를 비
교하고, 우리 헌법과 해석론에 기대어 현행 한국 민주주의 교육법제의
문제점을 짚고 그 개선 방안을 제시하고자 한다(Ⅳ). 마지막으로 이상의
논의를 정리하며 글을 마친다(Ⅴ).

Ⅱ. 독일의 교육법제와 민주주의 교육

1. 제2차 세계대전과 독일의 교육 개혁[7]

(1) 제2차 세계대전 이전의 독일 교육

독일에서 근대적 의미의 공교육 제도 도입은 제1차 세계대전에서의
패전 이후 수립된 바이마르 공화국 시기에 이루어졌다. 바이마르 공화
국은 군주국이었던 독일 제국과는 달리 민주주의에 기반한 연방 공화
국이었다. 따라서 바이마르 공화국에서 교육의 목적은 군주에게 충성하
는 신민 양성이 아니라 주권자로서 시민의 자질을 기르는 것이었다. 민
주주의 국가인 바이마르 공화국의 성립과 더불어 주권자가 군주에서 시

민으로 전환되면서 공화국의 기반이 되는 유능한 시민의 양성이 필요하였기 때문이다.[8]

바이마르 공화국은 민주시민 교육이라는 교육목적을 달성하기 위한 구체적인 방안들을 국가 차원에서 보장하기 위해 헌법에 민주시민 교육 관련 사항들을 자세하게 명시하였다. 특히, 바이마르 공화국 헌법 제148조 제2항에서는 국가시민과(Staatsbürgerkunde)를 학교 교과목으로 개설할 것을 규정하여 민주시민 교육이라는 교육의 목적를 달성하기 위한 구체적인 방안까지도 명시하였다.[9]

그러나 국가시민과는 민주시민 교육이라는 본래의 목적를 성공적으로 달성하기에는 심각한 한계를 가지고 있었다. 국가시민과의 주요 내용이 권력 기관이나 정부 조직 등에 대한 지식들로 구성되었기 때문이다. 이와 같은 내용은 학생에게 민주주의 제도나 절차에 대한 지식을 제공해 줄 수는 있었지만 민주주의의 기본 이념과 시민의 의무와 책임 등에 대한 실천적 경험을 제공해 줄 수는 없다.[10]

바이마르 공화국은 공교육 제도의 도입 이외에도 민주주의에 바탕한 다양한 사회·경제적 개혁을 시도하였지만, 보수 세력의 반대로 인해 실패하였다. 이후 세계적인 경제 대공황에 따른 혼란 속에서 1934년 히틀러가 총통(Führer)에 취임하면서 바이마르 공화국은 역사 속으로 사라졌다. 히틀러는 민주주의 사상을 대신하여 나치즘이라는 전체주의 사상에 기반하여 독일 사회를 지배하기 시작하였다

바이마르 공화국의 붕괴는 걸음마 단계였던 민주시민 교육의 몰락을 가져왔다. 민주시민 교육을 위한 핵심 교과목인 국가시민과는 학교 교육 과정에서 폐지되었다. 나치즘은 인간 존중이 아니라 권위에 대한 맹목적 복종과 인종적 증오를 교육의 기본 원리로 삼았기 때문이다. 나치즘은 각종 공식적 및 비공식적 사회화 기관들을 통해 독일 청소년들에게 주입되었다. 히틀러의 자서전인 '나의 투쟁'은 독일 교육을 위한 공식적인 지침이 되었으며, 학교뿐만 아니라 소년단 등과 같은 청소년 조직

을 통해 나치즘에 대한 주입이 이루어졌다.[11] 학교 교육이 나치즘 주입
을 위한 도구로 전락하면서, 학교 교과목에도 변화가 나타났다. 나치즘
주입에 있어 핵심적인 역할을 한 교과목은 독일어, 역사, 지리학, 음악,
생물 과목 등으로 구성된 독일과(Deutschkunde)였다.[12]

(2) 제2차 세계대전 이후 서독 지역의 교육 개혁

제2차 세계대전 후 연합국의 최우선 목표는 세계 평화의 실현이었고,
이를 위해서는 독일이 침략적인 성격을 버리고 평화를 추구하는 국가로
발전하는 것이 필수적이었다. 나치가 정권을 획득하고 유지할 수 있었
던 주요 기반이 선전선동을 악용한 전체주의 교육이었다고 생각했기 때
문에 연합국에서는 나치즘에 바탕을 둔 독일의 전체주의 교육을 민주주
의 교육으로 개혁하는 것이 독일의 변화를 위해 최우선적으로 필요한 과
제라고 판단하였다.[1314]

1947년 발표된 연합국의 '독일 교육 개혁을 위한 지침'에서는 "학교
에서는 시민의 책임(책무)과 민주적 삶의 방식에 대한 교육을 강조해야
한다. 이를 위해 교육내용, 교과서, 수업자료, 학교조직이 활용되어야
한다"고 주장하며 민주주의 교육을 학교 교육의 목적으로서 구체적으로
제시하고 있다.[15]

미국도 독일의 변화를 위해 교육 개혁이 시급하다는 점을 인식하고
있었다. 미국은 독일 사회의 탈나치화를 위해서 독일인들의 가치관, 생
활 방식, 집단 심성(German Collective Mentality)에 대한 근본적인 변화가
필요하다고 판단하였고, 이를 달성하기 위해 교육 개혁이 필요함을 인
식하고 있었다.[16]

미국이 구상한 독일 교육 개혁의 기본 방침은 미국식 교육제도의 강
요가 아니라 독일인 스스로의 자발적이고 능동적인 참여를 통한 교육 개
혁 실현이었다. 민주주의 교육을 통제와 강요를 통해 실현한다는 것은
민주주의 교육의 본질적인 성격에 부합하지 않는 것이기 때문이었다.

이러한 미국의 입장은 다음과 같이 미군정이 제시한 교육 정책의 기본 원리에서도 확인된다.[17]

3. 독일인들에게 미국식 교육제도를 강요(superimpose)하는 것은 미군정청이 의도하는 바가 아니다. …(중략)…

4. 민주주의의 이념에 바탕한 사회를 만들 수 있는 가장 효과적인 방법은 민주주의를 용어 자체로만 이해하는 것이 아니라 독일인들이 민주주의를 수용할 수 있도록 실천과 가르침을 행하는 것이다. …(중략)…

11. 역사상 어떠한 점령군도 피정복민에 대해 교육적 문화적 방식(행위 및 사고 방식)을 성공적으로 강요한 적은 없었다. …(중략)…

민주주의 교육을 소개하기 위한 미군정의 작업이 본격화된 것은 1946년 미국교육사절단(U.S. Education Mission to Germany)이 파견되면서부터이다.[18] 미국교육사절단은 미군 점령 지역의 교육 현황을 살펴보고 문제점을 파악한 후, 이에 대한 개선 방안을 제시하는 것을 목적으로 하였다.[19]

미국교육사절단은 미군정의 교육 정책 담당자들에 대한 면담을 통해 각종 정보를 수집하였으며, 교육기관 방문이나 회의 등을 통해 독일 측 관계자들로부터도 적극적으로 정보를 제공받았다. 미국교육사절단은 보고서를 통해 탈나치화와 민주화를 독일 교육의 기본적인 목적으로 삼을 것을 제안하였으며, 이를 위해 6년의 의무 교육, 중등 교육 체제의 단선화, 교과목의 재구성, 학생들의 자발적인 활동 장려, 초등 교사의 지위 향상, 학교 교육이외의 교육 활동들에 대한 장려, 미국과의 인적 교류 활성화 등과 같은 정책 방안들을 제안하였다.[2021]

미국교육사절단은 보고서를 통해 교육 개혁의 기본 방향으로 민주주의 교육을 제시하였을 뿐만 아니라 이를 효과적으로 달성하기 위한 교육 내용(교육과정)의 개혁도 제안하였다. 보고서에서 나타난 교육과정 개혁에 대한 제안 중 가장 핵심적인 것이 다음과 같은 사회과의 도입이다.

현행 교육과정은 학문적 전통에 바탕한 그리고 대부분의 측면에서는 학생들의 실생활과 괴리되고 현재 또는 미래의 필요에 부응하지 못하는 교과목으로 구성되어 있다.

독일 학교에서 필요한 가장 중요한 변화는 내용과 형식 측면에서 사회과학 개념의 전면적인 변화이다. 학생들은 수업과정에 있어 능동적인 행위자가 되어야 한다. 따라서 사회과학[역사, 지리, 공민, 지역역사(Heimatkunde)]가 민주적 시민성의 개발 또는 발달에 있어 주요한 역할을 담당할 수 있을 것이다.[22]

20세기 초반 미국에서 새롭게 등장한 사회과는 민주주의 교육과 관련된 구체적인 지식들을 가르치는 교과목이었을 뿐만 아니라 학교 교육 일반(모든 교과 수업, 학생 자치 활동 등)에 적용될 수 있는 민주주의 교육의 기본 원리를 제공하였다. 제2차 세계대전을 계기로 전체주의의 문제점을 비판하고 세계 평화의 중요성을 강조하는 교과로서 사회과의 역할이 강조되면서 미국 사회의 특수한 교육 현상이었던 사회과가 다른 나라에도 전파될 수 있는 보편성을 갖게 되었다. 이러한 보편성을 바탕으로 사회과는 전체주의 국가가 민주주의 국가로 발전하고 나아가 평화로운 국제 사회의 책임 있는 구성원으로 성장할 수 있도록 지원해 줄 수 있는 교육 원리, 교육 방법 그리고 교육 내용까지 모두 포괄하는 교육 프로그램으로 발전하였다.[23]

미국은 사회과를 본격적으로 소개하기 위해 1947년 독일사회과위원회(United States Social Studies Committee to Germany)를 독일에 파견하였다. 독일사회과위원회는 독일 교사들과 행정가들이 사회과 프로그램을 개발하고 운영할 수 있도록 지원하는 것을 목표로 하였다. 이를 위해 독일 사회과위원회에서는 보고서를 통해 사회과 교육의 의미를 명확하게 소개하고, 독일 교육자들이 독일의 학교에 적합한 사회과 프로그램을 개발하는데 도움이 될 수 있는 제언들을 제시하였다.[24] 미국은 사회과가 독일의 민주화를 위한 핵심 교육 프로그램으로서 정착될 수 있도록 지원하기 위해 여러 가지 노력을 하였다. 사회과 교육 전문가들을 컨설턴트로 독일에 파견하였을 뿐만 아니라. 인적 교류, 워크샵이나 교육서비스센터(education service center, 이하 ESC) 운영 등이 대표적인 사례이다.[25]

미국의 지원하에 독일의 각 주에서는 민주주의 교육을 위한 핵심 교과목인 사회과의 도입을 위한 노력들이 진행되었다. 1940년대 후반부터 미국 점령 지역을 중심으로 사회과가 보급되기 시작하였고, 독일 연방 공화국의 성립 이후 각 주들이 사회과 수용을 위해 적극적인 노력을 수행한 결과 1950년대 후반에 이르러 사회과는 노르트라인베스트팔렌 지역을 제외한 독일 연방 공화국의 대부분의 주에서 주요 교과목으로서 그리고 학교 교육의 기본 원리로서 위상을 가지게 되었다.[26]

2. 독일의 교육법제와 민주주의 교육

(1) 독일의 교육법제

독일연방공화국의 헌법인 기본법(Grundgesetz fuer die Bundesrepublik Deutschland)은 부모의 자녀교육권에 관하여 규정하고 있는 제6조에서 "자녀의 양육과 교육은 부모의 자연적 권리인 동시에 그들에게 최우선적으로 주어진 의무이다. 그들의 실행에 대하여 국가공동체는 감시한다", "교육권자가 의무를 해태하거나 그 자녀가 기타의 이유로 방치될 위험이 있을 때에는 오직 법률에 근거하여 교육권자의 의사에 반하여 가족으로부터 자녀를 격리할 수 있다"고 규정하고 있다. 그리고 교육제도를 규정하고 있는 제7조에서 "모든 학교제도는 국가의 감독을 받는다(제1항)"고 규정하여 학교제도에 대한 국가의 감독권을 규정하고, 아동이 종교교육에 참여할지를 정할 부모의 권리(제2항), 종교수업의 정규 과목 규정(제3항), 사립학교를 설치할 국민의 권리 보장과 인가제(제4항), 사립초등학교의 제한적 설립 허용(제5항), 예비학교의 폐지(제6항)을 규정하고 있다. 한편, 제20조에서는 "독일연방공화국은 민주적·사회적 연방 국가이다"라고 규정하여 민주주의가 국체이며 헌법의 기본원리라는 것을 분명히 하고, 제38조에서 독일 연방의회의 의원을 만 18세 이상의 국민이 선거권을 가지고 보통, 직접, 자유, 평등, 비밀선거로 선출하도록 이를 구체화하고 있다.[27] 그리고 국가의 구성과 운영에 앞서 그 목적인 기본권을 제1장 제1조부터 제19조에 우선적으로 규정하여 민주주의의 핵심적 내용이 되는 인간의 존엄과 국가권력이 인간의 존엄을 존중하고 보호할 의무(제1조 제1항)를 헌법질서의 중심에 놓고 있다는 점을 분명하게 표현하고 있다. 그럼에도 기본법에서는 교육의 목적을 명시하거나 민주주의 교육의 필요성과 방법에 관하여 명시적인 규정을 두고 있지는 않다.

주지하는 것처럼 독일은 연방국가로 16개 주는 각각 헌법제정권을 보유하고 이를 행사하고 있다. 그리고 주의 헌법은 기본법의 공화적, 민주적, 사회적 법치국가의 원칙에 부합하여야 한다(제28조 제1항).[28] 따라서 기본법의 기본원리는 모두 주 헌법과 주 법률 등의 하위입법도 준수하여야 하는 원리이며, 역으로 이와 같은 헌법원리는 주 헌법과 주 법률 등을 통하여 실현된다.

한편, 대부분 연방국가가 그러하듯이 독일에서도 교육에 대한 권한을 연방이 아닌 주가 가지고 있다. 교육, 문화, 예술 등에 대한 권한, 즉 이른바 '문화고권(Kulturhoheit)'을 주가 보유하고 있는 것이다. 이에 따라 학교제도에 있어서 법령 제정, 계획, 구조, 감독은 물론이고 '교육목적의 확정'이나 '교육과정의 개발과 수정' 등 교육과 학교에 관한 모든 권한을 원칙적으로 주가 보유하고 행사한다.[29] 그러므로 제7조 제1항에서 학교제도를 감독하는 주체에서 국가는 사실상 주(Länder)를 의미한다. 그리고 주가 감독권을 행사하는데 있어서 기준은 주 의회가 설정하고, 그 구체적인 집행은 주 행정기관이 담당한다. 왜냐하면 교육 및 학교에 관한 "본질적인 결정들"은 반드시 주 헌법에 따라 입법권을 부여받은 주 의회가 헌법상 규정한 입법절차를 거쳐 제정한 법률에 근거하여 행사해야 한다는 의회유보의 원칙(Parlamentsvorbehalt) 또는 법률유보의 원칙(Vorbehalt des Gesetzes)이 관철되어야 하기 때문이다. 이러한 원칙은 수차례에 걸친 독일연방헌법재판소의 결정[30]에 의하여 확인된 바 있는 확고한 원칙이다.[31]

아래에서 자세히 살펴보는 것처럼 이러한 헌법질서에 따라 독일 연방에 속한 여러 주에서는 주 헌법에서 교육의 목적과 방법, 민주주의 교육과 관련된 명시적 규정을 두고 있다. 그리고 주 헌법에 따라 입법권을 부여받은 주 의회에서 교육과 학교에 관한 사항을 규정하고 있는 학교법(Schulgesetz)은 주 헌법에 규정된 교육의 목적과 방법을 재확인하거나 상세하게 규정하고 있다.

요컨대, 독일에서는 연방의 헌법인 기본법과 연방 법률에서는 교육목적과 민주주의 교육과 관련된 직접적이고 명시적인 규정을 두고 있지는 않지만, 연방 기본법에 따라 교육에 관한 권한을 부여받은 주의 헌법과 주의 법률인 학교법에서 교육의 목적과 방법, 민주주의 교육에 관한 직접적이고 명시적인 규정을 두고 있다.

(2) 독일의 교육법제에서 민주주의 교육

이하에서는 기본법, 주 헌법, 주 학교법을 관통하는 법치국가, 문화고권, 법률주의의 원칙을 염두에 두며 민주주의 교육과 관련하여 시사하는 바가 크다고 판단되는 바덴뷔르템베르크(Baden-Wuerttemberg), 노르트라인베스트팔렌(Nordrhein-Westfalen), 헤센(Hessen)주의 헌법과 학교법을 사례로 선정하여 민주주의 교육 관련 규정들을 고찰하고자 한다.

(가) 바덴뷔르템베르크주의 헌법과 학교법에서의 민주주의 교육

바덴뷔르템베르크주의 헌법은 '제3장 교육과 수업(III. Erziehung und Unterricht)'에서 교육의 목적 및 수업과 관련된 사항들을 규정하고 있다. 여기서 주 헌법은 "저마다의 젊은 사람은 출신이나 경제적 처지에 구애받지 않고 재능에 상응하는 교육과 직업교육을 받을 권리를 가진다"라고 교육의 기본 명제를 확정하고 이어서 공적 학교제도는 이 명제에 따라 구성되어야 함을 명시하고 있다.[32] 그리고 민주주의 교육과 관련, 주 헌법은 다음과 같이 그 내용을 조문화하고 있다. 즉, "청소년은 하느님 앞의 경외심 속에서, 기독교적 이웃사랑의 정신 속에서, 모든 인간의 형제애와 평화애호를 위해, 민족과 고향을 향한 사랑 속에서, 윤리적 및 정치적 책임성을 위해, 직업적 및 사회적 보호를 위해, 그리고 자유롭고 민주적 신념을 위해(zu freiheitlicher-demokratischer Gesinnung) 교육되어야 한다."[33] 이렇듯 주 헌법은 교육목적에 포함되어야 할 민주주의 교육의 내용요소들을 포괄적으로 명시하고 있는 바, 기독교적 문화를 바탕으로 하면서도 인류애를 향한 보편주의와 건전한 민족애 및 향토애를 조화시키고 있고 정치적 책임은 물론이고 직업세계의 요구에 부응하는 것도 교육의 과제에 포함하고 있다. 자유롭고 민주적 신념을 위한 교육과 관련, 이는 학생들이 자유롭고 민주적인 가치와 이념을 인정하도록 교육되어야 함을 의미한다.

또한 주 헌법은 학교에서 민주주의 교육에 관해 "모든 학교에서는 관용(Duldsamkeit)과 사회적 윤리의 정신"이 펼쳐져야 하고[34] "청소년은 학교에서 자유롭고 책임감 있는 시민이 되도록 교육을 받아야 한다"고[35] 세부적으로 규정하고 있다. 나아가 주 헌법은 "모든 학교에서 공동체연구(Gemeinschaftskunde)는 정규 교과목이다"[36]라고 규정함으로써 학교 민주시민교육을 위해 이 주에서 채택하고 있는 사회과를 주 헌법 차원에서 민주주의 교육을 위한 필수 과목으로 공식화하고 있는 특징을 보이고 있어 시사하는 바가 크다.

그리고 주 헌법의 의회 유보 원칙에 따라 제정된 주의 학교법은 기본법 및 주 헌법의 가치와 이념에 따라 위임된, 즉 상기한 주 헌법에 확정된 교육의 기본 명제를 재확인함과 이울리 학교 교육의 과제를 좀 더 구체적으로 제시하고 있다. 즉, 학생들은 주 헌법에 규정된 교육목적을 성취할 수 있도록 촉진되어야 하는데, 주 헌법에 규정한 자유롭고 민주적 신념과 관련하여 이는 "자유롭고 민주적 가치관과 질서관"을 인정하도록 교육되는 가운데 이것들에 대한 비판적 취급을 허용하지 않는 것을 의미하는 것은 아니며, 다만 기본법과 주 헌법에 규정된 자유롭고 민주적 가치와 이념 자체가 의문시되어서는 안 된다는 점을 분명하게 적시하고 있다.[37] 아울러 학교법은 학생들이 "헌법과 합치하는 국가 시민적 권리와 의무를 수렴할 수 있도록 하고 이를 위해 필수적인 판단능력과 결정능력을 갖출 수 있도록" 교육받아야 함[38]을 명시함으로써 학교 교육의 핵심은 곧 민주주의 교육이 되어야 함을 분명히 하고 있다.

(나) 노르트라인베스트팔렌주의 헌법과 학교법에서의 민주주의 교육

노르트라인베스트팔렌주의 헌법은 '제3장 학교, 예술과 과학, 스포츠, 종교와 종교공동체(3. Abschnitt – Schule, Kunst und Wissenschaft, Sport, Religion und Religionsgemeinschaften)'에서 교육 관련 규정들을 제시하고 있다. 주 헌법은 "하느님 앞의 경외심, 인간 존엄에 대한 존중, 그리고 사회적 행동을 위한 준비 자세를 일깨우는 것이 교육의 최우선적인 목적이다"라고 선언하고, "청소년은 인간성, 민주주의, 자유의 정신 속에서, 관용과 다른 사람의 신념에 대한 존중을 위해, 동물과 자연적 생활근거의 보존을 위해, 민족과 고향을 향한 사랑 속에서, 만민공동체와 평화를 향한 심성을 위해 교육되어져야만 한다"고 좀 더 구체적으로 규정하고 있다.[39] 이 글에서 사례로 분석하는 다른 두 주와 달리 노르트라인베스트팔렌주의 헌법은 동물보호와 자연보호를 교육의 목적에 포함시키고 있는 특징을 보인다. 그 밖에 민주주의 교육의 내용요소를 교육목적에 포함시키고 있는 것은 이 주의 헌법도 예외가 아니다. 교육목적의 기독교적 문화 배경과 관련, 상기한 교육목적 규정에서는 그것을 언급하고 있지 않지만, 주 헌법은 별도로 공동체학교를 규정하는 규정에서 학생들은 다른 종교적 신념을 지닌 학생들과의 개방성 속에서 "기독교적 교육과 문화의 가치를 바탕으로" 교육되어야 한다고 규정하고 있다.[40]

이미 살펴본 바덴뷔르템베르크주에서와 유사하게 노르트라인베스트 팔렌주의 헌법 역시 "모든 학교에서 국가시민과는 교수되어야 할 대상 이고, 국가 시민적 교육은 의무적 과제이다"⁴¹라고 규정함으로써 학교 에서 민주시민교육을 담당하는 국가시민과를 필수 교과목으로 적시하 고 있다.

주 헌법의 규정에 따라 법률로 제정된 학교법은 주 헌법 제7조에 규 정된 교육목적을 재확인함과 아울러 학생들이 배워야 할 9가지 목적을 헤센주의 학교법에서는 다음과 같이 목록으로 제시하고 있다.⁴²

1. 자립적이고 자기 책임하에 행동하기
2. 독자적으로, 그리고 다른 학생과 함께 배우고 성취하기
3. 자기 자신의 의견을 제시하고 다른 학생의 의견을 존중하기
4. 종교적 및 세계관적 물음에 있어서 개인적인 결정을 내리고 다른 학생의 결정에 대해 이해와 관용을 발전시키기
5. 다른 출신 배경을 지닌 사람들과 선입견 없이 만나고 다른 문화 의 가치를 배우며 반영하고 평화롭고 차별 없는 공존을 위해 항 변하기
6. 기본법과 주 헌법의 기본적인 규범들을 이해하고 민주주의를 위 해 나서기
7. 자신의 지각능력, 감지능력, 표현능력, 그리고 음악적·예술적 능력을 계발하기
8. 운동과 함께하는 스포츠에 참여하는 즐거움을 발전시키고 건강 하게 영양을 취하고 건강하게 살기
9. 책임의식을 갖고 안전하게 매체를 다루기

학교법은 민주시민으로서의 자질 함양에 관한 사항으로부터 생활지 도에 해당하는 사항에 이르기까지 매우 상세한 학습목표를 제시하고 있 다. 또한 학교법은 학교는 "개방성과 관용"을 유지하고 "자유롭고 민주 적인 기본질서의 틀 속에서(im Rahmen der freiheitlichen-demokratischen Grundordnung) 다른 관점 · 이해를 가능하도록 하고 존중"해야 한다고 규정함으로써 특별히 관용에 대한 교육을 강조하고 있다.[43]

(다) 헤센주의 헌법과 학교법에서의 민주주의 교육

헤센주의 헌법에 규정된 교육목적 역시 민주주의 교육을 함축하고 있다. 즉, 주 헌법은 "교육의 목적은 젊은 사람들이 윤리적 인격을 형성하도록 하고, 경외심과 이웃사랑, 존중과 관용, 성실성과 진실성으로써 민족과 인류에 자주적이고 책임 있게 봉사하도록 그들의 직업적 활력과 정치적 책임을 준비하도록 하는 것이다"[44]라고 집약하여 규정하고 있다. 이처럼 헤센의 교육목적은 크게 관용, 종교적 및 세계관적 신념에 대한 배려, 인격 형성 및 직업능력, 국가시민 및 정치적 책임, 인류애 등 5가지로 요약할 수 있다.[45] 헤센주가 다른 주와 달리 "경외심과 이웃사랑"을 표현함에 있어, 물론 이 근저에는 기독교적 문화가 있는 것이지만, 주 헌법에 기독교적 연관성을 명시적으로 언명하지 않은 것은 특징적이다. 기독교적 연관성은 주 헌법으로부터 위임 받은 학교법에서 발견할 수 있는데, 즉 학교법은 주 헌법이 규정한 "기독교 및 인도주의적 전통에 바탕을 두고 있는" 교육목적을 학교가 학생들이 "공동체 속에서 그들의 인격을 계발할 수 있도록 기여함으로써" 달성한다고 규정하고 있다.[46] 헤센주 헌법은 상대적으로 더 많이 관용을 강조하고 있는 것이 주목되는데, 주 헌법은 교육목적을 규정하기에 앞서 관용에 대한 규정을 하고 있다. 구체적으로 주 헌법은 "저마다의 수업의 원칙은 관용(Duldsamkeit)이어야만 한다"고 명시하고 있을 뿐만 아니라 이어서 "교사는 각 과목에서 모든 학생들의 종교적 및 세계관적 감정을 고려해야 한다"[47]고 주문하고 있다. 따라서 만약 교사가 수업에서 관용의 원칙을 어기는 교육을 한 경우 이는 곧 주 헌법을 위반한 것이다.

다른 주에서와 마찬가지로 주 헌법이 규정한 법률주의에 따라 제정된 헤센의 학교법에서는 학교의 교육목적을 구체적인 목록으로 제시하

고 있을 뿐만 아니라 추가적으로 학생들의 학습목표, 그리고 이 교육목
적 및 학습목표를 실행함에 있어 학교가 준수해야만 하는 근본원칙도 목
록화하고 있는 특징을 보인다. 학교법이 9개로 상세하게 제시하고 있는
교육목적은 다음과 같다.[48]

1. 기본권을 자신 및 타인을 위해 작용하도록 하고, 자신의 권리를
   보호하고 타인의 권리를 자신에게 반대되더라도 유효하게 인정
   하기
2. 국가 시민적 책임을 수렴하고 개인적 행동을 통해서건 타인과의
   공동의 이해관심의 수용을 통해서건 국가의 민주주의적 형태화
   와 정의롭고 자유로운 사회를 위해 기여하기
3. 기독교 및 인도주의적 전통을 경험하고 윤리적 근본원칙에 따라
   행동하며 종교적 · 문화적 가치를 존중하기
4. 존중과 관용, 정의와 연대성의 근본원칙에 따라 다른 사람과의
   관계를 맺기
5. 남녀평등을 역사, 학문, 문화 및 사회에서 여성이 이룩한 성취에
   대한 인정을 통해서도 경험하기
6. 다른 문화가 이룩한 성취를 배우고 이해하기
7. 출신, 종교와 세계관이 다른 사람들과 선입견 없이 대면하고 그
   렇게 함으로써 모든 인간의 평등과 생명권을 위해 나서는 등 상
   이한 문화가 평화롭게 공동의 삶을 이루도록 기여하기
8. 자신과 사회의 행동이 자연의 삶의 토대에 미치는 영향을 인식
   하고 미래세대를 위한 공동의 책임을 짊어질 수 있기 위해서 그
   토대를 보존해야만 하는 필연성을 통찰하기
9. 사적 · 공적 삶, 그리고 직업적 안내를 통해 직업적 삶을 영위하
   고 빠른 변화에서 늘어나는 요구들을 극복하고 여가를 의미 있
   게 누리기

헤센의 학교법은 교육목적 및 학습목표를 목록으로 제시할 뿐 아니라 이를 달성하기 위해 지켜야 할 학교의 근본원칙을 15개의 항으로 규정하고 있는데,[49] 그중 제1항은 "학교는 종교, 세계관, 믿음 및 양심을 존중하고 …(중략)… 다르게 생각하는 사람들의 감정과 신념을 고려한다"라고 규정하고 있다.

III. 한국의 교육법제와 민주주의 교육

1. 제2차 세계대전과 한국의 교육 개혁

(1) 제2차 세계대전 이전의 한국 교육

조선이 근대적인 교육 제도를 도입한 것은 1894년 갑오개혁을 통해서이다. 1895년 '교육입국조서'에서 '근대적 애국인의 형성'이라는 교육목적을 제시하였고, 근대적 교사 양성기관인 사범학교와 초등교육 기관인 소학교를 설립하였다. 이후 광무 개혁을 통해 소학교와 사범학교를 확대 정착시켰으며, 중등교육 기관인 중학교도 신설하였다.[50]

그러나 이와 같은 근대적 교육 체제 수립을 위한 조선의 개혁 노력은 일본에 의해 좌절을 겪게 된다. 통감정치 시기 일본은 학교 교육과정에서 일본어, 수신, 실과 등과 같은 교과의 비중은 높은 반면, 한국지리와 역사의 비중은 낮추어 식민지 교육의 기초를 마련하였다.[51]

조선이 일본의 식민지로 전락한 이후에는 본격적인 식민지 교육이 실시되었다. 1911년 공포된 1차 조선교육령은 '한국인'만을 그 대상으로 한 차별적인 교육 정책이었다. 1차 조선교육령에 대해 한국인들은 반응은 민족 의식 말살 의도가 담겨져 있으며 고등 교육의 기회를 박탈하는 의도 또한 담겨져 있다고 비판하였다.[52]

그러나 일본에서 다이쇼(大正) 데모크라시로 인한 민주적 정치 개혁과 자유주의의 확산이 이루어지고, 1919년 3·1운동의 영향으로 식민통치 정책이 변경되면서 조선총독부는 1922년 2차 조선 교육령을 공포하였다. 2차 조선 교육령의 가장 큰 특징은 '한국인'과 '일본인'의 차별을 폐지한다는 명목하에 한국의 교육제도를 일본의 교육제도에 동조화시켰다. 2차 조선 교육령 시기 교육과정에 있어 가장 큰 특징은 공민과가 도입된 것이다. 보통선거제의 도입에 따른 정치 교육의 필요와 경제 공황 등에 따른 사회 문제를 해결하기 위해 공민과를 중등교육의 필수과목으로 설치했던 일본과는 달리 보통선거권이 주어지지 않았던 식민지 조선에서는 지방자치제도의 실시가 공민과 도입의 핵심적인 배경이 되었다.[53]

그러나 1931년 만주 사변과 1937년 중일 전쟁을 거치면서 다이쇼 데모크라시 시기 시도되었던 민주적 개혁 대신 군국주의라는 전체주의 이념이 일본 사회를 지배하기 시작하였다. 군국주의 일본은 '내선일체(內鮮一體)'를 주장하며 강력한 동화정책을 실시하였다. 이와 같은 배경에서 공포된 3차 조선교육령은 군국주의의 이념에 따라 황국신민을 기르는 것을 목적으로 하였다. 수업에서 일본어 사용이 강요되었을 뿐만 아니라 교육과정에서도 일본의 문화와 정신을 강조하는 과목들의 비중이 높아졌다. 조선어는 선택과목인 수의과목으로 변경되었고, 이데올로기적 교화를 담당하는 수신(修身) 과목과 직업 교육을 담당하는 수공(手工) 과목의 비중이나 위상이 높아졌다.[54]

제2차 세계대전이 발발과 함께 전시상황에 접어들면서 군국주의에 바탕한 일본의 식민지 교육은 더욱 강화되었다. 1942년 미드웨이 해전의 패전으로 위기 의식을 느낀 일본은 조선인 학생들을 동원하기 위해 1943년 4차 조선교육령을 공포하였다. 4차 교육령에서는 황국신민화 교육을 강화하기 위해 소학교를 국민학교로 재편하였으며 선택 과목이었던 조선어를 완전히 폐지하였다. 일본에 대한 충성심을 높이기 위해 일본어 과목의 비중이 전체 수업의 40%로 상향 조정하였고 체력 교육을 강화하였다.[55]

(2) 제2차 세계대전 이후 한국의 교육 개혁

1945년 8월 15일 일본의 항복 선언으로 제2차 세계대전이 종결되었다. 전후 처리를 위해 미군이 남한에 진주하면서 미군정이 실시되었다. 카이로 선언 및 포츠담 선언에서 나타난 바와 같이 한반도에 대한 미국의 기본 정책 목표는 민주주의에 기반한 독립 국가 건설이었다. 민주주의에 기반한 독립 국가 건설을 위해 가장 시급하게 요청되는 것이 교육 개혁이었다. 민주주의를 유지 발전시켜나가기 위해서는 민주시민을 양성하는 민주적 교육제도가 필수적이기 때문에 과거 일본에 의해 만들어진 군국주의에 바탕한 전체주의 교육 제도를 대체하기 위한 교육 개혁의 필요성이 대두된 것이다.

민주주의 교육 개혁을 위해 미군정은 1945년 말부터 1946년 초까지 조선교육심의회를 운영하면서 각계 각층의 의견을 수렴한 다음 민주주의에 기반한 신교육 제도를 1946년 9월부터 실시할 것을 결정하였다.[56] 미군정이 마련한 신교육 제도에서는 민주주의 교육의 실현을 위해 일제 시대와는 다른 민주적인 교육 이념을 제시하였고, 학교 교육에서 민주주의 교육 이념을 구체적으로 실천하기 위한 교과목의 도입이 결정되었다.

먼저 미군정시기 교육 개혁에서는 민주주의 교육을 위한 기본 이념으로서 홍익인간이 제시되었다. 홍익인간을 교육 목적으로 공식적으로 제안한 것은 조선교육심의회였다. 조선교육심의회 제1분과는 한국교육의 새로운 이념 설정을 목적으로 구성·운영되었으며, 여러 차례 회의를 통해 '홍익인간(弘益人間)'을 신교육 제도가 추구해야 할 교육 이념으로 채택하였다. 홍익인간은 이후 1949년 12월 31일 교육법 공포를 통해 대한민국이 추구해야할 교육이념으로서 법적 지위를 확보하였다. 단군의 건국이념이었던 홍익인간은 '널리 인간을 이롭게 한다'는 측면에서 세계 평화를 이룰 수 있는 민주시민의 양성을 의미하는 것으로 이해되었기 때문이다.[57]

홍익인간이 민주주의 교육의 기본 이념으로 선정된 이후 이를 학교

교육에서 실천하기 위한 구체적인 방안들이 논의되었다. 민주주의 교육은 교육의 기본 방향(목적)으로서 선언적인 의미를 가질 뿐만 아니라 학교 교과목을 통해서 구체적으로 실천되었다. 미군정 시기 민주주의 교육 개혁의 구체적인 실천을 위해 학교 교육에 도입된 새로운 교과가 사회과였다. 사회과는 민주시민 양성을 직접적인 목적으로 하는 교과로서 일제 치하 황국신민의 양성을 목적으로 하여 일본 역사 및 일본 지리, 수신 등을 대체하는 교과였다.[58]

사회과가 한국의 학교 교육에 공식 도입된 것은 1946년이다. 1945년 말부터 1946년 초까지 조선교육심의회 운영을 통해 교육 관련 주요 안건들에 대해 의견을 수립한 미군정은 1946년 9월부터 신교육 제도에 따른 학년 학기를 운영하기로 결정하고 신교육 제도에 따른 초등학교와 중등학교의 교과 편제 및 시간 배당을 공포하였다. 이를 통해 한국 사회과는 학교 교육과정에 공식적으로 도입되었으며 이와 함께 필수 교과로서의 지위를 가지게 되었다.[59]

2. 한국의 교육법제와 민주주의 교육

(1) 한국의 교육법제

이미 서술한 것처럼 교육은 시민의 입장에서 보면 인간의 존엄을 향유하기 위하여 필요한 정신적 기초를 형성하는 기회를 평등하게 보장하기 위한 수단으로서 기능하고, 국가의 입장에서 보면 민주주의 원리를 구현하기 위하여 필요한 민주시민을 양성하기 위한 수단으로 기능한다.[60]

그러므로 시민의 공감대적 가치를 규범화한 헌법은 교육에 대하여 특별한 관심을 가지고 규율하고 있다. 우선 헌법 제31조 제1항에서 "모든 국민은 교육받을 권리를 가진다"고 규정하여 모든 국민에게 교육기본권을 부여하고 있다. 자녀들이 학교 교육을 제대로 받기 위해서는 부모의 협력이 필요하므로, 헌법은 부모에게 교육기본권을 실현하기 위하여 필요한 의무를 부과하고 있다. 즉, 헌법 제31조 제2항은 모든 국민은 그 보호하는 자녀에게 적어도 초등교육과 법률이 정하는 교육을 받게 할 의무를 진다. 그런데 교육을 사적 자율에만 놓아두면 자녀교육이 부모의 교육비 부담능력에 따라 좌우되는 결과를 가져오므로 이를 극복하기 위하여 일정한 범위 내의 교육은 무상으로 실시하여야 한다. 따라서 헌법 제31조 제3항은 "의무교육은 무상으로 한다"고 규정하고 있다. 앞서 서술한 것처럼 교육은 시민의 사회적응능력을 충족하고 민주시민의 양성에 기여하여야 한다. 따라서 시민이 빠르게 변화하는 현대 사회에 적응할 수 있도록 지원하여야 한다. 이러한 이유로 헌법 제31조 제5항은 "국가는 평생교육을 진흥하여야 한다"고 규정하고 있다.[61]

한편 교육은 이미 서술한 것처럼 중요한 헌법적 기능을 수행하기 때문에 국가의 규율이 필요하지만, 국가의 교육규율권한이 시민에게 이른바 국가의 가치를 일방적으로 주입하는 방식으로 이루어져서는 안 된다. 이러한 이유로 헌법 제31조 제4항은 "교육의 자주성 · 전문성 · 정치적 중립성… 은 법률이 정하는 바에 의하여 보장된다"고 규정하고 있다. 나아가 헌법은 교육이 다른 가치 체계에 종속되는 것을 방지하기 위하여 교육제도, 교육재정, 교원의 지위와 같이 교육의 구조를 형성하는 요소에 대한 기본적인 사항을 법률로 정하도록 하였다. 즉, 헌법 제31조 제6항은 "학교교육 및 평생교육을 포함한 교육제도와 그 운영, 교육재정 및 교원의 지위에 관한 기본적인 사항은 법률로 정한다"고 규정하고 있다. 이것은 제31조 제6항에 나열된 사항을 국민의 대표인 국회에서 제정하는 법형식인 법률의 형식으로 정하도록 하는 헌법적 명령이다.[62]

우리 입법자는 이상과 같은 교육에 대한 헌법의 가치를 구현하기 위하여 헌법 제40조에 따라 각종 교육관련법령을 제정하였다. 교육에 관한 국민의 권리 · 의무 및 국가 · 지방자치단체의 책임을 정하고 교육제도와 그 운영에 관한 기본적인 사항을 규정한 「교육기본법」, 이러한 「교육기본법」의 정신을 학교급별로 구현하기 위한 「유아교육법」, 「초 · 중등 교육법」, 「고등교육법」, 「교육기본법」의 정신을 교육의 각 분야별로 구현하기 위한 「특수교육법」, 「평생교육법」 등이 그것이다.

(2) 한국의 교육법제에서 민주주의 교육

우리 헌법은 "모든 국민은 근로의 의무를 진다. 국가는 근로의 의무의 내용과 조건을 민주주의원칙에 따라 법률로 정한다"고 규정하고, 헌법 전문과 제4조, 제8조 제4항, 헌법 제32조 제2항 등에서 '민주', '민주적 기본질서', '자유민주적 기본질서', '민주주의원칙'이라는 표현을 사용하고 있다.[63]

민주정체는 민주시민이 존재하여야 운영될 수 있기 때문에, 민주주의 국가로서의 정체성을 확보하고 이를 유지 발전시켜 나가기 위해서는 민주시민의 양성이 필요하다. 민주시민은 자연인으로서의 상태 그 자체를 의미하는 것이 아니라 민주시민으로서의 소양을 갖추어야 하므로 민주시민 양성을 위해서는 이를 위한 교육이 필요하다. 이와 같은 맥락에서 민주주의 교육은 민주주의에 대한 지식, 인식, 신념, 태도 등을 종합적으로 육성 · 함양하여 민주적 행위를 유도하기 위한 교육이라고 정의할 수 있다.[64] 그러므로 국가공동체의 입장에서 교육, 특히 학교교육에서 민주주의 교육이란 대한민국의 핵심 교육목적 중 하나라고 할 수 있다.[65]

그렇지만 우리 헌법에서는 이미 살펴본 것처럼 헌법 제31조를 중심으로 교육기본권, 국가의 교육권한 등 교육에 대한 일반적인 사항만을 제시되고 있을 뿐, 특별히 민주주의 교육에 관해서는 일체의 내용을 함구하고 있다.

이에 따라 우리 법제에서 민주주의 교육과 관련된 내용들은 국가의 기본법인 헌법이 아니라 법률 이하에서 규율하고 있다. 교육에 관한 국민의 권리 · 의무 및 국가 · 지방자치단체의 책임을 정하고 교육제도와 그 운영에 관한 기본적인 사항을 규정한 「교육기본법」은 제2조에서 "교

육은 홍익인간의 이념 아래 모든 국민으로 하여금 인격을 도야하고 자주
적 생활능력과 민주시민으로서의 필요한 자질을 갖추게 함으로써 인간
다운 삶을 영위하게 하고 민주국가의 발전과 인류공영의 이상을 실현하
는 데에 이바지하게 함을 목적으로 한다"고 규정하고 있다.

현행「교육기본법」제2조가 대한민국 건국 후 교육법 제정 과정에서
홍익인간을 교육이념으로 정식 채택하고, 1949년 12월 31일 공포된「교
육법」제1조[66]에 기원한 것임은 이미 설명한 바와 같다.

그러나 교육이념으로서 홍익인간을 규정하고, 민주시민으로서의 자
질 함양을 교육의 목적으로 내세웠음에도 불구하고 홍익인간의 이념이
구체적으로 어떤 의미인지, 그리고 대한민국에서 요구하는 민주시민으
로서 필요한 자질이 무엇인지에 대해서는 구체적인 내용이 제시되고 있
지 않다. 결국 홍익인간이라는 교육 이념과 민주시민으로서의 자질 함
양이라는 교육목적은 우리 교육의 지향점이 민주주의 교육임을 명시하
고 있지만, 이 지향점을 구현하기 위한 중요한 수단인 "민주시민으로서
의 필요한 자질을 갖추게" 하는 구현방안은 더 이상「교육기본법」과 이
를 좀 더 구체화한「유아교육법」,「초·중등교육법」,「고등교육법」,「평
생교육법」등에서 명시적으로 규정되어 있지 않다.

민주시민으로서의 자질이 무엇인지 그리고 이를 함양하기 위한 학
교 교육의 구체적인 지침이 등장하는 것은 교육과정이다. 교육과정에서
는 다음과 같이 민주주의 교육의 기본 방향 등에 대해 제시하고 있다.

1. 추구하는 인간상[67]

우리나라의 교육은 홍익인간의 이념 아래 모든 국민으로 하여금 인
격을 도야하고, 자주적 생활 능력과 민주시민으로서 필요한 자질을
갖추게 하여 인간다운 삶을 영위하게 하고, 민주 국가의 발전과 인
류 공영의 이상을 실현하는 데 이바지하게 함을 목적으로 하고 있다.

이러한 교육 이념을 바탕으로, 이 교육과정이 추구하는 인간상은 다

음과 같다.

　　가. 전인적 성장의 기반 위에 개성의 발달과 진로를 개척하는 사람
　　나. 기초 능력의 바탕 위에 새로운 발상과 도전으로 창의성을 발휘
　　　　하는 사람
　　다. 문화적 소양과 다원적 가치에 대한 이해를 바탕으로 품격 있는
　　　　삶을 영위하는 사람
　　라. 세계와 소통하는 시민으로서 배려와 나눔의 정신으로 공동체 발
　　　　전에 참여하는 사람

2. 학교급별 교육목표

(1) 초등학교[68]

　초등학교의 교육은 학생의 학습과 일상생활에 필요한 기초 능력 배양과 기본 생활 습관 형성, 바른 인성의 함양에 중점을 둔다.
　　가. 풍부한 학습 경험을 통해 몸과 마음이 건강하고 균형 있게 자랄
　　　　수 있도록 하며, 다양한 일의 세계에 대한 기초적인 이해를 한다.
　　나. 학습과 생활에서 문제를 인식하고 해결하는 기초 능력을 기르
　　　　고, 이를 새롭게 경험할 수 있는 상상력을 키운다.
　　다. 우리 문화에 대해 이해하고, 문화를 향유하는 올바른 태도를
　　　　기른다.
　　라. 자신의 경험과 생각을 다양하게 표현하며 타인과 공감하고 협
　　　　동하는 태도, 배려하는 마음을 기른다.

(2) 중학교 교육목표[69]

　중학교의 교육은 초등학교 교육의 성과를 바탕으로, 학생의 학습과 일상생활에 필요한 기본 능력과 바른 인성, 민주시민의 자질 함양에 중점을 둔다.
　　가. 심신의 건강하고 조화로운 발달을 토대로 바른 인성을 기르고,
　　　　다양한 분야의 경험과 지식을 익혀 적극적으로 진로를 탐색한다.

　　나. 학습과 생활에 필요한 기초 능력과 문제 해결력을 바탕으로 창
　　　　의적 사고력을 기른다.
　　다. 자신을 둘러싼 세계에 대한 경험을 토대로 다양한 문화와 가치
　　　　에 대한 이해를 넓힌다.
　　라. 타인과 공감하고 소통하는 능력, 배려하는 마음, 민주시민으로
　　　　서의 자질과 태도를 갖춘다.

(3) 고등학교 교육목표[70]

　　고등학교 교육은 중학교 교육의 성과를 바탕으로, 학생의 적성과
소질에 맞는 진로 개척 능력과 세계 시민으로서의 자질을 함양하는 데
중점을 둔다.
　　가. 성숙한 자아의식을 토대로 다양한 분야의 지식과 기능을 익혀
　　　　진로를 개척하며 평생학습의 기본 역량과 태도를 갖춘다.
　　나. 학습과 생활에서 새로운 이해와 가치를 창출할 수 있는 비판적,
　　　　창의적 사고력과 태도를 익힌다.
　　다. 우리의 문화를 향유하고 다양한 문화와 가치를 수용할 수 있는
　　　　자질과 태도를 갖춘다.
　　라. 국가 공동체의 발전을 위해 노력하고, 더불어 살아가며 협동하
　　　　는 세계 시민으로서의 자질과 태도를 기른다.

　　그런데, 현행 교육과정은 교육부장관의 고시라고 하는 대외적 효력
이 없는 법형식인 행정규칙으로 제정되어 있다. 교육과정은 학교교육에
서 학생들이 어떠한 교과목에서 어떤 내용에 대해 배워야 하는지에 대
해 국가 수준에서 규정하고 있으므로 학교에서의 민주시민교육에 미치
는 영향력은 대단히 막강하다. 대한민국의 국체이자 우리 헌법의 기본
원리인 민주주의를 유지하고 발전시켜 나갈 민주시민 양성을 위한 교육
의 내용과 방법이 헌법이나 법률이 아닌 행정규칙이라고 하는 법형식에
의하여 사실상 결정되고 있는 것이다. 이에 따라 민주주의 교육의 내용
과 방법 일체는 전적으로 행정부의 권한 행사에 맡겨져 있어, 정권 또는

교육부장관의 뜻에 따라 민주주의 교육의 내용이나 방법, 방법의 하나로서 민주주의 교육을 위한 교과목이 선정되고 조직될 수 있다. 이러한 문제점은 최근 교육부가 교육과정의 수시 개정 체제를 도입함에 따라 현실적인 문제로 불거진 바 있다.

Ⅳ. 독일과 한국의 민주주의 교육법제 검토

1. 분석 결과의 정리

(1) 독일 교육법제에서 민주주의 교육 관련 규정의 특징

독일은 1919년 바이마르 공화국 헌법 제148조 제4항에서 국가시민과(Staatsbürgerkunde)와 노동교육을 학교 교과목으로 개설할 것을 규정하여 공교육의 목적을 달성하기 위한 핵심 교과목으로서 국가시민과의 도입을 명시하였다. 그리고 제2차 세계대전 이후 1947년에는 민주주의 교육을 학교 교육의 목적으로 설정하고, 이를 달성하기 위한 핵심 수단으로 학교 교육에서 사회과를 가르치도록 하였다. 이러한 교육 정책은 연방국가에서 교육의 제1차적 담당자인 주(Länder)의 헌법(Verfassung)과 법률(Gesetz) 형식의 학교법(Schulgesetz)에 명시되어 있다. 이 글에서 제시한 바덴뷔템베르크주의 헌법과 학교법, 노르트라인베스트팔렌주의 헌법과 학교법, 헤센주의 헌법과 학교법이 그 예이다. 이 헌법과 학교법은 민주주의 교육을 학교 교육의 목적으로 명시하고, 이러한 목적을 달성하기 위하여 학교 교육에서 사회과 관련 교과목을 필수 과목으로 편제하도록 명시적으로 규정하고 있다. 한편, 헤센 주의 학교법에서는 학교의 교육목적을 구체적인 목록으로 제시하고 있을 뿐만 아니라 추가적으로 학생들의 학습목표, 그리고 이 교육목적 및 학습목표를 실행함에 있어 학교가 준수해야만 하는 근본원칙도 목록화하여 제시하고 있다.

(2) 한국 교육법제에서 민주주의 교육 관련 규정의 특징

우리 헌법은 헌법 제32조 제2항에서 "모든 국민은 근로의 의무를 진다. 국가는 근로의 의무의 내용과 조건을 민주주의원칙에 따라 법률로 정한다"고 규정하고, 헌법 전문과 제4조, 제8조 제4항에서 '민주', '민주적 기본질서', '자유민주적 기본질서'라는 표현을 사용하고 있지만 민주주의 교육에 관해서는 명시적으로 규정하고 있지 않다.

한편, 교육에 대한 헌법의 정신을 구현하기 위하여 교육에 관한 국민의 권리 · 의무 및 국가 · 지방자치단체의 책임을 정하고 교육제도와 그 운영에 관한 기본적인 사항을 규정한 「교육기본법」은 제2조에서 "교육은 홍익인간의 이념 아래 모든 국민으로 하여금 인격을 도야하고 자주적 생활능력과 민주시민으로서의 필요한 자질을 갖추게 함으로써 인간다운 삶을 영위하게 하고 민주국가의 발전과 인류공영의 이상을 실현하는 데에 이바지하게 함을 목적으로 한다"고 규정하고 있다.

그러나 이와 같은 홍익인간의 교육 이념을 구현하기 위한 중요한 수단인 "민주시민으로서의 필요한 자질을 갖추게" 하는 구현방안은 더 이상 「교육기본법」과 「유아교육법」, 「초 · 중등교육법」, 「고등교육법」, 「평생교육법」 등에서 구체화되고 있지 못하다. 민주주의 교육을 위한 주요한 수단이 학교교육과 사회교육을 통한 민주시민 교육이고, 학교교육에서 이를 구현하기 위한 교과는 사회과이므로 적어도 이와 같은 규율은 법률에서 이루어져야 하지만 현실은 그렇지 못하다.

2. 한국의 민주주의 교육법제의 문제점과 개선 방안

(1) 의회 유보 원칙의 요청

우리나라의 법체계는 헌법, 법률, 명령, 행정규칙으로 단계적 구조를 이루고 있다. 우선 가장 상위에는 국민의 기본적인 합의인 헌법이 자리 잡고 있다. 그리고 이러한 헌법 제40조 "입법권은 국회에 속한다"라는 규정에 따라 법률을 제정할 수 있는 권한을 가진 국회가 만든 법형식인 법률이 그 하위에 있다. 그리고 헌법 제75조와 법률에서 위임받은 사항과 법률을 집행하기 위하여 필요한 사항을 정하는 대통령령이, 헌법 제95조에 따라 법률이나 대통령령에서 위임받은 사항과 법률이나 대통령령을 집행하기 위하여 필요한 사항을 정하는 총리령과 부령이 각각 그 하위에 있다. 그리고 헌법에 명시적 규정이 없지만 국민에게 직접적인 구속력이 없는 행정규칙은 헌법 제66조 제4항에 근거하여 행정부에서 제정할 수 있으며, 총리령과 부령의 하위에 있다.

이러한 법단계설에 따르면 하위법은 상위법에 근거하여야 한다. 또한 하위법은 상위법에 위배되어서는 아니 된다. 따라서 만약 하위법이 상위법에 위배되는 경우에는 이를 무효화시킬 수 있는 절차를 확보하여야 한다. 법률이 헌법에 위반되었을 때 이를 무효로 만드는 위헌법률심판(헌법 제107조 제1항, 제111조 제1항), 명령, 규칙, 처분이 헌법이나 법률에 위반되었을 때 이를 무효로 만드는 위헌·위법의 명령·규칙·처분 심사(헌법 제107조 제2항)이 바로 그것이다.[71]

한편, 이와 같은 헌법, 법률, 명령이라는 법형식이 규정하여야 할 내용은 다음과 같다. 우선 헌법은 국민의 기본적인 합의이므로 국민사회에 적용되는 장기적이고 기본적인 사항을 담는다. 이에 대비되어 법률 이하의 규범은 그때그때 사회에서 발생하는 문제에 대한 해설방안을 담는다.[72] 법률 이하의 법형식간 구체적인 기능 분담은 다음과 같다. 우선 법률은 국가를 구성하고 운영하는 데 본질적인 사항을 담는다. 국민의 권리와 의무에 관한 사항, 국가기관의 구성과 운영에 관한 기본적인 사항 등이 그것이다. 법률이 이와 같은 사항을 규정하여야 한다는 이론을 본질성 이론(Wesentlichkeitstheorie)이라고 하며 그것이 현재 우리 헌법학계의 일반적인 견해이다. 그리고 명령은 국가를 구성하고 운영하는 데 비본질적이고 좀 더 구체적인 사항을 담는다.

요컨대, 우리 헌법은 제40조 국회입법중심주의를 선언하고, 국가를 구성하고 운영하는 데 본질적인 사항은 국회가 독점적으로 법률이라는 법형식에 의하여 정하도록 하고 있다. 이를 의회유보의 원칙(Parlamentsvorbehalt) 또는 법률유보의 원칙(Vorbehalt des Gesetzes)이라고 한다.[73]

(2) 헌법 제31조 제4항 및 제6항의 요청

한편, 교육은 인간의 존엄을 향유하기 위하여 필요한 정신적 기초를 형성하고 민주주의 원리를 구현하기 위하여 필요한 민주시민을 양성하는 헌법적 기능을 수행하기 때문에 국가의 규율이 필요하다. 그러나 이러한 국가의 교육규율권한이 시민에게 이른바 국가의 가치를 일방적으로 주입하는 방식으로 이루어져서는 안 된다. 따라서 헌법 제31조 제4항은 "교육의 자주성·전문성·정치적 중립성… 은 법률이 정하는 바에 의하여 보장된다"고 규정하고 있다. 특히 이 규정은 해방 이후 한국 교육이 행정권한에 예속되어 종속적인 관계에 머무는 것을 극복하기 위한 헌법개정권력자의 의지를 담은 규정이다.[74]

그리고 헌법은 교육이 다른 가치 체계에 종속되는 것을 방지하기 위하여 교육제도, 교육재정, 교원의 지위와 같이 교육의 구조를 형성하는 요소에 대한 기본적인 사항을 법률로 정하도록 하였다. 즉, 헌법 제31조 제6항은 "학교교육 및 평생교육을 포함한 교육제도와 그 운영, 교육재정 및 교원의 지위에 관한 기본적인 사항은 법률로 정한다"고 규정하고 있다. 이것은 이미 설명한 것처럼 교육제도와 그 운영, 교육재정, 교원의 지위에 관한 사항을 국민의 대표인 국회에서 제정하는 법형식인 법률의 형식으로 정하도록 하는 헌법적 명령이다.

(3) 문제점 및 개선 방안

이미 살펴본 것처럼 대한민국 교육의 목적은 민주시민의 양성이다. 민주시민의 양성을 위한 민주시민 교육이란 민주주의에 대한 지식, 인식, 신념, 태도 등을 종합적으로 육성·함양하여 민주적 행위를 유도하기 위한 교육이다.「교육기본법」제2조가 "교육은 홍익인간의 이념 아래 모든 국민으로 하여금 인격을 도야하고 자주적 생활능력과 민주시민으로서 필요한 자질을 갖추게 함으로써 인간다운 삶을 영위하게 하고 민주국가의 발전과 인류공영의 이상을 실현하는 데에 이바지하게 함을 목적으로 한다"고 규정하고 있는 것도 이와 같은 맥락에서 이해할 수 있다. 우리 헌법이론이 우리 헌법의 기본원리로서 민주주의 원리를 가장 우선적으로 꼽는 것은 민주주의 교육이 우리 헌법 질서에서 얼마나 중요한 위상을 차지하는지를 간접적으로 증명한다.

이렇게 보았을 때 교육의 목적으로서 민주주의 교육을 설정하고, 그 내용과 형식의 대강은 국민의 대표인 법률로써 규정하는 것이 앞서 설명한 의회 유보 원칙과 헌법 제31조 제4항, 헌법 제31조 제6항에 부합하는 것이다.

우리와 기본적으로 유사한 헌법 구조과 헌법이론을 가지고 있는 독일에서 민주주의 교육을 학교 교육의 목적으로 설정하고 이러한 목적을 달성하기 위하여 학교 교육에서 사회과 관련 교과목을 필수 과목으로 편제하도록 주 헌법과 주법률에서 규정하고 있는 것도 바로 이러한 이유 때문이다.

요긴대, 민주주의 교육의 기본직인 사항은 여러 법형식 중에서 법률로 규정하는 것이 타당하다. 따라서 그것을 명령 이하에 규정하여 행정권에 좌지우지되고 있는 현재의 법적 상태는 다분히 위헌적이다.

이러한 문제점을 개선하기 위한 방안은 다음과 같다. 우선「교육기본법」제2조의 표현을 정비하여 민주주의 교육이 우리의 교육목적임을 좀 더 분명하게 규정하는 것이 필요하다. 그리고「교육기본법」제3장에서 국가와 지방자치단체가 민주주의 교육에 필요한 시책을 수립·실시하도록 책무를 부여하는 규정을 신설하는 것이 타당하다. 한편,「초·중등교육법」에서는 이러한 민주주의 교육을 구현하기 위한 구체적인 구현 방안을 규정하는 것이 타당하다. 이러한 규정 형식에 있어서는 독일 바덴뷔템베르크주, 노르트라인베스트팔렌주, 헤센주의 헌법과 학교법과 같이 이를 목록화하여 제시하는 것을 참고할 만하다. 그리고 학교 교육에서 사회과 관련 교과목을 필수 과목으로 편제하도록 법률 또는 명령에서 규정하는 것이 타당하다.

V. 결론

이상의 논의를 정리하면 다음과 같다.

이 글은 한국 민주주의 교육의 문제 상황의 원인 중 일부가 민주주의 교육 정책을 담는 그릇인 법제에 있다고 인식하고 한국 민주주의 교육을 위한 법제의 현황과 문제점을 분석하고 그 개선 방안을 제시하는 것을 목적으로 하였다. 이러한 목적을 달성하기 위하여 제2차 세계대전 전후의 독일의 교육 개혁과 민주주의 교육을 위한 법제 정비 현황을 고찰하였다(Ⅱ). 그리고 제2차 세계대전 전후와 현재에 이르기까지 한국의 교육 개혁과 민주주의 교육을 위한 법제 정비 현황을 고찰하였다(Ⅲ). 이에 기초하여 독일과 한국의 민주주의 교육을 위한 법제를 비교하고, 우리 헌법과 해석론에 기대어 현행 한국 민주주의 교육법제의 문제점을 짚고 그 개선 방안을 제시하였다(Ⅳ).

독일은 1919년 바이마르 공화국 헌법 제148조 제4항에서 국가시민과와 노동교육을 학교 교과목으로 개설할 것을 규정하여 공교육의 목적을 달성하기 위한 핵심 교과목으로서 국가시민과의 도입을 명시하였다. 그리고 제2차 세계대전 이후 1947년에는 민주주의 교육을 학교 교육의 목적으로 설정하고, 이를 달성하기 위한 핵심 수단으로 학교 교육에서 사회과를 가르치도록 하였다. 이러한 교육 정책은 연방국가에서 교육의 제1차적 담당자인 주(Länder)의 헌법(Verfassung)과 법률(Gesetz) 형식의 학교법에 명시되어 있다. 이 글에서 제시한 바덴뷔템베르크주, 노르트라인베스트팔렌주, 헤센주의 헌법과 학교법이 그 예이다. 이 헌법과 학교법은 민주주의 교육을 학교 교육의 목적으로 명시하고, 이러한 목적을 달성하기 위하여 학교 교육에서 사회과 관련 교과목을 필수 과목으로 편제하도록 명시적으로 규정하고 있다. 한편, 헤센주의 학교법에서는 학교의 교육목적을 구체적인 목록으로 제시하고 있을 뿐만 아니라 추가적으로 학생들의 학습목표, 그리고 이 교육목적 및 학습목표를 실행함에 있어 학교가 준수해야만 하는 근본원칙도 목록화하여 제시하고 있다.

반면 우리 헌법은 전문과 제4조, 제8조 제4항, 제32조 제2항 등 여러 규정에서 '민주주의원칙', '민주', '민주적 기본질서', '자유민주적 기본질서'라는 표현을 사용하고 있지만 민주주의 교육에 관해서는 명시적으로 규정하고 있지 않다. 한편, 교육 영역에서 기본법 역할을 하는「교육기본법」은 제2조에서 "교육은 홍익인간의 이념 아래 모든 국민으로 하여금 인격을 도야하고 자주적 생활능력과 민주시민으로서의 필요한 자질을 갖추게 함으로써 인간다운 삶을 영위하게 하고 민주국가의 발전과 인류공영의 이상을 실현하는 데에 이바지하게 함을 목적으로 한다"고 규정하고 있다. 그럼에도 이와 같은 홍익인간의 교육 이념을 구현하기 위한 중요한 수단인 "민주시민으로서의 필요한 자질을 갖추게" 하는 구현 방안은「교육기본법」과「유아교육법」,「초·중등교육법」,「고등교육법」,「평생교육법」 등에서 구체화되고 있지 못하다.

필자는 이러한 한국의 교육법제는 법률과 명령의 기능 분담에 있어서 우리 헌법학계가 그 기준으로 제시하고 있는 본질성 이론과 의회 유보 원칙, 교육의 자주성·전문성·정치적 중립성을 규정하고 있는 헌법 제31조 제4항, 교육제도와 그 운영, 교육재정, 교원의 지위에 관한 사항을 국민의 대표인 국회에서 제정하는 법형식인 법률의 형식으로 정하도록 규정하고 있는 헌법 제31조 제6항에 부합하지 않는 위헌적인 상황이라고 인식하였다. 따라서 민주주의 교육이 학교 교육의 목적이라는 점과 그 구현방안 중 핵심적인 사항은 적어도 국민의 대표로 구성된 국회가 만드는 법형식인 법률로써 규정하도록 하는 것이 타당하다고 결론지었다. 좀 더 구체적으로는 「교육기본법」 제2조의 표현을 정비하여 민주주의 교육이 우리 교육의 목적임을 좀 더 분명하게 규정하도록 권고하고, 「교육기본법」 제3장에서 국가와 지방자치단체가 민주주의 교육에 필요한 시책을 수립·실시하도록 책무를 부여하는 규정을 신설할 것을 제안하였다. 나아가 「초·중등교육법」에서는 이러한 민주주의 교육을 구현하기 위한 구체적인 구현 방안을 규정하는 것이 타당하다고 결론지었다. 이러한 규정 형식에 있어서는 독일 바덴뷔템베르크주와 헤센주의 헌법과 학교법과 같이 이를 목록화하여 제시하는 것을 참고하도록 제안하였다.

미주

* 원출처: 정필운, 차조일, 원준호, "민주주의 교육과 교육법제-한국과 독일의 비교를 중심으로-", 「교육법학연구」 제26권 제3호, 대한교육법학회, 2014, 221-252쪽. 공동논문을 이 책에 싣도록 허락해 주신 차조일 박사님(제2저자, 한국교육과정평가원 부연구위원)과 원준호 교수님(교신저자, 국립 한경대학교 교수)께 감사드린다.

1 전광석, 「한국헌법론」, 집현재, 2014, 415쪽; 헌재 1991. 2. 11. 90헌가27.

2 배한동, 「민주시민교육론」, 경북대학교 출판부, 2006, 31쪽.

3 교육이념이란 교육이 궁극적으로 지향해야할 바를 의미한다. 그리고 교육목적이란 교육의 여러 가지 조건을 고려하면서 교육을 통해 성취하려고 하는 궁극적인 표적을 의미하며, 교육이념보다 하위 개념이라 이해하는 것이 일반적이다. 이상 서울대학교 교육연구소, 「교육학용어사전」, 하우동설, 1995 참고. 이 글에서 다루는 민주주의를 교육하는 것이 교육이념인지, 교육목적인지 논란이 있을 수 있기 때문에 이 글에서는 교육이념과 교육목적이라는 개념을 엄밀하게 구분하여 사용하지 않는다.

4 배한동, 앞의 책, 46쪽.

5 여기서 사회교육이란 학교교육의 대비되는 용어이다. 우리 교육기본법은 이와 같은 맥락에서 사회 교육이라는 용어를 사용하고 있다. 「교육기본법」 제9조, 제10조 참조.

6 최장집, 「민주화 이후의 민주주의」, 후마니타스, 2010.

7 이 부분은 차조일, 원준호, "제2차 세계대전 후 독일에서의 사회과 발전-미국의 영향과 독일의 수용을 중심으로", 「시민교육연구」 제45권 제3호, 2013을 일부 수정하였다.

8 Faas, D., Street, A., Schooling the New Generation of German Citizens: A Comparison of Citizenship Curricula in Berlin and Baden-Württemberg, Educational Studies, Vol.37, No.4, 2011, p.469.

9 차조일, 원준호, "제2차 세계대전 후 독일에서의 사회과 발전-미국의 영향과 독일의 수용을 중심으로", 「시민교육연구」 제45권 제3호, 2013, 232쪽.

10 Toebes, J., History, A Distinct(ive) Subject?: The Problem of the Combination of History with Other Human and Social Sciences in Particular with Social Studies in Secondary Education in the Federal Republic of Germany, England, and the Netherlands, Leiden, The Netherlands: E.J. Brill. 1983, p.33.

11 Hirsch, H., Nazi Education: A Case of Political Socialization. The Educational Fo-

rum, 53(1), 1989, p.65.

12 Pagaard, S., Teaching the Nazi Dictatorship: Focus on Youth, History Teacher, Vol.38, No.2, 2005, pp.192-194.

13 차조일, "제2차 세계대전과 사회과교육의 위상 변화", 「사회과교육」 제51권 제2호, 2012, 10쪽.

14 참고로 연합국의 교육 개혁 의지는 나치즘과 군국주의에서 벗어나 민주주의 이념이 성공적으로 정착될 수 있도록 민주주의 교육이 필요하다는 포츠담 선언의 내용을 통해서도 확인할 수 있다.

15 Control Council Directive No. 54, June 25, 1947.

16 Shuster, G., German Reeducation: Success or Failure, Proceedings of the Academy of Political Science, Vol. 23, No. 3, 1949, pp.12-18.

17 Grace, A., Basic elements of educational reconstruction in Germany. Washington: Commission on the Occupied Areas, American Council on Education, 1949.

18 미국교육사절단은 전후 일본에서의 교육 개혁 과정에서 맥아더 사령부에 의해 활용된 방안이다. 미국 정부는 지지부진하던 독일 교육 개혁을 효과적으로 지원하기 위해 일본의 교육 개혁 과정에서 사용되었던 정책인 교육사절단을 활용하였다.

19 Zook, G., The Educational missions to japan and germany, International Conciliation, No. 427, 1947, pp.3-4.

20 Report of the United States Education Mission to Germany: Submitted to Robert P. Patterson, William Benton and Lucius D. Clay, 1946. United States Education Mission to Germany. XI – X Ⅳ.

21 이들이 작성한 보고서는 3만 부가 인쇄되었고, 독일어 번역본도 2만 부가 3시간 만에 팔려 나갔다고 한다.

22 Report of the United States Education Mission to Germany: Submitted to Robert P. Patterson, pp.22-23.

23 차조일, 2012, 11쪽.

24 Report submitted to Dr. John W. Taylor, Chief of the Education and Religious Affairs Branch, 1947. United States Social Studies Committee to Germany. p.3.

25 차조일, 원준호, 앞의 글, 239쪽.

26 Roberts, G., Political Education in Germany, Parliamentary Affairs, Vol. 55, No. 3, 2002, pp.556-568).

27 기본법 제7조는 '교육제도(학교제도 Schulwesen)'에 대한 포괄적인 규정을 담고 있지 않고 6개 항의 개별적인 사안들을 분산적으로 규율하고 있을 뿐이다. 이는 바이마르 헌법 이후의 전통과 문화고권에 근거하여 주 헌법에 교육제도에 대한 포괄적인 규정을 두고 있는 사실이 반영된 것이다. 한편, 기본법에 규정된 각종 기본권과

민주주의 원리, 법치주의 원리, 복지국가 원리는 교육과 관련된 간접적인 헌법적 근거로서 학교에 위임된 교육을 규정한다. Avenarius, Hermann/Fuessel, Hans-Peter, Schulrecht, Ein Handbuch fuer Praxis, Rechtsprechung und Wissenschaft, 8., neubearbeitete Aufl., Carl Link, 2010, pp.27-28.

28 Grundgesetz Art.28 (1).

29 Avenarius, Hermann, Die Rechtsordnung der BRD, Eine Einfuerung, 3., neubearbeitete Aufl., Bundeszentrale fuer Politische Bildung, 2002, pp.121-122.

30 BVerfGe 34, 165ff; BVerfGe, 41, 251ff; BVerfGe 45, 400; BVerfGe 57, 46ff; BVerfGe 58. 257ff.

31 Hesselberger, Dieter, Das Grundgesetz. Kommentar fuer die Politische Bildung, Bundeszentrale fuer Politische Bildung, 1996, p.111; Avenarius, Hermann/Fuessel, Hans-Peter, op. cit., p.33.

32 Landesverfassung Baden-Wuerttemberg §11 (1), (2).

33 Landesverfassung B-W §12 (1).

34 Landesverfassung B-W §17 (1).

35 Landesverfassung B-W §21 (1).

36 Landesverfassung B-W §21 (2).

37 Schulgesetz fuer Baden-Wuerttemberg §1 (2). 이에 대한 해석으로는 Hochstetter, Herbert/Muser, Eckart, Schulgesetz fuer Baden-Wuerttemberg. Erlaeuterte Textausgabe mit den wichtigsten Nebenbestimmungen, 18. Aufl., Verlag W. Kohlhammer, 1992, p.26을 참조.

38 Schulgesetz fuer Baden-Wuerttemberg §1 (2).

39 Verfassung fuer das Land Nordrhein-Westfalen §7 (1), (2).

40 Verfassung fuer das Land Nordrhein-Westfalen §12 (3).

41 Verfassung fuer das Land Nordrhein-Westfalen §11.

42 Schulgesetz fuer das Land Nordrhein-Westfalen §2 (5).

43 Schulgesetz fuer das Land Nordrhein-Westfalen §2 (6), (7).

44 Verfassung des Landes Hessen(Verf HE) §56 (4). 헤센주 헌법은 '제5장 교육, 문화재 보호 및 스포츠(V. Erziehung, Bildung, Denkmalschutz und Sport)'에서 교육 관련 사항을 규정하고 있다.

45 Viesel, Adelheid/Spreng, Angelika/Haase, Rainer (Hg.), Hessisches Schulgesetz. Textausgabe mit Einfuerung und Erlaeuterungen, Hermann Luchterhand Verlag, 1993, p.3.

46 Hessisches Schulgesetz §2 (1).

47 Verfassung des Landes Hessen §56 (3). 관용의 원칙과 관련, 헤센의 모든 학교에서

는 모든 종교적 종파 및 세계관을 가진 학생들을 함께 교육시킨다는, 이른바 "공동
체학교(Gemeinschaftsschule)"를 주 헌법에 명시(§56 (2))한 것 역시 관용의 교육을
실행하기 위한 교육정책상 규정으로 이해해야 한다.

48 Hessisches Schulgesetz §2 (2). 이어서 학교법은 학교의 교육목적 달성에 조응하는
    학생들의 학습목표를 다음과 같이 6가지로 제시하고 있다(§2 (3)): 1. 자신 및 타인
    을 위해 배우고 학업성취를 내는 의지와 공동작업 및 사회적 행동을 위한 능력을 발
    전시키기, 2. 성별 간 평등한 관계를 발전시키기, 3. 갈등을 이성적이고 평화롭게
    해결하기, 그렇지만 갈등을 견디고 감당하기, 4. 독자적인 생각을 형성하고 타인이
    이해하는 것과 편견 없이 대면할 수 있기 위해 스스로 정보를 획득하고 자기 자신
    에게 비판적으로 활용하기, 5. 지각, 감지 및 표현능력을 계발하기, 6. 창의성과 자
    발적인 주도성을 발전시키기.

49 Hessisches Schulgesetz §3 (1)−(15).

50 차조일, 『사회과 교육과 공민교육』, 한국학술정보, 2012, 83쪽.

51 한용진 외, "우리나라의 1945년 이전 국가 수준 교육과정", 한국교육과정 평가원
    『연구 보고서』 RRC 2010-7-2., 2010, pp. 40-41.

52 강명숙, "일제시대 제1차 조선교육령 제정 과정 연구", 『한국교육사학』 제29권 제1
    호, 2007, 20쪽.

53 차조일, 2012, 102-103쪽.

54 곽진오, "일제와 조선 교육정책: 조선교육령을 중심으로", 『일본문화학보』 제50권,
    2011, 263-264쪽.

55 곽진오, 앞의 글, 266쪽.

56 최원형, "미군정기의 교육과정 개혁", 김기석 편, 『교육사회학 탐구2』, 교육과학사,
    1987, 346-348쪽.

57 박은목, "교육이념 홍익인간의 일연구", 한국교육학회 학술대회, Vol. 15, 1972,
    11-12쪽.

58 차조일, 2012에 따르면 원래 사회과는 20세기 초반 미국 사회의 문제를 해결하는
    과정에서 새롭게 등장한 교과였지만 제2차 세계대전을 거치면서 전체주의 국가 및
    신생 독립국의 민주화를 위한 핵심 교과로서 새롭게 성격 규정되었다.

59 차조일, 모경환, 강대현, "한국 초기 사회과의 교과서 제도 분석− 미군정기와 정부
    수립기를 중심으로", 『시민교육연구』 제44권 제1호, 2012, 161-190쪽.

60 전광석, 앞의 책, 415쪽; 헌재 1991. 2. 11. 90헌가27.

61 이상 전광석, 앞의 책, 414쪽.

62 헌법 제31조 제6항의 해석론과 입헌론에 관해서 자세한 것은 정필운, "헌법 제31조
    제6항에 대한 관견(管見)", 대한교육법학회·동아대학교 법학연구원 공동주최 학
    술대회 발표문, 2014. 2. 14.; 이 책 제2장 참고.

63 이에 관하여 자세한 것은 은지용, 정필운, "사회과에서 민주주의 개념과 관련된 국가 정체성 교육 내용에 대한 비판적 고찰", 「시민교육연구」 제46권 제4호, 2014, 35쪽 이하 참고.

64 배한동, 앞의 책, 31쪽.

65 배한동, 앞의 책, 46쪽.

66 "교육은 홍익인간의 이념 아래 모든 국민으로 하여금 인격을 완성하고 자주적 생활능력과 공민으로의 자질을 구유케 하여 민주국가 발전에 봉사하며 인류공영의 이상실현에 기여하게 함을 목적으로 한다."

67 교육과학기술부, 초·중등학교 교육과정, 교육과학기술부 고시 제2013-7호, 1쪽.

68 교육과학기술부, 초·중등학교 교육과정, 3쪽.

69 교육과학기술부, 초·중등학교 교육과정, 6쪽.

70 교육과학기술부, 초·중등학교 교육과정, 8쪽.

71 전광석, 앞의 책, 30쪽.

72 전광석, 앞의 책, 30쪽.

73 정종섭, 앞의 책, 1017쪽; 헌재 1999. 5. 27. 98헌바70.

74 이에 관해서 자세한 것은 정필운, 이 책 제4장 참고.

제 **6** 장

학교규칙은 법인가?*

Ⅰ. 문제 제기

"사회있는 곳에 규칙이 있다." 초 · 중등학교도 축소된 사회이므로 규칙이 있다. '학교 규칙(이하 '교칙' 또는 '학칙'이라 줄인다)'은 교육기본권의 보장이라는 목적을 달성하기 위하여 모인 학교라는 사회에 적용된다는 특징이 있다. 특히 초 · 중등학교의 교칙은 대부분 성장기의 학생으로 구성되어 학문의 자유보다는 교육이라는 목적에 충실한 초 · 중등학교를 대상으로 한다는 점에서 대부분 성인인 학생으로 구성되어 교육이라는 목적보다는 학문의 자유라는 목적에 충실한 대학교를 대상으로 하는 고등교육기관의 교칙과도 다른 특징이 있다.[1]

우리 「교육기본법」은 "학생은 학습자로서의 윤리의식을 확립하고, 학교의 규칙을 준수하여야 하며, 교원의 교육 · 연구활동을 방해하거나 학내의 질서를 문란하게 하여서는 아니 된다"고 규정하고(제12조 제3항), 「초 · 중등교육법」제8조는 "학교의 장(학교를 설립하는 경우에는 그 학교를 설립하려는 자를 말한다)은 법령의 범위에서 학교 규칙(이하 "학칙"이라 한다)을 제정 또는 개정"할 수 있고(제1항), "학칙의 기재 사항과 제정 · 개정 절차 등에 관하여 필요한 사항은 대통령령으로 정하도록 규정"하고 있다(제2항). 이에 따라 전국 국립 · 공립.사립 초등학교, 중학교, 고등학교(이하

'초·중등학교'로 줄이기도 하였다)에서는 학교장이 법령의 범위 안에서 제정한 교칙과 학생용의복장규정, 선도규정, 학교생활평점제규정, 학교폭력의 처리에 관한 규정 등 다양한 세부 규정으로 구성된 규범체계를 가지고 있으며,[2] 이 규범체계는 전국 국·공립.사립 초등학교, 중학교, 고등학교의 학생의 생활뿐 아니라, 교사와 학교장, 나아가 학교 안에서는 일반인까지도 구속하는 규범적·사실적 효력을 가지고 있다.

그러나 초·중등학교의 교칙이 어떠한 법적 본질을 가지고 있는지, 불합리한 교칙이 제정되어 있는 경우 이를 어떤 절차를 거쳐 합리적으로 개선할 것인지, 이에 대하여 교육부장관과 시·도교육감은 법적으로 어떠한 권한을 가지고 있는지, 이로 인하여 국민의 권리가 침해되는 경우 그 구제절차는 무엇인지 등 국내에서 초·중등학교의 교칙에 관한 본격적인 연구는 거의 없었다.

이 글은 이러한 문제의식을 가지고, 초·중등학교의 교칙을 둘러싼 위에서 제기한 쟁점에 대한 현황을 살피고, 문제를 제기하며 이에 대한 처방을 탐색하는 것을 목적으로 한다. 이러한 목적을 달성하기 위하여 우선 초·중등학교의 교칙이 어떠한 법적 본질을 가지고 있는지 살펴보고(Ⅱ), 불합리한 교칙이 제정된 경우 현행법상 이를 통제할 수 있는 수단이 무엇이며 입법론적으로 고려해 볼 수 있는 수단은 무엇인지 탐색한다(Ⅲ). 이어서 교칙에 의하여 권리를 침해받았다고 판단하는 자가 이를 구제받기 위하여 현행법상 취할 수 있는 구제 절차는 무엇이며, 입법론적으로 고려해 볼 수 있는 수단은 무엇인지 탐색한다(Ⅳ). 마지막으로 이상의 논의를 정리하며 글을 맺는다(Ⅴ).[3]

II. 학교규칙의 법적 본질과 효력

1. 기존 논의의 정리[4]

(1) 초·중등학교의 학교규칙 논의의 후진성

우리나라에서 교칙에 대한 공법이론적 논의는 양적으로 저발전되어 왔다. 그리고 종래 논의는 대학교의 교칙에 국한되어 있다.[5] 대학교는 초·중등학교와 비교하여 헌법 제22조 학문의 자유 또는 헌법 제31조 제4항에 따른 대학의 자율성[6]에 근거하기 때문에, 초·중등학교의 교칙에 그대로 적용하기에는 무리가 있다. 따라서 엄격한 의미에서 초·중등학교의 교칙의 법적 본질에 대해서는 공법이론적 논의가 전혀 없었다고 보는 것이 타당하다. 그럼에도 대학교의 교칙에 대한 논의를 살펴보는 것이 의미가 있으므로, 이 논의를 고찰하되 이 과정에서 대학교와 구별되는 초·중등학교의 특징을 고려하여 이에 대한 결론을 도출하고자 한다.

(2) 국·공립대학교의 교칙

(가) 행정규칙설

전통적인 다수설은 국·공립 대학교의 교칙을 영조물규칙의 일종으로 행정규칙의 속성을 지닌다고 인식하였다.[7] 이 견해는 학교의 법적 본질을 일정한 행정목적을 달성하기 위하여 설립된 인적·물적 결합체인 영조물[8]로 이해하고, 교칙은 영조물의 관리청이 그 조직, 관리, 사용 등을 규율하기 위하여 발하는 행정규칙으로 이해한다.[9] 그리고 학생은 이러한 영조물을 이용하는 이용자로 이해한다.[10]

이 견해의 단점은 교칙이 학생의 입학, 재학, 퇴학 등 이른바 법률유보사항까지 규율하도록 예정되어 있는데(「고등교육법 시행령」 제4조 제1항 참고), 행정규칙은 공법이론상 법률유보사항을 규율할 수 없으므로 이론과

현실이 조화를 이루지 못한다는 비판이 있다.[11]

(나) 자치규범설

전통적인 다수설에 반대하며 국·공립 대학교의 교칙을 자치단체인 대학이 제정하는 자치규범이라는 주장이 유력하다.[12] 이 견해는 학교의 법적 본질을 공법상 자치단체로 이해한다. 이 견해는 우리 헌법은 제31조 제4항에서 대학의 자율성을 명시적으로 인정하고, 제22조 학문의 자유를 보장하고 있으므로 대학은 이러한 자율성의 범위 안에서 자치규범을 제정할 수 있는 권한이 주어진 것으로 이해한다.[13] 교칙은 자치단체인 대학이 제정하는 자치규범인 것이다. 이러한 이해에 따르면 명시적이지는 않지만 학생은 자치단체의 구성원의 지위를 가진다.

양 학설의 차이를 좀 더 분명하게 하기 위하여 이를 표로 정리하면 다음과 같다.

|표 1| 국·공립 대학교의 교칙에 관한 학설 대립

	행정규칙설	자치규범설
학교의 법적 본질	일정한 행정목적을 달성하기 위하여 설립된 인적·물적 결합체인 영조물	공법상 자치단체
교칙의 법적 본질	영조물의 관리청이 그 조직, 관리, 사용 등을 규율하기 위하여 발하는 행정규칙	공법상 자치단체인 대학이 제정하는 자치규범
학생의 법적 지위	이러한 영조물을 이용하는 이용자	자치단체의 구성원

(다) 기타 학설

이 밖에 (ⅰ) 행정기관 내부를 규율하는 행정규칙이 아니라 권리의무의 주체인 개인을 규율하는 법규라는 특별명령설, (ⅱ) 구체적 사실에 관하여 불특정다수인을 규율하는 공법행위라는 일반처분설 등이 소개되고 있으나,[14] 이는 우리나라에서 실제로 주장되는 학설이 아니며 타당하지

도 않으므로 이 글에서 더 이상 다루지 않는다.[15]

(3) 사립대학교의 교칙

(가) 계약서 또는 약관설

전통적인 다수설은 사립대학교의 교칙을 학교와 학생간의 사법계약의 계약서 또는 약관으로 인식하였다.[16] 이 견해는 사립학교법인을 특허기업으로 보고 대학은 이 특허기업이 설치 · 경영하는 교육시설이라고 이해한다. 그리고 학생은 이와 같은 학교 또는 법인과 사법계약을 체결한 당사자로 이해한다.

이에 대해서는 현행 교육법상 국 · 공립과 사립을 거의 구분하지 아니하고 동일한 내용으로 교칙을 규율하고 있는데, 이 법적 성질을 달리 보는 것은 적절하지 않다는 비판이 있다.[17]

(나) 자치규범설

전통적인 다수설에 반대하며 사립대학교의 교칙을 자치단체인 대학이 제정하는 자치규범이라는 주장한다.[18] 이 견해는 사립대학의 경우도 우리 헌법은 제31조 제4항에서 대학의 자율성을 명시적으로 인정하고, 제22조 학문의 자유를 보장하고 있으므로 이러한 자율성의 범위 안에서 자치규범을 제정할 수 있는 권한이 주어진 것으로 이해한다.[19] 따라서 교칙은 자치단체인 사립대학교가 제정하는 자치규범이다. 이러한 이해에 따르면 명시적이지는 않지만 학생은 자치단체의 구성원의 지위를 가진다. 한편, 이 견해는 국 · 공립 대학교와 사립대학교의 교칙의 법적 성질을 통일적으로 이해하는 특징이 있다.

양 학설의 차이를 좀 더 분명하게 하기 위하여 이를 표로 정리하면 다음과 같다.

|표 2| 사립대학교의 교칙에 관한 학설 대립

	계약서 또는 약관설	자치규범설
학교의 법적 본질	사립학교법인은 특허기업이고, 대학은 이 특허기업이 설치·경영하는 교육시설	공법상 자치단체
교칙의 법적 본질	학교와 학생간의 사법계약의 계약서 또는 약관	공법상 자치단체인 대학이 제정하는 자치규범
학생의 법적 지위	학교 또는 법인과 사법계약을 체결한 당사자	자치단체의 구성원

2. 학교규칙의 법적 본질

(1) 행정규칙설의 문제점

현행 「초·중등교육법」 제8조 제1항은 "학교의 장(학교를 설립하는 경우에는 그 학교를 설립하려는 자를 말한다)은 법령의 범위에서 학교 규칙(이하 "학칙"이라 한다)을 제정 또는 개정할 수 있다"고 교칙의 제정 근거를 명시하고, 제2항에서 "학칙의 기재 사항과 제정·개정 절차 등에 관하여 필요한 사항은 대통령령으로 정하도록 규정"하고 있다. 이에 따라 같은 법 시행령 제9조에서는 학칙에서 "다음 각호의 사항을 기재하여야 한다"고 규정하고, 1. 수업연한·학년·학기 및 휴업일, 2. 학급편제 및 학생정원, 3. 교과·수업일수 및 고사와 과정수료의 인정, 4. 입학·재입학·편입학·전학·휴학·퇴학·수료 및 졸업, 5. 조기진급, 조기졸업 및 상급학교 조기입학 자격 부여, 6. 수업료·입학금 기타의 비용징수, 7. 학생 포상, 징계, 징계 외의 지도방법, 두발·복장 등 용모, 교육목적상 필요한 소지품 검사, 휴대전화 등 전자기기의 사용 및 학교 내 교육·연구 활동 보호와 질서 유지에 관한 사항 등 학생의 학교생활에 관한 사항, 8. 학생자치활동의 조직 및 운영, 9. 학칙개정절차, 10. 기타 법령에서 정하는 사항을 나열하고 있다(제1항). 그리고 "학교의 장은 제1항 제7호부터 제9호까지의 사항에 관하여 학칙을 제정하거나 개정할 때에는 학칙으로 정하는 바에 따라 미리 학생, 학부모, 교원의 의견을 듣고, 그 의견을 반영하도록 노력하여야 한다"고 규정하고 있다(제4항).

한편, 「초 · 중등교육법」은 여러 곳에서 학칙에 일정한 사항을 규율하도록 위임하고 있다. 학생 자치활동의 조직과 운영에 관한 기본적인 사항(법 제17조),[20] 교육상 필요한 경우에는 학생을 징계하거나 지도에 관한 사항(법 제18조),[21] 야간수업 · 계절수업 · 시간제수업 또는 방송 · 통신수업 등에 관한 사항(법 제24조)[22] 등이 그것이다.

이렇게 보았을 때 「초 · 중등교육법」 제8조 제1항은 교칙을 제정할 수 있는 직접적 근거 규정이고 제17조, 제18조, 제24조는 간접적 근거 규정이며, 법 제8조 제2항, 시행령 제9조, 법 제17조, 법 제18조 등에 따라 학생의 입학 · 재입학 · 편입학 · 전학 · 휴학 · 퇴학 · 수료 및 졸업 등 기본관계와 학생의 포상, 징계, 징계 외의 지도방법, 두발 · 복장 등 용모 등 기본권과 관련된 사항을 정하는 등 대외적 효력을 정할 수 있는 것으로 이해된다. 그런데, 행정규칙은 이론상 대외적 효력을 가지는 것이 아니므로 실질(몸)과 형식(옷)이 일치하지 않는다. 이렇게 보았을 때 적어도 현행 「초 · 중등교육법」 아래에서 교칙을 행정규칙이라고 이해하는 것은 타당하지 않다.

(2) 법규명령설과 계약서 또는 약관설의 문제점

그렇다고 학교의 장이 정하는 법을 법규명령이라고 이해하는 것도 타당하지 않다. 법규명령을 제정하기 위해서는 헌법에서 명문의 규정을 두어 수권을 하여야 하는데, 우리 현행 헌법에는 이러한 규정이 없기 때문이다.

한편 사립학교의 교칙을 학교와 학생간 사법계약의 계약서 또는 약관으로 이해하는 것도 타당하지 않다. 이를 계약서 또는 약관으로 이해한다면 그 개정에 있어 계약당사자의 동의를 얻어야 하는데 현행 「초 ·

중등교육법」은 이와 같은 동의를 요구하지 않는다. 그리고 교칙은 학교 안에서는 계약당사자가 아닌 일반인까지 구속하는데 계약서 또는 약관설은 이러한 효력을 적절히 설명할 수 없다.

(3) 자치규범설의 타당성과 그 논거

이렇게 보았을 때 교칙은 자치규범이라고 이해하는 것이 가장 타당하다.[23] 다만, 초·중등학교는 대학교와 달리 학문의 자유 또는 대학의 자율성에 근거한 자율성을 가지지 못하기 때문에 다른 정당화 논거가 필요하다.[24]

전통적으로 헌법이론에서 인정하는 자치(autonomy)는 크게 두 가지 유형이 있다. 그 지역 내의 공동관심사를 자치기구에 의하여 스스로의 책임 아래 처리함으로써 국가의 과제를 덜어주고 지역주민의 자치역량을 길러 민주주의와 권력분립의 원리를 실현하고자 인정하는 지역자치(local autonomy)[25]와 사물내재적인 속성으로 당해 기능 또는 영역이 외부의 간섭없이 자율적으로 결정될 필요가 있을 때 이러한 자율성을 보장하고자 인정하는 기능자치(functional autonomy)[26]가 그것이다.[27] 지역자치의 대표적인 구현형태는 지방자치제도이고, 기능자치의 대표적인 구현형태는 대학 자치이다. 우리 헌법은 제117조 제1항에서 지방자치제도가 지역자치를 구현하기 위한 제도임을 분명히 하고 있다. 한편 대학 자치에 관해서는 명시적으로 규정하고 있지 않으나, 헌법이론적으로 대학 자치는 헌법 제22조 제1항 학문의 자유의 한 내용으로 인정되고 있으며, 헌법 제31조 제4항에서 "…… 대학의 자율성은 법률이 정하는 바에 의하여 보장된다"고 규정하고 있는 것은 이를 의미한다고 이해하고 있다.[28]

교육자치는 교육영역이 다른 영역, 특히 역사적으로 국가 및 정치영역과 종교영역의 영향을 많이 받고 예속된 것을 거울삼아, 교육의 목적을 달성하기 위해서는 외부의 간섭 없이 자율적으로 결정될 필요가 있을 때 이러한 자율성을 보장하고자 인정되는 개념이라고 이해하는 것이 타당하다. 한편 이러한 교육자치가 기능자치의 구현형태로 인정된다면, 교육자치를 구체적으로 구현할 때 그 '기능'의 보호에 적합하도록 차별적으로 이루어져야 한다. 대학 자치는 교회나 국가의 지배로부터 자유를 확보하였던 중세 서양의 상공업도시에서 특정영역의 교육욕구를 만족시키기 위해서 출발한 학교가 교회와 국가, 도시지배세력으로부터 신분보장과 학문의 자유라는 목표를 달성하기 위하여 자치적 조직체를 만든 것에 기원하여, 그 이후에도 이러한 자치는 계속 보장되어 왔다는 역사적 배경을 가지고 있다.[29] 이러한 대학 자치는 오늘날에도 하나의 헌법적 가치를 인정받고 있다.[30] 그러나 대학 자치와 대비되는 의미에서 교육자치는 그러한 정도의 기능 보장에 이르지 못한다. 교육자치를 기능자치로 이해하는 견해에 따르면 그러한 자치의 단위는 학교자치라고 이해하는데,[31] 이와 같은 기능적 측면에서 보았을 때 대학과 초·중등학교는 본질적으로 다르다. 대학 자치는 대학에서 인사·연구·학생선발 및 전형 등 교육과 관련된 학사, 대학질서 및 대학시설과 재정의 자치를 말한다.[32] 대학은 위와 같은 문제를 원칙적으로 학외, 특히 국가의 간섭을 받지 않고 자율적으로 결정할 수 있어야 한다.[33] 대학은 학문연구와 학문활동이 본질인 특수한 기관이다. 학문연구의 자유는 연구과제, 연구의 방법과 기관 및 연구장소의 선택의 자유를 내용으로 한다.[34] 한편 학문활동의 자유는 교수의 자유, 연구결과발표의 자유 및 학문목적의 집회·결사의 자유를 내용으로 한다.[35] 교수의 자유는 학문연구의 자유의 연장선상에 있는 기본권으로 대학에서 강학의 자유를 의미한다. 교수의 자유는 진리탐구 과정 자체를 보호하기 때문에 교수방법 및 내용의 자율성이 존중되어야 한다. 교수는 자신의 연구결과를 제시하고, 대학생은 자신의 기본적인 지식에 기초하여 논의를 통하여 사물에 대한 이해의 깊이를 더한다. 그러나 초·중등학교에서 교사는 이미 한 사회 내 사상의 자유시장에서 어느 정도 합의되어 보편적으로 인정되는 지식을 전달하고, 학생은 이러한 지식을 습득한다.[36] 초·중등학교의 학생은 성장과정 중

에 있는 인격체로서 사회에서 검증된 지식을 균형 있게 배우는 것이 필
요하고, 교원의 주관적인 가치와 이념에 노출되면 이러한 균형 있는 교
육을 저해하기 때문이다.[37] 초 · 중등학교 교육은 국가 및 정치영역과 종
교영역의 절대적 영향에 따라 예속적으로 기능이 수행되어서는 안 되지
만, 한편으로는 우리 헌법 제31조에 따라 인정되는 국가의 교육의무 및
교육권한을 수행하기 위해서 적절히 제한될 필요가 있다.[38] 국가는 국민
의 교육기본권을 보장하고, 교육이 입헌민주주의를 가능하게 하는 시민
을 양성할 수 있도록 객관적 질서를 확보하기 위하여 국가에게 헌법상
의무를 부과하고 있으며, 이러한 한도 내에서 헌법상 권한의 행사는 헌
법상 의무가 된다. 이렇게 우리 헌법이 교육영역에서 국가에게 의무로
부과하고 이를 실현하기 위한 권한을 반드시 행사하도록 함으로써, 국
가의 교육 과제는 의무이자 권한이 된다. 따라서 교육자치는 자치의 수
준의 면에서 완벽한 형태의 자치가 아니라, 이와 같은 기능을 달성하기
위한 정도의 제한적인 자치를 의미한다.

　　결론적으로 교칙은 헌법 제31조 제4항 교육의 자주성 규정에 근거하
여 인정되는 교육자치에 근거한 자치입법권의 행사의 결과물인 자치규
범이라고 이해하는 것이 타당하다. 다만, 초 · 중등학교는 대학 자치와
구별이 되며, 이러한 의미에서 교육자치는 자치의 필요성이 인정되면서
도 완벽한 형태의 자치의 보장이 예정된 기능이 아니므로 적절히 제한
될 필요가 있다.

3. 학교규칙의 효력

　　실무적으로 외부인의 행위를 학칙으로 규율할 수 있는지 문제가 제
기되고 있다. 이러한 질문을 이론적인 관점에서 보면 교칙의 효력의 문
제라고 이해할 수 있다. 교칙의 법적 본질을 헌법 제31조 제4항 교육의
자주성 규정에 근거하여 인정되는 교육자치에 근거하여 인정되는 자치

입법권의 행사에 따른 자치규범이라고 이해한다면, 교칙은 대인적 효력에 있어 학교 내의 구성원인 학생, 교사, 학교장 등에 미치는 것으로 해석하는 것이 타당하다. 따라서 학교 내의 구성원이 아닌 외부인은 원칙적으로 교칙의 구속을 받지 않는다. 그렇다면 외부인의 행위를 교칙으로 규율할 수 없는 것인가? 예를 들어, 외부인이 교내에 출입할 수 있는 시간과 조건, 교내에 머무는 동안 어떠한 행위를 할 수 없도록 하는 내용의 교칙은 제정할 수 없고, 제정하더라도 효력이 없는가?

이와 같은 내용의 교칙은 제정할 수 있고, 제정된 경우 원칙적으로 효력이 있다고 인정하여야 한다. 왜냐하면 교칙의 장소적 효력이 미치기 때문이다. 즉, 대인적 효력의 측면에서 보면 외부인의 행위를 교칙으로 규율할 수 없지만, 이런 경우 교칙은 장소적 효력을 가지므로 외부인의 행위를 규율할 수 있고 유효하다고 해석하여야 한다.

교칙의 시간적 효력은 원칙적으로 교칙이 제정되어 시행된 후부터 폐지될 때까지일 것이고, 이에 반하는 특칙은 반드시 부칙 등에 명시되어야 할 것이다.

III. 학교규칙에 대한 통제와 그 한계

1. 현행법상 학교규칙에 대한 통제 방법

이미 서술한 것처럼 교칙을 헌법 제31조 제4항 교육의 자주성 규정에 근거하여 인정되는 교육자치에 근거하여 인정되는 자치입법권의 행사에 따른 자치규범의 하나라고 이해하더라도, 교육자치는 완벽한 형태의 자치가 아니므로 그 제한이 헌법적으로 정당화될 수 있다. 국가는 학생의 교육기본권을 보장하고 교육 그 자체가 입헌민주주의를 가능하게 하는 시민을 양성하는 기능을 수행할 수 있도록 이를 규율할 헌법적 의무가 있다. 이러한 헌법상 국가의 교육과제[39]를 수행하기 위하여 국가가 초·중등학교의 자치를 제한하는 것은 정당화된다. 우리 교육기본법 제17조가 "국가와 지방자치단체는 학교와 사회교육시설을 지도·감독한다"고 규정하고 있는 것도 이에 연유한 것이다. 따라서 국가와 지방자치단체는 위와 같은 정당화가 가능한 경우 학교규칙에 대해서도 적절한 지도·감독을 할 수 있다.

현행법상 넓은 의미에서 학교규칙을 통제할 수 있는 방법은 다음과 같다.

첫째, 교칙의 제정 및 개정에 가장 큰 제한은 「초·중등교육법」 제8조 제1항에서 "법령의 범위에서" 교칙을 제정 또는 개정할 수 있도록 한 것이다. 따라서 교칙은 헌법, 법률, 대통령령, 총리령 및 부령 등 다양한 법령의 내용을 위반해서는 아니 된다. 따라서 국가는 헌법, 법률, 대통령령, 총리령 및 부령 등 다양한 법령의 개정을 통해서 교칙을 간접적으로 통제할 수 있다.

둘째, 같은 법 제32조는 교칙의 제정 또는 개정 시 같은 법 제31조에 따라 설치된 학교운영위원회[40]의 심의를 받도록 하고 있다.[41]

셋째, 같은 법 시행령 제9조 제4항에서 "제1항 제7호부터 제9호까지의 사항(7. 학생 포상, 징계, 징계 외의 지도방법, 두발·복장 등 용모, 교육목적상 필요한 소지품 검사, 휴대전화 등 전자기기의 사용 및 학교 내 교육·연구활동 보호와 질서 유지에 관한 사항 등 학생의 학교생활에 관한 사항, 8. 학생자치활동의 조직 및 운영, 9. 학칙개정절차)에 관하여 학칙을 제정하거나 개정할 때에는 학칙으로 정하는 바에 따라 미리 학생, 학부모, 교원의 의견을 듣고, 그 의견을 반영하도록 노력하여야 한다"는 절차상 통제 방법을 두고 있다.

넷째, 사립학교의 경우 같은 법 시행령 제3조에서 "사립학교의 설립인가를 받고자 하는 자는 다음 각호의 사항이 기재된 서류(전자문서를 포함한다)를 갖추어 특별시·광역시 또는 도교육감(이하 "교육감"이라 한다)에게 신청"하도록 규정하고 있는데, 여기의 서류 중 하나가 학칙이다(제4

호). 따라서, 사립학교는 설립인가 시 제한적으로 교칙을 심사하여 이를 통제할 가능성이 있다.

다섯째, 관할청은 일정한 경우 같은 법 제63조에서 규정한 시정 명령 또는 변경 명령을 명할 수 있다. "관할청은 학교가 시설·설비·수업·학사(學事) 및 그 밖의 사항에 관하여 교육 관계 법령 또는 이에 따른 명령이나 학칙을 위반한 경우에는 학교의 설립자·경영자 또는 학교의 장에게 기간을 정하여 그 시정이나 변경을 명할 수 있다(제1항)." "관할청은 제1항에 따른 시정명령이나 변경명령을 받은 자가 정당한 사유 없이 지정된 기간에 이를 이행하지 아니하면 대통령령으로 정하는 바에 따라 그 위반행위의 취소 또는 정지, 해당 학교의 학생정원의 감축, 학급 또는 학과의 감축·폐지 또는 학생의 모집 정지 등의 조치를 할 수 있다(제2항)."

여섯째, 그 밖에 현행 「초·중등교육법」상 명시되어 있지는 않으나 헌법상 국가의 교육과제와 교육기본법 제17조에서 규정하고 있는 국가와 지방자치단체의 학교 감독권에 근거하여 국립학교의 경우 교육부장관과 공립학교의 경우 교육감은 학교의 장에게 학칙에 관하여 조언, 권고, 지도할 수 있을 것이다. 이러한 조언, 권고, 지도는 행정법이론상 행정지도에 해당하는 비구속적 감독수단으로, 이를 받아들일 것인지 여부는 학교의 장의 판단에 맡겨져 있다. 그럼에도 교육부장관과 교육감의 인사·재정 등 여러 분야에 미치는 우월한 지위에 따라 사실상 강제력을 가지므로 필요한 경우에 한하여 제한적으로만 사용되어야 한다.

2. 학교규칙에 대한 그 밖의 통제 방법: 입법론

위에서 서술한 현행법상 인정되는 학교규칙에 대한 넓은 의미의 통제가 충분한지는 좀 더 검토가 필요하다. 그러나 일단 실무의 요청에 따라 학교규칙에 대한 그 밖의 통제 방법으로 입법론적으로 고려해 볼 수 있는 가능성이 있는 것을 생각해 보면 다음과 같다.

첫째, 이미 설명한 교육부장관과 교육감의 교칙에 대한 조언, 권고, 지도는 행정지도의 실질을 가지므로 반드시 명문의 근거를 요구하는 것은 아니지만[42] 이 경우 행정행위에 대한 책임 의식이 희박해지고 지도에 따른 행위 결과에 대하여 책임 소재가 불분명해지는 문제가 있으므로[43] 「초·중등교육법」상 명문의 규정을 두는 것이 바람직하다.

둘째, 교칙을 개정한 경우 국립학교의 경우 교육부장관 또는 공립학교의 경우 시·도교육감 등 감독청에 보고하도록 규정하는 것을 고려해 볼 수 있다.[44] 예를 들어, 지방자치법 제116조 제1항은 이와 같은 취지의 규정을 명시하고 있다. 이와 관련하여 과거 우리 교육법은 학칙에 대한 인가제를 시행한 바 있다. 이와 같은 인가제가 대학 자치나 교육자치에 부합하지 않는다고 비판의 목소리[45]를 경청하여 이를 폐지한 것은 타당하다. 그러나 현행과 같이 교육부장관 또는 시·도교육감 등 감독청이 학칙에 대한 실태도 정확히 파악하고 있지 못한 상태가 바람직하다고만 볼 수는 없다. 정보의 취득과 분석은 행정의 시작이기 때문이다.

셋째, 일정한 경우 교칙에 대하여 「초·중등교육법」 제63조에서 규정한 시정명령을 명할 수 있도록 명시하는 것을 고려해 볼 수 있다. 현행 초·중등교육법 제63조는 "관할청은 학교가 시설·설비·수업·학사(學事) 및 그 밖의 사항에 관하여 교육 관계 법령 또는 이에 따른 명령이나 학칙을 위반한 경우에는 학교의 설립자·경영자 또는 학교의 장에게 기간을 정하여 그 시정이나 변경을 명할 수 있다(제1항)."고 규정하여, 교칙 그 자체에 관하여 시정명령을 명할 수 있도록 예정되어 있지 않다. 다만 이와 같은 시정명령은 학교의 자주성을 중대하게 해하는 결과를 초래하므로 매우 제한적인 사항에 대해서만 허용하여야 한다. 그리고 만약 이와 같이 입법하는 경우 이에 대항하여 학교의 장이 관할청의 시정명령에 이의가 있는 경우 법원에 제소할 수 있도록 함께 규정하여 균형을 맞추는 것이 좋을 것이다.

IV. 학교규칙에 대한 법적 구제 절차

1. 현행법상 학교규칙에 대한 법적 구제 절차

우리 법원은 국 · 공립학교의 재학관계를 공법관계로 전제하고, 국 · 공립학교 학생의 징계처분을 다투는 소송을 행정소송 중 항고소송으로 다루고 있다.[46] 따라서 국 · 공립학교 학생이 교칙에 의하여 불이익을 받았을 경우 행정소송을 통하여 다투어 이를 구제받을 수 있을 것이다.

그리고 사립학교의 재학관계는 사법상 계약관계라고 명시적으로 인정하고, 사립학교 학생이 교칙에 의하여 불이익을 받았을 경우 민사소송을 통하여 다툴 수 있도록 하고 있다.[47]

한편, 소송의 전단계로서 국 · 공립학교와 사립학교 학생 모두 교칙에 의하여 불이익을 받은 경우 중 그것이 퇴학처분[48]일 경우 「초 · 중등교육법」 제18조의2는 시 · 도학생징계조정위원회에 재심을 청구할 수 있도록 인정하고 있다. 한편, 이에 대하여 이의가 있는 경우 행정심판을 청구할 수 있다.[49]

헌법소송실무에서 아직 직접적으로 문제된 적이 없지만, 국 · 공립학교 학생이 교칙에 의하여 불이익을 받았을 경우 이를 헌법소원으로 다툴 수 있을지 의문이 생긴다. 필자는 다음과 같은 이유로 이 경우 제한적으로 헌법소원으로 다툴 수 있다고 생각한다. 첫째, 우리 헌법재판소는 행정입법 중 대외적 효력이 있는 법규명령은 물론, 원칙적으로 대외적 효력이 없는 행정규칙도 법령의 직접적인 위임을 받아 이를 구체화하거나 법령의 내용을 구체적으로 보충하는 경우 또는 고시, 지침, 통보 등 그 형식은 행정규칙이지만 그 실질이 대외적 효력이 있는 경우 이를 헌법소원심판의 대상으로 삼아 왔다.[50] 둘째, 교칙의 법적 본질이 자치법규라는 것이 이를 방해하지는 않는다. 이미 설명한 것처럼 교육자치는 제한된 범위 내에서의 자치이므로 교칙은 여전히 행정입법의 성격을 잃지 않는다. 이렇게 보았을 때 교칙으로 인하여 직접 기본권을 침해당하고 다른 법률에 의한 구제절차를 모두 거친 경우 제한적으로 헌법소원을 청구할 수 있다고 보인다.

이러한 헌법소원은 위에서 살펴본 징계 등 학생에게 불이익한 처분을 다투는 것과는 구별되는 것이다. 이러한 경우는 징계 등 학생에게 불이익한 처분에 대하여 행정소송을 제기할 수 있고, 행정소송은 판결에 의하여 종결하는데 우리 헌법재판소법은 재판소원을 원칙적으로 인정하지 않으므로 사실상 헌법소원으로 다투어질 여지가 없다.

한편 헌법소원은 공권력의 행사 또는 불행사로 인하여 기본권을 침해받은 국민이 이를 구제받고자 다투는 절차이므로, 사립학교 학생이 교칙에 의하여 직접 기본권을 침해받은 경우에도 원칙적으로 이를 헌법소원으로 다툴 수는 없다.

나아가 우리 헌법 제26조는 국민의 청원권을 보장하고, 입법자는 이를 구체화하기 위하여 청원에 관한 일반법으로 「청원법」을, 특별법으로 「국회법」(제123조에서 제126조까지), 「지방자치법」(제73조부터 제76조까지)을 제정하여 운용하고 있다. 따라서 국·공립학교와 사립학교 학생을 포함한 모든 사람은 교칙에 문제가 있다고 판단하는 경우 이를 청원할 수 있다.[51] 이렇게 적법하게 청원이 수리되면 국가기관은 이를 성실, 공정, 신속하게 심사하여 그 결과를 통지하여야 한다(헌법 제26조 제2항, 청원법 제9조 제2항, 제3항). 한편, 교칙에 의하여 헌법 및 법률에서 보장하거나 대한민국이 가입·비준한 국제인권조약 및 국제관습법에서 인정하는 인간으로서의 존엄과 가치 및 자유와 권리를 침해받고 있다고 판단되는 국민은 국가인권위원회에 이를 문의할 수 있다(「국가인권위원회법」 참고).

2. 학교규칙에 대한 그 밖의 법적 구제 절차: 입법론

이상에서 살펴본 것처럼 현행법은 교칙에 근거한 징계 등 불이익한 처분에 의하여 법적 이익 침해를 다투는 것이 아니라, 불합리한 교칙 그 자체에 의하여 법적인 이익을 침해받고 있는 경우 이를 다툴 수 있는 방법이 상대적으로 적다. 따라서, 불합리한 교칙 그 자체에 의하여 법적인 이익을 침해받고 있는 자가 국립학교의 경우 교육부장관 또는 공립학교의 경우 시·도교육감 등 감독청에 이의제기를 할 수 있도록 허용하는 것을 고려해 볼 필요가 있다.

한편, 이미 살펴본 것처럼 우리 헌법과 「청원법」, 「국회법」, 「지방자치법」 등에서는 청원을 인정하고 있어서, 실제로 국·공립학교와 사립학교 학생이나 교칙에 문제가 있다고 판단하는 모든 사람은 주로 시·도교육청에 민원제기 형식으로 이를 처리하고 있다. 따라서, 교칙에서 문제가 되는 부분이 이와 같은 형식으로 주로 처리되는 것을 고려한다면, 「초·중등교육법」에 이에 대한 명문의 규정을 두는 것을 신중하게 고려해 볼 만하다.

V. 결론

이상의 논의를 종합하면 다음과 같다.

이 글은 초·중등학교의 교칙을 둘러싸고 제기되는 쟁점을 정리하여 그 현황을 살피고, 이에 대한 법적 문제를 발견하여 그 처방을 제시하는 것을 목적으로 하였다. 이러한 목적을 달성하기 위하여 우선 초·중등학교의 교칙이 어떠한 법적 본질을 가지고 있는지 살펴보았다. 현재 초·중등학교에서 교칙을 제정할 수 있는 근거 규정인 「초·중등교육법」 제8조 제1항은 교칙으로 학생의 입학·재입학·편입학·전학·

휴학·퇴학·수료 및 졸업 등 기본관계와 학생의 포상, 징계, 징계 외의 지도방법, 두발·복장 등 용모 등 기본권과 관련된 사항을 정하도록 규정하고 있으므로, 적어도 교칙의 법적 본질을 행정규칙이라고 이해하는 것은 해석론상 타당하지 않다. 그렇다고 헌법에서 명문의 수권을 받지 않은 학교의 장이 정하는 법을 법규명령이라고 이해하는 것도 타당하지 않다. 따라서 교칙은 헌법 제31조 제4항 교육의 자주성 규정에 근거하여 인정되는 교육자치에 근거하여 인정되는 자치입법권의 하나로 인정되는 자치규범이라고 이해하는 것이 타당하다. 다만, 교육자치는 자치의 필요성이 인정되면서도 완벽한 형태의 자치의 보장이 예정된 기능이 아니므로 적절히 제한될 필요가 있다. 한편, 교칙은 대인적으로는 학교 구성원인 학생, 교사, 학교장 등에 미치며, 장소적으로는 학교 내에 출입하는 외부인에게도 미친다. 시간적으로는 원칙적으로 시행된 후부터 폐지될 때까지 미친다.

그리고 불합리한 교칙이 제정되어 있는 경우 현행법상 이를 통제할 수 있는 수단이 무엇이며 입법론적으로 고려해 볼 수 있는 수단은 무엇인지 탐색하였다. 교칙의 제정 및 개정에 가장 큰 제한은 「초·중등교육법」 제8조 제1항에서 "법령의 범위에서" 교칙을 제정 또는 개정할 수 있도록 한 것이다. 그리고 같은 법 제32조는 교칙의 제정 또는 개정시 같은 법 제31조에 따라 설치된 학교운영위원회의 심의를 받도록 하고 있으며, 같은 법 시행령 제9조 제4항에서 "제1항 제7호부터 제9호까지의 사항에 관하여 학칙을 제정하거나 개정할 때에는 학칙으로 정하는 바에 따라 미리 학생, 학부모, 교원의 의견을 듣고, 그 의견을 반영하도록 노력하여야 한다"는 절차상 통제가 있다. 사립학교의 경우에는 같은 법 시행령 제3조에 따라 설립인가 시 제한적으로 교칙을 심사하여 이를 통제할 가능성이 있다. 한편, 관할청은 일정한 경우 같은 법 제63조에서 규정한 시정 명령 또는 변경 명령을 명할 수 있다. 마지막으로 현행 「초·중등교육법」상 명시적인 규정은 없으나, 헌법상 국가의 교육과제와 교

육기본법 제17조에서 규정하고 있는 국가와 지방자치단체의 학교 감독
권에 근거하여 교육부장관과 교육감은 학교의 장에게 교칙에 관하여 조
언, 권고, 지도할 수 있다.

이렇게 보았을 때 불합리한 학교규칙에 대하여 통제할 수 있는 수단
이 미흡하다고 판단하였다. 따라서, 다음과 같은 입법론적 제안을 하였
다. 첫째, 행정지도의 실질을 가지는 교육부장관과 교육감의 교칙에 대
한 조언, 권고, 지도를 「초 · 중등교육법」에 명문으로 규정할 것을 제안
하였다. 둘째, 일정한 경우 교칙에 대하여 시정명령을 명할 수 있도록
명시할 것을 제안하였다. 이 경우 이에 대응하여 학교의 장이 관할청의
시정명령에 이의가 있는 경우 법원에 제소할 수 있도록 함께 규정할 것
을 제안하였다. 셋째, 이러한 시정명령의 전제로 교칙을 개정한 경우 교
육부장관 또는 교육감 등 감독청에 보고하도록 규정할 것을 제안하였다.

이어서 교칙에 의하여 권리를 침해받았다고 판단하는 자가 이를 구
제받기 위하여 현행법상 취할 수 있는 구제 절차는 무엇이며, 입법론적
으로 고려해 볼 수 있는 수단은 무엇인지 탐색하였다. 교칙에 문제가 있
다고 판단하는 국 · 공립학교와 사립학교 학생을 포함한 일반 시민은 헌
법 제26조에 근거한 청원권을 행사할 수 있다. 구체적으로는 「청원법」,
「국회법」, 「지방자치법」 등에서 규정하는 절차로 청원을 제기할 수 있다.
한편, 교칙에 의하여 헌법 및 법률에서 보장하거나 대한민국이 가입 ·
비준한 국제인권조약 및 국제관습법에서 인정하는 인간으로서의 존엄
과 가치 및 자유와 권리를 침해받고 있다고 판단되는 국민은 「국가인권
위원회법」에 따라 국가인권위원회에 이를 문의할 수 있다. 교칙에 따라
징계처분을 받은 국 · 공립학교 학생은 행정소송 중 항고소송을 통하여,
사립학교 학생은 민사소송을 통하여 이를 다툴 수 있다. 한편, 국 · 공립
학교 학생이 교칙에 의하여 불이익을 받았을 경우 교칙 그 자체를 헌법
소원으로 다툴 수 있다고 인정하는 것이 타당하다.

현행법은 교칙에 근거한 징계 등 불이익한 처분에 의하여 법적 이익

침해를 다투는 것이 아니라, 불합리한 교칙 그 자체에 의하여 법적인 이익을 침해받고 있는 경우 이를 다툴 수 있는 방법이 상대적으로 적으므로, 불합리한 교칙 그 자체에 의하여 법적인 이익을 침해받고 있는 자가 교육부장관 또는 시 · 도교육감 등 감독청에 이의제기를 할 수 있도록 허용할 것을 제안하였다.

미주

* 원출처: 정필운, 양지훈, "초 · 중등학교의 학교규칙에 대한 공법이론적 검토", 「연세법학」 제31호, 2018, 115-139쪽. 공동논문을 이 책에 싣도록 허락해 주신 양지훈 선생님(제2저자, 안산공고 교사)께 감사드린다. 이 글은 필자의 보고서 (정필운, 양지훈, "학교규칙에 대한 공법이론적 검토: 법적 성격 및 구제방법을 중심으로", 「인재정책 이슈페이퍼」, 교육부 내부보고서, 2013. 10 발간)를 수정 · 보완한 글이다. 필자는 지난 2014년 1월 21일 한국교원대학교에서 개최된 한국사회 교과교육학회 연차학술대회에서 위 보고서를 수정하여 발표하였다.

1 교육영역에 관하여 우리 헌법이 예정하고 있는 윤곽에 관해서 자세한 것은 정필운, "교육영역에서 당사자의 권리 · 의무 · 권한에 대한 헌법이론적 고찰", 「법학연구」 제19권 제3호, 연세대학교 법학연구원, 2009, 283-312쪽; 이 책 제1장 참고.

2 예를 들어, 한국교원대학교부설고등학교 홈페이지와 학교알리미 참고(2018. 4. 20. 최종 방문).

3 학교는 급별로 보았을 때 초 · 중등학교, 대학교가 있다. 이 글은 이 중에서 초 · 중등학교의 교칙만을 대상으로 한다. 한편, 학교의 설립형태별로 보았을 때 국 · 공립학교와 사립학교가 있다. 이 글에서는 국 · 공립학교와 사립학교 모두의 교칙을 대상으로 한다. 마지막으로, 넓은 의미에서 교칙은 학교장이 법령의 범위 안에서 제정한 협의의 '교칙'과 학생용의복장규정, 선도규정, 학교생활평점제규정, 학교폭력의 처리에 관한 규정 등 다양한 세부 규정으로 구성된 규범체계이다. 이 글에서 교칙은 협의의 교칙만을 대상으로 한다.

4 최송화, "학칙의 법적 성격과 국가감독", 「법학」 제37권 제1호, 서울대학교 법학연구소, 1996, 58-69쪽; 조성규, "대학 학칙의 법적 성격", 「행정법연구」 행정법이론실무학회, 2007 상반기, 61-64, 71-72쪽 참고.

5 예를 들어, 최송화, 앞의 글, 43-84쪽; 조성규, 앞의 글, 57-86쪽. 이 글은 최송화 교수님과 조성규 교수님의 연구 성과에 크게 의존하고 있다. 지면을 통해서 두 분께 감사 인사를 드린다.

6 이에 대한 학설 대립은 전광석, 「한국헌법론」, 집현재, 2013, 320쪽; 정종섭, 「헌법학원론」, 박영사, 2012, 569-560쪽.

7 예를 들어, 김도창, 「일반행정법론(상)」, 청운사, 1985, 252쪽. 김동희, 「행정법 I」, 박영사, 2012, 154쪽; 홍정선, 「행정법원론(하)」, 박영사, 2018, 571쪽. 김남철, 「행정법강론」, 박영사, 2018, 293, 1216쪽은 전통적인 견해가 영조물규칙을 행정

규칙으로 이해하고 있다고 서술하고 있다.

8 김도창, 앞의 책, 173쪽; 김동희, 앞의 책, 80쪽; 홍정선, 앞의 책, 570쪽.

9 김도창, 앞의 책, 252쪽; 김동희, 앞의 책, 154쪽; 홍정선, 앞의 책, 571쪽.

10 홍정선, 앞의 책, 572쪽.

11 최송화, 앞의 글, 59쪽. 최근의 학설은 이와 같은 문제점을 스스로 인식하고 이를 피하는 이론 구성을 시도하고 있다. 즉, 홍정선, 앞의 책, 571쪽은 이용자의 권리와 의무에 관한 사항은 법률에 근거하여야 한다고 서술하고 있다.

12 최송화, 앞의 글, 66-69쪽; 조성규, 앞의 글, 71-72쪽. 대법원도 지난 2015년 판결에서 "총장 후보자 선정 및 학칙에 관한 여러 규정들의 체계 및 내용에 더하여, 총장 후보자 선정방식은 국립대학의 조직에 관한 기본적 사항의 하나로서 학칙으로 정할 수 있는 대상인 점, 해당 대학이 법령과 학칙이 정하는 절차에 따라 법령의 범위 내에서 제정 또는 개정한 학칙은 대학의 자치규범으로서 당연히 구속력을 갖는 점 등을 종합하여 보면, 총장 후보자 선정방식을 간선제와 직선제 중 어느 방법으로 할 것인지는 교육공무원법 제24조 제3항에 따라 해당 대학의 자율적 선택에 맡겨져 있어, 해당 대학은 총장 후보자 선정방식을 학칙으로 정할 수 있고, 나아가 그 학칙에 규정되어 있는 기존의 총장 후보자 선정방식을 학칙의 개정을 통하여 변경할 수 있다(대판 2015. 6. 24. 선고, 2013두26408. 밑줄은 필자가 부기)"고 판시하여 국립 부산대학교의 학칙을 자치규범이라고 판단하였다.

13 최송화, 앞의 글, 68쪽 참고.

14 이상 최송화, 앞의 글, 60쪽; 조성규, 앞의 글, 61-62쪽.

15 홍정선, 앞의 책, 571쪽은 독일과 우리나라의 학설은 특별명령을 별도의 규범 형식으로 인정하지 않고 있다고 서술하고 있다.

16 이것이 종래의 통설이라는 서술은 최송화, 앞의 글, 60쪽; 조성규, 앞의 글, 63쪽.

17 최송화, 앞의 글, 61쪽.

18 최송화, 앞의 글, 66-69쪽; 조성규, 앞의 글, 71-72쪽. 서울고등법원도 지난 1990년 학생이 사립대학인 연세대학교의 총장의 학칙에 따른 제적처분의 효력을 다투는 소송에서 "자치법규인 대학교의 학칙이 개정되기 위하여 그 학칙의 적용을 받는 구성원들에게 그 개정내용이 적절히 고지되어야 할 필요성은 개정 학칙이 종전보다 구성원인 재학생 등에게 불리한 경우 그 구성원들이 그 내용을 숙지하지 못함으로 인하여 입을지도 모르는 불측의 손해를 방지하기 위한 조리상의 요청에 기인하다 할 것이므로 개정 학칙이 종전보다 구성원인 재학생 등에게 유리하게 된 경우에는 그 내용의 고지절차에 다소의 허물이 있다 하더라도 학칙의 개정이 교육법 또는 그 시행령 등이 정하는 절차에 따라 이루어졌다면 그 효력을 부인할 수 없다(서울고법 1990. 10. 23. 90나22792. 밑줄은 필자가 부기)"고 판시하여 사립 연세대학교의 학칙을 자치규범이라고 판단하였다.

19 최송화, 앞의 글, 68쪽 참고.

20 제17조(학생자치활동) 학생의 자치활동은 권장·보호되며, 그 조직과 운영에 관한 기본적인 사항은 학칙으로 정한다.

21 제18조(학생의 징계) ① 학교의 장은 교육상 필요한 경우에는 법령과 학칙으로 정하는 바에 따라 학생을 징계하거나 그 밖의 방법으로 지도할 수 있다. 다만, 의무교육을 받고 있는 학생은 퇴학시킬 수 없다.
② 학교의 장은 학생을 징계하려면 그 학생이나 보호자에게 의견을 진술할 기회를 주는 등 적정한 절차를 거쳐야 한다.

22 제24조(수업 등) ① 학교의 학년도는 3월 1일부터 시작하여 다음 해 2월 말일까지로 한다.
② 수업은 주간(晝間)·전일제(全日制)를 원칙으로 한다. 다만, 법령이나 학칙으로 정하는 바에 따라 야간수업·계절수업·시간제수업 또는 방송·통신수업 등을 할 수 있다.
③ 학교의 학기·수업일수·학급편성·휴업일과 반의 편성·운영, 그 밖에 수업에 필요한 사항은 대통령령으로 정한다.

23 허종렬, "중·고등학교 교칙 분석 검토 의견", 우리나라의 중·고등학교 교칙 분석 보고서에 대한 검토 의견, 미간행원고.

24 이에 관한 아래의 논의는 정필운, "교육영역에서 자치의 본질 및 국가와 지방자치단체의 권한배분의 원리에 대한 헌법해석론적 검토", 「토지공법연구」 제46집, 2009, 497-501쪽; 이 책 제4장에서 발췌.

25 허영, 「헌법이론과 헌법」, 박영사, 2006, 1019쪽 참고.

26 허영, 앞의 책, 542쪽 참고.

27 이기우, 「지방자치이론」, 학현사, 1996, 35쪽; H. Peters, Zentralisation und Dezentralisation, Berlin 1928, S.14f.; P.Schäfer, Zentralisation und Dezentralisation, Berlin 1982, S.41f; 이기우, 앞의 책, 35쪽에서 재인용.

28 전광석, 앞의 책, 320쪽; 정종섭, 앞의 책, 569-570쪽; 표시열, 「교육법-이론·정책·판례-」, 박영사, 2008, 454쪽; 허영, 앞의 책, 542-543쪽. 따라서 대학 자치는 헌법 제31조 제4항과 같은 명문규정을 두지 않더라도 인정되는 것이므로, 규정체계상 제22조 학문의 자유와 관련하여 규율하는 것이 타당하다는 것이 우리 헌법학계의 일반적인 견해이다. 전광석, "고등교육법의 문제점과 향후과제: 대학자치의 관점에서", 「한국교육법연구」 제4집, 1998, 74쪽.

29 이에 관해서는 임재윤, 「교육의 역사와 사상」, 문음사, 2008, 70-79쪽.

30 전광석, 앞의 책, 320쪽; 정종섭. 앞의 책, 569-570쪽; 허영, 앞의 책, 559쪽.

31 이기우, 앞의 글, 42쪽.

32 전광석, 앞의 책, 320쪽; 정종섭. 앞의 책, 571쪽; 헌재결 1992. 10. 1. 선고, 92헌

마698등; 헌재결 2001. 2. 22. 선고, 99헌마613.

33 전광석, 앞의 책, 320쪽; 정종섭. 앞의 책, 571쪽.

34 전광석, 앞의 책, 318쪽; 정종섭. 앞의 책, 495-497쪽.

35 전광석, 앞의 책, 319쪽.

36 전광석, 앞의 글, 72쪽.

37 이상 전광석, 앞의 책, 319쪽. 양자의 기능적 차이에 관하여 좀 더 자세한 것은 전광석, 앞의 글, 72-74쪽 참고.

38 헌재결 2001. 1. 18. 선고, 99헌바63 참고.

39 이에 관해서 자세한 것은 이 책 제1장 참고.

40 제31조(학교운영위원회의 설치) ① 학교운영의 자율성을 높이고 지역의 실정과 특성에 맞는 다양하고도 창의적인 교육을 할 수 있도록 초등학교 · 중학교 · 고등학교 및 특수학교에 학교운영위원회를 구성 · 운영하여야 한다.
② 국립 · 공립 학교에 두는 학교운영위원회는 그 학교의 교원 대표, 학부모 대표 및 지역사회 인사로 구성한다.
③ 학교운영위원회의 위원 수는 5명 이상 15명 이하의 범위에서 학교의 규모 등을 고려하여 대통령령으로 정한다.

41 제32조(기능) ① 국립 · 공립 학교에 두는 학교운영위원회는 다음 각 호의 사항을 심의한다.
1. 학교헌장과 학칙의 제정 또는 개정
2. 학교의 예산안과 결산
3. 학교교육과정의 운영방법
4. 교과용 도서와 교육 자료의 선정
5. 교복 · 체육복 · 졸업앨범 등 학부모 경비 부담 사항
6. 정규학습시간 종료 후 또는 방학기간 중의 교육활동 및 수련활동
7. 「교육공무원법」 제29조의3제8항에 따른 공모 교장의 공모 방법, 임용, 평가 등
8. 「교육공무원법」 제31조제2항에 따른 초빙교사의 추천
9. 학교운영지원비의 조성 · 운용 및 사용
10. 학교급식
11. 대학입학 특별전형 중 학교장 추천
12. 학교운동부의 구성 · 운영
13. 학교운영에 대한 제안 및 건의 사항
14. 그 밖에 대통령령이나 시 · 도의 조례로 정하는 사항

42 김동희, 앞의 책, 203-204쪽; 김성수, 『일반행정법』, 홍문사, 2018, 425-427쪽 참고.

43 행정지도의 문제점에 대해서 자세한 것은, 김동희, 앞의 책, 205-206쪽; 김성수,

앞의 책, 425쪽 참고.

44　최송화, 앞의 글, 82쪽 참고.

45　이에 대해서는 최송화, 앞의 글, 82쪽.

46　대법원 1992. 7. 14. 91누4737 등 다수 판례.

47　서울고법 1989. 10. 20. 89나19110 등 다수 판례.

48　학생에 대한 징계 중 퇴학처분은 가장 강한 처분이다. 「초·중등교육법 시행령」제
31조 제5호는 "제1항제5호의 퇴학처분은 의무교육과정에 있는 학생외의 자로서 다
음 각 호의 어느 하나에 해당하는 자에 한하여 행하여야 한다"고 하고, 그중 한 사
유로 "기타 학칙에 위반한 자"를 그 하나의 사항으로 나열하고 있다. 이러한 규정은
자칫 모든 학칙 위반에 대하여 퇴학처분을 하여야 하는 것으로 오해를 불러일으켜
뜻하지 않은 결과를 가져올 수 있다. 따라서 이러한 규정을 전제로 이와 같은 결과
를 가져오지 않기 위해서는 교칙이 퇴학처분을 하여야 하는 경우와 그 밖의 징계를
하여야 하는 경우를 명확하게 규정하여야만 한다. 한편, 이러한 오해를 불러일으킬
수 있는 제31조 제5항은 그 표현을 수정하는 것이 타당하다.
〈참고〉「초·중등교육법 시행령」제31조(학생의 징계 등) ① 법 제18조제1항 본문
의 규정에 의하여 학교의 장은 교육상 필요하다고 인정할 때에는 학생에 대하여 다
음 각 호의 어느 하나에 해당하는 징계를 할 수 있다.
1. 학교내의 봉사
2. 사회봉사
3. 특별교육이수
4. 1회 10일 이내, 연간 30일 이내의 출석정지
5. 퇴학처분
② 학교의 장은 제1항의 규정에 의한 징계를 할 때에는 학생의 인격이 존중되는 교
육적인 방법으로 하여야 하며, 그 사유의 경중에 따라 징계의 종류를 단계별로 적
용하여 학생에게 개전의 기회를 주어야 한다.
③ 학교의 장은 제1항에 따른 징계를 할 때에는 학생의 보호자와 학생의 지도에 관
하여 상담을 할 수 있다.
④ 교육감은 제1항제3호 및 제4호의 특별교육이수 및 출석정지의 징계를 받은 학
생을 교육하는데 필요한 교육방법을 마련·운영하고, 이에 따른 교원 및 시설·설
비의 확보 등 필요한 조치를 하여야 한다.
⑤ 제1항제5호의 퇴학처분은 의무교육과정에 있는 학생외의 자로서 다음 각 호의
어느 하나에 해당하는 자에 한하여 행하여야 한다.
1. 품행이 불량하여 개전의 가망이 없다고 인정된 자
2. 정당한 이유없이 결석이 잦은 자
3. 기타 학칙에 위반한 자

49 제18조의2(재심청구) ① 제18조제1항에 따른 징계처분 중 퇴학 조치에 대하여 이의가 있는 학생 또는 그 보호자는 퇴학 조치를 받은 날부터 15일 이내 또는 그 조치가 있음을 알게 된 날부터 10일 이내에 제18조의3에 따른 시·도학생징계조정위원회에 재심을 청구할 수 있다.

② 제18조의3에 따른 시·도학생징계조정위원회는 제1항에 따른 재심청구를 받으면 30일 이내에 심사·결정하여 청구인에게 통보하여야 한다.

③ 제2항의 심사결정에 이의가 있는 청구인은 통보를 받은 날부터 60일 이내에 행정심판을 제기할 수 있다.

④ 제1항에 따른 재심청구, 제2항에 따른 심사 절차와 결정 통보 등에 필요한 사항은 대통령령으로 정한다.

제18조의3(시·도학생징계조정위원회의 설치) ① 제18조의2제1항에 따른 재심청구를 심사·결정하기 위하여 교육감 소속으로 시·도학생징계조정위원회(이하 "징계조정위원회"라 한다)를 둔다.

② 징계조정위원회의 조직·운영 등에 필요한 사항은 대통령령으로 정한다.

50 헌재결 1990. 9. 3. 선고, 90헌마13; 헌재결 1992. 6. 26. 선고, 91헌마25.

51 우리 청원법은 제4조에서 청원사항을 규정하고 있지만, 이는 열거적 사항이 아니라 예시적 사항이라고 이해하는 것이 일반적인 해석이다. 따라서 청원법 제5조에서 명시적으로 금지하는 것을 제외하고 청원대상은 제한이 없다.

제 7 장

학교는 인터넷에서 학생 표현을
징계할 수 있는가?*

I. 문제 제기

학생은 새로운 환경에 적응이 빨라서 급변하는 정보환경을 이끌어 가는 계층이다. 요즘 학생들은 인터넷을 이용하여 이메일을 주고받고, 공개게시판을 이용하여 토론을 하며, 자신의 웹사이트나 블로그를 이용하여 자신의 의견을 전달하고 타인의 의견을 듣는다. 이와 같이 학생이 인터넷을 통하여 타인과 의사소통하는 과정에서 자신의 언론(speech)[1]으로 타인의 법익을 침해하거나 공익을 침해하는 경우 이에 대한 제재를 받을 수 있다. 이러한 제재는 민사책임, 형사책임 등이 포함된다.

그리고 학생의 언론이 같은 학교의 학생이나 교사와 같이 자신이 소속하고 있는 학교 내의 구성원의 법익을 침해하거나 학교의 이익을 침해하는 경우 민사책임, 형사책임과는 별도로 학교에서 징계를 받을 수 있다.[2] 그런데 이 경우 다른 학생이나 교사 한 명의 감정손상 여부에 따라 학생의 언론의 자유가 좌지우지될 수 있고, 원칙적으로 학교 안의 교육과정, 교육환경과 관련이 없는 학교 밖, 교외(校外)에서 언론에 대한 민사책임, 형사책임과는 별도로 학교에서 징계를 하는 것은 자칫 학생이 우리 헌법 제21조에 근거하여 가진 언론의 자유 또는 헌법 제18조에 근거하여 가진 통신의 비밀에 과도한 제한이 될 수도 있다. 이러한 측

면에서 인터넷에서 학생의 언론의 자유의 제한과 그 한계에 관한 연구
가 필요하다.

이 글은 효율적인 연구를 위하여 탐구의 대상을 공립 중·고등학교
학생이 웹사이트 또는 블로그 등(이하 '웹사이트'로 줄인다)을 제작하고, 이
를 통하여 언론을 하였을 때, 학교는 징계를 할 수 있는지, 할 수 있다
면 어떠한 요건을 충족한 경우에 할 수 있는지에 관한 법적 논의로 제한
을 하고자 한다.

이러한 목적을 달성하기 위하여 다음과 같은 순서로 논의를 전개할
것이다. 우선 학생의 언론의 자유의 제한 및 그 한계에 관하여 인터넷을
전제로 하지 않은 전통적인 규율 원리를 살펴볼 것이다(Ⅱ). 그리고 학생
이 웹사이트를 제작하고 이를 통한 언론으로 다른 학생이나 교사와 같
이 교내 구성원의 법익을 침해하거나 학교의 이익을 침해하는 경우 민사
책임, 형사책임과는 별도로 학교에서 징계를 받을 수 있는지 여부에 관
한 미국의 논의를 살피고 정리한다(Ⅲ). 이를 기반으로 우리 현실에서 이
와 같은 문제가 발생할 경우 이를 해결하기 위하여 쟁점을 추출하여 정
리하고, 그 합리적 해결책을 모색한다(Ⅳ). 마지막으로 이상의 논의를 정
리하며 글을 마친다(Ⅴ).

Ⅱ. 학생의 언론의 자유의 제한에 대한 전통적인 규율

1. 학생의 법적 지위의 특수성

학생의 언론의 자유의 제한을 논하기 위해서는 학생의 법적 지위를
정리하여야만 한다. 문제 제기에서 밝힌 것과 같이 이 글에서 학생은 공
립 중·고등학교의 재학생으로 한정하였다. 공립 중·고등학생의 연령
은 대체로 만 13세에서 19세가 일반적이다. 따라서 이러한 학생들의 대

부분은 흔히 청소년으로 불리는 연령대이다.

이러한 청소년은 헌법상 기본권의 주체가 될 수 있다는 것이 일반적인 견해이다.[3] 그러나 청소년은 성인과 비교하여 공동체 내에서 독립한 한 주체로서 전적으로 자율적으로 행동하고 책임지기에는 신체적 · 정신적으로 미성숙하였으므로 미성년자로 불린다. 이들은 아직 성장과정 중에 있기 때문에, 스스로 판단하여 결정하기 보다 그를 도와 대신 판단 · 결정하여 줄 부모, 국가가 필요하며, 인격적으로 바르게 성장할 수 있도록 유해한 외부 환경으로부터 보호하여 줄 부모, 국가가 필요하다.[4] 이러한 측면에서 특정한 기본권의 경우 헌법 · 법률의 규정에 의하여 기본권행사능력이 제한될 수 있다.[5]

이러한 청소년이 중 · 고등학교에 재학하는 경우 학생이라는 신분으로 포착된다. 여기서 학생과 학교의 재학관계의 법적 본질이 무엇인지가 학생의 기본권제한의 근거와 관련하여 다루어져 왔다. 이에 관해서는 종래에는 이른바 '특별권력관계'로 파악하여 목적달성에 필요한 합리적인 범위 내에서 구체적인 법적 근거 없이 복종해야 하는 관계로 이해하였으나, 현재는 헌법과 각종 교육법에 의해 근거하여 맺어진 특수한 계약관계로 파악하여 기본권을 제한하는 경우 법률에 의하여 한다는 것이 일반적인 견해이다.[6]

학생은 학교라는 공간에서 공동체 생활을 하기 때문에, 이러한 생활을 유지하기 위하여 규율이 필요하며, 이러한 규율을 위반한 경우 징계를 한다. 우리 「초 · 중등교육법」 제18조 제1항은 "학교의 장은 교육상 필요한 때에는 법령과 학칙이 정하는 바에 의하여 학생을 징계"할 수 있도록 규정하고 있다. 이와 같은 법률의 위임을 받아 학교의 학칙에서 학생징계에 관하여 정하고 있다. 이와 같은 학생징계규정은 일종의 자치규범으로서 법규적 효력이 있으며,[7] 이를 위반하는 경우 위법하거나 무효이다.[8] 그리고 학교의 학칙도 헌법을 위반하면 위헌이 되고, 모법의 한계를 일탈하면 위법하다. 이러한 학칙의 징계규정에 의한 징계는 전술한 '보호받을 권리', '양육받을 권리'에 의한 기본권행사능력의 제한과는 다르게,[9] 특수한 신분관계를 유지하기 위한 기본권 제한이라는 점에 그 특색이 있다.

2. 학생의 언론의 자유의 제한에 관한 전통적인 법리

사이버공간에 대비되는 개념인 현실공간에서 학생은 언론의 자유의 주체가 될 수 있다. 그리고 국가가 이러한 언론의 자유를 제한하기 위해서는 헌법 제37조 제2항에 의해 법률의 규정에 의하여야 한다. 따라서 학생은 원칙적으로 성인과 동일한 언론의 자유를 행사하며, 그 행사의 결과 공익 또는 사익을 침해하는 경우 법률의 규정에 따라 민사책임과 형사책임을 진다. 한편 학생은 학생이 아닌 일반 시민과 다르게 학교의 학칙에 의하여 징계를 받을 수 있다.

그렇다면 학생의 언론의 자유에 관하여 학교의 학칙에 의한 징계가 허용될 수 있는지, 허용될 수 있다면 어디까지 허용될 수 있을 것인가?

이에 관하여 종래 우리나라에서는 초 · 중등교육법 제18조 제1항에서 명시하고 있는 '교육상 필요'라는 기준을 제시하고 있을 뿐, 이를 구체화한 명확한 기준을 확립하고 있지 못하다. 그리하여 대체로 미국 판례법을 통하여 정립된 이론을 소개하며, 그에 관한 기준을 탐색하고 있다.[10]

이러한 설명에 의하면 미국 연방대법원은 일찍이 Tinker v. Des Moines Independent School District 판결을 비롯하여,[11] Bethel School District No. 403 v. Fraser 판결,[12] Hazelwood School District v. Kuhlmeier 판결[13]을 거치면서 학교가 징계를 통하여 학생의 수정헌법 제1조 언론의 자유를 제한할 수 있는 정교한 기준을 제시하였다.[14]

이에 따르면 학생의 언론이 음탕하고 저속하며 명백히 모욕적이라면, 학교는 그것을 즉시 금지할 수 있다: 프레이저 기준. 따라서 학생의 음탕하고 저속하고 명백히 모욕적인 언론을 하는 학생에 대하여 학교는 절대적인 통제권을 가지고 있다. 학생의 언론이 '학교 지원 언론'이면, 학교는 그러한 언론을 적법한 교육적 업무와 관련되어 있다는 것이 합리적으로 판단될 수 있는 한, 이를 제한할 수 있다(쿨마이어 기준). 따라서 학생의 학교지원언론에 대해서는 제한적인 통제권만을 가지고 있다. 그 밖의 모든 학생의 언론에 대해서는, 당해 언론이 학교의 기능을 중대하고 본질적으로 방해하는 것을 의도하였거나, 합리적으로 보았을 때 그것을 야기하고 있다고 판단할 수 있는 경우에만 규제할 수 있다(틴커 기준).[15]

이에 따르면 학생이 현실공간에서 언론을 통하여 타인의 법익을 침해하거나 공익을 침해한 경우 그것이 교내이면, 당연히 민사책임, 형사책임, 그리고 학교의 징계를 받을 수 있다고 결론짓는 것이 타당하다. 그리고 어떠한 경우에 학교가 학생의 언론의 자유를 징계할 수 있는지, 그 기준에 관해서는 일단 미국 연방대법원에서 정립한 틴커-프레이저-쿨마이어 기준을 차용해 판단할 수 있을 것이다.

3. 학생의 교외 언론에 대한 전통적 이론의 부재

이미 설명한 것처럼 미국에서 학생의 교내 언론에 대한 징계의 기준은 정립되어 있는 반면에, 학생의 교외 언론에 대하여 학교에서 징계를 하는 것에 대한 합헌성 및 그 기준은 아직 정립되어 있지 않다. 아직까지 미국 연방대법원이 이에 관하여 판단한 사례는 없었으며,[16] 하급법원에서도 이에 관하여 판단한 경우는 드물다.[17] 따라서 이에 관한 미국의 하급심 판결과 이를 둘러싼 논쟁을 통하여 그 타당성을 검토하여 보자.

(1) Sullivan v. Houston Indep. Sch. Dist. 사건

틴커 판결 이후, 연방법원 차원에서 학생의 교외 언론을 징계하는 권한이 있는지를 둘러싼 최초의 사건은 Sullivan v. Houston Indep. Sch. Dist. 사건[18]이었다.[19] 이 사건에서 텍사스 연방지방법원은 학교가 학생이 그의 가족과 함께 있는 가정에서의 행위에 대하여 판단할 관할권이 없다고 판시하였다. 이 경우 학생은 다른 시민과 마찬가지로 민사상, 형사상 의무를 부담하고, 이러한 의무를 위반한 경우 민사상, 형사상 책임을 지기 때문이다.[20]

연방지방법원의 판시 중 "학교가 학생이 그의 가족과 함께 있는 가정에서의 행위에 대하여 판단할 관할권이 없다"는 내용은, 이 경우 '학교의 권한'이 아닌 '부모의 권한'이 지도적 원리로 작용한다는 것을 의미한다. 학교는 부모의 권한을 대신하거나 침탈하여서는 안 된다. 부모와 학교는 미성년자를 교육하는 데 중요하지만 구별되는 역할을 수행한다.[21]

한편 법원의 판시 중 "이 경우 학생은 다른 시민과 마찬가지로 민사상, 형사상 의무를 부담하고, 이러한 의무를 위반한 경우 민사상, 형사상 책임을 지기 때문"이라는 내용은, 학생이 교내에 있지 않고 학교와 관련된 행위를 하고 있지 않을 때에는 그 본질이 '학생'이 아니라 '시민'이라는 것을 암시한다. 사회는 교외에서 학생을 직업적 신분인 '학생'이 아니라, 시민 중에 '미성년자'로 인식하여야 한다는 것을 암시한다. 이는 어느 한 성인이 직장에 있을 때에는 직업적 신분인 '회사원'이지만, 직장 밖에서는 보통의 '시민'으로서 대우받는 것처럼, 학생이 학교에 있을 때에는 '학생'이지만, 학교 밖에서는 '시민'으로서 대우받아야 한다는 것이다. 다만 아직 미성숙하였기 때문에 시민 중에서 '미성년자'로 대우받는 것 뿐이라는 것이다.[22]

(2) Klein v. Smith 사건

Klein v. Smith 사건[23]에서는, 1986년 4월, 고등학교 학생인 잭슨 클라인(Jason Klein)은 방과 후, 식당 주차장 인근에서 다른 차에 타고 있는 클라이드 클릭(Clyde Clark)이라는 교사에게, 모욕적인 행위인 가운데 손가락 들기를 하였다.[24]

클락은 이 행위의 의미를 인식하였고 이로 인하여 화가 났다. 이 일

로 인하여, 클라인은 10일간의 정학처분을 당하였고, 클라인은 이에 대
하여 그의 교외에서의 언론을 학교가 징계하는 것은 부당하므로, 연방
법원이 학교의 정학처분 집행을 금지하여 달라는 소송을 제기하였다.[25]
학교는 클라인의 언사가 수정 헌법 제1조의 보호를 받지 못하는 도발적
발언(fighting words)을 담고 있다고 주장하였다. 그러나 법원은 클라인의
언사가 적어도 일반적인 교사에 대하여 사용되었을 때에는 폭력적 응답
을 불러일으킬 수 없다고 판시하며 이러한 주장을 받아들이지 않았다.[26]

학교는 당해 언론이 교사들이 교내에서 클라인 및 다른 학생을 적절
히 지도하는 능력을 손상시켰다고 주장하였다. 62명의 교사 및 학교행
정가가 이러한 취지의 성명서에 서명하였다. 그리고 학교는 이러한 성
명서를 정당화하기 위한 논거로 틴커 기준을 제시하였다. 그러나 연방
법원은 이러한 교사 및 학교행정가의 성명서를 무시할 수는 없지만, 문
제된 클라인의 교외에서의 언사와 학교의 기능과 관련성이 희박하기 때
문에 이를 이유로 학교에서 정학처분을 내린 것은 타당하지 않다고 판
단하였다.[27]

(3) Boucher v. School Board of the School District of Greenfield 사건

1998년 Boucher v. School Board of the School District of Greenfield
사건[28]도 유명한 사건이다. 고등학생인 부처(Boucher)는 지하신문(under-
ground newspaper)에 학교의 컴퓨터를 어떻게 해킹할 수 있는지에 관한 기
사를 작성하였으며, 문제의 신문은 학내에 배포되었다. 그런데 부처가
문제의 신문 배포에 참가하였다는 증거는 없는 상태였다. 학교는 그에
게 퇴학처분을 내렸고, 그는 학교가 자신에게 퇴학처분을 한 것은 연방
헌법과 주헌법이 보장하고 있는 언론의 자유를 침해한 것이므로 당해 처
분의 예비적 금지명령을 청구하였다.[29]

이 사건에서 문제된 쟁점은 교외 언론의 징계를 전통적인 언론의 자

유의 제한의 일반 이론에 따라 심사할 것인가, 이보다 완화된 기준인 공립학교라는 특수한 상황에서 적용하는 틴커 기준에 따라 심사할 것인가이다. 이에 관하여 연방 제7항소법원은 명시적이지는 않지만 간접적으로 틴커 기준에 따라 심사하는 것을 지지하였다. 법원은 이 사건에서 비록 부처 자신에 의하여 배포된 것은 아니더라도 당해 언론이 학교에 배포되었고, 당해 기사에 담긴 파괴적인 정보로 인하여 당해 언론이 학교 기능에 중대하고 본질적인 방해를 초래하였다고 판단할 수 있기 때문에, 틴커 기준에 따라 심사한 것이었다.[30]

(4) 소결

요컨대 미국에서 학생의 교외에서의 언론에 대하여 학교가 징계를 할 수 있는지, 할 수 있다면 어떠한 기준에 의하여 할 수 있는지에 관한 연방대법원의 판결은 아직 없으며, 그러한 이유로 이에 관하여 아직 확립된 견해는 존재하지 않는 것으로 보인다.

우리나라에서는 고등학교 학생의 신분이 학교 밖에서의 언론행위에도 영향을 미쳐 학교의 징계 대상이 되어서는 안 된다는 명시적인 주장이 있다.[31] 학생은 공무원과 달리 공법적 조직의 일원이 아니고, 학교를 떠난 생활범위에서는 학생의 기본권제한을 정당화할 충실의무라든가 독립성 수호의무 등도 존재하지 않기 때문이다.[32]

학생이 교외에서 한 언론은 원칙적으로 학교생활과 관련이 없으며 학교가 규율할 영역이 아니라 부모가 감독할 영역에 속하므로, 이를 이유로 징계를 하는 것은 옳지 않다. 그러나 그러한 교외의 언론이 학교에 영향을 미쳐 교육 환경 조성에 영향을 끼친다면 그것이 비록 교외에서 발생한 언론이라고 하더라도 교육 환경 조성에 끼친 영향을 이유로 예외적으로 처벌하는 것이 가능할 것이다. 이렇게 예외적으로 학생을 처벌할 경우 적용될 기준은 원칙적으로 언론의 자유 제한의 일반 원칙이 아니라 학생의 언론의 자유의 제한 기준이 적용되어야 할 것이다.

III. 학생의 웹사이트를 통한 언론의 징계에 관한 미국의 논의

1. 교내 언론에 대한 적용

이미 서술한 것처럼 미국 연방대법원은 학교의 교내 언론에 관하여 학교에서 징계를 하는 것에 대하여 합헌이라고 인정하고 있으며, 구체적으로 그러한 언론의 내용이 무엇인지, 학교가 지원하고 있는지 여부 등을 기준으로 각각 다른 기준을 제시하고 있다.

이에 따라 미국 연방대법원 및 하급법원에서도 웹사이트가 학교 시설 및 컴퓨터를 이용하여 창작되었다면, 학교는 학생이 이용한 재산을 통제할 수 있기 때문에, 이러한 웹사이트를 창작하는 언론에 대한 좀 더 광범위한 통제와 권한을 인정하고 있다.[33]

예를 들어, 컴퓨터 교사가 각 학생들에게 웹사이트를 제작하는 것을 가르치는 도중에, 이를 배우는 학생이 학교의 컴퓨터를 이용하여 문제의 웹사이트를 제작하고 이를 통하여 언론을 한다면, 그것에 대해서는 현실 공간에서 교내 언론에 관하여 학교에서 징계를 할 수 있는 기준을 그대로 적용하면 되기 때문에 별로 문제가 되지 않는다.[34] 나아가 그것이 비록 수업 중의 행위가 아니라고 하더라도 컴퓨터 랩(Lab)이나 인터넷 서버를 이용하는 것과 같이 학교에서 제공하는 시설을 이용하여 웹사이트를 제작하고 이를 통하여 언론을 하는 경우에도 동일하다.[35]

요컨대, 미국 연방대법원은 교내 언론에 대하여 학교에서 규율할 수 있는지, 규율할 수 있다면 어떠한 요건 아래 규율할 수 있는지에 관한 헌법적 기준을 이미 서술한 틴커 판결 및 그 후속 판결에서 명백하게 판시한 바 있으며, 이러한 기준은 학생이 교내에서 학교 시설 및 컴퓨터를 이용하여 웹사이트를 제작하고, 이를 통하여 언론하는 경우 그대로 적용될 수 있을 것이다.

2. 교외 언론에 대한 전통적 이론의 부재

이미 서술한 것처럼 미국에서 학생의 교내 언론에 대한 징계의 기준은 정립되어 있는 반면에, 학생의 교외 언론에 관하여 학교에서 징계를 하는 것에 대한 합헌성 및 그 기준은 아직 정립되어 있지 않다.

이와 같은 교외 언론에 대한 전통적 이론의 부재와 인터넷이라는 매체를 이용한 언론의 제한과 맞물려, 교외에서 제작한 웹사이트를 통한 언론에 대한 징계의 가능성 및 그 기준은 쉽게 처방을 제시하기 어려운 복잡한 문제로 남아 있다.[36]

이에 관해서 미국에서는 학생이 교외에서 제작한 웹사이트를 통한 언론에 대하여 학교가 징계를 할 수 있다는 긍정설과 징계를 할 수 없다는 부정설이 대립하고 있다. 이에 관하여 좀 더 자세히 살펴본다.

3. 긍정설

긍정설에 따르면 문제의 언론이 비록 교외에서 발생하였더라도, 교내에서 일어난 언론과 같이 웹사이트와 학교 교장(校場)을 연결하기에 충분하기 때문에, 학교는 인터넷을 통하여 교외에서 행한 언론을 징계할 수 있다고 한다. 미국에서 일부 판례가 원칙적으로 이러한 입장에서 판결하였고,[37] 일단의 이론가나 실무가 중에서 이러한 입장을 이론화하고 옹호하고 있다.[38]

이러한 입장이 잘 표현된 판례로는 J.S. v. Bethlehem Area School District 판결[39]이 있다. 이 사건에서 중학생인 저스틴 스위들러(Justin Swidler)는 수학교사의 목이 잘린 사진과 함께 그의 목을 자르면 20달러를 제공할 용의가 있다는 내용 등 수학교사 및 교장(principal)에 관한 부정적 발언을 담은 웹사이트를 제작하였다. 학교는 익명의 제보자가 보낸 이메일을 통하여 이 사이트의 존재를 알게 되었고, 이것이 문제되자 저스틴 스위들러는 자발적으로 웹사이트를 삭제하였지만, 학교는 그에게 정학처분을 내렸다.

저스틴 스위들러는 당해 사이트의 내용이 단지 과장된 것뿐이고 진정한 위협은 아니며, 학교의 정학처분은 연방헌법 제1조가 보장하고 있는 언론의 자유를 침해하였다고 주장하였고, 학교 측은 이 사건으로 인하여, 수학교사는 체중이 줄고 불면증이 생겼으며, 정신적인 충격으로 정상적인 수업 진행이 어렵게 되었으며, 결과적으로 학교가 비도덕적으로 변하였고 교육 과정이 방해를 받았다고 주장하였다.

펜실베니아주 항소법원은 학생의 발언이 진정한 위협은 아니라고 할지라도, 당해 웹사이트가 매우 공격적이고 잔인하며, 학교의 주장과 같이 학교를 비도덕화시켰다고 판단하며, 학생에 대한 정학처분이 정당하다고 판단하였다. 이 판결에 따르면, 문제의 언론이 비록 교외에서 행해졌다고 하더라도, 교내에서 일어난 언론과 같이 웹사이트와 학교 교장을 연결하기에 충분하기 때문에, 학교는 학생이 제작한 문제의 웹사이트를 이유로 처벌하는 것이 정당화된다고 판시하였다. 법원은 학교의 정학처분은 프레이저 기준과 틴커 기준에 의하여 정당화된다고 하였다.

펜실베니아주 대법원은 미국 연방대법원이 15년 동안 공립학교 학생의 언론의 자유의 영역에 관한 판결이 없었으므로, 이러한 사건에 적용될 이론은 진화하고 있다고 전제하고, 인터넷의 발전은 언론의 자유의 제한에 관한 분석을 복잡하게 만들고, 틴커 판결에서의 완장은 저스틴 스위들러 사건의 멀티미디어 웹사이트에 의해 대체되고 있다고 판시하며 항소법원의 판결을 지지하였다.

이와 같은 긍정설의 이론적 논거를 정리하면 다음과 같다.

첫째, 문제가 되는 학생의 교외 언론은 공익 또는 타인의 권리를 침해하기 때문에 헌법적 관점에서 보았을 때 보호의 필요성이 별로 없는 행위라는 것이다. 이 글에서 주제로 삼고 있는 교외에서 인터넷을 통하여 행한 언론으로 인하여 학생이 학교에서 징계를 받는 경우, 당해 언론은 모두 추잡하고 음란한 언론이거나 명예훼손적 언론이거나 도발적 언론이다. 이러한 범주의 언론은 과거 미국 연방대법원이 수정헌법 제1조에 의하여 보호를 받지 못하는 '비언론'으로 범주화한 부류이어서, 현재에도 수정헌법 제1조에 의한 보호를 받지 못하거나 보호를 받더라도 많은 제한을 받는 언론이다. 따라서 이러한 언론은 성인이 행한 언론이더라도 헌법적으로 보호받을 수 없거나 많은 제한을 받는 것이 정당화된다. 또한 수정헌법 제1조는 모든 미국 시민에게 적용되지만, 언론이 행해지는 장소에 따라, 시간 및 방법에 따라 차별적으로 권리를 제한할 수 있으므로,[40] 학생의 기본권을 성인보다 넓게 제한할 수 있다.[41] 교육자는 교육환경을 조성하고 적절한 행위의 기준을 수립하기 위하여 학생의 언론의 자유를 제한할 수 있다.[42] 따라서 학교는 교외에서 인터넷을 통하여 이와 같은 범주의 언론을 행한 학생을 징계할 수 있는 권한이 있다.[43]

둘째, 교육적 환경을 조성하고 유지하는 것이 학교의 업무라면, 교육자가 업무를 수행할 수 있어야 한다. 학생과 학교의 관계를 설명하는 커먼로상의 대원칙 중 하나인 인 로코 파렌티스 원칙(In Loco Parentis Doctrine)에 따르면 학교가 교육의 목적을 위하여 학생의 권리를 제한하더라도 그것이 자의적이지 않는 한 넓은 재량권을 인정하여 왔다.[44] 다른 학생의 권리를 보호하고, 교내에서 교육적 환경을 조성하고 유지하는 것은 학교의 권한이자 책무이다. 학교가 이러한 권한이자 책무를 적절히 수행하지 않는 경우 보호감독의무 소홀을 이유로 교육자 자신이 독자적인 법적 책임을 부담하기도 한다.[45] 학교가 교육적 환경을 조성하고 유지할 권한과 책무를 다하기 위해서는 교외에서 인터넷을 통하여 타인의 명예를 훼손하는 부류의 언론을 행한 학생을 징계할 수 있어야 한다.[46]

셋째, 타인의 권리를 존중하기 위하여 문제가 되는 학생의 교외 언론을 규율하는 것은 나쁜 것이 아니다. 이 글에서 주제고 하고 있는 언론인 추잡하고 음란한 언론이거나 명예훼손적 언론이 '사상의 자유 시장'에 거의 기여하지 못한다. 설사 문제가 되는 학생의 교외 언론이 사상의 자유 시장에 기여하더라도, 다른 학생과 교사의 권리는 사상의 자유 시장에 기여하는 이익을 초과한다.[47] 예를 들어, 학생이 학교 안에서 안전하고 편안하다고 느낄 권리는 다른 학생이 공격적인 행동을 할 권리의 이익을 초과한다. 추잡하고 음란한 언론이거나 명예훼손적 언론이거나 도발적 언론은 정치적이거나 학문적 언론과 다르게 취급되어야 한다. 그리고 그 대상이 다른 학생인 경우 이러한 행위에 더욱 민감하기 때문에 특별히 취급하여야 할 필요성은 더욱 커진다. 학교에게 이러한 인터넷 웹사이트를 감시하도록 허용하고 이에 대한 징계를 하도록 허락하는 것이 이것을 허용하여 발생하는 언론의 자유의 위축효과보다 더욱 가치 있는 이익이다.[48] 요컨대, 다른 학생 및 교사의 권리를 보호하여 얻을 수 있는 이익이 당해 학생의 언론의 자유를 보호하여 얻을 수 있는 이익을 초과하므로, 학교가 교외에서 인터넷을 통한 언론을 징계하는 것은 허용되어야 한다.

넷째, 학생의 교외 언론을 징계하지 않는다는 원칙을 수립한다면 이러한 사실을 아는 학생의 교외 언론을 통제하는데 실패하여, 이러한 교외 언론을 통한 명예훼손, 성희롱 등의 범죄가 증가할 것이다.[49]

따라서 이 입장에 따르면, 인터넷 웹사이트를 통하여 행해진 학생의 언론은 당해 언론이 교내에서 행하여지든, 교외에서 행하여지든, 그 장소를 묻지 않고 학교에서 징계가 가능하며, 이때 기준은 틴커 판결 및 그 후속 판결이 되어야 한다.

이 견해는 인터넷에서의 언론의 자유 적용과 관련하여 인터넷의 무경계적 속성을 강조한다. 인터넷은 무경계적 속성을 지니고 있으므로, 이러한 속성에 적응하기 위하여 당해 언론이 행하여진 장소를 불문하고 틴커 판결 및 그 후속 판결을 적용하여야 하며, 인터넷의 무경계적 속성은 구제뿐 아니라, 언론의 분석에 있어서도 관철되어야 한다는 것이다.[50] 이에 따르면, 물리적 공간성(territoriality)은 학생의 언론을 규율하는 교육자의 권한의 한계를 정하는 데 유용한 개념이 아니다.[51] 일부의 생각과는 다르게, 틴커 판결과 그 후속 판결은 학생의 언론에 대한 학교의 권한이 교문을 떠나는 순간 사라진다는 것을 암시하고 있지 않다.[52] 일반적인 생각과 더욱 다른 것은 틴커 판결과 그 후속 판결이 학생이 인터넷에서 블로그를 만들어 언론을 하는 것을 염두에 두고 판시하지 않았지만, 법원은 그 언론이 교육 환경을 방해하거나 방해할 염려가 있다면, 교외의 언론이더라도 이를 규율하는 것을 지지할 수 있는 틀을 제시하고 있다는 것이다.[53]

4. 부정설

부정설에 따르면 학교는 원칙적으로 학생의 교내 생활에 대해서만 통제할 권한을 가질 뿐 교외 생활에 대해서 통제할 권한이 없으며, 학교의 교외 행동을 이유로 학교가 징계를 행하는 것은 학생의 언론의 자유 및 적법절차의 원리, 학부모의 자녀양육권을 침해하는 것이므로, 학교는 학생이 인터넷을 통하여 교외에서 행한 언론을 징계할 수 없다고 한다. 미국에서 일부 판례가 원칙적으로 이러한 입장에서 판결하였고,[54] 일단의 이론가나 실무가가 이러한 입장을 이론화하고 옹호하고 있다.[55]

이러한 입장이 잘 표현된 판례로는 Beussink v. Woodland R-1V Sch. Dist 판결[56]이 있다.[57] 1998년 2월, 우드랜드 고등학교의 재학생인 브랜던 보싱크(Brandon Beussink)는 자신의 집에서 웹사이트 하나를 제작하였다. 그 웹사이트는 교장과 교사에 대하여, 학교의 홈페이지에 대하여 자신의 의견을 저속한 언어를 사용하여 전달하고 있었고, 학교 홈페이지에 하이퍼링크를 걸어 놓았다. 다른 학생이 이 사이트를 발견하여 학교에 신고하였으며, 교장은 홈페이지 내용에 격노하였다. 결국 학교는 그에게 10일긴의 징힉처분을 내렸다. 보싱크는 인론의 자유를 규징하고 있는 수정헌법 제1조 위반을 주장하며, 연방 법원에 정학처분을 집행하지 못하도록 예비적 금지명령을 청구하였다.

연방법원은 보싱크의 청구를 인용하면서, 이 사건에서 학교 내의 언론은 당해 언론이 학교의 기능을 중대하고 본질적으로 방해하는 것을 의도하였거나, 합리적으로 판단하였을 때 그것을 야기하고 있을 경우에만 규제할 수 있다는 틴커 기준을 적용하였다.

연방법원은 이 기준에 따르면, 당해 학생의 언론에 의하여 불쾌해지거나 화가 나는 것은 학생의 언론을 제한할 수 있는 정당화 사유가 아니라고 판시하고, 이 사건에서 당해 학생의 홈페이지는 틴커 기준이 제시하는 학교의 기능을 중대하고 본질적으로 방해하는 것을 의도하였거나, 야기하고 있지 않다고 판시하였다.

한편, 연방법원은 수정헌법 제1조의 보호가 진정으로 필요한 언론은 보싱크의 언론과 같이, 도발적인 언론이며, 일반적인 언론은 규제할 필요를 느끼지 못한다, 오히려 규제할 필요를 느끼는 언론은 도발적인 언론이다, 이것이 수정헌법 제1조의 존재이유라고 판시하였다.[58]

이와 같은 부정설의 이론적 논거를 정리하면 다음과 같다.

첫째, 이들에 따르면 학생이 교외에 있다면 학생이라는 신분보다는 시민(citizen)이란 신분이 본질적으로 중요하다. 이미 서술한 것처럼 설리번 대 호스턴 학교행정구 판결[59]에서 텍사스연방지방법원은 학교가 학생이 그의 가족과 함께 있는 가정에서의 행위에 대하여 판단할 관할권이 없다고 판시하였다. 이 경우 학생은 다른 시민과 마찬가지로 민사상, 형사상 의무를 부담하고, 이러한 의무를 위반한 경우 민사상, 형사상 책임을 지기 때문이다.[60] 여기서 후반부의 판시는, 학생이 교내에 있지 않고 학교와 관련된 행위를 하고 있지 않을 때에는, 그 본질이 '학생'이 아니라 '시민'이라는 것을 암시한다. 사회는 교외에서 학생을 직업적 신분인 '학생'이 아니라, 시민 중에 '미성년자'로 인식하여야 하며, 이는 어느 한 성인이 직장에 있을 때에는 직업적 신분인 '회사원'이지만, 직장 밖에서는 보통의 '시민'으로서 대우받는 것처럼, 학생이 학교에 있을 때에는 '학생'이지만, 학교 밖에서는 '시민'으로서 대우받아야 한다는 것이다. 다

만 아직 미성숙하였기 때문에 시민 중에서 '미성년자'로 대우받는 것뿐
이라는 것이다.[61] 요컨대 이 견해에 따르면, 미국 헌법 하에서 '학생'도
'사람'이며,[62] 학생이 교내에 있지 않고 교외에 있다면, 당해 학생은 학
생이라는 신분보다, 시민(citizen)이라는 신분이 본질적으로 중요하다.[63]

둘째, 학생의 교외 생활을 규율하는 주체는 가정의 부모이므로, 학
교는 학생의 교외에서 인터넷을 통한 언론을 징계할 수 있는 권한이 없
다.[64] 이미 서술한 설리번 대 호스턴 학교행정구 판결에서 학교가 학생이
그의 가족과 함께 있는 가정에서의 행위에 대하여 판단할 관할권이 없다
는 판시는 이 경우 '학교의 권한'이 아닌 '부모의 권한'이 지도적 원리로
작용한다는 것을 의미한다. 학교는 부모의 권한을 대신하거나 침탈하여
서는 안 된다. 부모와 학교는 미성년자를 교육하는 데 중요하지만 구별
되는 역할을 수행한다. 이에 따르면 긍정설에서 주장하는 인 로코 파렌
티스 원칙(In Loco Parentis Doctrine)은 긍정설의 정당화 논거가 아니라 부
정설의 정당화 논거로 작용한다. 교사는 부모가 위임한 권한을 행사하
는 것이고, 부모는 가정 생활에서 일어나는 행위를 규제하는 권한까지
위임한 것이 아니므로, 이 경우 교사는 보호자로서의 권한이 없다고 결
론지을 수 있기 때문이다.[65]

셋째, 언론의 자유의 보호가 필요한 언론은 일반적인 언론이 아니라
추잡하고 음란한 언론이거나 명예훼손적 언론이거나 도발적 언론이며,
언론의 기능 중 하나인 안전장치기능(safety-valve function)[66]을 고려하여
볼 때 학생이 교외에서 인터넷 웹사이트를 통하여 학교나 교사, 다른 학
생을 비판하는 것은 보호할 가치가 있다.[67] 언론의 자유를 제한하기를 원
하는 자는 평범하고 일반적인 언론을 제한하여야 할 필요를 거의 느끼
지 못한다. 오히려 제한을 하고자 하는 언론은 위와 같은 내용의 언론이
다.[68] 따라서 이와 같은 언론을 '비언론'으로 간주하여 언론의 자유의 보
호 대상에서 제외하는 이른바 '범주론'은 이미 적실성을 잃은 낡은 이론
이다. 따라서 긍정설이 주장하는 것처럼 이러한 언론이 '사상의 자유 시

장'에 거의 기여하지 못하므로, 보호를 거부하는 것은 타당하지 않다.[69] 이러한 언론을 보호하지 않으면, 학생이 교외에서 발언하면서도 끊임없이 자기검열을 하는 위축효과가 발생할 것이다.[70]

넷째, 학교에서 학생이 교외에서 인터넷을 통하여 한 언론을 징계하는 것은 헌법상 적법절차규정을 위배할 소지가 있다고 한다.[71] 1979년 1월, 미국 뉴욕주 북부의 그랜빌 고등학교에서는 내셔널 램펀(National Lampon)이라는 유명한 성적 풍자를 전문으로 하는 잡지를 본뜬 풍자 신문을 만든 학생 네 명이 정학처분을 받았다. 이들은 방과 후 그들의 집에서 이와 같은 일을 하였으며, 풍자의 대상은 학교의 '치어리더, 동급생, 교사'였다. 이들은 위 정학처분이 연방헌법 제1조와 제14조를 위반하였다며 소송을 제기하였다.[72]

이 사건에서 연방 제2항소법원은, 학생의 교외 언론에 대한 교내의 징계가 적법절차위반의 소지가 있다고 판시하였다. 이러한 상황에서 학교 행정가는 기소를 하는 검찰관이자, 판결을 하는 판사의 역할을 겸한다고 주장한다. 피해자의 동료이거나 근본적으로 같은 입장에 있는 사람들이 학생에게 공정하게 심판을 하는 것이 사실상 어렵다는 것이다. 나아가 학교 행정가는 명예훼손이나 음란과 같은 헌법적 개념에 관하여 정통하지 못한 사람들이다. 따라서 법원은 학생의 교외 언론행위에 대한 정학처분과 같은 교내의 징계는 독립적이고 공정한 결정권자에 의하여 이루어져야 한다고 결론지었다.[73]

다섯째, 교내 언론에 대하여 학교에서 규율할 수 있는지, 규율할 수 있다면 어떠한 요건 아래 규율할 수 있는지에 관한 헌법적 기준은 이미 서술한 틴커 판결 및 그 후속 판결에서 명백하게 판시한 바 있다. 그러나 미국 연방대법원은 공립학교가 학생의 교외 언론을 규율할 수 있는지에 관해서는 결코 명시적으로 판시한 바 없다.[74] 틴커 판결 및 그 후속 판결 중에서 교외의 언론을 다룬 것은 없으며, 틴커 판결을 제외한 두 판결은 당해 언론이 학교 활동의 일부로서 행해진 것이므로, 교외의 언론

과는 전혀 관계가 없다.[75]

다만, 틴커 판결은 학교 활동의 일부가 아닌 언론이므로 이는 고찰할 필요가 있다. 이러한 견해에 따르면, 긍정설은 틴커 판결에서 당해 언론이 학교의 기능을 중대하고 본질적으로 방해하는 것이라는 요소만을 강조하여 선례로서 사용될 수 있다고 판단하고 있다고 주장한다.[76] 그러나 틴커 판결은 공립학교가 학생의 교외 언론을 규율할 수 있다거나 교내에 영향을 끼치지 않는 교외의 언론을 규율할 수 있다고 명시적으로 판시한 바 없다. 인터넷에서 웹사이트를 만든 학생이 학교에 징계를 받는 것이 정당화되기 위해서는, 틴커 판결에서 당해 학생은 문제의 완장을 교내에서 착용한 것처럼, 당해 학생이 교외에서 창작한 웹사이트를 스스로 내려받기 하여 교내로 '가져왔을 때'와 같은 상응하는 행위가 있을 때 비로소 고려될 수 있다.[77]

따라서 이 입장에 따르면, 인터넷 웹사이트를 통하여 행해진 학생의 언론은 학교가 징계하는 것은 원칙적으로 금지되어야 한다. 다만, 당해 학생이 교외에서 창작한 웹사이트가 학생 스스로 내려받기하여 다른 학생이 내려받도록 부추겨서 교내로 '가져왔을 때'와 같이 예외적인 경우 틴커 기준에 의하여 학교의 징계가 가능하다.[78]

IV. 학생의 웹사이트를 통한 언론의 징계에 대한 검토

1. 쟁점의 정리

이미 살펴본 것과 같이 학생이 교내에서 학교 시설 및 컴퓨터를 이용하여 웹사이트를 제작하고, 이를 통하여 표현하는 경우 학생이 언론이자유의 제한에 관한 전통적인 이론을 통하여 이를 해결할 수 있다. 그러나 학생이 교외에서 웹사이트를 통한 언론을 하여 타인의 권리를 침해한 경우 이를 학교가 징계할 수 있는지, 징계할 수 있다면 경우에 할 수 있는지에 관한 문제와 시간과 공간을 가리지 않고 접근할 수 있는 인터넷이라는 매체를 이용한 언론을 규제하는 문제가 맞물려 쉽게 해결하기 어려운 복잡한 주제이다. 이와 관련하여 미국에서 전개되고 있는 긍정설과 부정설의 내용과 각 주장에 관하여 살펴보았다.

각각의 견해는 첫째, 학생의 교외에서의 신분에 관해서 어떻게 판단하여야 하는지, 둘째, 교외에서의 언론의 자유 제한에 전통적인 이론이 적용될 수 있는지, 셋째, 인터넷의 속성을 어떻게 파악할 것인지, 넷째, 언론의 자유 침해 여부 및 적법절차의 원칙 침해 여부, 다섯째, 징계규정의 신설 및 징계절차의 개선, 여섯째, 부모의 자녀양육권을 침해하는 것인지에 관하여 살펴본 후, 이에 대한 결론을 도출하고자 한다.

2. 교외에서 학생의 신분

이미 살펴본 것처럼 설리번 판결에서 텍사스 연방지방법원에서는 학생은 다른 시민과 마찬가지로 민사상, 형사상 의무를 부담하고, 이러한 의무를 위반한 경우 민사상, 형사상 책임을 지므로, 학생이 교내에 있지 않고 학교와 관련된 행위를 하고 있지 않을 때에는, 그 본질이 '학생'이 아니라 '시민'이라고 주장한다. 그리고 사회는 교외에서 학생을 직업적 신분인 '학생'이 아니라, 시민 중에 '미성년자'로 인식하여야 하며, 이는 어느 한 성인이 직장에 있을 때에는 직업적 신분인 '회사원'이지만, 직장 밖에서는 보통의 '시민'으로서 대우받는 것처럼, 학생이 학교에 있을 때에는 '학생'이지만, 학교 밖에서는 '시민'으로서 대우받아야 한다는 것이다.[79]

필자가 판단하기에 이러한 논리는 타당하지 않다. 학생이 교내에 있지 않고 학교와 관련된 행위를 하고 있지 않을 때, 그 본질은 '시민'이면서 동시에 '학생'이다. 시민과 학생은 동시에 공존할 수 있는 신분이다.

부정설의 표현을 빌려 설명하자면, 이는 어느 한 성인이 직장에 있을 때나 직장 밖에서나 '회사원'이자 '시민'인 것처럼, 학생은 학교에 있을 때나 학교 밖에 있을 때나 '학생'이자 '시민'이다. 학생이 교외에서 학생이냐 시민이냐는 질문은 처음부터 잘못 제기된 질문이다.

이러한 논리가 타당하지 않은 것은 부정설의 설명을 참고하면 자명하다. 부정설에서는 학생이 교외에 있다면, 당해 학생은 학생이라는 신분보다, 시민이라는 신분이 본질적으로 중요하다고 주장하면서도, 이러한 주장이 곧 학생의 교외 언론에 대하여 학교가 전혀 규율할 수 없다는 결론에 이르는 것은 아니라고 한다. 만약 교외에서 언론이 있었다고 하더라도, 교외의 언론이 그 행위자에 의하여 교육 환경을 방해하는 결과를 초래한다면 그러한 교외 언론은 학교에 의하여 규율되어야 한다는 것이다.[80] 이러한 설명은 모순이다. 학생이라는 신분이 아닌 시민이라는 신분으로 한 행위가 왜 그 행위의 결과에 따라 학교에 의하여 규율 여부가 결정되는가? 이것은 이미 학생은 교외에서 시민이자 학생이라는 논리를 전제로 하는 것이 아닐까?

그러나 학생이 교외에서 시민이자 학생이라는 대답이 논리필연적으로 학교가 학생의 교외에서 행위에 관하여 징계를 할 수 있다는 결론에 도달하는 것은 아니다. 학교가 학생의 교외에서의 행위에 관하여 징계를 할 수 있는지는 앞으로의 추가적인 질문에 대한 답변에 따라 얼마든지 다른 결론을 도출할 수 있는 질문이다.

3. 교외에서의 제한에 교내의 제한에 관한 전통적인 이론이 적용될 수 있는지 여부

이미 살펴본 것처럼 미국 연방대법원은 학생의 언론에 대하여 학교에서 징계를 하는 것은 합헌이며, 그러한 언론의 내용이 무엇이며, 어떠한 상황에서 이루어졌는지를 기준으로 정교한 기준을 제시하여 왔다. 이에 따르면, 학생의 언론이 음탕하고 저속하며 명백히 모욕적이라면, 학교는 절대적인 통제권을 가지므로 즉시 금지할 수 있다. 학생의 언론이 '학교 지원 언론'이면, 학교는 제한적인 통제권만을 가지므로 당해 언론이 적법한 교육적 업무와 관련되어 있다는 것이 합리적으로 판단될 수 있는 한 이를 제한할 수 있다. 그 밖의 모든 학생의 언론에 대해서는, 당해 언론이 학교의 기능을 중대하고 본질적으로 방해하는 것을 의도하였거나, 합리적으로 보았을 때 그것을 야기하고 있다고 판단할 수 있는 경우에만 규제할 수 있다.[81]

긍정설에 따르면, 이러한 틴커 판결 및 그 후속 판결은 학생의 언론에 대한 학교의 징계권이 교문 앞에서 멈추는 것을 전제하지 않았으며, 비록 틴커 판결 및 그 후속 판결이 교외에서 언론에 적용되는 것을 전제하고 판시하고 있지는 않더라도, 틴커 기준이 충분히 적용할 수 있는 취지로 해석된다고 주장한다. 따라서 이 입장에 따르면, 인터넷 웹사이트를 통하여 행해진 학생의 언론은 당해 언론이 교내에서 행하여지든, 교외에서 행하여지든, 그 장소를 묻지 않고 학교에서 징계가 가능하며, 이때 기준은 틴커 판결 및 그 후속 판결이 되어야 한다.[82] 이에 따르면, 교외에서 제작한 웹사이트가 제작한 학생 스스로에 의하여 내려받기되었을 때뿐 아니라, 다른 학생에 의하여 교내의 홈페이지에 내려받기되거나, 그러한 내려받기 없이 그 존재가 알려져 그것이 교내에 영향을 미쳤을 때에도 학교에서 징계가 가능하다고 한다.[83]

그에 반하여 부정설에 따르면, 틴커 판결 및 그 후속 판결 중에서 교외의 언론을 다룬 것은 없으며, 틴커 판결을 제외한 두 판결은 당해 언론이 학교 활동의 일부로서 행해진 것이므로, 교외의 언론과는 관계가 없다. 다만, 틴커 판결은 학교 활동의 일부가 아닌 언론이므로 이는 고찰할 필요가 있지만, 이 판결은 공립학교가 학생의 교외 언론을 규율할 수 있다거나 교내에 영향을 끼치지 않는 교외의 언론을 규율할 수 있다고 명시적으로 판시한 바 없다.[84] 인터넷에서 웹사이트를 만든 학생이 학교에 징계를 받는 것이 정당화되기 위해서는, 틴커 판결에서 당해 학생은 문제의 완장을 교내에서 착용한 것처럼, 당해 학생이 교외에서 창작한 웹사이트를 스스로 내려받기 하여 교내로 '가져왔을 때'와 같은 상응하는 행위가 있을 때 비로소 고려될 수 있다.[85] 따라서 이 입장에 따르면, 인터넷 웹사이트를 통하여 행해진 학생의 언론은 학교가 징계하는 것은 원칙적으로 금지되어야 한다. 다만, 당해 학생이 교외에서 창작한 웹사이트가 학생 스스로 내려받기하여 다른 학생이 내려받도록 부추겨서 교내로 '가져왔을 때'와 같이 예외적인 경우 틴커 기준에 의하여 학교의 징계가 가능하다.[86]

이러한 긍정설과 부정설의 대립은, 궁극적으로 틴커 판결 및 그 후속 판결이 학생이 교외에서 웹사이트를 제작하여 한 언론을 학교가 징계하는 사건의 선례(precedent)가 될 수 있는지에 관한 다툼이다. 따라서 틴커 판결 및 그 후속 판결이 선례가 되지도 않고, 선례구속의 원칙을 따르지도 않는 우리의 경우 이에 관한 대립은 논쟁의 중요성이 떨어지는 것이 사실이다. 오히려 이 쟁점에 관한 다툼에서 긍정설과 부정설 모두 학생이 교외에서 웹사이트를 제작하여 한 언론을 학교가 징계하는 것을 일률적으로 긍정하거나 부정하지 않는다는 점에 주목하여야 한다고 생각한다. 이렇게 보았을 때 긍정설과 부정설의 대립은 원칙과 예외의 설정 또는 어느 경우에 학교의 징계를 인정할 것인가라는 범위에 관한 이견의 문제라고 정리할 수 있다.

이러한 의미에서 틴커 판결 및 그 후속 판결이 교내의 언론에 대한 학교 징계의 한계만을 제시하는 기준인가, 교외의 언론에 대한 학교 징계의 한계만을 제시하는 기준인가에 대한 논란은 무의미하다. 틴커 판결 및 그 후속 판결은 인터넷과 같은 새로운 매체에 의한 언론의 규율을 예정하고 있지 않았다고 할 수 있기 때문이다.

다만 틴커 판결 및 그 후속 판결을 통하여 미국 연방대법원이 학생의 언론의 자유를 학교가 징계하기 위해서는 어떠한 요건이 필요하다고 했는지 그 본질을 파악할 필요가 있다. 필자는 틴커 판결 및 그 후속 판결의 본질은 학교의 징계란 교육적 필요에 의하여 행해지는 것이고, 여기서 교육적 필요란 단순히 훈육이 아니라, 교육환경에 영향을 미쳐서 이를 제재할 필요가 있는지에 그 초점이 맞추어져 있다고 판단한다. 프레이저 기준과 쿨마이어 기준은 이러한 본질을 구체적 사건에 적용하면서 그에 적응하고 구체화하는 과정에서 제시된 발현체에 불과하다. 이러한 측면에서 틴커 기준은 교외에서 웹사이트를 제작하여 이를 통하여 자신의 언론을 한 학생의 행위를 학교가 징계할 수 있는지, 징계할 수 있다면 어떠한 기준을 충족하는 경우에 징계할 수 있는지에 대하여 명확한 답을 주고 있다.

따라서 틴커 기준은 미국 연방대법원이 틴커 판결 당시 의도하였든 의도하지 않았든, 이를 불문하고 교외에서 웹사이트를 제작하여 이를 통하여 자신의 표현을 한 학생의 행위를 학교가 징계할 수 있는지에 관하여 적용된다.

다만 교외에서 행한 학생의 언론이 교육환경에 영향을 끼치는 것은 예외적인 경우이므로 이 점을 중시한다면,[87] 학생이 자신의 언론이 교외에서 일어난 것이라는 것을 입증하면, 학교가 당해 징계로 학생의 기본권을 침해하지 않았음을 입증하여야 한다고 해석하는 것이 타당하다.[88] 나아가 당해 언론을 징계하여 얻는 이익이 학생의 기본권 보호 이익을 초과하는 경우에만 징계할 수 있다고 해석하는 것이 타당하다.[89]

4. 인터넷의 속성 및 인터넷에서 언론의 자유

이미 설명한 것처럼 긍정설은 인터넷이라는 매체가 물리적 공간성을 탈피하고, 시간과 공간을 초월하여 의사소통을 할 수 있는 무경계적 속성을 가지고 있다는 점에 주목한다. 누구든 일단 네트워크에 자신의 의사를 게시하는 순간, 네트워크에 접속할 수 있는 전 세계의 모든 사람은 그 의사를 열람할 수 있는 가능성이 있다. 지하 신문과는 달리 웹사이트는 교내에 물리적 전달을 요구하지 않는다. 그가 교내에 있는 사람인지, 교외에 있는 사람인지, 학교와 관련된 사람인지, 관련되지 않은 사람인지를 불문한다.[90] 이러한 의미에서 더 이상 교내냐, 교외냐 같은 물리적 공간에 기초하여 학교가 징계를 할 수 있는지를 판별하는 이론은 통용될 수 없다.

더욱이 기술이 발달하여 최근 유행하는 넷북(net book)과 같이 모든 학생이 본인의 컴퓨터를 가지고 다니며, 언제 어디서든 무선인터넷에 접속하여 자유롭게 인터넷 활동을 하게 되면, 학교 지원 언론이므로 학교에서 징계할 수 있다는 이론이 설 여지는 더욱 좁아질 것이다.

이러한 의미에서 긍정설의 의견이 원칙적으로 타당하다. 그러나 이러한 견해를 취하였다고 하여 학생의 교외에서의 모든 언론을 학교가 징계할 수 있다는 결론에 도달하는 것은 아니다. 오히려 이러한 인터넷의 속성과 인터넷에서 언론의 자유의 속성을 인정한다면, 틴커 기준을 고집하지 말고 이러한 속성에 부합하는 구체적인 타당성을 추구하는 태도가 필요하다.[91] 이러한 측면에서 판단하였을 때 틴커 판결의 취지를 참고하여 학교에서 징계할 수 있는 범위를 정하여야 한다. 이렇게 보았을 때 학생이 교외에서 웹사이트를 제작하여 이를 통하여 언론을 하였을 때, (ⅰ) 당해 학생이 교외에서 창작한 웹사이트를 스스로 내려받기 하여 교내로 '가져오거나' 다른 학생이 내려받도록 부추켜서 교내로 '가져왔을 때'와 같이 틴커 판결에서 당해 학생이 문제의 완장을 교내에서 착용한 것에 상응하는 행위가 있었고, (ⅱ) 당해 언론이 학교의 기능을 중대하고 본질적으로 방해하는 것을 의도하였거나, 합리적으로 보았을 때 그것을 야기하고 있다고 판단할 수 있는 경우에만 학교에서 징계할 수 있다고 해석하는 것이 타당하다. 보싱크 사건과 같이 당해 웹사이드가 보싱크 자신이 아닌, 그를 골탕먹이려는 전 여자친구에 의하여 학교 컴퓨터로 내려받기된 경우, 이것은 베트남전을 반대한다는 의사표시인 검은 완장이 의사표현의 주체의 자발적 행위에 의하여 교내에서 표현되었던 틴커 기준과는 명백히 구별되는 것이므로, 학교에서 징계받아야 할 사안이 아니었다.[92]

한편 그 밖에도 인터넷의 속성을 고려하여 합리적 해결책을 모색하는 노력이 필요하다. 예를 들어, 학생이 제작한 문제의 웹사이트에 "이 웹사이트의 내용은 모두 오락목적입니다", "이 웹사이트의 내용 중 일부는 픽션, 풍자, 패러디입니다"와 같은 안내 또는 경고문구가 있다면, 학교의 징계 과정에서 이를 어떻게 고려하여야 하는가?

저스틴 스위들러 사건을 비롯한 미국의 여러 사건은 이러한 안내 또는 경고문구가 있었던 사건이었다. 미국에서 일부 견해는 이러한 안내 또는 경고문구의 존재 여부가 학교의 징계권 행사에 고려되어야만 한다고 주장한다. 이러한 안내 또는 경고문구는 웹사이트의 방문자가 그 내용을 심각하게 받아들이지 않도록 하는 효과를 가져올 수 있기 때문이다.[93]

5. 적법절차의 원칙 및 이중처벌금지의 원칙 침해 여부

부정설 중 일부 견해는 학생이 교외에서 웹사이트를 제작하여 한 언론을 학교가 징계하는 것은 이미 살펴본 것과 같은 이유로 헌법상 언론의 자유에 위배되어 위헌의 소지가 있을 뿐 아니라, 헌법상 적법절차규정에 위배되어 위헌의 소지가 있다고 주장한다.

예를 들어, 1979년 1월, 뉴욕주 북부의 그랜빌 고등학교에서는 내셔널 램펀(National Lampon)이라는 유명한 성적 풍자를 전문으로 하는 잡지를 본뜬 풍자적 신문을 만든 학생 네 명이 정학처분을 받았다. 그리고 위 정학처분이 연방헌법 제1조와 제14조를 위반하였다며 소송을 제기하였다.[94]

연방 제2항소법원은 이 사건에서, 학생의 교외 언론에 대한 교내의 징계가 적법절차위반의 소지가 있다고 판시하였다. 이러한 상황에서 "학교 행정가는 기소를 하는 검찰관이자, 판결을 하는 판사의 역할을 겸한다."[95] 피해자의 동료이거나 근본적으로 같은 입장에 있는 사람들이 학생에게 공정하게 심판을 하는 것이 사실상 어렵다는 것이다.[96]

나아가 학교 행정가는 명예훼손이나 음란과 같은 헌법적 개념에 관하여 정통하지 못한 사람들이다. 따라서 법원은 학생의 교외 언론행위에 대한 정학처분과 같은 교내의 징계는 독립적이고 공정한 결정권자에 의하여 이루어져야 한다고 결론지었다.[97]

그러나 연방 제2항소법원의 논리를 철저히 관철한다면 학생의 행위에 대한 학교의 모든 징계처분은 타당하지 않은 결과를 초래하므로 이를 그대로 수용하긴 어렵다.

한편 학생이 교외에서 웹사이트를 제작하여 한 언론을 학교가 징계하는 것이 헌법상 이중처벌금지의 원칙[98]에 위배되는 것 아니냐는 의문도 제기될 수 있다.[99] 그러나 국가의 형벌권과 학교의 징계권은 그 처벌의 목적과 방향이 다르기 때문에 이를 동시에 부과하여도 이중처벌의 금지의 원칙에는 반하지 않는다고 해석하는 것이 타당하다. 우리 헌법재판소도 "이중처벌금지원칙에서 말하는 '처벌'은 원칙적으로 범죄에 대한 국가의 형벌권 실행으로서의 과벌을 의미하는 것이고, 국가가 행하는 일체의 제재나 불이익처분을 모두 그 '처벌'에 포함시킬 수는 없다"[100]고 판시하여, 이중처벌금지의 원칙을 이와 같은 맥락에서 이해하고 있다.

6. 징계규정의 본질 및 교육상 필요의 판단

학생의 징계란 학교의 장이 교육상 필요가 있다고 인정하는 경우 학생에게 부과하는 법적 제재이다.[101] 이러한 의미에서 인간 개개인의 인지적, 정의적, 신체적 특성과 잠재가능성을 바르게 이해하고 발달시켜서 인간의 최대한의 발달을 원조하는 행위인 '생활지도'와 명확히 구별되는 행위이다. 이미 설명한 것처럼 우리 초·중등교육법 제18조 제1항은 징계의 법적 근거를 제시하고 있고, 이와 같은 법률의 위임을 받아 각 학교의 학칙에서 학생징계에 관하여 정하고 있다. 이와 같은 학생징계규정은 일종의 자치규범으로서 법규적 효력이 있으며, 이를 위반하는 경우 위법하거나 무효이다. 그리고 학교의 학칙도 헌법을 위반하면 위헌이 되고, 모법의 한계를 일탈하면 위법하다.

이렇게 보았을 때 학생의 징계에 필요한 '교육상 필요'는 당해 언론이 다른 학생이나 교사의 권리를 침해하거나 공익을 침해하여 학교의 기능을 중대하고 본질적으로 방해하는 것을 의도하였거나, 합리적으로 보았을 때 그것을 야기하고 있다고 판단할 수 있는 수준에 이른 경우에만 충족될 수 있는 것이지, 그보다 약한 수준은 이를 충족할 수 없다. 이보다 약한 수준의 행위에 대하여 윤리적 개입을 하는 것은 생활지도에나 어울리는 권한 행사이다.

그리고 일선 학교에서는 이 글의 논의를 통하여 얻은 결론과 같은 내용을 학칙에 조문화하여 수범자인 학생이 교외에서 웹사이트를 제작하여 이를 통하여 언론을 하였을 때 학교가 징계를 할 수 있는 경우는 언제이고, 할 수 없는 경우는 언제인지를 명확하게 하고, 이를 알리는 노력이 필요하다.

그리고 현행 징계절차가 비록 헌법상 적법절차의 원리에 위배되지 않는다고 판단되더라도, 좀 더 공정하게 징계가 이루어지도록 절차를 정비할 필요가 있다. 이러한 징계 절차의 정비는 개별 학교 차원에서 학칙의 개정 노력과 국회와 대통령의「초·중등교육법」과 같은 법 시행령 개정 노력이 병행되어야 할 것이다.[102] 그리고 실제로 징계가 행해지는 일선 학교에서는 이와 같이 정비된 징계 절차 안에서도 징계를 받는 학생이 수긍할 수 있도록 노력을 하는 것이 필요하다.

7. 부모의 자녀양육권을 침해하는 것인가

미성년 자녀를 신체적으로 부양하고 정신적으로 보호 · 양육하는 것은 법규정 이전에 이미 부모에게 당연히 있는 '자연적인' 권리이다.[103] 부모와 자녀의 특별한 결속은 그 사이에 국가를 비롯한 제3자가 끼어드는 것을 원칙적으로 배제하도록 요청한다. 미성년 아동의 성장에 대하여 국가가 가지는 이익은 2차적으로 고려될 뿐이다. 미성년 자녀의 양육에 관한 한 부모의 권리의무가 국가의 권한에 우선하는 것이다. 이러한 미성년 자녀의 인격성장의 권리와 부모의 자녀양육권은 일체로서 국가에 대항하는 방어권으로서 기능한다. 국가는 자기의 책임을 이행할 수 없거나 이행할 의지가 없을 때 보충적으로 청소년에 대한 보호 및 양육의 책임을 부담한다.[104] 이와 같은 부모의 자녀양육권은 헌법 제31조 제2항, 제36조 제1항에 의하여 간접적으로 확인되고 있고, 헌법 제37조 제1항에 직접적으로 근거하고 있다.[105]

이렇게 보았을 때 학생이 교외에서 웹사이트를 제작하여 자신을 표현하는 행위를 하는 것을 일률적으로 학교가 징계하는 것은 자칫 부모의 자녀양육권을 침해할 우려가 있다. 따라서 이러한 이유에서도 이미 설명한 것처럼 (ⅰ) 당해 학생이 교외에서 창작한 웹사이트를 스스로 내려받기 하여 교내로 '가져오거나' 다른 학생이 내려받도록 부추겨서 교내로 '가져왔을 때'와 같이 틴커 판결에서 당해 학생이 문제의 완장을 교내에서 착용한 것에 상응하는 행위가 있고, (ⅱ) 당해 언론이 학교의 기능을 중대하고 본질적으로 방해하는 것을 의도하였거나, 합리적으로 보았을 때 그것을 야기하고 있다고 판단할 수 있는 경우에만 학교에서 징계할 수 있다고 해석하는 것이 타당하다. 이러한 경우에 부모의 자녀양육권과는 별도로 학교가 가지고 있는 학교질서유지를 위한 독자적인 권한이 있다고 해석하는 것이 타당하기 때문이다.

V. 결론

이미 살펴본 것과 같이 학생이 교내에서 학교 시설 및 컴퓨터를 이용하여 웹사이트를 제작하고, 이를 통하여 표현하는 경우 학생의 언론의 자유의 제한에 관한 전통적인 이론을 통하여 이를 해결할 수 있다. 그러나 학생이 교외에서 웹사이트를 통한 언론을 하여 타인의 권리를 침해한 경우 이를 학교가 징계할 수 있는지, 징계할 수 있다면 경우에 할 수 있는지에 관해서 미국에서 긍정설과 부정설이 대립하고 있고, 우리나라에서는 이에 관한 논의가 전무하다. 이 글에서는 이에 관한 미국의 논의를 중심으로 그 쟁점을 살피고, 이에 관한 생각을 정리하였다. 그리고 학생이 교외에서 웹사이트를 제작하여 이를 통하여 언론을 하였을 때, (ⅰ) 당해 학생이 교외에서 창작한 웹사이트를 스스로 내려받기하여 교내로 '가져오거나' 다른 학생이 내려받도록 부추겨서 교내로 '가져왔을 때'와 같이 틴커 판결에서 당해 학생이 문제의 완장을 교내에서 착용한 것에 상응하는 행위가 있고, (ⅱ) 당해 언론이 학교의 기능을 중대하고 본질적으로 방해하는 것을 의도하였거나, 합리적으로 보았을 때 그것을 야기하고 있다고 판단할 수 있고, (ⅲ) 당해 언론을 징계하여 얻는 이익이 학생의 기본권 보호 이익을 초과하는 경우에만 징계할 수 있다고 해석하는 것이 타당하다. 다만, 교외에서 행한 학생의 언론이 교육환경에 영향을 끼치는 것은 예외적인 경우이므로, 학생이 자신의 언론이 교외에서 일어난 것이라는 것을 입증하면, 학교가 징계가 학생의 기본권을 침해하지 않았음을 입증하여야 한다고 해석하는 것이 타당하다.

미주

*   원출처: 정필운, "인터넷에서 학생의 언론의 자유의 제한에 관한 연구: 학교는 학생의 웹사이트를 통한 의사표시행위를 징계할 수 있는가", 「토지공법연구」 제45집, 한국토지공법학회, 2009, 533–558쪽.

1   '언론'이란 구두 및 문자에 의한 의사표시행위이다. 이 글에서 speech는 주로 언론이라는 용어로 사용하고 있으나, 때로는 이보다 넓은 '의사표현', '표현'이라는 용어로 사용하기도 한다. 이 글에서 언론이라는 용어가 일상생활에서 흔히 쓰는 것처럼 언론사를 줄인 말이나 어떤 문제에 대하여 여론을 형성하는 활동을 의미하지는 않는다.

2   그것이 학생에 대한 언론이면 대개 대상학생의 부모가 징계를 요구하고, 교사에 대한 발언이면 대개 교사 자신이 징계를 요구할 것이다.

3   권영성, "청소년보호법에 의한 유해매체물의 유통규제", 「고시연구」, 1997.11., 114쪽.

4   김선택, "아동·청소년보호의 헌법적 기초-미성년 아동·청소년의 헌법적 지위와 부모의 양육권", 「헌법논총」 제8집, 헌법재판소, 1997, 79쪽.

5   권영성, 앞의 글, 114쪽.

6   신현직, "우리나라 현행 법체계상 고등학생의 권리", 「교육권과 교육기본권」, 청년사, 2003, 401쪽; 홍정선, "학생의 법적 지위에 관한 소고-기본권제한과 참여문제를 중심으로-", 한국교육법학회 편, 「교육의 자치와 대학의 자유」, 대학출판사, 1986, 126쪽.

7   서울고법 1990. 10. 23. 90나22792 참고.

8   대판 1992. 7. 14. 선고, 91누4737.

9   권영성, 앞의 글, 114쪽; 김선택, 앞의 글, 89쪽은 우리 헌법 제10조의 인간으로서의 존엄과 가치를 바탕으로 하여 이와 결합한 행복추구권의 한 내용으로 미성년자를 위하여 '인격체로 성장할 권리(Recht auf Person-Werden)'라는 독자적인 기본권 도출을 시도하고 있다.

10   예를 들어, 박용상, 「표현의 자유」, 현암사, 2002, 301쪽 이하.

11   Tinker v. DesMoines Ind. Sch. Dist., 393 U.S. 503 (1969).

12   Bethel School District No. 403 v. Fraser, 478 U.S. 675 (1986).

13   Hazelwood School District v. Kuhlmeier, 484 U.S. 260 (1988).

14   Shannon L. Doering, Tinkering with School Discipline in the Name of the First

Amendment:: Expelling a Teacher's Ability to Proactively Quell Disruptions Caused by Cyberbullies at the Schoolhouse, 87 Neb. L. Rev. 630, 638 (2008-2009); Leora Harpaz, Internet Speech and the First Amendment Rights of Public School Students, 2000 B.Y.U. Educ. & L.J. 123, 125-126 (2000).

15 안성경, "미국공립학교에서 학생의 복장규제에 관한 연구", 「법학연구」 제19권 제1호, 연세대학교 법학연구소, 2009, 262-264쪽. 틴커 판결 및 그 후속 판결을 이른바 삼부작(trilogy)이라고 표현하기도 한다. 예를 들어 Rita J. Verga, Policing Their Space: The First Amendment Parameters of School Discipline of Student Cyber-space, 23 Santa Clara Computer & Higi Tech. L. J., 727, 731 (2006-2007). 위의 세 판결의 상호관계에 관해서 자세한 것은 안성경, 앞의 글, 264쪽 참고.

16 Leora Harpaz, op. cit., p.142.

17 Leora Harpaz, op. cit., p.160.

18 Sullivan v. Houston Indep. Sch. Dist., 307 F. Supp. 1328 (S.D. Tex. 1969).

19 이상 Clay Calvert, Off-Campus Speech, On-Campus Punishment: Censorship of the Emerging Internet Underground, 7 B.U. J. Sci. & TECH. L. 243, 275 (2001).

20 307 F. Supp. 1328, 1340-41 (S.D. Tex. 1969).

21 Clay Calvert, op. cit., pp.275-276.

22 Clay Calvert, op. cit., p.276.

23 Klein v. Smith, 635 F. Supp. 1440 (D. Me. 1986).

24 Id. at 1441.

25 Id. at 1441.

26 Id. at 1141-1142.

27 Id. at 1142.

28 Boucher v. School Board of the School District of Greenfield, 134 F.3d 821 (7th Cir. 1998).

29 Id. at 821-824.

30 이상 Leora Harpaz, op. cit., p.144; Alexander G. Tuneski, Online, Not on Grounds: Protecting Student Internet Speech, 89 Va. L. Rev. 139, 172-173 (2003).

31 박용상, 앞의 책, 322쪽.

32 박용상, 앞의 책, 322쪽.

33 Clay Calvert, op. cit., p.264.

34 Leora Harpaz, op. cit., p.125.

35 Leora Harpaz, op. cit., p.125.

36 Leora Harpaz, op. cit., p.124.

37 예를 들어, Killion v. Franklin Reg'l Sch. Dist., 136 F. Supp. 2d 446 (W.D. Pa.

2001); J.S. v. Bethlehem Area School District, 771 A. 2d. 1290(Pa. 2001).

38 예를 들어, Todd D. Erb, A Case For Strengthening School District Jurisdiction To Punish Off-Campus Incidents of Cyberbullying, 40 Ariz. St. L. J. 257 (2008); Renee L. Servance, Comment, Cyberbullying, Cyber-Harassment, and the Conflict Between Schools and the First Amendment, 2003 Wis. L. Rev. 1213 (2003); Shannon L. Doering, op. cit.; Rita J. Verga, op. cit..

39 757 A.2d 412 (Pa. Commw. Ct. 2000); 771 A. 2d. 1290(Pa. 2001); 807 A.2d 847 (Pa. 2002), http://www.firstamendmentschools.org/freedoms/case.aspx-?id=1687(2009. 7. 10. 최종 방문).

40 Hill v. Colorado, 530 U.S. 703, 713 n.19 (2000); Ward v. Rock Against Racism, 491 U.S. 781, 790-91 (1989).

41 Belloti v. Baird, 443 U.S. 622, 99 S. Ct. 733 (1969).

42 Bethel School Dist. No. 403 v. Fraser, 478 U.S. 675, 681 (1986); Hazelwood School Dis. v. Kuhlmeier, 484 U.S. 260, 266 (1988).

43 이상 Shannon L. Doering, op. cit., pp.654-655 참고.

44 Arval A. Morris, The Constitution and American Public Education, Carolina Academic Press, 1989, p.277. 이 원칙에 따르면 부모는 부모로서의 권한을 교사에게 위임하므로, 교사는 부모의 입장에 있고, 교사는 자신이 고용된 목적을 달성하기 위하여 필요한 범위 내에서 자신의 책임하에 위임된 권한을 행사한다는 것이다.

45 Susan H. Kosse, Student Designed Home Web Pages: Does Title IX or the First Amendment Apply?, 43 Ariz. L. Rev. 905, 920 (2001).

46 Shannon L. Doering, op. cit., p.656

47 Shannon L. Doering, op. cit., p.661.

48 Todd D. Erb, op. cit., pp.283-284 (2008).

49 Shannon L. Doering, op. cit., p.668.

50 Shannon L. Doering, op. cit., pp.661-670.

51 Thomas v. Bd. of Educ., 607 F.2d 1043, 1058 n.13 (2d Cir. 1979).

52 Leora Harpaz, op. cit., p.142.

53 393 U.S. 503, 514 (1969).

54 예를 들어, Beussink ex rel. Beussink v. Woodland R-IV Sch. Dist., 30 F. Supp. 2d 1175 (E.D. Mo. 1998); Coy ex rel. Coy v. Bd. of Educ., 205 F. Supp. 2d 791 (N.D. Ohio 2002).

55 예를 들어, Clay Calvert, op. cit.; Aaron H. Caplan, Public School Discipline for Creating Uncensored Anonymous Internet Forum, 39 Willamette L. Rev. 94 (2003).

56 Beussink v. Woodland R-1V Sch. Dist., 30 F. Supp. 2d 1175 (E.D. Mo. 1998).

http://www.firstamendmentschools.org/freedoms/case.aspx?id=1681&Search-String=beussink(2009. 7. 3. 최종 방문).

57 로라 하파즈 교수는 보싱크 판결은 인터넷에서 학생의 권리의 승리이자 학교의 징계의 노력의 패배라고 평가하였다. Leora Harpaz, op. cit., pp.145-146.

58 30 F. Supp. 2d 1175, 1182 (E.D. Mo. 1998).

59 Ⅱ. 3. (1) 참고.

60 각주 197.

61 이상 Clay Calvert, op. cit., pp.275-276.

62 Tinker v. DesMoines Ind. Sch. Dist., 393 U.S. 503, 511 (1969).

63 Clay Calvert, op. cit., p.285, 245. 로라 하파즈 교수는 보싱크 판결에서 연방법원도 이러한 이분론에 입각하여 있는 것으로 판단하고 있다. Leora Harpaz, op. cit., p.149.

64 Aaron H. Caplan, op. cit., p.144; Clay Calvert, op. cit., p.276.

65 Sullivan v. Houston Indep. Sch. Dist., 307 F. Supp. 1328, 1340-41 (S.D. Tex. 1969).

66 언론의 자유는 사회를 안전하게 하는 '안전장치'로서 기능한다. 언론의 자유의 기능에 관해서는 많은 이론이 있으나 Whitney v. California, 274 U.S. 357, 1927 판결에서 브랜다이스 대법관이 제시한 견해에 따르면, 하나, 언론의 자유는 정치적 영역에서 민주주의원리를 구현하기 위한 필수적인 전제조건으로서 기능한다. 둘, 언론의 자유는 '그 자체가 목적(an end in itself)'이다. 국가의 정당성은 국민이 자기개발을 할 수 있는 자유로운 여건을 조성해 주는 것에서 나온다. 인간은 그 자신을 자유롭게 표현할 수 있을 때 자아성취를 할 수 있다. 셋, 언론의 자유는 사회를 안전하게 하는 '안전장치(safety-valve)'로서 기능한다. Meville B. Nimmer and David Nimmer, Matthew Bender & Company, Inc., a member of the LexisNexis Group, 2004. §1.10[B][1].

67 Clay Calvert, op. cit., p.282.

68 Beussink v. Woodland R-1V Sch. Dist., 30 F. Supp. 2d 1175, 1182 (E.D. Mo. 1998).

69 Aaron H. Caplan, op. cit., p.140은 다른 관점에서 이와 같은 언론의 보호 필요성을 역설하고 있다.

70 Aaron H. Caplan, op. cit., p.149.

71 Aaron H. Caplan, op. cit., p.146.

72 Thomas v. Board of Educ., Granville Cent. Sch. Dist., 607 F.2d 1043, 1050 (2d Cir. 1979).

73 Clay Calvert, op. cit., pp.276-277.

74 Clay Calvert, op. cit., p.265.

75 Aaron H. Caplan, op. cit., p.140.

76 Shannon L. Doering, op. cit., pp.641–651.

77 Clay Calvert, op. cit. p.271, 285.

78 Clay Calvert, op. cit. p.285.

79 Ⅲ. 4. 참고.

80 Clay Calvert, op. cit., p.285.

81 Ⅱ. 2. 참고.

82 이에 대한 자세한 분석은 Shannon L. Doering, op. cit., pp.641–651 참고.

83 Shannon L. Doering, op. cit., pp.673–674.

84 Clay Calvert, op. cit., pp.269–270.

85 Clay Calvert, op. cit. p.271, 285.

86 Clay Calvert, op. cit. p.285. 이러한 견해에 따르면, Beussink v. Woodland R-1V Sch. Dist 판결에서 연방법원과 같이 부정설을 취하면서도 틴커 기준을 적용하는 견해는 결론은 타당하지만, 논리의 구성에 문제가 있다. 이상 Clay Calvert, op. cit., pp.278–279.

87 Aaron H. Caplan, op. cit., p.149.

88 Christi Cassel, Keep Out of Myspace!: Protecting Students from Unconstitutional Suspensions and Expulsions, 49 Wm. & Mary L. Rev. 644, 673 (2007–2008).

89 Id., at 674.

90 Leora Harpaz, op. cit., p.161.

91 Clay Calvert, op. cit., p.279.

92 Clay Calvert, op. cit., pp.278–279.

93 Clay Calvert, op. cit., pp.268–269.

94 Thomas v. Board of Educ., Granville Cent. Sch. Dist., 607 F.2d 1043 (2d Cir. 1979).

95 Id. at 1051.

96 이상 Clay Calvert, op. cit., p.276.

97 Clay Calvert, op. cit., pp.276–277.

98 우리 헌법 제13조 제1항 후단은 "동일한 범죄에 대해서 거듭 처벌받지 아니한다"고 규정하여, 한 번 형사판결이 확정되어 기판력이 발생하면 같은 사건에 대해서는 다시 심판할 수 없다는 이중처벌금지의 원칙을 명시적으로 인정하고 있다. 이에 관하여 자세한 것은 허영, 『한국헌법론』, 박영사, 2009, 355–357쪽 참고.

99 Michael W. La Morte, School Law: Cases and Concepts, Allyn and Bacon, 2008, p.197.

100 헌재결 1995. 6. 30. 선고, 92헌바38.

101 오영표, "학생징계의 구제와 한계", 「인권법평론」 제3호, 전남대학교 공익인권법센터, 2008, 37쪽.

102 과거 필자는 이 부분에서 학교의 학칙 개정 노력보다 국회와 대통령의 법률과 시행령 개정 노력을 강조하였다. 그러나 위와 같이 견해를 변경한다.

103 김선택, 앞의 글, 92쪽.

104 김선택, 앞의 글, 101쪽.

105 김선택, 앞의 글, 93쪽. 헌법재판소는 헌재결 2000. 4. 27. 선고, 98헌가16, 98헌마429(병합) 결정례에서 이와 동일한 취지의 판시를 하였다.

제8장

공립학교에서 교복착용은
헌법에 합치하는가?*

I. 문제 제기

　교복은 일제문화의 잔재이며 군사문화의 연장선이라는 주장에 따라, 정부는 지난 1983년 중·고등학교의 교복을 자율화하였고, 대부분의 학교가 교복을 폐지하였다. 그러나 교복자율화정책이 실시된 지 3년이 채 되지 않아, 학생지도의 어려움, 비행청소년의 증가 등의 이유로 교복착용에 대한 요구가 있자 1986년 2학기부터는 교복자율화 정책을 일부 보완하여 학교장 재량에 따라 교복착용 여부 및 교복의 형태를 결정하여 실시하도록 수정되어 오늘에 이르고 있다. 이에 따라 현재 우리나라의 많은 공립 중·고등학교에서는 학생에게 교복을 착용토록 하고 있다.[1]

　과연 중·고등학교 학생에게 교복을 입도록 하는 것이 타당한가를 둘러싸고 일부 학생, 학부모, 교육자들에 의하여 산발적이지만 지속적으로 문제 제기가 이루어지고 있는 것을 보면, 이 문제도 조만간 도화선만 있으면 불붙을 수 있는 화약더미와 같은 잠재적 분쟁군에 속하나, 아직까지 법적으로 문제가 된 적은 없었던 것으로 보인다.[2] 우리나라에서는 일찍이 1983년 이강혁 교수에 의하여 처음 교복제도에 대한 문제 제기와 함께 헌법이론적 평가가 시도되었으나,[3] 그 이후 이러한 논의를 계승하여 법학적 측면에서 이를 심화한 논의는 없었다.

이 글에서는 우리나라의 교복제도를 본격적으로 다루기 전에, 그에
접근할 수 있는 이론적 기반을 마련하기 위한 작업으로, 교복착용에 관
한 헌법이론적 평가에 관한 미국의 논의를 정리하여 제시하고자 한다.

미국은 지난 1994년 캘리포니아주에서 교육구의 자율적 판단에 따라
공립학교에서 의무적 교복착용정책을 시행할 수 있도록 하는 입법을 하
였으며, 여러 주에서 이와 비슷한 입법을 하여 시행 중에 있다. 본문에
서 자세히 살펴보는 것처럼 미국에서 교복착용이 유행하는 가장 큰 이유
는 폭력집단의 학내 폭력에 대한 대응이다. 법학적 측면에서는 교복착
용이 학생의 기본권을 침해하는 위헌적 입법이 아닌지, 이러한 논란에
따라 교복착용을 합헌적으로 운영하기 위하여 고려하여야 할 점이 무엇
인지 등에 관하여 여러 논문이 발표되었다.

이 글은 미국 공립학교에서 학생에게 의무적으로 교복을 착용하도록
하는 입법이 헌법이론적으로 어떻게 평가되고 있는지에 관한 미국의 논
의를 탐구하고 그 결과를 정리한 것이다. 이와 같은 목적을 달성하기 위
하여 이 글은 다음과 같은 순서로 논의를 전개할 것이다. 우선 미국의 공
립학교에서 의무적 교복착용제도를 도입한 배경과 그 구체적 입법 내용
을 살펴보고자 한다(Ⅱ). 그리고 이러한 의무적 교복착용정책에 대한 미
국 법학계의 헌법이론적 논의를 정리하여 제시하고자 한다(Ⅲ). 마지막
으로 이상의 논의를 정리한다(Ⅳ).

Ⅱ. 교복착용의 배경 및 입법

1. 배경

사립학교에서 학생에게 교복을 착용하도록 하는 정책을 실시하는 것
은 낯선 것이 아니다. 역사적으로 유니폼(uniform)이 최초로 학교에 들어

온 곳이 영국의 사립명문고등학교인 이튼스쿨로 알려진 것은 이를 방
증한다. 그러나 오늘날 미국에서 공립학교의 학생이 교복을 착용한다
는 것은 낯선 것이다.[4] 그럼에도 불구하고 미국 공립학교에서 학생에
게 교복을 착용하도록 하는 입법이 가능하고, 어느 정도 사회적 공감
대를 형성하게 된 것은 폭력집단 행위(gang activity)가 기승을 부리고 있
기 때문이다.[5]

  폭력집단(gang)이란 "충돌을 통하여 결속되고 조직화되는, 침입형(in-
terstitial) 집단"이라고 정의된다.[6] 미국에서 청소년 폭력집단의 문제는 비
단 최근의 사회적 문제만은 아니었다. 역사적으로 이미 19세기부터 청
소년 폭력집단이 존재하였으며,[7] 20세기 초반부터 이미 사회문제로 부
각되었다. 그러나 1980년대에 들어서는 총기를 사용하면서 조직범죄의
새로운 유형으로 등장하였다.[8] 폭력집단은 일반적으로 밤에 움직이고,
대규모이며, 대체로 방어력이 없는 사람들을 상대로 범죄를 저지르는 것
으로 묘사되고 있다.[9]

  역사적으로 폭력집단은 경쟁 폭력집단과 자신을 구별하기 위하여 상
징(symbol)을 중시하여 왔다.[10] 그러한 상징은 자신의 소속과 정체성을 나
타내는 것으로 인식된다. 이러한 상징의 수단으로 동원되는 것들은 복
장, 장신구, 손짓, 문신, 낙서, 숫자, 깃발 등 다양하다.[11]

  따라서 폭력집단의 행위가 심각한 사회문제로 대두대면서, 이러한
문제를 해결하는 하나의 수단으로 이러한 상징의 표현을 억제하려는 노
력을 기울이고 있으며, 학교 내에서 복장규정(dress codes)을 이용하는 것
이 가장 보편적인 수단이다.[1213] 그러나 이러한 복장규정이 여러 가지 이
유로 이에 대한 대응수단으로 효과적이지 않다고 생각하면서, 보다 공
격적인 대응수단으로 거론된 것이 바로 의무적 교복착용정책(mandatory
uniform dress policy)이다.[14]

2. 캘리포니아 교복착용법

캘리포니아주는 미국 내에서 최초로 주법을 통하여 의무적 교복착용 정책을 도입하여 이에 관한 논의를 촉발하였다.[15]

캘리포니아주의 입법자, 학교 행정가는 많은 학교가, 복장, 두건, 머리띠, 장신구와 같은 폭력집단의 일원이라는 것을 드러내는 특정한 상징을 착용하는 것을 금지하는 복장규정을 시행하고 있음에도 불구하고 뚜렷한 효과가 없다고 판단하고, 교복착용정책이 학내에서 폭력집단 행위를 감소시키는 데 더 쉽고 효율적인 방법이라고 믿었다. 그래서 1994년 8월 23일, 캘리포니아주지사 페티 윌슨(Pete Wilson)은 필 위먼(Phil Wyman) 주상원의원이 발의한 복장규정에 관한 법안에 서명함으로써, 공립학교에서 교복착용규정을 시행할 수 있도록 허용하는 캘리포니아 교육법(California Education Code)을 개정하였다(이하 '캘리포니아 교복착용법'으로 줄인다).[16] 개정법은 교육구가 학생이 폭력집단 관련 복장을 착용하는 것을 금지할 수 있는 권한을 부여하는 법 제35183조를 대체하여, 개정 전 권한뿐 아니라 교육위원회가 공립학교에서 의무적 교복착용정책을 시행할 수 있는 권한도 부여하였다. 구체적으로 살펴보면, 법은 범학교 차원의 교복 정책의 채택은 학생을 보호하기 위하여 제공할 수 있는 합리적인 방법이라고 언급하고(§35183(a)(5)), 학교는 공립학교 학생을 위하여 의무적 교복 착용을 시행할 권한이 필요하므로(§35183(a)(6)), 각 교육구의 위원회는 범학교 차원의 교복착용정책을 채택할 수 있도록 권한을 부여하고 있다(§35183(b)) 그리고 부모가 자녀에게 교복을 착용하는 것을 선택하지 않는 경우 다른 방법을 제공하도록 하는 이른바 '옵트 아웃(opt-out)' 방식의 예외규정(§35183(e)) 등 시행에 필요한 세부적인 사항을 규정하고 있다.[17]

1994년 8월에 통과된 이 법은, 1995년 1월 1일부터 전 주에서 시행되었다. 이렇게 법을 개정한 이유는 다음과 같다. 첫째, 학교의 교사와 학교 행정가가 끊임없이 변화하는 폭력집단을 표시하는 복장을 세밀히 묘사하는데 어려움을 느꼈기 때문이다.[18] 둘째, 교복은 만약 학생이 사복을 입는다면 그것을 입은 학생의 본의와는 무관하게 자칫 특정한 폭력집단과 연계되어 있다는 외관을 주게 되어 생기는 우발적인 폭력을 방지하도록 하여 준다. 예를 들어, 학생 A가 주관적으로 폭력집단의 소속임을 나타낼 의사가 전혀 없이 a라는 복장을 하였는데, 마침 그것이 폭력집단 X를 상징하는 복장이어서, 폭력집단 Y가 오인을 하여 그에게 폭력을 가하는 것을 막을 수 있다는 것이다.[19] 학교 행정가는 교복이 교내에서 뿐 아니라, 교외에서도 학생들을 폭력집단과 연계된 폭력의 희생양이 되는 것을 막아준다고 주장하고 있다.[20]

그 후 많은 주에서도 캘리포니아 교복착용법을 도입하였고, 이에 따라 많은 교육구에서 의무적 교복착용정책이 시행되고 있다.[21]

III. 교복착용에 대한 헌법이론적 평가

1. 적용조항: 수정헌법 제1조

미국의 연방 헌법 수정 제1조(이하 '수정헌법 제1조'로 줄인다)[22]는 의회가 '표현의 자유를 제한하는 법률'을 제정하지 못하도록 규정하고 있다.[23] 이러한 입법권의 제한은 연방 뿐 아니라 주에도 적용되는 것이다.[24] 이 수정헌법 제1조의 해석과 관련하여 종래 개별적 이익형량론, 절대적 보호론, 유형별 이익형량론 등의 대립이 있어 왔다. 그러나 현재 미국 연방대법원은 개별적 이익형량론, 절대적 보호론보다는 유형별 이익형량론의 견해를 취하고 있으며, 이에 따르면 의회는 언론을 제한하는 법률을 제한할 수 있고, 문제되는 표현을 유형화하고 유형화된 표현의 일반적인 이익과 대립되는 비표현의 일반적인 이익을 형량하여 그 보호 여부를 결정하게 된다.[25] 따라서 유형별 이익형량론은 제한을 받는 당해 언론 및 제한입법의 특성에 따라 이를 유형화하고, 그 유형에 적합한 심사기준을 적용하여 위헌 여부를 결정한다.[26][27]

따라서 공립학교에서 모든 학생에게 의무적으로 교복을 착용하도록 하는 입법이 헌법에 합치하는지를 심사하기 위해서는, 우선 의무적으로 교복을 착용하도록 하는 입법으로 인하여 제한되는 행위가 수정헌법 제1조의 보호대상이 되는지, 보호대상이 된다면 어느 유형에 속하며 어느 심사기준을 적용할 것인지를 결정하여야 한다.

한편 루지애나주의 개정 주법에 근거한 교육위원회의 의무적 복장 규정정책을 합헌이라고 판시한 Canady v. Bossier Parish School Board (이하 '캐나디'로 줄인다) 사건[28]에서 원고이자 항소인은 학생은 그들이 원하는 복장을 입을 수 있기 위하여 선택을 할 수 있는 '자유'가 있다고 주장하며, 수정헌법 제1조뿐 아니라 수정헌법 제14조의 실체적 적법절차도 적용된다고 주장하였다. 그러나 이 사건을 담당한 제5연방항소법원은 수정헌법 제1조가 직접 적용되는 사안에서는 실체적 적법절차는 예비적 주장으로 이용될 수 없다는 연방대법원의 견해를 인용하며,[29] 이 사건은 수정헌법 제1조가 적절한 헌법적 보호의 근거가 되므로, 수정헌법 제14조를 적용할 여지가 없다고 판시하였다. 이러한 견해에 따르면 공립학교에서 모든 학생에게 의무적으로 교복을 착용하도록 하는 입법이 헌법에 합치하는지를 심사하는 데 수정헌법 제14조가 적용될 여지는 없다고 할 수 있다.

2. 복장의 착용도 수정헌법 제1조의 언론에 해당하는가

연방대법원은 의사소통적 내용을 담은 행위(conduct)가 수정헌법 제1조의 보호를 받을 필요가 있다는 것을 인정하고 있다.[30] 그러나 의사소통적 내용을 담은 모든 행위가 수정헌법 제1조의 보호를 받을 수 있는 것은 아니다.[31] 연방대법원은 Spence v. Washington 사건[32]에서 이에 관한 요건을 다음과 같이 제시하였다: 스펜스 기준(Spence test). 수정헌법 제1조의 범위 내에 속하는 의사소통의 요소가 충분히 담겨 있는 표현적 행위가 되기 위해서는 당해 행위가 (i) 화자의 '특수한 메시지를 전달하려는' 의도와, (ii) '당해 메시지가 당해 행위를 보는 일반인에게 의도대로 이해될 수 있는 개연성'이 있어야 한다.[33]

따라서 의무적 교복 착용이 수정 헌법 제1조에 따른 심사를 받기 위해서는 의무적 교복 착용으로 인하여 제한되는 행위인 학생이 스스로 원하는 복장 착용이 위에서 제시한 스펜스 기준을 충족하여, 표현적 행위에 해당하여야 한다.[34] 이에 관해서 검토해 보자.

첫째, 자신이 원하는 복장 착용이 이를 착용하는 학생의 특수한 메시지를 전달하려는 의도를 보여주고 있는가. 복장의 선택은 다양한 차원에서 자신의 내심을 표현한다. 예를 들어, 학생은 정치적 후보자나 중요한 사회적 쟁점을 지지하는 메시지가 새겨진 복장을 선택할 수 있으며, 이러한 행위는 순수한 언론으로서 수정헌법 제1조의 보호대상이 된다.[35] 복장의 선택은 도덕적 · 종교적 신념과 정치적 사회적 가치관을 보여줄 수도 있다. 때로는 자신이 소속된 집단을 표시할 수도 있다. 학생들은 이러한 복장을 통하여 각각 특수한 메시지를 전달하려는 의도를 가지고 있다.[36]

둘째, 자신이 원하는 복장의 착용을 통하여 전달하고자 하는 메시지가 당해 행위를 보는 일반인에게 의도대로 이해될 수 있는 개연성이 있어야 한다. 위에서 든 예와 같이, 학생이 정치적 후보자나 중요한 사회적 쟁점을 지지하는 메시지가 새겨진 복장을 하거나 자신이 소속된 집단을 표시하는 복장을 하였을 경우, 당해 복장을 통하여 전달하고자 하는 메시지가 이를 보는 일반인에게 의도대로 이해될 수 있는 개연성이 있다고 판단된다.[37]

따라서 자신이 원하는 복장의 착용은 '표현적 행위'에 해당한다.[38]

3. 학생의 표현적 행위도 성인과 동등하게 수정헌법 제1조의 보호를 받는가

수정헌법 제1조는 모든 미국 시민에게 적용된다.[39] 그러나 수정헌법 제1조가 모든 시민에게 적용된다고 하여, 모든 상황에서 똑같은 권리를 인정하여야 하는 것은 아니다. 언론이 행해지는 장소에 따라, 시간 및 방법에 따라 차별적으로 권리를 제한할 수 있다.[40] 마찬가지로 공립학교에 재학하는 학생에게 성인보다 넓게 권리를 제한을 하였다고 하여, 그것이 곧 위헌은 아니다.[41] 교육자는 교육환경을 조성하고 적절한 행위의 기준을 수립하기 위하여 학생의 표현의 자유를 제한할 수 있다.[42] 교육위원회는 학교 내에서 무엇이 적절한 행동이고 어떠한 복장을 갖추어야 하는지 결정할 권한을 가지고 있다. 미국 연방대법원은 일찍이 학생에게 성인보다 제한적인 권리만을 인정할 수 있는 기준을 제시하여 왔다.[43]

4. 심사기준 결정의 전제: 내용중립제한이냐 내용근거제한이냐

(1) 개관

스펜스 기준에 따라 복장의 선택이 수정헌법 제1조의 보호를 받을 수 있는 표현적 행위에 해당한다고 결정되었다면, 다음 단계는 이와 같은 표현행위를 규제하는 이유를 탐색하여야 한다. 즉, 정부의 입법이 언론을 규제하기 위한 것이냐 또는 언론의 내용과 연관되지 않은 어떤 다른 해악을 규제하고자 하는 것인가의 판단이 필요하다. 미국의 법원은 두 유형의 제한을 다른 심사기준을 가지고 판단한다. 일반적으로 정부의 입법이 언론 내용을 규제하기 위한 유형인 내용근거제한(content-based restrictions)은 엄격심사기준(strict scrutiny)에 의하여 심사하고, 정부의 입법이 언론의 내용과 연관되지 않은 어떤 다른 해악을 규제하고자 하는 유형인 내용중립제한(content-neutral restrictions)은 중간심사기준(intermediate scrutiny)을 적용한다.[44]

내용근거제한은 원칙적으로는 무효로 추정되며,[45] 보호할 필수적 이익(compelling interest)를 위하여 좀 더 덜 제한적인 수단(less restrictive means)으로 규제하는 경우에만 예외적으로 제한의 합헌성이 인정되며, 그러한 입증은 정부가 하여야 한다(엄격심사기준).[46]

(2) 의무적 교복착용법이 내용근거제한인가

캘리포니아 교복착용법을 비롯한 의무적 교복착용의 근거 입법은 일정한 범주의 복장을 금지하고 있지 않다. 오히려 복장의 선택을 완전히 금지하고 있다.[47] 따라서 당해법은 복장의 내용을 근거로 일정한 범위의 복장을 금지하는 법이 아니다. 복장의 내용을 근거로 제한을 하고 있다고 인정하려면 예를 들어, 폭력집단이 소속되어 있다는 것을 밝히지 못하도록 하기 위하여 이를 나타내는 일정한 로고가 새겨진 모자를 쓰지 못하도록 하는 조치가 취해져야 한다. 의무적으로 교복을 착용하도록 하는 정책은 "모든 표현을 공평하게 숨막히도록 하기 때문에", 법원은 그것을 내용근거제한으로 판단하지 않을 것이다.[48] 실제로 캐나디 사건에서 연방항소법원은 "학교위원회의 의무적 교복착용정책은 외견 및 적용에 있어 관점중립적"이라고 판시하였다.[49]

(3) 의무적 교복착용법은 내용중립제한

이처럼 의무적 교복착용은 복장의 내용이 어떠하냐에 따라 일정한 범위의 복장을 금지하는 것이 아니라 복장 선택의 자유를 완벽하게 금지하고 있기 때문에, 내용중립제한에 해당한다.[50] 실제로 Phoenix Elementary School District No. 1 v. Green 사건[51]에서 아리조나 법원은 모든 학생이 평범한 흰색 셔츠와 파란 바지, 치마를 착용하도록 요구하는 의무적 교복 착용 법령이 외견상 보이는 사실에 기초한 것이므로 '내용근거제한'이 아닌 '내용중립제한'이라고 판시하였다.[52] 따라서 의무적 복

장 착용은 내용중립제한에 해당하여 중간심사기준을 적용하여야 한다는
것이 일반적인 견해이다.[53]

5. 틴커 - 프레이저 - 쿨마이어 기준 기준의 불적용

미국 연방대법원은 학생의 표현의 자유의 제한과 관련하여서 Tinker
v. Des Moines Independent School District(이하 '틴커'로 줄인다) 판결을 비
롯하여,[54] Bethel School District No. 403 v. Fraser(이하 '프레이저'로 줄인
다) 판결,[55] Hazelwood School District v. Kuhlmeier(이하 '쿨마이어'로 줄인
다) 판결[56]을 거치면서 정교한 기준을 제시하여 왔다. 이에 따르면 학생
의 표현이 음탕하고 저속하며 명백히 모욕적이라면, 학교는 그것을 즉
시 금지할 수 있다. 그리고 학생의 표현이 '학교 지원 표현'이면, 학교는
그러한 표현을 적법한 교육적 업무와 관련되어 있다는 것이 합리적으로
판단될 수 있는 한, 이를 제한할 수 있다. 그 밖의 모든 학생의 표현에
대해서는, 당해 표현이 학교의 기능을 중대하고 본질적으로 방해하는 것
을 의도하였거나, 합리적으로 보았을 때 그것을 야기하고 있다고 판단할
수 있는 경우에만 규제할 수 있다.[57]

그렇다면 이와 같은 틴커-프레이저-쿨마이어 기준을 교복착용에
도 그대로 적용할 수 있을 것인가? 캐나디 사건에서 제5연방항소법
원은 학교의 의무적 교복착용정책은 외견 및 적용에 있어 관점중립적
(viewpoint-neutral)이며, 학교지원적 성격이 활동과 관련이 없기 때문에
틴커-프레이저-쿨마이어 기준이 적용될 여지는 없다고 판시하였다.[58]

연방대법원은 이미 여러 번 수정헌법 제1조의 일반원칙이 학교 내에
서의 학생의 표현의 자유의 제한에도 적용된다는 것을 확인하였다.[59] 이
렇게 보았을 때 의무적 교복착용정책의 헌법합치성 심사에는 틴커-프
레이저-쿨마이어 기준은 적용될 수 없고, 수정헌법 제1조의 일반이론
이 적용되어야 한다고 결론지을 수 있다.[60]

6. 심사기준: 오브라이언 기준

이러한 내용중립제한에 해당하는 한 형태는 표현의 시간, 장소, 및 방법을 제한하는 것이다. 만약 당해 규제가 중요한 정부 이익에 봉사하도록 좁게 설정되어 있고, 의사소통을 위한 대안적 채널이 남아 있다면, 정부는 표현의 시간, 장소, 방법의 규제를 합리적으로 할 수 있다.[61]

내용중립제한에 해당하는 또 하나의 형태는 언론의 내용과 연관되지 않은 어떤 다른 해악을 규제하는데, 부수적으로 표현이 제한되는 경우이다. 연방대법원은 오브라이언 사건에서 이와 같은 경우에 적용할 심사기준을 다음과 같이 제시하였다: 오브라이언 기준(O'Brien test). 이에 따르면, 당해 규제는 (1) 그것이 정부의 헌법적 권한 내에 있고, (2) 중요한 또는 실질적 정부이익을 증진하고, (3) 정부이익이 자유로운 표현을 억압하는 것과 관련이 없으며, (4) 수정헌법 제1조의 권리에 대한 부수적 제한이 그 이익을 증진하는 데 필요한 정도를 넘지 않아야 한다.[62] 캐나디 사건에서 제5연방항소법원의 견해에 따르면, 전통적인 시간, 장소, 방법 제한 및 오브라이언 기준은 모두 '중간심사기준'에 해당하는 것으로 사실상 동일한 심사기준이다.[63] 따라서 학교 교복 정책은 오브라이언 기준을 충족하고 있다면 헌법적 심사를 통과할 것이다.[64]

그럼 오브라이언 기준에 따라 의무적 교복 착용 입법을 평가하여 보자.[65]

첫째, 오브라이언 기준은 그것이 정부의 헌법적 권한 내에 있는지를 제1요건으로 제시하고 있다. 이 요건은 자세한 분석을 요하지 않는다. 입법을 행한 정부기관이 이러한 입법을 할 권한이 있는지, 형식적인 판단으로 족하기 때문이다. 캘리포니아 교복착용법의 경우 캘리포니아주 의회가 이러한 입법을 할 권한을 가지고 있다는 판단만으로 족하다.[66] 이러한 이유로 캐나디 사건에서 법원은 이 요건의 판단은 물론 요건의 하나로 열거조차 하지 않고 있다.[67]

둘째, 당해 조치는 중요한 또는 실질적 정부이익을 증진하고 있어야
한다. 폭력집단의 폭력을 감소시키는 주의 이익은 매우 중요하다. 특히
학교 내에서는 학생들이 배움에 정진할 수 있는 교육적 환경이 조성되어
야 하므로 여기서 주의 이익은 매우 중요한 것으로 평가받을 수 있을 것
이다. 이러한 측면에서 교복착용법은 오브라이언 기준에서 두 번째 요건
은 일정 부분 만족시켰다고 판단할 수 있을 것이다.[68] 그러나 위헌론에서
는 이러한 중요한 정부 이익에도 불구하고, 교복착용법이 폭력집단의 폭
력을 감소시키는 충분한 기능을 하였는지에 관하여 의문을 제기한다. 이
와 관련하여 위헌론에서는 다음 네 가지 문제점을 지적하고 있다. 하나,
교복착용법은 교육구가 교복착용정책을 시행하면서, 부모가 자녀에게
교복을 입히는 것을 원치 않으면 이를 거부할 수 있는 '예외규정(escape
clause)'을 두도록 요구하고 있다.[69] 문언적으로만 보면 어느 부모나 어떠
한 이유에서든지 교복 착용을 거부할 수 있도록 되어 있다. 이러한 옵트
아웃 규정은 법전체를 실효성이 없도록 한다. 둘, 폭력집단의 소속을 표
시하는 것은 복장을 통해서만 할 수 있는 것이 아니다. 장신구, 문신, 손
짓 등 다양한 방법으로 가능하다. 따라서 교복만으로는 이를 막을 수 없
다. 폭력집단은 얼마든지 대안을 가지고 있으며, 실제 이러한 대안적 방
법으로 자신의 소속을 표시하고 있다. 따라서 교복착용법은 선택한 방
법으로 목적을 달성할 수 없다. 셋, 교복착용법이 폭력집단 행위를 의미
있을 정도로 감소할 것이라는 것은 사실적이지 않을 것 같다. 학생들이
폭력집단에 일원이 되는 것은 자신의 생물학적 가족으로부터 받지 못하
고 있는 소속감과 존재감을 인정받고자 하는 동기가 큰데, 이러한 저변
의 욕구는 고려하지 않은 채 외견상 보이는 소속 표시를 일시적으로 표
출하는 것을 금지한다고 하여 폭력집단 행위가 감소할 것으로 예상되지
않기 때문이다. 많은 교육자는 교복이 의도와는 달리 폭력을 감소하지
못하고 있다고 판단하고 있다.[70] 넷, 미국 시민 자유 연합(ALCU; American
Civil Liberties Union)과 같은 교복반대론자는 좀 더 근본적으로 교복과 폭

력은 아무 관련이 없다고 주장한다. 예를 들어, 시범적으로 교복착용을 시행하였던 캘리포니아주 롱비치연합교육구(Long Beach Unified School)의 자발적 교복 프로그램의 실시 결과를 분석하여 보면 교복과 폭력의 상관관계를 경험적으로 전혀 증명할 수 없다고 주장하였다.[71] 심지어 비슷한 시기에는 이를 넘어 교복의 착용이 행동문제와 학업 성취에 부정적 영향을 끼친다는 경험적 연구 결과도 발표되기도 하였다.[72] 이렇게 보았을 때 교복착용법은 교복착용의 목적인 폭력집단 행위의 감소라는 정부의 이익을 충분히 달성하고 있지 못하여, 오브라이언 기준의 두 번째 요건을 충족하지 못한다고 판단된다.[73]

셋째, 정부이익이 자유로운 표현을 억압하는 것과 관련이 없어야 한다. 그런데 이 요건은 이미 서술한 내용근거제한인가, 내용중립제한인가의 판단기준과 사실상 동일하다. 따라서 오브라이언 기준을 적용한다는 것은 이미 이러한 요건을 충족하였다고 판단한 것이므로, 별도의 판단이 필요하지 않다. 결국 법원은 교복착용법이 내용중립적이며, 오브라이언 기준의 세 번째 요건을 충족하고 있다고 판단할 것이다.[74]

넷째, 수정헌법 제1조의 권리에 대한 부수적 제한이 그 이익을 증진하는데 필요한 정도를 넘지 않아야 한다. 결국 오브라이언 기준의 네 번째 요건은 법령이 광범위한지 여부의 판단으로 귀착된다.

수정헌법 제1조와 관련하여 광범위하여 무효의 원칙(overbreadth doctrine)은 두 가지 측면이 있다. 첫째, 표현의 자유를 제한하는 법률은 헌법이 허용하는 정도를 넘어 표현을 제한하면 위헌이다. 따라서 이와 같은 실질적 광범위함은 제한목적과 수단 사이에 긴밀한 비례관계가 성립할 것을 요구하고 있다.[75] 둘째, 표현의 자유를 제한하는 법률은 그 목적을 달성하기 위하여 필요한 사람 이상의 다른 사람의 표현의 자유를 제한하면 위헌이다.[76]

일견 보았을 때 교복착용법은 복장을 통한 표현을 완전히 금지하고 있으므로, 이러한 비례관계를 충족하지 못하여 헌법이 허용하는 정도를 넘어 표현을 제한하고 있는 위헌법률이라고 판단된다. 그러나 이러한 법률상 금지의 범위 내에서 각 행위가 법률이 목표로 삼고 있는 해악으로 적절히 조정된 경우라면, 완전한 금지라도 이러한 비례관계를 충족하는 입법이라고 판단할 수도 있을 것이다. 그러나 교복착용법은 모든 학생의 복장이 법률이 목표로 삼고 있는 해악을 유발하는 요인이 아니다. 즉, 대부분의 학생은 폭력집단의 일원이 아니다. 그럼에도 교복착용법은 모든 학생에게 교복착용을 요구하고 있다. 이로써 이 법은 폭력집단의 일원이 아닌 대부분의 학생이 자기 표현을 하는 수단으로 복장을 선택하여 입을 자유를 지나치게 제한한다.[77] 따라서 교복착용법은 그 목적을 달성하기 위하여 필요한 사람 이상의 다른 사람의 표현의 자유를 제한하고 있다고 판단되며,[78] 따라서 수정헌법 제1조를 침해하는 것으로 결론지을 수 있다.[79]

한편 합헌론에서는 의무적 교복 착용 입법이 오브라이언 기준을 충족하고 있다고 주장한다.[80]

첫째, 이미 설명한 것처럼 오브라이언 기준의 제1요건은 형식적인 판단으로 족하고, 실제 법원에서 문제가 된 사건에서 입법권이 없는 기관이 이를 행한 경우는 없다고 할 수 있으므로, 문제가 되지 않는다.[81]

둘째, 당해 조치는 중요한 또는 실질적 정부이익을 증진하고 있어야 한다. 이 요건의 충족여부판단에서 위헌론은 폭력집단의 폭력을 감소시키는 주의 이익은 매우 중요하다고 하며, 일응 이를 긍정하면서도, 교복착용법이 폭력집단의 폭력을 감소시키는 충분한 기능을 하였는지는 의문을 제기하며, 이 법이 그 목적인 폭력집단 행위의 감소라는 정부의 이익을 충분히 달성하고 있지 못하므로 제2요건을 충족하지 못한다고 주장하였다. 그러나 합헌론에서는 교복착용법이 학교 내에서의 안전과 보인을 증진하고, 교육적 문제를 감소시키며, 시험 성적의 향상을 목적으로 한다고 전제하고,[82] 이 법의 시행으로 실제 이러한 효과를 달성하고 있다고 주장한다.[83] 예를 들어, 부모의 동의가 있는 학생은 교복 착용의

대상에서 제외하는 '옵트 아웃' 방식의 의무적 교복착용정책을 지지한
Byars v. City of Waterbury 사건[84]에서 코네티컷주 대법원은 교복착용
정책이 다음과 같은 주의 이익을 증진하고 있다고 판시하였다. 의무적
교복착용정책은 교육환경에서 질서와 예의를 유지할 수 있고, 교실에서
혼란을 방지할 수 있으며, 규율(discipline)을 증진한다, 다른 학생의 주의
가 산만해지는 것을 방지하며, 안전을 증진한다. 특히 안전과 관련하여
서 법원은, 교복 정책이 무기를 숨길 수 있는 배기스타일의 청바지를 입
는 것을 막을 수 있다는 것을 증거로 제시하였다.[85] 나아가 법원은 교육
위원회가 제시하고 있는 다양한 논거인 교복이 학교의 일체심과 자긍심
을 증진하고, 옷입기 경쟁을 제거하고, 단정한 복장을 보장하고, 소박한
복장을 보장하고, 복장 비용에 대한 부모의 경제적 부담을 경감한다는
주장을 수용하였다. 나아가 합헌론자들은 의무적 교복 착용 이후, 학교
내에서 폭력집단행위, 폭력, 범죄가 현저히 줄어들었다는 통계를 인용
한다.[86] 요컨대 합헌론자에 따르면, 교복착용법은 폭력집단의 폭력을 감
소시킬 뿐 아니라 다양한 긍정적 효과를 가져오므로, 이 법의 목적을 충
분히 달성하고 있고, 따라서 중요한 또는 실질적 정부 이익을 증진하고
있으므로 오브라이언 기준의 제2요건을 충족하고 있다.

셋째, 정부이익이 자유로운 표현을 억압하는 것과 관련이 없어야 한
다는 세 번째 요건도 위에서 서술한 것처럼 이 단계에서 사실상 문제되
지 않는다.[87]

넷째, 수정헌법 제1조의 권리에 대한 부수적 제한이 그 이익을 증진
하는 데 필요한 정도를 넘지 않아야 한다. 합헌론자는 교복의 요건은,
그 자체로 광범위한 것은 아니라고 주장한다. 예를 들어, 교육구는 어떠
한 폭력집단이 폭력을 유발할 것으로 우려하거나 일정한 스타일이 절도
를 유발하는 것을 염려할 수 있다. 학교 공무원은 폭력과 절도를 막을 수
있는 유일한 방법이 학생의 복장을 규제하는 것이라고 판단할 수도 있
다. 그들은 내용중립제한 외에는 특정한 제한을 부과할 수 없을 수 있으

므로, 모든 학생의 복장을 제한하는 교복정책이 이러한 목적을 달성하는 가장 좁은 방법이 될 수도 있다고 한다.[88] 1997년 루이지애나주의 개정 주법에 근거하여 두 가지 색깔로 구성된 폴로 또는 옥스퍼드 셔츠와 파란색과 카키색 바지를 교복으로 지정하여 착용토록 한 학교위원회의 의무적 교복착용정책이 합헌이라고 판시한 캐나디 사건에서 제5연방항소법원은 루이지애나주법 개정법이 시험성적의 향상과 교육적 문제의 감소의 감소를 목적으로 하며, 이 목적을 달성하기 위하여 학생의 언론이 부차적으로 제한될 수밖에 없지만, 학생은 일과 후에는 자신이 원하는 복장을 착용할 수 있는 자유가 있으며, 일과 중에는 다른 매체를 통하여 자신의 견해를 표명할 수 있다고 판단하였다. 따라서 결론적으로 교복착용법은 효과적인 교육 과정을 위해 필요한 '학생 사이에 개인적 의사소통'에 걸림돌이 되지 않는다고 결론지었다.[89]

7. 합헌론자의 반론: 복장규정보다는 교복착용정책이 나아

한편 의무적 교복착용정책이 위와 같은 이유에서 위헌이므로 폐지되어야 하며 좀 더 세련된 복장규정을 시행하여야 한다는 위헌론자의 주장에 대하여, 합헌론자들은 교복정책의 대안일 수밖에 없는 복장규정의 여러 가지 문제점을 지적하면서, 그러한 복장규정보다는 교복착용정책이 낫다고 역설한다.

합헌론에 따르면 복장규정정책은 줄곧 그 합헌성에 의심을 받아 왔으며, 학교 폭력을 예방하고 교육환경을 조성하는 데 불완전한 해결책으로 인식되고 있다. 복장규정은 학교 공무원에 의하여 자의적으로 시행될 위험을 안고 있으므로 너무 막연하다고(too vogue) 비판을 받아 왔다. 또한 헌법에서 보호하는 학생의 표현의 자유와 종교의 자유를 너무 광범위하게 제한하고 있다고 비판을 받아 왔다. 그렇다고 너무 협소하게 복장규정을 정하다 보면, 교육환경을 방해하는 상징과 복장을 놓칠 수 있다.

복장규정이 지나치게 비싼 옷을 입는 경쟁을 완화한다는 증거도 없다.[90]

이에 반하여 교복 착용은 다음과 같은 이유에서 지지되고 있다고 주장한다. 첫째, 교복착용은 폭력을 감소시키는 효과를 가져온다.[91] 둘째, 추가적으로 다른 이익도 가져온다. 구체적으로 나열하면, 학생이 학업에 전념하도록 돕는다,[92] '집단의식'을 키워 줘 사회성을 증진시킨다,[93] 지나치게 비싼 옷을 입는 경쟁을 아예 제거할 수 있고,[94] 이로써 부모의 경제적 부담을 덜어준다,[95] 복장규정이 자의적으로 시행될 위험 및 너무 막연하다거나 너무 광범위하게 제한을 한다는 비판을 받는 데 반하여, 교복은 이러한 비난을 받을 염려가 거의 없다, 교복은 특정한 폭력집단에 가입한 학생들을 보호할 수 있으며, 범학교 차원에서 실시함에 따라, 교사와 행정담당자는 끊임없이 변화하는 폭력집단 상징 복장에 관한 지식을 습득하여 이를 복장규정 개정에 반영할 필요가 없으므로 폭력집단 복장에 관하여 일일이 습득하는 데 시간을 투자할 필요가 없다.[96] 셋째, 교복은 1994년 캘리포니아주 롱비치연합교육구에서 초중등학생을 대상으로 최초로 시행된 이후, 현재까지 많은 카운티에서 시행하면서 충분히 검증된 제도이다.[97, 98]

Ⅳ. 결론

이상의 논의를 정리하면 다음과 같다.

첫째, 미국에서는 사립학교의 교복착용정책은 낯선 것이 아니지만, 공립학교에서 교복을 착용한다는 것은 낯선 것이었다. 그럼에도 불구하고 미국 공립학교에서 학생에게 교복을 착용하도록 하는 입법이 가능하고, 어느 정도 사회적 공감대를 형성하게 된 것은 폭력집단 행위가 기승을 부리고 있기 때문이다. 폭력집단의 행위가 심각한 사회문제로 대두되면서, 이러한 문제를 해결하는 하나의 수단으로 폭력집단의 상징의 표현을 억제하려는 노력을 기울이고 있으며, 학교 내에서 복장규정을 이용하는 것이 가장 보편적인 수단이었으나 이것이 더 이상 효과적인 대응수단이 아니라고 생각하면서 좀 더 공격적인 대응수단으로 거론된 것이 의무적 교복착용정책이었다.

둘째, 캘리포니아주는 미국 내에서 최초로 주법을 통하여 의무적 교복착용을 도입하여 이에 관한 논의를 촉발하였다. 캘리포니아의 개정교육법은 교육구의 교육위원회가 학생이 폭력집단 관련 의류를 착용하는 것을 금지할 수 있는 권한뿐 아니라, 공립학교에서 의무적 교복착용정책을 시행할 수 있는 권한도 부여하였다. 그리고 부모가 자녀에게 교복을 착용하는 것을 선택하지 않는 경우 다른 방법을 제공하도록 하는 이른바 '옵트 아웃' 방식의 예외규정 등 시행에 필요한 세부적인 사항을 규정하고 있다. 그 후 많은 주에서도 캘리포니아 교복착용법과 같은 입법을 하였고, 이에 따라 많은 교육구에서 의무적 교복착용정책이 시행되고 있다.

셋째, 미국에서 교복착용에 대한 헌법이론적 평가를 위하여 적용하고 있는 조항은 표현의 자유를 규정하고 있는 수정헌법 제1조이다. 실제 소송에서는 원고가 수정헌법 제1조뿐 아니라 수정헌법 제14조 실체적 적법절차의 적용도 주장하였지만, 당해 법원은 수정헌법 제1조가 직접 적용되는 사안에서는 실체적 적법절차는 예비적 주장으로 이용될 수 없다는 연방대법원의 견해에 따라 기각하였다. 이러한 견해에 따르면, 의무적 교복착용은 수정헌법 제1조가 적절한 헌법적 보호의 근거가 되므로, 수정헌법 제14조를 적용할 여지가 없다.

넷째, 연방대법원은 의사소통적 내용을 담은 행위가 수정헌법 제1조의 보호를 받을 필요가 있다고 인정하나, 의사소통적 내용을 담은 모든 행위를 이에 근거하여 보호하지는 않는다. 연방대법원에 따르면, 의사소통적 내용을 담은 행위가 수정헌법 제1조의 보호를 받기 위해서는 "당해 행위가 (ⅰ) 화자의 '특수한 메시지를 전달하려는' 의도와, (ⅱ) '당해 메시지가 당해 행위를 보는 일반인에게 의도대로 이해될 수 있는 개연성'이 있어야 한다"는 스펜스 기준을 충족하여야 한다. 따라서 의무적 교복 착용이 수정헌법 제1조에 따른 심사를 받기 위해서는 학생이 스스로 원하는 복장의 착용이 위에서 제시한 스펜스 기준을 충족하여, 표현적 행위에 해당하여야 하는데, 이를 긍정하는 것이 일반적인 견해이다. 한편, 교복착용은 학생의 표현이 성인과 동등한 수준으로 보호되어야 하느냐는 문제를 제기한다. 이에 관하여 미국 연방대법원은 학생에게도 수정헌법 제1조 표현의 자유가 보장되지만, 학생은 성인보다 제한적인 권리만을 인정할 수 있다고 판시하며, 틴커-프레이저-쿨마이어 기준 등 다양한 구체적 기준을 제시하여 왔다.

다섯째, 미국에서는 표현행위를 규제하는 이유를 탐색하여, 정부의 입법이 언론을 규제하기 위한 유형인 내용근거제한은 엄격심사기준에 의하여 심사하고, 정부의 입법이 언론의 내용과 연관되지 않은 어떤 다른 해악을 규제하고자 하는 유형인 내용중립제한은 중간심사기준을 적용한다. 교복착용법은 복장의 선택을 완전히 금지하고 있으며, 모든 학생이 일정한 교복을 착용하도록 하는 법은 외견상 보이는 사실에 기초한 것이므로 내용중립제한이다. 따라서 중간심사기준을 적용하여야 한다는 것이 일반적인 견해이다.

여섯째, 연방대법원이 일찍이 학생의 표현의 자유의 제한과 관련하여서 수립한 틴커-프레이저-쿨마이어 기준은, 의무적 교복착용법이 내용중립제한이고, 학교지원적 성격의 활동과 관련이 없기 때문에 적용될 여지는 없다는 것이 일반적인 견해이다. 따라서 의무적 교복착용법의 헌법합치성 심사에는 수정헌법 제1조의 일반이론이 적용되어야 한다.

일곱째, 미국의 일반적인 견해에 따르면, 교복착용법은 언론의 내용과 연관되지 않은 어떤 다른 해악을 규제하는데 부수적으로 표현이 제한되는 경우로서, 연방대법원이 제시한 오브라이언 기준에 따라 합헌성을 심사한다. 이에 따르면, 당해 규제는 (1) 그것이 정부의 헌법적 권한 내에 있고, (2) 중요한 또는 실질적 정부이익을 증진하고, (3) 정부이익이 자유로운 표현을 억압하는 것과 관련이 없으며, (4) 수정헌법 제1조의 권리에 대한 부수적 제한이 그 이익을 증진하는 데 필요한 정도를 넘지 않아야 한다. 위헌론에서는 교복착용법이 오브라이언 기준을 충족하고 있지 못하여 위헌이라고 주장하는 반면에, 합헌론에서는 오브라이언 기준을 충족하고 있으므로 합헌이라고 주장하고 있다. 양 견해는 특히 제2요건과 제4요건의 판단에서 큰 견해의 차이를 보이고 있다.

여덟째, 의무적 교복착용법이 위헌이므로 폐지되어야 하며, 좀 더 세련된 복장규정을 시행하여야 한다는 위헌론자의 주장에 대하여, 합헌론자는 교복정책의 대안일 수밖에 없는 복장규정의 여러 가지 문제점을 지적하면서, 그러한 복장규정보다는 교복착용정책이 낫다고 역설한다. 특히 합헌론자는 복장규정이 학교 공무원에 의하여 자의적으로 시행될 위험을 안고 있으므로, 너무 막연하다고 합헌성에 의심을 받아 왔다는 사실에 주목하고, 복장규정은 학교 폭력과 교육환경을 조성하는 데 불완전한 해결책이라고 주장하며, 그 대안으로 교복착용법의 장점을 강조하고 있다.

요컨대 미국에서는 의무적 교복착용법을 헌법이론적 관점에서 내용적으로 심사할 심사기준이 제시되어 있으나, 이러한 심사기준에 따른 심사의 결론은 일치를 보지 못하고 있다. 의견이 일치하지 않는 핵심 쟁점은 교복착용이 달성하고자 하는 목적과 이를 달성하기 위하여 선택한 수단인 교복착용 사이에 적정성을 인정할 수 있느냐, 적정성이 있더라도 균형성을 갖추었느냐의 판단에 대한 것이다. 이렇게 보았을 때 미국에서 현재 교복착용에 관한 올바른 헌법이론적 평가를 위해서는 헌법이론적 탐구보다는 규범의 현실에 대한 경험적·실증적 연구가 필요한 단계라고 밀힐 수 있다. 힌편 미국에시는 극히 일부의 견해[99]를 제외하면 위헌론 및 합헌론이 제시하는 대안이 상당히 접근하여 있는 것에 주목해야 한다. 따라서 교복착용정책을 유지하더라도, 첫째, 도입 여부를 결정하는 단계부터 학부모의 참여를 유도하고, 둘째, 학생의 종교적 표현을 보호하고, 셋째, 학생의 표현에 관한 다른 권리를 보호하고, 넷째, 교복 착용에 경제적으로 지원이 필요한 학생에 대해서는 지원을 하며,[100] 다섯째, 자발적 교복착용정책도 고려하고 의무적 교복착용정책을 시행하는 경우에도 옵트 아웃 방식을 통한 예외를 인정하도록 강하게 권유되고, 대부분 이러한 내용을 준수하여 운영되고 있다.[101]

우리나라에서 공립 중·고등학교 학생에게 의무적으로 교복을 착용하도록 하는 제도를 헌법이론적으로 평가하기 위해서는 추가적인 논의가 필요하다. 지금까지 우리가 구축한 헌법이론이 미국의 그것과 차이가 있으며, 무엇보다 우리의 헌법현실이 미국의 그것과 많은 차이가 있기 때문이다. 그럼에도 이 글에서 제시한 미국의 논의는 이에 관한 우리의 헌법심사기준의 구축과 적용에 큰 의미가 있을 것이다. 이 글이 우리의 교복제도에 관한 논의에 조금이라고 기여하여, 교육환경을 잘 조성하면서도 학생의 권리가 잘 보장될 수 있는 방향으로 가꾸어질 수 있기를 기대하며 글을 맺는다.

|부록 1| CAL. EDUC. CODE § 35183 (a) The Legislature finds and declares each of the following:

(1) The children of this state have the right to an effective public school education. Both students and staff of the primary, elementary, junior and senior high school campuses have the constitutional right to be safe and secure in their persons at school. However, children in many of our public schools are forced to focus on the threat of violence and the messages of violence contained in many aspects of our society, particularly reflected in gang regalia that disrupts the learning environment.

(2) "Gang-related apparel" is hazardous to the health and safety of the school environment.

(3) Instructing teachers and administrators on the subtleties of identifying constantly changing gang regalia and gang affiliation takes an increasing amount of time away from educating our children.

(4) Weapons, including firearms and knives, have become common place upon even our elementary school campuses. Students often conceal weapons by wearing clothing, such as jumpsuits and overcoats, and by carrying large bags.

(5) The adoption of a schoolwide uniform policy is a reasonable way to provide some protection for students. A required uniform may protect students from being associated with any particular gang. Moreover, by requiring schoolwide uniforms teachers and administrators may not need to occupy as much of their time learning the subtleties of gang regalia.

(6) To control the environment in public schools to facilitate and maintain an effective learning environment and to keep the focus of the classroom on learning and not personal safety, schools need the authorization to implement uniform clothing requirements for our public school

children.

(7) Many educators believe that school dress significantly influences pupil behavior. This influence is evident on school dressup days and color days. Schools that have adopted school uniforms experience a "coming together feeling," greater school pride, and better behavior in and out of the classroom.

(b) The governing board of any school district may adopt or rescind a reasonable dress code policy that requires pupils to wear a schoolwide uniform or prohibits pupils from wearing "gang-related apparel" if the governing board of the school district approves a plan that may be initiated by an individual school's principal, staff, and parents and determines that the policy is necessary for the health and safety of the school environment. Individual schools may include the reasonable dress code policy as part of its school safety plan, pursuant to Section 35294.1.

(c) Adoption and enforcement of a reasonable dress code policy pursuant to subdivision (b) is not a violation of Section 48950. For purposes of this section, Section 48950 shall apply to elementary, high school, and unified school districts. If a schoolwide uniform is required, the specific uniform selected shall be determined by the principal, staff, and parents of the individual school.

(d) A dress code policy that requires pupils to wear a schoolwide uniform shall not be implemented with less than six months' notice to parents and the availability of resources to assist economically disadvantaged pupils.

(e) The governing board shall provide a method whereby parents may choose not to have their children comply with an adopted school uniform policy.

(f) If a governing board chooses to adopt a policy pursuant to this section, the policy shall include a provision that no pupil shall be penalized academically or otherwise discriminated against nor denied attendance to school if the pupil's parents chose not to have the pupil comply with the school uniform policy. The governing board shall continue to have responsibility for the appropriate education of those pupils.

(g) A policy pursuant to this section shall not preclude pupils that participate in a nationally recognized youth organization from wearing organization uniforms on days that the organization has a scheduled meeting.

미주

* 원출처: 안성경, 정필운, "공립학교에서 교복착용에 대한 헌법이론적 평가: 미국의 논의", 「한양법학」 제20권 제3집, 한양법학회, 2009, 245-269쪽. 공동논문을 이 책에 싣도록 허락해 주신 안성경 박사님(제1저자, 국회도서관 독일법조사관)께 감 사드린다.

1 이상 이인자, "교복착용 여부와 청소년 비행행동간의 관계성 연구", 「한국의류학회 지」 제16권 제1호, 한국의류학회, 1992, 86쪽 참고.

2 안성경, "미국 공립학교에서 학생의 복장규제에 관한 연구", 「법학연구」 제19권 제 1호, 연세대학교 법학연구소, 2009, 247쪽 참고.

3 이강혁, "교복제도와 헌법문제", 「고시계」, 1983. 3., 169-176쪽. 당시에 이러한 주 제를 헌법학적 시각에서 쟁점으로 포착하여 이에 관한 헌법적 접근을 시도한 것은 이 논문의 탁월한 공로이다. 이 논문은 국가와 학생의 관계를 특별권력관계 내지 특수한 신분관계로 규정하고, 이러한 관계에서도 법률유보 원칙이 관철되어야 하 는데, 당시 교복제도는 이 원칙이 관철되어 있지 않으므로 위헌이라는 평가를 내리 고 있다. 이렇게 보았을 때 교복제도의 내용적 합헌성 심사 기준은 후학들에게 맡 겨진 몫이라고 할 수 있다.

4 Alison M. Barbarosh, Undressing the First Amendment in Public Schools: Do Uni- form Dress Codes Violate Students' First Amendment Rights?, 28 Lay. L. A. L. Rev. 1415, 1431 (1994-1995).

5 Tina L. Kandakai et al., Mothers' Perceptions of Factors Influencing Violence in Schools, J. Sch. Health, May 1, 1999, at 189; Brian Weber, Poll: 7 in 10 Back Tougher School Rules Survey finds Coloradans want Students to Follow Dress Codes, Call Teachers "Ma'am" and "Sir," ROCKY MTN. NEWS (Denver), Oct. 10, 1999, at 4A. Quoted in Rob Killen, The Achilles' Heel of Dress Codes: The Definition of Proper Attire in Public School, 36 Tulsa L. J. 460, 461 (2000-2001); Alison M. Barbarosh, op. cit., p.1417.

6 Irving Spergel, U.S. Dep't of Justice, Gang Suppression and Intervention: An As- sessment 10 (1993). Quoted in Alyson Ray, A Nation of Robots? The Unconstitu- tionality of Public School Uniform Codes, 28 J. Marshall L. Rev. 645, 646 (1995).

7 Id. at 1. Quoted in Alyson Ray, op. cit., p.646.

8 Id. at 1. Quoted in Alyson Ray, op. cit., p.648.

9 Chicago Police Dep't, Street Gangs 1(n.d), at 5. Quoted in Alyson Ray, op. cit., p.648. 1989년에서 1995년 사이에 학내의 폭력조직이 두 배로 증가하였다는 보고가 있다. Adrienne D. Coles, Federal Report on Gang Increase Met with Caution, EDUCATION WEEK ON THE WEB, at http:llwww.edweek.orglewl1998/32gang.h17 (1999. 11. 15. 최종 방문). Quoted in Rob Killen, op. cit., p.462.

10 Rob Killen, op. cit., p.462.

11 Rob Killen, op. cit., pp.462-463에 아주 세밀히 묘사되어 있다.

12 Olesen v. Board of Educ., 676 F. Supp. 820, 821 (N.D. Ⅲ. 1987).

13 이러한 폭력집단 행위에 대처하기 위하여 법적인 측면에서 다양한 수단을 강구하고 있다. 폭력집단 행위에 대하여 사전적 가처분을 허용하는 것이 그 한 예이다. 이에 관해서 자세한 것은 James Letio, Taking the Fight on Crime from Streets to the Courts: Texas's Use of Curb Injunctions to Curb Gang Activity, 40 Tex. Tech. L. Rev. 1039 (2007-2008) 참고.

14 Alison M. Barbarosh, op. cit., p.1416.

15 Public School Dress Codes Angering Some Parents (CNN television broadcast, Aug. 30, 1994) Quoted in Alison M. Barbarosh, op. cit., p.1431.

16 Alyson Ray, op. cit., pp.652-653.

17 캘리포니아 교육법(CAL. EDUC. CODE) 제35183조의 원문과 번역문은 〈부록 1〉 참고.

18 CAL. EDUC. CODE § 35183(a)(3).

19 Glen Justice, The Uniform of Peace? A Dress Code in Long Beach Could Inspire Other Schools That Fear Gang Violence, L.A. Times, Feb. 17, 1994, at E1. Quoted in Alison M. Barbarosh, op. cit., p.1423; Dena M. Sarke, Coed Naked Constitutional Law: The Benefits and Harms of Uniform Dress Requirements in American Public Schools, 78 Boston University Law Review 153 (1998), p.164.

20 Nancy Vogel, A Change of Uniform-Dress Codes Gain in Public Schools Fearing Gang Attire, Sacramento Bee, May 8, 1994, at Al, A13. Quoted in Alison M. Barbarosh, op. cit., p.1423.

21 Dena M. Sarke, op. cit., p.164.

22 Amendment는 '증보 개정'이라고 해석하는 것이 좀 더 타당하다. 필자는 앞으로 이와 같이 사용하고자 한다. 이 글에서는 과거 관행과 같이 '수정'이라고 번역하여 사용하였다.

23 미국 연방헌법 수정 제1조 "Congress shall make no law respecting an establishment of religion, or prohibiting the free exercise thereof; or abridging the freedom of speech, or of the press; or the right of the people peaceably to assemble, and to petition the Government for a redress of grievances."

24 Gitlow v. New York, 268 U.S. 652 (1925).

25 이에 반하여 개별적 이익형량론은 개별사건의 구체적인 상황에서 개별적이고 구체적인 이익을 형량한다.

26 Harper & Row Publishers, Inc. v. Nation Enters., 471 U.S. 539, 560 (1985).

27 Erwin Chemerinsky, Constitutional Law, Aspen, 2005, p.1052ff.

28 Canady v. Bossier Parish School Board, 240 F.3d 437 (5th Cir. 2001). 웹데이터베이스에 게시된 판결문(http://cases.justia.com/us-court-of-appeals/F3/240/437/564720/, 2009. 4. 21. 최종 방문)을 참고하여 쪽수는 표시하지 않았다. 이하 인용도 같다.

29 Graham v. Connor, 490 U.S. 386, 395 (1989); Conn v. Gabbert, 526 U.S. 286, 293 (1999); Boroff v. Van Wert City Board of Educ., 220 F.3d 465, 471 (7th Cir. 2000).

30 Buckley v. Valeo, 424 U.S. 1, 16-17 (1976); Spence v. Washington, 418 U.S. 405, 409 (1974); United States v. O'Brien, 391 U.S. 367 (1968); Cox v. Louisiana, 379 U.S. 559, 563-64 (1965).

31 Texas v. Johnson, 491 U.S. 397, 404 (1989).

32 Spence v. Washington, 418 U.S. 405 (1974).

33 Spence v. Washington, 418 U.S. 405, 410-411 (1974).

34 Alyson Ray, op. cit., p.661, 는 학생이 폭력집단 관련 복장을 착용하는 행위를 대상으로 이러한 기준을 적용하고 있다. 그러나 우리가 여기서 검토하고자 하는 것은 의무적으로 교복을 착용하게 되어 제한되는 행위가 표현적 행위에 해당할 것인지이므로, 그 대상이 폭력집단 관련 복장을 착용하는 행위에 국한되지 않는다. 따라서 래이의 이에 관한 서술은 엄밀하지 않은 측면이 있다.

35 Cohen v. California, 403 U.S. 15, 18 (1971); Board of Airport Comm'r of the City of Los Angeles v. Jews for Jesus, Inc., 482 U.S. 569, 575 (1987).

36 Andrew D.M. Miller, Andrew D.M. Miller, Balancing School Authority and Student Expression, 54 Baylor L. Rev. 623, 668 (2002); Alyson Ray, op. cit., p.661; Canady v. Bossier Parish School Board 240 F.3d 437 (5th Cir. 2001); 한편 캐나디 사건에서 1심을 담당한 연방지방법원은 복장의 선택은 충분한 의사소통적 내용을 담고 있지 않아 표현적 행위가 될 수 없다고 판단하였다. 연방항소법원은 이와 같은 판단을 명시적으로 배척하며, 학생의 복장의 선택이 수정헌법 제1조의 보호대상이 된다고 판시하였다.

37 Andrew D.M. Miller, op. cit., p.668; Alyson Ray, op. cit., p.661.

38 240 F.3d 437; Alyson Ray, op. cit., p.661; Dena M. Sarke, op. cit., p.170. 한편,

Andrew D.M. Miller, op. cit, p.668,는 자신이 원하는 복장을 착용하는 것이 표현
적 행위에 해당하는지 단언할 수 없다고 서술하고 있다. Alison M. Barbarosh, op.
cit., pp.1432-1450는 폭력집단 관련 복장의 착용이 표현적 행위로 인정되는 경우
와 순수한 언론으로 인정되는 경우 모두를 상정하여 논의를 전개하고 있다.

39 United States v. Verdugo-Urquidez, 494 U.S. 259, 265 (1990).
40 Hill v. Colorado, 530 U.S. 703, 713 n.19 (2000); Ward v. Rock Against Racism, 491 U.S. 781, 790-91 (1989).
41 Belloti v. Baird, 443 U.S. 622, 99 S. Ct. 733 (1969).
42 Bethel School Dist. No. 403 v. Fraser, 478 U.S. 675, 681 (1986); Hazelwood School Dis. v. Kuhlmeier, 484 U.S. 260, 266 (1988).
43 Erwin Chemerinsky, op. cit., pp.1384-1385; Kern Alexander, M. David Alexander, The American Public School Law, Thomson West, 2001, p.383ff; Tinker v. DesMoines Ind. Sch. Dist., 393 U.S. 503 (1969); Bethel School Dist. No. 403 v. Fraser, 478 U.S. 675 (1986); Hazelwood School Dis. v. Kuhlmeier, 484 U.S. 260 (1988).
44 Erwin Chemerinsky, op. cit., pp.1053-1054.
45 R.A.V. v. City of St. Paul, 505 U.S. 377, 382 (1992).
46 Erwin Chemerinsky, op. cit., pp.1055. 이 기준을 적용하여 위헌결정이 내려진 대표적인 판결이 Texas v. Johnson, 491 U.S. 397 (1989)이다.
47 앞의 CAL. EDUC. CODE § 35183 참고.
48 Alyson Ray, op. cit., p.669.
49 240 F.3d 437.
50 Alyson Ray, op. cit., 669; Andrew D.M. Miller, op. cit., p.669.
51 Phoenix Elementary School District No. 1 v. Green, 943 P.2d 836(Ariz. Ct.App.1997) 이 판결에 관하여 자세한 것은 Joseph F. McKinney, A New Look at Student Uniform Policies, 140 West's Education Law Reporter 791 (2001) 참고. 이 글은 특히 이 판례를 전통적인 공적 포럼 이론에 비추어 분석하고 있다.
52 943 P.2d at 838.
53 240 F.3d 437; 943P.2d 836; Alyson Ray, op. cit.p.671.
54 Tinker v. DesMoines Ind. Sch. Dist., 393 U.S. 503 (1969). 틴커 판결의 의미에 관하여 분석한 대표적인 글로는, Erwin Chemerinsky, Students Do Leave Their First Amendment Rights at the Schoolhouse Gates: What's Left of Tinker?, 48 Drake L, Rev. 527 (2000).
55 Bethel School District No. 403 v. Fraser, 478 U.S. 675 (1986).
56 Hazelwood School District v. Kuhlmeier, 484 U.S. 260 (1988).

57 이상 안성경, 앞의 글, 264쪽. 위의 세 판결에서 제시된 각각의 기준이 서로 어떠한 관계를 가지느냐에 관해서는 미국 내에서도 약간의 다툼이 있다. 일부 법원과 비평가는 프레이저와 쿨마이어 판결이 암시적으로 틴커 판결을 파기하였으며, 학교는 학내에서 학생의 언론을 규제하는 데 거의 모든 재량권을 가지고 있다고 주장하고, 일부 법원과 비평가는 틴커 판결은 여전히 적용되고 있는 유효한 법이고 프레이저와 쿨마이어 판결은 학생의 권리와 학교의 통제권에 영향을 미치는 결정을 하는 데 함께 작동한다고 주장한다. 일부 견해는 쿨마이어 판결에 따라서 프레이저 판결에서 제시된 기준은 사실상 적용될 여지가 없으며, 학생의 언론의 자유 제한에 관해서는 틴커 판결과 쿨마이어 판결이 지도적인 접근법으로 인식되고 있다고 주장되기도 한다. 필자들은 세 판결에서 제시된 기준이 모두 여전히 유효하여 학생의 권리와 학교의 통제권에 관한 결정을 하는 데 함께 작동하는 것으로 이해하는 것이 타당하다고 주장하며, 본문과 같이 구체적 관계를 이해하고 있다. 이에 관하여 자세한 것은 안성경, 앞의 글, 262-264쪽 참고.

58 240 F.3d 437; 같은 견해: 943 P.2d 836.

59 Andrew D.M. Miller, op. cit., pp.665.

60 240 F.3d 437; Andrew D.M. Miller, op. cit., pp.665-667.

61 Hill v. Colorado, 530 U.S. 703, 713 n.19 (2000).

62 United States v. O'Brien, 391 U.S. 367, 377 (1968).

63 240 F.3d 437. 같은 견해: Nixon v. Shrink Mo. Gov't PAC, 528 U.S. 377, 386 (2000).

64 240 F.3d 437. 제5연방항소법원과 약간은 논리가 다르지만, 의무적 교복제도의 헌법합치성을 다루는 대부분의 판결 및 논문은 오브라이언 기준을 적용하고 있다. 943 P.2d. at 838; Alyson Ray, op. cit. p.671; Alison M. Barbarosh, op. cit., p.1435; Dena M. Sarke, op. cit., p.170. 이들 간의 약간의 논리의 차이는 근본적으로는 내용중립제한이라는 유형의 다양성에 기인한다고 보여진다; 한편 Phoenix Elementary School District No. 1 v. Green, 943 P.2d 836 (Ariz. Ct. App.1997) 판결은 포럼 이론과 합리성 기준을 적용하여 이를 해결하고 있어 대조를 이룬다.

65 일단 위헌론에 따른 논리의 전개를 먼저 살펴보고, 이어서 합헌론의 반론을 살펴본다. 위헌론: Alyson Ray, op. cit.; Alison M. Barbarosh, op. cit.

66 Alison M. Barbarosh, op. cit., p.1435.

67 240 F.3d 437.

68 이상 Alyson Ray, op. cit., p.672.

69 CAL. EDUC. CODE § 35183(e).

70 Nancy Vogel, A Change of Uniform—Dress Codes Gain in Public Schools Fearing Gang Attire, SAcRAmENTo BEE, May 8, 1994, at A13. Quoted in Alison M. Bar-

barosh, op. cit., p.1449.

71 California State Assembly Comm. on Educ., Hearing Report on SB 1269, at 2 (June 22, 1994). Quoted in Alison M. Barbarosh, op. cit., p.1445.

72 David L. Brunsma, Kerry A. Rockquemore, Effects of Student Uniforms on Attendance, Behavior Problems, Substance Use, and Academic Achievement, The Journal of Education Research, Vol.92 No.1, 1998, pp.53-62.

73 Alyson Ray, op. cit., pp.672-673. 한편 같은 위헌론자이면서도 Alison M. Barbarosh, op. cit., pp.1435-1436은 오브라이언 기준의 제2요건은 충족하고 있는 것으로 판단하고 있다.

74 Alyson Ray, op. cit., p.673.

75 Erwin Chemerinsky, op. cit., pp.1088-1089; Laurence H. Tribe, American Constitutional Law, West Group, 1988, p.833.

76 Erwin Chemerinsky, op. cit., pp.1087, 1089.

77 Alyson Ray, op. cit., pp.675-676; Alison M. Barbarosh, op. cit., p.1450.

78 Alyson Ray, op. cit., p.675.

79 Alyson Ray, op. cit., p.676; Alison M. Barbarosh, op. cit., p.1436.

80 합헌론: Rob Killen, op. cit.; Troy Y. Nelson, If Clothes Make the Person, Do Uniforms Make the Student?: Constitutional Free Speech Rights and Student Uniforms, 118 Ed. Law Rep. 1 (1997); Jennifer Starr, School Violence and Its Effect on the Constitutionality of Public School of Uniform Policies, 29 J. L & Educ. 117 (2000); Dena M. Sarke, op. cit.; Canady v. Bossier Parish School Board, 240 F.3d 437 (5th Cir. 2001); Phoenix Elementary School District No. 1 v. Green, 943 P.2d 836 (Ariz. Ct. App.1997); Byars v. City of Waterbury, 1999, WL 391033 (Conn. Super., June 4, 1999).

81 Dena M. Sarke, op. cit., p.170.

82 Canady v. Bossier Parish School Board 240 F.3d 437; Phoenix Elementary School District No. 1 v. Green, 943P.2d 836(Ariz.Ct.App.1997).

83 Dena M. Sarke, op. cit., pp.170-171.

84 Byars v. City of Waterbury, 1999, WL 391033 (Conn. Super., June 4, 1999).

85 법원은 Bivens v. Albuquerque Public Schools, 899 F. Supp. 556 (D.N.M. 1995)에 근거하여 판시하였다.

86 M. Sue Stanley, School Uniforms and Safety, 28 EDUC. & URBAN Soc'Y 424, 426 (1996), pp.431-432. Quoted in Dena M. Sarke, op. cit., p.166은 1994년 최초로 교복착용정책을 시행한 롱비치연합교육구에서 폭행, 강도, 성범죄, 무기사용 등이 범죄가 감소하였다는 것을 보여주었다; .Jeniffer Starr, op. cit., p.113.

87 Dena M. Sarke, op. cit., p.171 참조.

88 이상 Dena M. Sarke, op. cit., pp.171-172.

89 240 F.3d 437.

90 이상 Rob Killen, op. cit. pp.480-482; 참고적으로 위헌론자가 정리한 이에 대한 검토는 Alison M. Barbarosh, op. cit., pp.1418-1421.

91 Jennifer Starr, op. cit., p.114.

92 Manual on School Uniforms, U.S. Dept. of Ed. (1996).

93 Dena M. Sarke, op. cit., p.165.

94 Rob Killen, op. cit., p.485.

95 Dena M. Sarke, op. cit., p.165.

96 CAL. EDUC. CODE § 35183(a)(5).

97 Rob Killen, op. cit. p.483.

98 Manual on School Uniforms, U.S. Dept. of Ed. (1996)은 기타 고가의 옷의 절도를 방지한다, 학내의 침입자를 쉽게 인지하게 한다는 것과 같은 이유를 추가적으로 들고 있다.

99 교복지지론자 중 일부는 이러한 옵트 아웃 규정으로 인하여, 고등학교에서는 교복착용정책이 실효성이 떨어진다고 지적하면서, 교복착용정책의 합헌성을 보장하기 위하여 이러한 옵트 아웃 규정이 반드시 필요한 것이 아닐 수 있다고 조심스럽게 진단하며, 고등학교에서 실효성을 높이기 위하여 이러한 옵트 아웃 규정을 재고하여야 한다는 견해를 피력하기도 한다. Jennifer Starr, op. cit., p.118.

100 이상 Manual on School Uniforms, U.S. Dept. of Ed. (1996).

101 Rob Killen, op. cit., p.483.

제9장

학교안전법은 입법 목적을 달성하고 있는가?*

Ⅰ. 문제 제기

이 글은 「학교안전사고 예방 및 보상에 관한 법률」(이하 '학교안전법'으로 줄이기도 하였다)에 대하여 사후입법평가를 하는 것을 목적으로 한다. 이와 같은 연구를 하게 된 배경은 다음과 같다. 첫째, 2014년 세월호 사건 이후 학교안전이 사회적으로 큰 관심의 대상이다. 학교안전법은 그 법명에서 알 수 있는 것처럼 「초·중등교육법」, 「학교보건법」, 「아동복지법」 등과 함께 학교안전을 규율하는 주요 법률 중 하나이다. 따라서 이에 대한 입법평가는 앞으로 학교안전 영역에서 입법을 하는 데 큰 시사점을 줄 수 있다. 이와 관련하여 교육부는 지난 2014년 학교안전을 좀 더 체계적으로 관리하기 위하여 '학생 안전 및 보호에 관한 법률(안)'을 국회에 제출하였다.¹ 따라서 이 글은 이와 같이 학교안전에 관한 별도의 개별 입법을 하는 것이 타당한지 등의 현안에 대해서도 시사점을 줄 수 있을 것이다. 둘째, 이 법은 지난 2007년 제정되어 그 후 총 16차례 개정되어 현재에 이르렀다. 따라서 사후적 입법평가를 수행하면 의미 있을 만한 상당한 기간이 경과하였다. 입법평가(Gesetzesfolgenabschätzung, Gesetzsevaluation)란 국가의 입법 작용과 이와 관련된 정책이 공동체에 어떠한 영향을 미치는지 평가하여 당해 입법과 이와 관련된 정책의 제정,

개정, 폐지 등을 결정하는 것이다.[2] 특히 사후입법평가는 (i) 현행법이 의도하는 목표를 달성하였나, (ii) 어떠한 부작용이 나타났으며 이러한 부작용이 중요한가, (iii) 부담가중과 부담경감이 어느 정도까지 발생하였는가, (iv) 법이 실용적이고 준수 가능한 것으로 입증되었는지, (v) 개정과 폐지가 필요한가 등을 집중적으로 분석한다.[34] 이러한 이유로 사후적 입법평가는 일반적으로 5년 이상 된 법률을 대상으로 한다.[5] 이 법은 지난 2007년 제정 후 총 16차례 개정되었다. 따라서 사후적 입법평가를 수행하면 의미 있을 만한 상당한 기간이 경과하였다. 셋째, 그럼에도 이 법에 대한 입법평가는 거의 없었다.[6]

학교안전법에 대한 사후입법평가를 하기 위하여 우선 학교안전법의 제정 배경과 과정, 제정 법률의 주요 내용, 개정 법률의 주요 내용 등을 살펴본다(Ⅱ). 그리고 이를 바탕으로 전통적인 입법평가 방법론에 따라 의도하는 목표를 달성하였는지, 어떠한 부수적 효과가 나타났는지, 법이 체계적이고 이해 가능한 것으로 입증되었는지, 개정과 폐지가 필요한지를 집중적으로 분석한다(Ⅲ). 마지막으로 이상의 논의를 정리하며 글을 마친다(Ⅳ).

Ⅱ. 학교안전법의 제정과 개정

1. 제정 배경과 과정[7]

학교안전법 제정 과정은 크게 세 개의 시기로 나누어 설명할 수 있다. (i) 안전공제회 설립 이전 시기, (ii) 민사상의 사단법인인 지역별 안전공제회 설립시기, (iii) 학교안전법에 의해 조직된 안전공제회 시기가 그것이다. 먼저 안전공제회제도 자체가 없을 당시에는 교사와 학교장의 불법행위에 대해서는 민법 제750조에 따라 불법행위 책임을 졌고, 학생

의 불법행위에 대해서는 민법 제755조에 의해서 교사가 감독자의 책임
을 졌다. 학교 안에서 관리감독의 책임은 부모가 아닌 교사에게 있기 때
문이었다. 따라서 교사는 학교에서 발생한 안전사고에 대한 책임과 부
담을 갖게 되었다. 또한 안전사고와 관련된 피해 학생의 학부모와 심리
적 갈등, 국가와는 징계 책임과 형사 책임 공방까지 발생하기도 해 교육
의 장을 크게 위축시키는 요인이 되었다.[8] 한편, 학교안전사고는 교사뿐
만 아니라 학생에게 있어서도 교육기본권의 침해, 신체적·정신적 침해
를 일으켰다.[9] 이와 같은 이유로 교사와 학생이 학교안전사고에 영향을
받지 않고 교육과 학업에 전념할 수 있는 환경을 조성하여야 한다는 공
감대가 형성되었다.

이에 힘입어 1987년 12월 9일 서울학교안전공제회 설립을 시작으로
전국 16개 시도별 공제회를 설립하였다. 하지만 이 조직은 민법상 사단
법인의 형태를 취했기 때문에 재원 마련을 위한 기금 조성이 어려웠고,
각 지역별로 다른 보상 기준 등으로 지역 간 불균형의 문제가 대두되었
다. 이러한 문제를 해결하기 위해서 각 교육청, 한국교원단체총연합회
등을 중심으로 법률 제정의 요구가 있었다. 그리고 이러한 요구에 호응
하여 1987년 '학교안전관리공제회육성법(안)'의 입법 예고, 2003년 '학
교안전사고 예방 및 보상에 관한 특별법'의 입법 예고와 2005년 정부의
법안 제출이 있었고, 2006년 12월 22일 「학교안전사고 예방 및 보상에
관한 법률」이 국회에서 통과되었다.

이 법 제정 이전의 공제회 제도와 제정 이후 제도의 차이를 구체적으
로 제시하면 〈표 1〉와 같다.

|표 1| 학교안전사고 예방과 보상에 관한 법률 제정 전후 비교[10]

구 분	법률시행 이전	법률시행 이후
학교안전 공제회 가입대상	■유치원, 초·중·고, 평생교 육시설 ■외국인학교(가입대상 제외)	■유치원 및 초·중·고, 평생교육시설(의무가 입) ■외국인학교(임의가입)
급여지급범 위확대 및 급여기준	■시·도 학교안전공제회별로 상이	■학교 안팎의 교육활동 중에 일어나는 모든 사고로 보상범위 확대 ■보상기준 전국 통일화
가입대상자	■학생	■학생, 교직원 및 교육활동참여자
급여종류 확대	■요양급여, 장해급여, 유족급여	■요양급여, 장해급여, 유족급여, 간병급여, 장 의비 ■교직원 등이 비용 지출한 경우 이를 보전
보상대상 확대	※ 공제급여 지급대상 제외 ■등·하교시간 중 사고 ■위탁급식에 의한 사고 ■가해자가 있는 사고 ■천재지변에 의한 사고 ■자해·자살	※ 공제급여 지급대상 ■등·하교 중 발생한 사고 ■급식관련사고 ■학교폭력사고(국민건강보험법의 범위) ■천재지변에 의한 사고 ■학교안전사고가 원인인 자해·자살사고 등 포함
법인의 종류	■민법에 의한 사단법인	■제정법률에 의한 특수법인
사고발생 통지의 기한	■시·도 학교안전공제회별로 상이	■사고발생 시 지체 없이 통지(의무사항)

2. 제정 내용과 특징[11]

　2007년 1월 26일에 제정되고 같은 해 9월 1일 시행된 「학교안전사고 예방 및 보상에 관한 법률」은 "학교안전사고를 예방하고, 학생·교직원 및 교육활동참여자가 학교안전사고로 인하여 입은 피해를 신속·적정하게 보상하기 위한 학교안전사고보상공제 사업의 실시에 관하여 필요한 사항을 규정(제1조)"한 법률이다.

　이 법률은 총11장 73개의 조문과 5개의 부칙으로 구성되어 있다. 11개장은 제1장 총칙, 제2장 학교안전사고 예방, 제3장 학교안전사고보상공제 사업, 제4장 학교안전공제회, 제5장 학교안전공제중앙회, 제6장

공제급여, 제7장 공제료, 제8장 학교안전공제및사고예방기금, 제9장 심사청구 및 재심사청구, 제10장 보칙, 제11장 벌칙으로 구성되어 있다.[12]

　　장의 구성을 통해서 알 수 있듯이 학교안전법은 크게 예방정책과 보상정책을 중심으로 구성이 되어 있다. 다만 초기 제정 법률의 형태는 예방정책의 비중보다는 안전공제회 법제화의 영향으로 인해서 보상정책을 중심으로 구성되어 있다. 제1장 총칙에서 정의를 통해서 안전공제회에 적용 받을 수 있는 대상과 활동의 범위가 정해졌는데 이 목적의 범위가 안전공제의 수해 대상에 영향을 미치게 된다. 학교의 범주를 유치원, 초·중등학교, 고등학교 졸업 이하의 평생교육원을 포함하고 있고, 교직원의 범위를 "고용형태 및 명칭을 불문하고 학교에서 학생의 교육 또는 학교의 행정을 담당하거나 보조하는 교원 및 직원 등을 말한다(제2조 제3호)"라고 언급하고 있다. 교육의 활동 범위에서도 "가. 학교의 교육과정 또는 학교의 장(이하 "학교장"이라 한다)이 정하는 교육계획 및 교육방침에 따라 학교의 안팎에서 학교장의 관리·감독하에 행하여지는 수업·특별활동·재량활동·과외활동·수련활동 또는 체육대회 등의 활동, 나. 등·하교 및 학교장이 인정하는 각종 행사 또는 대회 등에 참가하여 행하는 활동, 다. 그 밖에 대통령령이 정하는 시간 중의 활동으로서 가목 및 나목과 관련된 활동(제2조 제4호)"로 학생으로서의 활동시간으로 보이는 대부분의 시간을 포함하고 있다. 특별히 학교안전사고를 "교육활동 중에 발생한 사고로서 학생·교직원 또는 교육활동참여자의 생명 또는 신체에 피해를 주는 모든 사고 및 학교급식 등 학교장의 관리·감독에 속하는 업무가 직접 원인이 되어 학생·교직원 또는 교육활동참여자에게 발생하는 질병으로서 대통령령이 정하는 것을 말한다(제2조 제6호)"로 정의하여 보상의 원인이 되는 학교안전사고를 구체화하였다. 제2장의 학교안전사고 예방은 학교안전사고 예방과 시설관리 교육을 중심으로 구성되어 있다. 특별히 시설 관리자의 대상에 교육부장관부터 학교장뿐만 아니라 사립학교의 설치 경영자까지 포함하고 있다.

제3장부터는 보상사업을 중심으로 구성되어 있다. 제3장에서는 안전사고보상공제 사업을 교육감 사업으로 보고 가입자와 피공제자를 언급하고 있다. 원칙적으로 교육감이 학교안전사고로 인하여 생명 · 신체에 피해를 입은 학생 · 교직원 및 교육활동참여자에 대한 보상을 위하여 학교안전사고보상공제사업을 실시하도록 하고, 학교안전공제회가 학교안전공제 사업의 사업자가 되도록 규정하고 있다. 한편, 학교안전공제의 가입자는 학교의 학교장이며 그리고 피공제자는 학생, 교직원, 교육활동참여자이다. 또한 법률화 이후 외국인의 학교도 안전공제회의 승인을 얻어서 가입 가능하다는 점과 피공제자의 대상이 학생뿐만 아니라 교직원, 교육활동 참여자까지 확대하고 있다는 점이 특징으로 볼 수 있다. 이러한 안전공제회는 과거에도 각 지역별로 존재하고 있었는데 제4장을 통해서 지역 공제회의 형태를 구성하도록 했고 지역별 공제회의 차이를 통일시키기 위해서 학교안전공제중앙회를 제5장에서 구성했다. 제6장에서는 공제 급여의 형태와 방법을 언급하고 있다. 크게 공제 급여는 요양급여, 장해급여, 간병급여, 유족급여, 장의비로 구성되어 있으며 제41조의 절차에 의해서 공제급여를 받을 수 있다. 다만 제43조의 공제급여 제한을 통해서 공제급여를 받지 못하는 경우를 언급하고 있다. 또한 제43조 제1항 제3호와 제45조를 통해서 다른 법률과의 관계를 통해서 보상을 받는 경우는 공제급여를 받지 못할 수 있음을 규정하고 있다. 제7장에서는 공제 가입자가 납부하는 공제료, 제8장에서는 공제료를 포함한 국가 지자체 보조금 등이 포함된 학교안전공제및사고예방기금에 대한 규정을 언급하고 있다. 제9장에서는 공제회의 공제 급여 결정에 대해 불복에 관한 심사청구 및 재심사청구를 규정하고 있다. 제10장에서는 법률에 필요한 보칙, 제11장에서는 벌칙을 규정하고 있다. 과거에 안전사고 발생 시 보고를 하지 않는다고 해서 처벌할 근거가 없었지만 법률 제정 이후에는 안전사고 발생 시 보고를 의무로 하고(제44조 제2항), 이를 위반한 경우 과태료 처분을 할 수 있도록 했다.

3. 개정 개요와 주요 개정 내용[13]

　법의 개정은 시대의 변화와 사회적 요구에 따라 필요한 것을 추가하고 불필요한 것을 삭제하는 것이다. 학교안전법도 시대의 변화와 그에 따른 사회적 요구에 따라 2007년 제정 후 총 16차례 개정하였다. 여기에서 타법 개정에 의한 형식적인 개정이 총 8차례, 내용에 대한 실질적인 개정이 총 8차례가 있었다. 그중 내용에 대한 실질적인 개정은 제1차부터 제4차 개정까지는 안전공제회나 공제 제도에 관한 것이었고, 제5차부터 제7차 개정까지는 학교안전사고의 예방에 관한 것이었다. 한편, 제8차 개정은 헌법재판소의 위헌 결정에 따른 개정이었다. 개정된 내용을 조문으로 나열하기보다는 개정문에서 언급한 주요 개정 이유를 중심으로 이를 개관한다.

　제1차 개정에서는 부처중심의 책임행정체제를 확립하고 의사결정의 신속성을 높이기 위하여, 이법의 학교안전공제정책심의위원회를 폐지했다.

　제2차 개정은 학생의 안전을 위한 자발적인 교통안전 봉사활동을 안정적으로 보장하고 이를 활성화시키기 위하여 비영리민간단체 소속의 교육활동 참여자가 일정한 절차를 거치면 학교안전공제회를 통한 보상을 받을 수 있도록 했고 이 경우 공제료는 국가 또는 지방자치단체가 부담하게 하도록 했다.

　제3차 개정에서는 해외에 있는 한국학교를 안전공제의 대상으로 확대했다. 구체적으로 학교안전공제에 가입할 수 있는 학교에 재외한국학교를 포함함으로써 재외한국학교의 학생이 학교안전공제회를 통하여 의료비 등을 보상받을 수 있도록 했다. 또한 학교안전공제회 재정의 투명성과 건전성을 강화하기 위하여 감사가 감사 결과 공제회의 회계 또는 업무집행에 있어 부정 또는 불비한 사항이 있는 것을 발견하였을 때에는 이사회 소집을 요구할 수 있고 지도·감독기관인 교육감에게 회

계감사 및 직무감사를 요청할 수 있도록 했다. 그리고 학생의 등·하교 시 교통지도활동에 참여하는 비영리민간단체에 예산을 지원할 수 있도록 하는 한편, 교원뿐만 아니라 교육활동참여자도 안전교육을 담당할 수 있도록 하면서 현행 제도의 운영상 나타난 일부 미비점을 개선·보완하고자 했다.

제4차 개정에서는 학교폭력에 의한 피해학생의 신속한 치료를 위하여 학교의 장 또는 피해학생의 보호자가 원하는 경우 시·도교육청 또는 학교안전공제회에서 우선 부담하고, 가해학생의 보호자에게 구상권을 행사하도록 「학교폭력예방 및 대책에 관한 법률」이 개정(법률 제11388호, 2012. 3. 21. 공포, 4. 1. 시행)됨에 따라 이 법에서도 이를 수용할 수 있도록 학교안전공제회의 공제사업 범위에 학교폭력 피해학생에 대한 치료비 등의 지급 및 구상권 행사 등의 업무를 추가했다. 또한 공제회가 일부 수익사업을 할 수 있는 근거를 마련하는 한편, 학생이 교육활동 중 학교안전사고 외의 원인을 알 수 없는 사유로 사망한 경우 위로금을 지급하도록 했다.

제5차 개정부터는 주로 학교안전사고 예방에 관하여 내용 보안을 위한 개정이 이루어졌다. 청소년 수련캠프, 해병대 체험캠프 등 학교 밖 교육활동 중에 안전사고가 빈번히 발생했기 때문이다. 따라서 청소년 수련시설을 활용한 교육활동의 사각지대를 없애기 위해서는 학교장이 수련시설의 안전 여부를 확인할 수 있는 방안을 둘 필요가 있었다. 그래서 학교장이 교육활동을 직접 실시하는 경우 안전대책을 점검·확인하는 등 필요한 조치를 강구하도록 하고, 학교장이 관련 기관 또는 단체 등에 위탁하여 교육활동을 실시하는 경우 안전점검 결과, 보험가입 여부, 「청소년활동진흥법」에 따라 인증을 받은 프로그램인지의 여부 등을 점검·확인하도록 힘으로써 교육활동 중에 발생하는 학생들의 인전사고를 예방하고자 했다.

제6차 개정은 세월호 사건 이후의 문제를 반영하여 개정된 것이다.[14]

학교교육활동 중에 안전사고가 끊임없이 발생하고 있어 학교안전사고 예방 및 대책수립을 위한 체계적·효율적인 안전관리 운영시스템 마련이 시급한 실정이었다. 이에 제6차 개정을 통해서 학교안전사고 예방에 필요한 계획의 수립·시행 등에 관한 국가 및 지방자치단체의 의무를 강화하고, 체계적인 안전교육의 실시 등으로 예방 효과를 높이고자 했다. 동시에 사고 이후 효율적인 대처를 위한 관리 지침의 제정과 상담 치료 등의 필요한 지원을 확대하는 등 학교안전사고 예방 및 보상에 관한 각종 제도를 전반적으로 개편했다.

제7차 개정은 학교에서 실시하는 안전교육에 대한 중요성이 강조되고 있으나 학교교육활동과 관련한 학생들의 안전사고가 끊임없이 발생되고 있어 안전교육의 실효성 제고를 통한 학교안전사고를 적극 예방할 필요에 의해 개정되었다. 또한 이 법 제46조는 공제급여를 부정 수급한 경우에 민사적으로 공제급여에 상당하는 금액을 환수하도록 규정하고 있으나 형사적·행정적 제재에 대해서는 아무런 규정을 두고 있지 않았기 때문에 이에 실질적으로 전액 국민의 세금으로 충당되고 있고 사회보험의 성격을 지니고 있는 공제급여 부정수급의 도덕적 해이 방지를 위한 벌칙 신설이 필요했다. 아울러 학부모 등의 안전점검 참여를 보장하여 학교시설에 대한 안전점검에 대하여 신뢰를 확보하고자 했다.

제8차 개정은 헌법재판소의 위헌결정으로 인해서 개정했다. 헌법재판소는 학교안전공제회는 재결에 있어 재심사청구인과 같이 공제급여와 관련한 법률상 분쟁의 일방당사자의 지위에 있으므로, 합의간주 조항에 따라 재심위원회의 재결에 대하여 법관에 의한 재판을 받을 기회를 박탈하는 것은 학교안전공제회의 재판청구권을 침해한다고 결정하였다.[15] 따라서 제8차 개정을 통해서 공제급여와 관련하여 재심사청구에 대한 재결에 불복이 있는 자(재심사청구인과 학교안전공제회)는 소송을 제기할 수 있도록 했다.

III. 비판적 검토

1. 입법목적의 달성에 대한 검토

학교안전법 제1조(목적)에 비추어 보았을 때, 이 법의 입법목적은 (i) 학교안전사고 예방, (ii) 학생·교직원 및 교육활동참여자가 학교안전사고로 인하여 입은 피해를 신속·적정하게 보상하기 위한 학교안전사고보상공제 사업이 적정하게 실시되는 것이라고 할 수 있다. 이하에서는 이 법이 그 입법목적을 달성하고 있는지 나누어 검토한다.

(1) 학교안전사고 예방

이 법에서는 학교안전사고 예방을 위하여 교육부장관은 3년마다 학교안전사고 예방에 관한 기본계획을 수립하여 시행하도록 하고, 교육감은 매년 기본계획에 따라 학교안전사고 예방에 관한 지역계획을 수립하여 시행하도록 하고 있다. 학교장은 기본계획과 지역계획을 바탕으로 학교의 교육과정 또는 학교장이 정하는 교육계획에 따라 매년 학교안전사고 예방에 관한 학교계획을 학교운영위원회의 심의를 거쳐 수립·시행하여야 한다(제4조). 그리고 교육부장관은 기본계획의 수립 및 시행에 대한 평가, 학교안전교육 프로그램 및 교재 개발, 학교안전사고 예방 관련 사업 추진 심의하기 위하여 교육부장관 소속으로 학교안전사고예방위원회를 두어야 한다(제4조의2). 한편, 교육부장관 및 교육감은 기본계획과 시행계획을 효율적으로 수립·시행하기 위하여 학교안전사고 예방에 대한 실태조사를 할 수 있다(제4조의3). 한편, 교육감과 학교장 등은 「재난 및 안전관리기본법」 제22조의 규정에 따른 교육부 소관 국가안전관리기본계획에 따라 연 2회 이상 학교시설에 대한 안전점검을 실시하여야 한다. 이 경우 교육감 및 학교장등은 안전점검을 실시한 결과 시설물의 재해 및 재난예방과 안전성 확보 등을 위하여 필요하다고 인정하

는 때에는 시설물 안전점검 전문기관에 위탁하여 정밀안전진단을 실시
하여야 한다(제6조). 한편, 학교장은 학교안전사고를 예방하기 위하여 교
육부령이 정하는 바에 따라 학생·교직원 및 교육활동참여자에게 학교
안전사고 예방 등에 관한 교육을 실시하고 그 결과를 학기별로 교육감에
게 보고하여야 한다(제8조).

이 중 기본계획, 지역계획, 학교계획은 지속적으로 수립되어 시행되어
왔고, 학교안전사고예방위원회도 구성하여 운영하고 있으며, 정밀안전진
단과 학교안전교육도 지속적으로 실시하고 있다. 그러나 그것이 얼마나
충실하게 이루어지고 있는지는 의문이다. 예를 들어, 학교안전교육의 경
우 교육부가 전국 17개 시·도교육청의 관내에 있는 학교에서 안전교육
을 실시한 시간을 집계한 현황에 따르면, 대부분 학교가 법령에 명시되어
있는 안전교육의 기준을 지키지 못하고 있는 것으로 나타났다.[16] 한편, 학
교안전사고 예방에 대한 실태조사는 아직 진행 중인 것으로 알려져 있다.

이 법이 학교안전사고 예방에 얼마나 기여하였는지는 이 법의 제정
전후로 학교안전사고가 얼마나 발생하고 있는지 그 추이를 통하여 간접
적으로 유추해 볼 수 있다.

|표 2| 학교안전사고 발생 건수[17]

연도	2001	2002	2003	2004	2005	2006	2007
보상 건수	18,955	19,582	22,722	29,955	33,834	37,992	41,111
연도	2008	2009	2010	2011	2012	2013	2014
발생 건수	62,794	69,487	77,496	86,468	100,365	105,088	116,527

〈표 2〉에 의하면 학교안전사고는 지속적으로 증가하고 있다는 것을
알 수 있다. 그런데 이 통계는 학생이 학교 밖에서 수학여행, 수련활동
등을 하다 발생한 학교안전사고는 제외된 것이라는 점을 감안하면 실제
학교안전사고 발생 건수는 이에 비하여 더 많다는 것이다.

|표 3| 학령별 인구수[18]

연도 학교	2008	2009	2010	2011	2012	2013	2014
고등학교	1,906,978	1,965,792	1,962,356	1,943,795	1,920,087	1,893,303	1,839,372
중학교	2,038,611	2,006,972	1,974,798	1,910,572	1,849,094	1,804,189	1,717,911
초등학교	3,672,207	3,474,395	3,299,094	3,132,477	2,951,995	2,784,000	2,728,509
유치원	537,822	537,361	538,587	564,834	613,749	658,188	652,546
합계	8,155,618	7,984,520	7,774,835	7,551,678	7,334,925	7,139,680	6,938,338

그리고 다음 〈표 3〉를 통해서 알 수 있듯이 2008년 815만 명에서 2015년 693만 명으로 학생인구가 매년 감소하고 있다는 것을 감안하면 학교안전사고 발생 비율은 발생 건수에 비하여 더 높아진 것이라고 할 수 있다.[19] 더욱이 이 현황은 학교안전공제회에 보상을 받기 위해 접수된 사고를 기준으로 파악되고 있어 실제 현황을 정확히 파악하기 곤란하다는 문제점을 가지고 있다.[20]

이와 같이 증가하는 학교안전사고를 줄일 수 있는 최선의 방법은 예방 활동이다. 그런데 필자가 면접한 현장 교사들은 대체로 학교안전법에 따른 예방 활동은 현장에서 잘 이루어지지 않고 있다고 답변하였다. 이들은 학교안전법은 보상에 그 초점이 있는 법이므로 예방에 관하여 실효적인 수단이 없다고 인식하고 있었다. 시기적으로는 세월호 사건을 전후로 하여 그 이전에는 예방 활동이 매우 미흡했는데, 그 이후에는 매우 향상되었다고 인식하고 있었다.

이와 같이 학교안전사고 예방이 잘 이루어지지 못하는 이유는 몇 가지로 추측해 볼 수 있다.[21] 첫째, 학교안전사고 예방을 위한 체계가 아직 미비하기 때문이다. 예를 들어, 학생을 보호하기 위한 이른바 학교안전구역이 「학교보건법」, 「도로교통법」, 「어린이식생활안전관리특별법」, 「아동복지법」 등에 산재해 있다. 따라서 그에 따라 권한을 부여받은 여러 기관이 각각 그 권한을 행사하다 보면 체계적이지 못하고 비효율적인 결과를 초래할 수도 있다는 것이다. 또한 학교안전법, 「아동복지법」, 「학교보건법」 등 다양한 법률에서 학교안전교육을 실시하도록 하는 것도 중복과 공백이 있어 문제이다.[22] 둘째, 학교안전사고 예방을 위하여 마련된 정책 수단이 충실하게 집행되지 못하기 때문이다. 법률에 정해진 시간에 미달하고 효과가 떨어지는 강의 중심의 부실한 학교안전교육이 그 예이다. 셋째, 학교안전사고 예방을 위한 추진체계가 미비하기 때문이라고 주장되기도 한다. 보상에서 학교안전공제회와 같이 예방을 위한 전담기관이 필요하다는 것이다.

요컨대, 학교안전법의 입법 목적 중 하나인 학교안전사고 예방은 아직까지는 만족스럽게 달성되지 못한 것으로 판단된다. 따라서 학교안전법은 이에 대한 보완이 필요하다.

(2) 보상공제 사업의 적정한 실시

이 법에서는 원칙적으로 교육감이 학교안전사고로 인하여 생명·신체에 피해를 입은 학생·교직원 및 교육활동참여자에 대한 보상을 하기 위하여 학교안전사고보상공제사업을 실시하도록 하고, 학교안전공제회가 학교안전공제 사업의 사업자가 되도록 규정하고 있다(제11조). 학교의 학교장은 학교안전공제의 가입자가 된다(제12조). 그리고 피공제자는 학생, 교직원, 교육활동참여자이 피공제자이다(제14조). 교육감은 학교안전공제 사업을 실시하기 위하여 해당 시·도에 학교안전공제회를 설립한다(제15조). 그리고 교육부장관은 학교안전사고 예방 사업과 학교안전공제 사업을 효율적으로 수행하기 위하여 학교안전공제중앙회를 설립한다(제28조). 공제 급여는 요양급여, 장해급여, 간병급여, 유족급여, 장의비로 구성되어 있으며(제34조) 제41조의 절차에 의해서 급여를 받을 수 있다. 다만 일정한 경우 공제급여가 제한된다(제43조). 공제 가입자는 공제료를 납부하여야 하며, 공제회는 공제료를 제52조의 규정에 따른 학교안전공제및사고예방기금의 수입으로 계상하여야 한다. 이에 따라 2010년 기준 현재 각 시·도별로 설립된 총16개의 학교안전공제회가 운영되어 있고, 이와 별도로 학교안전공제중앙회가 설립되어 운영되고 있다. 2010년 기준으로 총 19,794개의 학교가 가입되어 있으며, 총 8,069,194명이 피공제자이다.[23]

법률이 제정된 2007년 이후 보상공제 사업이 지속적으로 실시되고 있다는 점에서 이 입법 목적은 일단 달성되었다고 판단할 수 있다. 그러나 그 내용적으로는 다음과 같은 점이 문제로 지적되고 있다. 첫째, 보상의 수준이 충분하지 못하다는 비판이 있다.[24] 학교안전사고가 발생하면 학교안전공제회의 지급기준에 따라 보상을 한다. 그런데 현행 지급기준은 피해자의 욕구를 만족시키기에는 부족하다. 따라서 피해자 중 일부가 교사 또는 학교설립의 주체에게 추가적인 손해배상을 제기하는 경우가 점차 증가하고 있다.[25] 필자가 면접한 현장 교사들도 법의 내용 중 학교안전사고 보상 수준이 충분치 못하다고 인식하고 있었다. 특히 화상치료처럼 장기적인 치료의 경우 만족할 만한 보상이 이루어지지 않는 것으로 인식하였다. 둘째, 현행 공제제도는 민법상 손해배상이 아니라 사회보장 차원에서 피해자의 피해를 직접 전보하는 성질의 것이다.[26] 그런데 현행 법률은 여전히 2007년 법 개정 이전의 운영 방식을 명문화하여 사회보험으로서 위상에 걸맞은 내용을 갖지 못하고 있다는 비판이 있다.[27] 셋째, 보상공제 사업의 적정한 실시를 위하여 필요한 내용이 흠결되어 있기도 하다. 예를 들어, 현행 법률은 「국민기초생활 보장법」 제12조의 규정에 따른 교육급여를 받는 수급자와 그 자녀인 피공제자 및 같은 법 제24조의 규정에 따른 차상위계층으로 조사된 자와 그 자녀인 피공제자, 「독립유공자예우에 관한 법률」 제15조의 규정에 따라 교육보호를 받는 자(이하 '기초생활자 등'으로 줄인다), 「국가유공자 등 예우 및 지원에 관한 법률」 제22조 제1항에 따른 교육지원 대상자, 「보훈보상대상자 지원에 관한 법률」 제25조 제1항에 따른 교육지원 대상자, 「5·18민주유공자 예우에 관한 법률」 제12조의 규정에 따른 교육지원대상자 및 「특수임무유공자 예우 및 단체설립에 관한 법률」 제11조의 규정에 따른 교육지원대상자인 피공제자(이하 '국가유공자 등'으로 줄인다), 제2조 제5호에 따른 교육활동참여자에 대한 공제료는 국가 또는 지방자치단체가 부담하도록 규정하고 있다(제51조 제1항). 그러나 국가 또는 지방자치단체에 공제료를 청구하기 위한 구체적인 절차가 법률이나 하위법령에 마련되어 있어야 한다. 그런데 법률, 시행령, 시행규칙 어디에도 이에 대한 구체적인 절차가 규정되어 있지 않다. 이러한 이유로 실제 공제회는 국가 또는 지방자치단체에 그에 대한 공제료를 받은 바 없다. 앞으로 해결하여야 할 과제이다.

요컨대, 학교안전법의 입법 목적 중 다른 하나인 보상공제 사업의 지속적 실시는 대체로 그 목적을 달성하였다고 판단할 수 있다. 다만 보상 수준, 체계, 절차적 규정 등의 미비 등 보상공제 사업의 지속적 실시를 위하여 개선해야 할 몇 가지 문제가 있다.

2. 부수적 효과에 대한 검토

(1) 인사상 불이익에 대한 우려로 제도 활용을 주저

학교안전사고 발생 시 교직원의 형사적·행정적 책임이 문제가 될 수 있다. 이에 대처하기 위해 학교안전법 제정 당시 입법예고에는 고의나 중대한 과실이 아닌 경우 공소제기를 금지한 내용과 인사상 불이익의 처분을 받지 않는다고 규정되어 있었다.[28] 하지만 국회에 제출된 수정안에서는 이 부분이 삭제되었다. 이러한 규정의 미비로 교사들이 느끼고 있는 무형의 어려움이 있다고 판단된다. 김응삼에 따르면 약 300명의 현직교사를 대상으로 한 설문에서 '학교안전사고로 곤란을 겪으셨다면 다음 중 어떤 유형입니까?'라는 질문에 인사상 불이익이 68%로 나타났다.[29] 필자의 개별 면접에서도 현장 교사들은 교직 사회 내에서 안전사고로 인한 낙인효과로 인사상 불이익을 받을 수 있는 것으로 인식하고 있었다. 다만 그 정도는 직급에 따라 차이가 있어서 평교사의 경우 그렇게 인식하는 정도가 상대적으로 낮지만, 학교장 등 관리자의 경우 그러한 인식 정도가 높을 것으로 예상하였다.

결국 이러한 불안요소는 법률 제정 당시에는 의도하지 않았던 부수적 효과이다. 이러한 심리적 위축이 적극적인 공제회 제도의 활용과 학생의 적극적 피해 보상에 어려움을 줄 수 있으므로 개선이 필요하다.

(2) 보건교사의 기능이 없어 효율적인 대처 미흡

학교현장에는 원칙적으로 보건교사가 배치되어 있다.[30] 그리고 학교 안전사고시 보건교사의 역할은 매우 중요함에도 불구하고 학교안전법에서는 보건교사의 역할을 발견할 수 없다. 학교 내 안전사고가 발생했을 경우 부상의 정도에 따라서 신속하거나 필수적으로 병원에 가야 하는 경우가 있을 수 있다. 이때 겉으로 보이지 않는 내부적 장기 손상, 질병 감염 등이 있다면 일반교과 교사는 학생에게 구두로 상태를 물어보고 자신이 알고 있는 지식의 범위 내에서 병원 방문 여부를 판단한다. 그러나 이에 관한 소양을 가지고 있지 않은 일반 교사는 그 판단을 그르칠 확률이 높다. 따라서 의학적 소양을 가지고 있는 보건교사가 이를 판단한다면 좀 더 정확한 판단을 할 확률이 높다. 요컨대, 안전사고가 발생하였을 때 보건교사가 일반 교사와 협업하여 초동 대응을 하도록 한다면 학생의 피해를 줄일 수 있을 것으로 예상할 수 있다. 그러나 현행법은 보건교사의 존재 자체를 모르는 듯 이에 관하여 침묵하고 있으며, 그 사이 학교 현장에서는 효율적인 초동 조치가 미흡하다. 이는 법률 제정 당시에는 의도하지 않았던 부수적 효과이므로 개선이 필요하다.

3. 법의 체계성과 이해가능성에 대한 검토

(1) 사회보험으로서 정립

이 법에서 규율하는 학교안전사고보상공제 사업은 엄밀한 의미에서 공제제도가 아니다. 공제란 상호보조를 위하여 공제료를 납부함으로써 가입자가 부담하는 손해배상책임을 공제회가 부담하는 제도이다.[31] 그런데 이 법에서는 공제료를 부담하는 가입자와 손해배상책임을 부담하여야 할 자가 다를 수 있다. 그리고 학교안전사고로 인하여 학생이 부상을 당하거나 질병에 걸린 경우 요양급여의 지급은 손해배상책임이 아닐 수 있다.

이런 의미에서 우리 입법자는 법 제정 당시에 이를 사회권과 교육권을 확보해 주기 위한 사회보험으로 인식하고 입안하였으며, 사법부도 이를 사회보험으로 인식하고 있다.[32] 이 법의 공제사업을 사회보험으로 인식할 경우 이에 따라 많은 용어와 체계가 정비되어야 한다. 첫째, 공제라는 표현을 다른 적당한 용어로 대체하여야 한다. 강희원과 김상철은 이를 보험이라는 표현으로 대체할 것을 주장한다.[33] 이에 따라 학교안전사고보상공제 사업(제1조, 제9조, 제11조 등), 학교안전공제회(제11조, 제12조 등), 공제료, 공제료, 공제급여, 피공제자 등의 표현도 수정되어야 한다.

둘째, 사회보험은 가입자가 납부한 보험료에 대한 반대급여로써 보호가 이루어지고, 보험료의 산정은 일반적으로 소득과 연계되는 것이 원칙이다.[34] 이러한 사회보험에는 「국민건강보험법」, 「국민연금법」과 같이 순수한 사회보험 유형과 「공무원연금법」, 「군인연금법」과 같이 사용자 책임형 사회보험 유형이 있다.[35] 학교안전법이 이 중 어느 유형의 사회보험을 지향하는지는 의문이다. 이 법 제49조는 공제가입자는 공제료를 공제회에 납부하도록 하고, 공제가입자는 대통령령이 정하는 바에 따라 피공제자에게 공제료에 충당하기 위한 금액의 전부 또는 일부를 징수할 수 있도록 규정하고 있다. 그러나 실무적으로는 공제가입자인 학

교의 장이 학교운영비 등에서 공제료를 납부하고, 피공제자인 학생, 교
직원, 교육활동참여자에게 이를 징수하지 않고 있다. 현행 학교안전사
고보상공제 사업의 구체적 개선 방향을 정하기 위해서는 이에 대한 명확
한 정책적 결정이 필요하다.

한편, 학교안전사고가 피공제자의 고의 또는 중대한 과실로 인하여
학교안전사고가 발생하거나 피공제자 또는 공제가입자가 아닌 자의 고
의 · 과실로 인하여 학교안전사고가 발생하고, 공제회가 수급권자에게
공제급여를 지급한 경우 공제회는 수급권자에게 지급한 공제급여에 상
당하는 금액의 지급을 학교안전사고를 일으킨 자 또는 그 보호자 등에게
청구할 수 있다(제44조 제1항). 예를 들어, 학교안전사고가 피공제자인 교
사의 중대한 과실로 인하여 발생하고, 공제회가 피해자인 학생에게 공
제급여를 지급한 경우 공제회는 제44조 제1항에 따라 구상권을 행사할
수 있다. 그런데 이때 공제회가 학교장에게 구상권을 행사한다는 것은
피공제자인 교사가 가입자인 소속 학교장에게 가진 청구권이 있다는 것
을 전제로 하는데, 이것은 (사회)보험의 본질을 벗어난 이상한 결론이다.
이러한 조항은 아마도 「국가배상법」 제2조의 입법례를 차용한 것으로 보
인다.[36] 그런데 공제사업은 사회보험이므로, 국가배상법의 제2조를 차용
하는 것은 타당하지 않다. 이 조항은 삭제되어야 한다.[37]

요컨대, 현행 학교안전사고보상공제 사업은 공제제도가 아니라 사회
보험제도이다. 그러나 구체적으로 어느 유형의 사회보험을 지향하는지
는 명확하지 않다. 앞으로 이에 대한 정책적인 결정을 하여 이에 충실
한 개선이 필요하다.

(2) 다른 전보제도 간의 관계 정립

현행 법률은 제14조에서 학교안전공제에 가입한 학교의 학생, 교직
원, 교육활동참여자를 학교안전공제의 피공제자로 명시하고 있다(제14
조). 따라서 교직원이나 교육활동참여자가 교육활동 중에 생명 또는 신

체에 피해를 주는 사고를 당한 경우 발생한 피해에 대한 보상 또는 배상을 청구할 수 있다. 한편, 이들이 학교안전사고로 인하여 발생한 피해에 대하여 이 법에 따른 공제급여를 받은 경우에는 학교안전사고로 인하여 발생한 피해에 대한 보상 또는 배상의 책임이 있는 국가 · 지방자치단체 · 공제가입자 또는 피공제자는 그 공제급여 금액의 범위 안에서 다른 법령에 따른 보상 또는 배상의 책임을 면하도록 규정하고 있다(제45조). 그런데 이들 중 대부분은 「공무원연금법」, 「사립학교교직원연금법」, 「산업재해보상보험법」에 적용을 받아 혜택을 받을 수 있다. 따라서 법 제45조에 따르면 교직원이나 교육활동참여자의 선택에 따라 그 피해의 실질적 전보자가 좌우될 수 있다. 그런데 이것은 제도 설계에 있어서 바람직하지 못하다. 당해 제도의 성격을 명확히 하고, 다른 제도의 성격을 고려하여 그 관계를 분명히 하여 피공제자의 선택에 의하여 그것이 좌우되는 일이 없도록 하는 것이 필요하다.[38]

(3) 학교안전사고라는 개념의 타당성 및 새로운 개념 정립

이 법에서 '학교안전사고'란 "교육활동 중에 발생한 사고로서 학생 · 교직원 또는 교육활동참여자의 생명 또는 신체에 피해를 주는 모든 사고 및 학교급식 등 학교장의 관리 · 감독에 속하는 업무가 직접 원인이 되어 학생 · 교직원 또는 교육활동참여자에게 발생하는 질병으로서 대통령령이 정하는 것"을 말한다(제2조 제6호). 그런데 그 구조상 "학교안전사고란 … 사고 및 … 질병"이므로 논리적이지 못하다. 더욱이 안전은 "생존과 보호를 위협받는 위험이나 사고가 발생하지 않는 상태"를 의미하고 사고는 "안전한 상태가 훼손되어 발생한 불행한 일"을 의미하므로, 서로의 정의에 서로가 개입하는 순환론적 정의를 하게 되므로, 안전사고라는 개념은 개념구조 자체가 논리적이지 않다.[39] 또한 이 법의 양 대 영역인 예방과 보상에서 학교안전사고란 하나의 개념을 사용하면서도 법체계의 상이함에 따라 그 포섭 범위가 달라 정책적 혼선을 빚고 있다.

|표 4| 학교안전사고의 예방과 보상에 관한 법체계

장소	범주	예방 규율 법률	보상 규율 법률
학교 내		학교안전법	학교안전법
학교 외	등교 및 하교	학교안전법	학교안전법
	학교장이 정하는 교육계획에 따라 학교의 안팎에서 학교장의 관리·감독하에 행하여지는 수련활동	학교안전법	학교안전법
	다른 단체에서 주관하여 실시하는 수련활동	학교안전법	청소년활동진흥법상 보험
	교육활동으로 인한 학교안전사고가 아닌 경우	초중등교육법 등	일반 보험법

〈표 4〉와 같이 학교안전사고 예방을 규율하는 법률은 학교 내 교육활동, 등교와 하교 시간에 이루어지는 활동, 학교장이 정하는 교육계획에 따라 학교의 안팎에서 학교장의 관리·감독하에 행하여지는 수련활동, 다른 단체에서 주관하여 실시하는 수련활동까지 적용된다. 반면 학교안전사고 보상을 규율하는 법률은 학교 내 교육활동, 등교와 하교 시간에 이루어지는 활동, 학교장이 정하는 교육계획에 따라 학교의 안팎에서 학교장의 관리·감독 하에 행하여지는 수련활동, 다른 단체에서 주관하여 실시하는 수련활동까지 적용된다.

따라서 '학교안전'이라는 개념을 학교안전사고와 별도로 정립하고,[40] 학교안전사고는 '교육활동 중 재해'라는 개념으로 대체할 것을 제안한다.[41] 여기서 학교안전이란 "교육활동 중 학생, 교직원, 교육활동참여자의 생존과 보호를 위협받는 재해가 발생하지 않는 상태"를 의미하고, 학교안전사고 예방 등의 용례는 학교안전의 증진이라는 용례로 대체한다. 한편, 교육활동 중 재해란 "교육활동 중에 발생한 재해로서 학생, 교직원, 교육활동참여자의 생명 또는 신체에 피해를 주는 모든 사고와 학교급식 등 학교장의 관리·감독에 속하는 업무가 직접 원인이 되어 학생·교직원 또는 교육활동참여자에게 발생하는 질병"을 의미하고, 이 법 제

3장 이하의 보상과 관련된 규정에서 학교안전사고라는 기존 용어를 교육활동 중 재해로 대체한다.

(4) 학교안전사고 예방에 대비한 구체적인 정책의 미비

이미 서술한 것처럼 학교안전법의 입법 목적 중 학교안전사고 예방은 아직까지는 만족스럽게 달성되지 못하였다. 그 이유는 다양한데 그중 하나가 학교안전사고 예방에 대비한 구체적인 정책의 미비이다. 나중에 설명하는 것처럼 이른바 학교안전구역이 「학교보건법」, 「도로교통법」, 「어린이식생활안전관리특별법」, 「아동복지법」등에 산재해 있어 그에 따라 권한을 부여받은 여러 기관이 각각 그 권한을 행사하다 보면 체계적이지 못하고 비효율적인 결과를 초래할 수 있다는 비판이 있다. 학교안전공제회와 같이 예방을 전담하기 위한 별도의 산하기관이 필요하다는 주장도 있다. 학생안전지역의 각 영역에 대한 위험 수준과 안전기반을 지수화하여 제시하는 것이 필요하다는 주장도 있다. 이와 같이 학교안전사고 예방에 대비한 구체적인 정책이 상대적으로 미비한 근본 원인은 학교안전사고에 대한 예방과 보상을 규율하는 법체계의 상이함에 기인한 것으로 추측한다.

요컨대, 학교안전법의 목적을 달성하기 위하여 이와 같은 학교안전사고 예방에 대비한 구체적인 정책의 입법화가 필요하다.

4. 개정과 폐지의 필요성 검토

이미 살펴본 것처럼 학교안전법은 2007년 제정 후 총 16차례나 개정이 되었고, 그 실질적 개정도 8차례나 있었다. 그중 일부는 학생의 사고에 대한 소 잃고 외양간 고치는 식의 대응이었다. 그러나 소를 잃고 난 후 외양간을 잘 고치면 그 후에 다시 소를 잃는 일은 없다. 따라서 선제적으로 법을 개정하면 더욱 좋겠지만, 사고가 발생한 후에라도 그 사고의 원인을 잘 분석하여 그에 대한 처방을 바탕으로 입법을 하는 것이 중요하다.

이러한 관점에서 최근 학교안전과 관련된 법률 개정 작업 중 두 개의 제안을 살펴볼 필요가 있다. 학교안전을 관리하기 위한 체계를 정비하기 위하여 교육부가 2014년 국회에 제출한 '학생 안전 및 보호에 관한 법률(안)'과 교육부가 2014년 11월 학교안전 관련 종합 대책에서 여러 법령에 분산되어 있는 안전교육 관련 사항을 학교안전법으로 이동하여 안전교육 관련 법률을 일원화하겠다는 방안이 그것이다.

(1) 학교안전 및 보호에 관한 법률(안)과 관계 정립[42]

(가) 입법예고 배경

학생 및 교직원을 보호하기 위한 규정은 「교육기본법」, 「초·중등교육법」, 「아동복지법」, 「학교보건법」, 「학교안전사고 예방 및 보상에 관한 법률」, 「도로교통법」, 「어린이식생활안전관리특별법」, 「학교폭력 예방 및 대책에 관한 법률」 등 여러 법률과 명령에 명시되어 있다. 국가와 지방자치단체는 이러한 법제를 통하여 학생 및 교직원의 안전을 구현하고자 예정하고 있다.[43] 그러나 각 법률은 그 제정 목적이 상이하여 내용이 서로 부합하지 않을 수 있다. 그리고 이러한 목적을 달성하기 위하여 권한을 부여받은 여러 기관이 각각 그 권한을 행사하다 보면 때로는 체계적이지 못하고 비효율적인 결과를 초래할 수도 있다. 학생을 안전하게 보호하고 쾌적한 환경을 조성하기 위하여 설정한 학교주변의 일정지역의 관리와 학교안전교육이 그러한 예이다.

현재 「도로교통법」에 근거하여 차량속도제한을 하는 어린이보호구역, 「어린이식생활안전관리특별법」에 근거하여 식품관리를 하고 있는 어린이식품안전보호구역, 「아동복지법」에 근거하여 CCTV를 설치하고 있는 아동보호구역, 「학교보건법」에 근거하여 유해시설설치를 금지하고 있는 학교환경위생정화구역 등으로 각각 지정하여 관리하고 있는 학교

주변의 일정 지역 관리는 권한과 책임이 여러 기관으로 분산되어 비효율적인 결과를 초래하고 있다는 비난이 있는 것이 사실이다.[44] 그리고 학교안전교육의 영역은 다양하고 이를 규정하고 있는 법률도 상이해 모든 내용을 체계적으로 교육하기가 사실상 어렵다는 것이 현장의 목소리이다.[45]

'학생 안전 및 보호에 관한 법률(안)'은 이러한 문제점 중 위와 같은 산재한 법령에서 근거하여 각각 운영하는 학교주변의 일정지역의 관리를 학생안전지역으로 통합하여 체계적이고 효율적으로 관리하여 학생의 안전한 생활을 실현하기 위한 제도적 기반을 마련하기 위한 것이다.[46]

(나) 학생안전지역 신설과 지정(안 제2장)

이 법안에서 학생안전지역은 학교와 학교경계선이나 학교설립예정지 경계선에서 직선거리 200미터 범위의 지역으로 한다. 다만, 학교경계선이나 학교설립예정지 경계선에서 직선거리 500미터 범위의 지역 중「도로교통법」제12조에 따라 교통사고의 위험으로부터 학생을 보호하기 위하여 필요하다고 인정하여 지정된 구역에 대해서도 학생안전지역에 포함하여야 한다. 특별시 · 광역시 · 특별자치시 · 도 및 특별자치도 교육감(이하 '교육감'이라 한다)은 이 학생안전지역을 구체적으로 정하여 고시할 의무가 있다(이상 제8조).

이렇게 고시된 학생안전지역에서는 일정한 행위가 금지되고, 일정한 행위가 행하여지지 않도록 조치되어야 한다. 예를 들어, 「학교보건법」 제6조 제1항에 따라 금지된 행위, 「도로교통법」 제12조 제1항에 따라 제한된 속도를 초과하여 통행하는 행위, 그 밖에 대통령령으로 정하는 금지행위를 하여서는 아니 된다.

(다) 학생안전지역 관련 지원체계 구축(안 제3장)

교육부장관은 학생안전을 보호하기 위하여 3년마다 학생안전의 보호를 위한 정책의 목표 및 그에 필요한 추진체계, 학생안전의 보호에 관한 법령 등 제도개선에 관한 사항, 학생안전의 보호를 위한 조사, 연구 및 사업에 관한 사항, 학생안전지역의 관리 방안, 학생안전의 보호를 위해 필요한 재원규모와 조달방안 등이 포함된 기본계획을 수립하여야 한다 (제10조). 그리고 교육부장관과 관계 중앙행정기관의 장은 매년 기본계획에 따른 시행계획을 수립하고 시행하여야 한다(제12조).

국가 또는 지방자치단체는 학생안전지역의 안전을 지속적으로 유지하고 관리하기 위하여 대통령령으로 정하는 바에 따라 정기적으로 학생안전 실태를 조사하여야 한다(제13조). 그리고 학생의 안전 및 보호와 관련한 다음 각 호의 사항을 협의하고 조정하기 위하여 교육부장관 소속으로 학생안전보호협의회(이하 '협의회'라 한다)를 둔다. 한편, 시·도의 학생안전 보호와 관련한 일정한 사항을 심의하기 위하여 교육감 소속으로 시·도 학생안전보호위원회(이하 '시·도위원회'라 한다)를 둔다(제15조).

그리고 교육부장관은 학생안전지역의 교통, 범죄, 식품 및 환경위생 등에 대한 위험수준과 안전 인프라 등을 정기적으로 확인하여 평가(이하 '학생안전지수'라 한다)하고, 그 결과를 공표할 수 있도록 하였다(제18조). 한편, 국가는 학생안전보호와 관련된 업무를 지원하기 위하여 학생안전관리 전문기관인 학생안전보호원을 설립한다(제20조).

(라) 학생안전지역의 효율적 관리 방안(안 제4장)

국가 또는 지방자치단체는 국민이 학생안전지역을 쉽게 인식할 수 있도록 표지판을 설치·관리하여야 한다(제21조). 그리고 국가 또는 지방자치단체는 학생안전지역에서의 학생안전을 제고하기 위해 「개인정보 보호법」 제2조 제7호에 따른 영상정보처리기기(이른바 CCTV)를 설치할 수 있다(제22조). 그리고 국가 또는 지방자치단체는 학생안전지역 내 범죄예방을 위하여 대통령령으로 정하는 바에 따라 범죄예방디자인을 적용하여 학생안전지역을 관리할 수 있고(제23조), 학생들의 보행안전을 확보할 수 있도록 학생안전지역 내 통학로에 대하여 다른 지역에 우선하

여 각종 보행안전시설물의 설치 · 관리 등 각종 교통정온화 기법을 적용
하여 운영하여야 한다(제24조). 나아가 폭력, 유괴 등의 위험에 처한 학
생을 보호하기 위하여 학생안전지역 내에 학생긴급보호소를 지정 · 운
영할 수 있다(제25조).

한편, 시 · 도지사 및 교육감, 지방경찰청장 등 관계기관은 학생안전
지역에서의 학생안전을 강화하기 위하여 정기 및 수시로 지도 · 점검을
하여야 한다(제26조). 그리고 국가 또는 지방자치단체는 학생안전지역에
서의 순찰활동이나 학생안전지도 업무 등을 수행하는 학생안전관리원
을 위촉하여 활용할 수 있다(제27조). 이 학생안전관리원은 학생안전확
보에 관한 제26조 제3항 각 호의 직무를 수행할 수 있으며, 이 직무를
수행하면서 발견한 위법이나 학생안전사고 발생 위험이 높다고 판단되
는 사항을 관계기관이 조치를 할 수 있도록 통보하여야 하는 의무가 있
다(제28조).

(마) 학교안전법과 관계 설정

이 법안을 마련하는 과정에서 교육부는 이를 학교안전법을 개정하는
형식으로 입법화하는 방안과 별도의 개별법을 제정하는 형식으로 입법
화하는 방안을 검토하였다. 그 결과 입법 예고된 것처럼 후자의 방법을
취하였다. 그 이유는 아마도 학교안전에 관한 내용이 「교육기본법」 제17
조의5, 제27조 제1항, 「초 · 중등교육법」 제30조의8, 「초 · 중등교육법」
제30조, 「학교폭력예방법」 등 다양한 법률에 산재하고 있어[47] 학교안전
법이 학교안전에 관한 사항을 규율하는 데 통합법으로 기능할 수 없다고
생각하였기 때문일 것으로 짐작한다. 그러나 필자는 학교안전법이 학교
안전에 관한 사항을 규율하는 통합법으로 기능할 수 있으며, 그렇게 체
계화하는 것이 수범자인 시민이나 공무원에게 편리한 방안이라고 생각
한다.[48] 물론 이러한 결론이 관계 사업을 전담하는 산하기관의 일원화 등
을 전제로 하는 것은 아니다. 이것은 정책적인 문제일 뿐이다.

(2) 안전교육을 학교안전법으로 일원화하는 방안에 대한 검토

2014년 4월 세월호 사건 이후 교육부는 같은 해 11월 학교안전 관련 종합 대책을 발표하였다.[49] 그중 하나가 학교안전법, 「아동복지법」, 「학교보건법」 등 여러 법령에 분산하여 규정되어 있는 안전교육 관련 사항을 학교안전법으로 이동하여 일원화하겠다는 방안이다.

이미 서술한 것처럼 필자는 학교안전교육을 규정하고 있는 현행 법령은 중복과 공백이 있으므로 이러한 중복과 공백을 보완하기 위하여 정비할 것을 제안하였다. 학교안전법과 「아동복지법」은 모두 학교안전교육에 관한 총론적인 성격의 안전교육을 명시하고 있으므로 이를 조정하여 하나의 법령에 규정하도록 하는 것이 타당하다. 그러나 학교안전교육이 총체적 교육으로서 안전교육의 개념을 도입하고 교과교육으로 편입하기 위해서는, 교육법체계와 각 법의 목적을 고려하면 「교육기본법」 제17조의5를 개정하고, 그 구체적인 내용을 「유아교육법」과 「초·중등교육법」 및 그 시행령에 규정하는 것이 좀 더 적합하다.[50]

요컨대, 학교안전사고에 대비한 총론적 성격의 안전교육을 학교안전법에 일원화하여 규정하는 것은 입법체계상 타당한 것으로 고려해 볼 만하다. 그러나 학교안전사고를 넘은 총체적 안전 교육을 위한 규정은 「교육기본법」, 「유아교육법」, 「초·중등교육법」과 그 시행령에 적절히 규정하는 것이 타당하다.

IV. 결론: 학교안전은 어떻게 제도화되어야 하는가?

이상의 논의를 정리하면 다음과 같다.

첫째, 학교안전법이 제정되기 이전에는 학교안전사고가 발생하면 교사와 학교장은 내적으로는 자책감에 시달리고, 외적으로는 민법 제750조와 제755조에 근거한 불법행위 책임, 행정상 징계책임, 형사책임 공방에 시달려 교육에 전념하기 어려웠다. 이를 해결하기 위하여 1987년 지역별 학교안전공제회를 설립하고 운영하기 시작하였다. 하지만 민법상 사단법인의 형태로 원활한 재원 조달이 어렵고, 보상 기준의 지역 간 차이 등이 문제로 대두되었다. 이러한 문제를 해결하기 위하여 2007년 학교안전법이 제정·시행되었다. 이 법은 학교안전사고를 예방하고, 학생·교직원 및 교육활동참여자가 학교안전사고로 인하여 입은 피해를 신속·적정하게 보상하기 위한 학교안전사고보상공제 사업의 실시에 관하여 필요한 사항을 규정(제1조)하는 것을 목적으로 하며, 총 11장 73개의 조문과 5개의 부칙으로 구성되어 있다. 구체적으로는 제1장 총칙, 제2장 학교안전사고 예방, 제3장 학교안전사고보상공제 사업, 제4장 학교안전공제회, 제5장 학교안전공제중앙회, 제6장 공제급여, 제7장 공제료, 제8장 학교안전공제및사고예방기금, 제9장 심사청구 및 재심사청구, 제10장 보칙, 제11장 벌칙으로 구성되어, 형식적으로는 입법목적에 충실하게 학교안전사고 예방과 보상을 모두 규율하고 있다. 그러나 양적으로는 예방은 한 개장을, 보상에는 아홉 개장을 사용하여 불균형을 보이고 있다.

둘째, 학교안전법은 2007년 제정 이후 총 16차례를 개정하였다. 그중 타법 개정에 의한 형식적인 개정인 총 8차례의 개정은 논외로 하고, 내용에 대한 실질적인 개정은 총 8차례가 있었다. 시기적으로 제1차부터 제4차 개정까지는 보상에 관한 개정이었고, 제5차부터 제7차 개정까지는 예방에 관한 개정이었다.

셋째, 이 법의 입법목적은 (ⅰ) 학교안전사고 예방, (ⅱ) 학생·교직원 및 교육활동참여자가 학교안전사고로 인하여 입은 피해를 신속·적정하게 보상하기 위한 학교안전사고보상공제 사업이 적정하게 실시되는 것이다. 이 중 학교안전사고 예방은 학교안전사고가 지속적으로 증가하고 있는 점, 현장 교사의 개별 면접의 주관적인 답변, 구체적인 정책의 흠결 등에 근거하여 아직까지는 만족스럽게 달성되지 못한 것으로 판단하였다. 따라서 학교안전법은 이에 대한 보완이 필요하다. 한편, 학교안전법의 입법 목적 중 다른 하나인 보상공제 사업의 지속적 실시는 대체로 그 목적을 달성하였다고 판단하였다. 다만 보상공제 사업의 지속적 실시를 위하여 보상 수준, 체계, 절차적 규정 등의 미비 등 개선해야 할 점을 제안하였다.

넷째, 일부 교원은 학교안전사고를 신고하면 낙인효과로 인해서 인사상 불이익을 받을 것이라는 인식이 있어 이것이 보상 제도를 적극적으로 활용하지 못하고 학생의 적극적 피해 보상에 방해가 되는 요인으로 작용하는 것으로 나타났다. 이것은 법률 제정 당시에는 의도하지 않았던 부수적 효과로 일정한 요건을 충족하면 면책 규정을 명시하는 방법 등으로 개선이 필요하다. 한편, 학교안전법은 학교에 배치되어 있는 보건교사에 관하여 무관심하여 학교안전사고에서 응급조치와 1차적 판단 등에서 이를 활용하지 못하고 있다. 나아가 담당 교사와 업무상 권한 배분도 혼란스러워 미묘한 감정 대립을 초래하는 부작용도 있다. 이것도 법률 제정 당시에는 의도하지 않았던 부수적 효과로 적절한 개선이 필요하다.

다섯째, 현행 학교안전사고보상공제 사업은 엄밀한 의미에서 공제 제도가 아니라 사회보험제도이다. 그러나 학교안전사고보상공제 사업(제1조, 제9조, 제11조 등), 학교안전공제회(제11조, 제12조 등), 공제료, 공제료, 공제급여, 피공제자 등과 같이 사회보험의 본질에 어울리지 않는 표현이 혼재되어 있다. 그리고 구체적으로 어느 유형의 사회보험을 지향하는지는 명확하지 않다. 한편, 다른 사회보험과 관계도 좀 더 분명하게 정립하여야 한다. 이에 대한 정책적인 결정을 하여 이에 충실한 개선이 필요하다.

여섯째, 이 법에서 사용하고 있는 기본 개념인 '학교안전사고'란 개념은 논리적이지 못하며, 예방과 보상에서 하나의 개념을 사용하면서도 법체계의 상이함에 따라 그 포섭 범위가 달라져 정책적 혼선을 빚고 있다. 필자는 '학교안전'이라는 개념을 학교안전사고와 별도로 정립하고,

학교안전사고는 '교육활동 중 재해'라는 개념으로 대체할 것을 제안하였다. 그리고 현행 법률 중 예방의 맥락에서는 학교안전사고 대신 학교안전이라는 용어를 사용하고, 학교안전사고 예방 등의 용례는 학교안전의 증진이라는 용례로 대체할 것을 제안하였다. 한편, 교육활동 중 재해란 "교육활동 중에 발생한 재해로서 학생, 교직원, 교육활동참여자의 생명 또는 신체에 피해를 주는 모든 사고와 학교급식 등 학교장의 관리·감독에 속하는 업무가 직접 원인이 되어 학생·교직원 또는 교육활동참여자에게 발생하는 질병"을 의미하고, 이 법 제3장 이하의 보상과 관련된 규정에서 학교안전사고라는 기존 용어는 교육활동 중 재해로 대체할 것을 제안하였다.

일곱째, 이미 서술한 것처럼 학교안전법의 입법 목적 중 학교안전사고 예방은 아직까지는 만족스럽게 달성되지 못하였다. 이 글에서는 그 이유를 학교안전사고 예방에 대비한 구체적인 정책의 미비, 학교안전사고 예방을 위하여 마련된 정책 수단의 불충실한 집행 등에서 찾고 이에 대한 개선을 제안하였다.

여덟째, 2014년 학교안전을 좀 더 체계적으로 관리하기 위하여 입안된 '학생 안전 및 보호에 관한 법률(안)'은 법안과 같이 독립된 법률 형식이 아니라 학교안전법을 개정하는 형식의 통합법으로 입법할 것을 제안하였다. 학교안전법이 학교안전에 관한 사항을 규율하는 통합법으로 기능할 수 있으며, 그렇게 체계화하는 것이 수범자인 시민이나 공무원에게 편리한 방안이라고 생각하기 때문이다.

아홉째, 2014년 11월 교육부의 학교안전 관련 종합 대책에서 안전교육 강화 방안 중 「아동복지법」, 「학교보건법」 등 여러 법령에 분산되어 규정되어 있는 안전교육 관련 사항을 학교안전법으로 일원화하여 안전교육을 강화하겠다는 안은 일부 수정이 필요하다고 결론지었다. 학교안전사고에 대비한 안전교육을 학교안전법에 일원화하여 규정하는 것은 입법체계상 타당한 것으로 고려해 볼 만하지만, 학교안전사고를 넘은 총체적 안전 교육을 위한 규정은 「교육기본법」, 「유아교육법」, 「초·중등교육법」과 그 시행령에 적절히 규정하는 것이 타당하다고 판단하였기 때문이다.

이 글은 학교안전법에 대하여 사후입법평가를 하여 이 법이 의도하는 목표를 달성하였는지, 어떠한 부수적 효과가 나타났는지, 법이 체계적이고 이해 가능한 것으로 입증되었는지, 개정과 폐지가 필요한지 등의 사항에 관하여 평가하였다. 이 과정에서 구체적인 쟁점과 문제점을 찾고 그 일부에 대해서는 개선 방안을 제시하기도 하였다. 하지만 이 글의 목적과 형식, 필자 능력의 한계로 구체적인 쟁점에 대하여 집중적으로 분석하고 논거를 제시하며 입법론을 제시하는 수준에는 이르지 못했다. 앞으로 학교안전에 관한 법령의 제·개정의 논의는 이 연구에서 제시한 쟁점과 문제점에 대한 심도 있는 분석과 그에 기반을 두어 대안을 제시하는 방향으로 진행되어야 할 것이다.

[보론]
어린이집에 CCTV 설치는 적절한가?[51]

I. 문제의 제기

어린이집의 아동 학대가 언론을 통하여 자주 보도되면서 사회적 쟁점이 되었다. 그리고 그 해결책 중 하나로 어린이집에 폐쇄회로 텔레비전(closed circuit television: CCTV, 이하 'CCTV'로 줄이기도 하였다)[52]을 설치하여 운영하자는 것이었다. 그러나 이 방안은 그 운영[53]과정에서 어린이집의 다른 영유아와 교직원의 개인정보자기결정권, 사생활의 비밀과 자유 등에 심각한 제한을 초래하여 그 도입에 대하여 논란이 많았다. 그럼에도 당시 사회의 당면 현안을 해결하기 위하여 지난 2015년 영유아보육법 제15조의4를 신설하여 어린이집에 아동학대 방지 등 영유아의 안전과 어린이집의 보안을 위하여 의무적으로 CCTV를 설치·운영하게 되었다.

이 글은 이 법 시행 이후 어린이집 CCTV 설치와 운영을 위한 법령 현황을 제시하고, 법이론적이고 교육적인 관점에서 현행 법령에 제기되는 쟁점과 그에 대한 개선 방안 또는 과제를 제시하는 것을 목적으로 한다. 이하 차례로 살펴본다.

Ⅱ. 현행 법 현황

1. 영유아보육법

국회는 2015년 5월 18일 「영유아보육법」(이하 '법'이라고 줄이기도 하였다)을 개정[54]하여 어린이집에 의무적으로 CCTV를 설치 · 운영하도록 하였다. 그 구체적인 내용은 다음과 같다.

제15조의4(폐쇄회로 텔레비전의 설치 등) ① 어린이집을 설치 · 운영하는 자는 아동학대 방지 등 영유아의 안전과 어린이집의 보안을 위하여 「개인정보 보호법」 및 관련 법령에 따른 폐쇄회로 텔레비전(이하 "폐쇄회로 텔레비전"이라 한다)을 설치 · 관리하여야 한다. 다만, 다음 각 호의 어느 하나에 해당하는 경우에는 그러하지 아니하다.
1. 어린이집을 설치 · 운영하는 자가 보호자 전원의 동의를 받아 시장 · 군수 · 구청장에게 신고한 경우
2. 어린이집을 설치 · 운영하는 자가 보호자 및 보육교직원 전원의 동의를 받아 「개인정보 보호법」 및 관련 법령에 따른 네트워크 카메라를 설치한 경우
② 제1항에 따라 폐쇄회로 텔레비전을 설치 · 관리하는 자는 영유아 및 보육교직원 등 정보주체의 권리가 침해되지 아니하도록 다음 각 호의 사항을 준수하여야 한다.
1. 아동학대 방지 등 영유아의 안전과 어린이집의 보안을 위하여 최소한의 영상정보만을 적법하고 정당하게 수집하고, 목적 외의 용도로 활용하지 아니하도록 할 것
2. 영유아 및 보육교직원 등 정보주체의 권리가 침해받을 가능성과 그 위험 정도를 고려하여 영상정보를 안전하게 관리할 것
3. 영유아 및 보육교직원 등 정보주체의 사생활 침해를 최소화하는 방법으로 영상정보를 처리할 것
③ 어린이집을 설치 · 운영하는 자는 폐쇄회로 텔레비전에 기록된 영상정보를 60일 이상 보관하여야 한다.
④ 제1항에 따른 폐쇄회로 텔레비전의 설치 · 관리기준 및 동의 또는 신고의 방법 · 절차 · 요건, 제3항에 따른 영상정보의 보관기준 및 보관기간 등에 필요한 사항은 보건복지부령으로 정한다.

제15조의5(영상정보의 열람금지 등) ① 폐쇄회로 텔레비전을 설치 · 관리하는 자는 다음 각 호의 어느 하나에 해당하는 경우를 제외하고는 제15조의4제1항의 영상정보를 열람하게 하여서는 아니 된다.

   1. 보호자가 자녀 또는 보호아동의 안전을 확인할 목적으로 열람시기 · 절차 및 방법 등 보건복지부령으로 정하는 바에 따라 요청하는 경우

   2. 「개인정보 보호법」 제2조제6호가목에 따른 공공기관이 제42조 또는 「아동복지법」 제66조 등 법령에서 정하는 영유아의 안전업무 수행을 위하여 요청하는 경우

   3. 범죄의 수사와 공소의 제기 및 유지, 법원의 재판업무 수행을 위하여 필요한 경우

   4. 그 밖에 보육관련 안전업무를 수행하는 기관으로서 보건복지부령으로 정하는 자가 업무의 수행을 위하여 열람시기 · 절차 및 방법 등 보건복지부령으로 정하는 바에 따라 요청하는 경우

② 어린이집을 설치 · 운영하는 자는 다음 각 호의 어느 하나에 해당하는 행위를 하여서는 아니 된다.

   1. 제15조의4제1항의 설치 목적과 다른 목적으로 폐쇄회로 텔레비전을 임의로 조작하거나 다른 곳을 비추는 행위

   2. 녹음기능을 사용하거나 보건복지부령으로 정하는 저장장치 이외의 장치 또는 기기에 영상정보를 저장하는 행위

③ 어린이집을 설치 · 운영하는 자는 제15조의4제1항의 영상정보가 분실 · 도난 · 유출 · 변조 또는 훼손되지 아니하도록 내부 관리계획의 수립, 접속기록 보관 등 대통령령으로 정하는 바에 따라 안전성 확보에 필요한 기술적 · 관리적 및 물리적 조치를 하여야 한다.

④ 국가 및 지방자치단체는 어린이집에 설치한 폐쇄회로 텔레비전의 설치 · 관리와 그 영상정보의 열람으로 영유아 및 보육교직원 등 정보주체의 권리가 침해되지 아니하도록 설치 · 관리 및 열람 실태를 보건복지부령으로 정하는 바에 따라 매년 1회 이상 조사 · 점검하여야 한다.

⑤ 폐쇄회로 텔레비전의 설치 · 관리와 그 영상정보의 열람에 관하여 이 법에서 규정된 것을 제외하고는 「개인정보 보호법」(제25조는 제외한다)을 적용한다.

제15조의4와 제15조의5는 어린이집 CCTV 설치 · 관리에 관한 사항을 규정하고 있으므로 이 한도 내에서 개인정보 보호법 제25조 등의 특

칙으로 기능할 것이다. 이를 분석적으로 살펴보면 다음과 같다.

제15조의4에서 알 수 있는 것처럼 CCTV의 설치 목적은 "아동학대 방지 등 영유아의 안전과 어린이집의 보안을 위해서"이다. 그리고 "설치 · 관리" 의무자는 "어린이집을 설치 · 운영하는 자"이다. 설치 · 관리하는데 따라야 할 법령으로 명시하고 있는 것은 "「개인정보 보호법」 및 관련 법령"이다. 그리고 "설치 · 관리"하지 않아도 되는 경우는 "어린이집을 설치 · 운영하는 자가 보호자 전원의 동의를 받아 시장 · 군수 · 구청장에게 신고한 경우", "어린이집을 설치 · 운영하는 자가 보호자 및 보육교직원 전원의 동의를 받아 「개인정보 보호법」 및 관련 법령에 따른 네트워크 카메라를 설치한 경우"이다.

CCTV 설치 · 관리자는 목적 달성을 위한 필요 최소한의 영상정보만을 수집하고, 목적 외 이용을 하지 않도록 명시하고 "영유아와 보육교직원 등" "정보주체의 권리가 침해되지 않도록 영상정보를 안전하게 관리", "영유아 및 보육교직원 등 정보주체의 사생활 침해를 최소화하는 방법으로 영상정보를 처리"하도록 명시하고 있다. 이것은 어린이집에 CCTV 설치 · 관리가 아동학대 방지 등 영유아의 안전 · 어린이집의 보안이라는 공익을 목적으로 하지만, 그로 인하여 영유아와 보육교직원, 기타 CCTV에 촬영된 개인의 개인정보자기결정권과 사생활의 비밀과 자유를 심각하게 제한한다는 것을 입법자가 입법 단계에서 이미 충분히 인식하고 그 운영이 헌법과 헌법이론에서 제시하는 기본권 제한 요건에 부합하도록 명시한 것이라 할 수 있다. 따라서 법문은 그 수범자를 CCTV 설치 · 관리자로 규정하고 있지만, 그 하위 입법이나 해석 · 적용을 하는 행정부와 사법부도 이를 고려하여 작용하여야 한다.

한편, CCTV 관리와 관련하여서는 "기록된 영상정보를 60일 이상 보관"의무를 부과하고 있다. 아동 학대, 보안 사고 등이 발생하였을 때 CCTV에서 수집한 영상정보를 적절히 사용하기 위하여 필요 최소한 보관 기간이 60일이라고 판단하고 그 이상을 보관하도록 한 입법이다.

그리고 CCTV "설치·관리기준 및 동의 또는 신고의 방법·절차·요건", "영상정보의 보관기준 및 보관기간 등에 필요한 사항은 보건복지부령"으로 정하도록 하여, 사실상 CCTV 설치·관리에 관한 그 밖의 사항은 부령인 영유아보육법 시행규칙에서 정하도록 위임하고 있다(이상 제15조의4 참고).

위에서 제시한 제15조의2에 따른 어린이집의 설치기준을 위반하면 보건복지부장관, 시·도지사 또는 시장·군수·구청장(이하 '보건복지부장관 등'으로 줄인다)은 어린이집의 원장 또는 그 설치·운영자에게 기간을 정하여 그 시정 또는 변경을 명할 수 있다(제44조). 그리고 이 시정 또는 변경 명령을 위반하면 보건복지부장관 등이 1년 이내의 어린이집 운영정지를 명하거나 어린이집의 폐쇄를 명할 수 있다(제45조). 또한 보건복지부장관 등은 운영정지가 영유아 및 보호자에게 심한 불편을 주거나 그 밖에 공익을 해칠 우려가 있으면 어린이집 운영정지 처분을 갈음하여 3천만원 이하의 과징금을 부과할 수도 있다(제45조의2). CCTV 설치·관리가 어린이집 설치기준의 하나가 됨에 따라 매우 강력한 실효성 담보 수단을 확보하고 있다.

CCTV 설치·관리자는 "보호자가 자녀 또는 보호아동의 안전을 확인할 목적으로 열람시기·절차 및 방법 등 보건복지부령으로 정하는 바에 따라 요청하는 경우, 법령에서 정하는 영유아의 안전업무 수행을 위하여 요청하는 경우, 범죄의 수사와 공소의 제기 및 유지, 법원의 재판업무 수행을 위하여 필요한 경우, 그 밖에 보육관련 안전업무를 수행하는 기관으로서 보건복지부령으로 정하는 자가 업무의 수행을 위하여 열람시기·절차 및 방법 등 보건복지부령으로 정하는 바에 따라 요청하는 경우"에만 영상정보를 열람하게 할 수 있다. 그리고 "설치 목적 외로 폐쇄회로 텔레비전을 임의로 조작하거나 다른 곳을 비추는 행위, 녹음기능을 사용하거나 보건복지부령으로 정하는 저장장치 이외의 장치 또는 기기에 영상정보를 저장하는 행위"는 금지된다. 그리고 정보보안

(information security)을 위하여 "영상정보가 분실·도난·유출·변조 또는 훼손되지 아니하도록 내부 관리계획의 수립, 접속기록 보관 등 대통령령으로 정하는 바에 따라 안전성 확보에 필요한 기술적·관리적 및 물리적 조치를 하여야 한다." 국가 및 지방자치단체는 CCTV와 영상정보가 "영유아 및 보육교직원 등 정보주체의 권리가 침해되지 아니하도록 설치·관리 및 열람 실태를" "매년 1회 이상 조사·점검하여야 한다(이상 제15조의5 참고)".

만약 "폐쇄회로 텔레비전의 설치 목적과 다른 목적으로 폐쇄회로 텔레비전을 임의로 조작하거나 다른 곳을 비추는 행위"를 하거나 "녹음 기능을 사용하거나 보건복지부령으로 정하는 저장장치 이외의 장치 또는 기기에 영상정보를 저장"하면 3년 이하의 징역 또는 3천만 원 이하의 벌금에 처한다(제54조 제2항). 또한 "제15조의5 제3항에 따른 안전성 확보에 필요한 조치를 하지 아니하여 영상정보를 분실·도난·유출·변조 또는 훼손당한 자는 2년 이하의 징역 또는 2천만 원 이하의 벌금에 처한다".

한편, 국가나 지방자치단체는 CCTV 설치비의 전부 또는 일부를 보조한다(제36조).

2. 개인정보 보호법 등

법 제15조의4는 「개인정보 보호법」 및 관련 법령을 설치·관리하는 데 따라야 할 법령으로 명시하고 있으므로 CCTV 설치·운영자는 개인정보 보호법, 같은 법 시행령, 같은 법 시행규칙을 따라야 한다. 어린이집 CCTV에서 수집한 영상정보가 이 법의 '개인정보(제2항 제1호)'임은 명백하니, 그 설치·운영이 이 법의 '처리(제2항 제2호)'에 해당함은 물론이다. 한편, 이 법에서 "'영상정보처리기기'란 일정한 공간에 지속적으로 설치되어 사람 또는 사물의 영상 등을 촬영하거나 이를 유·무선망을 통하여 전송하는 장치(제2조 제7호)"이므로 CCTV뿐 아니라 네트워크 카메라도 포함하는 개념이다.

따라서 어린이집의 CCTV 설치·운영자는 이 법에서 요구하는 개인정보 보호의 원칙(제3조 참고)과 수집, 이용, 제공 등 일련의 처리 과정에서 요구하는 구체적인 행위 의무를 준수하여야 한다. 다만, 법 제15조의4와 제15조의5와 같이 영유아보육법에서 어린이집 CCTV 설치·관리에 관한 사항을 규정하고 있으면 이 한도 내에서 개인정보 보호법의 특칙으로 기능하므로 이에 관해서는 원칙적으로 개인정보 보호법 등이 아니라 영유아보육법 등을 따라야 할 것이다.

3. 영유아보육법 시행령

법 제15조의5 제3항의 위임에 따라 시행령 제20조의8은 CCTV에서 수집한 영상정보의 정보보안에 관한 규정을 정하고 있다. 구체적으로는 어린이집 설치·운영자가 "영상정보 침해사고 발생에 대응하기 위한 접속기록의 보관 및 위조·변조 방지를 위한 조치, 영상정보에 대한 접근 통제 및 접근 권한의 제한 조치, 영상정보의 안전한 처리를 위한 내부 관리계획의 수립·시행 조치, 영상정보의 안전한 보관을 위한 보관시설의 마련 또는 잠금장치의 설치 등 물리적 조치"를 하도록 하였다. 그리고 "필요한 조치의 구체적인 사항은 보건복지부장관이 정하여 고시"하도록 규정하고 있다.

4. 영유아보육법 시행규칙

이미 살펴본 것처럼 법에서는 CCTV "설치·관리기준 및 동의 또는 신고의 방법·절차·요건", "영상정보의 보관기준 및 보관기간 등에 필요한 사항은 보건복지부령으로 정하도록" 하여, CCTV 설치·관리에 관한 많은 사항을 법 시행규칙에서 정하도록 위임하고 있다. 이에 따라 시행규칙은 제9조부터 제9조의9에서 이에 관한 구체적인 것을 정하고 있다. 우선 CCTV 설치기준을 [별표 1]에서 자세하게 규정하고 있다(제9조 제1항).

[별표 1] 어린이집의 설치기준(제9조 관련)

아) 폐쇄회로 텔레비전

① 폐쇄회로 텔레비전은 「개인정보 보호법 시행령」 제3조제1호에 따른 장치로서 보육실 등을 촬영하고 모니터를 통하여 그 영상을 구현할 수 있으며, 그 영상정보를 녹화 · 저장할 수 있는 기능을 갖추어야 한다.

② 폐쇄회로 텔레비전은 각 보육실, 공동놀이실, 놀이터(인근놀이터를 제외한다) 및 식당(별도로 구획된 공간으로 마련되어 있는 경우에 한정한다), 강당(별도로 구획된 공간으로 마련되어 있는 경우에 한정한다)에 1대 이상씩 설치하되 사각지대의 발생을 최소화할 수 있도록 설치되어야 한다.

③ 폐쇄회로 텔레비전은 보육실 등 일정한 장소에 일정한 방향을 지속적으로 촬영할 수 있도록 설치되어야 한다.

④ 폐쇄회로 텔레비전은 임의로 조작이 가능하거나 녹음기능이 있도록 설치되어서는 아니 된다.

⑤ 폐쇄회로 텔레비전은 화면 속 인물의 행동 등이 용이하게 식별될 수 있도록 고해상도[HD(High Definition)]급 이상(보건복지부장관이 정하여 고시하는 해상도 이상을 말한다)의 성능을 보유하여야 한다.

⑥ 저장장치는 영상정보를 폐쇄회로 텔레비전의 화질 기준 이상의 화질로 60일 이상 저장할 수 있는 용량을 갖춘 것으로 하여야 한다.

⑦ 어린이집을 설치 · 운영하는 자는 출입구 등 잘 보이는 곳에 다음의 사항이 포함된 안내판을 설치하여야 한다.

(ⅰ) 폐쇄회로 텔레비전 설치 목적

(ⅱ) 폐쇄회로 텔레비전 설치 장소, 촬영 범위 및 촬영 시간

(ⅲ) 관리책임자의 성명 및 연락처

⑧ 폐쇄회로 텔레비전의 설치와 관련하여 이 규칙에 규정하고 있지 아니한 사항은 「개인정보 보호법」 및 「정보통신공사업법」의 관련 내용을 준용한다.

한편, CCTV 관리기준을 [별표 1의2]에서 구체적으로 규정하고 있다(제9조 제1항).

[별표 1의2] 폐쇄회로 텔레비전의 관리기준(제9조제2항 관련)
1. 폐쇄회로 텔레비전의 관리책임자는 어린이집 원장이 된다. 다만, 지정된 직원(관리자)에게 폐쇄회로 텔레비전의 일상적인 관리를 하게 할 수 있고, 관리자로 지정된 직원은 장비를 정기적으로 확인하고 적절히 유지하여야 한다.
2. 폐쇄회로 텔레비전의 영상정보는 화질이 담보될 수 있도록 고해상도[HD(High Definition)]급 이상(보건복지부장관이 정하여 고시하는 해상도 이상을 말한다)의 화소수로 1초당 10장 이상의 프레임이 저장되도록 설정하여 운영되어야 한다.
3. 폐쇄회로 텔레비전의 관리책임자는 개인정보 유출이나 정보 오용·남용을 예방·관리하기 위하여 관련 소프트웨어 프로그램을 장착하여 운영할 수 있다.
4. 폐쇄회로 텔레비전의 영상정보는 설치 목적 외의 다른 목적으로 사용될 수 없으며, 임의로 조작하거나 삭제되어서는 아니 된다. 녹화(저장)된 영상정보는 잠금장치가 있는 공간에 독립적으로 보관되어야 하고, 허가된 직원에 한정하여 접근할 수 있도록 하여야 한다.
5. 그 밖에 폐쇄회로 텔레비전의 관리에 관하여 필요한 사항은 보건복지부장관이 정한다.

그리고 제9조의3은 CCTV 설치·관리자가 영상정보를 60일 이상 보관하되 「영유아보육법 시행령」(이하 "영"이라 한다) 제20조의8 제1항 제3호에 따른 내부 관리계획에서 정한 주기에 따라 삭제하도록" 규정하고 있다. 그리고 영상정보가 60일이 되기 전에 열람을 요청받은 경우에는 보관기간이 지나도 삭제하지 못하도록 하였다. 문제된 사건에서 증거 등으로 이용될 가능성이 있기 때문이다. 이것 외에 "영상정보의 보관기준 및 보관기간 등에 관하여 필요한 사항은 보건복지부장관이 정하고" 있다.

제9조의4는 "보호자의 영상정보의 열람시기·절차 및 방법 등"을 정하고 있다. 보호자가 "자녀 또는 보호아동이 아동학대, 안전사고 등으로 정신적 피해 또는 신체적 피해를 입었다고 의심되는 등의 경우" CCTV

설치·관리자에게 "영상정보 열람요청서나 의사소견서를 제출하여 영상정보의 열람을 요청"하도록 하였다. 이러한 요청을 받은 설치·관리자는 열람 거부 사유("보관기간이 지나 영상정보를 파기한 경우, 그 밖에 정당한 사유가 있다고 보건복지부장관이 인정하는 경우")가 있으면 "열람 요청을 받은 날부터 10일 이내에 서면으로 보호자에게"에게 이를 알리거나 같은 기간 내에 열람 장소와 시간을 정하여 보호자에게" 알려야 한다. 보호자의 영상정보의 열람시기·절차 및 방법 등에 관한 그 밖의 사항은 보건복지부장관이 정한다.

제9조의5는 「아동복지법」 제45조에 따른 아동보호전문기관, 법 제31조의2에 따른 어린이집 안전공제회보육 관련 안전업무를 수행하는 기관이 영상정보를 열람하는 시기·절차 및 방법 등을 정하고 있다. 위의 보호자가 열람과 비교하여 신속한 열람을 할 수 있는 것이 핵심이다.

제9조의7은 CCTV 설치·관리자가 영상정보를 열람하게 한 경우에는 열람 요청자의 성명과 연락처 등을 포함한 '영상정보 열람대장'을 작성하도록 하고, 이를 3년 동안 보관하여야 하였다.

5. 어린이집 영상정보처리기기 설치·운영 가이드라인

이미 살펴본 것처럼 법 시행령과 시행규칙에서는 CCTV 관리에 관하여 필요한 사항 등 구체적인 매우 많은 사항을 보건복지부장관이 정하도록 규정하고 있다. 이에 따라 보건복지부 장관은 2015년 9월 19일 어린이집 영상정보처리기기 설치·운영 가이드라인(이하 '가이드라인'으로 줄이기도 하였다)을 제정하여 이에 CCTV 설치·관리에 관한 자세한 사항을 규정하고 있다. 영상정보의 보호 원칙, 영상정보처리기기 설치 시 준수사항, 설치·운영의 예외, 네트워크 카메라 설치, 영상정보처리기기의 운영 관리 사항, 열람과 제공, 영상정보의 보관 및 관리, 사무의 위탁, 비밀유지의무 등이 그것이다.

III. 쟁점과 과제

1. 시행규칙 중심 규율의 문제점과 개선 방안

이미 설명한 것처럼 「영유아 보호법」은 제15조의4와 제15조의5 두 조문에서 CCTV 설치 · 관리에 관한 사항을 규정하고, 정보보안을 위한 기술적 · 관리적 · 물리적 조치만 시행령에 위임하는 한편, CCTV "설치 · 관리기준 및 동의 또는 신고의 방법 · 절차 · 요건" 등의 사항은 시행규칙에 위임하고 있다. 이에 따라 CCTV 설치 · 관리에 관한 많은 사항은 시행규칙 제9조부터 제9조의9에서 규정하고 있다.

이것은 개인정보 보호법 제25조가 영상정보처리기기 설치 · 운영에 관한 사항을 정하며 그 밖의 사항에 관하여 대통령령으로 정하도록 위임하고, 같은 법 시행령 제22조부터 제26조가 위임된 사항을 자세히 규율하고 시행규칙에는 위임하고 있지 않은 것과 대비된다.

물론 영유아보육법이 개인정보 보호법에 비하여 구체적인 영역을 규율하는 집행법적인 성격이 강하여 그와 같은 규율 형식의 차이를 가져올 수 있다고 짐작해 볼 수 있다. 시행규칙 중 제9조의6 영상정보 열람대장의 작성 및 보관 등은 이러한 짐작을 가능하게 하는 내용이다. 그러나 제9조의4 보호자의 영상정보 열람시기 · 절차 · 방법 등은 그 내용이 영유아의 안전, 보호자의 알 권리와 영유아 · 보육교직원 · CCTV에 촬영된 그 밖의 제3자의 개인정보자기결정권이 충돌하는 매우 민감한 내용이다. 이와 같이 시민의 권리의무에 영향을 미치는 중요하고 본질적인 내용은 시민의 대표로 구성되는 국회가 만드는 법의 형식인 법률로 규정하여야 한다는 것이 우리 헌법학계의 일반 이론이다(이른바 본질성 이론(Wesentlichkeitstheorie)).[55]

입법자가 법 제15조의4 제2항에서 CCTV 설치 · 관리자가 영유아와 보육교직원 등 정보주체의 권리가 침해되지 않도록 영상정보를 안전하게 관리, 영유아 및 보육교직원 등 정보주체의 사생활 침해를 최소화하는 방법으로 영상정보를 처리하도록 원칙을 선언한 것도 이와 같은 이유일 것이다. 그러나 입법자가 이와 같은 원칙을 선언하는 것만으로 입법 의무를 다한 것이 아니다. 영유아·보육교직원·CCTV에 촬영된 그밖의 제3자가 가진 개인정보자기결정권에 영향을 미치는 중요하고 본질적인 사항은 헌법 제40조가 국회에서 부여한 입법권을 행사하여 입법자 스스로 정해야 한다. 그리고 본질적인 사항 이외의 것도 원칙적으로 부령인 시행규칙이 아니라 대통령령인 시행령에 위임하는 것이 법률-대통령령(시행령)-부령(시행규칙)으로 이어지는 우리 헌법의 법형식체계에 부합한다.

따라서 입법자는 의회 유보 원칙(Parlamentsvorbehalt)과 본질성 이론 관점에서 법의 내용을 살펴 법의 내용과 형식이 조화될 수 있도록 개선할 것을 권고한다.

2. 네트워크 카메라 설치 허용의 문제점과 개선 방안

법 제15조의4 제1항은 "어린이집을 설치·운영하는 자가 보호자 및 보육교직원 전원의 동의를 받아 「개인정보 보호법」 및 관련 법령에 따른 네트워크 카메라를 설치한 경우"로 명시하고 있다. 나아가 가이드라인은 그 제목에서 알 수 있는 것처럼 CCTV뿐 아니라 네트워크 카메라의 설치를 당연한 전제로 규율하고 있다.

그러나 네트워크 카메라는 기기를 통하여 수집한 영상정보를 유선·무선 인터넷을 통하여 실시간으로 보호자나 원장이 볼 수 있는 가능성이 있다. 그것은 곧 영유아보육법에서 정한 CCTV 설치 목적과 다르게 운영될 수 있다는 것을 의미한다.[56] 또한 네트워크 카메라는 인터넷에 연결되어 있으므로 CCTV에 비하여 정보보안도 매우 취약하다. 따라서 네트워크 카메라는 영유아·보육교직원이 가진 개인정보자기결정권을

CCTV보다 훨씬 넓게 제한한다.

결국 그것은 아동학대 방지 등 영유아의 안전과 어린이집의 보안이라는 공익을 달성하기 위해 선택할 수 있는 수단이지만, 개인정보자기결정권을 제한당하는 다른 영유아와 보육교직원의 개인정보자기결정권을 지나치게 제한하는 것으로서 침해의 최소성에 반하며, 이를 통해 달성하는 공익에 비하여 개인정보자기결정권을 과도하게 제한하여 법익균형성에도 반할 우려가 있는 수단이다.

또한 법 제15조의4가 네트워크 카메라를 설치하는 데 요구하는 요건 중 하나인 보육교직원 동의는 자유로운 의사 결정이 아니라 고용 계속을 위한 피할 수 없는 결정일 확률이 높다. 가이드라인이 이와 관련하여 "어린이집 설치 · 운영자는 보호자 또는 보육교직원의 네트워크 카메라의 설치에 관하여 동의 또는 부동의 의사를 이유로 입소 거부, 채용 제한 등 불이익 조치를 하여서는 아니 된다"고 명시하고 있는 이유도 이와 같은 비자발적 동의를 막기 위한 것이다. 그러나 이 문제는 위와 같은 훈시 규정으로 해결될 수 있는 성질이 아니다. 그 상황이 동의의 비자발성을 내포하고 있기 때문이다. 따라서 일반적으로 이와 같은 상황에서 동의는 개인정보 보호법이 요구하는 동의의 전제조건을 충족하지 못한 동의이다.

그러므로 법이 어린이집에서 네트워크 카메라 설치할 수 있도록 허용하는 것은 타당하지 않다. 법의 개정을 권고한다.

3. 보육실에 설치 강제의 문제점과 개선 방안

이미 살펴본 것처럼 영유아보육법 시행규칙은 [별표 1] 어린이집의 설치기준에서 "폐쇄회로 텔레비전은 각 보육실, 공동놀이실, 놀이터(인근놀이터를 제외한다) 및 식당(별도로 구획된 공간으로 마련되어 있는 경우에 한정한다), 강당(별도로 구획된 공간으로 마련되어 있는 경우에 한정한다)에 1대 이상

씩 설치하되 사각지대의 발생을 최소화할 수 있도록 설치되어야 한다"
고 규정하여 모든 어린이집의 보육실에 CCTV 설치를 강제하고 있다.

그런데 보육실은 영유아와 교직원이 하루 일과 중 대부분을 보내는
생활 공간이자 학습 공간이다.[57] 보육실에 CCTV 설치는 아동 학대 행위
를 막는 것을 넘어 교직원의 보육(educare) 행위에 대한 지나친 간섭과 노
동 감시, 심리적 소진을 초래할 수 있다. 더구나 어린이집 중 일부는 적
정 규모 이상의 교사실·휴게실이 갖추어져 있지 않은 상황에서 이러한
강제는 적절한 보육을 현저히 저해할 수 있다.

입법자가 "어린이집을 설치·운영하는 자는 아동학대 방지 등 영유
아의 안전과 어린이집의 보안을 위하여 「개인정보 보호법」 및 관련 법령
에 따른 폐쇄회로 텔레비전(이하 "폐쇄회로 텔레비전"이라 한다)을 설치·관
리하여야 한다(법 제15조의4 제1항)"고 규정하고 있을 뿐, 구체적으로 어디
에 의무적으로 설치하여야 하는지 결정하지 않고 그것을 시행규칙에 위
임한 것은 의회 유보 원칙에 비추어 바람직하지 않다. 그리고 보건복지
부장관이 보육실을 일률적으로 의무 설치 장소로 지정한 것도 적절한지
의문이다. 그런 결정이야말로 어린이집의 구체적인 상황을 고려하여 학
부모 총회나 운영위원회에서 결정하도록 하는 것이 합목적적이다. 그리
고 CCTV를 설치하기로 결정할 경우 일정 규모 이상의 보육교사 교사
실·휴게실을 의무적으로 설치하도록 개선이 필요하다.

4. 노동 감시 목적으로 사용 가능성의 문제점과 개선 방안

법 제15조의4에서 CCTV 설치·관리 의무자는 "어린이집을 설치·
운영하는 자"이다. 시행규칙 [별표 1의2]는 이를 구체화하여 "폐쇄회로
텔레비전의 관리책임자는 어린이집 원장이 된다. 다만, 지정된 직원(관
리자)에게 폐쇄회로 텔레비전의 일상적인 관리를 하게 할 수 있고, 관리
자로 지정된 직원은 장비를 정기적으로 확인하고 적절히 유지하여야 한

다"고 규정하고 있다.

나아가 가이드라인에서는 "영상 자료의 열람은 원칙적으로 보호자(자료의 요청자) 및 어린이집 원장이 할 수 있다"고 원장을 열람 주체로 명시하고 있다. 한편 무단 열람 등을 막기 위한 수단 중 하나인 영상정보 열람대장의 작성ㆍ보관 주체도 CCTV 설치ㆍ관리자이다(시행규칙 제9조7). 결국 현행법상 원장의 무단 열람을 막는 데는 한계가 있다.

CCTV는 원장이 어린이집 보육교직원의 근로를 감시할 수 있는 가능성이 있는 기기이다. 이와 관련하여 근로자참여 및 협력증진에 관한 법률 제20조는 상시 30명 이상의 근로자를 사용하는 사업장에서는 "사업장 내 근로자 감시 설비의 설치"를 근로자와 사용자를 대표하는 같은 수의 위원으로 구성된 노사협의회의 협의하여야 할 사항 중 하나로 규정하고 있다. 이런 점을 고려하면 어린이집 원장의 열람 제한에 대한 현행 법령의 태도는 중대한 입법 미비이다. 이와 관련된 본질적인 사항은 법률로, 그 밖의 사항은 시행령 이하에서 좀 더 촘촘하게 규율하여야 한다.

5. 삭제 주기 불명확의 문제점과 개선 방안

법 제15조의4 제3항은 영상정보를 60일 이상 보관하도록 규정하고 있을 뿐, 보관 기간은 시행규칙에 위임하고 있다. 이에 따라 시행규칙은 영상정보를 시행령 "제20조의8 제1항 제3호에 따른 내부 관리계획에서 정한 주기에 따라 삭제하도록 규정"하고 있다(제9조의3). 한편, 가이드라인에서는 "보존기간이 경과한 영상정보자료는 …(중략)… 주기적으로 삭제하도록" 하면서, "삭제 주기는 3개월을 초과하지 않아야 한다"고 규정하고 있다. 한편, "내부 관리계획에 따라 저장용량을 초과하여 이전 기록이 자동 삭제되는 경우에는" 주기적인 삭제를 하지 않아도 되는 것으로 규정하고 있다.

삭제 주기는 영유아의 안전, 보호자의 알 권리와 영유아ㆍ보육교직원의 개인정보자기결정권의 조화를 위해서 매우 중요한 사항이다. 그러 므로 그것을 내부 관리계획에 맡기거나 보건복지부장관이 대외적 효력 이 없는 가이드라인으로 규정하는 것은 타당하지 않다. 또한 "내부 관리 계획에 따라 저장용량을 초과하여 이전 기록이 자동 삭제되는 경우" 주 기적인 삭제를 하지 않아도 되는 것으로 규정하는 것은 더욱 문제이다.

영유아 안전과 어린이집 보안이라는 공익을 달성하면서도 영유아 · 보육교직원 등의 개인정보자기결정권이라는 사익을 조화할 수 있는 보 관기간이 어느 정도인지 공론화 과정을 거쳐 이를 법률에 규정할 것을 권고한다.

Ⅳ. 결론

이 글은 처음 설정한 목적을 달성하기 위하여 2015년 아동학대 방지 등 영유아의 안전과 어린이집의 보안을 위하여 어린이집에 의무적으로 CCTV를 설치 · 운영하도록 하는 영유아보건법 시행 이후 관련 법령 현 황을 조사하여 제시하고(Ⅱ), 법이론적이고 교육적인 관점에서 현행 법 령의 쟁점을 제기하고 그에 대한 개선 방안 또는 과제를 제시하였다(Ⅲ).

살펴본 것처럼 어린이집 CCTV 설치는 영유아 안전과 어린이집 보안 이라는 공익과 영유아 · 보육교직원 등의 개인정보자기결정권이라는 사 익이 대립하는 사안이다. 따라서 구체적인 입법 과정에서 양자를 정교하 게 조화하여야 한다. 그리고 그와 같은 이익 형량과 대안 제시는 원칙적 으로 입법자의 몫이다. 우리 입법자를 격려하고 성원하며 글을 맺는다.

미주

* 원출처: 정필운, 차재홍, "학교안전법에 대한 입법평가", 「공법연구」 제45집 제1호, 한국공법학회, 2016, 49-78쪽. 공동논문을 이 책에 싣도록 허락해 주신 차재홍 선생님(제2저자)께 감사드린다. 이 글은 2016년 7월 1일 한국공법학회와 한국법제연구원이 '좋은 입법을 위한 입법평가'라는 주제로 공동개최한 제197회 학술대회에서 같은 제목으로 발표를 한 글을 수정하고 보완한 글이다. 논문을 쓰는 과정에서 학교안전공제회의 보상 실무에 관하여 자문을 해 주신 이남승 팀장님과 학교 현장에서 재해의 처리에 관한 개별면접에 흔쾌히 응해 주신 다섯 분의 현직 교사께도 지면을 빌어 감사의 인사를 드린다.

1 2014년 12월 30일에 국무회의 의결을 통해서 같은 해 12월 31일 국회에 제출되었다(의안번호 : 1913512). 하지만 한차례의 소관위의 회의만 진행되었고 2016년 5월 29일 임기만료로 폐기 되었다[정부입법 지원센터(http://www.lawmaking.go.kr/. 2016. 6. 29. 최종 방문), 국회 의안정보시스템(http://likms.assembly.go.kr/. 2016. 6. 29. 최종 방문)]. 교육부는 이를 수정 · 보완하여 제20대 국회에 다시 제출하려고 준비 중인 것으로 알려져 있다.

2 박영도, 「입법학 입문」, 법령정보관리원, 2014, 564-568쪽. 입법평가의 기능에 관해서는 박영도, 같은 책, 569-573쪽.

3 박영도, 위의 책, 651쪽.

4 이상 정필운/ 정원조, "인터넷 멀티미디어 방송사업법에 대한 입법평가", 「입법평가연구」 제9호, 한국법제연구원, 2015, 203-204쪽.

5 박영도, 앞의 책, 654쪽. 또한 박영도는 일반적으로 모든 법률은 매 10년마다 사후적 입법평가를 하는 것이 바람직하다고 주장한다.

6 유일한 선행 연구는 강희원과 김상철에 의해서 수행되었다(강희원/김상철, "학교안전사고 예방 및 보상에 관한 법률에 대한 입법평가", 「입법평가연구」 제7호, 한국법제연구원, 2013. 9., 97-140쪽). 이 논문은 학교안전법에서 규정하고 있는 보상제도가 사회보장제도임에도 불구하고 민법상 불법행위에 대한 손해배상제도, 국가배상법상의 국가배상제도에서 벗어나지 못하는 한계가 있다는 주장에 바탕하여, 이로 인하여 초래된 여러 문제점을 지적하고 있다. 그러나 이미 서술한 것처럼 이 법이 의도하는 목표를 달성하였는지, 어떠한 부수적 효과가 나타났는지, 법이 체계적이고 이해 가능한 것으로 입증되었는지, 개정과 폐지가 필요한지라는 전통적인 사후적 입법평가의 체계에 따라 접근하지 못하고 있다.

7   강희원 · 김상철, 위의 글, 102-104쪽.

8   최미리/ 박정훈, "학교 안전사고가 교사의 교육활동에 미치는 영향", 「한국경호경비학회지」 제14호, 2007, 537쪽.

9   정정일, "학교안전사고의 현황과 개선방안 -학교안전공제회를 중심으로-", 「융합보안 논문지」 제16권 제1호, 한국융합보안학회, 24쪽.

10 국민권익위원회(사회제도개선담당관), "학교안전 공제제도 실효성 제고를 위한 제도개선", 국민권익위원회, 2010, 2쪽.

11 이 부분은 법제처 국가법령정보센터(http://www.law.go.kr/. 2016. 6. 29. 최종 방문)에서 법률과 개정문을 참고하여 작성하였으므로 창작성이 없다.

12 이에 관해 자세한 것은 정필운 · 차재홍, "학교안전법에 대한 입법평가", 한국공법학회, 한국법제연구원 공동 주최 제197회 한국 공법학회 학술대회 자료집, 2016 참고.

13 법제처 국가법령정보센터(http://www.law.go.kr/. 2016. 6. 29. 최종 방문)에서 법률과 개정문을 참고하여 작성하였으므로 창작성이 없다.

14 제5차 개정(2014년 5월 14일 개정) 법률은 2014년 4월 29일에 제안된 국회 의안(번호: 1910357)에 의하여 진행 되었는데 시기상 세월호 사건(2014. 4. 16. 최종 방문)이 반영된 것처럼 보인다. 하지만 실제로 법률의 내용들은 2013년 8월 28일과 같은 해 11월 19일에 의원 발의한 내용을 통합 · 조정해서 한 내용이기 때문에 세월호의 내용이 직접적으로 들어갔다고 보기는 어렵다. 오히려 세월호 사건과 관련된 31개 건의 법률안을 바탕으로 법안심사소위원회가 마련한 대안에 의해 만들어진 법률이 제6차 개정 법률(2015년 1월 20일 개정)이다. 이상 국회 의안정보시스템 참고(http://likms.assembly.go.kr/. 검색일: 2016. 6. 29.).

15 헌재결 2015. 7. 30. 선고, 2014헌가7.

16 조인식 · 정필운, "학교에서 안전교육에 대한 비판적 연구", 「법과인권교육연구」 제8권 제2호, 한국법과인권교육학회, 2015. 8., 55-57쪽 참고.

17 학교안전사고 발생 건수에 대한 통계는 그간 학교안전공제중앙회(http://www.ssif.or.kr/. 2016. 6. 29. 최종 방문)를 통해서 제공이 되었으나, 2016년 6월 현재 자료 보완을 위해서 공개하고 있지 않다. 따라서 언론에 발표된 기사와 논문(학교안전중앙공제회, "학교안전사고 통계 체계 개선 및 학교안전교육 활성화 방안 연구", 학교안전중앙공제회, 2011, 34쪽; 박상근, "학교안전사고 예방을 위한 통합디자인 체계에 관한 연구", 한국교원대학교 대학원 박사학위논문, 2015, 17쪽; 노정혜, "학교안전사고에 대한 법적 책임", 강릉원주대학교 대학원 석사학위논문, 2015, 1쪽.)을 통해서 데이터를 취합했다. 또한 학교안전공제중앙회가 2009년부터 통계를 했기 때문에 2008년 이전의 자료는 사고 접수 건수와 보상 건수가 구별되지 않고 혼용되어 언급되어 있었다. 필자가 정리한 보상건수로 언급된 값은 다음 자료를 활용하였다(한국교원단체총연합회 보도자료, 2008. 4. 14, 1쪽; 국민권익위원회, "학

교안전 공제제도 실효성 제고를 위한 제도개선", 2010, 9쪽).

18 교육통계서비스(http://kess.kedi.re.kr/. 2016. 6 .29. 최종 방문).

19 그러나 이것만으로는 학교안전사고 예방이라는 목적을 달성하지 못했다고 할 수 없다. 왜냐하면 위험사회가 가속화되면서 학교안전사고가 더 많이 발생할 수도 있었는데 이 법으로 인하여 그것이 상대적으로 억제될 수도 있기 때문이다.

20 국민권익위원회(사회제도개선담당관), 앞의 글, 9쪽. 필자가 총 5명의 현장 교사를 대상으로 개별면접을 한 결과 같은 의견을 피력하였다. 법 제44조 제2항은 학교안전사고 발생 시 공제회에 통지하도록 되어 있지만, 그것이 학교에서 발생하는 모든 사고를 의무적으로 신고하도록 해석되지는 않는다.

21 예를 들어, 김상철, "학교안전사고 예방 및 보상에 관한 법률의 일 고찰: 학교안전사고 예방을 중심으로", 「경희법학」 제48권 제3호, 경희대학교 경희법학연구소, 2013, 308-309쪽.

22 조인식 · 정필운, 앞의 글, 58-59쪽 참고.

23 국민권익위원회에서 발간한 자료(학교안전 공제제도 실효성 제고를 위한 제도개선, 2010, 4쪽)에서 근거한 학교안전공제제도 적용 대상은 다음과 같다.

종별	유치원	초등학교	중학교	고등학교	평생교육	특수학교	기타학교	외국인학교	계
가입대상	8,278	5,902	3,110	2,249	59	150	33	13	19,794
인원	546,879	3,469,954	2,006,410	1,972,856	37,540	23,483	9,533	2,538	8,069,194

24 학교안전공제회를 통해서 보상을 받는 경우 국민건강보험에서 인정하는 급여 항목 중 본인부담금은 전액 지급이 된다. 하지만 안전사고의 유형에 따라 비급여 부분이 치료과정에서 필요할 수 있다. 그런데 국민건강보험에서 인정하지 않는 비급여 항목(전액 본인부담)은 「학교안전사고예방및보상에관한법률시행규칙」 별표 요양급여 지급 세부기준에 의하여 지급하게 되어 있고 이 세부기준의 내용을 보면 횟수나 보상의 범위에 제한이 존재한다. 따라서 이러한 부분에 대해 피해 학생의 보상 수준이 충분하지 못한다는 비판이 나오기 마련이다.

25 이상 정정일, 앞의 글, 24쪽.

26 대법원 2012. 12. 13. 2011다77238 참고.

27 예를 들어, 강희원 · 김상철, 앞의 글, 97-140쪽.

28 정정일, 앞의 글, 30쪽.

29 김응삼, "학교안전사고에 대한 교원의 인식과 보상에 관한 연구", 대구대학교 석사학위논문, 2013, 42-43쪽.

30 학교 보건법 제15조에 의하면 "모든 학교에 제9조의2에 따른 보건교육과 학생들의 건강관리를 담당하는 보건교사를 둔다. 다만, 대통령령으로 정하는 일정 규모 이하

의 학교에는 순회 보건교사를 둘 수 있다." 대통령령에서는 초등학교는 18학급을 기준으로 중·고등학교는 9학급을 기준으로 학교 의사와 약사의 배치만 조정할 뿐 보건교사의 배치는 1명씩 배치로 규정하고 있다. 이상 문성빈, "통계로 본 학교 보건교육", 한국교육개발원, 2015.

31 강희원·김상철, 앞의 글, 110쪽; 대법원 2012. 12. 13. 2011다77238.

32 강희원·김상철, 위의 글, 107-108쪽; 양희산 외, "학교안전사고 예방 및 보상에 관한 법률 해설서", 학교안전공제중앙회, 2014, 9쪽 참고.

33 강희원·김상철, 위의 글, 110-111쪽.

34 전광석, 『한국사회보장법론』, 집현재, 2014, 45쪽.

35 이에 관해서는 전광석, 위의 책, 82-85쪽.

36 제2조 (배상책임) ① 국가나 지방자치단체는 공무원 또는 공무를 위탁받은 사인(이하 "공무원"이라 한다)이 직무를 집행하면서 고의 또는 과실로 법령을 위반하여 타인에게 손해를 입히거나, 「자동차손해배상 보장법」에 따라 손해배상의 책임이 있을 때에는 이 법에 따라 그 손해를 배상하여야 한다. 다만, 군인·군무원·경찰공무원 또는 향토예비군대원이 전투·훈련 등 직무 집행과 관련하여 전사(戰死)·순직(殉職)하거나 공상(公傷)을 입은 경우에 본인이나 그 유족이 다른 법령에 따라 재해보상금·유족연금·상이연금 등의 보상을 지급받을 수 있을 때에는 이 법 및 「민법」에 따른 손해배상을 청구할 수 없다. ② 제1항 본문의 경우에 공무원에게 고의 또는 중대한 과실이 있으면 국가나 지방자치단체는 그 공무원에게 구상(求償)할 수 있다.

37 이상 강희원·김상철, 앞의 글, 119-121쪽.

38 이것을 넘어 강희원·김상철, 위의 글, 103-105쪽과 같이 반드시 공제제도를 보충적으로 규정하여야 하는 것은 아니다.

39 이에 관해서는 학교안전중앙공제회, 앞의 글, 88-115쪽; 강희원·김상철, 위의 글, 109-110쪽.

40 학교안전중앙공제회, 위의 글, 88-115쪽.

41 강희원·김상철, 앞의 글, 109쪽은 '학교안전사고'는 '교육활동상의 재해'라는 개념으로 대체하고, 이를 "학교활동 중에 발생한 사고로서 학생·교직원 또는 교육활동 참여자의 생명 또는 신체에 피해를 주는 교육활동상의 사고"라고 정의할 것을 제안하였다.

42 조호제 외, "학생안전지수 개발 연구", 교육부 정책중점연구소 지원 사업 보고서, 2015 중 정필운 집필 부분, 12-16쪽을 요약.

43 양승실 외, "학교안전지도사 자격제도 도입방안 연구", 한국교육개발원, 2014 중 정필운 집필 부분.

44 「학생안전 및 보호에 관한 법률」 제정안 입법예고 중 제안이유 참고.

45 이에 관하여 자세한 것은 조인식·정필운, 앞의 글, 58-59쪽 참고.

46 「학생안전 및 보호에 관한 법률」 제정안 입법예고 중 제안이유.

47 이에 관해서 자세한 것은 조인식·정필운, 앞의 글, 51-54쪽 참고.

48 우리도 프랑스나 독일과 같이 특정 영역에 적용되는 개별법령을 국가가 법전으로 편찬하여 공포하는 방식을 도입하여야 한다. 그것이 넘치는 법령에서 수범자인 시민과 공무원을 구하는 국가의 자세이다.

49 교육부 보도자료, 「생명존중·안전사회 구현을 위한 교육분야 안전 종합 대책 발표」, 2014. 11. 11. 그 자세한 내용은 조인식, 정필운, 앞의 글, 54-55쪽 참고.

50 조인식·정필운, 위의 글, 61쪽 참고.

51 원출처: 강은진, 정필운, "어린이집 CCTV의 현황과 과제", 국회도서관보 제54권 제8호 통권 제451호, 2017. 9., 30-39쪽.

52 폐쇄회로 텔레비전(closed circuit television)은 일정 공간에 계속 설치된 카메라를 통하여 사람·사물 등을 촬영하거나 촬영한 영상정보를 유·무선 폐쇄회로 등의 전송로를 통하여 특정 장소에 전송하는 장치 또는 촬영되거나 전송된 영상정보를 녹화·기록할 수 있도록 하는 장치를 말한다. 네트워크 카메라(network camera)는 일정 공간에 계속 설치된 기기로 촬영한 영상정보를 유·무선 인터넷을 통하여 어느 곳에서나 수집·저장 등의 처리를 할 수 있도록 하는 장치를 말한다. 이상 "어린이집 영상정보처리기기 설치·운영 가이드라인"에서 인용. 이 글에서는 원칙적으로 두 개념을 구분하여 쓰고 있다.

53 이 글에서는 CCTV를 설치한 이후 일체의 처리 단계를 '운영'이라고 표현하였다. 또한 법에서는 이를 '관리'라고 표현하므로 이러한 표현을 섞어 쓰고 있다.

54 법률 제13321호, 2015.5.18., 일부개정, 2015.9.19. 시행.

55 전광석, 2017, 635쪽; 헌재 1999. 5. 27. 98헌바70.

56 강은진, 「아동인권 보호를 위한 CCTV의 설치 및 운영방안-유치원·어린이집을 중심으로」, 육아정책연구소, 2015, 140쪽.

57 김경회 외, 『보육학개론』, 창지사, 2016, 190쪽.

제 10 장

외국인은 교육기본권을
제대로 보장받고 있는가?*

Ⅰ. 문제 제기

세계화가 심화되면서 국내에서 교육을 받는 외국인의 수도 꾸준히 증가하고 있다. 국내에서 교육을 받는 외국인에 대한 통계는 존재하지 않는다. 따라서 통계가 있는 다문화가정 학생수를 통하여 이를 짐작할 수 있다. 통계에 따르면 2018년 현재 국내의 초중등학교에 재학하고 있는 다문화가정 학생[1]수는 총 122,212명으로 전년 대비 약 11.7%(109,387명→122,212명) 증가하였다. 이것은 전체 학생의 2%를 넘는 숫자이다.

|표 1| 다문화가정 학생 비율[2]

단위: 명

연도	학제	계	국제결혼가정		외국인가정
			국내출생	중도입국	
2012	초등학교	33,740	29,282	2,669	1,789
2012	중학교	9,627	8,194	985	448
2012	고등학교	3,409	2,536	547	326
2012	각종학교	178	28	87	63
2012	계	46,954	40,040	4,288	2,626
2013	초등학교	39,360	32,823	3,006	3,531
2013	중학교	11,280	9,162	1,143	975
2013	고등학교	4,858	3,793	565	500
2013	각종학교	282	36	208	38
2013	계	55,780	45,814	4,922	5,044
2014	초등학교	48,225	41,546	3,262	3,417
2014	중학교	12,506	10,316	1,386	804
2014	고등학교	6,734	5,562	750	422
2014	각종학교	341	74	204	63
2014	계	67,806	57,498	5,602	4,706
2015	초등학교	60,162	50,191	3,965	6,006
2015	중학교	13,827	11,054	1,389	1,384
2015	고등학교	8,146	6,688	723	735
2015	각종학교	401	166	184	51
2015	계	82,536	68,099	6,261	8,176
2016	초등학교	73,972	59,970	4,577	9,425
2016	중학교	15,080	11,475	1,624	1,981
2016	고등학교	9,816	7,589	1,075	1,152
2016	각종학교	318	100	142	76
2016	계	99,186	79,134	7,418	12,634
2017	초등학교	82,733	68,610	4,843	9,280
2017	중학교	15,945	12,265	1,722	1,958
2017	고등학교	10,334	8,335	1,063	936
2017	각종학교	375	104	164	107
2017	계	109,387	89,134	7,792	12,281
2018	초등학교	93,027	76,181	5,023	11,823
2018	중학교	18,068	13,599	1,907	2,562
2018	고등학교	10,688	8,361	1,185	1,142
2018	각종학교	429	122	205	102
2018	계	122,212	98,263	8,320	15,629

국내에서 교육을 받는 외국인에 대한 통계가 없는 것에서 알 수 있는 것처럼 아직 우리는 이 주제에 관하여 정책적·연구적 관점에서 별로 관심이 없다. 우리나라에서는 그간 이 문제를 다문화교육이라는 관점에서

정책적·연구적 관심을 가져왔다. 그리고 그것도 주로 어떤 내용과 방법으로 교육을 할 것인지와 같은 관점의 연구가 주를 이루어 왔다. 외국인의 교육기본권이 어느 정도 보장되고 있고 어떠한 문제가 있는지와 그 대안은 무엇인지에 관한 연구는 상대적으로 저발전되어 있다.

이 글은 외국인의 교육기본권이 어느 정도 보장되고 있는지 그 현황을 살펴보고 어떤 문제점이 있으며 어떠한 방향으로 개선이 필요한지 제안하는 것을 그 목적으로 한다. 이러한 목적을 달성하기 위한 이론적 전제로 외국인이 헌법 제31조 교육기본권의 주체가 될 수 있는지 헌법이론적 관점에서 검토한다. 그리고 현행법상 외국인의 유치원과 초·중등교육, 국내 적응교육을 어느 정도 보장하고 있는지 살펴본다. 이어서 외국인 부모 교육을 어느 정도 보장하고 있는지 살펴본다. 마지막으로 이상의 논의를 정리하며 글을 마친다.

II. 외국인의 교육기본권 주체성

1. 외국인의 기본권 주체성[3]

우리 헌법은 기본권을 규정하고 있는 헌법 제10조부터 제36조까지 조문 중 대부분에서 "모든 국민은 …(중략)… 다"라고 규정하여 명시적으로는 국민만을 기본권의 주체로 인정하고 있다. 따라서 우리 헌법의 기본권의 주체는 원칙적으로 국민, 즉 대한민국 국적을 가진 자연인이다. 그리고 우리 학설과 판례는 위와 같은 헌법의 규정 형식이 헌법해석론을 통하여 기본권의 주체를 확장하는 것을 금지하는 것은 아니라고 이해하고, 일정한 요건하에 외국인에게도 제한적으로 기본권의 주체성을 인정하고 있다.[4]

우선 기본권을 (ⅰ) 법제화를 전제로 하지 않는 인권의 성격을 갖는 기본권(또는 인간인 권리)과 (ⅱ) 인권이 아닌 기본권(또는 국민의 권리)으로 분류하고, 인권인 기본권은 외국인에게도 인정할 수 있다는 것이 전통적인 견해이다.[5] 그러나 기본권 중 어떤 것이 인권인지는 자명한 것이 아니다. 예를 들어, 헌법 제21조 표현의 자유는 1966년 국제인권협약 제19조에서 보장하는 대표적인 권리이다. 이러한 의미에서 외국인에게도 제한 없이 인정하여야 할 것이다. 그러나 표현의 자유는 하나의 정치적 공동체 내에서 민주주의를 실현하기 위해 필요한 대표적인 기본권이다. 이러한 의미에서 외국인에게 제한 없이 인정하기는 어렵다.[6] 헌법 제15조 직업의 자유는 인권인지 여부가 불분명하다. 따라서 위와 같은 전통적인 견해는 이론적·실천적인 측면에서 문제가 발견된다. 이러한 이유로 당해 기본권의 성격에 더하여 (ⅰ) 외국인에게 당해 기본권을 인정하는 것이 우리 정치적 공동체의 통합을 하는 데 필요한 경우 인정하여야 한다는 견해,[7] (ⅱ) 국제평화주의에 근거한 국제협력을 달성하는 데 필요한 경우와 당해 외국인이 우리 사회정치적 공동체의 편입 정도를 보충적 기준으로 판단하여야 한다는 견해[8] 등이 등장하였다.

결국 위에서 제시한 기준에 따라 종합적으로 판단하면, 헌법 제11조, 제12조 신체의 자유, 제16조 주거의 자유 등의 기본권은 외국인에게도 인정된다. 반면 제24조 선거권, 제25조 공무담임권 등의 기본권은 외국인이 주체가 될 수 없다.

2. 외국인의 교육기본권 주체성

전통적으로 헌법 제31조의 교육기본권은 사회적 기본권의 하나이고, 이러한 이유로 국민의 권리로 인식되어 외국인에게는 인정되지 않는 기본권으로 해석되어 왔다.[9] 그러나 최근에는 이를 인간의 권리로 인식하여 외국인에게도 기본권을 인정하는 해석론이 제기되고 있다.[10]

필자는 외국인이 교육기본권의 주체가 될 수 있는지에 관하여 부정 또는 인정이라는 전면적인 답을 하는 것은 타당하지 않다고 생각한다.

교육기본권은 자유권, 평등권, 사회권의 요소가 있다. (ⅰ) 학습자가 학습 장소와 방법을 선택하는데 국가의 간섭 없이 자유롭게 결정할 권리와 같은 요소가 자유권적 요소이다.[11] (ⅱ) 그리고 각자의 능력에 상응하는 교육을 받을 수 있도록 학교 입학에 있어서 자의적 차별 금지를 요구할 수 있는 권리와 같은 요소가 평등권적 요소이다.[12] (ⅲ) 마지막으로 국가에 의한 의무교육의 도입 및 확대, 교육비의 보조, 학자금의 융자 등 교육영역에서 국가의 적극적인 행위를 요구할 수 있는 권리와 같은 요소가 사회권적 요소이다.[13]

이 중 교육기본권 중 자유권적 요소는 인권의 성격을 갖는 기본권이므로 원칙적으로 외국인에게도 인정할 수 있다.[14] 한편, 교육기본권 중 사회권적 요소는 인권의 성격을 갖는 기본권이 아니라는 점에서는 외국인에게 인정하기 어렵다. 그러나 외국인에게 당해 기본권을 인정하는 것이 우리 사회정치적 공동체의 통합과 국제평화주의에 근거한 국제협력을 달성하는 데 그 인정이 필요한 기본권이라는 점이라는 점에서는 외국인에게 인정할 수 있다. 그러므로 당해 외국인이 우리 사회정치적 공동체에 편입 정도가 강한 경우에는 원칙적으로 인정하는 것이 타당하다. 혼인 이주민과 그 자녀, 외국인 근로자와 그 자녀 등이 이에 해당할 것이다. 마지막으로 교육기본권 중 평등권적 요소는 당해 국가작용의 효과가 소극적인 성격을 갖는지, 적극적인 성격을 갖는지에 따라 다르게 평가되어야 한다. 평등을 요구하는 결과 국가가 작용하여야 할 것이 소극적이라면 그것은 원칙적으로 외국인에게도 인정할 수 있어야 할 것이다. 반면 평등을 요구하는 결과 국가가 작용하여야 할 것이 적극적이라면 당해 외국인이 우리 사회정치적 공동체에 편입 정도가 강한 경우에만 인정하는 것이 원칙적으로 타당하다.

여기서 주의할 것은 일부 외국인의 교육기본권 중 사회권적 요소에 대한 기본권 주체성 부정 주장이 입법자가 법률을 통하여 외국인에게 특정 권리를 부여하는 것을 방해하는 것이 아니라는 점이다.[15] 또한 외국인에게 기본권 주체성이 있다고 하여 입법자가 모든 외국인을 언제나 동등하게 취급하여야 하는 것도 아니다.[16] 어떤 기본권을 어떤 방법과 어떤 수준으로 구체화할 것인지는 원칙적으로 입법자의 권한이기 때문이다.

이와 같은 교육기본권에 대한 외국인의 기본권 주체성 논의는 이론적 관점에서는 의미가 있지만 실제적 관점에서는 크게 의미가 있지는 않다. 왜냐하면 앞으로 살펴보는 것처럼 현재 국내 입법을 통한 외국인의 교육기본권 보장 수준이 높은 수준이기 때문이다.

Ⅲ. 외국인의 학교교육 현황과 문제점

1. 유치원에서 외국인의 권리 인정 현황과 문제점

현행 유아교육법은 외국인의 유아교육에 대한 규율이 매우 미약하다. 법 제16조에서 "국내에 체류중인 외국인의 자녀를 교육하기 위한" 외국인 유치원에 관한 특례를 규정하고 있을 뿐,[17] 일반적인 유치원에 외국인이 취학할 수 있는지, 취학할 수 있다면 어떤 조건과 절차에 따라 취학할 수 있는지, 학비는 어떻게 하여야 하는지 등에 대한 규율은 없다. 아래에서 서술하는 것처럼 위와 같은 사항 등에 관하여 자세한 규율을 하고 있는 초·중등교육법과 비교된다.[18]

이와 같은 규율의 공백을 보완하기 위하여 최근 경기도의회에서는 경기도에서 출생한 외국인 자녀에 대하여 체류의 합법 여부를 묻지 않고 유치원 취학 자격은 물론이고, 학비 지원을 하는 내용의 조례 제정을 추진하고 있는 것으로 알려져 있다.[19]

한편, 이와 같은 규율의 공백에도 불구하고 유아교육 현장에서는 원장 등 행정가의 적극적인 해석을 통하여 체류의 합법 여부를 묻지 않고 유치원 취학 자격을 부여하여 취학을 원하는 외국인은 취학하고 있다. 그러나 학비 지원은 법적 근거가 필요하므로 이루어지지 않고 있다.

유치원이 의무교육 대상이 아닌 현재 상황에서 체류의 합법 여부를 묻지 않고 유치원 취학과 그에 대한 전면적인 학비 지원을 하여야 하는 것은 아니다. 그러나 헌법의 복지국가원리와 문화국가원리의 관점에서 교육의 사회적 기능,[20] 특히 교육의 정치 · 사회적 통합 기능과 효과에 비추어 보았을 때 좀 더 적극적인 정책을 추진하는 것이 타당하다. 그리고 그러한 교육의 기능과 효과, 기본권 관련성을 고려하여 보았을 때 그것은 지방자치단체의 조례가 아니라 국회의 법률을 통하여 규율하는 것이 타당하다. 이러한 의미에서 위의 경기도의회의 관련 조례 추진 논란을 계기로 국회에서 이에 대한 공론화를 통하여 사회적 합의를 도출하길 권고한다.

2. 의무교육에서 외국인의 권리 인정 현황과 문제점

(1) 합법체류 외국인

초 · 중등교육법은 헌법 제31조 제2항에 따라 의무 교육을 실시하기 위하여 제13조에서 학부모에게 취학 의무를 부과하고 있다.[21] 이에 따라 모든 국민의 자녀 또는 아동은 초등학교와 중학교를 의무적으로 교육받아야 한다.

따라서 국민 이외의 합법체류 외국인의 자녀는 의무 교육의 대상은 아니다. 그러나 법 시행령 제19조,[22] 제75조[23]에 따라 초등학교와 중학교에 입학 · 전학 또는 편입학을 신청하여 교육을 받을 수 있다. 그리고 「다문화가족지원법」 제2조 제1호에 따른 다문화가족의 구성원인 아동이나 학생(이하 "다문화학생"이라 한다)은 교육감이 정하는 바에 따라 다문화학생 특별학급이 설치된 초등학교에 입학하거나 전학할 수 있다(법 시행령 제19조 제4항).

한편, 외국인은 그 자녀를 일반 학교가 아닌 초·중등교육법 제60조의2의 외국인학교에서 교육할 수 있다.[24]

2018년 현재 외국인학교는 총 41개교가 있다. 이 중 1개교가 미운영 중이다. 교육과정별 학생 수는 초등학교 과정 4,129명, 중학교 과정 2,830명, 고등학교 과정 3,743명이다. 구체적인 통계는 〈표 2〉와 같다. 이 중 이중국적자를 포함한 내국인 비율은 초등학교 과정이 35.2%, 중학교 과정이 45.4%, 고등학교 과정이 55.1% 이다.[25]

|표 2| 외국인학교 현황[26]

(단위: 교, 급, 명)

구분	학교 수	학급 수	학생 수				
			전체	유	초	중	고
2018	41	782	11,735	1,033	4,129	2,830	3,743
2017	42	808	12,266	1,044	4,351	2,924	3,947
2016	44	839	12,361	1,124	4,493	2,923	3,821
2015	45	771	12,453	1,227	4,385	3,077	3,764
2014	45	759	12,441	1,244	4,423	3,128	3,646
2013	44	766	12,650	1,227	4,632	3,124	3,667
2012	46	751	12,798	1,314	4,720	3,168	3,596
2011	46	743	12,550	1,378	4,670	2,965	3,537
2010	45	647	11,860	1,386	4,542	2,777	3,155
구분	학교 수	직원 수	학급당 학생 수				
			전체	유	초	중	고
2018	1,817	686	15.0	12.2	14.4	15.6	16.3
2017	1,823	625	15.2	11.7	14.8	15.5	16.7
2016	1,880	566	14.7	11.6	14.4	14.9	16.3
2015	1,881	535	16.2	12.4	14.2	17.2	20.3
2014	1,875	472	16.4	12.7	14.3	17.3	21.3
2013	1,840	459	16.5	12.9	15.1	18.1	19.1
2012	1,719	452	17.0	12.5	15.7	18.0	21.3
2011	1,665	441	16.9	12.8	16.0	17.8	20.0
2010	1,552	402	18.3	14.7	17.0	18.3	23.5

위에서 서술한 관련 법령에 따라 외국인의 자녀가 국내 학교에 입학하기 위해서는 외국 학교에서 교육에 기초한 학력 수준과 한국어 능력을 평가한다. 재외국민 또는 외국인이 보호하는 자녀 또는 아동이 국내

초등학교에 입학하거나 전학할 때는 거주지 관할 초등학교에 출입국관
리소장이 발행한 출입국에 관한 사실증명서 또는 외국인등록사실증명
서를 확인하여 입학 또는 전학 절차를 진행한다. 한국에서 출생하거나
한국 국적이 아닌 외국인에게는 초등학교 취학통지서가 발급되지 않는
다. 따라서 해당 외국인이 초등학교에 취학하려면 초 · 중등교육법 시행
령 제19조에 따라 거주지가 속하는 학군 안에 있는 초등학교의 장에게
입학을 신청하여야 한다.[27]

한편, 교육부는 법무부가 보유한 중도입국자녀 정보를 활용하여 취
학을 지원하는 적극적인 조치를 하여 왔으며, 2019년부터는 초등학교
입학 예정인 다문화가정 아동 대상으로 학교적응교육을 하는 '(가칭) 징
검다리학교'를 운영할 예정이다.[28] 또한 난민, 무연고 아동의 경우 학력
을 인정할 수 있는 서류가 불충분하더라도 취학할 수 있도록 학력심의위
원회를 구성하여 운영하고 있다.[29]

이미 설명한 것처럼 따라서 국민 이외의 합법체류 외국인의 자녀는
의무 교육의 대상은 아니지만, 법 시행령 제19조, 제75조에 따라 초등학
교와 중학교에 입학 · 전학 또는 편입학을 신청하여 교육을 받을 수 있
다. 우리나라가 가입한 UN아동권리협약(UN Convention on the Rights of the
Child) 제28조[30] 등을 이행하기 위한 결정으로 이해할 수 있다. 그러나 외
국인 자녀를 의무교육의 대상으로 좀 더 분명하게 규정하는 것이 UN아
동권리협약 제28조의 취지에 부합하는 것으로 이해할 수 있다. 기존의
상태를 유지하며 규범화하는 형식의 문제에 불과하므로 신속하게 개정
할 것을 권고한다.

(2) 불법체류 외국인

이미 살펴본 것처럼 법 시행령 제19조, 제75조는 체류의 합법성 여부
를 묻지 않고 외국인 이 초등학교와 중학교에 입학 · 전학 또는 편입학을
신청하여 교육을 받을 수 있다. 그리고 「다문화가족지원법」 제2조 제1호

에 따른 다문화가족의 구성원인 아동이나 학생은 교육감이 정하는 바에 따라 다문화학생 특별학급이 설치된 초등학교에 입학하거나 전학할 수 있다(법 시행령 제19조 제4항). 따라서 불법체류자의 자녀도 초등학교와 중학교에 입학·전학 또는 편입학을 신청하여 교육을 받을 수 있다. 이는 UN아동권리협약 제2조,[31] 제28조 등 우리나라가 가입한 여러 국제인권규약[32]을 이행하기 위하여 불법체류자의 자녀에 대해서도 교육 기회를 확대하기 위한 결정으로 이해할 수 있다.

이미 설명한 것처럼 불법체류자인 외국인 자녀도 의무교육의 대상으로 좀 더 분명하게 규정하는 것이 UN아동권리협약 제28조의 취지에 부합하는 것으로 이해할 수 있다. 기존의 상태를 유지하며 규범화하는 형식의 문제에 불과하므로 신속하게 개정할 것을 권고한다.

나아가 불법체류자의 외국인 자녀도 차별없이 법 시행령 제19조, 제75조에 의해 초등학교와 중학교에 입학·전학 또는 편입학을 신청하여 교육을 받을 수 있도록 보장하고 있지만, 불법체류자인 외국인 자녀의 상당수는 발각이 두려워 초등학교와 중학교 교육을 받지 않는 것으로 알려져 있다. 그러므로 자녀의 학적에 근거하여 불법체류자 색출을 하지 못하도록 법적으로 금지하고, 이를 실효성 있게 하기 위하여 관련 정보를 요구하지 못하도록 명시하는 것이 타당하다.[33]

3. 고등학교에서 외국인의 권리 인정 현황과 문제점

(1) 합법체류 외국인

고등학교 입학·전학 또는 편입학은 초·중등교육법 시행령 제89조2에 따라 해당 고등학교의 학칙이 정하는 바에 따라 이루어진다. 따라서 합법체류 외국인과 그 자녀는 법 시행령 제89조2에 따라 초등학교와 중학교에 입학·전학 또는 편입학을 신청하여 교육을 받을 수 있다.

초 · 중등교육법 시행령 제89조의2(귀국학생 등의 입학 · 전학 및 편입학) 다음 각 호의 어느 하나에 해당하는 아동이나 학생의 보호자는 제81조제1항 및 제89조제2항에 따른 입학 · 전학 또는 편입학 절차를 갈음하여 학칙이 정하는 바에 따라 고등학교에 입학 · 전학 또는 편입학할 수 있다.

1. 제19조제1항제1호부터 제4호까지의 아동 또는 학생
2. 그 밖에 고등학교에 입학 · 전학 또는 편입학하기 전에 국내에 거주하지 않았거나 국내에 학적이 없는 등의 사유로 제81조제1항 및 제89조제2항에 따른 입학 · 전학 또는 편입학 절차를 거칠 수 없는 아동 또는 학생

(2) 불법체류 외국인

이미 설명한 것처럼 초 · 중등교육법 시행령 제89조2에 따라 해당 고등학교의 학칙이 정하는 바에 따라 이루어진다. 따라서 불법체류 외국인과 그 자녀도 법 시행령 제89조2에 따라 초등학교와 중학교에 입학 · 전학 또는 편입학을 신청하여 교육을 받을 수 있다.[34]

4. 결혼이민자 등 특수한 지위에 있는 외국인의 지원 교육 현황과 문제점

(1) 다문화가족지원법에서의 교육 지원

「다문화가족지원법」은 "국가와 지방자치단체는 결혼이민자 등이 대한민국에서 생활하는 데 필요한 기본적 정보(아동 · 청소년에 대한 학습 및 생활지도 관련 정보를 포함한다)를 제공하고, 사회적응교육과 직업교육 · 훈련 및 언어소통 능력 향상을 위한 한국어교육 등을 받을 수 있도록 필요한 지원을 할 수 있다"고 규정하고 있다. 그리고 "결혼이민자등의 배우자 및 가족구성원이 결혼이민자등의 출신 국가 및 문화 등을 이해하는 데 필요한 기본적 정보를 제공하고 관련 교육을 지원할 수 있다(제6조)."[35][36]

또한 제7조에서는 국가와 지방자치단체가 다문화가족이 민주적이고 양성평등한 가족관계를 누릴 수 있도록 가족상담, 부부교육, 부모교육, 가족생활교육 등을 추진하여야 한다고 규정하고 있다.[37][38]

이에 따라 다문화가정에는 언어 교육 등 각종 교육이 지원되고 있다. 지역다문화교육지원센터(13개)를 운영하여 지역맞춤형 다문화교육을 추진하고 있다.[39] 그러나 교육 내용적으로는 여전히 개선할 점이 많은 것은 것으로 알려져 있다.[40]

(2) 재한외국인처우에 관한 기본법에서의 교육 지원

한편, 「다문화가족지원법」과는 별도로 「재한외국인처우에 관한 기본법」에서는 국가 및 지방자치단체는 재한외국인이 대한민국에서 생활하는 데 필요한 기본적 소양과 지식에 관한 교육 지원을 할 수 있도록 규정하고 있다(제11조).[41] 또한 "국가 및 지방자치단체는 결혼이민자에 대한 국어교육, 대한민국의 제도·문화에 대한 교육, 결혼이민자의 자녀에 대한 보육 및 교육 지원, 의료 지원 등을 통하여 결혼이민자 및 그 자녀가 대한민국 사회에 빨리 적응하도록 지원할 수 있다.(제12조)"[42][43]

(3) 문제점과 개선 방안

이와 관련해서는 보건복지부, 여성부, 교육과학기술부, 법무부, 문화체육부 등 다양한 기관이 외국인 교육 관련 정책과 사업을 하는 것을 손질을 하여야 한다는 지적이 있다.[44] 예를 들어, 교육부는 다문화 유아를 대상으로 다문화가정의 학생이 다른 일반 학생과 어울려 언어교육을 받을 수 있도록 하는 통합언어교육을 실시하고 있고, 한국어 언어 능력이 현저히 떨어지는 학생에게는 개별언어교육을 추가적으로 제공하고 있다. 그린데 여성가족부에서도 이와 별도로 다문화가정 학생을 대상으로 '자녀 언어발달지원 지원 서비스'라는 사업을 시행하고 있다.[45] 현행 정책 추진 체계를 좀 더 단순하게 개선하여야 한다.

좀 더 근본적으로 교육을 포괄한 모든 내용과 법체계를 고려하였을 때 "장기적으로는 '재한외국인 처우 기본법'과 '다문화가족지원법'의 중복 및 충돌 문제를 해소할 수 있는 통합적 기본법이 마련될 필요가 있다"[46]는 제안이 있다. 현재 교육영역에서도 마찬가지인 것으로 보인다. 현행 「재한외국인처우에 관한 기본법」이 모든 외국인을 대상으로 특별 교육에 대한 원칙적인 것을 선언하고 있다면, 「다문화가족지원법」은 결혼 이민자를 대상으로 특별 교육에 대한 구체적인 내용을 규정하고 있다. 장기적으로는 특별 교육을 하나의 법에서 규정하고 시행하는 것이 전달체계를 일원화하여 효율화할 수 있을 것이다.

그런데 그 법형식이 현재 국회에 계류되어 있는 '다문화교육지원법'[47]과 같은 단일법 형식은 바람직하지 않다. 위에서 제안한 「재한외국인 처우 기본법」과 「다문화가족지원법」의 통합법 또는 그중 어느 한 법에 근거를 마련하거나 초중등교육법과 그 시행령 등에서 규정하는 것으로 충분하다.

5. 외국인 부모교육 현황과 문제점

아동은 공동체 내에서 독립한 주체로서 전적으로 자율적으로 행동하고 책임지기에는 아직 신체적·정신적으로 미성숙한 사람이므로, 그의 판단을 돕거나 그를 위해 판단을 대신할 부모 등이 필요하고, 바르게 성장할 수 있도록 해로운 환경으로부터 그를 보호할 부모 등이 필요하다.[48]

이러한 의미에서 외국인 학생의 부모에 대한 교육은 매우 중요하다. 우리 정부도 이에 대하여 충분히 인식하고 지난 2006년 이후 다문화교육 정책 연구 학교를 중심으로 다문화가정 학생의 부모에 대한 교육을 실시하고 있다.[49]

외국인 학생의 부모에 대한 교육은 다문화교육센터, 결혼이주민지원센터, 지역사회복지관 등 다양한 곳에 실시할 수 있지만 인접성이 크고,

자녀의 상황을 알고 있는 학교에서 그 교육을 하는 것은 교육의 효과성과 연계성 측면에서 바람직하다.[50] 현행 외국인 학생의 부모에 대한 교육은 단편적이고 비전문적이어서 교육 효과성이 매우 낮은 것으로 알려져 있다. 이를 개선하기 위해서는 외국인 학생의 부모를 교육하는 전문인력이 이를 운영하여야 한다. 그리고 외국인 학생 부모의 실질적인 어려움을 듣고 그에 기초한 처방을 추가하여야 한다. 예를 들어, 외국인 학생 부모의 어려움 중 하나는 한국어 실력의 부족과 한국 교육 환경에 대한 이해 부족으로 자녀의 학습을 돕지 못하는 어려움 등이다. 이를 해소하기 위해서는 부모 교육에 자녀를 함께 대동하고, 자녀가 학교에서 공부하는 것을 참관할 수 있도록 하며, 부모가 자녀의 교사와 면담을 할 수 있도록 하는 처방 등이 추가되어야 한다.[51]

IV. 결론

이상의 논의를 정리하면 다음과 같다.

첫째, 세계화가 심화되면서 국내에서 교육을 받는 외국인의 수도 꾸준히 증가하고 있다. 국내에서 교육을 받는 외국인에 대한 통계는 존재하지 않는다. 국내에서 교육을 받는 외국인에 대한 통계가 없는 것에서 알 수 있는 것처럼 아직 우리는 이 주제에 관하여 정책적·연구적 관점에서 별로 관심이 없다. 우리나라에서는 그간 이 문제를 다문화교육이라는 관점에서 정책적·연구적 관심을 가져왔다. 외국인의 교육기본권이 어느 정도 보장되고 있고 어떠한 문제가 있는지와 그 대안은 무엇인지에 관한 연구는 상대적으로 저발전되어 있다. 공법학계의 관심이 필요하다.

둘째, 전통적으로 헌법 제31조의 교육기본권은 사회적 기본권의 하나이므로 국민의 권리로 인식되어 외국인에게는 인정되지 않는 기본권으로 해석되어 왔다. 그러나 최근에는 이를 인간의 권리로 인식하여 외국인에게도 기본권을 인정하는 해석론이 제기되고 있다. 필자는 교육기본권은 자유권, 평등권, 사회권의 요소가 있다는 전제 아래, 이 중 자유권적 요소는 인권의 성격을 갖는 기본권이므로 원칙적으로 외국인에게도 인정하고, 사회권적 요소는 당해 외국인이 우리 사회정치적 공동체에 편입 정도가 강한 경우에는 원칙적으로 인정하는 것이 타당하며, 평등권적 요소는 평등을 요구하는 결과 국가가 작용하여야 할 것이 소극적이라면 그것은 원칙적으로 외국인에게도 인정할 수 있지만 그 결과 국가가 작용하여야 할 것이 적극적이라면 제한적으로 인정하자고 제안하였다.

셋째, 현행 「유아교육법」은 외국인의 유치원 취학 가능성, 절차와 조건, 학비 등에 대한 규율이 없다. 이와 같은 규율의 공백에도 불구하고 유아교육 현장에서는 행정가의 적극적인 해석을 통하여 체류의 합법 여부를 묻지 않고 유치원 취학 자격을 부여하여 취학을 원하는 외국인은 취학하고 있다. 유치원이 의무교육 대상이 아닌 현재 상황에서 체류의 합법 여부를 묻지 않고 유치원 취학과 그에 대한 전면적인 학비 지원을 하여야 하는 것은 아니다. 그러나 교육의 정치 · 사회적 통합 기능과 효과에 비추어 보았을 때 좀 더 적극적인 정책을 추진하는 것이 타당하다. 이러한 의미에서 위의 경기도의회의 관련 조례 추진 논란을 계기로 국회에서 이에 대한 공론화를 통하여 사회적 합의를 도출하길 권고하였다.

넷째, 현행 「초 · 중등교육법」 등은 당해 외국인의 체류 적법성과 관계없이 그 자녀에게 초등학교, 중학교, 고등학교 교육을 받을 수 있도록 보장하고 있다. 그에 더하여 교육부는 법무부가 보유한 중도입국자녀 정보를 활용하여 취학을 지원하는 적극적인 조치, 초등학교 입학 예정인 다문화가정 아동 대상으로 학교적응교육을 하는 '(가칭) 징검다리학교' 운영, 난민, 무연고 아동의 경우 학력을 인정할 수 있는 서류가 불충분하더라도 취학할 수 있도록 학력심의위원회 구성 · 운영 등 다양한 정책을 추진하고 있다. 국제평화주의를 규정하고 있는 우리 헌법, 우리나라가 가입한 UN아동권리협약 등을 고려하면 바람직한 입법과 정책 추진이라고 평가할 수 있다. 그러나 외국인 자녀를 의무교육의 대상으로 좀 더 분명하게 규정하는 것이 UN아동권리협약 제28조의 취지에 부합한다. 이러한 이유로 기존의 상태를 유지하며 규범화하는 형식의 문제에 불과하므로 신속하게 개정할 것을 권고하였다. 나아가 불법체류자의 외국인 자녀도 차별없이 법 시행령 제19조, 제75조에 의해 초등학교와 중학교에 입학·전학 또는 편입학을 신청하여 교육을 받을 수 있도록 보장하고 있지만, 불법체류자인 외국인 자녀의 상당수는 발각이 두려워 초등학교와 중학교 교육을 받지 않는 것으로 알려져 있다. 이러한 이유로 자녀의 학적에 근거하여 불법체류자 색출 금지를 법에서 명시할 것을 제안하였다.

다섯째, 「다문화가족지원법」과 「재한외국인처우에 관한 기본법」에서는 결혼이민자 등이 대한민국에서 생활하는 데 필요한 기본적 정보를 제공하고, 사회적응교육과 직업교육·훈련 및 언어소통 능력 향상을 위한 한국어교육 등을 받을 수 있도록 필요한 지원, 국가 및 지방자치단체가 재한외국인이 대한민국에서 생활하는 데 필요한 기본적 소양과 지식에 관한 교육 지원을 할 수 있는 법적 근거를 규정하고 있다. 그리고 이에 따라 언어 교육, 사회적응교육 등 다양한 교육이 실행되고 있다. 본문에서 다루지는 않았지만 보건복지부, 여성부, 교육과학기술부, 법무부, 문화체육부 등 다양한 기관이 외국인 교육 관련 정책과 사업을 하는 것도 손질을 하여야 한다. 현행 정책 추진 체계를 좀 더 단순하게 개선하여야 한다. 좀 더 근본적으로 교육을 포괄한 모든 내용과 법체계를 고려하였을 때 양법이 중복과 충돌이 발생하므로 장기적으로 특별 교육을 하나의 법에서 규정하고 시행하여 전달체계를 일원화하여 효율화할 것을 제안하였다. 그러나 현재 국회에 계류되어 있는 '다문화교육지원법'과 같은 단일법 형식은 바람직하지 않다고 평가하였다. 그리고 「재한외국인 처우 기본법」과 「다문화가족지원법」의 통합법 또는 그중 어느 한 법에 근거를 마련하거나 초중등교육법과 그 시행령 등에서 규정할 것을 제안하였다.

여섯째, 현행 외국인 학생의 부모에 대한 교육은 단편적이고 비전문적이어서 교육 효과성이 매우 낮은 것으로 알려져 있다. 이를 개선하기 위해서는 외국인 학생의 부모를 교육하는 전문인력이 이를 운영할 것을 권고하였다. 그리고 외국인 학생 부모의 실질적인 어려움을 듣고 그에 기초한 처방을 추가할 것도 권고하였다.

본문에서 다루지는 않았지만 다수자를 대상으로 하는 소수자 이해 교육이 병행되어야 한다.[52] 일차적으로 학교와 관련 공무원 등을 대상으로 소수자 이해 교육을 하여야 한다. 나아가 학교와 사회에서 일반인을 대상으로 한 소수자 이해 교육도 점차 늘려야 한다. 이런 측면에서 세계시민교육이 학교 교육에서 중시되는 최근 경향은 바람직하다.

교육은 의료와 더불어 교육의 정치·사회적 통합 기능과 효과의 관점에서 외국인에게도 그 문턱을 낮추는 것이 타당한 대표적인 영역이다. 이러한 점을 고려하여 좀 더 전향적인 방향에서 이에 대한 입법과 정책이 추진되길 기대하며 글을 맺는다.

미주

* 원출처: 정필운, "외국인의 교육기본권 보장 현황과 과제", 「유럽헌법연구」 제30호,
  유럽헌법학회, 2019, 309-336쪽. 이 글은 2019년 5월 31일 유럽헌법학회 · 원광
  대학교 법학연구소 · 법제처가 원광대학교에서 공동 개최한 제61회 유럽헌법학회
  정기학술대회(주제: 시민사회에서의 외국인 보호와 입법 정책)의 발제문을 수정한
  것이다. 학회에서 토론을 맡아 날카로운 비평을 해 주신 이계일 교수님(원광대학교
  법학전문대학원)께 감사드린다.
1 여기서 "다문화가정 학생"이란 국제결혼 가정 자녀(국내 출생 자녀+중도입국 자녀)
  와 외국인 가정 자녀를 포괄하는 것으로 여기에는 내국인도 포함되어 있다.
2 한국교육개발원, 2018년 교육통계서비스(http://cesi.kedi.re.kr/kessTheme/zipyo?-
  survSeq=0000&survCd=3398&uppCd1=030201&menuId=m_02_03_01&item-
  Code=03, 2019. 5. 3. 최종 방문).
3 정필운 집필 부분, 김현철 외, 「한국인의 법과 생활」, 박영사, 2019, 65-66쪽에서
  발췌하여 일부 수정하였다.
4 예를 들어, 권영성, 「헌법학원론」, 법문사, 2006, 313-322쪽; 김하열, 「헌법강의」,
  박영사, 2018, 198-219쪽; 전광석, 「한국헌원론」, 집현재, 2017, 230-240쪽; 허
  영, 「한국헌법론」, 박영사, 2018, 254-267쪽; 헌재 1994. 12. 29. 93헌마120.
5 권영성, 앞의 책, 314-315쪽.
6 전광석, 앞의 책, 231-232쪽.
7 허영, 앞의 책, 261쪽.
8 헌재 2011. 9. 29. 2007헌마1083. 이에 대해서는 전광석, 앞의 책, 232쪽.
9 권영성, 앞의 책, 652-653쪽.
10 홍석노, "교육받을 권리의 헌법적 보장", 고려대학교 대학원 박사학위논문, 2013,
   130-137쪽.
11 헌재 2000. 4. 27. 98헌가16 등.
12 헌재 2017. 12. 28. 2016헌마649.
13 헌재 2000. 4. 27. 98헌가16 등.
14 같은 취지: 장영수, 「헌법학」, 홍문사, 2020, 837쪽.
15 전광석, 앞의 책, 235-236쪽; 김하열, 앞의 책, 204쪽.
16 허영, 앞의 책, 408쪽; 김하열, 앞의 책, 203쪽.
17 유아교육법 제16조(외국인유치원) ① "외국인유치원"이란 국내에 체류 중인 외국인

의 자녀를 교육하기 위하여 설립된 유치원을 말하며, 외국인유치원에 대하여는 제
11조제1항·제2항 단서·제3항, 제12조부터 제14조까지, 제17조, 제18조제2항, 제
19조, 제19조의2부터 제19조의8까지, 제22조, 제24조부터 제26조까지 및 제27조
를 적용하지 아니한다.

② 외국인유치원의 설립기준·교육과정·수업연한·학력인정과 그 밖에 설립·운
영에 필요한 사항은 대통령령으로 정한다.

18 이와 같은 유아교육법의 과소규율 현상은 비단 이 사항의 문제만은 아니고 이 법의
전반적인 문제점 중 하나이다. 앞으로 좀 더 면밀한 규율이 필요하다.

19 최모란 기자, 불법체류자 자녀도 교육·의료 지원, 중앙일보 인터넷판 기사, 2019.
4. 17. (https://news.joins.com/article/23442988, 2019. 6. 28. 최종 방문).

20 이에 관하여 자세한 것은 정필운, "교육영역에서 복지국가원리의 구현—쟁점과 과
제—", 「헌법학연구」 제21권 제4호, 한국헌법학회, 2015, 72-100쪽; 이 책 제3장
참고.

21 초·중등교육법 제13조(취학 의무) ① 모든 국민은 보호하는 자녀 또는 아동이 6세
가 된 날이 속하는 해의 다음 해 3월 1일에 그 자녀 또는 아동을 초등학교에 입학시
켜야 하고, 초등학교를 졸업할 때까지 다니게 하여야 한다.

② 모든 국민은 제1항에도 불구하고 그가 보호하는 자녀 또는 아동이 5세가 된 날이
속하는 해의 다음 해 또는 7세가 된 날이 속하는 해의 다음 해에 그 자녀 또는 아동
을 초등학교에 입학시킬 수 있다. 이 경우에도 그 자녀 또는 아동이 초등학교에 입
학한 해의 3월 1일부터 졸업할 때까지 초등학교에 다니게 하여야 한다.

③ 모든 국민은 보호하는 자녀 또는 아동이 초등학교를 졸업한 학년의 다음 학년 초
에 그 자녀 또는 아동을 중학교에 입학시켜야 하고, 중학교를 졸업할 때까지 다니
게 하여야 한다.

④ 제1항부터 제3항까지의 규정에 따른 취학 의무의 이행과 이행 독려 등에 필요한
사항은 대통령령으로 정한다.

22 초·중등교육법 시행령 제19조(귀국 학생 및 다문화학생 등의 입학 및 전학) ① 다
음 각 호의 어느 하나에 해당하는 아동이나 학생(이하 이 조에서 "귀국학생등"이라
한다)의 보호자는 제17조 및 제21조에 따른 입학 또는 전학 절차를 갈음하여 거주
지가 속하는 학구 안에 있는 초등학교의 장에게 귀국학생등의 입학 또는 전학을 신
청할 수 있다.

1. 외국에서 귀국한 아동 또는 학생

2. 재외국민의 자녀인 아동 또는 학생

3. 「북한이탈주민의 보호 및 정착지원에 관한 법률」 제2조제1호에 따른 북한이탈주
민인 아동 또는 학생

4. 외국인인 아동 또는 학생

5. 그 밖에 초등학교에 입학하거나 전학하기 전에 국내에 거주하지 않았거나 국내에 학적이 없는 등의 사유로 제17조 및 제21조에 따른 입학 또는 전학 절차를 거칠 수 없는 아동 또는 학생

② 제1항의 신청을 받은 초등학교의 장은 「전자정부법」 제36조제1항에 따른 행정정보의 공동이용을 통하여 「출입국관리법」 제88조에 따른 출입국에 관한 사실증명 또는 외국인등록 사실증명의 내용을 확인하여야 한다. 다만, 귀국학생등의 보호자가 그 확인에 동의하지 않을 때에는 다음 각 호의 어느 하나에 해당하는 서류를 첨부하게 하여야 한다.

1. 출입국에 관한 사실이나 외국인등록 사실을 증명할 수 있는 서류

2. 임대차계약서, 거주사실에 대한 인우보증서 등 거주사실을 확인할 수 있는 서류

③외국에서 귀국한 아동은 제1항에도 불구하고 교육감이 정하는 바에 따라 귀국학생 특별학급이 설치된 초등학교에 입학 또는 전학할 수 있다.

④ 「다문화가족지원법」 제2조제1호에 따른 다문화가족의 구성원인 아동이나 학생(이하 "다문화학생"이라 한다)은 제17조 및 제21조에도 불구하고 교육감이 정하는 바에 따라 다문화학생 특별학급이 설치된 초등학교에 입학하거나 전학할 수 있다.

23 초ㆍ중등교육법 시행령 제75조(귀국학생 및 다문화학생 등의 입학ㆍ전학 및 편입학) ① 다음 각 호의 어느 하나에 해당하는 아동이나 학생의 보호자는 제68조 및 제73조제1항에 따른 입학ㆍ전학 또는 편입학 절차를 갈음하여 거주지를 학구로 하는 초등학교가 속하는 학교군 또는 중학구에 있는 중학교의 장에게 입학ㆍ전학 또는 편입학을 신청할 수 있다.

1. 제19조제1항제1호부터 제4호까지의 아동 또는 학생

2. 그 밖에 중학교에 입학ㆍ전학 또는 편입학하기 전에 국내에 거주하지 않았거나 국내에 학적이 없는 등의 사유로 제68조 및 제73조제1항에 따른 입학ㆍ전학 또는 편입학 절차를 거칠 수 없는 아동 또는 학생

② 제1항의 신청을 받은 중학교의 장은 「전자정부법」 제36조제1항에 따른 행정정보의 공동이용을 통하여 「출입국관리법」 제88조에 따른 출입국에 관한 사실증명 또는 외국인등록 사실증명의 내용을 확인하여야 한다. 다만, 제1항 각 호에 따른 아동 또는 학생의 보호자가 그 확인에 동의하지 아니할 때에는 다음 각 호의 어느 하나에 해당하는 서류를 첨부하게 하여야 한다.

1. 출입국에 관한 사실이나 외국인등록 사실을 증명할 수 있는 서류

2. 임대차계약서, 거주사실에 대한 인우보증서 등 거주사실을 확인할 수 있는 서류

③ 외국에서 귀국한 학생은 제1항에도 불구하고 교육감이 정하는 바에 따라 귀국학생 특별학급이 설치된 중학교에 입학ㆍ전학 또는 편입학할 수 있다.

④ 다문화학생은 제68조 및 제73조제1항에도 불구하고 교육감이 정하는 바에 따라 다문화학생 특별학급이 설치된 중학교에 입학ㆍ전학 또는 편입학할 수 있다.

24 초·중등교육법 제60조의2(외국인학교) ① 외국에서 일정기간 거주하고 귀국한 내국인 중 대통령령으로 정하는 사람, 「국적법」 제4조에 따라 국적을 취득한 자의 자녀 중 해당 학교의 장이 대통령령으로 정하는 기준과 절차에 따라 학업을 지속하기 어렵다고 판단한 사람, 외국인의 자녀를 교육하기 위하여 설립된 학교로서 각종학교에 해당하는 학교(이하 "외국인학교"라 한다)에 대하여는 제7조, 제9조, 제11조, 제11조의2, 제12조부터 제16조까지, 제21조, 제23조부터 제26조까지, 제28조, 제29조, 제30조의2, 제30조의3, 제31조, 제31조의2, 제32조부터 제34조까지 및 제34조의2를 적용하지 아니한다. 〈개정 2016. 1. 27., 2017. 3. 21.〉
② 외국인학교는 유치원·초등학교·중학교·고등학교의 과정을 통합하여 운영할 수 있다.
③ 외국인학교의 설립기준, 교육과정, 수업연한, 학력인정, 그 밖에 설립·운영에 필요한 사항은 대통령령으로 정한다.

25 자세한 것은 김혜자, "국내 외국인 학교 현황", 한국교육개발원 이슈 통계 (http://cesi.kedi.re.kr/post/6677935?itemCode=03&menuId=m_02_03_03, 2019. 5. 29. 최종 방문) 참고.

26 김혜자, 앞의 글; 교육통계서비스(http://kess.kedi.re.kr)에서 2019. 1. 9. 인출.

27 이상 동작구청 홈페이지 참고.

28 교육부, 「2018년 다문화교육 지원계획」, 3쪽, 10쪽.

29 교육부, 앞의 계획, 13쪽.

30 제28조 1. 당사국은 교육에 대한 아동의 권리를 인정하며, 균등한 기회 제공을 기반으로 이 권리를 점진적으로 달성하기 위해 특별히 다음 조치를 취해야 한다.
가. 초등교육은 의무적으로 모든 사람에게 무상으로 제공되어야 한다.
나. 일반 및 직업교육을 포함한 여러 형태의 중등교육 발전을 장려하고, 모든 아동이 중등교육의 혜택을 받을 수 있도록 하며, 무상교육을 도입하거나 및 필요한 경우 재정적 지원을 하는 등 적절한 조치를 취해야 한다.
다. 모든 사람에게 능력에 따라 고등교육 기회가 개방되도록 모든 적절한 조치를 취해야 한다.
라. 모든 아동이 교육 및 직업관련 정보와 지침을 이용할 수 있도록 조치를 취해야 한다.
마. 학교 출석률과 중퇴율 감소를 촉진하는 조치를 취해야 한다.
2. 당사국은 학교 규율이 아동의 인격을 존중하고 이 협약을 준수하는 방향으로 운영되도록 보장하기 위해 모든 적절한 조치를 취해야 한다.
3. 당사국은 특히 전세계의 무지와 문맹 퇴치에 이바지하고, 과학기술지식 및 현대적인 교육체계에의 접근성을 높이기 위해 교육부문의 국제협력을 증진하고 장려해야 한다. 이 문제에 있어서 특별히 개발도상국의 필요를 고려해야 한다. 이

상 UN아동권리협약의 번역은 외교부 홈페이지의 번역을 따랐다. 이하 같다.

31 제2조 1. 협약의 당사국(이후 '당사국'이라 한다)은 아동이나 그 부모, 후견인의 인종, 피부색, 성별, 언어, 종교, 정치적 의견, 민족적·인종적·사회적 출신, 재산, 장애여부, 태생, 신분 등의 차별 없이 이 협약에 규정된 권리를 존중하고, 모든 아동에게 이를 보장해야 한다.
2. 당사국은 아동이 부모나 후견인 또는 다른 가족의 신분과 행동, 의견이나 신념을 이유로 차별이나 처벌을 받지 않도록 모든 적절한 조치를 취해야 한다.

32 이에 관해서 자세한 것은 유의정, "다문화 교육정책의 인권적 개선방향", 「입법정책」 제4권 제1호, 2010, 97-103쪽 참고.

33 미국의 경우 초·중등학교의 입학 허가는 주의 권한이다. 따라서 주법에 따라 이를 규율한다. Kern Alexander, M.David Alexander, American Public School Law, Seventh Edition, Wadsworth, 2009, pp.290-292. 한편, 미국 연방대법원은 Plyler v. Doe (457 U.S. 202) 판결에서 미국 내에 거주하는 외국인은 체류의 합법 여부와 관계없이 초·중등학교에 취학할 수 있는 권리가 있음을 확인하였다. Kern Alexander, M.David Alexander, op.cit., pp.292-296. 이에 따라 주법이 취학을 원하는 자에게 학군 내 현재 주소를 요구하더라도, 미국 교육부는 이러한 현재 주소 요구가 체류 자격을 묻는 방식으로 운영될 수 없도록 엄격하게 금지하고 있다. U.S. Department of Education, Guidance for School Districts to Ensure Equal Access for All Children to Public Schools, Regardless of Immigration Status, 2014.5.8., (https://www2.ed.gov/about/offices/list/ocr/frontpage/pro-students/issues/roi-issue04.html, 2019. 7. 28. 최종 방문)

34 교육부, 입학안내리플릿 참고.

35 「다문화가족지원법」 제6조(생활정보 제공 및 교육 지원) ① 국가와 지방자치단체는 결혼이민자등이 대한민국에서 생활하는데 필요한 기본적 정보(아동·청소년에 대한 학습 및 생활지도 관련 정보를 포함한다)를 제공하고, 사회적응교육과 직업교육·훈련 및 언어소통 능력 향상을 위한 한국어교육 등을 받을 수 있도록 필요한 지원을 할 수 있다.
② 국가와 지방자치단체는 결혼이민자등의 배우자 및 가족구성원이 결혼이민자등의 출신 국가 및 문화 등을 이해하는 데 필요한 기본적 정보를 제공하고 관련 교육을 지원할 수 있다.
③ 국가와 지방자치단체는 제1항 및 제2항에 따른 교육을 실시함에 있어 거주지 및 가정환경 등으로 인하여 서비스에서 소외되는 결혼이민자등과 배우자 및 그 가족구성원이 없도록 방문교육이나 원격교육 등 다양한 방법으로 교육을 지원하고, 교재와 강사 등의 전문성을 강화하기 위한 시책을 수립·시행하여야 한다.
④ 국가와 지방자치단체는 제3항의 방문교육의 비용을 결혼이민자등의 가구 소득

수준, 교육의 종류 등 여성가족부장관이 정하여 고시하는 기준에 따라 차등지원할 수 있다.

⑤ 국가와 지방자치단체가 제4항에 따른 비용을 지원함에 있어 비용 지원의 신청, 금융정보 등의 제공, 조사ㆍ질문 등은 「아이돌봄 지원법」 제22조부터 제25조까지의 규정을 준용한다.

⑥ 결혼이민자등의 배우자 등 다문화가족 구성원은 결혼이민자등이 한국어교육 등 사회적응에 필요한 다양한 교육을 받을 수 있도록 노력하여야 한다.

⑦ 그 밖에 제1항 및 제2항에 따른 정보제공 및 교육에 필요한 사항은 대통령령으로 정한다.

36 「다문화가족지원법」 시행령 제11조(생활정보 제공 및 교육 지원) ① 국가와 지방자치단체는 법 제6조제1항에 따라 다문화가족 지원 관련 정책정보, 이민자 정착 성공사례, 어린이집 등의 기관 소개, 한국문화 소개 등을 수록한 생활안내책자 등 정보지를 발간하여 배포한다.

② 국가와 지방자치단체는 법 제6조제1항에 따라 결혼이민자등의 국적, 수학능력(修學能力), 그 밖의 교육 여건 등을 고려하여 체계적ㆍ단계적 교육을 실시할 수 있다.

③ 국가와 지방자치단체는 법 제6조제1항에 따라 결혼이민자등의 취업 및 창업을 촉진하기 위하여 능력 및 적성을 고려한 직업교육ㆍ훈련을 실시할 수 있다.

37 「다문화가족지원법」 제7조(평등한 가족관계의 유지를 위한 조치) 국가와 지방자치단체는 다문화가족이 민주적이고 양성평등한 가족관계를 누릴 수 있도록 가족상담, 부부교육, 부모교육, 가족생활교육 등을 추진하여야 한다. 이 경우 문화의 차이 등을 고려한 전문적인 서비스가 제공될 수 있도록 노력하여야 한다.

38 그 밖에 다음 규정을 참고. 「다문화가족지원법」 제9조(의료 및 건강관리를 위한 지원) ① 국가와 지방자치단체는 결혼이민자등이 건강하게 생활할 수 있도록 영양ㆍ건강에 대한 교육, 산전ㆍ산후 도우미 파견, 건강검진 등의 의료서비스를 지원할 수 있다.

② 국가와 지방자치단체는 결혼이민자등이 제1항에 따른 의료서비스를 제공받을 경우 외국어 통역 서비스를 제공할 수 있다.

「다문화가족지원법」 제10조(아동ㆍ청소년 보육ㆍ교육) ① 국가와 지방자치단체는 아동ㆍ청소년 보육ㆍ교육을 실시함에 있어서 다문화가족 구성원인 아동ㆍ청소년을 차별하여서는 아니 된다.

② 국가와 지방자치단체는 다문화가족 구성원인 아동ㆍ청소년이 학교생활에 신속히 적응할 수 있도록 교육지원대책을 마련하여야 하고, 특별시ㆍ광역시ㆍ특별자치시ㆍ도ㆍ특별자치도의 교육감은 다문화가족 구성원인 아동ㆍ청소년에 대하여 학과 외 또는 방과 후 교육 프로그램 등을 지원할 수 있다.

③ 국가와 지방자치단체는 다문화가족 구성원인 18세 미만인 사람의 초등학교 취

학 전 보육 및 교육 지원을 위하여 노력하고, 그 구성원의 언어발달을 위하여 한국
어 및 결혼이민자등인 부 또는 모의 모국어 교육을 위한 교재지원 및 학습지원 등
언어능력 제고를 위하여 필요한 지원을 할 수 있다.
④ 「영유아보육법」 제10조에 따른 어린이집의 원장, 「유아교육법」 제7조에 따른 유
치원의 장, 「초·중등교육법」 제2조에 따른 각급 학교의 장, 그 밖에 대통령령으로
정하는 기관의 장은 아동·청소년 보육·교육을 실시함에 있어 다문화가족 구성원
인 아동·청소년이 차별을 받지 아니하도록 필요한 조치를 하여야 한다.

39 교육부, 「2018년 다문화교육 지원계획」, 3쪽.
40 예를 들어, 윤여탁, "다문화교육으로서의 한국어교육: 현실과 방법론", 「국어교육
    연구」, 서울대학교 국어교육연구소, 2008은 다문화교육으로서 한국어교육을 연구
    한 후 "다문화교육으로서의 언어교육의 내용이나 방법은 학습자나 교수-학습 내
    용, 교수-학습 현장이라는 맥락에 따라 자국어로서의 국어교육, 제2언어로서의 한
    국어교육 또는 이중 언어교육, 외국어로서의 한국어교육처럼 서로 다르게 이루어
    져야 함을 제안하였다. 끝으로 다문화교육은 행사보다 실천이 중요하고 가정이 중
    심에 놓이는 교육적 실천 방안 모색하여야 한다는 사실을 강조하였다. 아울러 다수
    자를 대상으로 하는 소수자 이해 교육으로 방향을 전환해야 함을 주장하였다."
41 「재한외국인처우에 관한 기본법」 제11조(재한외국인의 사회적응 지원) 국가 및 지
    방자치단체는 재한외국인이 대한민국에서 생활하는 데 필요한 기본적 소양과 지식
    에 관한 교육·정보제공 및 상담 등의 지원을 할 수 있다.
42 「재한외국인처우에 관한 기본법」 제12조(결혼이민자 및 그 자녀의 처우) ① 국가 및
    지방자치단체는 결혼이민자에 대한 국어교육, 대한민국의 제도·문화에 대한 교
    육, 결혼이민자의 자녀에 대한 보육 및 교육 지원, 의료 지원 등을 통하여 결혼이민
    자 및 그 자녀가 대한민국 사회에 빨리 적응하도록 지원할 수 있다.
    ② 제1항은 대한민국 국민과 사실혼 관계에서 출생한 자녀를 양육하고 있는 재한외
    국인 및 그 자녀에 대하여 준용한다.
    ③ 국가와 지방자치단체는 제1항의 결혼이민자 및 그 자녀와 제2항의 재한외국인
    및 그 자녀에 대하여 건강검진을 실시할 수 있다.
43 그 밖에 다음 규정을 참고. 「재한외국인처우에 관한 기본법」 제18조(다문화에 대한
    이해 증진) 국가 및 지방자치단체는 국민과 재한외국인이 서로의 역사·문화 및 제
    도를 이해하고 존중할 수 있도록 교육, 홍보, 불합리한 제도의 시정이나 그 밖에 필
    요한 조치를 하기 위하여 노력하여야 한다.
44 유의정, 앞의 글, 90쪽.
45 교육부, 앞의 계획, 9쪽.
46 이우영, "인권보장과 체계정합성 관점에서의 외국인 관련 법제의 입법적 분석과 개
    정방향", 「입법학연구」 제16집 제1호, 2019. 2.

47 안민석 의원 대표 발의, 다문화교육지원법안, 2018. 8. 6.

48 김선택, "아동·청소년보호의 헌법적 기초―미성년 아동·청소년의 헌법적 지위와 부모의 양육권", 「헌법논총」 제8집, 헌법재판소, 1997, 79쪽.

49 이에 관해서 자세한 것은 김향은, "다문화 부모교육의 현황과 과제: 학교중심 다문화 부모교육을 중심으로", 「문화예술교육연구」 제2권 제2호, 2007, 39-40쪽 참고.

50 김향은, 앞의 글, 36-37쪽.

51 이상 김향은, 앞의 글, 39-40쪽; 노기호, "다문화가정 자녀에 대한 국가 교육지원 정책의 현황과 문제점", 「법과 정책연구」 제11권 제3호, 한국법정책학회, 2011, 861-862쪽.

52 윤여탁, 앞의 글; 유의정, 앞의 글, 104쪽; 노기호, 앞의 글, 861-862쪽.

제 11 장

초·중등교원은 헌법에서
어떤 지위인가?*

Ⅰ. 문제 제기

우리가 경험하고 생각하는 전형적인 학교교육은 선생님과 학생이 마주보고 교과서를 가르치고 배우는 것이다. 인간의 존엄과 가치를 향유하기 위한 정신적 기초와 직업생활을 할 수 있는 기초를 마련해 주며, 민주시민을 양성하여 헌법이 규범력을 갖도록 하기 위하여 헌법으로부터 교육 과제를 부과받은 국가[1]가 이를 적절하게 수행하기 위해서는 교원이라는 인적 자원이 반드시 필요하다. "법철학적 관점에서 본 교육환경의 개선방향"이라는 주제로 개최된 2013년 6월 28일 2013년 행정학 공동하계학술대회 제5분과에서 교원의 헌법상 지위가 중요한 주제로 다루어지는 이유도 이 때문일 것이다.

이러한 교원의 지위와 관련하여 우리 헌법은 "학교교육 및 평생교육을 포함한 교육제도와 그 운영, 교육재정 및 교원의 지위에 관한 기본적인 사항은 법률로 정한다(제31조 제6항)"고 규정하고 있다. 그러나 교원의 지위에 관한 모든 것이 입법자에 맡겨진 것은 아니다. 헌법은 교육을 담당하는 교육당사자의 하나로서 교원의 지위에 관한 윤곽을 제시하고 있다.

그럼에도 그간 우리 헌법학계와 교육법학계에서는 교원의 법적 지위를 논하면서 헌법상 지위를 간간이 고찰하였을 뿐, 교원의 헌법상 지위를 본격적으로 검토한 적은 없다. 그러나 헌법소송의 국면에서 헌법과 법률은 위헌심판의 기준과 대상이라는 완전히 대립적인 위상으로 만난다. 이러한 측면에서 교원의 헌법적 지위에 대한 본격적인 논의가 필요하다.

이 글은 이 중에서 공립학교 초·중등교원의 헌법적 지위를 살펴보는 것을 그 목적으로 한다. 이러한 목적을 달성하기 위하여 우선 우리 헌법 제31조 제6항, 제4항 등 공립학교 초중등교원의 헌법적 지위와 관련되는 조문을 살펴본다(II). 그리고 여기서 도출된 교원의 지위를 교육권의 주체로서의 지위와 기본권의 주체로서 지위로 나누어 각각 고찰한다(III, IV). 이상의 논의를 정리하며 글을 맺는다(V).

II. 교원의 지위와 관련된 헌법 규정

1. 교원의 의의 및 관련 헌법 규정

교원이란 교육현장에서 학생을 교육하고 지도하는 자를 말한다(「초·중등교육법」 제20조 제4항, 「고등교육법」 제15조 제2항 참고). 따라서 국공립·사립의 유치원 및 초·중등학교의 교사(teacher), 대학의 교수(professor) 등을 포괄하는 개념이다. 그러므로 교육기관에 근무하는 조교, 교육행정기관에 근무하는 장학관 및 장학사, 교육기관, 교육행정기관 또는 교육연구기관에 근무하는 교육연구관 및 교육연구사 등 교육전문직, 교육기관, 교육행정기관 또는 교육연구기관에서 근무하는 교육행정직 공무원을 제외한다(「교육공무원법」 제2조 참고).

그런데, 앞서 서술한 것처럼 이 글은 이러한 교원 중에서 공립학교 초·중등교원(이하 '초중등교원'으로 줄이기도 하였다)만을 연구대상으로 삼았다.[2] 따라서 설립주체를 기준으로 한 분류에서 사립학교 교원은 제외되고, 학교급별 기준으로 유치원과 대학의 교원은 대상에서 제외된다. 이와 같은 교원은 헌법이론적 관점에서 또 다른 쟁점에 대한 검토를 필요로 하기 때문에 다른 기회에 본격적으로 다루고자 한다.

우리 현행 헌법에서 교원에 관한 명시적인 규정은 교육영역에 관한 기본적인 내용을 정하고 있는 제31조 중 제6항 "… 교원의 지위에 관한 기본적인 사항은 법률로 정한다"는 규정이 유일하다. 한편 우리 헌법학계의 압도적 다수설은 제31조 제4항을 교육영역에서 기본원리로 이해하므로 교원의 헌법상 지위를 결정할 때도 의미있는 조항이다. 그 밖에 공립학교 초등교원은 공무원이므로 이에 관하여 규정하고 있는 제7조도 고찰이 필요하다.

2. 교원의 지위에 관한 기본적인 사항 법률주의[3]

우리 헌법 제31조 제6항은 "학교교육 및 평생교육을 포함한 교육제도와 그 운영, 교육재정 및 교원의 지위에 관한 기본적인 사항은 법률로 정한다"고 규정하고 있다. 우리 학계의 압도적 다수설과 헌법재판소는 "교육제도와 그 운영과 교육재정 및 교원의 지위에 관한 기본적인 사항은 법률로 정한다"는 것은 교육제도와 그 운영과 교육재정 및 교원의 지위에 관한 기본적인 사항은 법률에서 정하고, 교육제도와 그 운영과 교육재정 및 교원의 지위에 관한 기본적이지 않은 사항은 명령 등 법률 이하의 법적 형식으로 정할 수 있다고 해석한다.[4] 이것은 하위법인 명령 등 법률 이하의 법적 형식과의 관계를 고려했을 때 도출될 수 있는 해석론으로, 헌법 제31조 제6항과 제75조, 제95조 등을 종합적으로 고려하면 이와 같은 주장은 타당하다.

이 조항의 취지는 교육 내용의 형성과 변경은 그 시대의 공동체의 이념과 조화될 수 있어야 하며, 특정한 정치세력이나 행정기관이 교육에 대하여 부당한 간섭을 하는 것을 배제하여야 되므로, 교육의 제도적인 사항을 국민의 대표기관인 국회가 법률의 형식으로 정하도록 규정한 것이다.[5]

한편, 제31조 제6항은 상위법인 헌법과의 관계에서 보았을 때, 교육제도와 그 운영과 교육재정 및 교원의 지위에 관한 기본적인 사항 중 헌법에서 정하지 않은 것은 법률로 정한다는 것도 그 내용으로 한다.[6] 헌법과 법률과의 관계에 대한 전통적인 견해에 따르면, 헌법은 한 사회의 근본규범으로 장기적인 목표를 제시한다. 법률은 그러한 헌법 안에서 그 사회가 당면한 문제를 해결하기 위하여 상대적으로 단기적인 처방을 담는다. 따라서 헌법은 국가공동체의 이념과 가치, 이를 실현하기 위한 각종 원리와 제도, 이를 구체화하기 위한 중요절차를 규정하는 반면, 이를 실현하기 위한 구체적인 것은 국민의 대표기관인 국회가 법률이라는 형식으로 채우도록 예정되어 있다.[7] 이렇게 보면, "교육제도와 그 운영과 교육재정 및 교원의 지위에 관한 기본적인 사항은 법률로 정한다"는 것은 교육제도와 그 운영과 교육재정 및 교원의 지위에 관한 기본적인 사항 중 헌법에서 정하지 않은 것은, 법률로 정한다고 해석할 수 있다. 그러므로 교육제도와 그 운영과 교육재정 및 교원의 지위에 관하여 헌법에 정한 것이 있으면 헌법 제31조 제6항에 의해서 입법자가 규율하는 것이 아니라 헌법에 정한 것에 따라야 한다. 예를 들어, 사립학교 교원의 노동 3권은 헌법 제33조 제1항과 헌법 제37조 제2항 단서를 결합하여 도출되는 해석론에 의하여 규율하는 것이 타당하므로, 제31조 제6항에 의해서 규율할 수 없다.[8]

3. 교육의 자주성·전문성·정치적 중립성의 보장[9]

우리 헌법 제31조 제4항은 "교육의 자주성 · 전문성 · 정치적 중립성 및 대학의 자율성은 법률이 정하는 바에 의하여 보장된다"라고 규정하고 있다. 우리 학계의 압도적 다수설과 헌법재판소는 이를 우리 헌법이 근대 교육의 본질을 충분히 인식하고 교육이 국가 및 정치영역 등 다른 영역의 영향을 받고 예속적으로 기능이 수행되는 것을 방지하기 위하여 특별히 규정한 중요한 원칙이라고 이해한다.[10] 그리고 이를 교원의 기본권을 제한하는 근거로 원용하고 있다.[11]

여기서 교육의 자주성이란 교육의 내용과 방법, 교육을 위한 조직, 운영 등을 국가가 부당하게 개입하여서는 안된다는 것을 말한다.[12] 손희권 교수[13]에 따르면, 교육의 자주성의 핵심은 교육에 대한 외부의 부당한 개입의 배제, 특히 국가의 부당한 개입의 배제이다. 따라서 교육의 본질을 구현하기 위한 정당한 개입은 허용된다. 이와 같은 부당한 개입의 배제의 결과 교육자가 교육통치의 주체가 되어야 하며, 분야는 교육내용, 교육기구, 교육조직 · 운영 · 실시 등이다.

교육의 전문성이란 교육정책의 수립과 집행이 교육에 관한 전문가가 담당하거나 이들이 참여하여 결정하여야 한다는 것을 말한다.[14]

교육의 정치적 중립성이란 교육은 당파적 이해에 영향을 받지 않고 중립적으로 이루어져야 하므로, 국가나 특정 정치세력으로부터 부당하게 간섭을 받지 않아야 하는 한편, 교육도 정치에 부당하게 영향력을 행사해서는 안 된다는 것이다.[15] 원래 교육의 목적 중 하나는 민주시민의 양성이기 때문에 정치와 밀접한 연관을 갖는다. 따라서 교육의 정치적 중립성을 정치에 대한 무관심과 거리유지로 이해하여서는 안 되며, 교육의 당파성 배제로 이해하여야 한다. 이러한 의미에서 헌법 제31조 제4항의 교육의 정치적 중립성은 헌법 제5조 제2항의 국군의 정치적 중립성과 구별된다. 예를 들어, 교육의 정치적 중립성은 한미 자유무역협정(FTA)의 타당성에 관하여 교육과정에서 다룰 필요가 있는 경우에도 이를 다루지 말라는 명령이 아니라, 이것을 다루되 이에 대한 여러 견해를 균형있게 제시하라는 명령이다.[16]

우리 헌법이 제31조 제4항에서 교육의 자주성 · 전문성 · 정치적 중립성을 명시적으로 규정하였다고 하여 교육영역에서 적용되어야 할 헌법적 가치가 이것에 국한되거나, 교육영역에서 적용되어야 할 헌법적 가치 중 이것이 이론적으로 우월성을 지닌 가치이기 때문에 그렇다고 이해하여서는 안 된다. 교육의 자주성·전문성·정치적 중립성이 우리 헌법규정에 명시적으로 선언된 것은 우리 역사에서 이와 같은 가치들이 지켜지지 않아 이러한 가치를 특별히 지키도록 강조하는 데 이유가 있을 뿐이다. 따라서 교육영역에서 헌법해석이나 입법정책을 결정할 때, 다른 헌법적 가치나 기본원칙도 충분히 고려하여 조화로운 해석이나 정책결정이 이루어져야 한다. 예를 들어, 교육영역에서 평등의 원칙은 근대 교육법의 출발과 더불어 교육영역에서 달성하여야 할 가장 중요한 원칙 중 하나이다.[17] 그리고 종교적 중립성[18] 교육의 공공성[19] 등도 교육영역에서 적용되어야 할 중요한 기본원칙이다. 그 밖에 우리 헌법의 일반원리 중 민주주의원리, 법치주의원리, 복지국가원리 등도 교육영역에서 강조되어야 할 중요한 기본원리이다.[20]

4. 공직제도와 공무원인 교원

우리 헌법 제7조는 "공무원은 국민전체에 대한 봉사자이며, 국민에 대하여 책임을 진다(제1항)", "공무원의 신분과 정치적 중립성은 법률이 정하는 바에 의하여 보장된다(제2항)"고 규정하고 있다. 우리 헌법학계는 이를 공직제도 또는 공무원제도를 규정한 것으로 이해하고, 제1항은 공무원과 국민의 관계를 규정한 것으로, 제2항은 직업공무원제도를 규정한 것으로 이해한다.[21] 공립학교 초중등교원은 공무원으로 이 규정 및 이에 근거하여 제정한 각종 법령의 적용을 받는 것으로 해석된다.

우선 공무원은 헌법상 국민전체에 대한 봉사자로서 지위를 부여받고, 국민에 대한 정치적, 법적 책임을 부담하게 된다.[22]

국민전체에 대한 봉사자로서 공무원은 소속 정당, 지역구, 직역 등의 부분이익을 넘어 국민 전체의 이익을 위하여 업무를 수행하여야 한다. 한편, 국민전체에 대한 봉사자로서 공무원은 법령을 준수하고, 국가 및 헌법에 충실한 의무가 있다.[23] 이러한 의미의 공무원은 가장 넓은 의미의 공무원으로서 「국가공무원법」, 「지방공무원법」에서 규정하고 있는 공무원뿐 아니라 공무원의 신분을 갖고 있지는 않지만 공무를 위탁받아 행하는 개인인 이른바 공무수탁사인도 포함하는 개념이다.[24] 국민전체의 봉사자로서 공무원이 구체적으로 어떻게 업무를 수행하여야 하는지는 공무원의 종류에 따라 차이가 있다. 예를 들어, 정치적 공무원은 정치적 대표성이 당해 업무의 기초이므로 정치적 이념과 정책의 방향을 제시하여야 한다. 헌법 제46조 제2항이 "국회의원은 국가이익을 우선하여 양심에 따라 직무를 행한다"고 규정하고 있는 것은 국회의원의 경우에 이를 구체화하여 표현한 것이다. 그리고 직업공무원은 능력주의가 당해 업무의 기초이므로 전문적인 능력에 기반하여 이와 같이 제시된 정책의 방향을 실현가능하도록 구체화하여야 하는데, 그러한 구체화는 공무원의 종류에 따라 내용을 달리한다. 헌법 제103조가 "법관은 헌법과 법률에 의하여 그 양심에 따라 독립하여 심판한다"고 규정한 것은 법관의 경우에 이를 구체화하여 표현한 것이다.[25] 공립학교 초중등교원도 직업공무원으로서 능력주의가 당해 업무의 기초이므로 전문적인 능력에 기반하여 제시된 교육정책의 방향을 실현 가능하도록 구체화하고 학생들에게 가르치는 방법으로 국민 전체에 대해 봉사한다.

　공무원은 국민전체에 대한 봉사자로서 의무를 위반하였을 때 정치적, 법적 책임을 진다. 구체적으로 어떤 책임을 지는지는 공무원의 종류와 당해 위반행위의 성질에 따라 차이가 있다. 우선 정치적 공무원은 정치적 책임을 진다. 반면 직업공무원은 정치적 책임을 지지 않는다. 한편, 모든 공무원은 법령준수의무가 있으므로 법적 책임을 진다. 일반적인 형사책임과 민사책임이 대표적이며, 행정법상 징계책임도 이에 해당한다. 한편, 대통령, 국무총리 등 고위직 공무원은 일반적인 사법절차로 법적 책임을 지우는 것이 어려운 경우가 있으므로 이와 별도로 헌법 제65조는 탄핵제도라는 특별한 법적 책임을 묻는 절차를 규정하고 있다.[26] 초중등학교 교원은 직업공무원으로서 정치적 책임은 지지 않고, 일반적인 형사책임과 민사책임, 행정법상 징계책임을 진다.

공무는 당파적 이해에 영향을 받지 않고 중립적으로 수행되어야 하므로, 특정 국가기관이나 정치세력으로부터 부당하게 간섭을 받지 않아야 하는 한편, 공무원도 정치에 부당하게 영향력을 행사해서는 안 된다.[27] 이러한 의미에서 헌법 제7조 제1항의 정치적 중립성은 헌법 제31조 제4항의 정치적 중립성과 궤를 같이한다.

공무원이 이와 같은 정치적 중립성을 유지하며 직무를 수행하기 위해서는 신분 보장이 필요하기 때문에 헌법 제7조 제1항은 공무원의 신분을 법률이 정하는 바에 의하여 보장하고 있다. 우리 입법자는 이러한 명령에 따라 「국가공무원법」, 「지방공무원법」, 「교육공무원법」 등을 제정하여 이를 보장하고 있다. 이러한 의미에서 공무원은 좁은 의미의 공무원으로서 「국가공무원법」, 「지방공무원법」의 공무원 중에서 전문지식에 기초하여 임용되고 직무를 수행하는 공무원, 즉 직업공무원을 말한다.[28] 공립학교 초중등교원도 직업공무원으로서 위의 여러 법령에 따라 신분을 보장받는다.

Ⅲ. 교육권의 주체로서 교원

1. 교원의 교육권의 근거

교원의 교육권의 근거가 어디 있느냐에 대하여 우리 교육학계의 전통적인 견해는 부모의 위임에 의하여 교육권을 가진다고 이해하여 왔다. 이는 미국의 인 로코 파렌티스 원칙(In Loco Parentis Doctrine)을 우리 해석론으로 수용한 것으로 이해할 수 있다. 이는 미국에서 커먼로(common law)의 대원칙으로 인정되는 것으로, 블랙스톤의 정의에 따르면 "부모는 부모로서의 권한을 교사에게 위임하므로, 교사는 부모의 입장에 있고, 교사는 자신이 고용된 목적을 달성하기 위하여 필요한 범위 내에서 자신의 책임하에 위임된 권한을 행사한다."[29]

그러나 우리 헌법 구조에서 교원의 교육권의 근거를 이와 같이 이해하는 것보다는 국가의 교육권한의 집행자로서 교육권을 가진다고 이해하는 것이 좀 더 정치하다. 즉, 국가는 헌법이 부여한 입법권, 행정권, 사법권을 가지고 있으며, 이를 행사하여 교육영역에서 구체적인 질서를 형성하고 학생의 교육기본권을 보장할 헌법상 권한과 의무가 있다.[30] 이와 같은 국가는 이와 같은 교육권에 근거하여 법령(예를 들어, 교육기본법 제11조 제1항 국가와 지방자치단체는 학교와 사회교육시설을 설립·경영한다)에 따라 각종 학교를 설치한다. 교원은 국가와 근로관계를 맺는다. 이러한 근로계약과 각종 법령(예를 들어, 초·중등교육법 제20조 제4항 교사는 법령에서 정하는 바에 따라 학생을 교육한다)에 근거하여 교원은 국가의 교육권한의 집행자로서 교육권을 가진다. 부모는 이러한 국가와 공법상 계약을 한다. 따라서 부모와 교원 간에는 직접적인 계약이 존재하지 않는다.[31]

2. 교원의 교육권의 성격

이러한 교원의 교육권은 국가의 위임에 따라 인정되는 직무권한이다. 국가의 교육권한과 교원의 교육권은 헌법 제31조 제1항의 국민의 교육기본권을 보장하기 위하여 상호협력관계에 있다.[32] 그러나 때로는 국가의 교육권한과 교원의 교육권이 갈등을 빚을 수도 있다. 교육법 제157조에 관한 헌법소원[33]이 그러한 갈등의 한 예이다. 이러한 갈등의 국면에서 교원은 국가에 대하여 자신의 교육권을 주장할 수 있는데, 이러한 국면에서 교원이 국가에 대하여 주장하는 교육권은 권리로서의 성격을 갖는다. 그렇다면 이와 같은 권리가 헌법에서 인정하는 기본권인지, 법률상의 권리인지가 문제된다. 그러한 권리가 기본권이라면 당해 권리를 제한하는 법률은 헌법 제37조 제2항의 요건을 갖추었는지 심사를 하여야 한다. 그러나 그것이 법률상의 권리라면 이를 얼마나 인정할 것인지는 원칙적으로 입법형성권의 문제로 인정될 것이기 때문이다.

이에 대하여 우리 헌법학계와 교육법학계에서는 상당한 논란이 있다.[34] 압도적인 다수설은 대학의 교수는 헌법 제22조 학문의 자유에 근거한 '교수의 자유'를 가지므로 대학의 교수의 교육권은 헌법상 기본권인 반면, 초중등학교 교사는 헌법 제31조 각 조항에 따라 국회에서 제정하는 법률에 근거하여 보장하는 법률상의 권리를 가진다는 입장을 취하고 있다.[35]

한편 초중등학교 교사에게도 기본권성을 인정하는 유력한 견해도 있다. 이들은 인격이 완성되지 못한 초·중등학생을 대상으로 하는 교사의 교육의 자유는 많은 제한을 받는다고 전제하면서도, 일정한 범위에서 이를 긍정하는 것이 타당하다고 주장하거나,[36] 교사의 교육권이 학생의 교육기본권에 의하여 많은 제약을 받기는 하지만 대학교수의 교수의 자유와 본질적으로 차이가 없기 때문에 이를 긍정하는 것이 타당하다고 주장한다.[37] 우리 헌법재판소는 교육법 제157조에 관한 헌법소원 결정에서 교사의 교육권이 기본권에 해당하는지 여부를 명시적으로 판단하지는 않았지만 우회적으로 부정적인 견해를 제시한 바 있다.

이미 제1장에서 서술한 것처럼 필자는 우리 헌법상 초중등학교 교원의 교육권은 원칙적으로 법률상의 권리이지만 예외적으로 국가에 대하여 주장할 수 있는 기본권이라고 주장하였다. 즉, 교원의 교육권은 원칙적으로 헌법에서 보장하는 권리인 기본권이 아니라, 헌법 제31조 각 조항에 따라 국회에서 제정하는 법률에 근거하여 보장되는 권리인 법률상의 권리이지만, 예외적으로 국가가 교육의 이념과 가치를 현실에 맞게 실현하는 방법에 관한 사항에 대해 지시권을 행사할 경우 헌법 제31조

제1항과 제4항에 근거하여 국가에 대하여 위와 같은 결정권을 보장하여
달라고 주장할 수 있는 기본권이라고 해석하는 것이 타당하다.[38]

3. 교원의 교육권의 내용

직무권한으로서 교원의 교육권은 교원이 학생을 교육하고 지도하는
데 필요한 일체의 내용을 포섭한다. 한편, 교원이 국가에 대하여 주장할
수 있는 권리로서 교육권의 내용은 교육과정 편성권, 교재의 작성 및 선
택의 자유, 교육방법의 선택의 자유 등이 포함되는 것으로 이해된다.[39]

IV. 기본권의 주체로서 교원

1. 개관

교원도 한 사람의 국민으로서 모든 기본권의 주체가 된다. 따라서,
우리 헌법 제10조부터 제37조 제1항까지에서 규정하고 있는 여러 기본
권의 주체가 되며, 제38조와 제39조에서 규정하는 여러 의무를 부담한
다. 그러나 교원이라는 신분이나 직무상 특성으로 인하여 일정한 기본
권을 향유하는 것에는 일반 시민과 다른 제한이 따르는 경우가 있다. 이
러한 대표적인 예가 노동3권과 정치적 기본권이다. 따라서 이 글에서는
이 두 기본권에서 교원이 그 신분이나 직무상 특성으로 인하여 일반 시
민과 어떻게 다른 취급을 받고 있으며 그것이 헌법이론적으로 타당한지
에 관하여 살펴본다.[40]

2. 교원의 노동3권의 제한

(1) 우리 헌법 규정과 현행 법령의 내용

우리 헌법 제33조 제1항은 "근로자는 근로조건의 향상을 위하여 자주적인 단결권 · 단체교섭권 및 단체행동권을 가진다"고 규정하여 근로자에게 노동3권을 보장하고 있다. 여기서 근로자란 종속노동에 생활을 의존하는 자를 개념표지로 하므로[41] 임금 · 기타 이에 준하는 수입에 의하여 생활하는 자로 정의된다(「노동조합 및 노동관계조정법」 제2조 제1호 참고). 초중등학교의 교원도 이에 해당하므로 교원이 노동3권의 주체가 되는 것은 의심의 여지가 없다.[42] 그러나 교원은 몇 가지 측면에서 일반적인 근로자와 다르다.[43] 이러한 이유로 우리 입법자는 「교원의 노동조합 설립 및 운영 등에 관한 법률」(이하 '교원노조법'으로 줄이기도 하였다)을 제정하여 교원의 단결권 · 단체교섭권 및 단체행동권에 관하여 특별한 제한을 하고 있다. 우선 교원노조법 제4조 제1항은 "교원은 특별시 · 광역시 · 도 · 특별자치도(이하 "시 · 도"라 한다) 단위 또는 전국 단위로만 노동조합을 설립할 수 있다"고 노동조합의 설립 단위를 제한하고 있다. 그리고 제6조 제1항에서는 "노동조합의 대표자는 그 노동조합 또는 조합원의 임금, 근무 조건, 후생복지 등 경제적 · 사회적 지위 향상에 관하여 교육과학기술부장관, 시 · 도 교육감 또는 사립학교 설립 · 경영자와 교섭하고 단체협약을 체결할 권한을 가진다. 이 경우 사립학교는 사립학교 설립 · 경영자가 전국 또는 시 · 도 단위로 연합하여 교섭에 응하여야 한다"고 규정하여, 단체교섭 및 체결의 대상도 제한하고 있다. 한편, 제8조는 "노동조합과 그 조합원은 파업, 태업 또는 그 밖에 업무의 정상적인 운영을 방해하는 일체의 쟁의행위를 하여서는 아니 된다"고 규정하여 쟁의행위를 전면적으로 금지하고 있다.[44]

(2) 현행 법령의 헌법적 타당성에 대한 논쟁[45]

우리가 잘 알고 있는 것처럼 현행 법령이 교원노조를 명시적으로 인정하고 있는 것도 입법자의 반성에 의한 개선 입법 노력에 의해서가 아니라, 전국교직원노동조합(이하 '전교조'로 줄이기도 하였다)의 투쟁에 의한 산물로 쟁취한 것이다.[46] 1989년 전국교사협의회(전교협)가 모태가 되어 설립된 전교조는 약 10년간 불법투쟁을 한 끝에 1999년 1월 6일 「교원의 노동조합 설립 및 운영 등에 관한 법률」이 제정되어 합법적인 지위를 얻었다. 그리고 현재는 전교조 외에도 한국교원노동조합, 자유교원조합, 대한민국교원조합 등의 노조가 설립되어 운영되고 있다.

이러한 현실적 타협에 따라 제정된 법률인 교원노조법에 대해서는 헌법이론적 관점에서 다양한 문제가 제기되었다.

첫째, 노동조합 설립단위를 제한하고 있는 제4조 제1항의 위헌성이다.[47] 이와 같이 설립단위를 제한한 것은 교원의 임금, 근무조건 등이 전국단위로 일률적으로 정해지고, 공립교원의 임용권을 교육감이 가지며, 학교단위의 노조를 허용할 경우 노조 활동으로 학생의 교육권이 침해될 우려가 있기 때문인 것으로 알려져 있다.[48] 그런데, 당해 근로조건을 개선하기 위하여 어떠한 단위로 노조를 설립하여 교섭에 임하는 것이 가장 효율적일지는 근로자 스스로 결정할 문제이다. 우리 노동법이 노조설립 단위에 대하여 어떠한 제한도 두고 있지 않은 이유이다. 그런데, 공립학교도 교장의 학교운영에서 발생하는 문제, 학교운영에 참여, 개별학교 단위의 근무조건의 상이 등 개별학교 단위로 교섭하여야 하는 사항이 있기 마련이다. 위의 언급 중 교원의 임금, 근무조건 등이 전국단위로 일률적으로 정해진다는 것은 잘못된 가정이다. 따라서, 공립학교, 사립학교 모두 개별 학교 단위로 노동조합이 구성되어야 할 필요가 있다. 그리고 이미 공립학교, 사립학교 공히 많은 경우 분회의 형태로 각 학교별로 노동조합이 구성되어 있다. 이렇게 보았을 때 노동조합 설립단위의 제한 규정은 노동3권 중 단결권을 과도하게 제한한 위헌적인 규정이므로

삭제하는 것이 타당하다.[49]

둘째, 제3자에게 교섭권을 위임할 수 없도록 규정한 것의 위헌성이다. 교원노조법 제6조 제2항은 "노동조합의 교섭위원은 해당 노동조합의 대표자와 그 조합원으로 구성하여야 한다"고 규정하고 있다. 반면, 「노동조합 및 노동관계조정법」 제29조 제3항은 "노동조합과 사용자 또는 사용자단체로부터 교섭 또는 단체협약의 체결에 관한 권한을 위임받은 자는 그 노동조합과 사용자 또는 사용자단체를 위하여 위임받은 범위안에서 그 권한을 행사할 수 있다"고 규정하고 있다. 따라서, 교원노조는 일반적인 노조와 다르게 교섭권을 위임할 수 없다는 해석이 가능해진다.[50] 이러한 입법은 교원은 전문성을 갖춘 특수한 근로자여서 제3자가 참여하면 입법자가 예정한 교섭이 이루어지기 어렵고, 노조 측에서는 이른바 상급노조에 위임하는 경우가 많은데 교원노조는 설립단위가 제한되어 있어 위임의 필요성이 없다는 고려에 의한 것으로 추측해 볼 수 있다.[51] 그러나 교원노조를 일반적인 노조와 비교하여 이를 차별적으로 취급할 설득력 있는 이유가 없는데 유독 교원노조만 이러한 위임을 금지하는 것은 헌법 제11조 평등권을 위반한 것이므로 이러한 해석은 위헌이라고 해석하는 것이 타당하다.

셋째, 단체협약의 대상과 효력을 규정하고 있는 제6조 제1항과 제7조의 위헌성이다. 교원노조법 제6조 제1항에서 "노동조합의 대표자는 그 노동조합 또는 조합원의 임금, 근무 조건, 후생복지 등 경제적·사회적 지위 향상에 관하여" 하도록 규정하고 있다. 그러면서도, 단체협약의 효력을 규정하는 제7조에서 "제6조 제1항에 따라 체결된 단체협약의 내용 중 법령·조례 및 예산에 의하여 규정되는 내용과 법령 또는 조례에 의하여 위임을 받아 규정되는 내용은 단체협약으로서의 효력을 가지시 아니한다(제1항)", "교육과학기술부장관, 시·도 교육감 및 사립학교 설립·경영자는 제1항에 따라 단체협약으로서의 효력을 가지지 아니하는 내용에 대하여는 그 내용이 이행될 수 있도록 성실하게 노력하여야 한다(제2항)"고 규정하여, 단체협약의 대상이 어디까지인지 모호하게 하는 결과를 가져왔다. 이러한 이유로 단체협약 현장에서 교원노조는 단체협약의 대상을 매우 폭넓게 해석하여 요구하는 반면, 교육과학기술부 장관 등은 단체협약의 대상을 제한적으로 해석하려는 경향을 보이고 있다. 이러한 결과, 교섭 이전에 그 대상성 여부로 인한 대립과 파행이 만연해 있다. 이러한 문제를 야기하는 법 제6조 제1항과 제7조는 무엇보다 그 모호성으로 인하여 헌법이론적 문제를 야기한다.[52] 따라서, 단체교섭의 대상과 효력을 연계하여 좀 더 명확하게 규정하는 것이 타당하다.

넷째, 쟁의행위의 전면적 금지에 대한 위헌성이다. 이에 대하여 우리 헌법 제33조 제2항은 "공무원인 근로자는 법률이 정하는 자에 한하여 단결권·단체교섭권 및 단체행동권을 가진다"고 규정하고 있고, 공무원의 단체행동권 제한을 정당화하는 여러 주장[53]에 의하여 공무원인 교원의 단체행동권을 제한하는 것은 가능하다는 주장도 있다.[54] 그러나 쟁의행위의 전면적 금지는 헌법적 정당성이 약하다고 주장하며 과잉금지의 원칙 등 헌법정신에 반한다는 주장도 있다.[55]

3. 교원의 정치적 기본권의 제한

(1) 우리 헌법 규정과 의의

우리 헌법은 제25조에서 "모든 국민은 법률이 정하는 바에 의하여 공무담임권을 가진다"고 규정하여 공무담임권을, 제24조에서 "모든 국민은 법률이 정하는 바에 의하여 선거권을 가진다"고 규정하여 선거권을, 제8조 제1항에서 "정당의 설립은 자유이며, 복수정당제는 보장된다"고 규정하여 정당의 자유를, 제21조 제1항에서 "모든 국민은 언론·출판의 자유와 집회·결사의 자유를 가진다"고 규정하여 표현의 자유 등을 보장하고 있다. 공립학교 초중등교원도 이러한 정치적 기본권의 주체인 것은 의심의 여지가 없다. 그러나 공립학교 초중등교원은 그 신분과 직무의 특성상 일반 시민보다 강한 제한을 받을 수 있다. 이와 관련하여 우리 헌법은 제31조 제4항와 제7조 제2항에서 "교육의 자주성·전문성·정치적 중립성 및 대학의 자율성은 법률이 정하는 바에 의하여 보장된다", "공무원의 신분과 정치적 중립성은 법률이 정하는 바에 의하여 보장된다"고 규정하고 있다.

(2) 공무담임권의 제한과 그에 대한 헌법적 논쟁

우리 공직선거법 제53조 제1항은 "다음 각 호의 어느 하나에 해당하는 사람으로서 후보자가 되려는 사람은 선거일 전 90일까지 그 직을 그만두어야 한다"고 규정하고, 제1호에서 "「국가공무원법」 제2조(공무원의 구분)에 규정된 국가공무원과 「지방공무원법」 제2조(공무원의 구분)에 규정된 지방공무원. 다만, 「정당법」 제22조(발기인 및 당원의 자격) 제1항 제1호 단서의 규정에 의하여 정당의 당원이 될 수 있는 공무원(정무직공무원을 제외한다)은 그러하지 아니하다", 제7호에서 "「정당법」 제22조 제1항 제2호의 규정에 의하여 정당의 당원이 될 수 없는 사립학교교원"을 규정하여 공립, 사립 초중등학교 교원이 공직선거에 입후보하기 위해서는 선거일 전 90일 전까지 그 직을 그만두도록 하고 있다. 이것은 제1호 단서에 의하여 그 직을 유지하며 입후보할 수 있는 대학의 교수와 비교되는 태도이다.

이러한 우리 공직선거법의 태도는 아마도 교육의 연속성을 보장하여 그 기간 동안 교육공백을 막는다는 공익을 중요시 여긴 것으로 추측된다.[56] 그러나 과연 대학교수와 초중등학교 교원의 이러한 차별이 합리적인 이유가 있는지 의심스럽다는 견해가 조금 더 우세한 것으로 보인다.[57] 이러한 견해에 따르면 초중등학교 교원에게도 그 직을 유지하며 입후보힐 수 있도록 하는 것이 타당하다.[58] 미국,[59] 프랑스[60] 등 주요국에서도 교원의 공무담임권을 이와 같이 과도하게 제한하지 않는다. 따라서, 당선 후 휴직 등을 통한 겸직 금지 등의 좀 더 덜 제한적인 방법으로 입법

목적을 달성하는 것이 타당하다.

(3) 선거운동의 제한과 그에 대한 헌법적 논쟁

우리 공직선거법 제60조 제1항은 "다음 각 호의 어느 하나에 해당하는 사람은 선거운동을 할 수 없다"고 규정하며 제4호에서 "「국가공무원법」 제2조(공무원의 구분)에 규정된 국가공무원과 「지방공무원법」 제2조(공무원의 구분)에 규정된 지방공무원. 다만, 「정당법」 제22조(발기인 및 당원의 자격) 제1항 제1호 단서의 규정에 의하여 정당의 당원이 될 수 있는 공무원(국회의원과 지방의회의원외의 정무직공무원을 제외한다)은 그러하지 아니하다", 제5호에서 "제53조(공무원 등의 입후보) 제1항 제2호 내지 제8호에 해당하는 자(제4호 내지 제6호의 경우에는 그 상근직원을 포함한다)"고 규정하여 공립, 사립 초중등학교 교원이 선거운동을 할 수 없도록 규정하고 있다. 한편, 공립 초중등학교 교원은 "공무원 기타 정치적 중립을 지켜야 하는 자(기관·단체를 포함한다)는 선거에 대한 부당한 영향력의 행사 기타 선거결과에 영향을 미치는 행위를 하여서는 아니 된다"는 제9조 제1항에 따라 중립의무도 부담하고 있다.

우리 공직선거법은 교육의 정치적 중립성을 관철하고자 이와 같이 규율하고 있는 것으로 짐작된다. 그러나 민주주의 원리를 구현하는 제도로 대의제를 취하고 주요한 공직자를 선거로 선출하는 현대 입헌민주국가에서 일체의 선거운동을 금하는 것은 정치적인 영향력을 무력화시키는 과도한 입법이다. 미국,[61] 프랑스[62] 등 주요국에서도 교원의 선거운동을 이와 같이 과도하게 제한하지 않는다. 좀 더 덜 제한적인 방법으로 개선이 필요하다.

(4) 정당 활동의 제한과 그에 대한 헌법적 논쟁

우리 국가공무원법 제65조 제1항은 "공무원은 정당이나 그 밖의 정치단체의 결성에 관여하거나 이에 가입할 수 없다"고 규정하고, 정당법

제22조 제1항은 "국회의원 선거권이 있는 자는 공무원 그 밖에 그 신분을 이유로 정당가입이나 정치활동을 금지하는 다른 법령의 규정에 불구하고 누구든지 정당의 발기인 및 당원이 될 수 있다. 다만, 다음 각 호의 어느 하나에 해당하는 자는 그러하지 아니하다. 1.「국가공무원법」제2조(공무원의 구분) 또는 「지방공무원법」제2조(공무원의 구분)에 규정된 공무원. 다만, 대통령, 국무총리, 국무위원, 국회의원, 지방의회의원, 선거에 의하여 취임하는 지방자치단체의 장, 국회 부의장의 수석비서관·비서관·비서·행정보조요원, 국회 상임위원회·예산결산특별위원회·윤리특별위원회 위원장의 행정보조요원, 국회의원의 보좌관·비서관·비서, 국회 교섭단체대표의원의 행정비서관, 국회 교섭단체의 정책연구위원·행정보조요원과 「고등교육법」제14조(교직원의 구분) 제1항·제2항의 규정에 의한 총장·학장·교수·부교수·조교수인 교원을 제외한다. 2. 총장·학장·교수·부교수·조교수를 제외한 사립학교의 교원. 3. 법령의 규정에 의하여 공무원의 신분을 가진 자"라고 규정하여 공립, 사립 초중등학교 교원은 정당가입, 정당의 발기인 및 당원이 될 수 없다. 그리고 공직선거법 제57조의6 제1항은 "제60조 제1항에 따라 선거운동을 할 수 없는 사람은 당내경선에서 경선운동을 할 수 없다. 다만, 소속 당원만을 대상으로 하는 당내경선에서 당원이 될 수 있는 사람이 경선운동을 하는 경우에는 그러하지 아니하다", 제2항은 "공무원은 그 지위를 이용하여 당내경선에서 경선운동을 할 수 없다"고 규정하여 당내경선에서 경선운동도 할 수 없다.

우리 국가공무원법과 공직선거법은 아마도 교육의 정치적 중립성을 관철하고자 이와 같이 규정한 것으로 짐작된다. 그러나 민주주의 원리를 구현하는 제도로 정당제도를 취하고 있는 현대 입헌민주국가에서 정당을 설립하고 활동하는 것은 정치적인 영역에서 매우 중요한 의미를 갖는다. 이러한 의미에서 교원에게 정당설립과 가입, 일체의 활동을 금지하고 있는 현행 법령은 그 목적에 비추어 과도한 입법이다. 미국,[63] 프랑스,⁶⁴ 독일⁶⁵ 등 주요국에서도 교원의 정당활동을 이와 같이 과도하게 제
한하지 않는다. 좀 더 덜 제한적인 방법으로 개선이 필요하다.

(5) 정치자금 제공의 제한과 그에 대한 헌법적 논쟁

우리 정치자금법 제8조 제1항은 "누구든지 자유의사로 하나 또는 둘
이상의 후원회의 회원이 될 수 있다. 다만, 제31조 제1항의 규정에 의하
여 기부를 할 수 없는 자와 「정당법」 제22조의 규정에 의하여 정당의 당
원이 될 수 없는 자는 그러하지 아니하다"고 규정하고 있어 공립, 사립
초중등학교 교원은 후원회의 회원이 될 수 없다. 다만, 제22조 제1항에
서 "기탁금을 기탁하고자 하는 개인(당원이 될 수 없는 공무원과 사립학교 교
원을 포함한다)은 각급 선거관리위원회(읍·면·동선거관리위원회를 제외한다)
에 기탁하여야 한다"고 규정하여 기탁금은 기탁할 수 있다.

요컨대, 공립 초중등학교 교원은 제한적으로만 정치자금을 기부할
수 있다. 그러나 미국,⁶⁶ 프랑스⁶⁷ 등 주요국에서는 교원의 정치자금 기
부를 이와 같이 과도하게 제한하지 않는다. 정당가입을 전제로 하는
당비는 별론으로 하더라도 후원회의 회원이 되어 특정 정치인을 후원
하는 것조차 전면적으로 금지하는 것은 과도하다. 현행 정치자금법상
기탁금은 특정 정치세력에게 자금을 제공하는 것이 아니므로, 적어도
교원 개인이 특정 정치세력에게 제한된 범위에서 자금을 제공할 수 있
는 길은 열어주는 것이 타당하다. 그렇더라도 입법목적은 충분히 달
성될 수 있다.

(6) 그 밖의 정치적 표현의 제한과 그에 대한 헌법적 논쟁

우리 현행 법령상 초중등학교 교원의 일반적인 정치적 표현을 직접
적으로 제한하는 법령은 없다. 다만, 교육기본법 제6조 제1항에서 "교
육은 교육 본래의 목적에 따라 그 기능을 다하도록 운영되어야 하며, 정
치적·파당적 또는 개인적 편견을 전파하기 위한 방편으로 이용되어서

는 아니 된다"고 규정하여 교원의 일반적인 정치적 표현의 내용과 한계
를 설정할 수 있는 기준을 제시하고 있을 뿐이다. 그리고 공무원으로서
일반적인 정치적 표현을 제한하는 각종 법령의 제한을 받는다. 따라서
「국가공무원 복무규정」 제3조 제2항 "공무원(「국가공무원법」 제3조 제3항의
공무원의 범위에 관한 규정」에 따른 공무원은 제외한다)은 집단 · 연명(連名)으로
또는 단체의 명의를 사용하여 국가의 정책을 반대하거나 국가정책의 수
립 · 집행을 방해해서는 아니 된다", 제8조 제2항 "공무원은 직무를 수행
할 때 제3조에 따른 근무기강을 해치는 정치적 주장을 표시하거나 상징
하는 복장 또는 관련 물품을 착용해서는 아니 된다" 등에 따른다.

이러한 교원의 일반적인 정치적 표현과 관련해서 지난 2012년 4월
19일 대법원은 중요한 판결을 하였다.[68]

2009년 6월 9일 전국교직원노동조합(이하 '전교조'라고 한다)은 이명박
정부 정책의 비판과 국정운영 쇄신요구를 담은 6월 정국 관련 시국선언
(이하 '1차 시국선언'이라고 한다)을 추진하기로 결의하고, 전교조 본부와 전
국 16개 지부 조직을 이용하여 조합원들 및 비조합원 교사들이 1차 시국
선언에 참여하였다. 이러한 1차 시국선언문에는 사교육비 부담 가중, 입
시경쟁교육, 교육 양극화를 비롯한 교육정책의 문제점을 지적하고 비판
하는 내용이 포함되어 있으며, 촛불집회, 피디수첩과 관련한 수사가 무
리한 수사이고, 2009년 1월에 발생한 용산4구역 철거 현장 화재 사고도
경찰의 무모한 진압이며, 국토개발사업과 대북정책을 잘못된 정책이라
는 취지로 비난하면서, 독선적 정국운영으로 인하여 민주주의의 위기를
맞고 있고 민생과 생태와 평화 등 미래지향적인 가치도 위협당하는 등
국민의 생존과 국가의 미래가 총체적 위험에 직면하고 있으며 이에 대
하여 국민적 저항이 이루어지고 있고 정부가 국민의 버림을 받는 불행
한 역사가 되풀이되지 않기를 바라며, 국정 운영의 진면 쇄신을 촉구하
는 내용을 담고 있었다. 그 후 6월 28일 중앙집행위원회 및 지부 회의를
열어 '표현의 자유 사수 및 전교조 시국선언 징계 대응 투쟁계획(안)'을

채택하는 등 고발 및 징계에 관한 정부의 방침에 맞서 다양한 유형의 투쟁행위를 하기로 결의하였다. 그 주요 내용은 ㉠ 전교조 본부를 투쟁본부 체제로 전환하여 현 상황을 노조, 교육관련단체, 시민사회단체, 진보단체, 종교단체에 전파하고 공동대응 태세를 구축하는 등의 역할을 조직적으로 수행하고, ㉡ 2009. 6. 29. 청운효자동 주민센터(구 청운동사무소) 앞에서 기자회견을 한 후 청와대로 이동하여 항의서한을 전달하고, 연대단체 항의성명을 조직하며, ㉢ 2009. 7. 5. 서울역에서 3,000명 이상의 조합원이 참가하여 전국교사결의대회를 개최하고, ㉣ 지부별 긴급임시지부집행위원회를 개최하여 지회별 투쟁 사업을 진행하며, 투쟁본부는 국가인권위원회 활동을 촉구하는 항의 농성을 하고, 전교조 위원장이 길거리 교실, 촛불집회 등과 결합해서 상징적인 거점에서 농성하며, ㉤ 2009. 6. 29.부터 같은 해 7. 15.까지 1차 시국선언 참여자를 포함하여 최대 3만 명 이상이 참여하는 민주주의 사수, 표현의 자유 보장, 시국선언 탄압 중지 촉구 교사 2차 시국선언(이하 '2차 시국선언'이라고 한다)을 조직하여 이를 발표하며, ㉥ 2009. 7. 19. 공무원과 교사들이 최대한 참가하여 연대하여 항의 집회(이후 '교사·공무원 시국선언 탄압 규탄대회'로 추진되었다. 이하 '규탄대회'라고 한다)를 개최하는 것이었다. 그리고 위 결의에 따라 다음 날 전교조 소속 교사들에게 이메일을 발송하여 2차 시국선언에 참여하여 주도록 요청하고 7월 19일 서울광장에서 '전교조는 시국선언의 정당함을 확인하기 위한 지속적인 노력과 고발 및 징계를 철회하기 위한 강력한 투쟁을 전개할 것이다'라는 내용이 포함된 기자회견문을 낭독하고, 28,634명의 교사 명의로 된 2차 시국선언문을 발표하였다. 2차 시국선언문은 1차 시국선언의 정당성을 전제로 이에 대한 정부의 대처방안을 비판하는 것이었다.[69]

이에 대하여 대법원은 교사인 피고인들이 전국교직원노동조합 간부들과 공모하여 2009년 1, 2차 시국선언과 '교사·공무원 시국선언 탄압 규탄대회'를 추진하고 적극적으로 관여한 것은 국가공무원법 제66조[70]

제1항에서 금지하는 '공무 외의 일을 위한 집단행위'에 해당하므로 피고인들에게 유죄를 인정한 원심판단을 정당하다고 결론지었다.[71]

학계에서는 현행 법령과 이를 집행하는 집행부, 사법부의 태도가 교원의 일반적인 정치적 표현의 자유를 지나치게 제한하고 있다고 보는 것이 조금 더 우세하다.[72] 그러나 구체적으로 어떻게 법령을 개정하고 이를 집행하는 것이 타당할지에 관해서는 아직 정치한 이론이 제시되지 못하고 있다. 미국의 판례 등 주요국가에서 정립된 이론[73] 등을 동원하여 좀 더 정치한 이론을 제시하여야 할 것이다.

V. 결론

이상의 논의를 정리하면 다음과 같다.

우리 현행 헌법에서 교원의 지위에 관한 명시적인 규정은 제31조 중 제6항이 유일하며, 헌법 제31조 제4항과 제7조가 직접적으로 관련되어 있어 이 규정에 대한 우리 헌법학계와 교육법학계, 헌법재판소의 해석론을 살펴보았다. 그리고 교원의 헌법상 지위를 교육권의 주체로서 지위와 기본권의 주체로서 지위로 나누어 각각 고찰하였다. 이러한 연구를 통하여 우리 헌법학계와 교육법학계에서 그간 명확하게 밝히지 못하였던 교원의 헌법상 지위를 도드라지게 드러내었다. 교원의 지위에 관하여 규율하고 있는 우리 현행 법령과 해석론은 대체로 우리 헌법을 충실하게 구현하고 있지만 일부 문제가 있는 것으로 드러났다. 특히 교원의 교육권에 관해서는 그 법적 성격을 좀 더 분명하게 해석론적으로 정립하고, 이에 따라 교육권의 내용을 명확하게 입법하여야 한다. 한편 교원의 노동3권과 정치적 기본권을 제한하고 있는 현행 법령은 헌법이론적 관점에서 재검토되어야 할 점이 적지 않은 것으로 드러났다. 필자가 감당하기 힘들어 이 논문에서 제기한 현행 법령과 해석론적 쟁점에 대하여 적절한 처방을 제시하지 못하거나, 처방에 이르는 논증을 치밀하게 하지 못한 부분도 있다. 앞으로의 연구 과제이다.

"인사는 만사다." 이런 의미에서 교육 현장에서 고군분투하는 공립학교 초중등교원의 지위를 헌법에 충실하게 규율하는 것은 국가에게 부과된 교육 과제 중 가장 우선적인 과제 중 하나이다. 입법자가 이러한 헌법의 명령과 의미를 깨닫고 이에 충실하게 기능하기를 기대하며 글을 맺는다.

미주

* 원출처: 정필운, "공립학교 초중등교원의 헌법적 지위", 「부패학회보」제18권 제3호, 한국부패학회, 2013, 225-245쪽. 이 글은 2013년 6월 28일 고려대학교에서 한국행정학회와 한국부패학회가 개최한 2013년 행정학 공동하계학술대회 제5분과(주제: "법철학적 관점에서 본 교육환경의 개선방향")에서 발제한 글("교육공무원인 교원의 헌법상 지위")을 수정하고 보완한 글이다. 학술대회에서 지정토론자로서 발제문에 대하여 예리한 비판을 하여 주신 이우진 교수님(백석대학교)께 감사드린다.

1 전광석, 「한국헌법론」, 집현재, 2013, 388쪽.
2 여기서 공립학교란 「초·중등교육법」제3조에서 규정하는 국립학교(국가가 설립·경영하는 학교)와 공립학교(지방자치단체가 설립·경영하는 시립학교, 도립학교)를 포함하는 개념이다.
3 이에 관하여 자세한 것은 이 책 제2장 참고.
4 헌재결 1992. 11. 12. 선고, 89헌마88.
5 이 책 제1장 참고.
6 이하 이 책 제2장에서 발췌.
7 전광석, 앞의 책, 34-35쪽.
8 박종보, "교원단체의 법적 지위와 관련된 헌법적 문제", 「교육법연구」제8집 제2호, 2005, 132쪽.
9 이에 대한 서술은 이 책 제4장에서 발췌.
10 전광석, 앞의 책, 392쪽; 정필운, "교육영역에서 자치의 본질 및 국가와 지방자치단체의 권한배분의 원리에 대한 헌법해석론적 검토", 「토지공법연구」제46집, 한국토지공법학회, 2009. 11., 502쪽; 헌재결 1992. 11. 12. 선고, 89헌마88.
11 정종섭, 「헌법학원론」, 박영사, 2012, 778쪽.
12 헌재결 2002. 3. 28. 선고, 2000헌마283; 정종섭, 앞의 책, 777; 표시열, 「교육법: 이론·정책·판례」, 박영사, 2008, 132쪽.
13 손희권, 「교육과 헌법: 헌법 제31조의 구조와 해석」, 학지사, 2008, 108-109쪽.
14 정종섭, 앞의 책, 778쪽.
15 정종섭, 앞의 책, 778쪽; 표시열, 앞의 책, 133-135쪽.
16 이상 제12장에서 발췌. 이러한 의미에서 헌법 제31조 제4항에서 교원의 일체의 정치활동 금지, 나아가 교원노조의 일체의 정치활동 금지를 도출할 수는 없다.
17 한국교육행정학회, 「교육법론」, 한국교육행정학회, 1995, 126쪽; 김윤섭, 「한국교

육법』, 한올출판사, 2003, 94쪽.
18 한국교육행정학회, 앞의 책, 126쪽; 표시열, 앞의 책, 144쪽. 미국에서는 McCo-
   llum v. Board of Education (333 U.S. 203, 1948) 판결에서 이 원칙을 확립하였
   다. Kern Alexander, M. David Alexander, American Public School Law, Thomson
   West, 2005, pp.208-209.
19 이에 관해서 자세한 것은 이치가와 쇼우고 저, 김용 역, 『교육의 사사화와 공교육의
   해체』, 교육과학사, 2013, 43-54쪽.
20 이상 이 책 제1장에서 발췌.
21 전광석, 앞의 책, 514-524쪽; 정종섭, 앞의 책, 942-954쪽.
22 정종섭, 앞의 책, 942-943쪽.
23 자세한 것은 전광석, 앞의 책, 518-519; 명재진, "공무원의 헌법상 지위", 2013년
   행정학 공동하계학술대회 제5분과 한국부패학회 자료집, 2013. 6. 28., 7-9쪽.
24 전광석, 앞의 책, 512쪽.
25 전광석, 앞의 책, 517-518쪽.
26 전광석, 앞의 책, 523-524쪽.
27 정종섭, 앞의 책, 947쪽.
28 전광석, 앞의 책, 517쪽.
29 안성경, "미국 공립학교에서 학생의 복장 규제에 관한 연구", 「법학연구」 제19권 제
   1호, 연세대학교 법학연구원, 2009, 250-251쪽.
30 이에 관해서 자세한 것은 이 책 제1장 참고.
31 이러한 의미에서 우리 헌법재판소가 교육법 제157조에 관한 헌법소원(헌재결
   1992. 11. 12. 선고, 89헌마88)에서 "교사의 가르치는 권리를 …자연법적으로는 학
   부모에게 속하는 자녀에 대한 교육권을 신탁받은 것이고, 실정법상으로는 공교육
   의 책임이 있는 국가의 위임에 의한 것"이라는 표현은 적어도 이론적으로는 정확한
   것이 아니다.
32 헌재결 1992. 11. 12. 선고, 89헌마88.
33 헌재결 1992. 11. 12. 선고, 89헌마88.
34 이하 이 책 제1장에서 발췌.
35 전광석, 앞의 책, 319쪽; 정종섭, 앞의 책, 568쪽.
36 김철수, 『헌법학신론』, 박영사, 2009, 822쪽.
37 신현직, "교육기본권에 관한 연구", 서울대학교 대학원 법학과 박사학위논문,
   1990, 178-183쪽; 허종렬, "한국 헌법상 교육기본권에 대한 논의와 일본 헌법과의
   비교분석", 「성균관법학」 제17권 제1호, 2005, 43-45쪽.
38 제1장에서 서술한 것처럼 이 점에 있어 필자의 견해를 변경한다.
39 헌재결 1992. 11. 12. 선고, 89헌마88.

40 이외에도 교원의 신분이나 직무상 특성과 관련하여 일반 시민과 다른 취급을 받는 기본권은 사생활의 비밀과 자유, 종교의 자유 등이 있다. 이에 관하여 자세한 것은 Kern Alexander, M. David Alexander, op. cit., pp.862-884.

41 전광석, 앞의 책, 407쪽.

42 헌재결 1991. 7. 22. 선고, 89헌가106; 대판 2006. 5. 26. 선고, 2004다62597.

43 이에 대하여 자세한 것은 김진곤, "헌법상 노동3권의 보호와 제한에 관한 연구", 연세대학교 대학원 법학과 박사학위논문, 2007, 80-83쪽. 우리 헌법재판소는 국민 전체에 대한 봉사자로서 공무원이며, 직무상의 공공성, 주권자인 국민의 공공복리 등을 그 이유로 제시하고 있다. 헌재결 1992. 4. 28. 선고, 90헌바27등.

44 교원노조는 교원노조법 제3조에 따라 정치활동을 할 수 없으며, 정치자금법 제31조 단체의 정치자금기부 금지에 따라 정치자금기부를 할 수 없고 공직선거법 제87조 제1항 제5호에 해당하여 선거운동을 할 수 없다. 이와 같은 교원노조 그 자체의 헌법적 지위와 연관된 쟁점은 이 글에서 다루지 않는다.

45 이에 대한 서술은 이 책 제12장에서 발췌.

46 전교조가 우리 역사상 최초의 교원노조는 아니다. 이에 대하여 자세한 것은 윤달원 외, 『주요국의 교원단체 현황 분석 및 시사점』, 한국교육개발원 미간행 보고서, 2011, 29쪽 이하 참고.

47 김진곤, 앞의 글, 100-102쪽; 정필운, 2012b.

48 김진곤, 앞의 글, 101쪽.

49 정필운, 2012b.

50 김진곤, 앞의 글, 105쪽의 해석론. 그러나 이와 다른 해석도 가능하다. 예를 들어, 교원노조법 제6조 제2항의 규정이 명시적으로 교섭 또는 단체협약의 체결에 관한 권한의 위임을 금지한 것은 아니다. 따라서 교원노조법과 노동조합법은 특별법, 일반법 관계이므로, 이 경우 특별법에 규정이 없으므로 일반법으로 돌아가 교원노조법 제29조 제3항을 적용하여 위임이 가능하다고 해석할 수도 있다.

51 김진곤, 앞의 글, 105쪽.

52 이에 대한 헌법이론적 관점에서 평가에 관해서는 김진곤, 앞의 글, 117-120쪽.

53 자세한 것은 김진곤, 2007, 168-172쪽.

54 미국에서도 국·공립학교 교원의 단체행동권을 금지하는 입법은 연방헌법이나 주 헌법에서 보장하는 평등권을 침해하는 것이 아니라는 것이 일반적인 견해이다. Kern Alexander, M. David Alexander, op. cit., p.985.

55 김유환·이상윤·박종보·김종철, "교원단체의 법적 지위", 한국교육개발원, 2005, 79쪽.

56 오동석, "한국의 법치주의와 교원의 정치활동의 제한", 『법치주의와 교원의 정치활동의 제한: 비교법적 관점에서의 고찰』, 한국교육법학회·한국법제연구원·한국외

국어대학교 법학연구소 공동학술대회 자료집, 2013. 5. 4., 6쪽.

57 오동석, 앞의 글, 6-7쪽.

58 오동석, 앞의 글, 6-7쪽.

59 김경윤, "미국 교원의 정치적 기본권과 시사점", 『법치주의와 교원의 정치활동의 제한: 비교법적 관점에서의 고찰』, 한국교육법학회 · 한국법제연구원 · 한국외국어대학교 법학연구소 공동학술대회 자료집, 2013. 5. 4., 129쪽.

60 전학선, "프랑스 법치주의와 정치활동의 제한", 『법치주의와 교원의 정치활동의 제한: 비교법적 관점에서의 고찰』, 한국교육법학회 · 한국법제연구원 · 한국외국어대학교 법학연구소 공동학술대회 자료집, 2013. 5. 4., 171쪽.

61 김경윤, 앞의 글, 130쪽.

62 전학선, 앞의 글, 173쪽.

63 김경윤, 앞의 글, 129쪽.

64 전학선, 앞의 글, 173쪽.

65 배건이, "독일교원의 정치활동의 자유와 제한", 『법치주의와 교원의 정치활동의 제한: 비교법적 관점에서의 고찰』, 한국교육법학회 · 한국법제연구원 · 한국외국어대학교 법학연구소 공동학술대회 자료집, 2013. 5. 4., 83-84쪽.

66 김경윤, 앞의 글, 130쪽.

67 전학선, 앞의 글, 173-174쪽.

68 대법원 2012. 4. 19. 2010도6388.

69 이상 위 판결문의 일부를 발췌하여 인용.

70 국가공무원법 제66조(집단 행위의 금지)

① 공무원은 노동운동이나 그 밖에 공무 외의 일을 위한 집단 행위를 하여서는 아니 된다. 다만, 사실상 노무에 종사하는 공무원은 예외로 한다.

② 제1항 단서의 사실상 노무에 종사하는 공무원의 범위는 국회규칙, 대법원규칙, 헌법재판소규칙, 중앙선거관리위원회규칙 또는 대통령령으로 정한다.

③ 제1항 단서에 규정된 공무원으로서 노동조합에 가입된 자가 조합 업무에 전임하려면 소속 장관의 허가를 받아야 한다.

④ 제3항에 따른 허가에는 필요한 조건을 붙일 수 있다.

71 한편, 대법관 박일환, 전수안, 이인복, 이상훈, 박보영은 피고인들의 행위는 국가공무원법 제66조 제1항이 금지하는 집단행위에 해당한다고 볼 '공익에 반하는 목적을 위한 행위'가 아니고 '직무전념의무를 해태하는 등의 영향을 가져오는 집단적 행위'도 아니므로, 그 조항이 금지하고 있는 '공무 외의 일을 위한 집단행위'에 해당하지 않으므로 공소사실을 모두 유죄로 인정한 원심판결은 그 전부를 파기하여야 한다고 판단하였다(반대의견). 대법관 신영철은 또 다른 논리로 반대의견을 제시하였다.

72 오동석, 앞의 글, 9-10쪽.

73 김영천, "교원의 지위와 권리", 「한국교육법연구」, 제6·7권 한국교육법학회. 2002,
    244쪽; Kern Alexander, M. David Alexander, op. cit., p.830ff.

제 12 장

교원단체는
어떻게 규율되어야 하는가?*

Ⅰ. 문제 제기

헌법이 예정하고 있는 국가의 교육 과제를 성공적으로 수행하기 위해서는 학교시설 및 교육재정과 같은 물적 자원도 필요하지만 교원과 같은 인적 자원이 필요하다. 우리 헌법이 제31조 제6항에서 교육제도 등의 기본적인 사항 법률주의를 규정하며 교원의 지위에 관한 기본적인 사항을 법률로 정하도록 명시하고 있는 것은 교육에서 인적 자원의 중요성을 충분히 인식하고 있는 것이다. 여기서 교원을 중심으로 살펴보면, 교원의 개별적인 법적 지위도 중요하지만 교원의 지위를 향상시키고 권익을 보호하기 위한 결사체인 교원단체도 중요한 의미를 가진다.

우리나라에서는 1947년 조선교육연합회에서 출발하여 현재 「교육기본법」에 따라 설립되어 운영되고 있는 한국교원단체총연합회가 전통적으로 대표적인 교원단체였다. 한편 이와는 별도로 1987년 민주교육추진전국교사협의회에서 출발하여 1999년 「교원의 노동조합설립 및 운영 등에 관한 법률」(이하 '교원노조법'으로 줄이기도 하였다)에 따라 설립되어 운영 중인 전국교직원노동조합 및 한국교원노동조합을 비롯한 몇몇 교원 노동조합(이하 '교원노조'로 줄이기도 하였다)이 활발하게 활동하고 있다.

이와 같은 교원단체와 관련하여서는, 이원적인 교원단체의 설립 및 운영이 단체교섭의 활성화라는 장점이 있지만 단체교섭의 내용, 방식, 절차, 적용 대상과 범위, 합의사항의 구속력 등에 있어서 큰 차이점을 발견하기 어려워 교육행정력의 낭비와 비효율성이 있다는 문제의식을 가지고 이를 해결하기 위한 연구 등 정책론적인 관점에서 연구는 활발히 진행되어 왔으나,[1] 교원단체에 대한 현행법의 규율에 대한 헌법이론적 관점의 연구는 상대적으로 저발전되어 왔다.[2]

이 글은 교원단체에 대한 현행법의 현황을 살피고 이를 헌법이론적인 관점에서 평가하는 것을 목적으로 한다. 이와 같은 목적을 달성하기 위해서 우선 교원단체의 의의 및 규율현황을 정리한다(Ⅱ). 그리고 이러한 교원단체에 대하여 규율하고 있는 현행법을 헌법이론적 관점에서 비판적으로 검토한다(Ⅲ). 마지막으로 이상의 논의를 정리하고 글을 마친다(Ⅳ).

Ⅱ. 교원단체의 의의 및 규율 현황

1. 교원단체의 의의와 현황[3]

교원단체란 교원이 교원의 지위를 향상시키고 권익을 보호하기 위한 결사체를 말한다. 현재 이와 같은 역할을 수행하기 위한 결사체는 「교육기본법」 제15조에 근거하여 구성, 운영되고 있는 한국교원단체총연합회(이하 '교총'으로 줄이기도 한다)와, 「교원의 노동조합설립 및 운영 등에 관한 법률」에 근거하여 구성, 운영되고 있는 전국교직원노동조합(이하 '전교조'로 줄이기도 하였다), 한국교원노동조합(이하 '한교조'로 줄이기도 하였다), 자유교원조합(이하 '자유교조'로 줄이기도 하였다), 대한민국교원조합(이하 '대교조'로 줄이기도 하였다)이 있다.[4]

교총은 우리나라의 대표적인 교원단체로서 교원의 처우개선과 전문성 향상을 위하여 노력하였다. 1947년 조선교육연합회라는 이름으로 조직되어, 해방 후 1948년 대한교육연합회라는 이름으로 개편되었으며, 1989년 현재의 이름인 한국교원단체총연합회로 단장하여 현재에 이르고 있다. 교총의 의결기구는 대의원회로, 각 시·도 교총과 산하단체가 그 소속 회원 중 3년 이상의 회원자격을 가진 자 중에서 추천한 대의원으로 구성된다. 현재 대의원은 320명 내외로 각 시·도 교총의 회원수 600명당 1명씩 배정되는 대의원과 산하단체에 배정된 대의원으로 구성되어 있다(한국교총 정관 제10조 참조). 대의원의 임기는 3년이며 산하단체 배정 대의원의 임기는 해당 단체가 정하는 바에 따르되 3년을 초과할 수 없다(한국교총 정관 제15조). 집행기구는 이사회로, 당연직 이사 27명과 선출직 이사 38명 모두 65명의 이사로 구성되어 있다. 회장, 부회장(5명), 시·도 교총 회장(16명), 중앙직능조직회장(5명)는 당연직 이사가 되며, 대의원회에서 38명의 이사를 선출한다. 이사의 임기는 3년이다. 임원으로는 회장(1명), 부회장(수석부회장 1명 포함 5명), 이사(65명 이내), 감사(3명)가 있다(한국교총 정관 제23조). 회원에는 정회원, 준회원, 평생회원, 명예회원이 있으며(한국교총 정관 제5조), 가입과 탈퇴가 자유롭다. 2008년 6월 현재, 184,567명이 가입하고 있는 것으로 알려져 있다.[5]

　전교조는 우리나라의 대표적인 교원노조로서 교원노조의 합법화를 이끌어 낸 주도적인 단체이며, 교총 변화의 계기가 된 단체이다. 1987년 8월 13일 서울 YMCA 강남지회 강당에서의 발기인대회를 거쳐 동년 9월 27일 소규모 교사단체를 통합한 전국 규모의 교사협의체로서 전국교사협의회(전교협)가 창립되었다. 이를 모태로 1989년 '민족 민주 인간화 교육'을 기치로 전교조가 결성되었다. 1999년 1월 6일「교원의 노동조합 설립 및 운영 등에 관한 법률」이 제정되어 합법화되었으며, 교총과 함께 양대축을 형성하고 있다. 전교조는 의사결정기관(전국대의원대회, 중앙위원회), 집행기구(중앙집행위원회, 상임집행위원회, 사무처, 정책실, 편집실, 참교육실), 지역기구(지부, 지회, 분회), 상설위원회 및 중앙선거관리위원회를 두고 있으며, 전문산하기구로서 각종 상담소, 각종 연구소, 신문사, 출판사, 기타 기구 등을 두고 있다(전교조 정관 참고). 이미 잘 알려진 것처럼 지난 2013년 9월 고용노동부장관으로부터 해고된 교원이 조합원 자격을 유지할 수 있도록 허용한 전교조 규약 부칙 조항을 교원노조법 제2조에 부합하도록 시정하고, 이에 저촉되는 조합원 9인의 가입과 활동을 금지하도록 시정요구를 받았으나 이를 이행하지 않았다. 그리고 2013년 10월 24일 법외노조통보를 받았으며 현재는 법외노조통보에 대한 취소소송 중이다.[6] 전교조의 조합원은 정회원, 준조합원, 명예조합원이 있으며, 전국의 유치원 및 초·중·고등학교의 교원이 정회원이 될 수 있다. 2010년 기준 전교조 총 조합원 수는 65,861명(남성 19,183명, 여성 46,678명)이며, 2011년 전교조 제62자 임시대의원대회 자료에 따르면 2011년 6월 현재 64,629명의 조합원이 있는 것으로 알려져 있다.

한교조는 중도·합리주의를 표방하며 보수성향 교원들을 참여시키고, 그 구성원의 다양화와 그 활동방법에 변화를 유도하였다는 점에서 전교조와 차별성을 갖는다. 교원들의 사회적·경제적 지위향상뿐만 아니라 교육개혁에 많은 관심을 가지고 있다. 1999년 7월 1일 교원노조법의 시행과 함께 설립되었다. 조합원은 정회원, 준회원, 명예조합원이 있으며, 정회원은 유치원·초·중등학교 교원이다. 2010년 현재 조합원은 7,180명이다.

자유교조는 2005년 5월 전교조에 맞서는 노동조합을 건설하기 위하여 설립된 우파 성향의 교원노조이다. 조합원은 유치원 및 초·중등교원을 대상으로 하며, 2010년 현재 조합원은 1,995명이다.

대교조는 2006년 1월 23일 창립된 '뉴라이트 교사연합'이 2008년 11월 26일 교원노조의 형태로 출범한 노조이다. 전교조에 대항하여 설립된 노조로, 진신인 뉴라이드 교사언협이 보여주는 깃처림 우파 싱향의 교원노조이다. 조합원은 정회원, 준회원이 있으며, 정회원은 전국의 유·초·중·고등학교의 모든 교사를, 준회원은 전국의 교장, 교감, 전문직(장학 및 연구직), 교수, 학부모, 예비교사가 대상이다. 현재 조합원의 수는 알려진 바 없다.

2. 교원단체의 규율 현황

현행법상 교원단체의 규율은 이원적이다. 교총은 교원이 헌법 제21조 결사의 자유에 근거하여 설립하고 운영하는 단체로 「교육기본법」 제15조에 근거한 특수법인으로, 「교육기본법」, 「교원지위향상을 위한 특별법」 등에 의하여 규율되고, 교원노조는 헌법 제33조 노동3권에 의하여 설립하고 운영하는 노동조합으로, 교원노조법 등에 의하여 규율된다. 아래에서 교원노조와 교총의 순서로 자세한 규율 현황을 살펴본다.

(1) 교원노조의 규율

전교조, 한교조, 자유교조, 대교조는 현재 「교원의 노동조합 설립 및 운영 등에 관한 법률」에 근거하여 구성, 운영되고 있다. 이 법은 「국가공무원법」 제66조 제1항 및 「사립학교법」 제55조에도 불구하고 「노동조합 및 노동관계조정법」 제5조 단서에 따라 교원의 노동조합 설립에 관한 사항을 정하고 교원에 적용할 「노동조합 및 노동관계조정법」에 대한 특례를 규정함을 목적으로 한다(제1조).

이 법 제2조는 "이 법에서 "교원"이란 초·중등교육법 제19조 제1항에서 규정하고 있는 교원을 말한다. 다만, 해고된 사람으로서 '노동조합 및 노동관계조정법' 제82조 제1항에 따라 노동위원회에 부당노동행위의 구제신청을 한 사람은 노동위원회법 제2조에 따른 중앙노동위원회(이하 "중앙노동위원회"라 한다)의 재심판정이 있을 때까지 교원으로 본다"고 규정하고 있다. 따라서 현행법상 해고된 교원, 계약기간이 종료된 기간제 교원 등 일시적 실업상태에 있는 자로서 교원으로 취업할 의사와 능력이 있는 사람, 교원자격증을 소지하고 있으면서 교원으로서의 취업을 준비하는 예비 교원은 교원노조에 가입할 수 없다.

이 법 제4조에서는 "교원은 특별시·광역시·도·특별자치도(이하 "시·도"라 한다) 단위 또는 전국 단위로만 노동조합을 설립할 수 있도록" 하고, "노동조합을 설립하려는 사람은 고용노동부장관에게 설립신고서를 제출하"도록 규정하고 있다. 따라서 현행법상 교원노조는 시도단위 또는 전국 단위로만 설립할 수 있도록 하고 있으며, 단체교섭 및 협약체결도 교육부장관, 시도교육감, 사립학교 설립, 경영자의 연합체와 하도록 규정되어 있다.

그리고 제6조는 "노동조합의 대표자는 그 노동조합 또는 조합원의 임금, 근무 조건, 후생복지 등 경제적·사회적 지위 향상에 관하여 교육부장관, 시·도 교육감 또는 사립학교 설립·경영자와 교섭하고 단체협약을 체결할 권한을 가진다. 이 경우 사립학교는 사립학교 설립·경영자가 전국 또는 시·도 단위로 연합하여 교섭에 응하여야 한다"고 규정하고, 제8조는 "노동조합과 그 조합원은 파업, 태업 또는 그 밖에 업무의 정상적인 운영을 방해하는 일체의 쟁의행위를 하여서는 아니 된다"고 규정하고 있다. 요컨대 교원노조는 단결권, 단체교섭권을 보장받고 있으나, 단체행동권의 핵심인 쟁의행위는 금지되고 있다.

그리고 제7조 제1항은 "제6조 제1항에 따라 체결된 단체협약의 내용 중 법령·조례 및 예산에 의하여 규정되는 내용과 법령 또는 조례에 의하여 위임을 받아 규정되는 내용은 단체협약으로서의 효력을 가지지 아니한다"고 규정함으로써 단체교섭의 결과 체결된 단체협약은 법령·조례 및 예산에 의하여 규정되는 내용과 법령 또는 조례에 의하여 위임을 받아 규정되는 내용을 제외하고는 원칙적으로 단체협약으로서의 효력을 가진다. 그리고 교육부장관, 시·도 교육감 및 사립학교 설립·경영자는 제1항에 따라 단체협약으로서의 효력을 가지지 아니하는 내용에 대하여는 그 내용이 이행될 수 있도록 성실하게 노력하여야 한다(제7조 제2항).

한편, 교원노조는 교원노조법 제3조에서 명문으로 정치활동이 금지되고 있고[7], 「정치자금법」 제31조의 단체의 정치자금기부 금지에 따라 정치자금기부를 할 수 없으며[8], 「공직선거법」 제87조 제1항 제5호에 해당하여 선거운동을 할 수 없다. [9]

(2) 한국교원단체총연합회

이미 살펴본 것처럼 교총은 현재 「교육기본법」 제15조[10]에 근거하여 설립된 법인으로, 1991년 「교원지위향상을 위한 특별법」(이하 '교원지위향상법'으로 줄이기도 하였다)에 근거하여 교원의 전문성 신장과 지위 향상을 위하여 교육부장관이나 교육감과 교섭·협의권을 인정받고 있다.[11]

한편, 제12조는 "제11조 제1항에 따른 교섭·협의는 교원의 처우 개선, 근무조건 및 복지후생과 전문성 신장에 관한 사항을 그 대상으로 한다. 다만, 교육과정과 교육기관 및 교육행정기관의 관리·운영에 관한 사항은 교섭·협의의 대상이 될 수 없다"고 규정하여, 교총과 교육감이나 교육부장관 사이의 교섭·협의의 대상은 교원의 처우 개선, 근무조건 및 복지후생과 전문성 신장에 관한 사항이며, 교육과정과 교육기관 및 교육행정기관의 관리·운영에 관한 사항은 제외하고 있다.

그리고 교총과 교육감이나 교육부장관 사이에 교원의 전문성 신장과 지위 향상을 위한 교섭·협의에서 요청이 있으면 이를 심의하기 위하여 교육부와 특별시·광역시 및 도(이하 "시·도"라 한다)에 각각 교원지위향상심의회를 두되 교육부는 7명 이내, 시·도는 5명 이내의 위원으로 구성한다. 다만, 위원장을 제외한 위원의 2분의 1은 교원단체가 추천한 자로 한다. 그리고 교원지위향상심의회의 운영과 위원의 자격 및 선임에 관하여 필요한 사항은 대통령령으로 정하도록 규정하고 있다(제13조).

한편, 교총은 교원노조와 마찬가지로 「정치자금법」 제31조의 단체의 정치자금기부 금지에 따라 정치자금기부를 할 수 없으며, 「공직선거법」 제87조 제1항 제8호에 해당하여 선거운동을 할 수 없다.

III. 헌법이론적 검토

1. 쟁점의 정리

선행연구에서의 지적과 같이 교원단체를 헌법에서 직접 규정한 예는 드물지만,[12] 전혀 없지는 않다. 필자가 약 40여 개 국가의 헌법을 조사해 본 결과, 포르투칼 헌법은 헌법에 교육에 관련한 조항을 자세히 규정하면서 제77조에서 '민주적 교육 참여'라는 조문 제목과 함께 "교원과 학생은 법률이 정하는 바에 따라 학교의 민주적 운영 과정에 참여할 권리가 있다(제1항)", "교원단체, 학생단체 및 학부모단체와 지역사회기관 및 과학기관이 교육 정책을 마련하는 과정에 참여하는 방식은 법률로 정한다(제2항)"고 규정하여 교원단체의 교육정책 결정에 참여 방식 법률주의를 취하고 있었다.

그러나 우리 헌법은 교원단체에 관한 명시적인 규정을 전혀 두고 있지 않아, 이에 관한 헌법적 윤곽은 전적으로 해석론에 맡겨져 있다.

이에 대한 대표적인 선행연구에서는 헌법 제31조의 해석론과 교원의 기본권에 대한 해석론을 통하여 교원단체에 관한 헌법적 윤곽을 마련하고, 이에 근거하여 당시 현행 법령에 대한 검토를 하였다.[13] 필자는 우선 다른 논의의 전제가 되는 교원노조와 교총의 법적 성격과 그에 따른 기본권 주체성을 검토하고,[14] 전교조를 비롯한 교원노조를 규율하고 있는 현행 법령에서 국·공립학교와 사립학교 교원의 일원적 규율의 헌법적 문제점, 설립단위 제한의 헌법적·입법정책적 문제점, 해직·실직·구직자에 대한 조합원 자격 불인정에 대한 헌법적·입법정책적 문제점, 단체협약 대상의 불명확성에 대한 입법정책적 문제점, 정치적 활동의 금지에 대한 헌법적 문제점을 검토한다. 그리고 교총을 규율하고 있는 현행 법령에서 교섭·협의권 인정에 대한 평가, 정치적 활동의 금지에 대한 헌법적 문제점에 대하여 비판적인 검토를 하고자 한다.

2. 교원노조와 한국교원단체총연합회의 기본권 주체성

우리 헌법은 국민의 기본권을 규정하고 있는 제2장에서 법인의 기본권 주체성에 관하여 침묵하고 있다. 오히려 개별적인 기본권을 규정하고 있는 제10조에서 제36조까지의 각 조문은 "모든 국민은 … 자유(또는 권리)를 가진다"고 규정하고 있어, 여기서 국민을 "대한민국 국적을 가진 자연인"이라고 해석한다면, 법인은 개별적인 기본권의 주체로서 가능성을 배제한 것이 아닌가 하는 의구심이 든다.

비교헌법론적으로 독일헌법 제19조 제3항은 "기본권은 당해 기본권의 성질상 적용될 수 있는 경우에는 국내법인에도 적용된다"고 규정하여, 법인의 사회적 존재와 그 의미를 인식하고 기본권적 지위를 헌법에서 직접 인정하고 있다.

따라서 우리나라 학계와 헌법재판소는 이를 헌법해석론을 통하여 해결할 수 없는 문제로 파악하고, 헌법이론적인 해결을 도모하고 있다. 이에 따르면, 사법인은 당해 기본권의 성질상 적용될 수 있는 경우에는 사법인에게 당해 기본권의 주체성을 인정한다.[15] 그리고 우리 학계와 헌법재판소가 명시적으로 설명하고 있지는 않지만, 법인의 기본권 주체성 인정은 법인이 공동체 내에서 일정한 기능을 수행하기 위하여 필요한 기본권을 인정하는데 그 취지가 있으므로, 법인의 목적의 범위 내에서 기본권 주체성을 인정하여야 한다.[16]

이와 같은 법인의 기본권 주체성 인정은 법인이 공동체 내에서 일정한 기능을 수행하기 위하여 필요한 기본권을 인정하는 데 그 취지가 있으므로, 그것이 법률상으로 법인성을 갖추었느냐는 기본권 주체성 인정에 결정적인 기준이 될 수 없다. 법률상 법인격이 없는 단체라도 그것이 독립된 의사를 결정할 수 있고, 그러한 의사를 집행할 수 있어서 독립된 사회적 조직체로 활동할 수 있다면 기본권의 주체성을 인정할 수 있다.[17]

그리고 기본권의 주체성 인정 여부는 민법이론에서 법인의 본질에 대한 이론적 대립, 법률에서 권리능력의 주체성 인정 여부와는 별개의 문제이다. 그리고 비록 사법인이라고 하더라도 국가의 공적인 과제를 수행하기 위하여 설립된 사법인의 경우 기본권의 주체성을 인정해서는 안 된다. 이것을 인정하면 기본권을 보호해야 하는 국가기관이 기본권이 주체가 되는 불합리한 결과를 가져오기 때문이다.[18]

노조란 근로자가 주체가 되어 자주적으로 단결하여 근로조건의 유지 · 개선 기타 근로자의 경제적 · 사회적 지위의 향상을 도모함을 목적으로 조직하는 단체 또는 그 연합단체로(「노동조합 및 노동관계조정법」 제2조 제4호), 근로자에 의하여 자발적으로 설립되어 대외적으로는 자주적으로, 대내적으로 민주적으로 운영되어야 하는 단체이다.[19] 「노동조합 및 노동관계조정법」이 "법인인 노동조합에 대하여는 이 법에 규정된 것을 제외하고는 민법 중 사단법인에 관한 규정을 적용한다"고 규정하고 있는 것도 이 때문이다(제6조 제3항). 그리고 교총은 교원이 상호 협동하여 교육의 진흥과 문화의 창달에 노력하며, 교원의 경제적 · 사회적 지위를 향상시키기 위하여 각 지방자치단체와 중앙에 교원단체를 조직할 수 있도록 한 법정단체이지만 자발적인 단체이다.[20]

이렇게 보았을 때 현행 교원노조나 교총은 법률상 법인성 획득과 상관없이 당해 단체가 공동체 내에서 일정한 기능을 수행하기 위하여 필요한 범위 내에서 당해 기본권의 성질상 인정할 수 있는 경우에는 기본권 총론적 차원에서 기본권의 주체성을 인정할 수 있다.[21]

3. 교원노조 규율의 문제점

(1) 국 · 공립학교와 사립학교 교원의 차별성과 일원적 규율의 헌법적 문제짐

우선 교원은 근로자이므로 헌법 제33조 노동3권의 주체가 될 수 있다.[22] 또한 교원노조도 노동3권의 주체가 될 수 있다. 노동3권은 개개의 노동자뿐 아니라, 노동자가 근로조건의 유지, 향상을 위하여 자주적으로 조직하여 활동하는 단체에도 보장되는 것이기 때문이다.[23]

한편 현행 교원노조법 제2조는 "이 법에서 "교원"이란 「초 · 중등교육법」 제19조 제1항에서 규정하고 있는 교원을 말한다. 다만, 해고된 사람으로서 「노동조합 및 노동관계조정법」 제82조 제1항에 따라 노동위원회에 부당노동행위의 구제신청을 한 사람은 「노동위원회법」 제2조에 따른 중앙노동위원회(이하 "중앙노동위원회"라 한다)의 재심판정이 있을 때까지 교원으로 본다"고 규정하고, 단결권, 단체교섭권, 단체행동권 등 구체적인 내용을 동일하게 규정하고 있다. 그런데, 교원의 신분이 국공립학교의 교원으로 공무원이냐, 사립학교 교원으로 공무원이 아니냐는 노동3권의 인정에 있어서 대표적인 정당한 차별기준 중 하나이다.[24] 우리 헌법 제33조의 규범 구조는 이것을 웅변하고 있다.

그런데 양자를 구별하지 않고, 동일하게 규정하고 있는 것은 기본적인 접근이 잘못된 것이다. 이러한 기본적인 접근의 오류는 세부적인 쟁점에서 국공립학교 교원과 본질이 다른 사립학교 교원을 동일하게 취급한 것으로 평등권의 침해라는 결론을 가져오게 된다.[25]

(2) 설립단위 제한의 헌법적 · 입법정책적 문제점

이미 설명한 것처럼 교원노조법 제4조 제1항은 "교원은 특별시 · 광역시 · 도 · 특별자치도(이하 "시 · 도"라 한다) 단위 또는 전국 단위로만 노동조합을 설립할 수 있다"고 노동조합의 설립 단위를 제한하고 있고, 제6조 제1항에서는 "노동조합의 대표자는 그 노동조합 또는 조합원의 임금, 근무 조건, 후생복지 등 경제적 · 사회적 지위 향상에 관하여 교육부장관, 시 · 도 교육감 또는 사립학교 설립 · 경영자와 교섭하고 단체협약을 체결할 권한을 가진다. 이 경우 사립학교는 사립학교 설립 · 경영자가 전국 또는 시 · 도 단위로 연합하여 교섭에 응하여야 한다"고 규정하여, 단체교섭 및 체결의 대상도 제한하고 있다.

사립학교 교원의 임금, 근무 조건 등은 개별 학교마다 다르고, 이와 같은 사항의 개선도 개별 학교 차원에서 이루어져야 하는 것이고, 노동3권 행사의 상대방이 사립학교 설립·경영자이다. 그런데, 노동조합이 시·도 단위 또는 전국 단위로만 존재하는 것은 노동조합의 차원에서나 설립·경영자의 차원에서나 문제를 야기한다. 이러한 이유로 노동조합 설립 단위의 제한은 노동조합의 단결권을 침해하는 위헌적인 입법이며,[26] 교육부장관, 시·도 교육감하고만 교섭하고 단체협약을 체결하도록 한 것은 노동조합의 단체교섭권을 침해하는 것이다. 한편 이로써 사립학교의 노동조합 및 경영·설립자가 전국 또는 시·도 단위로 연합하여 교섭하고 단체협약을 체결하는 결과를 가져오게 되어, 노동조합의 단체교섭권을 침해하는 결과를 가져오게 된다.

한편 국공립학교도 교장의 학교운영에서 발생하는 문제, 학교운영에 참여, 개별학교 단위의 근무조건의 상이 등 개별학교 단위로 교섭하여야 하는 사항이 존재할 수 있다. 따라서 국공립학교, 사립학교 모두 개별 학교 단위로 노동조합이 구성되어야 할 필요가 있다. 그리고 이미 국공립학교, 사립학교 모두 많은 경우 지부의 형태로 각 학교별로 노동조합이 구성되어 있다. 이렇게 보았을 때 노동조합 설립단위의 제한 규정은 삭제하는 것이 타당하다.[27]

(3) 해직·실직·구직자에 대한 조합원 자격 불인정에 대한 헌법적·입법정책적 문제점

이미 설명한 것처럼 교원노조법은 해고된 교원, 계약기간이 종료된 기간제교원 등 일시적 실업 상태에 있는 자로서 교원으로 취업할 의사와 능력이 있는 사람, 교원자격증을 소지하고 있으면서 교원으로서의 취업을 준비하는 예비 교원(이하 '해고된 교원 등'으로 풀이기도 하였다)에 대하여 조합원 자격을 인정하지 않고 있다(제2조).

이 조문은 해고된 교원 등이 교원노조에 가입하여 활동하면 교원의 근로조건 향상을 목적으로 하는 교원노조의 자주성을 해칠 위험이 있으므로 이를 방지하기 위한 것이다. 그러나 교원노조의 설립 단위를 시 · 도 단위 또는 전국 단위로 제한한 현행법하에서 반드시 사용자와 계약관계가 있는 경우에만 노조원 자격을 부여하는 것은 교원노조의 단결권을 지나치게 제한하여 위헌적인 것은 아닌지 의심이 든다. 한편, 이러한 현행법의 태도와 무관하게 일반적인 노조보다 광범위하게 노조원의 자격을 제한하는 것이 교원노조의 평등권을 침해하는 것은 아닌지도 문제된다.

이에 대하여 헌법재판소는 다음과 같이 판시하였다. 첫째, 이 조문의 헌법적 판단에서 교원은 일반 노동자와 다르며, 국공립학교 교원과 사립학교 교원은 다르지 않다, 둘째, 이 조항은 교원노조의 자주성과 주체성을 확보하여 교원의 실질적 근로조건 향상에 기여한다는 데 입법목적이 있는데, 이는 교원의 직무와 근로관계의 특수성을 고려할 때 국민 전체의 공공 이익에 기여하므로 그 정당성을 인정할 수 있다, 셋째, 교원노조의 조합원을 재직 중인 교원으로 한정하면 이러한 입법목적을 확보하는데 기여하므로 입법목적 달성에 적절한 수단이라 할 수 있다, 넷째, 교원노조는 교원의 근로조건에 직접적이고 중대한 영향력을 행사하는데 해고된 교원 등에게 교원노조를 설립하거나 그에 가입하여 활동할 수 있도록 하는 것은 이들이 교원노조의 의사결정 과정에 개입하여 현직 교원의 근로조건에 영향을 미치는 결과를 초래할 수 있다는 점, 교원노조법상 혜택을 누릴 수 없는 사람들에게까지 이를 부여하는 결과를 야기하게 될 수 있어 오히려 교원의 근로조건 향상을 위하여 활동하여야 하는 교원노조의 자주성을 해할 우려도 있다는 점, 공사립을 불문하고 교원의 근로조건은 법령 · 조례 및 예산에 따라 결정된다는 점, 해고된 교원이나 구직자는 노동조합법에 따른 노조를 설립할 수 있다는 점, 이미 설립신고를 마친 교원노조의 법상 지위를 박탈할 것인지 여부는 이 사건 법외노조통보 조항의 해석 내지 법 집행의 운용에 달린 문제라는 점

등을 이유로 침해의 최소성에 위반되지 않는다. 다섯째, 교원노조 및 구직 중인 교사자격취득자나 해고된 교원이 입게 되는 불이익은 이들을 조합원으로 하여 교원노조법에 의한 교원노조를 설립하거나 가입할 수 없는 것일 뿐, 이들의 단결권 자체가 박탈된다고 할 수 없으므로 그 제한의 정도가 크지 않은 반면에, 현실적으로 초·중등 교원으로 근무하지 않는 사람들이 교원노조를 설립하거나 교원노조에 가입하여 교원노조법상 단체교섭권 등 각종 권한을 행사할 경우 발생할 교원노조의 자주성에 대한 침해는 중대하므로 양자의 법익을 비교해 볼 때 이 사건 법률조항은 법익의 균형성도 갖추었다. 결론적으로 위와 같은 이유로 이 조항은 헌법에 위반되지 않는다.[28]

그러나 시·도 단위 또는 전국 단위의 교원노조만 설립 가능한 상황에서 해고된 교원 등을 포섭하는 것이야말로 교원노조법 제4조 제1항이 원래 의도한 것은 아니지만 그 의미를 살릴 수 있는 것이고 다른 직업을 얻는 것이 상대적으로 쉽지 않은 교사라는 직업의 특성을 반영한 것이다. 그리고 다수의 해직 교원이 부당해고를 다투는 교원소청심사위원회에 의한 불복 절차를 배제한 채 일반 노동자를 대상으로 하는 노동위원회에 의한 불복 절차만을 조합원 유지의 예외 사유로 규정하고 있는 것은 적절하지 못하다.[29] 이 조문이 위헌인지는 헌법이론적 관점에서 좀 더 분석적인 연구가 필요하다.[30] 그러나 적어도 입법정책적으로 타당하지 않은 것만은 분명해 보인다. 입법론적 개선을 기대한다.

(4) 단체협약 대상의 불명확성에 대한 입법정책적 문제점

단체협약의 대상과 관련하여, 우리 교원노조법은 이미 본 제6조 제1항에서 "노동조합의 대표자는 그 노동조합 또는 조합원의 임금, 근무 조건, 후생복지 등 경제적·사회적 지위 향상에 관하여" 하도록 규정하고 있다. 그러면서도, 단체협약의 효력을 규정하는 제7조에서 "제6조 제1항에 따라 체결된 단체협약의 내용 중 법령·조례 및 예산에 의하여 규정되는 내용과 법령 또는 조례에 의하여 위임을 받아 규정되는 내용은 단체협약으로서의 효력을 가지지 아니한다(제1항)", "교육부장관, 시ㆍ도 교육감 및 사립학교 설립ㆍ경영자는 제1항에 따라 단체협약으로서의 효력을 가지지 아니하는 내용에 대하여는 그 내용이 이행될 수 있도록 성실하게 노력하여야 한다(제2항)"고 규정하여, 단체협약의 대상이 어디까지인지 모호하게 하는 결과를 가져왔다.

이러한 이유로 단체협약의 최일선에서 교원노조는 그 대상을 매우 폭넓게 해석하여 요구하는 반면, 교육부장관 등은 그 대상을 좁게 해석하려는 경향을 보이고 있다. 이에 따라 구체적인 교섭을 하기도 전에 그 대상에 대한 다툼으로 대립이 발생하고 있다.[31]

우선 이에 대한 헌법이론적인 문제는 없어 보인다. 그러나 단체교섭의 대상과 효력을 연계하여 좀 더 정치하게 이를 다시 규정하는 것이 타당하다. 그리고 단체교섭의 대상을 조금 더 구체적으로 규정하는 것이 단체협약의 최일선에서 괜한 분쟁을 줄이는 가장 좋은 방법이다. 입법론적 개선을 기대한다.

(5) 쟁의행위 금지에 대한 헌법적 평가

교원노조법 제8조는 "노동조합과 그 조합원은 파업, 태업 또는 그 밖에 업무의 정상적인 운영을 방해하는 일체의 쟁의행위를 하여서는 아니된다"고 규정하여 쟁의행위를 전면적으로 금지하고 있다.

우선 공무원인 교원은 "공무원인 근로자는 법률이 정하는 자에 한하여 단결권ㆍ단체교섭권 및 단체행동권을 가진다"고 규정하고 있는 헌법 제33조 제2항 해석론 및 공무원의 단체행동권 제한을 정당화하는 여러 주장[32]에 의하여 정당화될 수 있기 때문에 곧바로 위헌의 문제가 발생하지는 않는다.[33] 그러나 사립학교 교원에게도 헌법 제33조 제1항에 의해 보장되는 단체행동권의 핵심인 쟁의행위를 전면적으로 금지하고 있는 점은 이 규정이 위헌이 아닐지 의심을 불러일으킨다.

그러나 노동3권의 세부 권리는 밀접한 연관이 있지만 각기 독자적인 성격을 지니고 있고,[34] 단체행동권의 핵심인 쟁의행위를 전면적으로 금지하였다고 하여 곧 위헌의 문제가 발생하는 것은 아니라 해석하는 것이 타당하다.[35] 한편, 교원노조법 제8조는 노동3권을 제한하는 규정이므로 이를 근거로 교원의 모든 집단적 행위를 제한하여서는 안된다는 점을 유념하여야 한다.[36]

(6) 정치활동의 금지에 대한 헌법적 문제점

이미 서술한 것처럼 현행 교원노조법은 "교원의 노동조합(이하 "노동조합"이라 한다)은 일체의 정치활동을 하여서는 아니 된다"고 규정하여, 교원노조의 정치활동을 금지하고 있다.

이에 대하여 일부 견해는 "교원단체의 정치활동은 우선 교원 개인의 정치활동의 연장선에서 고려되어야 한다. 개인 자격의 정치활동은 그것이 집단화될 수 있을 때 의미를 가지기 때문이다. 또한 교원단체의 정치활동은 교원단체가 실효성 있는 이익단체로서 활동하는 데 필요적으로 수반되는 권리인 동시에 법인 혹은 비법인사단으로서 누리는 본원적인 기본권행사로서의 의미를 지닌다"[37]고 전제하고, 이러한 이유로 교원노조의 "정치활동을 전면적으로 금지하는 것은 정치적 표현의 자유의 본질적 내용을 침해"[38]하는 것이며, 노동조합을 비롯한 일반단체가 선거운동을 할 수 있는데 비하여 교원노조만 선거운동을 할 수 없도록 한 것은 평등권도 침해한 것이라고 주장한다.[39]

그러나 이미 서술한 것처럼 이러한 주장은 다소 문제가 있다. 우선 모든 정치적 기본권을 일률적으로 재단할 것이 아니라, 정치적 표현의 자유, 선거운동의 자유, 정치자금의 기부, 선거권, 피선거권으로 나누어 좀 더 분석적으로 볼 필요가 있다. 그리고 교원노조와 교총[40]의 정치활동의 인정 여부는 원칙적으로 교원노조가 공동체 내에서 일정한 기능을 수행하기 위하여 정치활동이 필요하냐에 따라 독자적으로 이루어져

야지, "교원 개인의 정치활동의 연장선에서" 판단하여야 할 문제는 아니
다. 이렇게 보았을 때 모든 정치적 기본권을 교원노조에게 인정되어야
하는 것은 아닌 것으로 판단된다.

우선 이와 관련하여 헌법 제31조 제4항에서 말하는 교육의 정치적 중
립성은 교육의 당파성을 배제하여야 한다는 요청이라는 점을 명확히 할
필요가 있다. 교육의 주요한 목적 중 하나가 민주시민의 양성이므로 교
육은 정치와 긴밀한 관련이 있다. 그러므로 교육의 정치적 중립성을 정
치에 대한 무관심과 거리유지로 이해하는 것은 타당하지 않다. 이 점이
헌법 제5조 제2항의 국군의 정치적 중립성과 구별되는 점이다. 따라서
헌법 제31조 제4항에서 교원의 일체의 정치활동 금지, 나아가 교원노조
의 일체의 정치활동 금지를 도출할 수는 없다.[41] 엄밀하게 말하면 헌법
제31조 제4항과 교원노조법 제3조는 관련이 없다.

그리고 교원노조와 교총은 언론·출판의 자유의 주체가 될 수 있다.
교원노조나 교총은 독립된 의사를 결정할 수 있고, 그러한 의사를 집행
할 수 있는 조직을 갖추고 있기 때문이다. 그러나 이미 설명한 것처럼 법
인의 기본권 주체성 인정은 법인이 공동체 내에서 일정한 기능을 수행하
기 위하여 필요한 기본권을 인정하는 데 그 취지가 있으므로, 법인의 목
적의 범위 내에서 기본권 주체성을 인정하는 것이 타당하다. 따라서 교
원노조나 교총은 그 목적의 범위 내에서 언론·출판의 자유를 가질 수
있다. 이렇게 보았을 때 교원의 근로조건 및 교육정책에 관해서는 제한
없이 완전한 언론·출판의 자유를 가진다. 그러나 교육과 전혀 관계가
없는 정치적 쟁점에 관해서 언론·출판의 자유를 가지는 것은 아니다.

다음으로 교원노조와 교총이 선거운동의 자유의 주체가 될 수 있는
가? 이에 관해서는 부정적으로 해석하는 것이 타당하다. 선거제도는 민
주주의원리를 실현하기 위한 방법의 하나인 대의제도를 실현하기 위하
여 대표자를 선출하는 제도이다. 선거운동의 자유는 이러한 선거과정에
직접적인 참여를 의미한다. 그런데 민주주의원리에서 정치적 공동체를

창설하고, 국가기관을 구성하고 운영하는 것은 주권자의 지위에 있는 '개인'이다. 여기서 개인은 자연인을 말하며 법인 또는 단체를 포함하는 개념이 아니다.[42] 그런데 선거운동은 정치사회에서 국가기관을 구성하여 운영하는 데 직접적으로 작용하는 것이다. 따라서 법인 또는 단체에게 선거운동의 자유를 인정하면 법인 또는 단체가 주권자의 지위에 있는 개인과 경쟁하게 되어, 결과적으로 법인 또는 단체가 주권자의 지위를 차지하게 되어 민주주의원리에 위반된다.[43] 또한 법인 또는 단체가 선거운동을 하기 위해서는 의사의 형성이 필요한데, 조직 내에서 당해 사안에 대하여 만장일치에 의한 의사결정이 아니라면 그 과정에서 필연적으로 개인의 의사의 왜곡을 초래한다. 누구를 위해서 선거운동을 할 것인지 의사를 형성하는 과정에서 만약 일치가 아니라면, 다수결이나 특정인의 의사에 따라 의사를 결정할 수밖에 없게 되는데, 이렇게 다수결이나 특정인의 의사에 따라 선거운동을 하는 것을 결정하게 되면, 그러한 의사가 아닌 개인은 결과적으로 자신의 의사와 배치되는 선거운동을 하는 결과를 초래한다.[44] 따라서 교원노조와 교총이 소속 교원과 독립하여 스스로 선거운동의 자유의 주체가 될 수 없다고 판단하는 것이 타당하다. 교원노조와 교총의 소속 교원은 자신이 판단하여 자신의 이름으로 선거운동을 하거나 뜻을 같이 하는 교원끼리 별도의 단체를 만들어 그 명의로 선거운동을 하는 것이 타당하다.[45]

　　나아가 교원노조와 교총이 정치자금을 기부할 수 있는 자유의 주체가 될 수 있는가? 이에 관해서도 앞서 교원노조와 교총의 선거운동의 자유를 인정하는 것이 타당하지 않다는 논리가 그대로 적용될 수 있다. 따라서 교원노조와 교총이 소속 교원과 독립하여 스스로 정치자금을 기부할 수 있는 자유의 주체가 될 수 없다고 판단하는 것이 타당하다. 교원노조와 교총의 소속 교원은 자신이 판단하여 자신의 이름으로 정치자금을 기부하는 것이 타당하다.

4. 한국교원단체총연합회 규율의 문제점

(1) 한국교원단체총연합회의 법적 지위와 그에 대한 헌법적 평가

우리 헌법 제21조 제1항은 "모든 국민은 언론·출판의 자유와 집회·결사의 자유를 가진다"고 규정하여 결사의 자유를 명문으로 규정하고 있다. 결사의 자유란 특정의 다수인이 정치적, 경제적, 문화적 등 어떠한 공동의 목적을 가지고 어느 정도 계속적으로 결합한 자율적인 결합체를 말한다. 이러한 결사 중 노동조합은 헌법 제33조에 의하여 헌법상 가중된 보호를 받는다.[46] 그러나 공공목적에 의하여 국가가 조직한 특수단체나 공법의 결사는 국가의 개입으로 자율성을 가지지 않기 때문에 결사의 보호대상에 포함되지 않는다.[47]

교총은 「교육기본법」 제15조에 근거한 사단법인으로, 교원이 상호협력하여 "교육의 진흥과 문화의 창달에 노력하며, 교원의 경제적·사회적 지위를 향상"하는 공적인 목적을 달성하기 위한 공법인의 성격을 가지는 동시에, 공권력을 행사하지 않고 회원의 가입 및 탈퇴가 자유로운 사법인의 성격도 가진다.[48] 비록 교총이 공적인 목적을 달성하기 위하여 「교육기본법」에 근거를 두고 설립된 조직이지만 그 설립이 강제되지 않고 어떠한 공권력을 행사하지 않으며, 회원의 가입 및 탈퇴가 강제되는 것이 아니기 때문에, 헌법 제21조 제1항의 결사의 자유의 보호대상이 포함되는 단체라고 해석하는 것이 타당하다.

그리고 교총은 결사의 자유의 주체가 될 수 있고, 그 한 내용으로서 단체 활동의 자유가 있다.[49]

교총은 노동조합이 아닌 「교육기본법」에 근거한 특수법인으로 보는 것이 타당하다. 현행법이 교총의 교섭할 수 있는 권리를 단체교섭권이라고 표현하지 않고, 교섭·협의권이라고 표현하고 있는 점, 교총에게 교섭·협의권을 인정하면서도 별도로 단체협약권을 인정하지 않은 점, 교섭·협의권의 대상에 교원의 전문성에 관한 사항을 포함한 점, 「교육기본법」제15조가 현행 교총과 같은 유일한 교원단체를 예정하고 있지 않음에도 불구하고, 어느 교원단체가 교섭·협의권을 가지는지 명시하지 않아 결과적으로 모든 교원단체에 교섭·협의권을 인정하는 것으로 해석될 수 있는 현행법의 태도 등은 우리 입법자가 이와 같은 전제하에서 입법한 것이라 짐작된다. 이러한 의미에서 교총은 교원노조와 다른 기능을 수행하여야 하며, 입법자는 교총이 교원노조와 다른 기능을 수행하는 법인으로 운영될 수 있도록 배려하여야 한다.[50]

그러나 좀 더 근본적으로 국가와 사회의 관계의 관점에서 국가가 특별히 교총을 설립·운영할 수 있는 근거를 마련하고, 지원하는 것에 대한 해명이 필요하다. 널리 알려진 것처럼 우리 헌법은 국가(정부)와 사회의 구별을 전제로 하고 있다.[51] 헌법은 국가가 개인의 기본권을 최대한 보장하도록 명시하고(제10조) 개인의 자율적 활동을 제한하는 기본권의 제한은 국가안전보장, 질서유지, 공공복리를 위해서 필요한 최소한의 경우에만 가능하도록 하여(제37조 제2항) 사회의 자율성을 보호하고 있다. 나아가 신체장애 및 질병·노령 기타의 사유로 생활능력이 없는 국민은 국가의 보호를 받는다(제34조 제5항)고 규정하여 생활수단을 마련하고 생활여건을 조성하는 것은 제1차적으로 개인의 자율적인 노력에 의한 일임을 명백히 하고 있다. 그러므로 우리 헌법질서 내에서 사회의 자율적인 영역에 대한 국가의 개입은 필요한 경우에 한하여 인정되어야 한다.[52, 53] 그럼에도 교원노조가 활발히 활동하여 적어도 교원의 경제적·사회적 지위 향상에 이바지하고 있는 헌법현실에서 국가가「교육기본법」에 근거하여 특수한 교원단체를 설립·운영할 수 있는 근거를 두고 지원을 하는 공익은 무엇인가? 교원노조는 "교육의 진흥과 문화의 창달"에 대한 노력이 미흡하기 때문인가? 교총에 대한 국가의 이와 같은 행위의 헌법적 정당성에 대하여 좀 더 적극적인 해명이 필요하다.

(2) 교섭·협의권과 그 효력의 규율

이미 살펴본 것처럼 교총은 1991년 「교원지위향상을 위한 특별법」에 근거하여 교원의 전문성 신장과 지위 향상을 위하여 교육부장관이나 교육감과 교섭·협의권을 인정받고 있다.

1989년 전교조가 조직되자 이를 무력화하기 위하여 교총에 교섭·협의권을 인정한 것으로 이를 어떻게 평가하여야 하는지 의문이다. 교원노조는 노동조합으로서, 헌법상 제33조에 근거하여 단체교섭권을 당연히 가질 수 있다. 그러나 교총의 경우 그것은 필연은 아니다. 따라서 교총의 교섭·협의권은 교원노조의 단체교섭권과 달리, 헌법상의 권리가 아니라 「교원지위향상을 위한 특별법」 제11조에 근거한 법률상의 권리로 보는 것이 타당하다.

이미 서술한 것처럼 교총은 교원노조와 다른 기능을 수행하여야 하며, 입법자는 교총이 교원노조와 다른 기능을 수행하는 법인으로 운영될 수 있도록 배려하여야 한다. 이렇게 보았을 때 교총이 비록 그 이름은 달리하고 있지만, 교원지위향상법에서 교섭·협의권의 대상으로 근무조건을 명시하고(제12조), 이를 구체화한 「교원지위향상을 위한 교섭·협의에 관한 규정」 제3조에서 근로시간, 휴게, 휴무 및 휴가에 관한 사항 등을 나열하고, 기타 근무조건에 관한 사항이라는 포괄적 일반 조항을 두고 있는 것 등은 「교육기본법」의 취지에 충실하지 못한 입법이라고 할 수 있다.[54] 오히려 교총의 교섭·협의권은 교원이 교육정책에 참여할 수 있는 통로로서 기능할 수 있도록 설계하는 것이 「교육기본법」의 취지에 부합한다.

한편, 「교육기본법」 제15조는 이 규정에 근거하여 조직할 수 있는 단체에 대하여 개방적 태도를 취하고 있다. 따라서 교총 이외의 단체가 이 규정에 근거하여 조직될 가능성도 있다. 그럼에도 이와 같이 복수의 단체가 설립·운영될 경우 교섭·협의권을 어떻게 할 것인가에 대한 규정이 없다. 따라서 현행법의 해석론상 이 규정에 근거하여 조직된 모든 단

체는 교섭·협의권을 가지는 것으로 해석하여야 한다.[55]

(3) 그 밖의 쟁점

이미 설명한 것처럼 교총은 그 목적의 범위 내에서 언론·출판의 자유를 행사하는 것이 타당하다. 이렇게 보았을 때 교육정책에 관해서는 언론·출판의 자유를 행사하는 것이 타당하지만, 교육과 관련 없는 순수한 정치적 쟁점에 관해서 언론·출판의 자유를 행사하는 것은 타당하지 않다.

한편 교총은 현행 「공직선거법」 제87조 제1항 제8호에 해당하여 그 기관의 명의 또는 그 대표자의 명의로 선거운동을 할 수 없으며, 이것은 앞서 살펴본 것처럼 헌법상 민주주의원리에 근거하여 타당한 입법이다. 한편, 교총은 현행 「정치자금법」 제31조에 따라 정치자금을 기부할 수 없도록 되어 있으며, 이것도 앞서 살펴본 것처럼 헌법상 민주주의원리에 근거한 타당한 입법이다.

Ⅳ. 결론

이상의 논의를 정리하면 다음과 같다.

첫째, 교원단체란 교원이 교원의 지위를 향상시키고 권익을 보호하기 위한 결사체를 말한다. 현재 이와 같은 역할을 수행하기 위한 결사체는 「교육기본법」 제15조에 근거하여 구성, 운영되고 있는 교총과, 교원노조법에 근거하여 구성, 운영되고 있는 전교조, 한교조, 자유교조, 대교조가 있다.

둘째, 현행법상 교원단체의 규율은 이원적이나. 교총은 교원이 헌법 제21조 결사의 자유에 근거하여 설립하고 운영하는 단체로 「교육기본법」 상 인정되는 특수법인으로, 「교육기본법」, 교원지위향상법 등에 의하여 규율되고, 교원노조는 헌법 제33조 노동3권에 의하여 설립하고 운영하는 노동조합으로, 교원노조법 등에 의하여 규율된다.

셋째, 우리 헌법은 대다수 나라의 헌법과 같이 교원단체에 관한 명시적인 규정을 전혀 두고 있지 않아, 이에 관한 헌법적 윤곽은 전적으로 해석론에 맡겨져 있다. 교원단체의 헌법적 윤곽은 우리 헌법상 교육조항인 헌법 제31조 각 항의 해석론과 제21조, 제33조 등의 해석론, 교원의 기본권에 대한 해석론을 통하여 제시된다.

넷째, 교원노조나 교총은 당해 단체가 공동체 내에서 일정한 기능을 수행하기 위하여 필요한 범위 내에서 당해 기본권의 성질상 인정할 수 있는 경우에는 기본권 총론적 차원에서 기본권의 주체성을 인정할 수 있다.

다섯째, 교원노조법은 국·공립학교 교원과 사립학교 교원이라는 근본적인 차이를 무시하고 동일하게 규율하는 오류를 범하고 있다. 이러한 오류는 세부적인 쟁점에서 양자를 동일하게 취급하여 헌법 제11조의 평등권을 침해하는 결론을 가져오게 된다.

여섯째, 교원노조법은 노조의 설립단위를 특별시·광역시·도·특별자치도 또는 전국 단위로 제한하고 있으며, 단체교섭과 협약체결도 교육부장관, 시·도 교육감 또는 사립학교 설립·경영자의 전국 또는 시·도 단위 연합체와 하도록 규율하고 있다. 이것은 노동조합의 단결권, 단체교섭권을 침해하는 위헌적인 입법이다. 노동조합 설립단위의 제한 규정은 삭제하는 것이 타당하다.

일곱째, 교원노조법은 얼마 전까지만 해도 해고된 교원 등에 대하여 조합원 자격을 인정하지 않고 있었다. 이것은 교원노조의 설립 단위를 시·도 단위 또는 전국 단위로 제한한 현행법하에서 교원노조의 단결권을 지나치게 제한하는 것이며, 다수의 해직 교원이 부당해고를 다투는 교원소청심사위원회에 의한 불복 절차를 배제한 채 일반 노동자를 대상으로 하는 노동위원회에 의한 불복 절차만을 조합원 유지의 예외 사유로 규정하고 있는 것은 적절하지 못한 것이었다. 다행히 최근 이 규정은 현직 교원뿐 아니라 교원으로 임용되어 근무하였던 사람으로서 노동조합 규약으로 정하는 사람도 교원노조에 가입할 수 있도록 개정되었다(법 제4조의2). 바람직한 변화이다.

여덟째, 단체교섭의 대상과 효력을 규정하는 교원노조법 제6조와 제7조는 그 의미가 명확하지 않아, 단체협약의 대상이 어디까지인지 모호하게 하는 결과를 가져왔다. 그 결과 단체교섭 현장에서 교섭 이전에 그 대상성 여부로 인한 대립과 파행이 만연해 있다. 헌법이론적인 문제는 없어 보이지만, 단체교섭의 대상과 효력을 연계하여 좀 더 정치하게 이를 다시 규정하는 것이 타당하다.

아홉째, 교원노조법은 교원노조의 일체의 정치활동의 금지를 규정하고 있지만, 교원노조와 교총은 그 목적의 범위 내에서 언론·출판의 자유를 가질 수 있다. 이렇게 보았을 때 교원의 근로조건 및 교육정책에 관해서는 제한 없이 완전한 언론·출판의 자유를 가진다. 그러나 교육과 전혀 관계가 없는 정치적 쟁점에 관해서 언론·출판의 자유를 가지는 것은 아니다. 한편 교원노조나 교총은 그 명의 또는 대표의 명의로 하는 선거운동의 자유와 정치자금을 기부할 수 있는 자유가 없는 것으로 해석하는 것이 타당하다.

열째, 교총은 「교육기본법」에 근거한 특수법인으로 보는 것이 타당하며, 이러한 의미에서 교총은 교원노조와 다른 기능을 수행하여야 하고, 입법자는 교총이 교원노조와 다른 기능을 수행하는 법인으로 운영될 수 있도록 배려하여야 한다. 그러나 좀 더 근본적으로 국가와 사회의 관계의 관점에서 국가가 특별히 교총을 설립·운영할 수 있는 근거를 마련하고, 지원하는 것에 대한 적극적인 해명이 필요하다.

열한째, 교총은 교원지위법에 근거하여 교원의 전문성 신장과 지위 향상을 위하여 교육부장관이나 교육감과 교섭·협의권을 인정받고 있다. 이는 교원노조의 단체교섭권과 달리, 헌법상의 권리가 아니라 교원

지위법 제11조에 근거한 법률상의 권리로 보는 것이 타당하다. 교총은 교원노조와 다른 기능을 수행하여야 하므로, 교섭·협의의 대상에서 근무조건은 삭제하고, 교원이 교육정책에 참여할 수 있는 통로로서 기능할 수 있도록 설계하는 것이 타당하다.

　교육은 결국 교실에서 선생님에 의하여 학생에게 이루어지는 구조임을 고려하면, 교원의 중요성은 아무리 강조해도 지나치지 않는다. 이러한 측면에서 교원의 지위를 향상시키고 권익을 보호하기 위한 결사체인 교원단체의 규율은 중요한 의미를 가진다. 우리 교원단체가 이와 같은 본연의 기능을 수행할 수 있는 방향으로 규율되길 기원하며 글을 맺는다.

미주

* 원출처: 정필운, "교원단체 규율에 대한 헌법이론적 검토", 「헌법학연구」 제21권 제 2호, 한국헌법학회, 2015, 311-342쪽. 이 글은 2012년 5월 11일 강원대학교 법학연구소가 개최하는 정기학술대회에서 "교원단체 규율에 대한 비판적 검토: 헌법이론적 관점에서"라는 제목으로 발표한 발표문을 수정하고 보완한 것이다. 지면을 통하여 꼭 감사의 인사를 드려야 할 분들이 있다. 우선 교원단체의 현황과 법적 쟁점에 관하여 많은 토론을 했던 한국교육개발원 교원노사관계지원센터 연구원들께 감사의 인사를 드린다. 그리고 심사 원고를 꼼꼼하게 읽고 날카로운 비판과 따뜻한 격려를 해 주신 세 분 심사위원님께 감사의 인사를 드린다.

1 예를 들어, 이일용, 이시우, 이기성, 이명균, 「교원단체 교섭제도 효율화 방안 연구」, 한국교원단체총연합회, 2004.12.

2 대표적인 선행연구로 김유환, 이상윤, 박종보, 김종철, 「교원단체의 법적 지위」, 한국교육개발원, 2005(이하 '김유환 외, 앞의 글'로 줄인다)이 있다. 이 글은 이 선행연구에 빚진 바 크다. 김유환, 이상윤, 박종보, 김종철 교수님께 지면을 통하여 감사의 인사를 드린다. 김종철, "교원단체의 법적 지위와 관련한 교육법적 문제", 「한국교육법연구」 제8권 제2호, 한국교육법학회, 2005; 박종보, "교원단체의 법적 지위와 관련한 헌법적 문제", 「한국교육법연구」 제8권 제2호, 한국교육법학회, 2005 는 이 연구와 주장을 같이하므로 편의상 이 연구를 인용한다.

3 이에 관해서는 윤달원 외, 「주요국의 교원단체 현황 분석 및 시사점」, 한국교육개발원, 2012, 27-36, 82-103쪽과 각 교원단체의 홈페이지의 내용을 정리하였다.

4 일부에서는 교총을 교원단체로, 이 교원단체와 교원노조를 포괄하는 상위개념으로 교직단체라는 표현을 사용하기도 한다. 김유환 외, 앞의 글, 46쪽.

5 한국노동연구원, 「교원노동조합 활동의 사회적 정합성 연구」, 2010, 10쪽.

6 이 과정에서 서울고등법원이 제청한 교원노조법 제2조에 대한 위헌법률심판에서 헌법재판소는 합헌 결정을 하였다(헌재 2015. 5. 28. 2013헌마671 등). 이 결정에 관해서는 Ⅲ. 3. (3) 참고.

7 교원노조법 제3조(정치활동의 금지) 교원의 노동조합(이하 "노동조합"이라 한다)은 일체의 정치활동을 하여서는 아니 된다.

8 「정치자금법」 제31조(기부의 제한) ① 외국인, 국내·외의 법인 또는 단체는 정치자금을 기부할 수 없다.
   ② 누구든지 국내·외의 법인 또는 단체와 관련된 자금으로 정치자금을 기부할

수 없다.

9 「공직선거법」제87조(단체의 선거운동금지) ① 다음 각 호의 어느 하나에 해당하는 기관·단체(그 대표자와 임직원 또는 구성원을 포함한다)는 그 기관·단체의 명의 또는 그 대표의 명의로 선거운동을 할 수 없다.

   1. 국가·지방자치단체
   2. 제53조(공무원 등의 입후보)제1항제4호 내지 제6호에 규정된 기관·단체
   3. 향우회·종친회·동창회, 산악회 등 동호인회, 계모임 등 개인간의 사적모임
   4. 특별법에 의하여 설립된 국민운동단체로서 국가 또는 지방자치단체의 출연 또는 보조를 받는 단체(바르게살기운동협의회·새마을운동협의회·한국자유총연맹을 말한다)
   5. 법령에 의하여 정치활동이나 공직선거에의 관여가 금지된 단체
   6. 후보자 또는 후보자의 가족(이하 이 항에서 "후보자등"이라 한다)이 임원으로 있거나, 후보자등의 재산을 출연하여 설립하거나, 후보자등이 운영경비를 부담하거나 관계법규나 규약에 의하여 의사결정에 실질적으로 영향력을 행사하는 기관·단체
   7. 삭제
   8. 구성원의 과반수가 선거운동을 할 수 없는 자로 이루어진 기관·단체

10 「교육기본법」제15조 (교원단체) ① 교원은 상호 협동하여 교육의 진흥과 문화의 창달에 노력하며, 교원의 경제적·사회적 지위를 향상시키기 위하여 각 지방자치단체와 중앙에 교원단체를 조직할 수 있다.
   ② 제1항에 따른 교원단체의 조직에 필요한 사항은 대통령령으로 정한다.

11 교원지위향상법 제11조(교원의 지위 향상을 위한 교섭·협의) ① 「교육기본법」제15조제1항에 따른 교원단체는 교원의 전문성 신장과 지위 향상을 위하여 교육감이나 교육부장관과 교섭·협의한다.
   ② 교육감이나 교육부장관은 제1항에 따른 교섭·협의에 성실히 응하여야 하며, 합의된 사항을 시행하기 위하여 노력하여야 한다.

12 김유환 외, 앞의 글, 10쪽.

13 김유환 외, 앞의 글, 10쪽 이하.

14 다만, 헌법 제31조의 해석론과 교원의 기본권에 대한 해석론은 필요한 부분에서 관련되는 한도에서만 서술하였다. 이에 대한 일반론적 설명은 전광석, 『한국헌법론』, 집현재, 2011, 367-372쪽; 정종섭, 『헌법학원론』, 박영사, 2012, 758-779쪽; 노기호, 『헌법 주석서 Ⅲ』, 법제처, 2010, 268-311쪽.

15 전광석, 앞의 책, 208-209쪽; 정종섭, 앞의 책, 318쪽; 헌재 1991. 6. 3. 90헌마56.

16 이러한 이론은 민법상 법인 또는 단체의 권리능력 인정의 이론에서 차용하여 온 것이다. 이에 관해서는 곽윤직, 『민법총칙』, 박영사, 2011 참고. 그러나 헌법상 기본

권의 주체성 인정이 민법상 법인 또는 단체의 권리능력의 인정과 동일하여서는 안 된다. 따라서 민법에서는 법률의 규정과 법인의 정관으로 정한 목적의 범위 내에서 권리능력을 인정하고 있지만, 법인 또는 단체의 기본권 주체성의 인정에서는 적어도 '법률의 규정'에 따라 그 인정 여부가 좌우되서는 안 된다. 논리적으로 법인 또는 기본권의 권리능력 인정에 관한 규정의 제정은 기본권 주체성의 인정 여부의 판단 이후의 단계이다.

17 정종섭, 앞의 책, 319-320쪽; 헌재 1995. 7. 1. 92헌마177.

18 이상 정종섭, 앞의 책, 318쪽.

19 김형배, 『노동법』, 박영사, 2012, 749-776쪽; 이상윤, 『노동법』, 박영사, 2011, 514-527쪽.

20 교총의 법적 지위에 관한 분석적인 서술은 Ⅲ. 4. (1) 참고.

21 예를 들어, 교총과 교원노조는 선거권, 피선거권, 교육기본권(교육받을 권리)과 같이 기본권의 성질상 자연인을 전제로 한 기본권에 대해서는 그 주체성을 인정할 수 없다. 정종섭, 앞의 책, 320쪽 참고.

22 김진곤, "헌법상 노동3권의 보호와 제한에 관한 연구", 연세대학교 대학원 법학과 박사학위논문, 2007. 2., 79-80쪽; 헌재 1991. 7. 22. 89헌가106; 대판 2006. 5. 26. 2004다62597.

23 정종섭, 앞의 책, 693쪽 참고.

24 미국에서도 국·공립학교와 사립학교 교원은 근본적으로 다르다고 인정하고, 차별적으로 규율하고 있다. Kern Alexander, M. David Alexander, American Public School Law, Wadsworth, 2009, pp.983-984.

25 국·공립학교 교원과 사립학교 교원 간의 신분상 차이보다는 업무의 특성의 측면에서 동질성을 강조하며, 양자를 구분해서 입법하는 것이 반드시 더 우월한 입법방식이라고 평가할 수 없다는 주장도 있다. 김진곤, 앞의 글, 83-84쪽.

26 같은 견해로는 김유환 외, 앞의 글, 37쪽.

27 이상 정필운, "공립학교 초중등교원의 헌법적 지위", 「한국부패학회보」 제18권 제3호, 한국부패학회, 2013, 235-236쪽.

28 헌재 2015. 5. 28. 2013헌마671 등.

29 이러한 점에서 위 헌법재판소 결정에서 김이수 재판관의 반대의견이 돋보인다.

30 이 책 제13장 참고.

31 이상 정필운, 앞의 글, 236쪽.

32 이에 관해서 자세한 것은 김진곤, 앞의 글, 168-172쪽

33 미국에서도 국·공립학교 교원의 단체행동권을 금지하는 입법은 연방이나 주헌법상 평등권을 침해하는 것이 아니라는 것이 일반적인 견해이다. Kern Alexander, M. David Alexander, op.cit., p.985.

34 이에 관해서 자세한 것은 김진곤, 앞의 글, 22-24쪽. 이와는 달리 노동3권을 서로 밀접한 관련을 가지는 일체의 권리로 이해하고, 그 어느 하나의 권리가 결여되거나 크게 제한되는 경우 노동3권은 불완전하거나 실효성이 없는 권리로 이해하는 견해 도 있다. 예를 들어, 이상윤, 앞의 책, 127-130쪽.

35 전광석, "노동쟁의조정법 제12조 제2항에 대한 헌법소원", 『헌법판례연구』, 법문 사, 2000, 292-293쪽. 이와 반대로 쟁의행위의 전면적 금지는 헌법적 정당성이 약하다고 주장하며, 비례의 원칙 등 헌법정신에 반한다는 견해도 있다. 김유환 외, 앞의 글, 79쪽.

36 김진곤, 앞의 글, 127쪽.

37 김유환 외, 앞의 글, 41쪽.

38 김유환 외, 앞의 글, 41쪽.

39 김유환 외, 앞의 글, 41쪽.

40 이 논의는 교원노조와 교총 모두에 적용될 수 있는 것이므로, 논의의 편의상 교총 도 함께 이 곳에 논의한다.

41 이상 정필운, 앞의 글, 228-229쪽.

42 정종섭, "정치자금제도의 문제점과 개혁 방안", 『헌법연구(2)』, 철학과 현실사, 1996, 159쪽.

43 양건, 『헌법연구』, 법문사, 1995, 548쪽 취지 참고.

44 이러한 측면에서 현재 「공직선거법」 제87조는 헌법이론적 측면에서 문제가 있어 개 정이 필요하다. 현행법이 이와 같이 헌법이론에 부합하지 않으므로, 실제 이를 해 석하여 적용하는 법원에서는 이를 제한적으로 해석하여 입법론적 문제점을 완화하 고 있다. 예를 들어, 대법원 2002. 3. 12, 2001도6511에서 대법원은 군농민회가 특 정 후보에 대한 지지를 결정한 내용이 포함된 유인물을 단체구성원이 아닌 불특정 다수인에게 배포한 경우 및 지지후보 결정내용이 포함되지 아니한 채 특정 후보에 대한 지지·반대의 내용이 담긴 유인물을 소속구성원과 불특정 다수인에게 배포한 경우는 공직선거및선거부정방지법상 특정 후보의 지지 등이 허용되는 단체라고 하 여도 위법한 선거운동방법이라고 판결하였다.

45 한편 교원의 정치적 행위를 전면 금지하고 있는 현행 국가공무원법 제65조는 문제 가 있다.

46 이상 정종섭, 앞의 책, 608-609쪽.

47 헌재 1994. 2. 24. 92헌바43 등.

48 이에 관한 자세한 논의는 김유환 외, 앞의 글, 53-60쪽 참고. 이 글에서는 논의 끝 에 교총을 공법인으로 결론지었다. 다만, 이 결론은 분쟁발생 시의 절차와 원칙적 인 준거법이 헌법과 이를 구체화한 교육법이라는 의미이며 구체적인 상황에서 교 원단체가 수행하는 기능에 따라 사법원리와 규정이 적용될 수 있는 가능성을 배제

하는 것이 아니라고 한다. 59-60쪽.

49 정종섭, 앞의 책, 610쪽 참고.

50 같은 취지로는 김진곤, 앞의 글, 99-100, 130-131쪽 참조. 이와 반대로 양자의 차
    이는 상대적인 것에 불과하고 본질적인 차이가 없다고 주장이 있다. 김유환 외, 앞
    의 글, 77-78쪽 참고.

51 국가와 사회의 관계에 관해 자세한 것은 허영, 『헌법이론과 헌법』, 박영사, 2006,
    166-189쪽.

52 이상 허영, 앞의 책, 2006, 197쪽.

53 교육영역에서 국가와 역할에 관해서는 이치가와 쇼우고 저, 김용 역, 『교육의 사사
    화와 공교육의 해체』, 교육과학사, 2013 참고.

54 이렇게 이해한다면 이원적 교섭구조로 인하여 행정력이 낭비되어 비효율적이라는
    비판은 부분적으로만 타당하다. 예를 들어, 강인수, "학교공동체의 안정적 발전을
    위한 교원단체의 역할과 과제", 『교육법학연구』 제16권 제1호, 2005. 6. 참고.

55 이러한 측면에서 "교원노조의 경우를 준용하여 단일화하는 것이 바람직하다"는 주
    장은 현행법의 해석론이 아니라, 입법론으로 이해된다. 김유환 외, 앞의 글, 74쪽.

제 13 장

해직교사는
교원노조의 조합원이 될 수 없는가?*

I. 문제 제기

「교원의 노동조합 설립 및 운영 등에 관한 법률」(이하 '교원노조법'으로 줄이기도 하였다)은 "이 법에서 "교원"이란 「초·중등교육법」 제19조 제1항에서 규정하고 있는 교원을 말한다. 다만, 해고된 사람으로서 「노동조합 및 노동관계조정법」 제82조 제1항에 따라 노동위원회에 부당노동행위의 구제신청을 한 사람은 「노동위원회법」 제2조에 따른 중앙노동위원회의 재심판정이 있을 때까지 교원으로 본다(제2조)"고 규정하여 해고된 교원, 계약기간이 종료된 기간제교원 등 일시적 실업상태에 있는 자로서 교원으로 취업할 의사와 능력이 있는 사람, 교원자격증을 소지하고 있으면서 교원으로서의 취업을 준비하는 예비 교원에 대하여 조합원 자격을 인정하지 않고 있다.

헌법재판소는 지난 2015년 5월 28일 이 조항에 대하여 합헌 결정(이하 '대상 결정'으로 줄이기도 하였다)을 하였다.[1] 그런데 이 결정에서 법정의견으로 제시된 다수의견은 현행 교원노조법의 기본적인 규율 구조를 전제로 미시적인 접근과 논증으로 합헌이라는 결론을 도출하고 있는 반면, 반대의견은 교원노조법의 기본적인 규율 구조를 비판적인 관점에서 접근하며 「노동조합 및 노동관계조정법」(이하 '노동조합법'으로 줄이기도 하였다)의 해석 등 노동법의 일반 이론에 기대어 위헌이라는 결론을 제시하고 있다.

이 글은 이 결정례 중 교원노조법 제2조에 대하여 헌법이론적 관점에서 검토하여 헌법재판소의 결정의 문제점과 그 대안을 제시하는 것을 목적으로 한다.[2] 이를 위하여 우선 헌법재판소의 결정례의 사실관계와 결정 내용을 살펴본다(Ⅱ). 그리고 노동법이론과 현행법령 및 판례에 입각하여 이에 대하여 비판적으로 검토한다(Ⅲ). 마지막으로 이상의 논의를 정리하며 글을 마친다(Ⅳ).

Ⅱ. 헌법재판소의 결정례[3]

1. 사건의 개요

청구인 전국교직원노동조합(이하 '전교조'라 줄이기도 하였다)은 교원노조법에 따라 1999. 7. 1. 설립된 전국 단위 '교원의 노동조합(이하 '교원노조'로 줄이기도 하였다)'이다. 청구인 갑 등은 전교조 소속 조합원들로서 소속 학교로부터 당연퇴직 등을 이유로 해고된 교원들이며, 청구인 을은 2009. 3. 1.부터 기간제 교원으로 근무해 온 사람이다.

피청구인 고용노동부 장관은 2013. 9. 23. 청구인 전교조에 대하여, 해고된 교원도 전교조의 조합원 자격을 유지한다고 정한 전교조 규약 부칙 조항을 교원노조법 제2조에 맞게 시정하고 교직에서 해고된 청구인 송○재 등의 전교조 가입·활동을 금지하도록 하면서, 30일 안에 이에 응하지 아니하는 경우 청구인 전교조를 위 법률에 의한 노동조합으로 보지 아니함을 통보할 예정이라는 내용의 시정요구를 하였다. 이에 청구인들은 교원노조법 제2조, '노동조합 및 노동관계조정법 시행령' 제9조 제2항 및 피청구인의 위 2013. 9. 23.자 시정요구가 청구인들의 단결권 등 헌법상 기본권을 침해한다고 주장하며, 2013. 10. 2. 그 위헌확인을 구하는 이 사건 헌법소원심판을 청구하였다.[4]

2. 심판의 대상

이 결정의 심판 대상은 다음과 같다.

교원의 노동조합 설립 및 운영 등에 관한 법률(2010. 3. 17. 법률 제 10132호로 개정된 것) 제2조(정의) 이 법에서 "교원"이란 초 · 중등교육법 제19조 제1항에서 규정하고 있는 교원을 말한다. 다만, 해고된 사람으로 서 '노동조합 및 노동관계조정법' 제82조 제1항에 따라 노동위원회에 부 당노동행위의 구제신청을 한 사람은 노동위원회법 제2조에 따른 중앙노 동위원회(이하 "중앙노동위원회"라 한다)의 재심판정이 있을 때까지 교원으 로 본다(이하 '대상 조항'으로 줄이기도 하였다).[5]

3. 법정의견

법정의견으로 제시된 8인의 다수의견은 교원노조법의 입법 연혁과 주요 내용을 살피고, 대상 조항의 의미를 검토하며 제한 기본권을 확정 한 후 심사기준으로 과잉금지원칙을 제시한 후 그에 대한 판단을 한 후 합헌이라는 결론을 도출하고 있다. 구체적인 것은 다음과 같다.

(1) 대상 조항의 의미 및 제한되는 기본권

교원노조법은 국가공무원법 제66조 제1항 및 사립학교법 제55조에 도 불구하고 교원의 근로3권 보장을 위하여 제정된 법으로, 교원노조의 설립과 교원 및 교원노조의 단체교섭권, 단체행동권 등에 관해 노동조 합법에서 정하고 있는 사항과 달리 정할 사항을 정하고 있다. 대상 조항 은 교원노조의 설립 주체인 교원의 범위를 초 · 중등학교에 재직 중인 교원으로 한정하여, 교육공무원법에 따라 교사자격을 취득하였으나 아직 임용 전이거나 구직 중에 있는 사람은 교원의 범위에서 제외된다. 한편, 대상 조항 단서에서는 교직에서 해고되는 경우에도 부당노동행위를 이 유로 구제신청을 하고 중앙노동위원회의 재심판정이 있는 때까지의 교 원에 한하여는 교원노조법상의 교원 지위를 인정하고 있다. 이에 따라 '교원지위향상을 위한 특별법(이하 '교원지위법'으로 줄이기도 하였다)'에 따른 교원소청심사청구 절차나 행정소송으로 부당해고를 다투는 경우에는 교 원노조법상의 교원에서 배제된다.

대상 조항은 교원의 근로조건에 관하여 정부 등을 상대로 단체교섭 및 단체협약을 체결할 권한을 가진 교원노조를 설립하거나 그에 가입하 여 활동할 수 있는 자격을 초·중등학교에 재직 중인 교원으로 한정하 고 있으므로, 해직 교원이나 실업·구직 중에 있는 교원 및 이들을 조 합원으로 하여 교원노조를 조직·구성하려고 하는 교원노조의 단결권 을 제한한다.

청구인들은 대상 조항에 따라 초·중등학교에서 정식 교원으로 채 용되어 근무하는 사람들과 비교하여 평등권이 침해된다고 주장한다. 그 런데 이 문제는 대상 조항에서 구직 중인 교원이나 해직 교원의 교원노 조 가입 자격을 제한하고 있는 데 기인하는 것이므로, 단결권 침해 여 부에 대해 판단하는 이상 평등권 침해 여부를 별도로 판단하지 않는다.

한편, 국제노동기구(ILO)의 '결사의 자유 위원회', 경제협력개발기구 (OECD)의 '노동조합자문위원회' 등이 우리나라에 대하여 재직 중인 교사 들만이 노동조합에 참여할 수 있도록 허용하는 것은 결사의 자유를 침해 하는 것이므로 이를 국제기준에 맞추어 개선하도록 권고한 바 있다. 하 지만 이러한 국제기구의 권고를 위헌심사의 척도로 삼을 수는 없고, 국 제기구의 권고를 따르지 않았다는 이유만으로 대상 조항이 헌법에 위반 된다고 볼 수 없다.

(2) 대상 조항의 위헌 여부

(가) 심사 기준

헌법 제33조 제1항은 "근로자는 근로조건의 향상을 위하여 자주적인 단결권·단체교섭권 및 단체행동권을 가진다"고 하여 근로자의 근로 3권을 보호하고 있다. 교원도 학생들에 대한 지도·교육이라는 노무에 종사하고 그 대가로 받는 임금·급료 그 밖에 이에 준하는 수입으로 생활하는 사람이므로 근로자에 해당한다. 따라서 교원의 단결권을 제한하는 법률이 헌법에 위배되지 않기 위해서는 헌법 제37조 제2항에서 정하고 있는 기본권제한 입법의 한계인 과잉금지원칙을 준수하여야 한다.

(나) 목적의 정당성 및 수단의 적절성에 대한 판단

헌법 제33조 제1항이 근로자에게 근로3권을 기본권으로 보장하는 뜻은 근로자가 사용자와 대등한 지위에서 단체교섭을 통하여 자율적으로 임금 등 근로조건에 관한 단체협약을 체결할 수 있도록 하기 위한 것이다. 이러한 노사 간 실질적 자치라는 목적을 달성하기 위해서는 무엇보다도 노동조합의 자주성이라는 전제가 필요하다.

대상 조항은 대내외적으로 교원노조의 자주성과 주체성을 확보하여 교원의 실질적 근로조건 향상에 기여한다는 데 그 입법목적이 있다. 이는 교원의 직무와 근로관계의 특수성을 고려할 때 국민 전체의 공공 이익에도 기여할 것이므로 그 입법목적의 정당성이 인정된다. 그리고 교원노조의 조합원을 재직 중인 교원으로 한정하면 교원노조의 자주성과 주체성을 확보하는 데 기여할 수 있다는 점에서 입법목적 달성에 적절한 수단이라 할 수 있다.

(다) 침해의 최소성에 대한 판단

과거 교원의 노조활동은 허용되지 않았으나, 1999. 1. 29. 교원노조법이 제정된 이후부터 교원의 노조활동이 원칙적으로 보장되고 있다. 교원노조는 단순히 교육부장관 등과 교원의 처우 개선이나 근무조건 등에 관하여 협의할 수 있는 교원단체와 달리(교육기본법 제15조, 교원지위법 제12조), 교원의 임금 등 근로조건 향상을 위하여 조합원인 교원을 대표하여 단체교섭권을 행사하고, 노동쟁의 조정신청권·부당노동행위 구제신청권·조세 면제 등 각종 법적 보호 또는 혜택을 받으며, 교원들의 개별적인 수권이나 동의 없이도 교원의 근로조건을 변경하는 단체협약을 체결할 수 있는 등 교원의 근로조건에 직접적이고 중대한 영향력을 행사한다.

아직 교원으로 임용되지 않은 교사자격 소지자나 해고된 교원에게 교원노조를 설립하거나 그에 가입하여 활동할 수 있도록 하는 것은 교원이 아닌 사람들이 교원노조의 의사결정 과정에 개입하여 현직 교원의 근로조건에 영향을 미치는 결과를 초래할 수 있다. 또 교원노조법상 혜택을 누릴 수 없는 사람들에게까지 이를 부여하는 결과를 야기하게 될 수 있어 오히려 교원의 근로조건 향상을 위하여 활동하여야 하는 교원노조의 자주성을 해할 우려도 있다. 따라서 교원노조의 활동과 직접적이고 실질적인 이해관계를 가지는 재직 중인 교원에게만 교원노조의 조합원이 될 수 있는 지위를 부여하는 것은 교원노조의 역할이나 기능에 비추어 부득이한 측면이 있다.

교원의 임금 기타 근로조건은 기본적으로 법령·조례 및 예산에 따라 결정되고, 사립학교 교원의 경우도 자격·복무 등에 있어서 국·공립학교 교원에 관한 규정을 거의 대부분 준용하고 있다. 따라서 교원의 근로조건은 학교법인별로 크게 다르지 아니하므로 공사립을 불문하고 교원의 근로조건에 대해서 개개 학교별로 단체교섭을 한다는 것은 큰 의미가 없다.

교원노조의 경우 전국 단위 또는 시·도 단위 노조로밖에 결성될 수 없으므로, 재직 중인 교원으로 그 조합원의 범위를 한정하는 것은 일반 산업별·지역별 노조와 비교해 보면 지나친 단결권 제한이라고 볼 여지가 있다. 그러나 교원지위법정주의에 따라 교원과 관련한 근로조건의 대부분은 법령이나 조례 등으로 정해지고, 이러한 규정들을 실질적이고 직접적으로 적용받는 사람은 재직 중인 교원들이므로, 그 관련성이 없는 교원이 아닌 사람을 교원노조의 조합원 자격에서 배제하는 것이 단결권의 지나친 제한이라고 볼 수는 없다.

한편, 노동조합법 제2조 제1호 및 제4호 라목 본문에서 말하는 '근로자'에는 일시적으로 실업 상태에 있는 사람이나 구직 중인 사람도 근로3권을 보장할 필요성이 있는 한 그 범위에 포함된다. 따라서 대상 조항이 정한 교원에 해당되지 않으나 앞으로 교원으로 취업하기를 희망하는 사람들이 노동조합법에 따라 노동조합을 설립하거나 그에 가입하는 데에는 아무런 제한이 없다.

그러므로 대상 조항이 산업별 또는 지역별 노조만 허용하면서도 해고 등으로 일시적 실업 상태에 있거나 구직 중인 교사자격취득자를 교원의 범위에 포함시키지 않는다고 하여 이들 또는 이들을 조합원으로 조직하려는 교원노조의 단결권을 부당하게 제한한다고 볼 수 없다.

이와 같은 사정을 종합하여 보면, 대상 조항은 아직 임용되지 않은 교사자격취득자 또는 해고된 교원의 단결권 및 이들을 조합원으로 가입·유지하려는 교원노조의 단결권을 지나치게 제한한다고 볼 수 없다. 또 이미 설립신고를 마친 교원노조의 법상 지위를 박탈할 것인지 여부는 이 사건 법외노조통보 조항의 해석 내지 법 집행의 운용에 달린 문제라 할 것이다. 따라서 대상 조항은 교원노조 및 구직 중인 교원 등의 단결권을 제한함에 있어 침해의 최소성에 위반되지 않는다.

(라) 법익의 균형성에 대한 판단

대상 조항으로 인하여 교원노조 및 구직 중인 교사자격취득자나 해고된 교원이 입게 되는 불이익은 이들을 조합원으로 하여 교원노조법에 의한 교원노조를 설립하거나 가입할 수 없는 것일 뿐, 이들의 단결권 자체가 박탈된다고 할 수 없으므로 그 제한의 정도가 크지 않다. 반면에 현실적으로 초·중등 교육기관에서 교원으로 근무하지 않는 사람들이 교원노조를 설립하거나 교원노조에 가입하여 교원노조법상 단체교섭권 등 각종 권한을 행사할 경우 발생할 교원노조의 자주성에 대한 침해는 중대하다. 양자의 법익을 비교해 볼 때 대상 조항은 법익의 균형성도 갖추었다. 그러므로 대상 조항은 과잉금지원칙에 어긋나지 아니한다.

(3) 결론

대상 조항은 청구인들의 기본권을 침해한다거나 헌법에 위반된다고 볼 수 없으므로 교원노조법 제2조는 헌법에 위반되지 않는다. 이 결정에는 재판관 김이수의 반대의견이 있는 외에 관여 재판관의 의견이 일치되었다.

4. 반대의견

김이수 재판관이 제시한 반대의견은 노동조합의 자주성의 의미를 살피고, 심사기준으로 과잉금지원칙을 제시한 후 그에 대한 판단을 한 후 대상 조항이 교원노조의 단결권을 지나치게 제한하는 것으로서 위헌이라는 결론을 도출하고 있다. 구체적인 것은 다음과 같다.

(1) 노동조합의 자주성의 의미

노동조합은 원래 국가의 법률이나 정책에 의하여 만들어진 것이 아니라, 근로자들이 생산수단을 소유한 사용자와의 관계에서 스스로의 생존을 위하여 자주적으로 단결하여 생성·발전시켜 온 조직이다. 따라서 노동조합의 자주성은 헌법상 노동3권 보장을 위한 핵심 전제로서 최대한 보호되어야 하고, 이를 위해서는 근로자들이 사용자나 국가의 간섭을 받지 않고 스스로 주체가 되어 노동조합을 결성·가입할 수 있어야 한다.

이에 헌법 제33조는 근로자의 자주적인 단결권을 기본권으로 보장하고 있고, 헌법재판소도 노동조합이 국가나 사용자 등으로부터 자주성을 확보해야 하는 것이 당연하다는 전제하에, 헌법 제33조 제1항이 근로자단체의 존속, 유지, 발전, 확장 등을 국가공권력으로부터 보장하고, 근로자단체의 조직 및 의사형성절차에 관하여 규약의 형태로 자주적으로 결정하는 것을 보장한다고 보고 있다.

(2) 과잉금지원칙 위반 여부

(가) 목적의 정당성에 대한 판단

대상 조항이 교원노조를 설립 또는 그에 가입할 수 있는 자로 초·중등학교에 재직 중인 교원에 한정하고, 해직 교원의 경우 부당해고임을 다투더라도 일정 시점까지만 그 조합원 자격을 인정하는 것은 교원의 근로조건 향상을 목적으로 하는 교원노조의 자주성을 확보하기 위한 것으로서 일단 입법목적의 정당성을 인정할 수 있다.

(나) 수단의 적절성 또는 침해의 최소성에 대한 판단

교원노조법에 의하면 교원노조는 시·도 단위 또는 전국단위로만 조직이 가능하므로(법 제4조 제1항), 이 법에 따라 설립되는 교원노조는 그 자체로 산업별·직종별·지역별 노조의 성격을 가지고 있다. 단결권의 주체가 되는 근로자를 현실적으로 사용자에게 근로를 제공하는 자로 보는 것은 일정한 사용자와의 종속관계를 전제로 성립되는 기업별 노조가 아닌 산업별·지역별 노조에는 맞지 않는다. 따라서 산업별·지역별 노조에 해당하는 교원노조에 재직 중인 교원 외에 해직 교원과 같이 일시적으로 실업 상태에 있는 자나 구직 중인 교사자격소지자의 가입을 엄격히 제한할 필요가 없고, 다른 직종으로 변환이 쉽지 않은 교사라는 직종의 특수성을 고려할 때 이를 엄격히 제한하는 것은 이들 직종에 속하는 사람들의 단결권을 지나치게 제한하는 결과를 초래할 수 있다.

재직 중인 교원이 아닌 사람들로만 조직된 노동조합이 정부 등을 상대로 단체교섭권 등을 실질적으로 행사할 수 있다고 보기 어렵고, 그렇다고 교사자격을 취득하여 교원으로 임용되어 근무하기를 희망하는 자들이 일반 산업별·지역별 노조에 가입하여 활동하는 것도 상정하기 어렵다.

대상 조항 단서는 해직 교원의 경우 부당노동행위의 구제신청을 하고 그에 대해 중앙노동위원회의 재심판정이 있을 때까지만 조합원 자격을 유지하는 것으로 정하고 있는데, 해직 교원의 경우 부당해고를 다투기 위해 교원소청심사위원회에 불복하는 절차를 밟는 경우가 일반적이므로, 교원소청심사위원회에 불복하고 심사위원회의 결정이 있을 때까지 조합원 자격을 유지할 수 있도록 함으로써 단결권 제한을 최소화할 수 있다.

비교법적으로 보더라도, 사립학교 교원의 단결권등 노동3권 제한을 공무원에 해당하는 국·공립학교 교원의 경우와 같이 취급하고 있는 예는 찾아보기 어렵고, 이는 우리나라가 아직 비준하지는 않았지만 국제노동기구(ILO)의 핵심 협약 중 '근로자는 사전인가를 받지 아니하고 스스로 선택하여 단체를 설립하고 그 단체의 규약을 따를 것만을 조건으로 그 단체에 가입할 수 있는 권리를 가진다'는 내용의 제87호 '결사의 자유 및 단결권의 보호에 관한 협약' 및 제98호 '단결권 및 단체교섭권 원칙의 적용에 관한 협약'과도 모순된다.

따라서 대상 조항이 국·공립학교 교원이든 사립학교 교원이든 불문하고 현재 교원인 자에게만 교원노조 조합원 자격을 부여하는 것은 사립학교 교원의 근로관계의 본질을 고려할 때 지나친 제한이라 할 것이다.

(다) 법익 균형성에 대한 판단

결국 대상 조항에 의하여 교원노조의 조직 및 구성에 있어 가장 핵심적으로 보장받아야 할 자주성이 저해되고 해직 교원이나 기타 구직 중인 교사자격소지자의 단결권은 사실상 전면 제한되는 반면, 이들에게 교원노조 조합원 자격을 인정하지 않음으로써 달성할 수 있는 공익의 달성 효과는 불분명하므로 대상 조항은 법익 균형성 요건도 충족하지 못한다.

(3) 결론

따라서 대상 조항은 과잉금지원칙에 반하여 교원노조 및 해직 교원이나 구직 중인 교사자격소지자의 단결권을 침해하므로 헌법에 위반된다.

III. 헌법이론적 검토

1. 쟁점의 정리

이미 살펴본 것처럼 헌법재판소(이하 '헌재'로 줄이기도 하였다)의 법정의견은 이 결정례에서 교원노조법의 입법 연혁과 주요 내용을 살피고, 대상 조항의 의미를 검토하며 제한 기본권을 확정한 후 심사기준으로 과잉금지원칙을 제시한 후 그에 대한 판단을 한 후 합헌이라는 결론을 도출하고 있다.

그러나 필자는 헌재의 법정의견이 노동조합의 자주성을 지나치게 중시한 나머지 노동3권의 성격과 노동조합의 헌법적 지위, 근로의 권리와 대비되는 노동3권의 주체가 되는 근로자의 범위, 노동3권이 주목하는 근로조건이 무엇인지 등에 대하여 구조적 접근을 하지 않은 것이 앞으로 밝히는 것처럼 법정의견의 불완전함을 만든 것이라는 생각을 한다. 따라서 필자는 우선 우리 헌법이 노동3권을 헌법에 명시하게 된 배경과 그에 대한 헌법학계의 해석론을 살펴보고자 한다(2). 그리고 이러한 헌법적인 틀 안에서 교원노조법의 모법이라고 할 수 있는 노동조합법이 이에 관하여 어떻게 규정하고 있으며 이를 노동법학계에서 어떻게 해석하고 있는지 살펴보고자 한다(3). 그리고 이에 기초하여 교원노조법의 이 사건 조항의 의미와 문제점을 밝히고자 한다(4).

2. 노동3권의 헌법적 보장의 배경과 헌법학계의 해석론

(1) 헌법 제33조의 규범 구조와 헌법적 보장의 배경

우리 헌법 제33조 제1항은 "근로자는 근로조건의 향상을 위하여 자주적인 단결권·단체교섭권 및 단체행동권을 가진다"고 규정하여 근로자의 노동3권을 기본권으로 보장하고 있다. 그리고 제2항에서는 "공무원인 근로자는 법률이 정하는 자에 한하여 단결권·단체교섭권 및 단체행동권을 가진다"고 규정하고, 제3항에서는 "법률이 정하는 주요방위산업체에 종사하는 근로자의 단체행동권은 법률이 정하는 바에 의하여 이를 제한하거나 인정하지 아니할 수 있다"고 규정하여 근로자 중 공무원과 주요방위사업체에 종사하는 근로자에 대해서는 일반근로자보다 좀더 많은 제한을 예정하고 그에 대한 근거 규정을 마련하고 있다.

이와 같이 노동3권을 헌법에서 직접 규정하여 기본권으로 보장하는 것은 비교헌법적으로 일반적이지는 않다.[6] 그럼에도 노동3권을 1948년 제헌 헌법[7]에서부터 현행 헌법까지 일관되게 근로자에게 노동3권을 보장하고 있는 배경은 다음과 같이 설명할 수 있다.[8]

근로자와 사용자의 관계를 순수히 자유권적 기본권의 주체로 파악했을 때 근로자집단은 필연적으로 사회적 약자의 지위에 있다는 것을 헌법제정권자가 간파한 결과라는 것이다. 즉, 산업구조가 자본집약적인 산업으로 개편되면서 필연적으로 노동력의 공급이 수요를 초과하게 되고, 이때 근로자는 구조적으로 실업 아니면 저임금의 운명을 짊어지게 되었다. 이러한 상황에서 헌법이 사용자와 근로자의 대등한 협상력을 기초로 근로관계가 형성될 것이라고 예정하고 있다면, 그러한 헌법은 기능을 하기 위한 전제가 결여되고, 따라서 규범력에 한계가 있을 수밖에 없다. 이로써 구조적으로, 따라서 필연적으로 나타나는 근로자의

열악한 근로조건 및 환경은 국가공동체의 최소한의 사회경제적 동질성
을 위협하게 된다. 그리고 이는 결국 국가공동체의 체제위기를, 그리고
동시에 헌법의 위기를 낳는다. 특히 이러한 근로자의 상황을 정치체계
에 전달하는 input수단이 결여되어 있을 때 그러하다.[9]

요컨대, 우리 헌법제정권자는 근대 사회의 가정에 따라 노동시장에
서 근로자와 사용자가 노동계약을 맺도록 사적 자치를 보장하면 대등한
지위에서 노동계약을 체결할 수 없다는 것을 충분히 인식하고,[10] 복지국
가사상에 충실하게 사용자와 관계에서 사실상 열등한 지위에 놓인 근로
자가 대등한 지위에서 노동계약을 체결할 수 있도록 실질적 자유와 평
등을 보장하여 주는 한 방법으로 노동3권을 헌법에서 직접 보호하는 결
단을 하였으며, 그 후 아홉 차례의 개정 과정에서도 헌법개정권자는 헌
법제정권자와 인식을 같이 하여 이를 계속 유지하고 있다고 할 수 있다.

(2) 노동3권의 이중적 성격

노동3권은 근로자에게는 인간다운 생활을 보장하고, 일할 환경에 관
한 권리를 구현할 수 있는 수단으로서 기능한다.[11] 헌법 제32조에서 보
호하는 근로의 권리가 일할 환경의 내용 그 자체를 보호한다면, 노동3권
은 일환 환경의 내용 그 자체를 보호하는 것이 아니라 근로자가 사용자
와 대등한 지위에서 이를 형성할 수 있도록 그 과정을 보호하는 기능을
수행한다.[12] 따라서 근로의 권리가 근로자와 사용자의 관계를 국가가 직
접 규율하는 것을 예정하고 있다면, 노동3권은 근로자와 사용자가 자율
적으로 활동할 수 있는 공간을 보호하는 것을 예정하고 있다.[13] 이 점에
서 노동3권은 자유권적 성격을 가지는 기본권이라고 인식된다.[14] 따라서
노동3권을 규율할 때 국가는 근로자와 사용자 사이에서 중립을 지켜야
할 의무(중립성 의무, Neutralitätsgebot)가 도출된다.[15] 따라서 국가가 스스로
근로조건의 내용을 지시하는 방식 등으로 노동3권을 구현하는 것은 헌

법에 위배되는 것이다.[16]

한편, 노동3권은 우리 헌법 제119조 등에서 규정하고 있는 자본주의 시장경제 질서를 수정하여 산업평화를 유지하는 수단으로서 기능한다.[17] 직업의 자유가 자본주의 시장경제 질서의 일부를 이루고 있는 것처럼 노동3권은 수정자본주의 시장경제 질서의 일부를 이루고 있다.

(3) 노동조합의 헌법적 지위와 자주성의 명시적 규정

노동조합(trade union; labor union; Gewerkschaft; syndicat ouvrier)은 근로자의 근로조건 향상을 위한 단체이므로 이익단체로서 성격을 갖는다. 그러므로 만약 헌법 제33조가 없었다면 헌법 제21조 결사의 자유에 의하여 규율되었을 것이다.[18] 그러나 이미 설명한 것처럼 우리 헌법은 헌법 제33조를 별도로 두어 노동조합을 일반적인 결사와 다른 특별한 규율을 하고 있다. 노동조합은 일반적인 결사와는 달리 사용자와 관계에서 사실상 열등한 지위에 놓인 근로자가 대등한 지위에서 노동계약을 체결할 수 있도록 하여 실질적 자유와 평등을 보장하여 주는 공적 기능을 수행하는 것이다. 그러므로 국가는 이러한 공적 기능을 잘 수행할 수 있도록 규율하여야 한다. 따라서 국가는 노동조합에 대하여 한편으로는 소극적인 관계를,[19] 한편으로는 적극적인 관계를 형성하여야 한다.[20] 국가는 노동조합의 결성과 자주적이고 자율적인 활동에 개입을 자제하여야 하는 동시에, 노동조합이 사용자와 대등한 협상을 할 수 있도록 적극적으로 보호하여야 한다.

이와 같은 헌법적 지위는 얼핏 정당과 비슷하게 보인다. 국민의 이익을 위하여 책임있는 정치적 주장이나 정책을 추진하고 공직선거의 후보자를 추천 또는 지지함으로써 국민의 정치적 의사형성에 참여함을 목적으로 하는 국민의 자발적 조직인 정당[21]도 자발적인 조직이면서도 책임 있는 정치적 주장이나 정책을 추진하고 공직선거의 후보자를 추천 또는 지지하는 공적 기능을 수행하는 이중적 성격을 가지기 때문이다.[22]

그러나 정당은 국민의 정치적 의사형성에 직접 참여하므로 노동조합에 비하여 강한 공적 기능을 수행한다.[23] 그러므로 노동조합은 정당보다는 일반 결사에 좀 더 가까이 있으며 그만큼 완화된 규율을 하여야 한다.[24]

한편, 헌법 제33조 제1항은 "근로자는 근로조건의 향상을 위하여 '자주적인' 단결권·단체교섭권 및 단체행동권을 가진다"고 규정하여 자주성을 헌법에서 명시적으로 규정하고 있다. 따라서 국가는 노동조합은 국가와 사용자, 제3자로부터 영향을 받지 않고 자주적으로 의사를 결정하고 활동할 수 있도록 보장하여야 한다.[25]

(4) 노동3권의 주체

헌법은 노동3권의 주체를 근로자로 규정하고 있다. 그러나 국내 헌법학계에서는 노동3권의 주체를 현재 특정한 사용자에게 고용되어 근로를 현실적으로 제공하고 있는 자로 좁혀서 해석하지 않고, 이보다 확장하여 해석하고 있다.

> 근로3권을 향유하는 주체는 근로자이다. 근로자라 함은 직업의 종류를 불문하고 임금·급료 기타 이에 준하는 수입에 의하여 생활하는 자를 말한다(노동조합 및 노동관계조정법 제2조 제1호). 해고된 자가 노동위원회에 부당노동행위의 구제신청을 한 경우에는 중앙노동위원회의 재심판정이 있을 때까지는 근로자가 아닌 자로 해석하여서는 안 된다(동법 제2조 제4호). 현재 실업중인 자도 근로3권의 주체가 되는지가 문제되지만, 학설과 판례는 긍정하고 있다. 근로자 개인뿐만 아니라 집단에게도 근로3권이 인정된다.[26]

이러한 측면에서 노동3권의 주체는 근로의 권리의 주체와 다르다. 근로의 권리를 구현하는 「근로기준법」은 고용관계를 전제로 현실적으로 종속노동을 제공하는 상태에 있다는 사실에 주목하여 근로조건의 최저기준을 제시하는 것을 목적으로 한다. 그러므로 근로기준법의 적용대상인 근로자는 직업의 종류와 관계없이 임금을 목적으로 사업이나 사업장에 근로를 제공하는 자이다(근로기준법 제2조 제1호). 그러나 노동3권은 근로자와 사용자가 일할 환경을 결정하는 과정 그 자체를 보호하는 절차법과 같은 성격이 있다. 따라서 노동3권을 구현하는 노동조합법은 자영노동이 아닌 종속노동에 자신의 생활을 의존한다는 상황에 주목하여 근로자와 사용자가 일할 환경을 형성할 수 있도록 그 과정을 보호하는 목적으로 한다. 그러므로 노동조합법의 적용대상인 근로자는 직업의 종류를 불문하고 임금·급료 기타 이에 준하는 수입에 의하여 생활하는 자이다(노동조합법 제2조 제4호).[27]

노동3권의 주체를 우리와 같이 근로자로 한정하는 입헌례만큼이나 모든 국민이나 모든 사람에게 보장하도록 명시하거나 주체를 특별히 명시하지 않는 방법으로 규정하는 입헌례가 많은 것도 이와 무관하지 않다. 예를 들어, 바이마르 헌법 제159조, 독일 기본법 제9조, 스페인 헌법 제28조 등이 그 예이다.

요컨대, 헌법해석론상 노동3권의 주체로서 근로자에는 (ⅰ) 직업의 종류와 관계없이 임금을 목적으로 현재 특정 사업이나 사업장에서 근로를 제공하는 자(A)뿐 아니라, (ⅱ) 현재 특정 사업이나 사업장에서 근로를 제공하고 있지는 않지만 근로의사를 가진 실업자, 해당 사업의 해고자(C)도 이에 포함된다. 그러나 (ⅲ) 자영노동자, 근로의사가 없는 학생, 실업자(B)는 이에 포함되지 않는다. 이를 도식화하여 제시하면 〈그림 1〉과 같다.

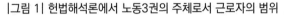

|그림 1| 헌법해석론에서 노동3권의 주체로서 근로자의 범위

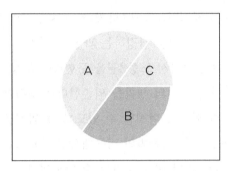

그렇다면 헌법재판소는 이 결정례에서 이와 같은 헌법해석론에 기반하여 일시적으로 실업 상태에 있는 자 및 구직 중인 자도 헌법 제33조에서 규정하고 있는 노동3권의 주체라고 해석하는 것이 타당한데, 교원은 어떤 이유로 교원노조법과 같이 규율하여야 할 이유가 있다는 판단을 하여야 했다. 그러나 헌재는 이와 같은 판단을 적극적으로 하고 있지 않다. 헌재가 헌법학계의 헌법해석론을 토대로 이를 기대거나 비판하며 논증을 전개하지 않는다면 무엇에 근거하여 논증을 전개하여야 할 것인지 의문이다.

3. 노동조합법에 대한 노동법학계의 해석론

(1) 노동조합상 노동조합이 되기 위한 요건

노동조합은 자주적이고 민주적으로 조직되고 운영되어야 한다. 자주성과 민주성을 갖지 못한 노동조합은 노동자의 권익을 실효적으로 보호하지 못하고 헌법으로 보장된 노동3권을 형해화할 우려가 있다. 여기서 자주성이란 근로자가 주체가 되어 사용자와 정부, 정당, 사회단체 등 다른 제3자의 지배력과 영향력을 받지 않아야 한다는 것과 타율적인 강제 없이 근로자가 자유로운 의사에 기하여 노동조합에 가입하고 활동하여야 한다는 것을 의미한다.[28] 그리고 민주성이란 노동조합에 가입한 근로자의 의사에 따라 노동조합이 구성되고 운영되어야지 소수간부의 의사에 따라 노동조합이 구성되고 운영되어서는 아니 된다는 것을 의미한다.[29]

우리 노동조합법은 이를 충분히 인식하고 다음과 같이 규정하고 있다. 우선 노동조합법 제2조 제4호는 노동조합을 "근로자가 주체가 되어 자주적으로 단결하여 근로조건의 유지·개선 기타 근로자의 경제적·사회적 지위의 향상을 도모함을 목적으로 조직하는 단체 또는 그 연합단체"라고 규정하는 한편, "다만, 다음 각목의 1에 해당하는 경우에는 노동조합으로 보지 아니한다"고 규정하며 "가. 사용자 또는 항상 그의 이익을 대표하여 행동하는 자의 참가를 허용하는 경우, 나. 경비의 주된 부분을 사용자로부터 원조받는 경우, 다. 공제·수양 기타 복리사업만을 목적으로 하는 경우, 라. 근로자가 아닌 자의 가입을 허용하는 경우. 다만, 해고된 자가 노동위원회에 부당노동행위의 구제신청을 한 경우에는 중앙노동위원회의 재심판정이 있을 때까지는 근로자가 아닌 자로 해석하여서는 아니된다, 마. 주로 정치운동을 목적으로 하는 경우"를 나열하고 있다. 그리고 제11조에서는 "노동조합은 그 조직의 자주적·민주적 운영을 보장하기 위하여" 규약을 마련하도록 규정하고 있다. 한편, 형식적 요건으로 노동조합법 제10조에 따라 노동부장관에게 노동조합의 설립신고를 하도록 규정하고 있다.[30]

따라서 노동조합은 자주성을 확보하기 위하여 (ⅰ) 근로자가 주체가 되어 (ⅱ) 자주적으로 단결하여 (ⅲ) 근로조건의 유지·개선 기타 근로자의 경제적·사회적 지위의 향상을 도모함을 목적으로 조직하는 단체 또는 그 연합단체라는 적극적인 요건을 충족하여야 하고, 단서에 규정된 다섯 가지 사항(사용자 또는 항상 그의 이익을 대표하여 행동하는 자의 참가를 허용하는 경우, 경비의 주된 부분을 사용자로부터 원조받는 경우, 공제·수양 기타 복리사업만을 목적으로 하는 경우, 근로자가 아닌 자의 가입을 허용하는 경우, 주로 정치운동을 목적으로 하는 경우)에 해당하지 않아야 한다는 소극적인 요

건을 충족하여야 한다.[31]

이와 같은 노동조합 설립의 적극적인 요건과 소극적인 요건이 어떠한 관계이냐, 노동조합이 소극적인 요건을 갖추지 못하였을 때 그 효과는 무엇이냐에 관해서는 학설이 대립하고 있다. 첫째, 노동조합 설립의 적극적인 요건과 소극적인 요건은 노동조합 설립을 위한 독자적인 요건이라고 이해하는 견해가 있다. 이 견해에 따르면 소극적인 요건을 갖추지 못한 노동조합은 노동조합법상의 노동조합이 될 수 없다고 이해한다.[32]

둘째, 노동조합 설립의 적극적인 요건이 핵심적인 것이고 소극적인 요건, 특히 가목, 나목, 라목은 노동조합 설립을 위한 적극적인 요건을 확인하고 부연한 것에 불과한 독자적이지 않은 요건이라고 이해하는 견해가 있다. 이 견해에 따르면 소극적인 요건을 갖추지 못한 노동조합이라도 적극적인 요건을 충족하여 자주성이 있다고 판단되면 노동조합법상의 노동조합이 될 수 있다고 이해한다.[33]

이와 같은 모두 충족하여 노동조합법상의 노동조합이 되면 노동위원회에 노동쟁의의 조정을 신청할 수 있고 부당노동행위의 구제를 신청할 수 있고(제7조 제1항), 노동조합이라는 명칭을 사용할 수 있는(제7조 제3항) 등 다양한 법적 보호를 받는다.[34]

반면 이와 같은 소극적인 요건을 결여하면 노동조합법상의 노동조합이 아니므로 법외노동조합이 되거나 노동조합이 아닌 단체가 된다.[35]

(2) 노동조합법상 근로자의 개념과 근로자 아닌 자 배제의 취지와 해석론

법 제2조 제4호 단서 라목은 "근로자가 아닌 자의 가입을 허용하는 경우. 다만, 해고된 자가 노동위원회에 부당노동행위의 구제신청을 한 경우에는 중앙노동위원회의 재심판정이 있을 때까지는 근로자가 아닌 자로 해석하여서는 아니 된다"를 노동조합 설립의 소극적인 요건으로 규정하고 있다. '근로자가 주체가 되어' 노동조합을 조직하더라도 근로자

아닌 자가 가입하면 노동조합 내부의 자주성을 저해하고, 기업 내 노사관계를 혼란스럽게 할 가능성이 있기 때문이다.[36]

이러한 이유로 여기서 '근로자 아닌 자'는 다음과 같이 해석한다.

첫째, 노동조합법 제2조 제1호는 근로자를 "직업의 종류를 불문하고 임금·급료 기타 이에 준하는 수입에 의하여 생활하는 자"로 정의하고 있다. 이것이 근로기준법 제2조 제1호의 근로자인 ""근로자"란 직업의 종류와 관계없이 임금을 목적으로 사업이나 사업장에 근로를 제공하는 자"와 같은지가 문제된다. 즉 여기서 근로자를 특정 사용주에 고용되어 있는 자로 해석되는 근로기준법상의 근로자와 동일한 개념으로 볼 것인지가 문제된다. 이와 관련하여 과거의 판례는 사용자와 근로계약이 없으면 노동조합법상의 근로자에 해당하지 않는다고 판시하여 왔다.[37] 그러나 현재 노동법학계의 일반적인 견해와 판례는 노동조합법상의 근로자는 반드시 사용자와의 근로계약이 전제될 필요가 없으므로 일시적으로 실업상태에 있는 자나 구직 중인 자도 노동조합법상의 근로자에 해당한다고 이해한다.[38] 그 이유는 (ⅰ) 근로기준법은 현실적으로 근로를 제공하는 자에 대하여 국가의 관리·감독에 의한 직접적인 보호의 필요성을 기준으로 개별적 노사관계를 규율하는 것을 그 목적으로 하나, 노동조합법은 근로자의 노동3권 보호의 필요성을 기준으로 집단적 노사관계를 규율하는 것을 그 목적으로 하므로, 입법목적에 따라 근로자의 개념을 다르게 설정하는 것이 타당하기 때문이다.[39] (ⅱ) 노동조합에 가입할 수 있는 근로자인지는 단체협약제도를 중심으로 파악되어야 한다. 그런데 노동조합은 사용자와 개별적으로 근로계약을 체결한 근로자만이 아니라 항운노동조합의 근로자, 파견근로자 등 계속적으로 노무를 제공하는 근로자를 위해서도 단체교섭을 하여 이를 근로조건으로 설정함으로써 이들을 보호할 수 있고 이렇게 하는 것을 권장하여야 한다. 따라서 이와 같이 개별적인 근로계약을 체결하지 않은 자라도 노동조합에 가입할 수 있는 근로자로 인정할 필요가 있다.[40]

둘째, 이렇게 보았을 때 라목은 모든 노동조합에 적용되는 것이 아니라 기업별 노동조합에만 적용되는 것이라고 해석하는 것이 타당하다고 해석한다.[41] 따라서 근로의사를 가진 실업자, 해당 사업의 해고자도 초기업적인 산업별 노조, 직업별 노조에는 가입할 수 있지만, 기업별 노조에는 가입할 수 없다. 다만, 법 제2조 제4호 단서 라목 단서에 해당하는 경우에는 예외적으로 가입할 수 있다.

(3) 단서 규정의 취지와 해석론

한편, 법 제2조 제4호 단서 라목 단서 "다만, 해고된 자가 노동위원회에 부당노동행위의 구제신청을 한 경우에는 중앙노동위원회의 재심판정이 있을 때까지는 근로자가 아닌 자로 해석하여서는 아니 된다"는 다음과 같이 해석한다.

첫째, 이 단서의 취지는 노동조합의 설립 및 존립이 사용자의 해고의사표시에 영향을 받을 수 있는 문제를 차단하여 노동조합의 자주성을 확보하기 위한 것이다. 예를 들어, 노동조합을 설립하려면 신고서에 규약을 첨부하여 지방자치단체의 장에게 제출하여야 하고, 그 안에는 임원의 성명과 주소에 관한 사항이 들어가도록 되어 있다(법 제10조). 그런데 사용자가 노동조합 설립을 저지하기 위하여 임원 취임 예정인 근로자를 해고하면 지방자치단체의 장은 신고서와 기재사항이 다른 것을 이유로 설립신고서를 반려한다. 그런데 이러한 결과는 노동조합의 자주성에 반하는 것이다.

둘째, '근로자가 아닌 것으로 해석하여서는 아니 된다'는 것에 대한 해석이 문제된다. 이것을 노동조합의 설립과 관련된 것에만 국한되어 근로자인 것으로 해석하여야 한다는 견해,[42] 조합원으로서 지위를 유지하면서 쟁의행위 등에 참여하는 것 등을 포함하여 넓은 범위에서 근로자인 것으로 해석하여야 한다는 견해가 있다.[43]

(4) 노동조합법 해석론에서 노조원이 될 수 있는 근로자의 범위

이상의 논의를 종합하면 노동조합법 해석론에서 노조원이 될 수 있는 근로자는 이원적으로 제시된다. 우선 초기업적인 산업별 노조, 직업별 노조의 경우에는 위에서 제시한 헌법해석론에서 노동3권의 주체로서 근로자의 범위와 일치한다. 이를 도식화하여 제시하면 〈그림 2〉와 같다.

|그림 2| 노동조합법 해석론에서 초기업적인 산업별 노조,
직업별 노조에 노조원이 될 수 있는 근로자의 범위

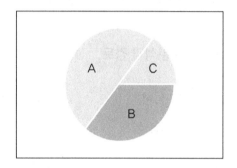

둘째, 기업별 노조에 가입할 수 있는 근로자에는 (i) 직업의 종류와 관계없이 임금을 목적으로 현재 특정 사업이나 사업장에서 근로를 제공하는 자(A)는 포함되지만, (ii) 자영노동자, 근로의사가 없는 학생, 실업자(B)는 이에 포함되지 않는다. 한편, (iii) 현재 특정 사업이나 사업장에서 근로를 제공하고 있지는 않지만 근로의사를 가진 실업자, 해당 사업의 해고자(C-2)는 원칙적으로 이에 포함되지 않으나, 해고된 자가 노동위원회에 부당노동행위의 구제신청을 한 경우에는 중앙노동위원회의 재심판정이 있을 때까지는 근로자(C-1)는 이에 포함된다. 이를 도식화하여 제시하면 〈그림 3〉과 같다.

|그림 3| 노동조합법 해석론에서 기업별 노조에 노조원이 될 수 있는 근로자의 범위

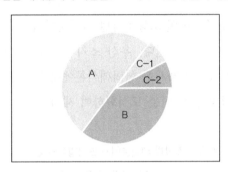

4. 교원노조법 제2조의 분석과 검토

(1) 교원노조법 제2조의 의미

교원노조법 제2조는 다음과 같이 규정하고 있다.

제2조 이 법에서 "교원"이란 「초 · 중등교육법」 제19조 제1항에서 규정하고 있는 교원을 말한다. 다만, 해고된 사람으로서 「노동조합 및 노동관계조정법」 제82조 제1항에 따라 노동위원회에 부당노동행위의 구제신청을 한 사람은 「노동위원회법」 제2조에 따른 중앙노동위원회의 재심판정이 있을 때까지 교원으로 본다.

한편, 이 조항에서 인용되고 있는 「초 · 중등교육법」 제19조 제1항은 다음과 같다.

제19조(교직원의 구분) ① 학교에는 다음 각 호의 교원을 둔다.
1. 초등학교 · 중학교 · 고등학교 · 공민학교 · 고등공민학교 · 고등기술학교 및 특수학교에는 교장 · 교감 · 수석교사 및 교사를 둔다. 다만, 학생 수가 100명 이하인 학교나 학급 수가 5학급 이하인 학교 중 대통령령으로 정하는 규모 이하의 학교에는 교감을

두지 아니할 수 있다.

2. 각종학교에는 제1호에 준하여 필요한 교원을 둔다.

한편, 교원노조법 제4조 제1항은 "교원은 특별시·광역시·도·특별자치도(이하 "시·도"라 한다) 단위 또는 전국 단위로만 노동조합을 설립할 수 있다"라고 규정하고 있다. 따라서 위의 제2조 규정은 제4조 제1항 등의 규정과 결합하여 교원노조에 가입하여 활동할 수 있는 자를 한정하는 기능을 수행하고 있다.

따라서 이 법에서 규율하는 교원노조에 가입할 수 있는 자는 (ⅰ) 현직 교장·교감·수석교사 및 교사와 (ⅱ) 해고된 사람으로서 노동조합법 제82조 제1항에 따라 노동위원회에 부당노동행위의 구제신청을 한 사람은 「노동위원회법」 제2조에 따른 중앙노동위원회의 재심판정이 있을 때까지의 교원이다. 반면 이 조항에 따라 국가나 지방자치단체, 사립학교를 설립하여 경영하는 법인이나 개인과 근로관계를 맺고 현실적으로 근로를 제공하고 있지 않은 일시적으로 실업상태에 있는 자나 구직 중인 자는 제2조 단서에 해당하지 않는 한 노동조합에 가입할 수 없다.

요컨대, 교원노조에 가입할 수 있는 교원에는 (ⅰ) 국가나 지방자치단체, 사립학교를 설립하여 경영하는 법인이나 개인과 근로관계를 맺고 현실적으로 근로를 제공하는 교원(A)은 포함되지만, (ⅱ) 자영노동자, 근로의사가 없는 학생, 실업자(B)는 이에 포함되지 않는다. 한편, (ⅲ) 국가나 지방자치단체, 사립학교를 설립하여 경영하는 법인이나 개인과 근로관계를 맺고 현실적으로 근로를 제공하고 있지 않은 일시적으로 실업상태에 있는 자나 구직 중인 자(C-2)는 원칙적으로 이에 포함되지 않으나, 해고된 사람으로서 노동조합법 제82조 제1항에 따라 노동위원회에 부당노동행위의 구제신청을 한 사람은 「노동위원회법」 제2조에 따른 중앙노동위원회의 재심판정이 있을 때까지의 교원(C-1-1)는 이에 포함된다. 한편, 「교원지위향상을 위한 특별법」 제7조에 따라 교육부에 설

치한 교원소청심사위원회에 소청하여 결정이 있을 때까지 교원(C-1-2)
는 이에 포함되지 않는다. 이를 도식화하여 제시하면 〈그림 4〉과 같다.

|그림 4| 교원노조법 해석론에서 교원노조에 노조원이 될 수 있는 교원의 범위

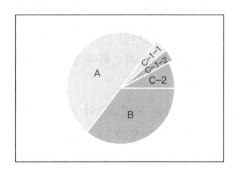

헌재에 따르면 "노사 간 실질적 자치라는 목적을 달성하기 위해서는
무엇보다도 노동조합의 자주성이라는 전제가 필요"한데, "이 사건 법률조
항은 교원의 근로조건 향상을 위하여 정부 등을 상대로 단체교섭권 등을
행사하는 교원노조를 설립하거나 그 활동의 주된 주체를 원칙적으로 초 ·
중등학교에 재직 중인 교원으로 한정함으로써, 대내외적으로 교원노조의
자주성과 주체성을 확보하여 교원의 실질적 근로조건 향상에 기여한다는
데 그 입법목적이 있다"고 한다. 그리고 이러한 입법 목적은 "교원의 직
무와 근로관계의 특수성을 고려할 때 국민 전체의 공공 이익에도 기여할
것이므로 그 입법목적의 정당성이 인정"되며, "교원노조의 조합원을 재직
중인 교원으로 한정하면 교원노조의 자주성과 주체성을 확보하는 데 기
여할 수 있다는 점에서 입법목적 달성에 적절한 수단"이라고 판단하였다.

(2) 제한되는 기본권의 확정

법정의견은 "근로3권 중 단결권에는 개별 근로자가 노동조합 등 근
로자단체를 조직하거나 그에 가입하여 활동할 수 있는 개별적 단결권뿐

만 아니라 근로자단체가 존립하고 활동할 수 있는 집단적 단결권도 포함된다"[44]고 전제하고, "이 사건 법률조항은 교원의 근로조건에 관하여 정부 등을 상대로 단체교섭 및 단체협약을 체결할 권한을 가진 교원노조를 설립하거나 그에 가입하여 활동할 수 있는 자격을 초·중등학교에 재직 중인 교원으로 한정하고 있으므로, 해직 교원이나 실업·구직 중에 있는 교원 및 이들을 조합원으로 하여 교원노조를 조직·구성하려고 하는 교원노조의 단결권을 제한한다."

그럼에도 헌재는 해직 교원이나 실업·구직 중에 있는 교원의 개별적 단결권과 교원노조의 집단적 단결권은 분명 기본권의 주체가 다르고 그 내용이 다른 것임에도 불구하고, 문제되는 쟁점마다 이를 각각 논증하지 않고 주로 교원노조의 집단적 단결권의 제한에 관해서 판단하면서 철저하게 논증하고 있지 않는 문제가 있다.

한편, 청구인들이 주장한 정식 교원으로 채용되어 근무하는 사람들과 비교하여 평등권이 침해된다는 주장에 대해서는 "이 사건 법률조항에서 구직 중인 교원이나 해직 교원의 교원노조 가입 자격을 제한하고 있는 데 기인하는 것이므로, 단결권 침해 여부에 대해 판단하는 이상 평등권 침해 여부를 별도로 판단하지 않는다"고 하였다.

그러나 아래에서 논증하는 것처럼 이 사건 법률조항은 일반 노동조합과 비교하여 교원노조를 평등하게 규율하지 않은 점이 인정된다. 이 점에서 평등권의 적용과 관련한 비교집단의 설정에 있어서 청구인의 주장도, 법정의견의 판단도 엄밀하지 못한 문제가 있다.[45]

(3) 자율적인 노동조합의 가입조건을 국가가 법률로 규율하는 것의 위헌성

이미 설명한 것처럼 노동조합은 근로자가 주체가 되어 자주적으로 단결하여 근로조건의 유지·개선 기타 근로자의 경제적·사회적 지위의 향상을 도모함을 목적으로 조직하는 단체 또는 그 연합단체이므로 그 본질이 자율적인 결사의 일종이다. 따라서 이러한 자율적인 결사에 누가 가입하여 활동하느냐 하는 것은 원칙적으로 노동조합의 결정에 맡겨야 한다. 한편, 노동조합은 사용자와 관계에서 사실상 열등한 지위에 놓인 근로자가 이를 통하여 대등한 협상력을 가질 수 있게 하는 공적인 기능을 수행한다. 그러므로 이러한 한도 내에서는 공적인 규율의 대상이 된다.[46] 이러한 공적인 규율을 하는 법이 노동조합법이다. 따라서 국가가 자율적인 노동조합에 누가 가입할 수 있는지 정하는 것이 완전히 금지되는 것은 아니다. 그러나 그것은 공적인 필요가 있는 한도 내에서만 제한적으로 정당화될 수 있다. 이렇게 보았을 때 자율적인 결사인 교원노조에 누가 가입하여 활동하느냐 하는 것은 원칙적으로 교원노조의 결정에 맡기는 것이 타당하다. 그것이 헌법에서 노동조합에 명시적으로 요청하고 있는 자주성의 전제가 되는 자율성을 구현하는 것이다. 자주성은 사용자로부터의 자주성도 요청되는 것이지만, 그 전에 국가로부터의 자주성도 요청되기 때문이다.[47] 그러나 이것만으로 교원노조법 제2조가 곧 위헌이라고 결론짓기에는 다소 근거가 빈약하다. 이 조항이 국가가 이와 같은 규율을 통하여 노동조합이 제3자로부터 적극적으로 자주성을 지키도록 배려하기 위한 것이라는 항변이 가능하기 때문이다. 따라서 일단 자율적인 노동조합의 가입조건을 국가가 법률로 규율하기 때문에 바로 위헌이라는 주장은 유보하고 그 구체적인 문제를 좀 더 살펴본다.

(4) 일시적으로 실업상태에 있는 자나 구직 중인 자를 배제한 규정의 위헌성

그런데 이미 살펴본 것처럼 다음과 같은 이유로 일시적으로 실업상태에 있는 자나 구직 중인 교원은 교원노조에 가입할 수 있도록 하여야 한다.

첫째, 근로기준법과 노동조합법은 그 목적이 다르다. 근로기준법은 현실적으로 근로를 제공하는 자에 대하여 국가의 관리·감독에 의한 직접적인 보호의 필요성을 기준으로 개별적 노사관계를 규율하는 것을 그 목적으로 하나, 노동조합법은 근로자의 노동3권 보호의 필요성을 기준으로 집단적 노사관계를 규율하는 것을 그 목적으로 하기 때문이다. 대상 조항의 태도는 지난 2004년 대법원 판례의 견해와 정면으로 배치되는 것이다.

둘째, 노동조합에 가입할 수 있는 근로자인지는 단체협약제도를 중심으로 파악되어야 한다. 그런데 노동조합은 사용자와 개별적으로 근로계약을 체결한 근로자만이 아니라 이러한 개별적 근로계약이 없더라도 계속적으로 노무를 제공하고 있거나 제공할 가능성이 있는 근로자를 위해서도 단체교섭을 하여 이를 근로조건으로 설정함으로써 이들을 보호하도록 할 필요가 있다.

이러한 이유로 전술한 것처럼 헌법학계의 헌법해석론, 노동법학계의 노동법해석론에서 노동조합의 노조원이 될 수 있는 근로자를 이와 같이 해석하고 있는 것이다.[48] 만약 교원노조법에서 교원노조의 노조원이 될 수 있는 교원을 이와 다르게 규정하고자 한다면 일반적인 근로자와 비교하여 교원이 다르게 취급되어야 할 이유가 있어야 한다.

헌재는 침해의 최소성을 판단하는 과정에서 "아직 교원으로 임용되지 않은 교사자격 소지자나 해고된 교원에게 교원노조를 설립하거나 그에 가입하여 활동할 수 있도록 하는 것은 교원이 아닌 사람들이 교원노조의 의사결정 과정에 개입하여 현직 교원의 근로조건에 영향을 미치는 결과를 초래할 수 있다. 또 교원노조법상 혜택을 누릴 수 없는 사람들에게까지 이를 부여하는 결과를 야기하게 될 수 있어 오히려 교원의 근로조건 향상을 위하여 활동하여야 하는 교원노조의 자주성을 해할 우려도 있다. 따라서 교원노조의 활동과 직접적이고 실질적인 이해관계를 가지는 재직 중인 교원에게만 교원노조의 조합원이 될 수 있는 지위를 부여하는 것은 교원노조의 역할이나 기능에 비추어 부득이한 측면이 있다"고 판시하였다. 그런데 이와 같은 판시가 설득력이 있기 위해서는 일반

적인 근로자와 비교하여 교원이 다르게 취급되어야 할 이유를 논증하여
야만 한다. 왜냐하면 아직 근로자가 아닌 근로의사 있는 실업자나 해고
된 근로자에게 노조를 설립하거나 그에 가입하여 활동할 수 있도록 하는
현행 노동조합법은 현직 근로자가 아닌 사람들이 노조의 의사결정 과정
에 개입하여 현직 근로자의 근로조건에 영향을 미치는 결과를 초래할 수
있고 결과적으로 노조의 자주성을 해할 우려가 있음에도 현행 노동조합
법은 이를 인정하고 있기 때문이다.[49]

　　이에 대하여 헌재는 "오늘날 교육은 조직화·제도화된 학교교육이
중심을 이루고 있고 학교교육을 수행하는 사람이 교원이라는 점에서,
교원은 사용자에 고용되어 근로를 제공하고 임금 등 반대급부를 받는 일
반근로자와 다른 특성이 있다"[50]고 전제하고, 첫째, "교육기본법, 교육공
무원법, 교원지위법 및 이를 준용하는 사립학교법 등 교육관계법령에서
는 공·사립학교를 불문하고 교원에게 보수, 연수, 신분보장 등 모든 면
에서 통상적인 근로자에 비하여 특별한 대우 및 특혜를 부여"하고 있다.
둘째, "교원의 보수 수준 등 근로조건 향상을 위한 재정적 부담은 실질
적으로 국민 전체가 지게 된다"는 것을 논거로 제시하고 있다.

　　그러나 제시한 전제는 선행 결정에서 헌재의 주장에 불과하고, 첫째
논거는 그렇기 때문에 일반적인 근로노조와 비교하여 교원노조를 다르
게 취급되어야 할 이유는 될 수 있을지언정 현실적으로 그 혜택을 받지
못하고 있는 교사자격증을 가지고 근로의사를 가지고 있지만 현재 공립
학교나 사립학교 교사가 아닌 실직 중인 자나 구직 중인 자의 단결권을
부정하는 것에 대한 적극적인 논거가 될 수는 없다. 둘째 논거도 일반적
인 근로자와 교원, 일반적인 노조와 교원노조의 단체교섭권이나 단체행
동권을 다르게 취급하여야 할 이유는 될 수 있을지언정 단결권을 다르게
취급하여야 할 이유가 되기는 어렵다. 노조는 주로 근로조건 향상과 유
지를 위하여 활동하지만, 헌법적으로 그 활동이 그것에만 국한되는 것은
아니다. 이미 설명한 것처럼 노조가 근로조건 향상과 유지를 위하여 활

동하기 위해서는 사용자와의 관계에서 단체교섭과 단체행동을 하는 것
뿐 아니라, 국가와의 관계에서 정책결정에 참여하는 활동을 하는 것은
당연하기 때문이다.[51] 따라서 교원의 근로조건 향상을 위한 재정적 부담
을 실질적으로 국민 전체가 부담하는 것은 단체교섭권이나 단체행동권
을 제한하는 사유가 될 수 있을지언정 단결권 자체를 제한하는 논거는
될 수 없다.[52] 요컨대, 헌재는 대상 조항이 일반적인 근로자와 노동조합
과 비교하여 교원과 교원노조를 다르게 취급되어야 할 이유에 관한 적
절한 논증을 하지 못하였다.

미국, 독일, 프랑스 등 선진 외국에서 교원노조를 일반적인 노조와
다르게 규율하지 않는 것도 이 때문이다.[53] 그리고 국제노동기구(ILO)의
헌장과 제87호 조약, 제98호 조약은 교원노조를 법적으로 어떻게 취급
하는 것이 보편적인 기준인지 명시적으로 보여주고 있다. 국제노동기구
(ILO)의 헌장은 그 전문에서 결사의 자유를 명시하고 있다. 그리고 1948
년에 체결된 제87호 조약 「결사의 자유와 단결권의 보호에 관한 조약」
(Freedom of Association and Protection of the Right to Organize Convention) 제2
조는 "근로자와 사용자는 사전허가를 받지 않고 스스로 선택하는 단체
를 설립할 수 있는 권리와 그 단체의 규약에 따를 것을 조건으로 그 단
체에 가입할 수 있는 권리를 어떠한 차별도 없이 보장받아야 한다"고 규
정하고 있다. 그리고 제9조 제1항에서 군대와 경찰은 국내법령으로 정
할 수 있도록 제2조의 예외를 인정하고 있다. 따라서 제87호 조약에 따
르면 군대와 경찰을 제외한 모든 근로자는 그가 공무원이든 사기업 고용
인이든, 직업, 성별 등을 불문하고 단결권을 보장하고 있다. 한편, 1949
년에 체결된 제98호 조약 「단결권과 단체교섭권에 대한 원칙의 적용에
관한 조약」(Right to Organize and Collective Bargaining Convention)에서는 국·
공립학교 교원과 사립학교 교원 모두에게 단결권과 단체교섭권을 제한
없이 인정하고 있다.[54]

이와 관련하여 헌재는 "국제노동기구(ILO)의 '결사의 자유 위원회',

경제협력개발기구(OECD)의 '노동조합자문위원회' 등이 우리나라에 대하여 재직 중인 교사들만이 노동조합에 참여할 수 있도록 허용하는 것은 결사의 자유를 침해하는 것이므로 이를 국제기준에 맞추어 개선하도록 권고"를 "국제기구의 권고를 위헌심사의 척도로 삼을 수는 없고, 국제기구의 권고를 따르지 않았다는 이유만으로 이 사건 법률조항이 헌법에 위반된다고 볼 수 없다"고 판시하였다. 이러한 국제규범을 위헌심사의 기준으로 삼을 수 있는지의 관점에서 포착하고 이에 대하여만 판단한 것이다. 그러나 국제규범을 이것에서만 고려할 것이 아니라 그 분야 규율의 국제적 동향을 파악하는 데 고려했어야 했다.

한편, 이미 살펴본 것처럼 위와 같은 이유로 노동조합법 제2조 제4호 단서 라목 본문과 단서는 모든 노동조합에 적용되는 것이 아니라 기업별 노동조합에만 적용된다고 해석하는 것이 우리 학계의 일반적인 견해이며 대법원 판례의 견해이다.[55] 그런데 현행 교원노조법은 시·도 단위 또는 전국 단위로만 노동조합 설립을 인정하고 있다(제4조). 이러한 것을 고려하면 노동조합법보다 더욱 폭넓게 가입할 수 있는 교원의 범위를 정할 수 있는 재량이 있으며, 적어도 노동조합법에서 산업별 노조나 직업별 노조의 노조원이 될 수 있는 근로자와 동일한 범위에서 교원의 범위를 설정했어야 했다.

현행 교원노조법이 시·도 단위 또는 전국 단위로만 노동조합 설립을 인정하고 있으면서도 노조원이 될 수 있는 교원의 자격을 대상 조항과 같이 협소하게 규정하고 있는 모순을 헌재 스스로도 충분히 잘 알고 있었다. 그래서 헌재는 "교원노조의 경우 전국 단위 또는 시·도 단위 노조로밖에 결성될 수 없으므로, 재직 중인 교원으로 그 조합원의 범위를 한정하는 것은 일반 산업별·지역별 노조와 비교해 보면 지나친 단결권 제한이라고 볼 여지가 있다. 그러나 첫째, 교원지위법정주의에 따라 교원과 관련한 근로조건의 대부분은 법령이나 조례 등으로 정해지고, 이러한 규정들을 실질적이고 직접적으로 적용받는 사람은 재직 중인 교원들이므로, 그 관련성이 없는 교원이 아닌 사람을 교원노조의 조합원 자격에서 배제하는 것이 단결권의 지나친 제한이라고 볼 수는 없다.” 그리고 둘째, “교원노조의 경우 단체협약의 내용 중 법령·조례 및 예산에 따라 규정되는 내용과 법령 또는 조례에 따라 위임을 받아 규정되는 내용에 대하여는 단체협약으로서의 효력이 인정되지 아니하므로, 교원이 아닌 사람들이 교원노조를 통해 정부 등을 상대로 교원의 임용 문제나 지위에 관한 사항에 관하여 단체교섭을 할 수 있도록 할 실익이 거의 없다”고 판시하고 있다.

　　그러나 이러한 판시에도 심각한 오류가 있다. 첫째, 근로자의 근로조건은 법령이나 조례 등에 의하여 정해지는 것으로 충분한 것이 아니라 이렇게 정해진 근로조건이 실제로 구현되고 있는지가 기준이 되어야 한다. 이는 근로의 권리나 노동3권의 이해에 있어 매우 중요하고 핵심적인 문제이다. 그럼에도 법정의견은 이를 간과하고 있다. 둘째, 이미 설명한 것처럼 현직 교원으로 구성된 교원노조에 의하여 합의된 근로조건은 정태적으로만 보면 현직 교원에게만 미치는 것처럼 보이지만, 동태적으로 보면 아직 교원으로 임용되지 않은 교사자격 소지자나 해고된 교원에게 미칠 수 있는 가능성이 충분히 있다. 그런데도 이들을 “그 관련성이 없는 교원이 아닌 사람”으로 이해하고 “교원노조의 조합원 자격에서 배제하는 것이 단결권의 지나친 제한이라고 볼 수는 없다”는 주장은 잘못된 것이다. 셋째, 교원의 임용 문제와 같은 사항이 얼핏 보면 헌재가 이해하는 것과 같이 단체교섭의 대상으로 삼을 이유가 없어 보인다. 그러나 노동3권에서 주목하는 근로조건은 법적으로 보장된 상황이 아니라 사실상 상황이 기준이 되고, 이와 같은 사항은 현행 교원의 근로조건의 일부에 영향을 미친다. 현행보다 많은 교원이 채용되었을 때 그것이 현행 교원의 근로조건에 영향을 미치지 않겠는가? 그렇다면 그와 같은 사항은 단체교섭의 대상으로 삼을 여지가 있고 실제 이와 같은 사항은 단체교섭의 대상이 되고 있다.[56] 그렇다면 이와 같은 현실에서 아직 교원으로

임용되지 않은 교사자격 소지자나 해고된 교원이 참여하여 "단체교섭을
할 수 있도록 할 실익이 거의 없는" 것이 아니라, 국가가 이들도 단체교
섭에 적극 참여하도록 하여 이 과정에서 자신의 이익을 적극적으로 투영
시키도록 장려하여야 한다.[57]

바로 이 점이 헌법학계에서 해석론으로 노동3권에서 근로자의 개념
을 근로의 권리에서 근로자의 개념보다 확장하고, 노동조합법이 근로기
준법과는 다르게 근로자의 개념을 입법적으로 확장하고 있는 이유이다.
따라서 노동조합법상 현직 교원으로 구성된 교원노조에 의하여 체결된
단체협약에 영향을 받을 가능성이 있는 아직 교원으로 임용되지 않은 교
사자격 소지자나 해고된 교원에게 국가가 법으로 이들의 참여를 명시적
으로 금지하고 있는 이 사건 법률조항은 교원노조의 자주성을 해할 우
려가 있다.

이와 같은 검토를 종합하여 보면, 대상 조항은 아직 임용되지 않은
교사자격취득자 또는 해고된 교원의 개별적 단결권과 이들을 조합원
으로 가입·유지하려는 교원노조의 집단적 단결권을 지나치게 제한한
것으로 침해의 최소성을 위반한 것이다. 대상 조항으로 인하여 교원노
조와 교사자격증을 가지고 근로의사를 가지고 있지만 현재 공립학교
나 사립학교 교사가 아닌 실직 중인 자나 구직 중인 자의 개별적 단결
권은 전면적으로 금지되어 이들이 입게 되는 불이익은 매우 크다. 반
면에 이들이 교원노조를 설립하거나 교원노조에 가입하여 활동을 할
경우 발생할 교원노조의 자주성에 대한 침해는 불분명하거나 미미하
다. 양자의 법익을 비교해 볼 때 대상 조항은 법익의 균형성도 갖추고
있지 못하다.

결론적으로 교원노조에 가입할 수 있는 교원을 국가나 지방자치단
체, 사립학교를 설립하여 경영하는 법인이나 개인과 근로관계를 맺고 현
실적으로 근로를 제공하는 교원으로 정하고 있는 교원노조법 제2조는
단결권의 대국가적 효력 중 소극적인 효력인 단결권에 대한 국가권력의

간섭배제를 위반하여 위헌이다.[58]

입법자는 교원노조에 가입할 수 있는 교원을 정하면서 (i) 국가나 지방자치단체, 사립학교를 설립하여 경영하는 법인이나 개인과 근로관계를 맺고 현실적으로 근로를 제공하는 교원, (ii) 교사자격증을 가지고 근로의사를 가지고 있지만 현재 공립학교나 사립학교 교사가 아닌 실직 중인 자나 구직 중인 자는 교원노조에 가입할 수 있는 교원에 포함하도록 규정했어야 했다.

(5) 협소한 단서 규정의 위헌성

제2조 단서는 "해고된 사람으로서 「노동조합 및 노동관계조정법」 제82조 제1항에 따라 노동위원회에 부당노동행위의 구제신청을 한 사람은 「노동위원회법」 제2조에 따른 중앙노동위원회의 재심판정이 있을 때까지 교원으로 본다."

그런데 현재 교원의 해고에 관해서는 노동조합법상 구제신청이 아니라, 「교원지위향상을 위한 특별법」 제7조에 따라 교육부에 설치한 교원소청심사위원회에 소청을 하는 경우가 많다. 그리고 이 절차에서 인용율이 매우 높아 노동조합법상 구제신청보다 교원에게 더 유리한 것으로 알려져 있다. 그리고 소수견해가 적절히 지적하고 있는 것처럼 이와 같은 경우 예외를 인정하더라도 "그리 오랜 시간이 걸리지도 않기" 때문에 남용의 위험도 별로 없다. "소청심사절차를 밟더라도 처분이 있었던 것을 안 날부터 30일 이내에 교원소청심사위원회에 소청심사를 청구할 수 있고, 심사위원회는 원칙적으로 소청심사청구를 접수한 날부터 60일 이내에 이에 대한 결정을 하도록 정하고 있기" 때문이다(교원지위법 제9조, 제10조).

그런데 제2조 단서는 이 절차에 따라 해고를 다투고 있는 교원은 교원노조에 가입할 수 있는 교원에 해당하는 것으로 해석될 수 없는 것처럼 규정하여, 사실상 법률이 인정하는 유리한 분쟁해결방법을 이용할 수 없도록 막는 결과를 초래하고 있다. 시정이 필요하다. 해석론적 해결이 전혀 불가능한 것은 아니지만, 입법적인 해결이 명쾌하다.

(6) 교원노조법 제2조 단서의 필요성 여부

이미 설명한 것처럼 노동조합법 제2조 제4호 단서 라목 단서 "다만, 해고된 자가 노동위원회에 부당노동행위의 구제신청을 한 경우에는 중앙노동위원회의 재심판정이 있을 때까지는 근로자가 아닌 자로 해석하여서는 아니 된다."는 모든 노동조합에 적용되는 것이 아니라 기업별 노동조합에만 적용되는 것이라고 해석한다. 이 단서의 취지가 노동조합의 설립 및 존립이 사용자의 해고 의사표시에 영향을 받을 수 있는 문제를 차단하여 노동조합의 자주성을 확보하기 위한 것이기 때문이다. 그런데 현행 교원노조법은 시·도 단위 또는 전국 단위로만 노동조합 설립을 인정하고 있다(제4조). 그렇다면 교원노조법에는 이와 같은 예외 규정 자체가 필요없는 것인지 의문이 들 수 있다.

이에 대하여 필자는 현행 교원노조법이 시·도 단위 또는 전국 단위로만 노동조합 설립을 인정하고 있다고 하더라도 제2조와 같은 예외 규정은 필요하다고 생각한다. 예를 들어, 사립학교 교원 갑이 자신이 임원이 될 예정인 교원노조를 설립하려고 신고서에 규약을 첨부하여 고용노동부장관에게 제출하였다. 그런데 국가가 교원 갑이 임원이 될 예정인 교원노조의 설립을 저지하기 위하여 사용자에게 압력을 행사하거나 사용자가 스스로 노동조합 설립을 저지하기 위하여 임원 취임 예정인 교원 갑을 해고하고, 그 후에 고용노동부장관이 신고서와 기재사항이 다른 것을 이유로 설립신고서를 반려하는 일이 벌어질 수 있다. 그러므로 현행 교원노조법 제2조와 같이 근로의사가 있는 실업 중이나 해고된 교원이 교원노조에 가입할 수 없는 경우에는 이러한 예외 규정이 반드시 필요하다고 판단된다. 한편, 입법을 통하여 근로의사가 있는 실업 중이나 해고된 교원이 교원노조에 가입할 수 있다고 명시적으로 인정한다면,

단서 규정은 필요없거나 규정하더라도 주의적인 규정에 불과할 것이다.

(7) 입법론적 개선 방안

이상의 논의를 정리하여 교원노조법의 위헌성과 정책적 문제점을 개선하기 위한 방안을 제시하면 다음과 같다. 교원노조법은 개정을 통하여 (ⅰ) 국가나 지방자치단체, 사립학교를 설립하여 경영하는 법인이나 개인과 근로관계를 맺고 현실적으로 근로를 제공하는 교원(A), (ⅱ) 교사자격증을 가지고 근로의사를 가지고 있지만 현재 공립학교나 사립학교 교사가 아닌 실직 중인 자나 구직 중인 자(C)는 교원노조에 노조원이 될 수 있도록 허용하고, (ⅲ) 자영노동자, 근로의사가 없는 실업자(B)는 이에 포함되지 않도록 개정하는 것이 타당하다. 예비교사는 법으로 그 허용 여부를 일률적으로 규정하기 보다는 노조의 재량으로 두는 것이 타당하다. 한편 교사자격증을 가지고 근로의사를 가지고 있지만 현재 공립학교나 사립학교 교사가 아닌 실직 중인 자나 구직 중인 자(C)를 교원노조에 노조원이 될 수 있도록 허용하기 전이라도, 해고된 사람으로서 노동조합법 제82조 제1항에 따라 노동위원회에 부당노동행위의 구제신청을 한 사람은 「노동위원회법」 제2조에 따른 중앙노동위원회의 재심판정이 있을 때까지의 교원 뿐 아니라 「교원지위향상을 위한 특별법」 제7조에 따라 교육부에 설치한 교원소청심사위원회에 소청하여 결정이 있을 때까지 교원은 교원노조에 노조원이 될 수 있는 교원의 범위에 포함하는 것이 타당하다.

|그림 5| 교원노조법의 개정으로 교원노조에 노조원이 될 수 있는 교원의 범위

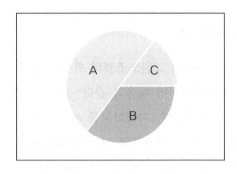

(8) 교장 · 교감이 가입할 수 있도록 허용하는 것의 타당성

교원노조법 제2조 본문은 "이 법에서 "교원"이란 「초 · 중등교육법」 제19조 제1항에서 규정하고 있는 교원을 말한다"고 규정하고 있고, 「초 · 중등교육법」 제19조 제1항은 "학교에는 다음 각 호의 교원을 둔다. 1. 초등학교 · 중학교 · 고등학교 · 공민학교 · 고등공민학교 · 고등기술학교 및 특수학교에는 교장 · 교감 · 수석교사 및 교사를 둔다. 다만, 학생 수가 100명 이하인 학교나 학급 수가 5학급 이하인 학교 중 대통령령으로 정하는 규모 이하의 학교에는 교감을 두지 아니할 수 있다. 2. 각종학교에는 제1호에 준하여 필요한 교원을 둔다"고 규정하고 있다.

따라서 이미 서술하였던 것처럼 일응 이 법에서 규율하는 교원노조에 가입할 수 있는 자는 수석교사와 교사는 물론 교장, 교감까지도 포함되는 것으로 해석된다.

한편, 현행 노동조합법은 시 · 도 단위 또는 전국 단위로만 노동조합 설립을 인정하고(제4조), 그에 대응한 교섭과 협약 체결의 상대방을 교육부장관, 시 · 도 교육감 또는 전국 또는 시 · 도 단위로 연합한 사립학교 설립 · 경영자로 규정하고 있다(제6조). 따라서, 교장, 교감도 교육부장관, 시 · 도 교육감 또는 사립학교 설립 · 경영자와의 관계를 보면 근로자이므로 노동조합에 가입할 수 있는 교원에 포함된다고 해석할 수도 있다. 그리고 이에 따라 일부 교원노조는 교장, 교감이 회원으로 가입할 수 있도록 규약을 정하고 실제로 가입하여 활동하고 있는 것으로 알려져 있다.[59]

그러나 법 제14조 제1항 제1문에 따라 교원노조법 제2조 제2호 및 제4호 가목을 준용하여 이들은 교원노조에 가입할 수 없다고 해석하는 것이 타당하다.[60] 이러한 측면에서 이들의 가입을 허용하는 규약을 가지고 있는 교원노조는 시정이 필요하다.

IV. 결론

이상의 논의를 정리하면 다음과 같다.

교원노조법 제2조 교원노조의 조합원 자격 제한 규정 결정례에서 헌법재판소는 다음과 같은 논거로 합헌 결정을 하였다. 첫째, 대상 조항의 헌법적 판단에서 교원은 일반 노동자와 다르며, 국공립학교 교원과 사립학교 교원은 다르지 않다, 둘째, 대상 조항은 교원노조의 자주성과 주체성을 확보하여 교원의 실질적 근로조건 향상에 기여한다는 데 입법목적이 있는데, 이는 교원의 직무와 근로관계의 특수성을 고려할 때 국민 전체의 공공 이익에 기여하므로 그 정당성을 인정할 수 있다, 셋째, 교원노조의 조합원을 재직 중인 교원으로 한정하면 이러한 입법목적을 확보하는데 기여하므로 입법목적 달성에 적절한 수단이라 할 수 있다, 넷째, 교원노조는 교원의 근로조건에 직접적이고 중대한 영향력을 행사하는데 해고된 교원 등에게 교원노조를 설립하거나 그에 가입하여 활동할 수 있도록 하는 것은 이들이 교원노조의 의사결정 과정에 개입하여 현직 교원의 근로조건에 영향을 미치는 결과를 초래할 수 있다는 점, 교원노조법상 혜택을 누릴 수 없는 사람들에게까지 이를 부여하는 결과를 야기하게 될 수 있어 오히려 교원의 근로조건 향상을 위하여 활동하여야 하는 교원노조의 자주성을 해할 우려도 있다는 점, 공사립을 불문하고 교원의 근로조건은 법령·조례 및 예산에 따라 결정된다는 점, 해고된 교원이나 구직자는 노동조합법에 따른 노조를 설립할 수 있다는 점, 이미 설립신고를 마친 교원노조의 법상 지위를 박탈할 것인지 여부는 이 사건 법외노조통보 조항의 해석 내지 법 집행의 운용에 달린 문제라는 점 등을 이유로 침해의 최소성에 위반되지 않는다, 다섯째, 교원노조 및 구직 중인 교사자격취득자나 해고된 교원이 입게 되는 불이익은 이들을 조합원으로 하여 교원노조법에 의한 교원노조를 설립하거나 가입할 수 없는 것일 뿐, 이들의 단결권 자체가 박탈된다고 할 수 없으므로 그 제한의 정도가 크지 않은 반면에, 현실적으로 초·중등 교원으로 근무하지 않는 사람들이 교원노조를 설립하거나 교원노조에 가입하여 교원노조법상 단체교섭권 등 각종 권한을 행사할 경우 발생할 교원노조의 자주성에 대한 침해는 중대하므로 양자의 법익을 비교해 볼 때 대상 조항은 법익의 균형성도 갖추었다. 결론적으로 위와 같은 이유로 이 조항은 헌법에 위반되지 않는다고 판시하였다.[61]

　그러나 필자는 다음과 같은 이유로 법정의견이 그동안 우리가 구축하고 있는 헌법이론에 충실하지 않은 문제가 있는 결정이었다고 판단하였다.

　첫째, 노동조합은 근로자가 주체가 되어 자주적으로 단결하여 근로조건의 유지·개선 기타 근로자의 경제적·사회적 지위의 향상을 도모함을 목적으로 조직하는 단체 또는 그 연합단체로 그 본질이 자율적인 결사의 일종이어서 이러한 자율적인 결사에 누가 가입하여 활동하느냐 하는 것은 원칙적으로 노동조합의 결정에 맡길 필요가 있고, 사용자와 관계에서 사실상 열등한 지위에 놓인 근로자가 이를 통하여 대등한 협상력을 가질 수 있게 하는 공적인 기능을 수행하는 교원노조의 공적 기능에 비추어 누가 가입하여 활동하느냐 하는 것까지 국가가 정하는 것은 공적인 규율의 목적에 비추어 지나친 점이 있으며, 대상 조항과 같이 그러한 규율이 노동조합의 자주성에 긍정적인 영향(제3자의 영향력을 배제하여 자주성을 향상시킨다는 점)과 부정적인 영향(자율적인 결사의 성격을 갖는 노동조합에 국가가 영향력을 행사하여 자주성을 저해한다는 점)이 모두 존재하는 경우 그러한 규율을 더욱 신중하게 하여야 했다.

둘째, 근로기준법은 현실적으로 근로를 제공하는 자에 대하여 국가의 관리·감독에 의한 직접적인 보호의 필요성을 기준으로 개별적 노사관계를 규율하는 것을 그 목적으로 하나, 노동조합법은 근로자의 노동3권 보호의 필요성을 기준으로 집단적 노사관계를 규율하는 것을 그 목적하고, 노동조합에 가입할 수 있는 근로자인지는 단체협약제도를 중심으로 파악되어야 한다. 따라서 개별적 근로계약이 없더라도 계속적으로 노무를 제공하고 있거나 제공할 가능성이 있는 교원에게는 노조에 가입하고 단체교섭을 할 수 있도록 허용하는 것이 필요하다. 이러한 이유로 헌법학계의 다수 견해는 헌법해석론으로, 노동법학계의 다수 견해는 노동조합법에 근거하여 노동조합의 노조원이 될 수 있는 근로자를 이와 같이 해석하고 있다.

셋째, 교원노조법에서 교원노조의 노조원이 될 수 있는 교원을 이와 다르게 규정하고자 한다면 일반적인 근로자와 비교하여 교원이 다르게 취급되어야 할 이유가 있어야 한다. 그런데 법정의견이 제시한 첫째 논거는 일반적인 근로노조와 비교하여 교원노조를 다르게 취급되어야 할 이유는 될 수 있을지언정 현실적으로 그 혜택을 받지 못하고 있는 교사자격증을 가지고 근로의사를 가지고 있지만 현재 공립학교나 사립학교 교사가 아닌 실직 중인 자나 구직 중인 자의 단결권을 부정하는 것에 대한 적극적인 논거가 될 수는 없으며, 둘째 논거는 일반적인 근로자와 교원, 일반적인 노조와 교원노조의 단체교섭권이나 단체행동권을 다르게 취급하여야 할 이유는 될 수 있을지언정 단결권을 다르게 취급하여야 할 이유가 되기는 어렵다. 법정의견은 대상 조항이 일반적인 근로자와 노동조합과 비교하여 교원과 교원노조를 다르게 취급되어야 할 이유에 관한 적절한 논증을 하지 못하였다.

넷째, 필자는 미국, 독일, 프랑스 등 선진 외국에서 교원노조를 일반적인 노조와 다르게 규율하지 않는 것도 일반적인 근로자와 노동조합과 비교하여 교원과 교원노조를 다르게 취급되어야 할 이유가 없기 때문이며, 국제노동기구(ILO)의 헌장과 제87호 조약, 제98호 조약이 군대와 경찰을 국내 법령으로 정할 수 있도록 하면서도 교원은 국·공립학교 교원과 사립학교 교원 모두에게 단결권과 단체교섭권을 제한없이 인정하여야 한다고 규정하고 있는 것도 이러한 판단에 근거한 것이라고 이해하였다. 그럼에도 법정의견이 이러한 국제규범을 위헌심사의 기준으로 삼을 수 있는지만 판단하고, 그 분야 규율의 국제적 동향을 파악하는 데 고려하지 않은 것은 문제가 있다고 주장하였다.

다섯째, 반대의견이 제시한 것처럼 노동조합법 제2조 제4호 단서 라목 본문과 단서는 모든 노동조합에 적용되는 것이 아니라 기업별 노동조합에만 적용된다고 해석하는 것이 우리 학계의 일반적인 견해이며 대법원 판례의 견해이다. 그런데 현행 교원노조법은 시·도 단위 또는 전국 단위로만 노동조합 설립을 인정하고 있다(제4조). 이러한 것을 고려하면 노동조합법보다 더욱 폭넓게 가입할 수 있는 교원의 범위를 정할 수 있는 재량이 있으며, 적어도 노동조합법에서 산업별 노조나 직업별 노조의 노조원이 될 수 있는 근로자와 동일한 범위에서 교원의 범위를 설정했어야 했다.

여섯째, 헌법상 근로의 권리와 노동3권에서 논의되는 근로자의 근로조건은 법령이나 조례 등에 의하여 정해지는 것으로 충분한 것이 아니라 이렇게 정해진 근로조건이 실제로 구현되고 있는지가 그 기준이 되어야 한다. 그럼에도 법정의견은 몇 군데에서 이를 간과하고 있다. 그리고 교원노조에 의하여 합의된 단체협약의 효력을 동태적으로 살피지 못하고 정태적으로만 고찰하는 우를 범하였다. 그리고 실제로 교원노조법에 의하여 이루어지고 있는 단체협약의 실제를 도외시하거나 외면한 채 성급하게 합헌이라는 결론에 다다랐다. 단체협약의 효력과 그 실제를 살펴보면 아직 교원으로 임용되지 않은 교사자격 소지자나 해고된 교원도 단체교섭에 참여하도록 하여 이 과정에서 자신의 이익을 적극적으로 투영시키도록 장려하여야 한다는 것을 알 수 있었다. 바로 이 점이 헌법학계의 다수 견해가 헌법해석론으로 현직 근로자보다 근로자의 외연을 확대하고, 노동조합법이 근로기준법과는 다르게 근로자의 개념을 입법적으로 확장하고 있는 이유이다. 따라서 대상 조항은 교원노조의 자주성을 해할 우려가 있다.

이상의 논의를 바탕으로 필자는 대상 조항은 아직 임용되지 않은 교사자격취득자 또는 해고된 교원의 개별적 단결권과 이들을 조합원으로 가입·유지하려는 교원노조의 집단적 단결권을 지나치게 제한한 것으로 침해의 최소성을 위반하고, 법익의 균형성도 갖추지 못한 것이라 결론지었다. 그리고 대상 조항을 헌법학계의 헌법해석론과 현행 노동조합법에 충실하게 개정할 것을 제안하였다.

교원노조가 근로조건의 유지, 개선을 주된 목적으로 추구하지 않는 이른바 '사이비 교원노조'가 되어서는 안 되고, 자주성을 갖추지 못한 이른바 '어용 교원노조'가 되어서도 안 된다.[62] 그렇다고 중립적으로 법을 집행하여야 하는 행정부가 교원노조가 이렇게 되는 것을 지나치게 염려하여 적극적인 간섭을 하려고 하는 것은 득보다 실이 많다. 넘치는 것은 모자라는 것만 못하다는 옛말의 의미를 새겨야 할 때이다.

[보론]
2021년 개정 입법과 그에 대한 평가

이 글이 다루고 있는 교원노조법의 조합원 자격과 관련하여 국회는 지난 2021년 1월 5일 다음과 같이 법 제4조의2를 신설하여 현직 교원뿐 아니라 교원으로 임용되어 근무하였던 사람으로서 노동조합 규약으로 정하는 사람도 교원노조에 가입할 수 있도록 개정하였다.

> 제4조의2(가입 범위) 노동조합에 가입할 수 있는 사람의 범위는 다음 각 호와 같다.
> 1. 교원
> 2. 교원으로 임용되어 근무하였던 사람으로서 노동조합 규약으로 정하는 사람

조합원의 범위를 확대한, 개정 전보다 나은 입법이다. 특히 자율적인 결사인 교원노조에 누가 가입하여 활동하느냐 하느냐를 국가가 아닌 교원노조의 결정을 존중하는 태도는 환영할 입법 태도이다.

그러나 이 글이 계속 강조하고 있는 것처럼 노동조합법은 근로자의 노동3권 보호의 필요성을 기준으로 집단적 노사관계를 규율하는 것을 그 목적으로 하고, 노동조합에 가입할 수 있는 근로자인지는 단체협약 제도를 중심으로 파악하여야 한다. 따라서 교원으로 임용되어 근무한 적이 없더라도 계속적으로 노무를 제공하고 있거나 제공할 가능성이 있는 교사자격 소지자, 나아가 사범대학, 교육대학 4학년 졸업예정자와 같이 아직 교사자격 소지자가 아니더라도 이제 곧 교사자격을 소지하게 되고 교원으로 임용될 가능성이 있는 자 등은 교원노조에 가입할 수 있도

록 하여 자신의 이익을 적극적으로 투영시킬 수 있도록 했어야 했다. 이런 면에서 개정 입법은 한계를 가진다. 앞으로 추가적인 개정이 필요하며, 그렇게 될 것이다.

미주

* 원출처: 정필운, "교원노조의 조합원 자격 제한 규정에 대한 헌법이론적 검토: 헌재 2015.5.28. 2013헌마671등 결정에 대한 평석", 「헌법재판연구」 제2권 제2호, 헌법 재판소 헌법재판연구원, 2015, 45-82쪽.

1 2015. 5. 28. 2013헌마671, 2014헌가21(병합). 교원의 노동조합 설립 및 운영 등에 관한 법률 제2조 위헌확인 등.

2 따라서 이 결정례 중 교원노조법 제2조 외의 것과 관련된 사실 관계, 심판 대상, 관련 판시는 모두 생략하였다. 그러므로 이에 관한 사항은 대상 결정례를 참고할 것.

3 이 부분은 대상 결정례에서 발췌한 것으로 별도의 창작성이 없다.

4 이 결정은 헌재 2013헌마671 사건과 2014헌가21 사건의 병합 사건이다. Ⅰ.에서 밝히는 것처럼 이 글은 이 결정 중 교원노조법 제2조에 그 초점을 맞추고 있으므로 이 중 2013헌마671 사건의 사실 관계만을 소개하였다.

5 심판 대상도 위와 같은 이유로 교원노조법 제2조만을 소개하고, 그 밖의 것은 생략하였다.

6 정종섭, 「헌법학원론」, 박영사, 2012, 698쪽. 그러나 이 책이 주장하는 것처럼 노동 3권을 기본권으로 보장하는 것이 일본이나 우리나라와 같이 드문 예는 아니다. 현대 복지국가가 심화됨에 따라 이와 같은 입헌례는 늘어나고 있다. 또한 미국과 같이 비록 명문의 규정이 없더라도 해석론으로 노동3권의 일부를 기본권으로 보장하려는 경향도 감지되고 있다. Kern Alexander, M. David Alexander, American Public School Law, Wadsworth, 2012, pp.968-969. 따라서 필자는 이것은 개정의 대상이 아니라 선구적인 입헌례로 평가하는 것이 타당하다고 생각한다.

7 1948년 제헌 헌법 제18조 근로자의 단결, 단체교섭과 단체행동의 자유는 법률의 범위 내에서 보장된다.
영리를 목적으로 하는 사기업에 있어서는 근로자는 법률의 정하는 바에 의하여 이익의 분배에 균점할 권리가 있다.

8 1948년 제헌 헌법부터 현행 헌법까지 변천에 관해서는 정종섭, 앞의 책, 697-698쪽 참고.

9 이상 전광석, "노동쟁의조정법 제12조 제2항에 대한 헌법소원", 「헌법판례연구」, 법문사, 2000, 274-275쪽 직접 인용.

10 정종섭, 앞의 책, 695쪽; 허영, 「한국헌법론」, 박영사, 2015, 536쪽; 헌재 1998. 2. 27. 94헌바13.

11 허영, 앞의 책, 536쪽.

12 전광석, "노동쟁의조정법 제12조 제2항에 대한 헌법소원", 275쪽.

13 전광석, "노동쟁의조정법 제12조 제2항에 대한 헌법소원", 275쪽.

14 이에 대한 소개는 조재현 집필부분, 한국헌법학회 편, 『헌법주석서Ⅱ』, 법제처, 2010, 336쪽; 박일경, 『신헌법』, 법경출판사, 1990, 287쪽은 노동3권이 "제1차적으로 자유권이고 제2차적 내지 부차적으로 생존권"이라고 서술하고 있다. 그러나 근로자가 사용자가 자유롭게 교섭할 수 있는 상태는 자연적으로 실현될 수 없다는 측면에서 이러한 설명이 정확한 것은 아니다. 이에 대해서는 전광석, 『한국헌법론』, 집현재, 2015, 455-456쪽.

15 전광석, "노동쟁의조정법 제12조 제2항에 대한 헌법소원", 275쪽.

16 전광석, "노동쟁의조정법 제12조 제2항에 대한 헌법소원", 275-276쪽.

17 허영, 앞의 책, 536쪽.

18 전광석, "국가와 노동조합: 헌법적 접근", 「한림법학」 FORUM 제5호, 1996(이하 '전광석, 국가와 노동조합'으로 줄였다), 73쪽; Hartmut Bauer, Art. 9 in: Horst Dreier(Hrsg.), Grundgesetz Kommentar, Mohr Siebeck, 2009, Rn. 66.

19 이에 관해서 자세한 것은 전광석, 국가와 노동조합, 81-92쪽 참고.

20 이에 관해서 자세한 것은 전광석, 국가와 노동조합, 93-99쪽 참고.

21 「정당법」 제2조 참고.

22 정당의 의의와 성격에 관해서는 전광석, 앞의 책, 117-118쪽.

23 그렇다고 노동조합이 국가의 정책결정에 참여하는 것이 헌법상 금지되는 것은 전혀 아니다. 노동조합이 사용자와의 관계에서 단체교섭과 단체행동을 하는 것뿐 아니라, 국가와의 관계에서 정책결정에 참여하는 활동을 하는 것은 오히려 당연하다. 이 때 비로소 진정한 의미에서 노동조합이 근로조건 향상과 유지를 위하여 활동할 수 있기 때문이다. 이에 관해서는 BVerfGE 38, 305 참고.

24 전광석, 국가와 노동조합, 75-81쪽.

25 헌재 1999. 11. 25. 95헌마154; 헌재 2012. 3. 29. 2011헌바53; 헌재 2013. 7. 25. 2012헌바116.

26 이상 조재현 집필부분, 앞의 책, 338쪽.

27 이상 전광석, 앞의 책, 252-253쪽; 정종섭, 앞의 책, 700쪽; 허영, 앞의 책, 538-539쪽.

28 김형배, 『노동법』, 박영사, 2012, 757-758쪽; 임종률, 『노동법』, 박영사, 2009, 44쪽.

29 김형배, 앞의 책, 768쪽 참조.

30 이상 김형배, 앞의 책, 756-757쪽; 이상윤, 『노동법』, 법문사, 2010, 501쪽; 임종률, 앞의 책, 41쪽.

31 김형배, 앞의 책, 757쪽; 이상윤, 앞의 책, 501쪽; 임종률, 앞의 책, 41, 45쪽.
32 김유성, 『노동법(Ⅱ)』, 법문사, 2001, 67쪽. 한편, 이상윤, 앞의 책, 512-513쪽은
    소극적인 요건은 적극적인 요건을 구체화한 요건에 해당하는 독자성이 없는 요건
    이라고 이해하면서도, 소극적인 요건을 갖추지 못한 경우 노동조합법상 노동조합
    이 될 수 없다고 한다. 이론 구성을 달리할 뿐 결과적으로 첫 번째 견해와 결론이
    같다.
33 김형배, 앞의 책, 787-790쪽; 임종률, 앞의 책, 41쪽.
34 김형배, 앞의 책, 787쪽; 이상윤, 앞의 책, 521-522쪽; 임종률, 앞의 책, 60쪽.
35 김형배, 앞의 책, 787-790쪽; 이상윤, 앞의 책, 522-526쪽; 임종률, 앞의 책,
    60-64쪽.
36 김형배, 앞의 책, 757-758쪽; 이상윤, 앞의 책, 522-526쪽; 임종률, 앞의 책, 46쪽.
37 대판 1970. 7. 21. 69누152. 피고보조참가인(한국전력주식회사)과 원고(전국전력
    노동조합 수금특별지부)조합원과의 관계는 원고조합원이 피고보조참가인 회사의
    수금업무에 종사하는 자체에 중점이 있다기보다는 수금의 실적 곧 일의 완성된 결
    과자체에 오히려 중점이 있다하겠고 또한 그 일의 방법이나 과정에 있어서 원고조
    합원의 재량이나 독립성이 저해될만한 위 회사의 어떠한 지휘감독도 개재된 바 없
    으니 원고조합원의 근로의 제공이 사용자인 피고보조참가인에 대하여 종속적인 관
    계에 있다고 할 수 없다는 이유에서 원고조합원은 노동조합법에 이른바 노동조합
    을 조직할 수 있는 근로자가 될 수 없다; 대판 1992. 5. 26. 90누9438.
38 김형배, 앞의 책, 762쪽; 이상윤, 앞의 책, 쪽; 임종률, 앞의 책, 46-47쪽. 대법원
    2004. 2. 27. 2001두8568. 원심판결 및 원심이 인용한 제1심판결 이유에 의하면,
    원심은 근로기준법은 '현실적으로 근로를 제공하는 자에 대하여 국가의 관리·감독
    에 의한 직접적인 보호의 필요성이 있는가'라는 관점에서 개별적 노사관계를 규율
    할 목적으로 제정된 것인 반면에, 노동조합및노동관계조정법(이하 '노조법'이라 한
    다)은 '노무공급자들 사이의 단결권 등을 보장해 줄 필요성이 있는가'라는 관점에서
    집단적 노사관계를 규율할 목적으로 제정된 것으로 그 입법목적에 따라 근로자의
    개념을 상이하게 정의하고 있는 점, <u>일정한 사용자에의 종속관계를 조합원의 자격
    요건으로 하는 기업별 노동조합의 경우와는 달리 산업별·직종별·지역별 노동조
    합 등의 경우에는 원래부터 일정한 사용자에의 종속관계를 조합원의 자격요건으로
    하는 것이 아닌 점</u>에 비추어, 노조법 제2조 제4호 (라)목 단서는 '기업별 노동조합'
    의 조합원이 사용자로부터 해고됨으로써 근로자성이 부인될 경우에 대비하여 마련
    된 규정으로서, 이와 같은 경우에만 한정적으로 적용되고, 원래부터 일정한 사용자
    에의 종속관계를 필요로 하지 않는 산업별·직종별·지역별 노동조합 등의 경우에
    까지 적용되는 것은 아닌 점 등을 근거로, 노조법 제2조 제1호 및 제4호 (라)목 본
    문에서 말하는 '근로자'에는 특정한 사용자에게 고용되어 현실적으로 취업하고 있

는 자뿐만 아니라, 일시적으로 실업 상태에 있는 자나 구직중인 자도 노동3권을 보장할 필요성이 있는 한 그 범위에 포함되고, 따라서 지역별 노동조합의 성격을 가진 원고가 그 구성원으로 '구직중인 여성 노동자'를 포함시키고 있다 하더라도, '구직중인 여성 노동자' 역시 노조법상의 근로자에 해당하므로, 구직중인 여성 노동자는 근로자가 아니라는 이유로 원고의 이 사건 노동조합설립신고를 반려한 이 사건 처분을 위법하다고 판단하였는바, 이러한 원심의 판단은 정당하고, 거기에 노조법에 정한 근로자의 개념에 관한 법리를 오해한 위법이 있다고 할 수 없다. 그러므로 상고를 기각하고, 상고비용은 패소자가 부담하도록 하여 관여 법관의 일치된 의견으로 주문과 같이 판결한다. 밑줄은 필자가 강조를 위하여 더한 것이다.

39 대법원 2004. 2. 27. 2001두8568.

40 김형배, 앞의 책, 762-763쪽.

41 이상윤, 앞의 책, 508쪽; 임종률, 앞의 책, 47쪽; 대법원 2004. 2. 27. 2001두8568. 한편, 김형배, 앞의 책, 764-765쪽은 라목 본문이 적용되는 노동조합의 종류는 언급없이 라목 단서가 모든 노동조합에 적용되는 것이 아니라 기업별 노동조합에만 적용되는 것이라고 해석하고 있는데, 필자가 판단하기에 이 견해도 다른 견해와 결론은 동일하나 이론 구성만을 달리하는 것이라고 판단된다.

42 서울고판 1991. 7. 4. 90구3685.

43 대법원 1990. 11. 27. 선고 89도1579 전원합의체판결. 김형배, 앞의 책, 765-766쪽은 한정하여야 한다는 원칙을 내세우면서도 노동조합 설립에 국한되는 것은 아니고 노동조합의 조합원으로서의 지위와 관련해서 적용하여야 하고, 사용자와의 임금수령 및 노무제공 등 근로기준법상의 근로관계의 유지를 목적으로 하는 경우까지 확대해서는 안된다고 한다. 결론적으로 후자의 견해와 동일한 것으로 판단된다.

44 헌재 1999. 11. 25. 95헌마154 참조.

45 평등권에 있어서 비교대상의 설정은 그 적용에 있어 결정적인 중요성을 가진다는 점을 고려하면 이러한 판단의 문제는 결코 가볍지 않다.

46 전광석, 헌법과 노동조합, 74-75쪽.

47 미국에서는 교원노조에 누가 가입하여 활동하느냐 하는 것은 전적으로 교원노조의 결정사항으로 이해하고 있다. 따라서 미국 최대의 교원노조인 미국교원연합회(National Educational Association: NEA)는 예비 교원은 물론이고 퇴직 교원까지 조합원으로 규정하여 받아들이고 있다. Charles W. Baird, The NEA and Its Federal Charter, Government Union Review, Virginia: Public Service Research Foundation, Vol. 17, 2001, p.3ff.

48 독일, 프랑스, 일본 등의 선진 외국의 입법례와 해석론도 이와 같은 태도를 보여주고 있다. 예를 들어, 독일에 관해서는 권두섭 집필부분, 노동법실무연구회 편, 『노동조합 및 노동관계조정법 주해 Ⅰ』, 박영사, 2015, 138-139쪽. 프랑스에 관해서

는 같은 책, 140-141쪽. 일본에 관해서는 같은 책, 141-142쪽.

49 여기서 "노동조합법상 혜택을 누릴 수 없는 사람들에게까지 이를 부여하는 결과[교원노조의 의사결정 과정에 개입하여 현직 교원의 근로조건에 영향을 미치는 결과]를 야기하게 될 수 있어 오히려 교원의 근로조건 향상을 위하여 활동하여야 하는 교원노조의 자주성을 해할 우려도 있다"는 판시는 이 쟁점과 별도의 문제가 있다. 현직 교원으로 구성된 교원노조에 의하여 합의된 근로조건은 정태적으로만 보면 현직 교원에게만 미치는 것처럼 보이지만, 동태적으로 보면 아직 교원으로 임용되지 않은 교사자격 소지자나 해고된 교원에게 미칠 수 있는 가능성이 충분히 있다. 바로 이 점이 헌법학계에서 해석론으로 노동3권에서 근로자의 개념을 근로의 권리에서 근로자의 개념보다 확장하고, 노동조합법이 근로기준법과는 다르게 근로자의 개념을 입법적으로 확장하고 있는 이유이다. 따라서 "노동조합법상 현직 교원으로 구성된 교원노조에 의하여 체결된 단체협약에 영향을 받을 가능성이 있는 아직 교원으로 임용되지 않은 교사자격 소지자나 해고된 교원에게 국가가 법으로 이들의 참여를 명시적으로 금지하고 있는 이 사건 법률조항은 교원노조의 자주성을 해할 우려가 있다."

50 헌재 1991. 7. 22. 89헌가106 참조.

51 BVerfGE 38, 305.

52 단결권과 단체교섭권, 단체행동권의 차별적 규율에 관해서는 전광석, "노동쟁의조정법 제12조 제2항에 대한 헌법소원", 287-300쪽 참고.

53 독일, 프랑스의 규율에 대해서는 윤달원 외, 주요국의 교원단체 현황 분석 및 시사점, 한국교육개발원, 2012, 12-18쪽 참조. 미국의 규율에 대해서는 윤달원 외, 앞의 책, 4-10쪽; Kern Alexander, M. David Alexander, op. cit., p.966ff.

54 이상 김진곤, "헌법상 노동3권의 보호와 제한에 관한 연구", 연세대학교 대학원 법학과 박사학위논문, 2007. 2., 70-72쪽.

55 김형배, 앞의 책, 764-765쪽; 이상윤, 앞의 책, 508쪽; 임종률, 앞의 책, 47쪽; 대법원 2004. 2. 27. 2001두8568.

56 이에 관해서는 김갑성 외, 『교원단체 교섭안 분석 및 역할 정립 연구』, 한국교육개발원, 2012, 60-61쪽 참고.

57 이와 관련하여 헌재는 "노동조합법 제2조 제1호 및 제4호 라목 본문에서 말하는 '근로자'에는 일시적으로 실업 상태에 있는 사람이나 구직 중인 사람도 근로3권을 보장할 필요성이 있는 한 그 범위에 포함"되므로(대법원 2004. 2. 27. 2001두8568 참조), "이 사건 법률조항이 정한 교원에 해당되지 않으나 앞으로 교원으로 취업하기를 희망하는 사람들이 노동조합법에 따라 노동조합을 설립하거나 그에 가입하는 데에는 아무런 제한이 없기" 때문에 "이 사건 법률조항이 교원노조의 단결권에 심각한 제한을 초래한다고 보기는 어렵다"고 판시하였다. 그러나 이러한 주장은 너무

나 궁색하다. 일시적으로 실업 상태에 있거나 구직 중인 교원이 자신들만으로 구성된 교원노조가 아닌 일반노조를 만들어 무엇을 할 수 있다는 말인가? 이와 같은 의문은 이미 반대의견을 통해서도 제시된 바 있다. 그리고 이와 같은 판시는 노동3권에서 주목하는 근로조건이 법적으로 보장된 상황을 전제로 한 것이 아니라 사실상 상황을 기준으로 한 것이라는 점을 법정의견이 명확하게 인식하고 있지 못하다는 점을 다시 한번 확인하게 한다.

58 단결권의 내용에 관해서는 정종섭, 앞의 책, 702-705쪽; 허영, 앞의 책, 541쪽.

59 이에 관해서는 정필운, "교원단체 규율에 대한 헌법이론적 검토", 「헌법학연구」 제 21권 제1호, 2015, 314-317쪽.

60 김형배, 앞의 책, 1134쪽. 미국의 양대 교원단체 중 하나인 미국교원연맹(American Federation of Teachers: AFT)는 규약으로 교장 등 고위직을 회원에서 배제하고 있다. 윤달원 외, 앞의 글, 45쪽.

61 이상 정필운, 앞의 글, 326-327쪽.

62 이 표현은 임종률, 앞의 책, 45쪽에서 차용.

제 14 장

교육헌법은
어떻게 개정되어야 하는가?*

Ⅰ. 문제 제기

현행 헌법인 제9차 개정 헌법은 1987년 10월 29일 제정되고 이듬해인 1988년 2월 25일 시행되었으니, 32년간 현실을 규율하고 있다. 그 사이에 몇 차례 개헌 논의가 있었으며, 특히 소위 촛불혁명을 거쳐 집권한 문재인 정부가 들어선 2017년과 2018년의 개헌 논의는 대통령이 개헌안을 발의할 정도로 상당한 수준까지 이르렀다.

이와 같은 개헌 요구는 교육 영역에서도 예외가 아니다. 교육이 갖는 국가·사회적 기능 속에서의 현실적인 역할과 갈등 등을 고려할 때, 양과 질 모든 측면에서 더욱 중요해지는 헌법재판의 결과를 볼 때, 그리고 그동안 이루어진 다양한 개헌안 논의를 볼 때, 현행 헌법전 속에서 교육관련 조항들의 수정은 선택이 아닌 필수적 사항으로 보인다. 헌법상 교육관련 조항들이 우리나라 교육법 체제에 있어서 최고규범으로의 타당성과 실효성을 지속적으로 담보하기 위해서는 사회의 변화와 국민들의 요구를 수용하면서 헌법규범과 현실 사이의 간극을 좁혀야 하는데 그 간극이 상당 수준에 이르렀기 때문이다.

아울러 개헌 논의는 개헌이 이루어졌을 때의 직접적인 파급력뿐만 아니라 설령 바로 개헌에 도달하지 못하더라도 현재와 미래의 관련 입법 및 정책 변화에 주요한 기준을 제시한다는 점에서 또 다른 강력한 의미를 갖는다. 따라서 교육 관련 헌법 조항에 대한 개헌 논의는 지속적으로 이루어질 필요가 있다. 그러나 2017년과 2018년도의 뜨거운 열기를 더이상 찾아보기 쉽지 않은 상황이다.

　이 논문은 지난 개헌 정국에서 교육관련 조항의 개헌 논의를 촉발하고 지원하기 위해 수행하였던 교육법 전문가 대상 델파이조사 결과와 이를 토대로 연구자들이 당시 제시한 개헌안을 성찰하여 현재 시점에서 다시 제안하는 것을 목적으로 한다. 이러한 목적을 달성하기 위하여 우선 현행 헌법상 교육관련 조항들에 대한 그동안의 개헌 논의를 주체별로 살펴본다. 그리고 교육법 전문가들의 개헌 요구의 수렴 정도를 파악하기 위해 실시한 델파이조사를 토대로 헌법이론적 검토를 거쳐 구체적인 개헌안을 제시한다.[1]

II. 교육헌법의 개헌 논의의 경과 및 주요 내용

　헌법상 교육 관련 조항, 즉 교육헌법의 개헌 논의를 이끄는 주체는 크게 세 그룹으로 구분할 수 있다. 첫 번째가 국민의 대표기관이면서 헌법 개정안의 발의 및 의결권을 갖는 국회를 포함한 정치권이며, 두 번째가 교직단체들을 포함한 시민사회계이며, 세 번째가 교육법을 중심으로 헌법학, 교육학 등의 전문가들이 함께 하는 학계이다. 특히, 이 장에서는 1987년 제9차 개정 헌법 이후 다시금 개헌논의가 본격적으로 이루어지기 시작한 2000년대 후반기 이후부터 시작하여 문재인정부의 2018년 개헌안 발의 전후를 중심으로 이루어진 교육헌법의 개헌 논의 과정을 살펴보고자 한다.

1. 국회 및 정부의 논의

국회 및 정치권의 개헌 논의는 주로 권력구조 개편, 선거구제 및 비례대표 선출, 국회 양원제, 국민소환제 등 정치관련 의제가 주를 이루는 가운데 교육 조항이 부분적으로 논의되는 특징을 보이고 있다.

먼저, 개헌을 역사적 과제로 규정하였던 제18대 국회(2008. 5.-2012. 5.)는 개원하자마자 국회의원연구단체인 '미래한국헌법연구회'를 중심으로 개헌방안 검토에 착수하였고 논의 결과를 토대로 '대한민국 헌법의 바람직한 개헌방향에 관한 연구'를 발간하였다. 미래한국헌법연구회는 이 보고서에서 헌법 제31조 교육을 받을 권리를 사회적 기본권 중 하나로 보고, "① 제31조 제2항과 제3항은 의무교육의 범위를 법률이 정하는 중등교육까지 확대하는 내용을 담으면서 통합하고, ② 제5항의 평생교육 진흥의무를 제2항과 제3항의 통합 조항 다음 조항으로 옮기며, ③ 제4항에서 교육의 자주성·전문성·정치적 중립성은 두고, 대학의 자율성을 분리하여 제22조 제1항 학문·예술의 자유 다음에서 함께 규정하는 방안이 검토될 필요가 있다"[2]고 제안하였다. 주로 체계를 중심으로 개헌 방안을 검토한 것이다. 다만, "현행 헌법에는 열거되지 아니하였으나 헌법재판소에서 확인한 교육기본권을 반영하는 것이 중요하다"고 하면서, 그 중요한 예로 "자녀의 인격발현권과 학습권, 중등교육을 받을 권리, 학부모의 교육권, 교사의 수업권 또는 수업의 자유의 기본권성, 대학의 자율성의 기본권성과 그 한계, 헌법상 사립학교 운영의 자유, 국가의 교육에 관한 헌법상 권한과 교육제도 법정주의의 헌법적 의미 등"을 제시하기도 하였다.[3]

제18대 국회에서는 국회의장 자문기구로 '헌법연구자문위원회'를 설치·운영하기도 하였다. 이 '헌법연구자문위원회'는 2009년 8월에 연구 결과를 토대로 '헌법연구자문위원회 결과보고서'를 발간하였는데, 이 보고서에서 「헌법」 제31조 제5항을 "국가는 학교교육과 평생교육을 진흥하여야 한다"로 개정하는 방안을 제안하였다. 이것은 국가의 평생교육 진흥 책무에 학교교육 진흥 책무를 추가로 규정한 것으로 이와 같은 개정이 필요한 이유에 대해 "사교육의 확대 및 이에 따른 공교육의 무력화, 사교육비의 팽창이라는 문제를 해소하고 공교육을 활성화하기 위해서는 학교교육 진흥을 위한 국가목표조항을 규정하는 것이 필요하다"[4]고 설명하였다.

제19대 국회(2012. 5.-2016. 5.)는 국회의원연구단체인 '개헌추진 국회의원 모임'과 '소통과 상생을 위한 헌법연구모임'이 논의를 주도하였다. 특히 2013년 12월에 두 단체가 공동으로 '개헌 추진을 위한 국회의원 워크숍'을 개최하여 권력구조 개편방안과 함께 우윤근 의원 개헌시안을 검토하였다. 우윤근의원 개헌시안은 기본권 규정에 대해 "변화된 시대상황에 맞게 생명권, 정보기본권 등 몇 가지 기본권을 새로이 신설하고, 평등권, 언론의 자유, 노동3권 등 현행 헌법에 규정되어 있는 기본권 조항을 보다 확장적이고 적극적으로 담아내고자 하였다"고 설명하였고 있으며, 여기에는 "일부 기본권의 경우 국적과 무관하게 인간이라면 보편적으로 누려야할 기본권으로 보고, 기본권의 주체를 '국민'에서 '모든 인간'으로 수정하는" 방안이 포함되어 있다.[5] 다만, 제31조 교육 조항 개정은 필요하지 않은 것으로 제안되었다.

제20대 국회(2016. 5.-2020. 5.)는 특별위원회 중 하나로 헌법개정특별위원회(이하 개헌특위)를 구성·운영함으로써 보다 다양한 정당이 참여한 가운데 보다 공식적인 논의의 진행이 가능하도록 하였다. 개헌특위는 현행 헌법의 각 분야별 주요 쟁점에 대해 논의를 진행한 결과를 바탕으로 6개 분야별로 헌법개정 주요 의제를 도출 및 제시하였다. 특히, 「헌법」 전문에 생명존중, 복지국가, 분권형 국가 등 미래지향적인 내용을 추가하는 방안, 기본권의 주체를 '국민' 외에 '사람'으로도 표현하는 방안, 공무원의 근로3권 보장 강화 방안, 안전권·보건(건강)권·정보기본권 등의 신설 방안, 지방분권 강화 방안 등에 대한 논의가 활발하였

다. 그러나 교육에 대한 직접적 규정인 제31조에 대한 개헌 사항은 포함되지 않았다.[6]

한편, 정부 차원에서의 개헌안을 먼저 주도한 것은 국가인권위원회이다. 국가인권위원회는 현행 제31조 제4항에 규정되어 있는 대학의 자율성 보장 규정을 학문과 예술의 자유 조항으로 옮기면서 "대학의 자치는 보장된다"고 규정하는 것 외에 '능력에 따라 균등하게 교육을 받을 권리'의 주체를 모든 국민에서 모든 사람으로 개정하는 등 다소 적극적인 개헌안을 제시하였는데, 구체적인 내용은 아래와 같다.[7]

〈국가인권위원회 교육헌법 개정안〉
제34조 ① 모든 사람은 능력에 따라 균등하게 교육을 받을 권리를 가진다.
② 모든 사람은 자신이 보호하는 자녀에게 적어도 초등교육과 법률로 정하는 교육을 받게 할 의무가 있다. 의무교육은 무상으로 한다.
③ 국가는 평생교육, 직업교육, 인권교육, 민주시민교육 및 사회교육을 진흥해야 한다.
④ 교육의 공공성·자주성·전문성·다원성은 보장되며, 국가는 교육의 정치적 중립성을 훼손하여서는 안된다.
⑤ 교원의 신분은 보장되며, 그 구체적인 사항은 법률로 정한다.
⑥ 교육재정의 확보와 교육제도 및 교육재정과 교육제도의 효율적 운영에 관한 기본 사항은 법률로 정한다.

최근 헌법 개정논의에 있어서 정점을 찍은 것이 문재인 대통령이 지난 3월 26일 발의한 헌법개정안이다. 이 개정안은 국민헌법자문특별위원회에서 자문한 안을 토대로 입안되었는데 교육 관련 조항을 포함하고 있는 기본권 영역에 있어서는 새로운 기본권의 신설, 실질적 평등의 확대, 기본권 주체 확대의 세 가지 방향이 토대가 되었다고 한다.[8] 구체적인 개정안은 제1항에서 "능력에 따라 균등하게"를 "능력과 적성에 따라 균등하게"로, 제2항에서 "보호하는 자녀"를 "보호하는 자녀 또는 아동"으로 수정한 것 그리고, 제4항의 대학의 자율성 보장을 위의 국가인권위원회안과 같이 학문과 예술의 자유 조항으로 옮기면서 "대학의 자치는 보장된다"고 규정하는 것에 불과하다. 따라서 대통령이 발의한 안은 앞의 국가인권위원회가 제시한 안은 물론이며 후술할 시민사회, 학계 등의 제안보다는 상당히 소극적인 안이라고 할 수 있다. 이 안은 같은 해 5월 24일 국회 본회의에서 의사정족수를 채우지 못하여 투표불성립으로 사실상 폐기되었음은 주지의 사실이다.

〈문재인 대통령의 교육헌법 개정안〉

제32조 ① 모든 국민은 능력과 적성에 따라 균등하게 교육을 받을 권리를 가진다.

② 모든 국민은 보호하는 자녀 또는 아동에게 적어도 초등교육과 법률로 정하는 교육을 받게 할 의무를 진다.

③ 의무교육은 무상으로 한다.

④ 교육의 자주성·전문성 및 정치적 중립성은 법률로 정하는 바에 따라 보장된다.

⑤ 국가는 평생교육을 진흥해야 한다.

⑥ 학교교육·평생교육을 포함한 교육 제도와 그 운영, 교육재정, 교원의 지위에 관한 기본 사항은 법률로 정한다.

제23조 ① 모든 사람은 학문과 예술의 자유를 가진다.

② 대학의 자치는 보장된다.

③ 저작자, 발명가, 과학기술자와 예술가의 권리는 법률로써 보호한다.

2. 교직단체를 포함한 시민사회계의 논의

시민사회도 개헌에 대한 방안 제시나 논의과정 참여를 활발하게 진행하고 있다. 제19대 국회 시기인 2015년 3월에 국회에서 「시민이 만드는 헌법」 국민운동본부 추진위원회 발족식을 갖고 국민대토론회를 진행하기도 하였으며, 제20대 국회 개헌특위의 자문위원회 구성 및 전국순회 국민대토론회 등에도 활발하게 참여한 바 있다. 헌법개정국민주권회의 등 개헌을 주된 활동의 대상으로 삼은 단체들도 운영 중이다. 다만,

교육 관련 개헌 방안에 대해서는 교직단체들을 중심으로 한 논의 외에는 그다지 활발하지 못한 측면도 없지 않다.

그럼에도 기독교의 사회 참여 일환으로 설립·운영되었던 '한국크리스챤아카데미'의 부설기구인 대화문화아카데미가 지난 2016년 10년간의 논의 과정의 결실로 제안한 '2016 새헌법안'은 중요한 시사점을 준다. 이 개정안은 주로 분권형 정부 형태의 도입 등 권력분산에 방점을 찍고 있지만, 교육관련 조항의 개정도 담고 있는데 특히 현행 헌법 제31조 제1항을 개정하여 "능력에 따라 균등하게 교육을 받을 권리" 외에 "학습할 권리"를 추가하는 안을 제시하였다.[9]

한편, 전국교직원노동조합, 대학노조 등 소위 진보 교육단체들이 지난 2017년 4월에 구성한 '새로운 교육체제 수립을 위한 사회적 교육위원회'는 2018년 3월에 기자회견을 통해 헌법 제31조의 개정안을 발표한 바 있는데 "모든 국민은 능력에 따라 균등하게 교육을 받을 권리를 가진다"라는 헌법 제31조 제1항에서 "능력에 따라"를 삭제하고, 지방교육자치 및 학교자치를 명문화하는 등 독자적인 개헌안을 제시하였는바 아래와 같다.[10]

〈새로운 교육체제 수립을 위한 사회적 교육위원회의 교육헌법 개정안〉
① 모든 국민은 균등하게 교육을 받을 권리를 가진다.
② 국가와 지방자치단체는 모든 국민이 유아교육에서 고등교육까지 학습할 수 있도록 적정한 교육여건을 조성하고, 평생교육을 진흥하여야 한다.
③ 국가와 지방자치단체는 법률이 정하는 교육을 받게할 의무를 지며, 의무교육에 필요한 교육비와 경비는 국가에서 부담한다.
④ 교육의 자주성·전문성 및 자율성은 보장되며, 교육을 특정한 정치적, 종교적 편견을 전파하기 위한 수단으로 활용할 수 없고, 교원과 학생의 시민으로서의 정치적 권리는 보장된다.
⑤ 학교교육·평생교육을 포함한 교육 제도와 그 운영, 교육재정, 교원의 지위, 지방교육자치와 학교자치에 관한 기본 사항은 법률로 정한다.

아울러 한국교원단체총연합회는 지난 2018년 3월에 '한국교총 교육 분야 개헌 과제'라는 건의문을 국회에 전달한 바 있는데 특히 "교원의 지위와 교권"을 교육제도법률주의의 대상으로 구체적으로 명시하는 것과 함께 의무교육에 있어 무상의 범위와 내용을 법률로 정하도록 하는 것이 핵심 내용이었다.[11]

3. 학계의 논의

교육헌법의 개헌에 대해 종합적으로 연구한 대표적인 논문으로는 우선 허종렬이 2006년과 2018년에 각각 발표한 "교육기본권 영역의 헌법개정 문제 검토"와 "교육헌법 개정 논의의 흐름과 쟁점 검토: 헌법 제31조와 제22조의 개정안을 중심으로"를 들 수 있다. 먼저 허종렬은 2006년의 논문을 통해 기존 개헌 논의에 대한 검토, 헌법상 열거되지 아니하였으나 학계와 헌법재판소에서 확인된 교육기본권 등에 대한 검토 그리고 교육기본권 체계의 재해석론을 바탕으로 '현행 헌법상의 교육기본권 관련 조문 평가와 헌법 개정을 위한 과제'를 제안한 바 있다.[12]

그리고 2018년도에는 "교육헌법 개정 논의의 흐름과 쟁점 검토: 헌법 제31조와 제22조의 개정안을 중심으로"를 다시 발표하였는데, 이 논문은 이전에 발표되었던 다양한 개정안들의 접점을 찾아 이들을 수용하고, 기타 쟁점 사항들은 별도의 법리적 검토과정을 거쳐 수용여부를 결정하는 형식으로 진행되었다. 특히, 연구자가 후술할 교육학회 · 교육행정학회 공동 포럼 및 헌법학회 학술대회 등에서 당초 제안하였던 개정안을 토론회 등을 거치면서 수정 · 제시한 것이기도 하다. 구체적으로 ① 교육받을 권리와 함께 학습권을 명시하고 그 주체를 사람으로 개정, ② 의무교육의 범위는 법률이 정하는 기초교육으로 개정, ③ 무상의무교육의 범위와 내용의 법률주의 신설, ④ 교육의 자주성 · 전문성 · 정치적 중립성 보장 주체로 국가 명시 및 법률유보 문구 삭제, 그리고 지방교육자치제도

조항 신설, ⑤ 평생교육과 함께 시민교육, 직업교육 진흥에 대한 국가의
무 추가, ⑥ 사립학교에 관한 조항 신설, ⑦ 대학의 자율성을 제22조 학
문과 예술의 자유 조로 이관 및 학문과 예술의 자유의 주체를 모든 국민
에서 모든 사람으로 개정 등을 제안하였다.[13]

　고전은 2017년에 "교육기본권 관점에서의 헌법 개정 논의"를 발표하
였는데, 주로 "교육에 관한 헌법상의 기본적 인권을 보장하는 관점에서
제31조에 대한 재해석을 바탕으로 헌법 개정을 논의"한 것이다. 연구 결
과로 "'국민의 권리에서 모든 사람의 권리로 확대', '교육을 받을 권리'에
서 '학습할 자유와 권리'로의 전환, '보호자의 가정교육 학교교육에서의
권리와 책임 보완', '국가주도 의무무상교육'에서 '공공부담의 국민공통
공교육과정으로 전환', '교육법제화 원리로서 교육조리의 보완', '국가와
지방자치단체의 역할분담과 상호협력, 교육자치의 보장, 평생교육 진흥
의 의무', 그리고 '교육기본법의 제정 근거' 등을 제안하였다.[14]

　그 밖에 교육헌법이라는 용어를 처음으로 사용한 논문으로 2007년
도 이종근이 발표한 "한국의 교육헌법 연구 20년의 성과와 과제"가 있
는데, 이 논문은 구체적인 개정안을 제시하기보다는 교육헌법의 개념적
정의 및 역사적 형성 과정, 교육헌법의 논의 동향 및 쟁점, 향후 전망 및
과제 등을 주로 다루고 있다.[15] 또, 2013년도에 발표된 홍후조 · 권혜정
의 "헌법 제31조 1항의 비판과 개정 방향"은 비록 한 조항에 대한 검토
이지만 '능력에 따라 균등하게'라는 중요 문구에 대한 문제 제기로부터
시작하여 제1항을 "모든 국민은 어떠한 차이에도 불구하고 기초 · 기본
교육을 의무 · 무상으로 균등하게 받을 권리를 가진다"로 개정함에 더하
여 "모든 국민은 각 사람의 적성과 진로에 따라 알맞게 교육받을 권리를
가진다"라는 조항을 신설할 것을 제안하였음에 주목할 필요가 있다.[16]
그리고 정필운은 2016년에 '헌법 제31조 제6항에 관한 소고'를 발표하
였는바 제6항을 둘러싼 해석론적 쟁점을 도출한 후 새로운 해석론과 함
께 입헌론을 제시하였다. 특히, 제6항을 기본권 형성적 법률유보로 보

면서, 해석 상 어려움을 가져오는 현재의 조항을 보다 명확하게 개정할 필요성을 제시하고 있다.[17]

이와 같은 개별 학자들의 논의와 함께 학회의 논의도 다수 있었는바, 2017년 대한교육법학회가 한국교육개발원과 함께 '교육 분야 개헌의 과제와 방향 탐색'이라는 주제로 포럼을 열어 황준성 · 이덕난 · 정필운이 교육법 분야 전문가들을 대상으로 실시한 델파이조사 등을 토대로 작성한 개헌안을 발표한 바 있다. 그리고 이들은 델파이 조사 결과를 중심으로 수정 보완하여 2019년에 대한교육법학회에 게재한 바 있다.[18]

한국행정법학회도 2017년 국회입법조사처와 함께 개최한 헌법 개정 방안에 대해 토론회에서 일부 연구자들이 교육 조항의 개정 방안을 제안하였다. 특히, 박윤흔은 "헌법 제31조 제4항에 대학의 공공성을 추가할 것"을 제안하였으며,[19] 강기홍은 제31조 제3항을 "무상으로 의무교육을 실시하며 교육복지가 충족되어야 한다"로 개정하고, 제4항에 "교육의 공공성"을 추가하고, 제6항에 "교육활동과 교원직무 법정주의를 추가"하고, 제6항의 모든 사항에 대해 "공공성이 확보되어야 한다"고 규정하는 방안을 제안하였다.[20]

2018년도에는 한국교육학회와 한국교육행정학회는 공동으로 "교육 관련 헌법 조항 개정의 쟁점 및 방향"이라는 주제로 포럼을 개최하여 허종렬이 "교육헌법 개정 논의의 흐름과 과제-헌법 제31조와 제22조의 개정안을 중심으로-"를 발표하였다. 특히 허종렬은 한국헌법학회의 기본권분과위원회에서 교육 관련 조항의 개정안을 연구하고 발표하기도 하였는데[21] 이 두 포럼에서의 발표된 논문들의 수정 보완되어 학술지에 게재된 것이 전술한 2018년도 논문이다.

III. 교육헌법 개헌안 도출의 원칙 및 현행 헌법

1. 교육헌법 개헌안 도출의 원칙

"헌법의 개정이라 함은 헌법에 규정된 개정 절차에 따라(형식적 요건) 기존의 헌법과 기본적 동일성을 유지하면서(실질적 요건) 헌법의 특정조항을 의식적으로 수정 또는 삭제하거나 새로운 조항을 추가(증보)함으로써 헌법의 형식이나 내용에 변경을 가하는 행위를 말한다."[22] 즉, 헌법 개정에 있어서 기존 헌법과의 기본적 측면에서의 동일성 유지는 기본 전제이며 한계가 된다. 그리고 기존 헌법과의 동일성 유지 여부는 기본적으로 기존 헌법이 기본이념 또는 기본원리로 제시하는 것들의 존중 정도에 따라 결정된다고 할 것이다.[23] 교육 분야 개헌 역시 이와 다르지 않아 헌법상 교육과 관련된 조항들을 기존 헌법이 정해 놓은 절차와 기본이념·원리를 준수하는 가운데 부분적으로 수정 또는 보완하는 것을 말한다.

이와 같은 헌법 개정, 즉 개헌의 필요성은 ① 기존 헌법에 내재한 공백이나 불완전함을 메우기 위한 경우, ② 중요한 새로운 사회적 변화에 대처하기 위한 경우, ③ 그동안 산발적으로 진행되어 온 변화를 보다 체계적이고도 집약적인 헌법으로 구성하도록 하기 위한 경우 등으로 요약할 수 있다.[24] 즉, 헌법 개정은 헌법 규범과 현실 간의 간극을 좁히고 헌법의 체계를 안정적으로 유지하도록 함으로써 헌법의 규범력을 유지하기 위해 이루어지는 것이다. 이것은 헌법 개정이 국가사회 및 헌법체제의 능동적인 변화를 도모하는 것이 되어서는 안 된다는 한계와 함께 헌법 개정의 불가피성 및 수동성을 시사한다.[25]

한편, 교육 분야는 제4차 산업혁명 시대의 도래라는 커다란 사회적 변화의 흐름 속에서 기존 근대교육 체제를 기반으로 하고 있는 법과 제도, 정책 그리고 국민의 인식까지도 변화를 요청받고 있다. 그리고 시대와 사회의 변화에 맞추어 교육에 대한, 관련 법 체제에 대한 국민들의 요구도 크게 변화하였는바 이를 헌법에 수용하여, 헌법을 정점으로 한 교육법체제가 살아 있는 규범으로서 지속적으로 기능하도록 할 필요가 있는 것이다. 또한, 지난 개정 이후 30여 년간 현행 헌법을 적용하는 과정에서 도출된 문제들 또는 헌법재판소를 중심으로 새롭게 확인된 헌법적 가치들을 헌법전에 수용함으로써 헌법을 발전시켜 나갈 필요가 있는 바, 교육 분야에 있어서도 개헌의 필요성은 확인된다고 할 것이다.

이와 관련하여 헌법 개정에 있어서 정당성[26]이 중요한데 이의 확보를 위해서는 헌법 실현의 역사적 경험 및 가치와 함께 기본권의 실질적 강화와 민주주의의 발전 측면이 소홀히 되지 않아야 한다[27]는 주장에 귀 기울일 필요가 있다. 즉, 헌법 개정은 어떠한 경우에서도 국민의 기본권을 축소하거나 민주주의를 제한하는 방향으로 이루어질 수 없으며, 이와 같은 개정의 시도는 헌법의 정당성 측면에서 부인되어야 한다. 이것은 국민의 기본권과 민주주의 보장 강화가 헌법 개정의 중요 원칙이자 한계임을 의미한다.

특히 헌법전에 명시된 기본권들은 헌법에 열거된 권리로서 과거 역사 속에서 특별히 침해를 당했거나 침해의 위험에 노출되었던 경험이 있어 헌법전에 개별적·구체적으로 보호영역을 특정하여 명시하게 된 권리들[28]로서 이의 보장을 약화시키는 개정은 수용될 수 없다. 현행 헌법 제31조에 명시되어 있는 교육을 받을 권리 역시 역사적 경험 속에서 특별히 더 보호할 필요가 있는 영역이기에 헌법전에 명문화된 것으로 이의 보장을 약화시키는 개정은 그 어느 경우에도 인정될 수 없다.

또한 헌법개정은 ① 헌법이론상 당장 고쳐야 할 사항, ② 헌법에 추가되어야 할 사항, ③ 이론적 부분에 있어서 학자들에게 시간적 여유를 두고 검토되어야 할 사항으로 구분할 수 있다.[29] 그런데 헌법은 추상성, 개방성, 미완성성 등의 특성[30]을 통해 헌법 현실의 적용에 있어 나름의 유연성을 갖기 때문에 당장 고치거나 추가되어야 할 시급한 것이 무엇인가에 대해서는 다툼이 있을 수 있다. 더욱이 헌법은 최고규범으로서 또 다른 측면에서는 안정성을 강조하며 그 개정 절차를 어떠한 법령보다 어렵게 규정하고 있는 바, 헌법 개정은 국민적 공감대가 완전히 형성된 것들을 전제로 하여야 할 것이다.

이와 관련하여 헌법재판소가 헌법의 이념 내지 가치 등으로부터 당연히 도출되는 것이라고 밝힌 모든 것들[31]이 반드시 헌법에 명문화되어야 하는 것은 아니다. 특히, 헌법전에 수용하여 명문화하는 것이 바람직한 경우도 있지만 반대로 경직성과 부적응성을 가져올 수도 있으므로,[32] 헌법재판소가 확인한 기본권도 국민적 공감대가 형성된 것에 한하여 반영되어야 한다.

이상의 논의를 통해 헌법 개정안 도출의 원칙을 제시하면 다음과 같다. 이 원칙들은 교육관련 조항, 즉 교육헌법의 개헌에 있어서도 그대로 적용된다. 첫째, 헌법 개정은 기존 헌법의 기본이념 또는 기본원리 존중을 통해 기존 헌법과의 동일성을 유지해야 한다. 둘째, 헌법 개정은 국가사회 및 헌법체제의 적극적 변화를 도모해서는 안 된다. 셋째, 헌법 개정은 정당성을 담보하여야 하는바 국민의 기본권과 민주주의의 보장을 강화하는 측면에서만 가능하다. 넷째, 헌법 개정은 국민적 공감대가 형성된 것으로 한정하여야 한다. 다섯째, 헌법의 개방성을 저해하고 경직성과 부적응성을 가져올 수 있는 과도한 명문화는 경계되어야 한다.

2. 현행 교육헌법의 구체적 조항

현행 헌법 제31조는 대표적인 교육헌법 조항이다. 제31조는 제헌헌법[33] 제16조에 "모든 국민은 균등하게 교육을 받을 권리가 있다. 적어도 초등교육은 의무적이며 무상으로 한다. 모든 교육기관은 국가의 감독을 받으며 교육제도는 법률로써 정한다"고 규정되어 있던 것이 다섯 차례[34]의 개정을 과정 거쳐 현재에 이른 것이다. 구체적으로 헌법 제31조는 제1항에서 '능력에 따라 균등하게 교육을 받을 권리'를 국민의 기본권으로 선언함에 이어 제2항 및 제3항은 의무교육의 기간 및 무상화에 관하여, 제4항은 교육의 자주성·전문성·정치적 중립성 보장을, 제5항은 국가의 평생교육 진흥 의무를, 제6항은 교육제도 법률주의를 각각 규정하고 있다.

제31조 ① 모든 국민은 능력에 따라 균등하게 교육을 받을 권리를 가진다.
② 모든 국민은 그 보호하는 자녀에게 적어도 초등교육과 법률이 정하는 교육을 받게 할 의무를 진다.
③ 의무교육은 무상으로 한다.
④ 교육의 자주성·전문성·정치적 중립성 및 대학의 자율성은 법률이 정하는 바에 의하여 보장된다.
⑤ 국가는 평생교육을 진흥하여야 한다.
⑥ 학교교육 및 평생교육을 포함한 교육제도와 그 운영, 교육재정 및 교원의 지위에 관한 기본적인 사항은 법률로 정한다.

한편, 고등교육과 관련해서는 학문과 예술의 자유를 규정하고 있는 제22조를 빠뜨릴 수 없다. 고등교육기관을 대표하는 대학의 3대 역할·기능 중 하나가 교육, 사회적 봉사와 더불어 학문 탐구이기 때문이다. 이와 관련하여 대학의 자율성은 지난 1987년 개정에 의해 전술한 제31조 제4항에 규정되어 있지만, 학문의 자유는 예술의 자유와 함께 모든 국민의 기본권으로서 현행 헌법 제22조에 규정되어 있다.

제22조 ① 모든 국민은 학문과 예술의 자유를 가진다.
② 저작자·발명가·과학기술자와 예술가의 권리는 법률로써 보호한다.

이외에도 교육과 관련된 헌법 조항들은 다수 존재한다. 우선 "… 정치, 경제, 사회, 문화의 모든 영역에 있어서 개인의 기회를 균등히 하고 능력을 최고도로 발휘하게 하며…"라고 규정하고 있는 헌법 전문(前文)과, 제10조의 인간으로서의 존엄과 가치 및 행복추구권, 제11조의 평등권, 제14조의 거주·이전의 자유, 제19조의 양심의 자유, 제20조의 종교의 자유, 제21조의 언론·출판·집회·결사의 자유, 제34조의 인간다운 생활을 할 권리, 제127조의 과학기술·정보통신 정책 등에 이르기까지 다양하다.

IV. 교육헌법의 개헌안

1. 개헌 요구 확인을 위한 전문가 델파이 조사 결과[35]

교육법 영역을 주된 연구 대상으로 삼는 연구자집단 중 헌법 상 교육조항 관련 연구 경험이 있는 21명을 패널로 선정하여 이들을 대상으로 2017년 10월부터 11월 사이에 3차례의 델파이 조사를 실시하였다. 그 결과 현행 헌법상 교육 관련 조항의 개헌 필요성과 함께 다음의 6가지 내용에 대해서는 개헌의 구체적 방향까지 패널들 간의 통계학적인 최종 합의[36]에 도달할 수 있었다.

- (제3항) '무상의 범위와 내용은 법률로 정한다'는 법률유보 문구 추가
- (제4항) 대학의 자율성은 삭제 후, 제22조 학문의 자유에서 포괄하여 규정
- (제4항) '법률이 정하는 바에 의하여 보장된다'를 '법률로 보장한다"로 개정
- (제5항) 평생교육 진흥 주체로 기존 국가 이외에 지방자치단체 추가
- (제6항) 교육제도법률주의의 실효성 강화 방향으로 개정
- (추가) 국가와 함께 지방자치단체도 교육에 대한 책임 주체로 추가 명시

그 밖에도 통계학적으로는 패널 간 최종 합의에 이르지 못했지만, 개헌의 요구가 많은 이슈들을 다음과 같이 찾을 수 있었다. 특히, "의무

교육을 국민의 의무가 아닌 국가의 의무로 개정"하는 방안, '교육을 받을 권리'는 수동적 개념이므로 적극적 권리의 개념인 '교육에의 권리' 또는 '교육의 권리'로 개정하는 방안, 헌법재판소가 제도적 보장의 하나로 인정하고 있는 (지방)교육자치에 관한 조항을 제31조에 추가하는 방안은 합의에 가까운 수준까지 동의가 있었다. 또한, "교육권 용어를 학습권과 구분하여 명확하게 사용", "제22조에서 대학의 자율성과 함께 책무성도 규정", "교육영역에서의 실질적 평등 실현을 위한 국가의 (여건정비) 의무 추가 등 교육기본권 보장을 위한 국가의 역할에 대한 명확한 규정 추가", "제31조 내에서 항의 배치 변경 필요"도 50% 이상의 동의가 있었다. 아래에서는 이와 같은 델파이 조사결과를 토대로 헌법이론적 관점에서 타당성을 검토하고 현실적인 여건을 고려하여 구체적인 개정안을 도출한다.

2. 구체적인 개헌안 도출

(1) 현행 헌법 제31조 내용 관련 개헌안

(가) 제1항

"모든 국민은 능력에 따라 균등하게 교육을 받을 권리를 가진다"고 규정하고 있는 제31조 제1항과 관련하여 델파이조사 결과에서 통계학적으로 최종 합의된 개헌 방향은 없었다. 다만, 61.90%의 많은 전문가들이 현재와 같은 '교육을 받을 권리' 중심의 체제는 국민의 교육에 대한 권리를 지극히 수동적 개념으로 이해하도록 하는바, 이러한 문제점을 해소하기 위해서 적극적 권리의 개념인 '교육에의 권리' 또는 '교육의 권리'로 개정"되어야 한다는데 뜻을 같이하였다. 또한, "교육권 용어를 학습권과 구분하여 명확하게 사용"할 필요가 있다는 데에 57.14%가 찬성하였음에 주목할 필요가 있다.

위와 같은 요구의 맥락에서 교육을 '받을' 권리라고 규정한 것은 피동적 관념을 심어줄 수 있는바, 수동적으로 교육을 받는 권리뿐 아니라 자신의 적성을 펼칠 교육을 요구할 권리 등 적극적 교육권도 포함된다는 것을 분명히 하기 위하여 교육에 대한(관한) 권리로 규정하는 것이 나을 것이라는 주장[37] 그리고, 국가주도의 교육을 받는다는 뉘앙스가 강하므로 적극적으로 학습 용어로 재규정될 필요가 있다는 주장[38]이 설득력 있게 제기되고 있다.

그런데 이러한 요구는 헌법 제31조 제1항의 '교육을 받을 권리'를 어떻게 해석하는가에 따라 달리 수용하게 된다. 먼저 전통적인 헌법학자의 한 명인 권영성은 교육받을 권리를 수학권(修學權)이라고 하면서 좁은 의미로는 교육을 받는 것을 국가로부터 방해받지 아니함은 물론 교육을 받을 수 있도록 국가가 적극적으로 배려해 주도록 요구할 수 있는 권리로, 넓은 의미로는 개개인이 능력에 따라 균등하게 교육을 받을 수 있는 것뿐만 아니라 학부모가 그 자녀에게 적절한 교육의 기회를 제공하여 주도록 요구할 수 있는 교육기회제공청구권까지 포괄하는 개념으로 본다.[39]

한편 허종렬은 헌법 제31조 제1항의 교육을 받을 권리는 사회권적(생존권적) 기본권이며, 자유권적 혹은 공민권적 성격을 갖는 것은 제31조 제1항에 의한 교육을 받을 권리가 아니라 헌법 제10조의 인간으로서의 존엄과 가치 및 행복추구권, 제37조 제1항의 헌법상의 열거되지 아니한 자유와 권리에서 도출되는 인권인 학습권이라고 하면서, 이후 헌법 개정 시 학습권은 교육을 받을 권리를 포함하는 학습자의 종합적 기본권으로 자리매김하는 것이 타당하다고 한 바 있다.[40]

이와 같은 차이는 제31조 제1항의 '교육받을 권리'와 천부인권의 하나로서 자신의 성장·발달권을 의미하는 소위 '학습권'의 관계를 어떻게 보는가에 따라 나타난다고 할 것이다. 전술한 권영성의 경우는 제31조 제1항의 '교육받을 권리'가 그 표현에도 불구하고 실질적으로는 '학습권'과 동일한 것으로 보는 반면에 허종렬은 '교육받을 권리'가 '학습권' 중 일부로서 사회적 기본권의 성격을 갖는 것에 불과하다고 보는 것이다.

이와 같은 입장 차이와 관련하여, 현행 헌법상 '교육을 받을 권리'는 천부인권 중 하나인 '학습권'이 헌법전에 수용된 것으로 보는 것이 보다 타당하다. 즉, 교육을 받을 권리는 인간 본연의 욕구인 인간 개개인으로서의 주체성 확립과 인간으로서의 존엄과 가치의 실현을 위한 천부적이며 자연법적인 인권으로서 '학습권'과 동일한 것이다. 교육을 받을 권리는 기본적으로 온전한 인격체로서의 성장·발달을 통해 인간으로서의 존엄과 가치를 실현하기 위해 제3자 등의 개입에 의한 제한 및 왜곡 없이 자신의 자유 의지에 따라 원하는 교육을 받을 수 있는 자유권적 성격과 동시에 그 교육을 받음에 있어 불합리한 차별을 받지 않을 평등권적 성격 그리고, 능력에 따라 균등하게 교육을 받음에 있어 외부의 부당한 방해를 배제할 수 있는 권리 및 국가로 하여금 이의 실현을 위해 적극적 행위를 하도록 요구하는 사회권적 성격을 모두 포함하는 종합적인 성격의 기본권이다.[41] 이러한 맥락에서 '교육을 받을 권리' 자체를 신현직 등이 표현하는 '교육기본권'[42]으로 간주하여도 무방하다고 본다.

헌법 제31조 제1항을 이와 같이 볼 때, 교육받을 권리는 결코 피동적인 권리에 국한되는 것이 아니다. 이에 더하여 헌법재판소는 '교육을 받을 권리'를 "모든 국민에게 저마다의 능력에 따른 교육이 가능하도록 그에 필요한 설비와 제도를 마련해야 할 국가의 과제와 아울러 이를 넘어 사회적·경제적 약자도 능력에 따른 실질적 평등교육을 받을 수 있도록 적극적인 정책을 실현해야 할 국가의 의무를 뜻한다"[43]고 함으로써 기본권 보장 조항임에 더하여 국가에 이의 실현을 책임지도록 하는 의무조항임을 밝히고 있다.

이와 같은 논의들을 볼 때, '교육받을 권리'를 반드시 '교육에의 권리' 또는 '교육의 권리' 등으로 개정하여야 한다고 하기는 어렵다. 다만, 학자들 간의 다툼이 있고 다수의 전문가들이 국민의 교육·학습에 관한 기본권의 범위를 확대하여 나갈 필요성을 제기하고 있으며, 지난 1987년 개헌 이후 1997년 새로이 제정된 「교육기본법」이 이미 '학습권'[44]을 실정법 체제에서 구체적으로 입법화하였음을 고려할 필요가 있다. 이에 따라 피동적 의미의 교육이 아닌 적극적 의미의 '학습'을 그리고 이에 더하여 자유권적 성격을 강조하는 '학습의 자유'를 헌법 제31조 제1항에 추가적으로 명시하는 것은 의미있다고 할 것이다.

그밖에 고전은 유럽연합 기본권 헌장의 예와 같이 학습권의 주체를 국민에서 사람으로 확대한다는 취지에 입각하여 '모든 국민'을 '모든 사람'으로 개정할 필요가 있다고 하였다.[45] 이것은 교육이 국민이 아닌 인간으로서 향유하여야 하는 권리라는 점을 강조하는 것이다. 특히, 불법 해외노동자의 자녀 등 무국적자들에게도 의무교육과 같이 인간으로서 인간다운 삶을 향유할 수 있는 최소한의 교육 기회를 누릴 수 있도록 해야 한다는 취지이다.

그런데 이와 달리 2013년 4월 소개된 우윤근 의원 개헌시안은 일부 기본권의 경우 국적과 무관하게 인간이라면 보편적으로 누려야할 기본권으로 보고, 기본권의 주체를 '국민'에서 '모든 인간'으로 수정 제시하였음에도 제31조와 관련된 교육받을 권리는 그 대상으로 삼지 않았다.[46] 이것은 교육받을 권리를 사회적 기본권으로 보는 시각에 의한 결과로 보인다.

이와 같이 교육받을 권리의 주체를 모든 국민으로 하여야 하는가, 모든 사람으로 하여야 하는가는 교육받을 권리를 어떠한 기본권으로 보는가와 관련된다. 그런데 교육받을 권리를 전술한 것과 같이 사회권적 기본권으로만 보지 않고 학습권의 개념을 내포하는 종합적 기본권으로 보더라도, 이의 실현을 위해서는 일정 부분 재정 투입 등 국가·사회의 적극적 작위를 필요로 하는 것이 사실이다. 따라서 주체를 국민에 더하여 모든 인간으로 확대하기 위해서는 국민적 공감대 형성이 우선되어야 할 것이다. 이와 관련하여 교육받을 권리의 주체를 모든 인간으로 확대함은 델파이 조사에서 50%의 동의를 받지 못한 것과 같이 당장의 개헌 과제로 삼기에는 바람직하지 않을 수 있다. 그렇지만, 향후에 국민

적 공감대만 형성된다면 '모든 인간'으로의 개정은 필요하며 가능한 것
이 사실이다.

또한, 교육을 수식하고 있는 '능력에 따라 균등한'이라는 의미가 형용
모순으로서 정책의 혼란을 가져온다는 비판[47]과 함께 그 자체를 삭제해
야한다는 또는 '능력에 따라'를 삭제하고 '균등한'만 남겨야 한다는 의견
등도 있다. 그러나 '능력에 따라 균등한'이란 우리의 교육이 형식적 평등
이 아닌 실질적 평등을 추구한다는 지향점을 밝히고 있음에 중요한 의미
가 있다고 할 것이다. 아울러 관련 용어의 삭제는 델파이 조사에서도 과
반의 동의를 얻지 못하였는바, 지속적인 논의 과제로 남김이 타당하다.

이상의 논의를 통해 현행 헌법 제31조 제1항은 "① 모든 국민은 학습
의 자유를 가지며, 능력에 따라 균등한 교육을 받을 권리를 가진다"로
개정됨이 타당하다고 본다.

(나) 제2항

"모든 국민은 그 보호하는 자녀에게 적어도 초등교육과 법률이 정하
는 교육을 받게 할 의무를 진다"고 규정하고 있는 제2항과 관련된 델파
이조사 결과, 통계학적으로 패널 간 최종 합의가 있었다고 할 수 없으나
3분의 2가 넘는 전문가들이 의무교육을 현재와 같은 국민의 의무가 아
닌 국가의 의무로 개정하여야 한다는 의견을 주었다.

현행 제2항은 '적어도 초등교육과 법률이 정하는 교육을' 의무교육으
로 하여, 이 교육을 받게 할 의무를 보호자가 일차적으로 지도록 규정
하고 있는 것이다. 이것은 자녀 교육에 대한 책임이 기본적으로 부모에
게 있다는 역사적 경험에서 비롯된 것으로, 아동 교육에 대한 부모들의
방기가 아직 사라지지 않은 상태에서 이 조항의 가치가 없어졌다고 할
수 없다. 특히, 이 조항은 부모의 교육권을 헌법전에 명시하는 것에 대
해 쉽게 동의가 이루어지고 있지 않은 상황 속에서, 부모 교육권의 중
요한 법원[48]으로서 역할을 할 수도 있다. 부모 등 보호자의 교육권은 자

녀의 교육받을 권리를 보장하는 일차적 의무를 이행할 권리이며,[49] 이와 같이 부모에게 교육을 받게 할 의무를 지운 것 자체가 자녀에 대한 자연법상의 일차적인 교육권을 가진다고 하는 점을 개념 내재적으로 전제하고 있기 때문이다.[50]

한편, 의무교육에 관한 국가의 책무를 명시하는 것이 교육받을 권리의 실질적 보장의 확대라는 측면에서 타당한 것도 사실이다. 다만, 현 조항을 유지해야 할 필요성을 완전히 압도하지 못하기 때문에 국가의 의무교육에 대한 책무를 추가적으로 규정하는 제3의 방안을 검토하는 것이 더욱 합당하다고 할 것이다.

그 밖에 제2항에 대한 개헌요구들로는 부모의 자녀교육권 확보 방안으로의 개정을 중심으로 하여 가정교육 관련 내용 추가, 교육복지권 차원의 접근 등이 있다. 다만, 이들은 반드시 꼭 개정되어야 한다는 것에 합의를 이루지 못하고 있어 배제한다. 또한, 현재 조문 중 '적어도'라는 문구는 구어적 표현이므로 '최소한'으로 수정되는 것이 바람직하다[51]는 의견도 있다. 그러나 적어도와 최소한의 문구 차이가 구어적, 문어적 표현의 차보다는 같은 부사어로서 순수 우리말과 한자어의 차이이기도 하다는 점에서 현재의 '적어도'를 '최소한'으로 개정할 필요성은 그다지 크지 않다고 판단된다.

이상의 논의를 통해 제2항은 현행 체제를 유지하여도 무방하다는 결론에 이를 수 있다.

(다) 제3항

제3항은 "의무교육은 무상으로 한다"고 규정되어 있다. 델파이조사 결과, "무상의 범위와 내용은 법률로 정한다"는 법률유보 문구를 추가해야 한다는 것에 대한 최종 합의가 있었다. 이와 같은 요구는 현재 조항의 경우 의무교육은 당연히 무상교육에 해당함과 함께 의무교육의 무상 실시의 주체가 국가가 됨을 설명해 주고는 있지만, 무상의 범위와 내

용이 무엇인지에 대해서는 침묵하고 있기 때문이다. 즉, 무상의 범위와 내용에 대한 다툼이 있는바, 법률유보를 규정하여 국가재정 상황에 따라 무상의 범위를 정할 필요가 있다는 주장[52]은 설득력을 갖는다. 즉, 무상의 범위와 내용을 법률로 구체화하도록 유보하는 문구를 추가함은 타당하다고 할 것이다.

한편, 김종세는 현행 헌법 제31조 제3항과 관련하여 의미상 주어-서술어가 호응되지 않은 경우라고 하면서, 이를 올바르게 수정하면 "국가가 의무교육을 무상으로 실시한다" 또는 "의무교육은 무상으로 실시된다"가 된다고 한 바 있다.[53] 이와 같은 김종세의 주장은 일응 타당한 측면이 있다.

특히 "국가가 의무교육을 무상으로 실시한다"와 같이 무상 실시의 주체를 명시함은 제2항과 관련하여 의무교육을 국민의 의무가 아닌 국가의 의무로 개정하여야 한다는 요구를 부분적으로 수용할 수 있는 장점도 있다. 즉, 제2항에서는 의무교육에 있어 의무의 주체를 그대로 보호자로 두되, 제3항의 개정을 통해 의무교육 무상 실시의 책임 주체를 국가로 하는 것이다. 이것은 델파이 조사에서 다수의 전문가들이 "교육영역에서의 실질적 평등 실현을 위한 국가의 여건 정비 의무 추가 등 교육기본권 보장을 위한 국가의 역할에 대한 명확한 규정 추가" 요구를 부분적으로 반영하는 효과도 있다.

이와 같은 논의 결과 제3항은 "국가는 의무교육을 무상으로 실시하며, 무상의 범위와 내용은 법률로 정한다"로 개정하는 안을 제시할 수 있다.

(라) 제4항

델파이조사 결과, 제31조에서 가장 많은 개헌 요구가 있었던 것이 "교육의 자주성·전문성·정치적 중립성 및 대학의 자율성은 법률이 정하는 바에 의하여 보장된다"고 규정하고 있는 제4항이다. 먼저, "법률이 정하는 바에 의하여 보장된다"를 "법률로 보장한다"로 개정하여야 한다는 것 그리고, "대학의 자율성"을 학문의 자유를 규정하고 있는 제22조로 옮겨서 규정해야 한다는 것에 대한 패널 간 최종 합의가 있었다. 여기에 더하여 통계학적으로 최종 합의가 있었다고 할 수 없으나 60%가 넘는 전문가들이 "헌법재판소가 제도적 보장의 하나로 인정하고 있는 (지방)교육자치에 관한 조항을 제31조에 추가"하여야 한다는 데 뜻을 같이하였음에 주목하지 않을 수 없다.[54]

제4항은 '교육의 자주성·전문성·정치적 중립성'이라는 교육법에 존재하는 특수한 교육조리의 보장 조항[55]으로서 이하의 교육법체제를 관통하는 중요한 교육법 원리의 근원이 된다. 그러나 "법률이 정하는 바에 의하여 보장된다"는 문구에 의해 지금까지 형성적 법률유보인가 침해적 법률유보인가의 다툼과 함께 오히려 교육의 자주성·전문성·정치적 중립성을 제한하는 근거로 활용되고, 그 중 일부는 침해 여부가 논란이 되고 있다. 이러한 점에서 "법률이 정하는 바에 의하여 보장된다"는 불확실한 문구를 "법률로 보장한다"로 개정함은 매우 타당하다.

또한, 제4항은 전술한 '교육의 자주성·전문성·정치적 중립성' 이외에 별도로 '대학의 자율성' 보장을 명시하고 있다. 그런데 자율성의 주체를 학교가 아닌 대학으로 한정하고 있음에 주목할 필요가 있다. 즉, 대학의 자율성은 교육기관으로서의 대학이 아닌 학문기관으로서의 대학을 감안한 것이다.[56] 이와 같은 이유로 대학의 자유, 대학의 자치 등 대학의 자율성을 보다 확실히 확보할 수 있는 문구를 헌법에서 독립된 조문으로 마련해야 한다는 입법 요구가 꾸준히 있어왔다.[57] 특히, 제22조는 제1항에서 "모든 국민은 학문과 예술의 자유를 가진다"고 명시하고 있는바, 학문기관으로서의 대학의 자율성을 대학의 자치 또는 대학의 자유로 확대하여 제22조에서 재규정하는 것은 타당하다.

한편, 교육법 영역에서 가장 뜨거운 이슈 중 하나가 지방교육자치제 도입은 주지의 사실이다. 교육을 강조하는 입장에서는 지방교육자치제도를 반드시 지켜야 하는 것으로 보는 반면에, 일반 행정의 영역에서는 불필요한 것 또는 오히려 지방자치제도의 안착에 방해가 되는 폐지 대상으로 보는 다툼이 있다. 이와 관련하여 헌법재판소는 "지방교육자치제도는 중앙으로부터의 독립이라는 '지역자치(=지방자치)'와 교육의 자주성 · 전문성 · 정치적 중립성의 보장이라는 '문화자치(=교육자치)'라고 하는 이중의 자치를 핵심으로 하면서 지방분권 및 일반행정으로부터 독립을 핵심 원칙으로 한다"[58]고 함에 이어 "교육의 자주성 · 전문성 · 정치적 중립성의 보장을 규정하고 있는 헌법 제31조 제4항을 기반으로 하는 헌법상 제도보장으로 국회제정법률로도 그 본질을 침해할 수 없다"[59]고 한 바 있다.

그런데 위와 같이 헌법재판소가 지방교육자치제도를 헌법상 제도적 보장의 하나로 판시하고 있음에도 불구하고 「지방분권 및 지방행정체제 개편에 관한 특별법」 제12조가 '특별지방행정기관의 정비 등'이라는 제목 아래에 제2항에서 "국가는 교육자치와 지방자치의 통합을 위하여 노력하여야 한다"고 규정하는 등 국회 입법으로 제도의 본질을 침해하는 수준을 넘어 제도 자체의 폐지를 추진하는 우를 범하고 있는바, 이의 다툼을 종식시킨다는 차원에서 헌법에 지방교육자치제도를 직접 명시함은 타당하다고 할 것이다. 특히 델파이조사 전체 패널 중 교육학 전공자가 40% 미만임에도 전체적으로는 60% 이상의 동의가 있었음에도 주목할 필요가 있다.[60]

다만 일각에서 교육의 자주성, 전문성과 정치적 중립성은 교육의 원리인 반면에 지방교육자치제도는 제도적 보장에 해당하기 때문에 이를 하나의 조항에서 규정하는 것은 다소 어색하다는 비판이 있다.[61] 그러나 교육의 자주성 · 전문성 · 정치적 중립성과 함께 지방교육자치제도도 형성적 법률유보의 영향 아래에 있고, 지방교육자치제도가 일반적으로 고등학교 이하 교육을 대상으로 한다는 점에서 평생교육 단계로 넘어가는 제5항의 앞인 제4항에서 함께 규정하여도 큰 문제는 없다고 할 것이다.

그 밖에 정치적 중립성을 제외하자는 요구, 종교적 중립성을 추가하자는 요구 등도 있으나 아직은 그 요구가 미비하다고 할 것이다. 이러한 점 등을 종합하여 제4항은 "교육의 자주성 · 전문성 · 정치적 중립성 및 지방교육자치제도는 법률로 보장한다"고 규정하는 안이 타당해 보인다.

(마) 제5항

"국가는 평생교육을 진흥하여야 한다"고 규정하고 있는 제5항과 관련하여 델파이조사에서는 "평생교육 진흥 주체로 기존의 국가 이외에 지방자치단체를 추가"해야 한다는 것에 대한 최종 합의가 이루어졌다. 또한 전반적으로 "국가와 함께 지방자치단체도 교육에 대한 책임 주체로 추가 명시"해야 한다는 것도 합의된 바 있다.

평생교육은 광의의 개념으로 볼 때, 학교전 교육부터 학교교육 그리고 학교교육 이후의 사회교육을 아우르는 생애 전단계에 걸친 교육을 말한다. 또한, 지방교육자치제도의 시행과 함께 교육 영역에서의 분권화 기조에 따라 점차 교육에 관한 많은 권한들이 지방자치단체로 이양되어 가고 있는 추세이다. 이를 고려할 때, 제3항에서 의무교육의 무상 실시 주체로 국가와 함께 지방자치단체를 명시함에 더하여 제5항에서 평생교육 진흥 의무의 주체로 국가와 함께 지방자치단체를 명기함은 국민의 기본권과 민주주의 보장 강화 측면에서 나름 타당하다고도 할 수 있다.

그런데 현행 법률 차원에서는 중앙정부를 국가로, 지방자치단체를 지방자치단체로 표현하는 것과 달리 현행 헌법에서 '국가'는 중앙정부는 물론 지방자치단체를 당연히 포함하는 개념으로 사용하고 있다. 따라서 지방자치단체의 역할과 책무성 강화라는 필요성에도 불구하고 헌법 조문에서 '국가와 지방자치단체'라는 표현은 적절치 않다. 이러한 점을 고려하여, 향후 개헌 논의 과정에서 지방자치제에 대한 적절한 결정을 전제로 중앙정부와 지방정부를 어떻게 표현할 것인지를 헌법 전체의 통일성 측면에서 결정하는 것이 타당하며, 그때까지는 현재의 표현을 유지할 필요가 있다.

그 밖에 평생교육을 사회교육으로 좁게 보는 관점에서 평생교육 외에 가정교육, 학교교육 등의 진흥도 함께 명시해야 한다는 주장이 있으나, 전술한 것과 같이 평생교육을 본래적 의미와 같이 광의로 해석하면 되지 굳이 명시적 개정까지 할 필요는 없다고 판단된다. 또한, 진흥의 방향과 관련된 교육적 목표 조항, 진흥에 필요한 재원 확보 등을 추가 규정해야 한다는 요구도 있었다. 특히, 지난 2009년 개헌 논의 당시에 국회의장 자문기구였던 헌법연구자문위원회는 사교육의 확대와 이에 따르는 공교육의 무력화, 사교육비 팽창의 문제 등의 해소 그리고 공교육 활성화를 위해서는 학교교육 진흥을 위한 국가목표와 관련된 조항을 규정하는 것이 필요하다고 하면서 현행 제5항을 "국가는 학교교육과 평생교육을 진흥하여야 한다"고 개정하는 안을 제안한 바 있다.[62] 그러나 이러한 요구들과 관련해서 아직은 충분한 공감대가 형성되었다고 보기 어려운 것이 사실이다.

따라서 중앙정부와 지방정부의 표현에 대한 헌법 전체의 기술방식에 변화가 없는 한, 이번 개헌 논의에서 제5항은 별도의 개헌안을 제시하지 않는 것이 타당해 보인다.

(바) 제6항

"학교교육 및 평생교육을 포함한 교육제도와 그 운영, 교육재정 및 교원의 지위에 관한 기본적인 사항은 법률로 정한다"고 규정되어 있는 제6항과 관련된 델파이조사 결과, "교육제도법률주의 실효성 강화 방향으로의 개정"에 대한 최종 합의가 도출된 바 있다.

제6항은 소위 교육제도법률주의 조항인데 외국의 입법례에서는 찾아보기 쉽지 않은 조항으로 교육의 중요 사항들이 특정 세력에 의하여 좌우되었던 우리 헌법의 역사적 경험이 만든 산물이다. 그리고 이 조항의 첫 번째 의미는 교육영역에 국가가 관여하여 제도화하겠다는 표현이며,

나아가 정치권력이나 행정부로부터 교육 영역을 보호하겠다는 것을 표현이기도 하다.[63] 즉, 교육제도법률주의라 함은 특정의 정파적, 행정적, 종파적 세력에 의한 교육에 대한 부당한 지배를 막기 위한 교육입법에서의 법률주의, 교육행정의 법률주의 원리이다. 한편, 제6항은 국가에게 학교제도를 통한 교육을 시행하도록 위임하고 있는바, 이로 인하여 국가는 학교제도에 관한 포괄적인 규율권한과 자녀에 대한 학교교육의 책임을 부여받게 된다.[64] 그리고 이와 같은 교육제도법률주의의 본질적 목적은 교육제도의 보호 자체가 아니라 국민의 교육기본권의 충실한 보장이라고 할 것이다.[65] 따라서 교육제도법률주의에 의해 반드시 법률로 입법화되어야 할 것의 판단은 궁극적으로는 "교육기본권의 충실한 보장"을 위해서 법률로 규정될 필요가 있는가의 여부로 결정된다고 할 것이다.

그런데 이와 같은 교육제도법률주의에도 불구하고 실제 교육법체제를 보면, 교육제도에 관한 기본적 사항들임에도 불구하고 법률이 아닌 행정입법에 의해 규율되는 것을 어렵지 않게 볼 수 있다. 특히 학교교육의 가장 기본적인 사항이라 할 수 있는 교육과정 및 그 구체적인 교육내용인 교과서 등 교육의 내적 사항에 관한 것들이 그러하다. 이러한 태도는 헌법 제31조 제6항 또는 의회유보라는 헌법이론을 무시하는 것이다. 이러한 점에서 교육제도법률주의의 실효성을 강화하는 방향으로 헌법 개정이 필요하다는 요구는 타당성을 갖는다. 이러한 문제 의식과 같은 취지에서 제6항의 법률주의가 교육의 본질적인 부분을 지나치게 넓게 국회에 유보시키고 있으므로 현실 교육의 문제점을 치유한다는 관점에서도 좀 더 구체적인 내용을 명시적으로 헌법에 직접 규정할 필요가 있다는 주장[66]은 주목할 필요가 있다.

그 밖에 제6항에 있어 개별 단어 간에 관계가 부정확하다는 문제 제기도 있다. 그 예가 '학교교육'과 '평생교육'의 관계 그리고, '교육제도'와 '교육재정 및 교원의 지위'의 관계이다. 특히 교육재정 및 교원의 지위는 교육제도에 포함되는 개념이므로 이들이 병렬적으로 쓰이는 것은 혼란을 준다. 이는 내용상 개정이 아니라 혼란을 야기하는 불완전성을 제거하기 위한 것으로 일응 타당하다고 할 것이다.[67]

한편, 고전은 제6항의 개정을 통해 교육기본법의 제정 근거를 둠으로써 교육기본법의 준(準)헌법적 지위를 설정하여 법률상 우위를 선언할 필요가 있다고 한 바 있다.[68] 이는 헌법과 교육기본법 그리고 교육기본법과 기타 교육법들의 관계를 고려할 때, 타당한 주장이다. 그러나 법이론적으로 기본법의 효력에 대한 다툼이 있으며, 아직은 전문가들에게도 완전한 공감대를 형성하고 있지 못하기 때문에 다소 시기상조라고 할 수 있다.

이러한 점들을 고려하여 제6항은 "학교교육 및 평생교육을 포함한 교육제도와 교육과정, 교육재정, 교원의 지위 등 그 운영에 관한 기본적인 사항은 법률로 정한다"고 개정안을 제시하는 것이 무난해 보인다. 즉, 1) 학교교육 및 평생교육을 포함한 교육제도에 관한 기본적인 사항과 함께 2) 교육과정, 교육재정, 교원의 지위 등 '교육제도의 대표적인 하위요소의 운영'에 관한 기본적인 사항"이 법률유보의 대상이 되도록 하는 것이다.

(2) 현행 헌법 제31조의 추가 내용 및 위치 등 형식 관련 개헌안

(가) 추가가 필요한 내용

델파이조사 결과, 현행 헌법 제31조에는 없지만 추가되어야 할 내용으로 최종 합의된 것으로는 "국가와 함께 지방자치단체도 교육에 대한 책임 주체로 추가 명시"가 있었다. 그런데 이러한 요구는 그 타당성에도 불구하고 현행 헌법전에서의 '국가'는 지방자치단체를 포함하는 개념이기 때문에, 향후 지방자치제에 대한 국민적 합의에 근거해 중앙정부와 지방정부를 어떻게 표현할지 결정에 따라 개정안에 반영하면 될 것이다.

한편, 통계학적으로 최종 합의에 도달하지는 못하였으나 61.90%의 전문가들이 "헌법재판소가 제도적 보장의 하나로 인정하고 있는 지방교

육자치에 관한 조항을 추가"할 필요가 있다는 데에, 52.38%로 절반이
넘는 전문가들은 "교육영역에서의 실질적 평등 실현을 위한 국가의 (여건
정비) 의무 추가 등 교육기본권 보장을 위한 국가의 역할에 대한 명확한
규정 추가"가 필요하다는 데 동의하기도 하였다. 이와 같은 요구는 앞서
설명한 것과 같이 그 타당성이 인정되지만 별도의 항을 추가하는 것보
다 기존 항의 개정 과정에서 그 취지와 내용을 반영하는 것이 타당하다.

한편, 그밖에 교육에 관한 비용의 국가부담 원칙 신설, 교육에 관한
국가목표조항 추가, 교사 교육권 조항 신설, 사학의 자유 조항 신설 등
의 요구도 있었으나 과반 이상의 동의를 얻지는 못했다. 그리고 이들은
내용적 타당성에도 불구하고 공감대 형성 및 시급성 등을 충족하지 못하
는 바, 이번 개헌에서는 배제함이 타당하다.

다만, 헌법에 명문 조항 없이 헌법재판소 판례에 의하여 인정된 기본
권의 경우, 헌법전에의 적극적 수용을 통해 헌법의 규범력을 제고할 필
요성이 없지 않은 것은 사실이다. 그러나 '사학의 자유'를 국민의 기본권
의 하나로 인정하는 헌법재판소의 판례에도 불구하고[69] 법 현실 속에서
는 이에 대한 부정적 시각[70]이 큰 경우도 없지 않고, 명문화 시 경직성이
나타나 오히려 헌법의 규범력에 부정적 결과를 초래할 수도 있기 때문에
헌법재판소의 판례 해석을 통해 인정된 기본권들도 헌법전에 명문으로
수용하는 것은 다툼이 없고 국민적 공감대가 충분히 형성되어 있는 것으
로 한정할 필요가 있다. 따라서 이번 개헌 논의에서 제31조에 새로운 조
항을 추가하는 것은 좀 더 신중하게 고려할 필요가 있다.

(나) 제31조의 위치 및 하위 편제 관련 개헌안

헌법 제31조의 위치 및 체제와 관련되어 델파이 조사에서 합의된 방
향은 없었다. 다만, 패널의 과반수가 넘는 52.38%가 "제31조 내에서 항
의 배치 변경이 필요"하다는 데 동의를 한 것은 눈여겨 볼 필요가 있다.
구체적으로 현행 제31조의 경우 의무교육이 제2항과 제3항으로 분리되

어 있다는 문제점, 제4항 교육의 자주성 · 전문성 · 정치적 중립성 등의
보장 규정 위치의 부적절성 등이 구체적으로 지적되었다. 그러나 제기
된 문제점 및 그 개선방안과 관련하여 어떤 것도 압도적인 지지를 받지
는 못했다.

　그런데 본고에서 제안하는 제31조 개정안에 따를 경우, 개정 헌법의
교육 관련 직접조항은 학습의 자유 및 교육받을 권리, 자녀의 의무교육
에 대한 부모의 의무, 국가 및 지방자치단체의 무상 의무교육 실시 의무,
자주성 · 전문성 · 정치적 중립성 및 지방교육자치제도 보장, 국가 및 지
방자치단체의 평생교육 진흥 의무, 교육제도법률주의 순으로 배열되게
된다. 이와 같은 조항의 배열은 총론적 성격의 제1항, 초등학교 · 중학교
의무교육 관련 부모의 의무와 국가 · 지방자치단체의 의무가 각각 제2항
과 제3항, 교육의 자주성 등의 보장과 함께 고등학교 이하 학교급의 지
방교육자치제도 보장 제4항, 국가와 지방자치단체의 평생교육 진흥 의
무 제5항, 마지막으로 제6항에서 이들을 아우르는 보장의 실효성 제고
를 위한 교육제도법률주의 순으로 배열되는바 심각한 흠결이나 모순은
발견되지 않는다. 따라서 아직 공감대가 충분히 형성되지 않은 상태에
서 굳이 조항의 순서를 바꿀 필요는 없다.

　한편, 현행 헌법 제31조와 같은 교육 관련 조항의 경우 개정 헌법상
에서 적절한 위치가 어디인가도 쟁점 중 하나라고 할 수 있다. 현행 헌
법상 기본권의 편제는 인간의 존엄과 가치, 행복추구권, 평등권 이후에
자유권적 기본권, 정치적 기본권, 청구권적 기본권, 사회적(생존권적) 기
본권, 기본적 의무를 두는 순으로 되어 있다. 그리고 교육에 관한 기본
권은 사회적 기본권에 나열되어 있다.

　이와 관련하여 교육받을 권리는 자유권, 생존권 등 통합적 성격을 지
니므로 자유권적 기본권 자리에 배치하는 것이 어떻겠냐는 안에 대해
동의는 38.10%에 불과하였다. 그런데 교육받을 권리를 사회적 또는 생
존권적 기본권으로 협소하게 보지 않고, 인간으로서의 존엄과 가치, 행

복추구권, 평등권과 같이 종합적 기본권으로 보아 조문의 위치를 현재의 헌법 기준으로는 제11조 평등권 뒤에 그리고 제12조 신체의 자유 이하 자유권적 기본권 앞에 위치시키는 것도 적극적으로 검토될 필요가 있다.[71] 그리고 교육법학계에서도 교육기본권을 기존의 관점에서 자유권 혹은 사회권 중 어느 하나로 규정하는 데에서 벗어나, 종합적인 성격을 갖는 것으로 보고, 당사자의 기본권의 구체적 내용에 따라서 때로는 이를 사회권으로 분류하기도 하고 때로는 이를 자유권으로 분리하되, 헌법에는 열거되지 아니한 권리로 보기도 한다.[72] 다만, 아직까지 이러한 관점이 교육법학계를 넘어 전체 법학계로 그리고 국민들에게 보편화되지 못하였으므로 이번 개정에서 반영하기는 어렵다고 할 것이다.[73]

(3) 현행 헌법 제22조 개헌안

델파이조사 결과 제31조 제4항에 규정되어 있는 '대학의 자율성'을 삭제하되 이를 제22조 학문의 자유에서 포괄하여 규정해야 한다는 것에 대한 패널 간 최종 합의가 있었다. 관련하여 제31조 제4항은 교육의 자주성 · 전문성 · 정치적 중립성에 더하여 대학의 자율성도 법률이 정하는 바에 의하여 보장된다고 하고 있는바, 여기서 대학의 자율성은 교육기관이 아닌 학문기관으로서의 자율성에 해당하는 것이다. 헌법재판소는 "대학의 자율성은 헌법 제22조가 보장하고 있는 학문의 자유의 확실한 보장 수단으로 꼭 필요한 것으로서 이는 대학에게 부여된 헌법상의 기본권"[74]이라고 한 바 있다. 즉, 대학의 자율성은 대학의 자치를 보장함으로써 비로소 달성될 수 있는데, 대학의 자율성은 학문의 자유에 내포된 객관적 규범질서로서의 성격으로부터 당연히 나오는 당위내용이기 때문에 대학의 자율성에 관한 헌법규정은 대학의 자치에 관한 창설적 규정이라기보다는 그에 대한 하나의 보완규정이라고 보아야 한다.[75] 따라서 대학의 자율성을 헌법 제22조에서 재규정하는 것은 타당하다.

다만, 대학의 자율성 보장으로 할 것인가, 대학의 자치 또는 대학의 자유로 할 것인가는 또 다른 문제로 남는다. 이와 관련하여 학문의 자유의 내용적 요소인 학문기관의 자유에서 대학의 자유가 파생되며, 대학의 자유 그리고 대학의 자율성은 그 실효성을 위하여 '대학의 자치'를 본질로 하면서 '대학의 자치제도'를 보장한다는 제도적 보장의 면이 특히 중요시될 수밖에 없음[76]을 고려하여 제도보장으로써 대학의 자치를 헌법전에 수용하는 방안이 가장 무난하다고 할 것이다. 관련하여, 제22조 제2항으로 "대학의 자치는 법률로 보장된다"를 신설하는 안을 최종적으로 제안한다.[77]

한편, 델파이 조사에서 최종 합의까지는 이루어지지 않았지만, "제22조에서 대학의 자율성과 함께 책무성도 규정"할 필요가 있다는 데에 뜻을 같이한 전문가가 57.14%에 달하였음에도 주목할 필요가 있다. 그런데 이러한 요구는 헌법 개정이 기본적으로 국민의 기본권을 확대 보장하는 방향으로 이루어져야 함에 반하는 면이 있으며 대학의 책무성은 헌법이 아닌 법률의 형식으로도 규정할 수 있으므로 반영하지 않는 것이 타당하다.

V. 결론

이 논문은 교육 관련 헌법 조항들의 개헌 논의를 다시금 활성화시키는 계기가 되기를 기대하며, 현재의 제9차 개정 헌법상 교육 조항들에 대한 구체적인 개헌안을 수립하여 제시함을 목적으로 하였다.

이를 위하여 먼저 현재까지의 개헌 논의의 경과에 대한 분석과 함께 다음과 같은 다섯 가지의 개헌안 도출 원칙을 도출하였다. 첫째, 개헌은 기존 헌법의 기본이념 또는 기본원리 존중을 통해 기존 헌법과의 동일성을 유지해야 한다. 둘째, 국가사회 및 헌법체제의 적극적 변화를 도모해서는 안 된다. 셋째, 정통성과 정당성을 담보하여야 하는바 국민의 기본권과 민주주의의 보장을 강화하는 측면에서만 가능하다. 넷째, 국민적 공감대가 완전히 형성된 것으로 한정하여야 한다. 다섯째, 헌법의 개방성을 저해하고 경직성과 부적응성을 가져올 수 있는 과도한 명문화는 경계되어야 한다.

교육법 학자들 중 헌법상 교육 조항에 대한 직접적인 연구 경험이 있는 21명을 대상으로 실시한 델파이 조사 결과를 토대로, 필자들은 위와 같은 원칙을 유념하며 헌법이론적인 검토를 거쳐 다음 〈표 1〉과 같은 구체적인 개헌안을 도출하였다. 다만, 여기에 더하여 지방자치제에 대한 합의를 토대로 중앙정부와 지방정부를 개정 헌법에서 어떻게 표현할 것인지에 대한 결정을 하여 제31조에 반영함으로써 지방정부의 역할 및 책무 강화라는 개헌 요구를 추가적으로 수용할 필요가 있을 것이다.

|표 1| 교육헌법 개헌안

현행	개정안
제31조 ① 모든 국민은 능력에 따라 균등하게 교육을 받을 권리를 가진다.	제31조 ① 모든 국민은 학습의 자유를 가지며, 능력에 따라 균등한 교육을 받을 권리를 가진다.
② 모든 국민은 그 보호하는 자녀에게 적어도 초등교육과 법률이 정하는 교육을 받게 할 의무를 진다.	② 〈좌동〉
③ 의무교육은 무상으로 한다.	③ 국가는 의무교육을 무상으로 실시하며, 무상의 범위와 내용은 법률로 정한다.
④ 교육의 자주성 · 전문성 · 정치적 중립성 및 대학의 자율성은 법률이 정하는 바에 의하여 보장된다.	④ 교육의 자주성 · 전문성 · 정치적 중립성 및 지방교육자치제도는 법률로 보장한다.
⑤ 국가는 평생교육을 진흥하여야 한다.	⑤ 〈좌동〉
⑥ 학교교육 및 평생교육을 포함한 교육제도와 그 운영, 교육재정 및 교원의 지위에 관한 기본적인 사항은 법률로 정한다.	⑥ 학교교육 및 평생교육을 포함한 교육제도와 교육과정, 교육재정, 교원의 지위 등 그 운영에 관한 기본적인 사항은 법률로 정한다.
제22조 ① 모든 국민은 학문과 예술의 자유를 가진다. ② 저작자 · 발명가 · 과학기술자와 예술가의 권리는 법률로써 보호한다.	제22조 ①모든 국민은 학문과 예술의 자유를 가진다. ② 대학의 자치는 법률로 보장된다. ③ 저작자 · 발명가 · 과학기술자와 예술가의 권리는 법률로써 보호한다.

한편, 교육헌법의 개헌 논의 분석을 통해 다음과 같은 시사점을 도출할 수 있었는바, 향후 개헌 논의 과정에서 고려되어야 할 것이다. 첫째, 전체적인 개헌 논의가 진행되는 과정에서 교육 조항 개헌의 필요성 및 개정 방안에 대한 논의는 절대적으로 부족한 경향이 있다. 교육 분야 개헌이 꼭 필요한지 여부에 대해서는 다양한 견해가 있을 수 있다. 그러나 전체적인 개헌 논의에서 교육법학계와 교육학계 등의 참여가 미흡하다는 점은 문제로 지적되지 않을 수 없다. 관련 학계들이 교육 관련 개헌 논의에 관심을 갖고, 헌법 제31조 등 교육 조항과 관련 조항의 개정 방안에 대해 면밀하게 분석할 필요가 있다.

둘째, 국회와 행정부는 학계의 교육 관련 조항 개헌 논의 참여의 폭을 헌법학자 및 행정법학자 중심에서 교육법학자, 교육학자 등으로도 확대할 필요가 있다. 이를 통해 교육법학계와 교육학계 등이 교육 관련 조항 개헌 논의에 좀 더 적극적으로 참여하여 의견을 개진할 수 있게 되고, 이를 통하여 좀 더 교육현장 친화적이고 균형잡인 개헌 논의가 가능해질 것이다.

셋째, 교육을 받을 권리 등에 대한 헌법재판소 판례와 학계의 논의를 종합적·체계적으로 분석하는 연구를 지속적으로 실시할 필요가 있고, 이를 반영한 교육 조항 헌법 개정 방안 시안을 마련할 필요가 있다. 교육부와 시·도교육감협의회, 교육 분야 정부출연연구기관, 국가교육회의 등이 좀 더 적극적으로 나설 것을 권고한다. 그리고 이 시안에 대한 폭넓은 의견수렴을 위해 국민대토론회 또는 사이버 국민대토론회 등을 개최하는 방안도 추진할 필요가 있다.

미주

* 원출처: 황준성, 정필운, 이덕난, "현행 교육헌법의 개정 방안에 관한 연구", 「교육법학연구」제32권 제1호, 대한교육법학회, 2020, 191-222쪽, 공동논문을 이 책에 싣도록 허락해 주신 황준성 박사님(제1저자), 이덕난 박사님(제3저자)께 감사드린다. 이 글은 2017년 한국교육개발원에서 수행한 '교육분야 개헌의 과제와 방향'의 일부를 수정하고 보완한 것이다.

1 지난 2019년 발표된 필자들의 글(황준성·정필운·이덕난, "교육분야 헌법 개정 방안에 관한 델파이 조사 연구", 「교육법학연구」제31권 제1호, 2019, 155-179쪽)이 델파이 조사 방법과 그 결과를 제시하면서 바람직한 개헌 방향을 탐색하는 것이었다면, 이 글은 지난 글에서 제시한 개헌 방향을 현실적 여건을 고려하고 헌법이론적으로 검토한 후 필자들의 관점에서 구체적인 개헌안을 제시하는 것을 목적으로 하였다.

2 미래한국헌법연구회, 대한민국 헌법의 바람직한 개헌 방향에 관한 연구, 2009, 55면.

3 미래한국헌법연구회, 위의 책.

4 헌법연구자문위원회, 결과보고서(요약본), 2009, 41쪽.

5 우윤근, "개헌 시안", 개헌 추진을 위한 국회의원 워크숍 자료집(2013.12.27).

6 국회헌법개정특별위원회, "헌법개정 주요 의제", 국회 헌법개정특별위원회·지방자치단체 공동 전국 순회 국민대토론회 자료집(2017. 8. 29. 부산시청 대회의실).

7 국가인권위원회, 기본권 보장강화 헌법개정안, 2017, 11면, 90쪽.

8 김기표, "교육 관련 헌법 개정의 방향과 과제 토론", 한국교육학회·한국교육행정학회 공동포럼, 교육관련 헌법 조항 개정의 쟁점 및 방향, 2018. 4. 20., 45-50쪽.

9 김문현 외, 대화문화아카데미 2016 새헌법안, 대화문화아카데미, 2016.

10 사회적교육위원회, "[기자회견문] 모든 국민의 교육권을 헌법에 보장하라! '교육공공성'과 '평등교육'으로!", 2018. 3. 6.

11 한국교총, "[건의문] 한국교총 교육분야 개헌과제", 2018. 3. 5.

12 허종렬, "교육기본권 영역의 헌법 개정 문제 검토". 「헌법학연구」제12권 제4호. 2006, 357-391쪽.

13 허종렬, "교육헌법 개정 논의의 흐름과 쟁점 검토: 헌법 제31조와 제22조의 개정안을 중심으로", 「교육법학연구」제30권 제2호, 2018. 211-258쪽.

14 고전, "교육기본권 관점에서의 헌법 개정 논의", 「교육법학연구」제29권 제2호, 2017. 26쪽.

15 이종근, 앞의 논문, 2007. 161-186쪽.

16 홍후조 · 권혜정, "헌법 제31조 1항의 비판과 개정 방향", 「교육법학연구」 제25권 제2호, 2013, 163-194쪽.

17 정필운, "헌법 제31조 제6항에 관한 소고", 「교육법학연구」 제28권 제4호, 2016. 169-199쪽.

18 황준성 · 정필운 · 이덕난, 앞의 논문.

19 박윤흔, "행정법학계에서 제안하는 헌법운영상 도출되는 몇 가지 새로운 개헌의견", 국회입법조사처 · 한국행정법학회, 헌법개정의 행정법적 쟁점(2017. 9. 22. 국회입법조사처 대회의실), 3쪽.

20 강기홍, "헌법개정과 교육의 공공성: 독일 교육법상 교육의 공공성 발견", 헌법개정의 행정법적 쟁점, 국회입법조사처 · 한국행정법학회 개최 토론회 자료집(2017. 9), 26-27쪽.

21 한국헌법학회, 헌법개정연구위원회 개헌안 학술대회(2018. 3. 10.).

22 권영성, 전게서, 52면; 허영, 「한국헌법론」, 박영사, 2018, 48쪽 참고.

23 현행 헌법의 기본원리와 관련하여 권영성은 국민주권의 원리, 자유민주주의, 사회국가의 원리, 문화국가의 원칙, 법치국가의 원칙, 평화국가의 원리를(권영성, 앞의 책), 허영은 국민주권의 이념, 정의사회의 이념, 문화민족의 이념, 평화추구의 이념을 꼽고 있다(허영, 앞의 책, 155면 이하).

24 P. Pactet/F. Melin-Soucramanien, Droit constitutionnel, 24e ed., Armand Colin, Paris, 2005, pp.69-70; 정재황, "헌법개정과 기본권", 「저스티스」 통권 제134-2호(2013. 2. 특집호 I), 155면. 재인용.

25 필자는 위와 같은 서술이 헌법개정의 범위를 지나치게 좁게 설정한 서술이라고 생각한다. 헌법개정의 범위는 이보다 좀 더 넓게 설정되어야 한다. 이에 관해서는 전광석, 「한국헌법론」, 집현재, 2020, 926-927쪽 참고. 다만 이 글이 공동논문이었다는 점을 존중하여 이에 대한 서술을 전면적으로 필자의 견해로 변경하지는 않았다.

26 정극원, 헌법의 정당성: 헌법제정과 헌법개정을 중심으로-", 「공법학연구」 제7권 제4호, 2006, 28쪽.

27 정극원, 위의 논문, 40쪽.

28 미래한국헌법연구회, 앞의 책, 30쪽.

29 김종세, "기본권 일반조항의 바람직한 헌법개정방향", 「법학연구」 제34호, 2009. 21쪽.

30 허영, 앞의 책, 25-26쪽; 전광석, 「한국헌법론」, 집현재, 2017, 34-37쪽.

31 미래한국헌법연구회는 우리 헌법의 개헌안과 관련하여 사회적 기본권 개별 조항의 첫 번째로 교육을 받을 권리를 제시하면서 "교육기본권 관련 조문을 개정함에 있어서는 현행 헌법에는 열거되지 아니하였으나 학계와 헌법재판소에서 확인한 교육기

본권을 반영하는 것이 중요"하다고 하였으며, 그 예로 자녀의 인격발현권과 학습권
(헌재 2000. 4. 27. 98헌가16 등), 중등교육을 받을 권리(헌재 1991. 2. 11. 90헌
가27), 학부모의 교육권(헌재 2000. 4. 27. 98헌가16; 헌재 1995. 2. 23. 91헌마
204; 헌재 1993. 3. 25. 97헌마130), 교사의 수업권 또는 수업의 자유의 기본권성
(헌재 1992. 11. 12. 89헌마88), 대학의 자율성의 기본권성과 그 한계(헌재 1992.
10. 1. 92헌마68 등; 헌재 2001. 2. 22. 99헌마613), 헌법상 사립학교 운영의 자유
(헌재 1991. 7. 22. 89헌가106; 헌재 1999. 3. 25. 97헌마130; 헌재 2001. 1. 18.
99헌바63.), 국가의 교육에 관한 헌법상 권한과 교육제도 법정주의의 헌법적 의미
(헌재 1991. 7. 22. 89헌가106; 헌재 1992. 11. 12. 89헌마88; 헌재 1999. 3. 25.
97헌마130; 헌재 2000. 4. 27. 98헌가16 등)을 제시하였다(미래한국헌법연구회,
앞의 책, 55쪽).

32 정재황, 앞의 논문, 155쪽.

33 한편, 1948년 제헌헌법에 영향을 미친 문서 중 교육과 관련하여 최초로 규정을 하
고 있는 것은 1941년 4월 11일 상해 임시정부가 공포한 '大韓民國臨時憲章'으로서
제6조에 "大韓民國의 人民은 敎育 納稅 及 兵役의 義務가 有함"이라고 규정하고 있
었다(정종섭, 『한국헌법사문류』. 박영사. 2002, 30쪽; 고전, 앞의 논문, 2017, 3
쪽). 이외에도 제헌헌법 이전의 임시정부들의 문건을 보면 교육을 권리로 보는 시
각은 찾아보기 어려움을 감안할 때, 교육을 국민의 권리로 규정한 것은 제헌헌법의
중요한 공헌이라고 할 수 있다.

34 1962년 제5차 개헌(교육받을 권리의 수식어로 '능력에 따라' 추가, 국가의 교육기
관 감독권 삭제, 교육의 자주성·정치적 중립성 규정 신설), 1972년 제7차 개헌(초
등교육 외에 법률이 정하는 교육을 의무교육 대상으로 추가), 1980년 제8차 개헌
(국가의 평생교육 진흥 의무 추가, 교육의 전문성 보장 추가 및 법률유보 규정 신
설, 교육재정 및 교원지위를 교육제도법률주의 대상으로 추가), 1987년 제9차 개헌
(대학의 자율성 보장 추가). 현행 제31조의 변천 과정에 관한 자세한 것은 정필운,
앞의 논문, 172-178쪽 참고.

35 자세한 델파이 조사결과는 황준성·정필운·이덕난의 2017년 앞의 논문에서 확인
할 수 있다.

36 CVR(Content Validity Ratio), 즉 내용타당도 비율을 제시된 방안과 관련된 패널들
의 동의 여부 기준으로 삼았는바, 조사 대상 패널이 21명이므로 CVR 최소값이 .42
이상일 때 합의된 것으로 보았다(Lawshe, C. H.(1975). A quantitative approach to
content validity. Personnel Psychology, 28, pp.567-568 참고).

37 정재황, 앞의 논문, 186쪽.

38 고전, 앞의 논문, 21쪽.

39 권영성, 앞의 책, 651쪽.

40 허종렬, 앞의 논문, 2006, 380-381쪽.

41 황준성, "교육의 권리성에 관한 연구: 교육을 받을 권리를 중심으로", 연세대학교 석사학위논문, 1998.

42 신현직은 헌법상 교육에 관한 포괄적 기본적 인권을 '교육기본권'이라 하고, 이것은 학습권(제10조), 학문의 자유(제22조), 교육을 받을 권리(제31조)를 종합한 관점으로서 학습의 자유와 권리, 국민의 교육의 자유, 교육의 평등을 주요 내용으로 한다고 하였다(신현직, "교육기본권에 관한 연구", 서울대학교 박사학위논문, 1990).

43 헌재 2000. 4. 27. 98헌가16 등

44 제3조(학습권) 모든 국민은 평생에 걸쳐 학습하고, 능력과 적성에 따라 교육받을 권리를 가진다.

45 고전, 앞의 논문, 22쪽.

46 개헌추진 국회의원 모임 · 소통과 상생을 위한 헌법연구모임, 2013 참고.

47 홍후조 · 권혜정, 앞의 논문.

48 헌법재판소의 경우, 자녀를 교육시킬 교육권의 헌법적 근거를 최근에는 혼인과 가족생활의 보장을 규정한 헌법 제36조 제1항, 행복추구권을 규정한 헌법 제10조, 열거되지 아니한 국민의 자유와 권리 보장을 규정한 헌법 제37조 제1항에서 찾는 경향(헌재 2008. 10. 30. 2005헌마1156; 헌재 2000. 4. 27. 98헌가16; 헌재 2009. 4. 30. 2005헌마514 등)도 있지만, 당초에는 미성년인 자녀의 교육을 받을 권리의 근거규정인 헌법 제31조 제1항에서 도출하였었다(헌재 1995. 2. 23. 91헌마204).

49 한만중, "현행 헌법 검토: 사회적 기본권으로서의 교육권의 시각에서(분야별 개헌과제-기본권3(사회적 권리-교육권))", 시민이 만드는 헌법 국민운동본부 추진위원회. 국민대토론회 자료집(2015. 3. 5. 국회 의원회관 대회의실), 2015, 89쪽.

50 허종렬, 앞의 논문, 2006, 383쪽.

51 고전, 앞의 논문, 23쪽.

52 고전, 앞의 논문, 23쪽.

53 김종세, 앞의 논문, 34쪽.

54 이미 제4장에서 서술한 것처럼 필자는 이에 대하여 부정적인 견해를 가지고 있다. 다만 이 글이 공동논문이었다는 점을 존중하여 이에 대한 서술을 전면적으로 필자의 견해로 변경하지는 않았다.

55 고전, 앞의 논문, 24쪽.

56 헌법재판소도 대학의 자율성은 헌법 제22조 제1항이 보장하고 있는 학문의 자유의 확실한 보장수단으로서 이는 대학에게 부여된 헌법상의 기본권(헌재 1992. 10. 1. 92헌마68 등)이라고 한 바 있다.

57 허종렬, 앞의 논문, 2006, 361쪽 등

58 헌재 2000. 3. 30. 99헌바113.

59 헌재 2002. 3. 28. 2000헌마283, 778(병합)

60 2006년 한국헌법학회개정연구위원회 기본권분과위원회에서 준비한 '헌법개정 논의자료'에도 교육의 자유와 함께 '교육의 지방자치 보장'이 포함되어 있었다(허종렬, 앞의 논문, 2006, 359쪽 참고).

61 노기호는 지방교육자치제도를 제도보장으로 파악한다면 교육원칙을 언급하고 있는 제4항보다는 교육제도를 규정하고 있는 제6항에 신설하는 것이 법조문의 체계상 논리적이라고 한다(노기호, "교육조항의 개헌 방안 토론문", 한국교육개발원 · 대한교육법학회 공동주관, 교육분야 개헌의 과제와 방향 탐색(2017. 12. 8., 국회 입법조사처 대회의실)(2017, 91쪽).

62 헌법연구자문위원회, 앞의 책, 41쪽.

63 정필운, 헌법 제31조 제6항에 관한 소고", 「교육법학연구」 제28권 제4호, 2016, 194쪽.

64 헌재 2000. 4. 27. 98헌가16 등.

65 "교육제도 법률주의"는 … 국가의 백년대계인 교육이 일시적인 특정정치 세력에 의하여 영향을 받거나 집권자의 통치상의 의도에 따라 수시로 변경되는 것을 예방하고 장래를 전망한 일관성이 있는 교육체계를 유지 · 발전시키기 위한 것이며 그러한 관점에서 국민의 대표기관인 국회의 통제 하에 두는 것이 가장 온당하다는 의회민주주의 내지 법치주의 이념에서 비롯된 것이다. 이는 헌법이 한편으로는 수학권을 국민의 기본권으로서 보장하고 다른 한편으로 이를 실현하는 의무와 책임을 국가가 부담하게 하는 교육체계를 교육제도의 근간으로 하고 있음을 나타내는 것이라고 할 수 있는 것이다(헌재 1992. 11. 12. 89헌마88).

66 박선영, "자유민주주의 실현을 위한 헌법개정의 방향", 「헌법학연구」 제10권 제1호, 2004, 100쪽.

67 제6항 해석과 관련하여서는 다양한 주장이 가능한데 관련해서는 정필운(2016)을 참고하기 바란다.

68 고전, 앞의 논문, 26쪽.

69 허종렬의 2018년 논문도 사립학교에 관한 규정을 신설하는 것을 제언하고 있다.

70 다만, 사학의 자유를 헌법전에 수용하자는 주장과 반대로 교육의 공공성 측면에서 사학의 자주성이 아닌 사학의 공공성을 강조하고자 하는 주장도 있다(박윤흔, 앞의 논문 등).

71 황준성, "교육 분야 개헌 과제 탐색", 국회입법조사처 주최 교육 분야 개헌 관련 전문가 간담회 미공개 자료집(2017. 7. 18. 국회입법조사처), 2017, 1쪽.

72 허종렬, 전게 논문, 364쪽.

73 참고로 김종세는 기본권 편제의 장은 '자유와 권리조항' – '자유와 권리 및 의무조항' – '의무조항' 순으로 이루어져야 할 것이라고 하면서, 헌법 제31조를 권리와 의

무가 함께 있는 '자유와 권리 및 의무조항'의 대표적인 예로 꼽았다(김종세, 앞의 논문, 34쪽).

74 헌재 1992. 10. 1. 92헌마68 등.

75 허영, 앞의 책, 460-462쪽.

76 허영, 앞의 책, 461쪽.

77 당초에는 제1항을 "모든 국민은 학문과 예술의 자유를 가지며, 대학의 자치는 법률로 보장된다"를 제안하였는데, 토론회 과정에서 "제22조 제1항에 있어 학문과 예술은 기본적 인권의 보장이며, 대학은 제도보장의 문제가 되므로 대학의 자치를 다른 항으로 규정하는 것이 더 낫다"고 한 주장(김선화, "교육규정 개헌안 토론문", 한국교육개발원 · 대한교육법학회 공동주관, 교육분야 개헌의 과제와 방향 탐색(2017. 12. 8., 국회입법조사처 대회의실))을 수용하여 수정하였다. 한편, 필자 중 정필운은 지난 2010년 별도의 연구[이규홍 · 정필운, "헌법 제22조 제2항 관련 개헌론에 관한 소고", 「법조」 통권 제650호, 2010. 11., 57-127쪽]를 통하여 현행 제22조 제2항을 "현재의 위치에서 '지적재산권은 과학, 문화 및 산업의 향상발전을 위하여 보호되어야 한다'로 개정할 것을 제안한 바 있다. 그러나 이에 대한 것은 이 연구의 범위를 넘는 것이므로 개헌안에 별도로 반영하지는 않았다.

참고문헌

제1장 교육영역에서 당사자는 누구이고 어떤 권리 · 의무 · 권한을 갖고 있는가?

고전, 『일본 교육법학』, 박영스토리, 2019.

권영성, 『헌법학원론』, 법문사, 2008.

권영성, "청소년보호법에 의한 유해매체물의 유통규제", 「고시연구」, 1997. 11.

김선택, "아동 · 청소년보호의 헌법적 기초-미성년 아동 · 청소년의 헌법적 지
　　　위와 부모의 양육권", 「헌법논총」 제8집, 헌법재판소, 1997.

김철수, 『헌법학신론』, 박영사, 2009.

노기호, 『교육권론』, 집문당, 2008.

박상기 외, 『법학개론』, 박영사, 2008.

성낙인, 『헌법학』, 법문사, 2008.

손희권, 『교육과 헌법: 헌법 제31조의 구조와 해석』, 학지사, 2008.

신현직, "교육기본권에 관한 연구", 서울대학교 대학원 법학과 박사학위논문,
　　　1990.

신현직, 『교육법과 교육기본권』, 청년사, 2003.

안주열, ""교육헌법의 연구성과와 과제"에 대한 토론", 대한교육법학회 편저,
　　　『교육법학 연구 동향』, 한국학술정보(주), 2007.

이승우, "기본권의 보호의무", 『현대공법과 개인의 권익 보호』, 균제 양승두 교
　　　수 화갑기념논문집, 홍문사, 1994.

장영수, 『헌법학』, 홍문사, 2009.

전광석, "교육의 권리와 교과서제도-교육법 제157조에 대한 헌법소원사건에
　　　대한 평석을 겸하여-", 전광석 저, 『헌법판례연구』, 법문사, 2000.

전광석, 『한국헌법론』, 법문사, 2007.

정극원, 『헌법국가론』, 대구대학교 출판부, 2006.

정종섭, 『기본권의 개념』, 금붕어, 2007.

정종섭, 『헌법학원론』, 박영사, 2008.

정필운, "인터넷에서 학생의 언론의 자유의 제한에 관한 연구", 「토지공법연구」 제45집, 한국토지공법학회, 2009.

조화태, 『교육철학』, 한국방송통신대학교 출판부, 2013.

표시열, 『교육법: 이론 · 정책 · 판례』, 박영사, 2008.

표시열, 『교육정책과 법』, 박영사, 2002.

허영, 『한국헌법론』, 박영사, 2008.

허종렬, "한국 헌법상 교육기본권에 대한 논의와 일본 헌법과의 비교분석", 「성균관법학」 제17권 제1호, 성균관대학교 법학연구소, 2005.

芦部信喜, 『憲法』, 岩波書店, 2002.

Arval A. Morris, The Constitution and American Public Education, Carolina Academic Press, 1989.

Charles J. Russo (ed.), Encyclopedia of Education Law, Vol.1, SAGE, 2008.

Charles J. Russo (ed.), Encyclopedia of Education Law, Vol.2, SAGE, 2008.

Erwin Chemerinsky, Constitutional Law, Aspen, 2005.

Kern Alexander, M. David Alexander, American Public School Law, Thomson West, 2011.

Michael W. La Morte, School Law: Cases and Concepts, Allyn and Bacon, 2008.

Ralph D. Mawdsley et al., Students' Rights and Parent's Rights: A United States Perspective of the Emerging Conflict Between Them and the Implications for Education, 1011 Austl. & N.Z.J.L. & Educ. 19 (2005-2006).

제2장 교육제도 법정주의, 어떻게 해석하여야 하고 어떻게 개정하여야 하는가?

권영성, 『헌법학원론』, 법문사, 2000.

구병삭, 『증보 헌법학Ⅰ』, 박영사, 1983.

국회도서관 편, 헌법제정회의록(제헌국회), 헌정사자료 제1집, 대한민국 국회도서관, 1967.

_____ 편, 『세계의 헌법 Ⅰ』, 국회도서관, 2010.

_____ 편, 『세계의 헌법 Ⅱ』, 국회도서관, 2010.

노기호, 『교육권론』, 집문당, 2008.

_____ 집필부분, 한국헌법학회 편, 『헌법주석서 Ⅱ』, 제2판, 법제처, 2010. 3.

대한민국 국회, 『헌법개정심의록』, 제1집—제3집, 1967.

문홍주, 『한국헌법』, 해암사, 1886.

박일경, 『헌법요론』, 신명문화사, 1956. (박일경a)

_____, 『신헌법해의』, 진명문화사, 1963. (박일경b)

박종보, "교원단체의 법적 지위와 관련된 헌법적 문제", 「교육법연구」 제8집 제
    2호, 한국교육법학회, 2005.

법제처 간, 『헌법연구반 보고서』, 헌법심의자료, 1980.3.

손희권, 『교육과 헌법』, 학지사, 2008.

신현직. "교육기본권에 관한 연구", 서울대학교 대학원 법학과 박사학위논문,
    1990.

유진오, 『헌법해의』, 일조각, 1953.

이형석, "헌법상 교육제도 법정주의에 관한 연구", 대한교육법학회 정기학술대
    회 자료집, 2012. 4. 21.

이형석, "헌법상 교육제도 법정주의에 관한 연구", 원광대학교 대학원 법학과
    박사학위논문, 2011. 8.

전광석, 『한국헌법론』, 집현재, 2013.

정종섭, 『헌법학원론』, 박영사, 2011.

정필운, "교육영역에서 자치의 본질 및 국가와 지방자치단체의 권한배분의 원
    리에 대한 헌법해석론적 검토", 「토지공법연구」 제46집, 한국토지공법
    학회, 2009.

_____, "교육영역에서 당사자의 권리 · 의무 · 권한에 대한 헌법이론적 고찰",
    「법학연구」 제19권 제3호, 연세대학교 법학연구원, 2009.

_____, "헌법 제31조 제6항에 대한 관견", 대한교육법학회 · 동아대학교 법학

연구원 공동주최 학술대회 자료집, 2014. 2. 14.

한수웅, 『헌법학』, 법문사, 2015.

한태연, 『헌법』, 법문사, 1959.

한태연, 구병삭, 이강혁, 갈봉근, 『한국헌법사(하)』, 한국정신문화연구원, 1991.

허영, 『한국헌법론』, 박영사, 2015. (허영a)

____, 『헌법이론과 헌법』, 박영사, 2015. (허영b)

이치가와 쇼우고 저, 김용 역, 『교육의 사사화와 공교육의 해체』, 교육과학사, 2013.

靑柳 幸一, 憲法, 尙學社, 2015.

Constitutions of the Contries of the World, Oxford University Press, 2016.

Jarass/Pieroth, Grundgesetz für die Bundesrepublik Deuschland, 13. Auflage, 2014.

Markus Thiel, in: Michael Sachs (Hrsg.), Grundgesetz, 7. Auflage, 2014.

제3장 복지국가원리는 교육영역에 적용될 수 있는가?

권영성, 『헌법학원론』, 법문사, 2010.

교육과학기술부 보도자료 참고, www.korea.kr/common/download.do?tblKey =GMN&fileId=161161373 (2015년 9월 12일 최종 방문)

김대일, "빈곤의 정의와 규모", 유경준, 심상달 편, 『취약계층 보호정책의 방향과 과제』, 한국교육개발원, 2004.

김정원·박인삼·김주아·이봉주, 『교육복지투자우선지역 지원사업 만족도와 성과분석』, 한국교육개발원, 2007.

김정원·이은미·하봉운 등, 『교육복지정책의 효과적 추진을 위한 법·제도 마련 연구』, 한국교육개발원, 2008.

김학성, 『헌법학원론』, 박영사, 2011.

노기호, "교원의 교육권에 관한 연구", 한양대학교 대학원 법학과 박사학위논문, 1998.

노기호, 『교육권론』, 집문당, 2008.

노기호, "현대 교육복지정책의 동향과 법제의 방향", 『법과 정책연구』 제8권 제
2호, 한국법정책학회, 2008.

노기호 집필부분, 『헌법주석서 II』, 법제처, 2009.

노기호, "공정사회 실현을 위한 전제로서의 교육복지의 방향과 과제", 『법과 정
책연구』 제14권 제4호, 한국법정책학회, 2014.

류방란 · 김경애, 『공정사회 실현을 위한 교육복지정책방안』, 현안보고 제8권 제
1호, 한국교육개발원, 2011. 5.

류방란, 이혜영, 김미란, 김성식, 『한국 사회 교육복지지표 개발 및 교육격차
분석-교육복지지표 개발』, 한국교육개발원, 2006.

박재윤, 황준성, "교육복지에 관한 법리 및 관련 법제의 현황과 과제", 『교육법
학연구』 제20권 제1호, 대한교육법학회, 2008.

박주호, 『교육복지의 논의: 쟁점, 과제 및 전망』, 박영스토리, 2014.

신현직, "교육기본권에 관한 연구", 서울대학교 대학원 법학과 박사학위논문,
1990.

신희정, "교육복지정책 및 법제화 논의 분석을 통한 교육복지의 발전 방향", 『교
육법학연구』 제25권 제2호, 대한교육법학회, 2013.

안병영, 김인희, 『교육복지정책론』, 다산출판사, 2009.

안병영, 하연섭, 『5 · 31 교육개혁 그리고 20년』, 다산출판사, 2015.

양건, 『헌법강의』, 법문사, 2014.

여유진, "한국에서의 교육을 통한 사회이동 경향에 대한 연구", 『보건사회연구』
제28권 제2호, 한국보건사회연구원, 2008.

염철현, "미국 연방차원의 교육복지법 개관 및 시사점", 『교육법학연구』 제22권
제1호, 대한교육법학회, 2010.

이덕난, "오바마 정부의 교육뉴딜 정책", 교육정책네트워크 정보센터, 2009.

이시우, 박기병, 노기호, 『교육복지체계 구축을 위한 법제 연구: (가칭) 교육복
지법 제정』, 국회사무처 법제실, 2005. 9.

이혜영 · 나정 · 김미숙 · 이광호 등, 『교육복지투자우선지역 지원사업을 위한

연구지원사업 결과보고서』, 한국교육개발원, 2004.

이혜영 외, 『교육복지에 관한 법제 연구』, 교육부 정책 연구 과제보고서, 2006.

장영수, 『헌법학』, 홍문사. 2009.

조석훈, 김용, 『학교와 교육법』, 교육과학사, 2010.

조화태, 『교육철학』, 한국방송통신대학교 출판부, 2013.

전광석, "사회보장법과 세법의 기능적인 상관관계", 『공법연구』제32집 제1호, 한국공법학회, 2003.

전광석, 『한국사회보장법론』, 법문사, 2010.

전광석, 『한국헌법론』, 집현재, 2015.

정종섭, 『헌법학원론』, 박영사, 2012.

정필운, "교육영역에서 당사자의 권리·의무·권한에 대한 헌법이론적 고찰", 『법학연구』, 제19권 제3호, 연세대학교 법학연구원, 2009.

정필운, "정보사회에서 지적재산권의 보호와 이용에 관한 헌법학적 연구", 연세대학교 대학원 법학과 박사학위논문, 2009.

최장집, 『민주화 이후의 민주주의: 한국민주주의의 보수적 기원과 위기』, 후마니타스, 2007.

함승환, 김왕준, 오춘식, 한지원, 『국제 교육복지 정책 동향 파악 및 현황 조사 연구』, 교육복지정책중점연구소, 2013.

허영, 『한국헌법론』, 박영사, 2015.

M. Freedland, Vocational Training in EC Law and Policy –Education, Employment or Welfare?, Industrial Law Journal, 25 Industrial Law Journal, 110, 1996.

Martha F. Davis, Learning to Work: A Functional Approach to Welfare and Higher Education, 58 Buff. L. Rev. 147, 2010.

Lee, See–Woo, Verfassungsrechtliche Grundprobleme des Privathochschulwesens, Tübingen Universität, 1993.

제4장 교육자치란 무엇인가?

권영성, 『헌법학원론』, 법문사, 2008.

김병준, "교육자치와 지방자치", 『1996년도 한국행정학회 동계학술대회 논문집 (Ⅱ)』, 한국행정학회, 1996.

김윤섭, 『한국교육법』, 한올출판사, 2003.

김신복, "지방자치와 교육자치", 『교육행정연구회』 제3권 제3호, 한국교육행정학연구회, 1985.

김철수, 『헌법학신론』, 박영사, 2009.

이광윤, 허종렬, 노기호, 김종철, 『교육제도의 헌법적 문제에 관한 연구』, 헌법재판연구 제14권, 헌법재판소, 2003.

이기우, "교육자치와 학교자치 및 지방교육행정제도에 대한 법적 검토", 『한국교육법연구』, 한국교육법학회, 1999.

이기우, 『지방자치이론』, 학현사, 1996.

조성일 · 안세근, 『지방교육자치제도론』, 양서원, 1996.

임재윤, 『교육의 역사와 사상』, 문음사, 2008.

조한상, "제도보장 이론의 공법적 의미와 문제점, 극복방향", 『법학연구』 제48권 제2호, 부산대학교 법학연구소, 2008. 2.

전광석, "고등교육법의 문제점과 향후과제: 대학자치의 관점에서", 『한국교육법연구』 제4집, 한국교육법학회, 1998.

전광석, 『한국헌법론』, 법문사, 2009.

정순원, "헌법상 교육자치의 법리와 지방교육자치법의 입법과제", 『교육법학연구』 제19권 제2호, 대한교육법학회, 2007.

정재황, "교육권과 교육자치의 공법(헌법 · 행정법)적 보장에 관한 연구", 『교육행정학연구』 제16권 제1호, 한국교육행정학회, 1998.

정종섭, 『헌법학원론』, 박영사, 2008.

칼 슈미트 저, 김효전 역, "바이마르 헌법에 있어서의 자유권과 제도적 보장", 『독일기본권이론의 이해』, 법문사, 2004.

표시열, 『교육법: 이론 · 정책 · 판례』, 박영사, 2008.

한국교육행정학회, 『교육법론』, 한국교육행정학회, 1995.

허영, 『한국헌법론』, 박영사, 2008.

허영, 『헌법이론과 헌법』, 박영사, 2006.

홍정선, 『지방자치법학』, 박영사, 2000.

Arval A. Morris, The Constitution and American Public Education, Carolina Academic Press, 1989.

Charles J. Russo (ed.), Encyclopedia of Education Law, Vol.1, SAGE, 2008.

Charles J. Russo (ed.), Encyclopedia of Education Law, Vol.2, SAGE, 2008.

Derrick Wyatt, Q.C., Wyatt & Dashwood's European Union Law, Sweet & Maxwell, 2006.

Erwin Chemerinsky, Constitutional Law, Aspen, 2005.

Hans Heinrich Ruff, Die Unterscheidung von Staat und Gesellschaft, ed. Josef Isensee · Paul Kirchhof, Handbuch des Staatsrechts der Bundesrepublik Deutschland, Vol. 1, Heidelberg: C. F. Müller Juristischer Verlag, 1995.

Kern Alexander, M. David Alexander, American Public School Law, Thomson West, 2005.

Michael W. La Morte, School Law: Cases and Concepts, Allyn and Bacon, 2008.

W. Boyd, E. J. King, The History of Western Education, Adam & Chales Black Ltd., 1977.

제5장 독일은 민주주의 교육을 잘 하기 위하여 어떠한 법제를 가지고 있는가?

강명숙, "일제시대 제1차 조선교육령 제정 과정 연구", 『한국교육사학』 제29권 제1호, 한국교육사학회, 2007.

곽긴오, "일제의 조선 교육정책: 조선교육령을 중심으로", 『일본문화학보』 제50권, 일본문화학회, 2011.

박은목, "교육이념 홍익인간의 일연구", 한국교육학회 학술대회 Vol. 15, 1972.

배한동, 『민주시민교육론』, 경북대학교 출판부, 2006.

은지용, 정필운, ""사회과에서 민주주의 개념과 관련된 국가 정체성 교육 내용에 대한 비판적 고찰", 「시민교육연구」 제46권 제4호, 한국사회과교육학회, 2014.

전광석, 『한국헌법론』, 집현재, 2014.

정필운, "교육영역에서 자치의 본질 및 국가와 지방자치단체의 권한배분의 원리에 대한 헌법해석론적 검토", 「토지공법연구」 제46집, 한국토지공법학회, 2009.

_____, "헌법 제31조 제6항에 대한 관견(管見)", 대한교육법학회 · 동아대학교 법학연구원 공동주최 학술대회 발표문, 2014. 2. 14.

차조일, 『사회과 교육과 공민교육』, 한국학술정보, 2012.

_____, "제2차 세계대전과 사회과교육의 위상 변화", 「사회과교육」, 제51권 제2호, 한국사회과교육학회, 2012.

_____, 모경환, 강대현, "한국 초기 사회과의 교과서 제도 분석 - 미군정기와 정부 수립기를 중심으로", 「시민교육연구」 제44권 제1호, 2012.

_____, 원준호, "제2차 세계대전 후 독일에서의 사회과 발전 - 미국의 영향과 독일의 수용을 중심으로". 「시민교육연구」 제45권 제3호, 한국사회과교육학회, 2013.

최원형, "미군정기의 교육과정 개혁", 김기석 편, 『교육사회학 탐구2』, 교육과학사, 1987.

최장집, 『민주화 이후의 민주주의』, 후마니타스, 2010.

한용진 외, 『우리나라의 1945년 이전 국가 수준 교육과정』, 한국교육과정 평가원 연구 보고서 RRC 2010-7-2., 2010.

Avenarius, Hermann, Die Rechtsordnung der BRD, Eine Einfuerung, 3., neubearbeitete Aufl., Bundeszentrale fuer Politische Bildung, 2002.

Avenarius, Hermann/Fuessel, Hans-Peter, Schulrecht, Ein Handbuch fuer Praxis, Rechtsprechung und Wissenschaft, 8., neubearbeitete Aufl., Carl Link, 2010.

Faas, D., Street, A., Schooling the New Generation of German Citizens: A Comparison of Citizenship Curricula in Berlin and Baden-Württemberg, Educational Studies, Vol.37, No.4, 2011.

Grace, A., Basic elements of educational reconstruction in Germany. Washington: Commission on the Occupied Areas, American Council on Education, 1949.

Hesselberger, Dieter, Das Grundgesetz. Kommentar fuer die politische Bildung, Bundeszentrale fuer Politische Bildung, 1996.

Hirsch, H., Nazi Education: A Case of Political Socialization. The Educational Forum, 53(1), 1989.

Hochstetter, Herbert/Muser, Eckart, Schulgesetz fuer Baden–Wuerttemberg. Erlaeuterte Textausgabe mit den wichtigsten Nebenbestimmungen, 18. Aufl., Verlag W. Kohlhammer, 1992.

Report of the United States Education Mission to Germany: Submitted to Robert P. Patterson, William Benton and Lucius D. Clay, 1946. United States Education Mission to Germany. Ⅹ Ⅰ － Ⅹ Ⅳ

Report submitted to Dr. John W. Taylor, Chief of the Education and Religious Affairs Branch, 1947. United States Social Studies Committee to Germany.

Roberts, G., Political Education in Germany, Parliamentary Affairs, Vol. 55, No. 3. 2002.

Pagaard, S., Teaching the Nazi Dictatorship: Focus on Youth, History Teacher, Vol. 33, No. 2, 2005.

Toebes, J., History, A Distinct(ive) Subject?: The Problem of the Combination of History with Other Human and Social Sciences in Particular with Social Studies in Secondary Education in the Federal Republic of Germany, England, and the Netherlands, Leiden, The Netherlands: E.J. Brill. 1983.

Shuster, G., German Reeducation: Success or Failure, Proceedings of the Academy of Political Science, Vol. 23, No.3, 1949.

Viesel, Adelheid/Spreng, Angelika/Haase, Rainer (Hg.), Hessisches Schulge-
　　setz. Textausgabe mit Einfuerung und Erlaeuterungen, Hermann Luchter-
　　hand Verlag, 1993.

Zook, G., The Educational missions to japan and germany, International Con-
　　ciliation, No. 427, 1947.

제6장 학교규칙은 법인가?

김남철, 『행정법강론』, 박영사, 2018.

김도창, 『일반행정법론(상)』, 청운사, 1985.

김동희, 『행정법 I』, 박영사, 2012.

김성수, 『일반행정법』, 홍문사, 2018.

이기우, 『지방자치이론』, 학현사, 1996.

임재윤, 『교육의 역사와 사상』, 문음사, 2008.

조성규, "대학 학칙의 법적 성격", 「행정법연구」 2007 상반기, 행정법이론실무
　　학회, 2007.

전광석, "고등교육법의 문제점과 향후과제: 대학자치의 관점에서", 「한국교육법
　　연구」 제4집, 한국교육법학회, 1998.

전광석, 『한국헌법론』, 집현재, 2013.

정종섭, 『헌법학원론』, 박영사, 2012.

정필운, "교육영역에서 자치의 본질 및 국가와 지방자치단체의 권한배분의 원
　　리에 대한 헌법해석론적 검토", 「토지공법연구」 제46집, 한국토지공법학
　　회, 2009.

정필운, "교육영역에서 당사자의 권리 · 의무 · 권한에 대한 헌법이론적 고찰",
　　「법학연구」 제19권 제3호, 연세대학교 법학연구원, 2009.

최송화, "학칙의 법적 성격과 국가감독", 「법학」 제37권 제1호, 서울대학교 법
　　학연구소, 1996.

홍정선, 『행정법원론(하)』, 박영사, 2018.

표시열, 『교육법-이론 · 정책 · 판례-』, 박영사, 2008.

허영, 『헌법이론과 헌법』, 박영사, 2006.

허종렬, "중 · 고등학교 교칙 분석 검토 의견", 우리나라의 중 · 고등학교 교칙
분석 보고서에 대한 검토 의견, 미간행원고.

제7장 학교는 인터넷에서 학생 표현을 징계할 수 있는가?

권영성, "청소년보호법에 의한 유해매체물의 유통규제", 『고시연구』, 1997. 11.

김선택, "아동 · 청소년보호의 헌법적 기초-미성년 아동 · 청소년의 헌법적 지
위와 부모의 양육권", 『헌법논총』 제8집, 헌법재판소, 1997.

박용상, 『표현의 자유』, 현암사, 2002.

신현직, "우리나라 현행 법체계상 고등학생의 권리", 『교육권과 교육기본권』,
청년사, 2003.

안성경, "미국공립학교에서 학생의 복장규제에 관한 연구", 『법학연구』 제19권
제1호, 연세대학교 법학연구소, 2009.

오영표, "학생징계의 구제와 한계", 『인권법평론』 제3호, 전남대학교 공익인권
법센터, 2008.

홍정선, "학생의 법적 지위에 관한 소고-기본권제한과 참여문제를 중심으로-",
한국교육법학회 편, 『교육의 자치와 대학의 자유』, 대학출판사, 1986.

허영, 『한국헌법론』, 박영사, 2009.

Aaron H. Caplan, Public School Discipline for Creating Uncensored Anonymous
Internet Forum, 39 Willamette L. Rev. 94 (2003).

Alexander G. Tuneski, Online, Not on Grounds: Protecting Student Internet
Speech, 89 Va. L. Rev. 139 (2003).

Arval A. Morris, The Constitution and American Public Education, Carolina
Academic Press, 1989.

Christi Cassel, Keep Out of Myspace!: Protecting Students from Unconstitution-
al Suspensions and Expulsions, 49 Wm. & Mary L. Rev. 644 (2007-

2008).

Clay Calvert, Off-Campus Speech, On-Campus Punishment: Censorship of the Emerging Internet Underground, 7 B.U. J. Sci. & TECH. L. 243 (2001).

Leora Harpaz, Internet Speech and the First Amendment Rights of Public School Students, 2000 B.Y.U. Educ. & L.J. 123 (2000).

Michael W. La Morte, School Law: Cases and Concepts, Allyn and Bacon, 2008.

Meville B. Nimmer and David Nimmer, Matthew Bender & Company, Inc., a member of the LexisNexis Group, 2004.

Renee L. Servance, Comment, Cyberbullying, Cyber-Harassment, and the Conflict Between Schools and the First Amendment, 2003 Wis. L. Rev. 1213 (2003).

Rita J. Verga, Policing Their Space: The First Amendment Parameters of School Discipline of Student Cyberspace, 23 Santa Clara Computer & Higi Tech. L. J., 727 (2006-2007).

Shannon L. Doering, Tinkering with School Discipline in the Name of the First Amendment:: Expelling a Teacher's Ability to Proactively Quell Disruptions Caused by Cyberbullies at the Schoolhouse, 87 Neb. L. Rev. 630 (2008-2009).

Susan H. Kosse, Student Designed Home Web Pages: Does Title IX or the First Amendment Apply?, 43 ARiz. L. REV. 905 (2001).

Todd D. Erb, A Case For Strengthening School District Jurisdiction To Punish Off-Campus Incidents of Cyberbullying, 40 Ariz. St. L. J. 257 (2008).

제8장 공립학교에서 교복착용은 헌법에 합치하는가?

안성경, "미국공립학교에서 학생의 복장규제에 관한 연구", 「법학연구」제19권 제1호, 연세대학교 법학연구소, 제19권 제1호, 2009.

이강혁, "교복제도와 헌법문제", 「고시계」, 1983. 3.

이인자, "교복착용 여부와 청소년 비행행동간의 관계성 연구", 「한국의류학회지」 제16권 제1호, 한국의류학회, 1992.

Alison M. Barbarosh, Undressing the First Amendment in Public Schools: Do Uniform Dress Codes Violate Students' First Amendment Rights?, 28 Lay. L. A. L. Rev. 1415 (1994–1995).

Alyson Ray, A Nation of Robots? The Unconstitutionality of Public School Uniform Codes, 28 J. Marshall L. Rev. 645 (1995).

Andrew D.M. Miller, Balancing School Authority and Student Expression, 54 Baylor L. Rev. 623 (2002).

David L. Brunsma, Kerry A. Rockquemore, Effects of Student Uniforms on Attendance, Behavior Problems, Substance Use, and Academic Achievement, The Journal of Education Research, Vol.92 No.1 (1998).

Dena M. Sarke, Coed Naked Constitutional Law: The Benefits and Harms of Uniform Dress Requirements in American Public Schools, 78 Boston University Law Review 153 (1998).

Erwin Chemerinsky, Constitutional Law, Aspen, 2005.

Erwin Chemerinsky, Students Do Leave Their First Amendment Rights at the Schoolhouse Gates: What's Left of Tinker?, 48 Drake L. Rev. 527 (2000).

James Letio, Taking the Fight on Crime from Streets to the Courts: Texas's Use of Curb Injunctions to Curb Gang Activity, 40 Tex. Tech. L. Rev. 1039 (2007–2008).

Jennifer Starr, School Violence and Its Effect on the Constitutionality of Pyblic School of Uniform Policies, 29 J. L & Educ. 117 (2000).

Joseph F. McKinney, A New Look at Student Uniform Policies, 140 West's Education Law Reporter 791 (2001).

Kern Alexander, M. David Alexander, The American Public School Law, Thomson West, 2001.

Laurence H. Tribe, American Constitutional Law, West Group, 1988.

Manual on School Uniforms, U.S. Dept. of Ed., 1996.

Rob Killen, The Achilles' Heel of Dress Codes: The Definition of Proper Attire in Public School, 36 Tulsa L. J. 460 (2000-2001).

Troy Y. Nelson, If Clothes Make the Person, Do Uniforms Make the Student?: Constitutional Free Speech Rights and Student Uniforms, 118 Ed. Law Rep. 1 (1997).

제9장 학교안전법은 입법 목적을 달성하고 있는가?

강희원, 김상철, "학교안전사고 예방 및 보상에 관한 법률에 대한 입법평가", 「입법평가연구」 제7호, 한국법제연구원, 2013. 9.

김상철, "학교안전사고 예방 및 보상에 관한 법률의 일 고찰: 학교안전사고 예방을 중심으로", 「경희법학」 제48권 제3호, 경희대학교 경희법학연구소, 2013.

김응삼, "학교안전사고에 대한 교원의 인식과 보상에 관한 연구", 대구대학교 대학원 석사학위논문, 2013.

노정혜, "학교안전사고에 대한 법적 책임", 강릉원주대학교 대학원 석사학위논문, 2015.

마크 올슨·존 코드·앤 마리 오닐 지음, 김용 옮김, 「신자유주의 교육정책, 계보와 그 너머: 세계화, 시민성, 민주주의」, 학이시습, 2015.

문성빈, "통계로 본 학교 보건교육", 한국교육개발원, 2015.

박상근, "학교안전사고 예방을 위한 통합디자인 체계에 관한 연구", 한국교원대학교 대학원 박사학위논문, 2015. 2.

박영도, 「입법학 입문」, 법령정보관리원, 2014.

양승실 외, "학교안전지도사 자격제도 도입방안 연구", 한국교육개발원, 2014.

양희산 외, "학교안전사고 예방 및 보상에 관한 법률 해설서", 학교안전공제중앙회, 2014.

전광석, 『한국사회보장법론』, 집현재, 2014.

정정일, "학교안전사고의 현황과 개선방안 -학교안전공제회를 중심으로-", 『융합보안 논문지』 제16권 제1호, 한국융합보안학회, 2016.

정필운, 정원조, "인터넷 멀티미디어 방송사업법에 대한 입법평가", 『입법평가 연구』 제9호, 한국법제연구원, 2015.

정필운, 차재홍, "학교안전법에 대한 입법평가", 한국공법학회, 한국법제연구원 공동 주최 제197회 한국 공법학회 학술대회 자료집, 2016.

조인식, 정필운, "학교에서 안전교육에 대한 비판적 연구", 『법과인권교육연구』 제8권 제2호, 한국법과인권교육학회, 2015. 8.

조호제 외, "학생안전지수 개발 연구", 교육부 정책중점연구소 지원 사업 보고 서, 2015.

최미리, 박정훈, "학교 안전사고가 교사의 교육활동에 미치는 영향", 『한국경호 경비학회지』 제14호, 한국경호경비학회, 2007.

국민권익위원회(사회제도개선담당관), "학교안전 공제제도 실효성 제고를 위한 제도개선", 국민권익위원회, 2010.

학교안전중앙공제회, "학교안전사고 통계 체계 개선 및 학교안전교육 활성화 방 안 연구", 학교안전중앙공제회, 2011.

Abner J. Mikva/ Eric Lane, "Legislative Process", Aspen Publishers, 2009.

Colin Kirkpatrick/ David Parker (eds.), "Regulatory Impact Assessment Towards Better Regulation?", Edward Elgar Publishing, 2007.

William J. Keefe/ Morris S. Ogul, "The American Legislative Process: Congress and the States", Prentice Hall, 2001.

제9장 [보론] 어린이집에 CCTV 설치는 적절한가?

김경회 외, 『보육학개론』, 창지사, 2016.

전광석, 『한국헌법론』, 집현재, 2017.

강은진, 『아동인권 보호를 위한 CCTV의 설치 및 운영방안 -유치원·어린이집 을 중심으로-』, 육아정책연구소, 2015.

제10장 외국인은 교육기본권을 제대로 보장받고 있는가?

권영성, 『헌법학원론』, 법문사, 2006.

교육부, 『2018년 다문화교육 지원계획』, 2018.

김하열, 『헌법강의』, 박영사, 2018.

노기호, 『교육권론』, 집문당, 2008.

김현철 외, 『한국인의 법과 생활』, 박영사, 2019.

전광석, 『한국헌법론』, 집현재, 2017.

조화태, 『교육철학』, 한국방송통신대학교 출판부, 2013.

허영, 『한국헌법론』, 박영사, 2018.

Kern Alexander, M.David Alexander, American Public School Law, Seventh Edition, Wadsworth, 2009.

김선택, "아동 · 청소년보호의 헌법적 기초-미성년 아동 · 청소년의 헌법적 지위와 부모의 양육권", 『헌법논총』 제8집, 헌법재판소, 1997.

김향은, "다문화 부모교육의 현황과 과제 : 학교중심 다문화 부모교육을 중심으로", 『문화예술교육연구』 제2권 제2호, 한국문화교육학회, 2007.

노기호, "다문화가정 자녀에 대한 국가 교육지원 정책의 현황과 문제점", 『법과 정책연구』, 제11권 제3호, 한국법정책학회, 2011.

신현직, "교육기본권에 관한 연구, 서울대학교 대학원 법학과 박사학위논문, 1990.

유의정, "다문화 교육정책의 인권적 개선방향", 『입법정책』 제4권 제1호, 한국입법정책학회, 2010.

윤여탁, "다문화교육으로서의 한국어교육: 현실과 방법론", 『국어교육연구』, 서울대학교 국어교육연구소, 2008.

이우영, "인권보장과 체계정합성 관점에서의 외국인 관련 법제의 입법적 분석과 개정방향", 『입법학연구』 제16집 제1호, 한국입법학회, 2019.

정필운, "교육영역에서 당사자의 권리 · 의무 · 권한에 대한 헌법이론적 고찰", 『법학연구』 제19권 제3호, 연세대학교 법학연구원, 2009.

정필운, "교육영역에서 복지국가원리의 구현—쟁점과 과제—", 『헌법학연구』 제

21권 제4호, 한국헌법학회, 2015.

홍석노, "교육받을 권리의 헌법적 보장", 고려대학교 대학원 박사학위논문, 2013.

김혜자, "국내 외국인 학교 현황", 한국교육개발원 이슈 통계(http://cesi.kedi. re.kr/post/6677935?itemCode=03&menuId=m_02_03_03, 2019년 5월 29일 최종 방문) 참고.

교육부, 입학안내리플릿.

안민석 의원 대표 발의, 다문화교육지원법안, 2018. 8. 6.

최모란 기자, 불법체류자 자녀도 교육·의료 지원, 중앙일보 인터넷판 기사, 2019.4.17. (https://news.joins.com/article/23442988, 2019. 6. 28. 최종 방문).

한국교육개발원, 2018년 교육통계서비스(http://cesi.kedi.re.kr/kessTheme/zip yo?survSeq=0000&survCd=3398&uppCd1=030201&menuId= m_02_03_01&itemCode=03, 2019. 5. 3. 최종 방문)

U.S. Department of Education, Guidance for School Districts to Ensure Equal Access for All Children to Public Schools, Regardless of Immigration Status, 2014. 5. 8.(https://www2.ed.gov/about/offices/list/ocr/frontpage/pro-students/issues/roi-issue04.html, 2019. 7. 28. 최종 방문).

제11장 초·중등교원은 헌법에서 어떤 지위인가?

권영성, 『헌법학원론』, 법문사, 2010.

김경윤, "미국 교원의 정치적 기본권과 시사점", 「법치주의와 교원의 정치활동의 제한: 비교법적 관점에서의 고찰」, 한국교육법학회·한국법제연구원·한국외국어대학교 법학연구소 공동학술대회 자료집, 2013. 5. 4.

김영천, "교원의 지위와 권리", 「한국교육법연구」 제6권, 한국교육법학회, 2002.

김유환, 이상윤, 박종보, 김종철, 『교원단체의 법적 지위』, 한국교육개발원, 2005.

김윤섭, 『한국교육법』, 한올출판사, 2003.

김진곤, "헌법상 노동3권의 보호와 제한에 관한 연구", 연세대학교 대학원 법학과 박사학위논문, 2007.

김철수, 『헌법학신론』, 박영사, 2009.

노기호, 『교육권론』, 집문당, 2008.

명재진, "공무원의 헌법상 지위", 2013년 행정학 공동하계학술대회 제5분과 한국부패학회 자료집, 2013. 6. 28.

박종보, "교원단체의 법적 지위와 관련된 헌법적 문제", 「교육법연구」 제8집 제2호, 2005.

배건이, "독일교원의 정치활동의 자유와 제한", 「법치주의와 교원의 정치활동의 제한: 비교법적 관점에서의 고찰」, 한국교육법학회 · 한국법제연구원 · 한국외국어대학교 법학연구소 공동학술대회 자료집, 2013. 5. 4.

신현직, "교육기본권에 관한 연구", 서울대학교 대학원 법학과 박사학위논문, 1990.

손희권, 『교육과 헌법: 헌법 제31조의 구조와 해석』, 학지사, 2008.

안성경, "미국 공립학교에서 학생의 복장 규제에 관한 연구", 「법학연구」 제19권 제1호, 연세대학교 법학연구원, 2009. 3.

오동석, "한국의 법치주의와 교원의 정치활동의 제한", 「법치주의와 교원의 정치활동의 제한: 비교법적 관점에서의 고찰」, 한국교육법학회 · 한국법제연구원 · 한국외국어대학교 법학연구소 공동학술대회 자료집, 2013. 5. 4.

윤달원 외, 『주요국의 교원단체 현황 분석 및 시사점』, 한국교육개발원, 미간행 보고서, 2011.

이치가와 쇼우고 저, 김용 역, 『교육의 사사화와 공교육의 해체』, 교육과학사, 2013.

장영수, 『헌법학』, 홍문사, 2009.

전광석, 『한국헌법론』, 집현재, 2013.

전학선, "프랑스 법치주의와 정치활동의 제한", 「법치주의와 교원의 정치활동의 제한: 비교법적 관점에서의 고찰」, 한국교육법학회 · 한국법제연구원 · 한국외국어대학교 법학연구소 공동학술대회 자료집, 2013. 5. 4.

정종섭, 『헌법학원론』, 박영사, 2012.

정필운, (2009a), "교육영역에서 당사자의 권리 · 의무 · 권한에 대한 헌법이론적 고찰", 『법학연구』 제19권 제3호, 연세대학교 법학연구원, 2009. 9.

정필운, (2009b), "교육영역에서 자치의 본질 및 국가와 지방자치단체의 권한배분의 원리에 대한 헌법해석론적 검토", 『토지공법연구』 제46집, 한국토지공법학회, 2009. 11.

정필운, (2012a), 『헌법상 교육제도 법정주의에 관한 연구』에 대한 지정토론문, 대한교육법학회 정기학술대회 자료집, 2012. 4. 21.

정필운, (2012b), "교원단체 규율에 대한 비판적 검토: 헌법이론적 관점에서", 강원대학교 비교법연구소 주최 2012년 춘계 학술대회 자료집, 2012. 5. 11.

표시열, 『교육법: 이론 · 정책 · 판례』, 박영사, 2008.

한국교육행정학회, 『교육법론』, 한국교육행정학회, (1005).

허영, 『한국헌법론』, 박영사, 2008.

허종렬, "한국 헌법상 교육기본권에 대한 논의와 일본 헌법과의 비교분석", 『성균관법학』 제17권 제1호, 성균관대학교 법학연구소, 2005.

Erwin Chemerinsky, Constitutional Law, Aspen, 2005.

Kern Alexander & M. David Alexander, American Public School Law, Thomson West, 2005.

제12장 교원단체는 어떻게 규율되어야 하는가?

강인수, "학교공동체의 안정적 발전을 위한 교원단체의 역할과 과제", 『교육법학연구』 제16권 제1호, 대한교육법학회, 2005.

곽윤직, 『민법총칙』, 박영사, 2011.

권영성, 『헌법학원론』, 법문사, 2006.

김진곤, "헌법상 노동3권의 보호와 제한에 관한 연구", 연세대학교 대학원 법학과 박사학위논문, 2007. 2.

김유환, 이상윤, 박종보, 김종철, 『교원단체의 법적 지위』, 한국교육개발원, 2005.

김종철, "교원단체의 법적 지위와 관련한 교육법적 문제", 『한국교육법연구』 제8권 제2호, 한국교육법학회, 2005.

김형배, 『노동법』, 박영사, 2012.

노기호 집필부분, 『헌법 주석서 Ⅲ』, 법제처, 2010.

박종보, "교원단체의 법적 지위와 관련한 헌법적 문제", 『한국교육법연구』 제8권 제2호, 한국교육법학회, 2005.

양 건, 『헌법연구』, 법문사, 1995.

윤달원 외, 『주요국의 교원단체 현황 분석 및 시사점』, 한국교육개발원, 2012.

이상윤, 『노동법』, 박영사, 2011.

이일용, 이시우, 이기성, 이명균, 『교원단체 교섭제도 효율화 방안 연구』, 한국교원단체총연합회, 2004.12.

전광석, "노동쟁의조정법 제12조 제2항에 대한 헌법소원", 『헌법판례연구』, 법문사, 2000.

전광석, 『한국헌법론』, 집현재, 2011

정종섭, "정치자금제도의 문제점과 개혁 방안", 『헌법연구(2)』, 철학과 현실사, 1996.

정종섭, 『헌법학원론』, 박영사, 2012

정필운, "공립학교 초중등교원의 헌법적 지위", 『한국부패학회보』 제18권 제3호, 한국부패학회, 2013.

한국노동연구원, 『교원노동조합 활동의 사회적 정합성 연구』, 2010.

허영, 『헌법이론과 헌법』, 박영사, 2006.

허영, 『한국헌법론』, 박영사, 2006.

이치가와 쇼우고 저, 김용 역, 『교육의 사사화와 공교육의 해체』, 교육과학사, 2013.

Kern Alexander, M. David Alexander, American Public School Law, Wadsworth, 2009.

제13장 해직교사는 교원노조의 조합원이 될 수 없는가?

권영성, 『헌법학원론』, 법문사, 2010.

김유성, 『노동법(Ⅱ)』, 법문사, 2001.

김갑성 외, 『교원단체 교섭안 분석 및 역할 정립 연구』, 한국교육개발원, 2012.

김진곤, "헌법상 노동3권의 보호와 제한에 관한 연구", 연세대학교 대학원 법학과 박사학위논문, 2007.2.

김철수, 『헌법학신론』, 박영사, 2013.

김학성, 『헌법학원론』, 피앤씨미디어, 2015.

김형배, 『노동법』, 박영사, 2012.

노동법실무연구회 편, 『노동조합 및 노동관계조정법 주해 Ⅰ』, 박영사, 2015.

박일경, 『신헌법』, 법경출판사, 1990.

윤달원 외, 『주요국의 교원단체 현황 분석 및 시사점』, 한국교육개발원, 2012.

이상윤, 『노동법』, 법문사, 2010.

임종률, 『노동법』, 박영사, 2009.

전광석, "국가와 노동조합: 헌법적 접근", 『한림법학 FORUM』 제5호, 한림대학교 법학연구소, 1996.

전광석, 『노동쟁의조정법 제12조 제2항에 대한 헌법소원』, 헌법판례연구, 법문사, 2000.

전광석, 『한국헌법론』, 집현재, 2015.

정필운, "교원단체 규율에 대한 헌법이론적 검토", 『헌법학연구』 제21권 제1호, 한국헌법학회, 2015.

정종섭, 『헌법학원론』, 박영사, 2012.

허영, 『한국헌법론』, 박영사, 2015.

한국헌법학회 편, 『헌법주석서Ⅱ』, 법제처, 2010.

Charles W. Baird, The NEA and Its Federal Charter, Government Union Review, Virginia: Public Service Research Foundation, Vol. 17, 2001.

Hartmut Bauer, Art. 9 in: Horst Dreier(Hrsg.), Grundgesetz Kommentar, Mohr Siebeck, 2009.

Kern Alexander, M. David Alexander, American Public School Law, Wadsworth, 2012.

제14장 교육헌법은 어떻게 개정되어야 하는가?

강기홍, "헌법개정과 교육의 공공성: 독일 교육법상 교육의 공공성 발견", 헌법개정의 행정법적 쟁점, 국회입법조사처 · 한국행정법학회 개최 토론회 자료집(2017. 9).

개헌추진 국회의원 모임 · 소통과 상생을 위한 헌법연구모임, 개헌 추진을 위한 국회의원 워크숍 자료집(2013. 12. 27).

고전, "교육기본권 관점에서의 헌법 개정 논의", 「교육법학연구」 제29권 제2호, 대한교육법학회, 2017.

국가인권위원회, 기본권 보장강화 헌법개정안, 2017.

국회헌법개정특별위원회, "헌법개정 주요 의제", 국회 헌법개정특별위원회 · 지방자치단체 공동 전국 순회 국민대토론회 자료집, 2017. 8. 29.

권영성, 「헌법학원론」, 법문사, 2006.

김기표, "교육 관련 헌법 개정의 방향과 과제 토론", 한국교육학회 · 한국교육행정학회 공동포럼, 교육관련 헌법 조항 개정의 쟁점 및 방향, 2018. 4. 20.

김문현 외, 「대화문화아카데미 2016 새헌법안」, 대화문화아카데미, 2016.

김선화, "교육규정 개헌안 토론문", 한국교육개발원 · 대한교육법학회 공동주관, 교육분야 개헌의 과제와 방향 탐색, 2017. 12. 8.

김종세, "기본권 일반조항의 바람직한 헌법개정방향", 「법학연구」 제34권, 한국법학회, 2009.

노기호, "교육조항의 개헌 방안 토론문", 한국교육개발원 · 대한교육법학회 공동주관, 교육분야 개헌의 과제와 방향 탐색, 2017. 12. 8.

미래한국헌법연구회, 「대한민국 헌법의 바람직한 개헌 방향에 관한 연구」, 2009.

박선영, "자유민주주의 실현을 위한 헌법개정의 방향-헌법 총강과 기본권조항을 중심으로", 「헌법학연구」 제10권 제1호, 한국헌법학회, 2004.

박윤흔, "행정법학계에서 제안하는 헌법운영상 도출되는 몇 가지 새로운 개
    헌의견", 국회입법조사처 · 한국행정법학회, 헌법개정의 행정법적 쟁점,
    2017. 9. 22.

사회적교육위원회, "[기자회견문] 모든 국민의 교육권을 헌법에 보장하라! '교
    육공공성'과 '평등교육'으로!", 2018. 3. 6.

신현직, "교육기본권에 관한 연구", 서울대학교 박사학위논문, 1990.

우윤근, "개헌 시안", 개헌 추진을 위한 국회의원워크숍 자료집, 2013. 12. 27.

이규홍 · 정필운, "헌법 제22조 제2항 관련 개헌론에 관한 소고", 「법조」 통권 제
    650호, 법조협회, 2010. 11.

이종근, "한국의 교육헌법 연구 20년의 성과와 과제", 「교육법학연구」 제19권
    제1호, 대한교육법학회, 2007.

전광석, 「한국헌법론」, 집현재, 2017.

정극원, "헌법의 정당성: 헌법제정과 헌법개정을 중심으로-", 「공법학연구」 제
    7권 제4호, 한국비교공법학회, 2006.

정재황. "헌법개정과 기본권", 「저스티스」 통권 제134-2호(특집호Ⅰ), 한국법
    학회, 2013.

정종섭, 「한국헌법사문류」, 박영사, 2002.

정필운, "헌법 제31조 제6항에 관한 소고", 「교육법학연구」 제28권 제4호, 대
    한교육법학회, 2016.

한국교총, "[건의문] 한국교총 교육분야 개헌과제", 2018. 3. 5.

한국헌법학회, 헌법개정연구위원회 개헌안 학술대회, 2018. 3. 10.

한만중, "현행 헌법 검토: 사회적 기본권으로서의 교육권의 시각에서(분야별 개
    헌과제-기본권3(사회적 권리-교육권))", 시민이 만드는 헌법 국민운동본
    부 추진위원회. 국민대토론회 자료집, 2015. 3. 5.

허영, 「한국헌법론」, 박영사, 2018.

허종렬, "교육기본권 영역의 헌법 개정 문제 검토", 「헌법학연구」 제12권 제4
    호, 한국헌법학회, 2006.

허종렬, "교육헌법 개정 논의의 흐름과 쟁점 검토: 헌법 제31조와 제22조의 개
　　정안을 중심으로", 「교육법학연구」, 제30권 제2호, 대한교육법학회, 2018.
헌법연구자문위원회, 결과보고서(요약본), 2009.
홍후조 · 권혜정, "헌법 제31조 1항의 비판과 개정 방향", 「교육법학연구」 제25
　　권 제2호, 대한교육법학회, 2013.
황준성, "교육 분야 개헌 과제 탐색", 국회입법조사처 주최 교육 분야 개헌 관
　　련 전문가 간담회 미공개 자료집, 2017. 7. 18.
황준성, 교육의 권리성에 관한 연구: 교육을 받을 권리를 중심으로. 연세대 석
　　사학위논문, 1998.
황준성, 정필운, 이덕난. 교육분야 개헌의 과제와 방향, 한국교육개발원, 2017.
황준성, 정필운, 이덕난, "교육분야 헌법 개정 방안에 관한 델파이 조사 연구",
　　「교육법학연구」 제31권 제1호, 대한교육법학회, 2019.
Lawshe, C. H., A Quantitative Approach to Content Validity, Personnel Psy-
　　chology, 28, 1975.

색인

저자약력

정필운

연세대학교 법과대학 법학과 졸업(법학사)

연세대학교 대학원 법학과 졸업(법학석사, 법학박사)

University of California at Berkeley, Visiting Researcher

한국공법학회 신진학술상(2016년 헌법 분야) 수상

한국전산원 선임연구원

현재 한국교원대학교 일반사회교육과 교수

현재 한국법과인권교육학회 회장, 한국공법학회 상임이사, 한국헌법학회 학술
　　이사, 대한교육법학회 부회장 · 편집위원장, 한국사회과교육학회 학술운영
　　이사, 한국사회교과교육학회 감사 · 편집위원, 법무부 법교육위원회 위원

전환기의 교육헌법

초판발행　　　2022년 2월 17일

지은이　　　　정필운
펴낸이　　　　안종만·안상준

편 집　　　　윤혜경
기획/마케팅　김한유
표지디자인　 BEN STORY
제 작　　　　고철민·조영환

펴낸곳　　　　㈜ **박영사**
　　　　　　　서울특별시 금천구 가산디지털2로 53, 210호(가산동, 한라시그마밸리)
　　　　　　　등록 1959.3.11. 제300-1959-1호(倫)

전 화　　　　02)733-6771
f a x　　　　02)736-4818
e-mail　　　 pys@pybook.co.kr
homepage　 www.pybook.co.kr
ISBN　　　　979-11-303-4072-2　93360

정 가　29,000원